A CONCISE ENGLISH–SWAHILI DICTIONARY

A CONCISE ENGLISH–SWAHILI DICTIONARY

KAMUSI YA
KIINGEREZA-KISWAHILI

BY

R. A. SNOXALL

NAIROBI
OXFORD UNIVERSITY PRESS

Oxford University Press

Oxford New York

*Athens Auckland Bangkok Bogota Buenos Aires
Calcutta Cape Town Chennai Dar es Salaam
Delhi Florence Hong Kong Istanbul Karachi
Kuala Lumpur Madrid Melbourne Mexico City
Mumbai Nairobi Paris São Paulo Singapore
Taipei Tokyo Toronto Warsaw*

*and associated companies in
Berlin Ibadan*

Oxford is a trademark of Oxford University Press

© Oxford University Press 1958

*All rights reserved. No part of this publication may be reproduced,
stored in a retrieval system, or transmitted, in any form or by any means,
without prior permission in writing of Oxford University Press.*

*This book is sold subject to the condition that it shall not, by way
of trade or otherwise, be lent, resold, hired out, or otherwise circulated
without the publisher's prior consent in any form of binding or cover
other than that in which it is published and without a similar condition
including this condition being imposed on the subsequent purchaser.*

ISBN 0 19 639348 5

First published 1958
Reprinted (revised) 1961, 1968, 1969, 1970, 1971, 1972, 1973, 1974,
1976 (twice), 1978, 1979, 1984, 1985, 1987, 1988, 1989, 1991, 1993,
1994, 1995, 1996, 1997, 1998 2000 **2000**

Published by Oxford University Press, Eastern Africa,
ABC Place, Waiyaki Way, P.O. Box 72532, Nairobi and

Printed by Tanzania Printers Limited

PREFACE

DIBAJI

Kutunga Kamusi ni kazi kubwa, nami kabla sijasema lo lote, yanibidi nitoe shukrani zangu kwa watungaji wote walioandika kamusi ambazo zimesaidia kamusi hii ikamilike. Kwanza yafaa tuwashukuru Krapf, Madan na Steere, ambao waliwezesha kazi ya utungaji wa Kamusi ya Kiswahili kwa Kiingereza na Kiingereza kwa Kiswahili zilizotungwa na Marehemu Frederick Johnson akifuata kazi ya awali iliyofanywa na Madan.

Ingawa Marehemu Frederick Johnson katika Dibaji ya Kamusi zake mpya amewashukuru sana wasaidizi wengi lakini shukrani zilizo nyingi hasa ni zake kwa kuwa kazi kubwa ya kutafuta maneno na asili yake na mpango wa maneno ilikuwa ni kazi yake, vile vile kuunganisha kazi za watu waliomsaidia na kuziingiza katika kamusi hizo haikuwa kazi nyepesi.

Katika Dibaji ya Kamusi mpya ya *Kiingereza kwa Kiswahili*, iliyopigwa chapa mwaka wa 1939, Johnson aliandika kwamba ilikusudiwa kuwa msaada kwa Waafrika katika kujifunza Kiingereza pia kwa Wazungu katika kujifunza Kiswahili, kama vile *Kamusi za Madan za Kiswahili*. Kamusi hii ya sasa ina madhumuni zaidi ya yale yaliyoandikwa katika dibaji ya kamusi ya mwaka wa 1939, na maneno yaliyochaguliwa yametolewa katika kamusi iitwayo *An English-Reader's Dictionary* iliyotungwa na A. S. Hornby na E. C. Parnwell, mojawapo ya kamusi tatu zilizopigwa chapa na Oxford University Press zilizonuiwa hasa kwa wale wanaojifunza lugha ya Kiingereza. Kamusi hizo tatu zilitungwa hasa kwa matumizi ya wale ambao hawana kamusi za kutosha zilizoandikwa katika lugha mbili, yaani kwa lugha yao na ya Kiingereza. Kamusi hii ya sasa imeandikwa kwa makusudi ya kujaribu kuwapatia watu kitabu kinachotosha cha kisasa cha bei iliyo nafuu. Nawashukuru sana wale waliotoa ruhusa ya kufuata maneno yaliyoandikwa katika kamusi iitwayo *An English-Reader's Dictionary* pamoja na kutumia matamshi ya kigeni, mifano na maelezo yake.

Pamoja na mabwana hao nawashukuru sana: R. J. Mason kwa hisani yake na mashauri aliyonipa daima; W. H. Whiteley, aliye Mwandishi wa Chama cha Lugha ya Kiswahili katika nchi za Afrika ya Mashariki, na wasaidizi wake wote walionisaidia sana, tena waliosahihisha makosa yangu; na hasa A. E. Ibreck aliyefasiri dibaji na maelezo yaliyo mwanzo wa kamusi.

Kwa hiyo kusudio la *Kamusi* hii ni kueleza baadhi ya maneno ya Kiingereza yanayotumika siku zote kila siku kwa kutumia maneno mepesi ya Kiswahili yenye maana moja, au, mahali ambapo hapana maneno yenye maana moja, au, ambapo inaonekana kuwa ni vigumu kutumia maneno yasiyofahamiwa na watu wa bara, kwa kueleza maana ya neno kwa maneno yaliyo rahisi iwezekanavyo. Mtungaji anafahamikiwa sana na hoja kuu ya Waafrika kujifunza Kiingereza kwa kusoma magazeti na vitabu vilivyo vyepesi, kwa hiyo maneno yaliyomo katika kamusi hii yamechaguliwa zaidi kutoka katika magazeti na vitabu hivyo, lakini maelezo ya maneno mengi ya kawaida ya majina ya mimea, wanyama na wadudu na majina ya madawa, hayatoshi kwa kutambua jina lenyewe hasa.

Matamshi yameonyeshwa waziwazi kwa maelezo ya alama za kigeni za kutamka, (zinazofuata zile zilizoandikwa katika kamusi ile iitwayo *An English-Reader's Dictionary*), na mifano mingi imetolewa kuonyesha jinsi maneno na vifungu vya maneno vinavyotumiwa. Picha nyepesi vile vile zimetumiwa kuonyesha maana ya maneno ambayo maelezo peke yake yangekuwa marefu sana au yasiyotosha.

Maendeleo ya maneno ya Kiswahili yafuata kanuni zilizowekwa na Chama kile kiitwacho 'Inter-Territorial Language (Swahili) Committee' kilichoanzishwa mwaka wa 1930, ambacho tangu mwanzo wake kimeandika maneno ya Kiswahili yanayotokana na maneno ya kabila zenye lugha zinazofanana na Kiswahili tena chama hicho kimerahisisha maandishi ya lugha yenyewe.

R. A. S.

June 1957

JINSI YA KUTUMIA KAMUSI HII

Katika kutumia kamusi hii mara nyingi inawezekana kuyaangalia maneno ya Kiingereza na kugundua maana yake katika Kiswahili papo kwa papo, hasa maneno yanayohusu majina ya vitu kama vile *kisiwa*, *kisu*, *meza*, *dirisha* na kadhalika, lakini mara nyingi yale maendelezo ya maneno ya Kiingereza hayamsaidii Mswahili katika kuyatamka maneno hayo sawasawa, na kwa hiyo matamshi yale yaliyo katika vifungo [ ] lazima msomaji ayasome kwa makini. Ndiyo matamshi ya maneno yenyewe hasa, kwani kama mjuavyo maneno ya Kiingereza mara nyingi yana maendelezo mbali na matamshi mbali. Sauti zinazotumiwa katika matamshi hayo yaliyo katika vifungo [ ] zimeonyeshwa katika kurasa viii na ix na lazima tuzilinganishe kwanza na sauti za Kiswahili kabla ya kuitumia kamusi hii sasasawa.

Katika Kiingereza kuna maneno mengi ambayo huendelezwa mamoja lakini hutamkwa mbalimbali. Kadhalika kuna maneno mengi ambayo hutamkwa mamoja lakini huendelezwa mbalimbali. Mfano wa kwanza ni 'read' [ri:d] katika sentensi kama hii: *They read many books*—Wasoma (wao husoma) vitabu vingi, lakini 'read' hutamkwa [red] katika sentensi kama hii: *They read many books*—Walisoma vitabu vingi. Mfano wa pili ni 'new' [nju:] katika kifungu kama hiki: *He has bought a new hat*—Amenunua kofia mpya, lakini endelezo ni mbalimbali na 'knew' [nju:]. Kwa mfano *He knew me*—Alinijua. Ni rahisi kugundua maana ya maneno yale yenye maendelezo mbalimbali maana kwa kutazama katika kamusi utaona maana ya kila neno; ila kwa maneno yale yanayoendelezwa mamoja lakini yana maana mbalimbali kwa kufuatisha matamko yake, si rahisi kugundua maana yake, mpaka ufikirie sana maana ipi itakayofaa mahali hapo ulipoligundua neno hilo—yaani katika kifungu hicho kulikoandikwa neno hilo.

Mafupisho na alama yaliyo katika kurasa ix na x yatakusaidia kutambua neno fulani liko katika aina gani ya maneno, na ni lazima ujue maana ya mafupisho na alama kabla hujaanza kuitumia kamusi yenyewe hasa.

Maneno mengi ya Kiingereza yana maana nyingi na kila maana inaonyeshwa kwa namba iliyochapwa mbele yake. Ndiyo kusema namba (1), inaonyesha maana ile inayotumika zaidi kuliko zile nyingine za neno hilo, na waweza kuona kuwa mara nyingi utaratibu huo katika Kiingereza haupatani na ule utaratibu katika Kiswahili. Katika kutafuta maana ya neno fulani katika kamusi lazima pia ujue maana ya kifungu au fungu la maneno unalosoma, wala haitoshi kutazama tu maana ya neno lile katika sentensi hiyo au fungu hilo la maneno. Mfano mzuri wa namna hiyo uko katika tendo hilo la Kiingereza, 'make', ambalo lina matumizi au maana saba mbalimbali katika kamusi bila kufikiria maana ile nyingine, yaani jina 'make'. Zaidi ya hayo tendo hilo latumika pamoja na majina au miao katika kuunda maneno mengine ya mchanganyo yenye maana mbalimbali. Maana ya matumizi ya maneno hayo muhimu yanayotumika kuundia maneno mengine huwezi kujifunza kwenye kamusi kama hii, ila katika vitabu vya peke yake vingine.

Matamshi

Matamshi yameonyeshwa kwa maendelezo ya sauti ambayo yametiwa katika vifungo vya miraba kama hivi: *father* ['fa:ðə*].

Sauti za herufi hizo zinazotumika katika vifungo hivyo vya miraba zimeonyeshwa katika kurasa viii na ix ambako sauti za maneno ya Kiswahili zinazofanana na hizo za Kiingereza, au zilizo karibu kufanana nazo, zimetiwa pia ikiwa zimepatikana.

Mkato

Zile alama za wima zinazochapwa na herufi hizo za sauti zaonyesha mkazo unapotiwa katika silabi fulani. Mkazo wenyewe hutiwa katika silabi ile ifuatayo ile alama ya wima. Kwa mfano:

table ['teibl]   *because* [bi'koz].

Iwapo kuna mikazo miwili isiyo sawa katika neno moja alama ya ule mkazo mkuu inatiwa juu ya mstari na ile nyingine ya mkazo mdogo hutiwa kwa chini ya mstari ule wa maneno, kwa mfano:

regulation [ˌregju'leiʃn].

Ikiwa mikazo miwili katika neno moja ni sawa alama zote mbili hutiwa juu ya mstari kama hivi: *hand-made* ['hand-'meid], -liofanyizwa kwa mikono. Hebu linganisha neno hilo la juu na hili: *hand-maid* ['hand-meid], mtumishi wa kike.

Matamshi

ALAMA ZA SAUTI	MIFANO YA KISWAHILI	MAENDELEZO YA KIINGEREZA	MAENDELEZO YA ALAMA ZA SAUTI
a:	m*aa*na	f*a*ther	'fɑ:ðə*
a	—	b*a*d	bad
ai	t*ai*	cr*y*	krai
au	*au*	h*ow*	hau
b	*b*ado	*b*ack	bak
d	*d*eni	*d*ay	dei
ð	fe*dh*a	*th*en	ðen
dʒ	*j*ambo	*j*am	dʒam
e	—	w*e*t	wet
eə	—	h*air*	heə*
ei	b*ei*	d*ay*	dei
ə	—	b*ir*d	bə:d
ə:, ə*	—	*ago*, l*adder*	ə'gou, 'ladə*
f	*f*ulani	*f*ull, *ph*ysics	ful, 'fiziks
g	*g*awa	*g*et	get
h	*h*ewa	*h*ot	hot
i:	m*i*ti	m*ee*t	mi:t
i	—	s*i*t	sit
iə	—	h*ear*	hiə*
j	*y*etu	*y*es	jes
k	*k*ata	*c*old, *k*ill	kould, kil
l	*l*eta	*l*ike, fi*ll*	laik, fil
m	*m*ama	*m*ake	meik
n	*n*amna	*n*ot	not
ŋ	*ng*'ombe, nu*ng*'unika	lo*ng*	loŋ
ŋg	*ng*oja, fu*ng*a	lo*ng*er	'loŋgə*
o	k*o*rosho	h*o*t	hot
o:	k*o*rti	s*aw*	so:
oə	—	m*ore*	moə*
oi	g*oi*g*oi*	b*oy*	boi
ou	—	s*o*, s*ew*, s*ow*	sou
p	*p*osho	*p*ut	put
r	*r*adhi	*r*ed	red

Matamshi (*cont.*)

ALAMA ZA SAUTI	MIFANO YA KISWAHILI	MAENDELEZO YA KIINGEREZA	MAENDELEZO YA ALAMA ZA SAUTI
s	sita, basi	sit, this	sit, ðis
ʃ	shauri, kwisha	show, wish	ʃou, wiʃ
t	tena, mfi	tin, hit	tin, hit
tʃ	chemsha	church	tʃəːtʃ
θ	thelathini	thin	ʒin
uː	huko	boot	buːt
u	—	good, put	gud, put
uə	—	sure	ʃuə*
v	vivi	very	ˈveri
ʌ	—	cup	kʌp
w	wasili	wet	wet
z	zizi	zero, his	ˈziərou, hiz
ʒ	—	pleasure	ˈpleʒə*

Wasemaji wengi hutumia [oː] badala ya [oə]

Herufi zilizoandikwa kwa '*italic*' katika kamusi yenyewe za-onyesha sauti ambayo yaweza kuachwa. Kwa mfano neno hili 'pinch' laandikishwa hivi [pintʃ]. Maana yake ni kusema kwamba 'pinch' laweza kutamkwa [pintʃ] au katika matamshi ya haraka zaidi, huweza kutamkwa [pinʃ].

Alama hii (*) hutumiwa kuonyesha herufi hiyo *r* pengine yatamkwa na pengine haitamkwi. Neno hilo 'father' huandikwa katika herufi za matamshi hivi [ˈfaːðə*]. Neno hilo likifuatwa na neno linaloanzia herufi bubu (consonant) matamshi yake ni [ˈfaːðə]. Likifuatwa na neno linaloanzia herufi za sauti (vokali) matamshi yake ni [ˈfaːðər], kwa mfano: *The father of these children* [ðə ˈfaːðər əv ðiːz ˈtʃildrən].

Mafupisho na Alama

Katika kamusi ndogo hakuna nafasi kubwa ya kuandika. Maneno mengi yameweza kutiwa kwa kutumia alama zifuatazo na mafupisho ambayo mwanafunzi lazima ajifunze jinsi ya kuyatambua (kama zile sauti za matamshi) kabla hajatumia kamusi hii:

adj.	adjective (sifa)
adv.	adverb (kisifa)
attrib.	attributive(ly) (sifa ya kutaja aina ya mtu au kitu)
cf.	compare (linganisha)
colloq.	colloquial (kwa mazungumzo tu)
conj.	conjunction (kiungo)
e.g.	for example (kwa mfano)
etc.	et cetera (and others) (na vinginevyo)
fig.	figurative(ly) (-a maneno yasiyotumika kwa namna ya kawaida)
i.e.	that is (yaani)
inf.	infinitive (sehemu ya ku- ya kiarifa, kwa mfano *ku*tanya)
int.	interjection
interrog.	interrogative (-a kuuliza)
lit.	literary (style) (-a namna ya waandishi wakuu)
n.	noun (jina)
neg.	negative (-a kukana)
pl.	plural (wingi)
poet.	poetical (style) (-a namna ya watungaji wa mashairi)

p.p.	past participle
pred.	predicative
prep.	preposition (kitengo), (mwao)
pron.	pronoun (kijina)
sb.	somebody (fulani)
sing.	singular (umoja)
sth.	something (kitu fulani)
vb.	verb (kiarifa)
v.i.	verb intransitive
v.t.	verb transitive
v.t. & i.	verb transitive and intransitive

Alama ~ yaonyesha mafupisho ya neno lote ikiwa imetangulia mwisho wa neno. Hivi katika neno *'moist'*, *~en* yaonyesha neno zima *'moisten'* ['moisn] na *~ure* yatumika badala ya *'moisture'* ['moistʃə*].

Herufi za chapa ya italic

Iwapo neno au maneno yanachapwa kwa *italics*, tena ndani ya vifungo ( ), katika maelezo, yaonyesha matumizi mbalimbali ya neno hilo. Kwa mfano, kwenye neno hili 'persuade', *italics* ndani ya vifungo yaonyesha matumizi mbalimbali kama *'persuade somebody (to) do something, persuade somebody (of) the truth, importance, &c., of something, persuade somebody (that) something is important, &c.'*.

Maandishi (-*bb*-), (-*dd*-), (-*gg*-), (-*mm*-), (-*nn*-), (-*ll*-), (-*rr*-) na (-*tt*-) yaonyesha kwamba herufi hiyo bubu yaandikwa mara mbili katika matumizi fulani, kwa mfano: *'rob, robbed; beg, begging; run, running; sit, sitting.'*

Orodha za Mafupisho, Vitangulizi, na Vikomo, vinavyotumika sana, zimechapwa mwishoni mwa kamusi hii.

ORTHOGRAPHY

The present standardized Swahili orthography, as used in this book, employs the following symbols:

1. Vowels

i, e, a, o, u

They are pronounced as follows:

(a) i. As in the English 'see'.
(b) e. As in the English 'bed'.
(c) a. There is perhaps no equivalent in English; the sound falling between the *a* of *cat* and that of *father*. The Italian *a* of *capella* is comparable.
(d) o. Again there is no equivalent in English. The English *o* of *go* is a diphthong *o-u*, of which the first part is perhaps nearest to the Swahili sound. (Scottish, French, or Italian *o* is also similar to the Swahili sound, though pronounced more tensely.)
(e) u. As in the English 'boot'.

Vowel length is not significant, as in some of the Bantu languages, and is not marked. In Swahili length is linked with stress, which occurs on the penultimate syllable, e.g.

pita! mwezi, mchawi, kidogo, mvuvi.

Doubled vowels, do, however, occur, especially:

(a) In loan words where either a 'glottal stop' or an 'ain' would intervene in the original Arabic, e.g. *baada, -laani*, &c.; while the first of these examples is often pronounced with an extra long vowel, the majority of such words are pronounced as a disyllable.
(b) Where the noun stem has a vowel initial (e.g. *waana, waalimu, muunda, maandiko*); with the exception of the first two, these also tend to be pronounced as disyllables.
(c) In stressed final position in certain words (e.g. *buu, -kuu, choo, mguu, -komaa, paa*). The historical justification for this need not here be considered.

2. Consonants

The following occur:

b, ch, d, f, g, h, j, k, l, m, n, ng', ny, p, r, s, sh, t, v, w, y, z

and the following nasal compounds:

mb, nch, nd, ng, nj, nk, mp, ns, nsh, nt, mv, mw, nz.

Three Arabic sounds have also been incorporated into the orthography:

th, dh, gh.

No other Arabic sounds are represented, though they occur widely on the coast and in Zanzibar. Reference to them may be found in the following works:

'Swahili Phonetics'. A. N. Tucker and E. O. Ashton. *African Studies*, vol. 1, 2/3, 1942.
'Foreign Sounds in Swahili.' A. N. Tucker, *Bulletin S.O.A.S.* vols. xi/4 and xii/1, 1946-7.

'Kimvita' (an inquiry into dialectal status and characteristics). W. H. Whiteley, *Journal E.A.S.C.*, No. 25, 1955.

Further there is no representation of aspiration which is significant on the coast, e.g. *tembo*[1] (elephant) with aspirated *t* as opposed to *tembo* (palm wine) with unaspirated *t*.

Notes on the sounds:

They are pronounced as in English except where otherwise stated:

(a) **b, d, g, j.** Pronounced implosively on the coast but often as in English elsewhere. Nasal compounds of these sounds are pronounced explosively as in English.

(b) **j.** A palatal sound. Not as in the English *jam*, but rather like a *dy* sound, though this is only approximate.

(c) **m, n.** Both of these may be syllabic, especially where occurring as a prefix, e.g. *mtu*, *nchi*, *nge*.

(d) **ng'.** Pronounced as the *ng* in *singing*, e.g. *ng'oa*.

(e) **th.** As in the English *thin*.

(f) **dh.** As in the English *this*.

(g) **gh.** Pronunciation varies widely according to the degree of 'Arabicization'. At one extreme it sounds like a 'scrapy' *g*, and at the other like a voiced form of the *ch* in Scottish *loch*.

---

[1] Written *t'embo* by Taylor and Burt.

ENGLISH-SWAHILI READER'S DICTIONARY

A ni neno lisilofasirika kwa Kiswahili isipokuwa pengine maana yake ni -moja, -o -ote, -mojawapo. Huitwa kwa Kiingereza *'the indefinite article'*. Mfano: *tell a man to go*, mwambie mtu mmoja (ye yote, mmojawapo) kwenda. Kwa kawaida hutangulia kila jina (*noun*) la umoja au la jumla isipokuwa ni mojawapo maalum. Mfano: *a man*, mtu (mmoja, ye yote, mmojawapo); *a score*, korija (moja, yo yote, mojawapo), lakini mtu yule, *the (that) man*; korija ile, *the (that) score*. Yaani *the* huitwa *'the definite article'*, kwa Kiingereza. Pengine *an* hutumika badala ya *a*, ndiyo kutangulia (1) vokali (*vowel*) zote isipokuwa *eu* na matamko mengine ya *u*, na (2) kutangulia *h* isiyotamkwa, mfano: *an hour, an egg, an idiot, an orange, an ulcer*, lakini, *a horse, a eulogy, a unit*. *a* hutumika kutangulia *one*, mfano: *a one*.

aback [ə'bak] *adv.* be taken ~, shtuka; fadhaika. *cf. be surprised.*

abacus ['abəkəs] *n.* chombo au

An abacus

kiunzi kitumiwacho kwa kufundisha watoto kujumlisha, kutoa, &c.

abandon [ə'bandən] *v.t.* (1) acha; toka katika (pasipo nia ya kurudi tena). (2) legea: ~ *hope*, kata tamaa. ~ *oneself to*, jitoa kabisa. ~**ed** *adj.* (kwa watu) fisadi; -asherati.

abase [ə'beis] *v.t.* tweza; tusha; vunja heshima au cheo. ~**ment** *n.*

abashed [ə'baʃt] *adj.* -a wasiwasi.

abate [ə'beit] *v.t. & i.* (1) punguza; punguka. (2) (katika sheria) komesha.

abbreviate [ə'bri:vieit] *v.t.* kata au fupisha (hadithi au neno), *e.g.* Mon. kwa Monday.

abdicate ['abdikeit] *v.t. & i.* jiuzulu, jitoa (hasa katika cheo kikubwa kama cha ufalme, &c. **abdication** [,abdi'keiʃn] *n.*

abdomen ['abdəmən, ab'doumen] *n.* tumbo. **abdominal** [ab'dɔminl] *adj.* -a tumbo: *abdominal pains*, maumivu ya tumbo.

abduct [ab'dʌkt] *v.t.* chukua au iba kwa hila au kwa nguvu isiyo halali. ~**ion** *n.* kuchukua kwa hila au nguvu isiyo halali (hasa msichana).

abet [ə'bet] *v.t.* (-*tt*-). saidia na sukumiza (hasa kwa mabaya).

abeyance [ə'beiəns] *n.* in ~, hali ya kutotumika kwa muda kama shauri lisilokatwa bado.

abhor [əb'hɔ:*] *v.t.* (-*rr*-) chukia sana. ~**rence** [əb'hɔrəns] *n.* machukio makuu.

abide [ə'baid] *v.t. & i.* (**abode**) [ə'boud]. (1) ~ *by*, shika, fuata (ahadi, kusudi, amri, &c.). (2) stahimili; vumilia: *I can't* ~ *his insolence*, siwezi kuvumilia kiburi chake. *cf. tolerate, endure.* (3) (la zamani) kaa mahali; shinda mahali; dumu: *and they abode there three days*, wakakaa huko siku tatu.

ability [ə'biliti] *n.* (1) uwezo wa kufanya: *a man of great* ~, mtu wa akili nyingi. (2) (*pl.*) ustadi.

abject ['abdʒekt] *adj.* (1) kabisa, pasipo kujifikiri hata kidogo: *an* ~ *apology*, kutoa udhuru pasipo kujaribu kuficha kosa lo lote. (2) -a kudharauliwa: ~ *behaviour*, matendo ya kustahili kudharauliwa. (3) (kwa hali) -nyonge kabisa; duni; hafifu: ~ *poverty*, ufukara kabisa.

abjure [əb'dʒuəʳ] v.t. kana kwa kiapo; jitenga kabisa na kitu.

ablaze [ə'bleiz] adv. & pred. adj. -kuwaka; -a kung'aa.

able ['eibl] adj. (1) -a kuweza; hodari. (2) -enye akili; fundi. taz. *ability*. **ably** adv.

ablution [ə'bluːʃn] n. (mara nyingi pl.) *perform ablutions*, oga; nawa; tawadha; tia tohara.

abnormal [ab'noːml] adj. -sio ya kawaida au desturi, -siyotazamiwa. ~**ity** [,abnoː'maliti] n.

abolish [ə'bɒliʃ] v.t. komesha; futa. **abolition** [,abo'liʃn] n. tendo la kuondoa au la kukomesha; la kukomeshwa.

abominable [ə'bɒminəbl] adj. -kuchukiza mno. **abominate** [ə'bɒmineit] v.t. chukia kabisa.

aborigines [abə'ridʒiniːz] n. pl. watu wa asili wa nchi.

abortion [ə'boːʃn] n. (1) mimba iliyoharibika; tendo la kuharibu mimba kabla wakati wa kuzaa haujafika. (2) cho chote kisichokomaa. **abortive** [ə'bɒtiv] adj. -liyotokea kabla ya wakati ufaao na hivyo -a bure; si kamili.

abound [ə'baund] v.i. (1) -wa tele. (2) jaa tele.

about [ə'baut] adv. karibu : ~ *twenty people*, watu wapata ishirini ; ~ *12 o'clock*, karibu saa sita ; kadiri ya saa sita. — prep. (1) (cf. *concerning*) e.g. *tell me* ~ *him*, niambie habari yake ; *a story* ~ *a lion*, hadithi juu ya simba. (2) (cf. *around, encircling*) katika; pengine hutumia v. kuzungusha, e.g. *he fastened a rope* ~ *his waist*, alijizungusha kiunoni kwa kamba.

above [ə'bʌv] adv. & prep. (1) juu; juu (ya); kwa juu. (2) (cf. *more*) zaidi (ya), e.g. ~ *twenty*, zaidi ya ishirini. (3) (cf. *free from, without*) pasipo, *he is* ~ *suspicion*, ni mtu ambaye hakuna mashaka hata kidogo. ~*-board*, wazi; dhahiri.

abreast [ə'brest] adv. (kwa watu, mashua, magari, &c.) sambamba, bila kutangulia wala kuwa nyuma wakielekea upande mmoja. *Keep* ~ *of the times*, jijulisha siku zote habari za kisasa.

abridge [ə'bridʒ] v.t. fupisha; kata, hasa kwa kutumia maneno machache. ~**ment** n. fupisho: muhtasari.

abroad [ə'broːd] adv. (1) ugenini; nchi za nje. (2) kwa kuenea kila mahali.

abrupt [ə'brʌpt] adj. (1) -a ghafula; -siotazamiwa. (2) (kwa kusema, kwa kuandikia, kwa tabia) -a haraka; pasipo adabu. ~**ly** adv.

abscess ['absis] n. jipu; uvimbe uliomo usaha.

absent ['absənt] pred. adj. (be) tokuwapo; adimika. *He is* ~, hako. — v.t. [əb'sent] ~ *oneself from*, achakuja au kuhudhuria makusudi. ~**-minded** ['absnt'maindid] adj. (kwa watu) -sahaulifu; -enye tabia ya kusahau. ~**ee** [,absn'tiː] n. mtu asiyekuwapo. **absence** ['absəns] n.

absolute ['absəljuːt] adj. (1) kamili; halisi. (2) -tupu, pasipo na kiasi wala mipaka.

absolve [əb'zɒlv] v.t. -ghofiri; samehe. **absolution** [,absə'luːʃn] n. ondoleo la dhambi, ghofira.

absorb [əb'sɔːb] v.t. (1) -la; meza. (2) shughulisha sana; vuta macho, akili, mawazo ; ~*ed in a book*, shughulika sana katika kusoma kitabu hata kutofikiri vingine. ~**ing** adj. -a kuvuta sana.

abstain [əb'stein] v.i. (*from*) jinyima; epukana na: ~ *from food*, funga. ~**er** n. *total* ~*er*, ajinyimaye ulevi. **abstinence** ['abstinəns] n. kiasi katika kula na kunywa, &c.; hali ya kufunga. *total abstinence*, kujinyima kabisa ulevi.

abstemious [əb'stiːmjəs] adj. -a kiasi kwa kula na kunywa vitu vya anasa.

abstract ['abstrakt] adj. -a kuwazika tu, e.g. rangi ya maua na tabia za watu, &c., huwazika tu, haziwezi kushikika. — n. muhtasari. v.t. [əb-, ab'strakt] toa katika; tenga. ~*ed* adj. si -angalifu ; si -sikizi. ~**ion** n. hali ya kuwaza; jambo lisilohusu vitu vya kushikika bali linalohusu vitu vya kuwazika tu.

absurd [əb'səːd] adj. -a upuzi; -a kuchekesha; -a dhahiri kuwa si kweli wala haieleki kuwa kweli.

abundance [ə'bʌndəns] n. wingi; tele; maridhawa. **abundant** adj. tele.

abuse [ə'bjuːs] n. (1) matumizi mabaya; kutendea vibaya. (2) matusi. (3) desturi mbaya isiyo ya haki. — v.t. [ə'bjuːz] tumia vibaya; tendea vibaya; tukana; shutumu. **abusive** adj. -a kutukana.

abyss [ə'bis] *n.* shimo kubwa la kwenda chini sana.

accede [ək-, ak'si:d] *v.i.* (1) (*to*) (*cf. agree to, a proposal, &c.*) kubali; ridhia. (2) fikia mahali; rithi cheo kikubwa: *When did he ~ to the throne?* Alirithi lini ufalme ?

accelerate [ək'seləreit] *v.t. & i.* zidisha mbio au mwendo; himiza; zidi mwendo. **accelerator** *n.* hasa chombo cha motakaa kinachozidisha mwendo.

accent ['aksnt] *n.* (1) (katika kusema) mkazo wa sauti. (2) alama ya mkazo kama, é, è. (3) tamko la kawaida la jamii ya watu. — *v.t.* [ək'sent] kaza; tia alama ya ~. **~uate** [ak'sentjueit] *v.t.* kaza. **~uation** [ak,sentju'eiʃn] *n.*

accept [ək'sept] *v.t.* kubali; pokea. **~able** *adj.* -a kukubalika; -a kupendeza tena -a kufaa. **~ance** *n.* tendo la kukubali.

access ['akses] *n.* (1) njia ya kuingia: *easy of ~*, rahisi sana kuingia. (2) ruhusa ya kukaribia au kutumia au kusemana na. **~ible** [ak'sesibl] *adj.* rahisi kufikia au kukaribia. **accessary** [ak'sesəri] *n.* mtu asaidiaye kufanya tendo baya. **accession** [ak-, ək'seʃn] *n.* (1) kuingia cheo kikubwa kama ufalme. (2) (*cf. addition, increase*) maongezo. **accessory** [ak'sesəri] *n.* ongezo lenye kufaa lakini si la asili: *accessories of a bicycle (e.g.* taa, bomba, *&c.*).

accident ['aksidənt] *n.* tukio; bahati; jambo la hatari. **~al** [,aksi'dentl] *adj.* -a bahati; -a ajali.

acclaim [ə'kleim] *v.t.* (1) pokea kwa shangwe na vifijo. (2) kuza mtu kama mtawala kwa vifijo. **acclamation** [,aklə'meiʃn] *n.* vifijo.

acclimatize [ə'klaimətaiz] *v.t.* zoeza tabia ya ugenini.

accommodate [ə'komədeit] *v.t.* (1) weka; pangisha chumba au vyumba. (2) tengeneza; rekebisha. **accommodating** *adj.* -enye hisani; -pole. **accommodation** [ə,komə'deiʃn] *n.* chumba au vyumba vya kupanga.

accompany [ə'kʌmpəni] *v t.* (1) enda na; fuatana na. (2) fuata mwimbaji au mchezaji kwa kupiga muziki. **accompaniment** *n.* yanayofuatana na mwimbaji au mchezaji. **accompanist** *n.* afuatanaye na mwimbaji, *&c.*

accomplice [ə'komplis] *n.* msaidizi au rafiki katika tendo baya.

accomplish [ə'kompliʃ] *v.t.* timiza vizuri. **~ed** *adj.* -enye ustadi hasa katika kupiga muziki, sanamu, *&c.*, au katika kuhubiri. **~ment** *n.* (1) timizo. (2) kazi iliyotimizwa vizuri; kazi ambayo mtu huweza kuifanya vizuri sana; *e.g.* kupiga kinanda.

accord [ə'ko:d] *n.* patano (*e.g.* baina ya nchi mbili): *of one's own ~*, kwa hiari yake. — *v.t. & i.* toa; -pa; *~ a hearty welcome (to)*, karibisha vizuri; (*cf. be in harmony (with)*) patana na; lingana na.

accost [ə'kost] *v.t.* amkia; salimu.

account [ə'kaunt] *v.i. & t.* (1) *~ for*, toa hesabu ya; eleza sababu ya; hesabu, kadiri (fedha au mali). (2) dhani. — *n.* (1) hesabu; idadi. *on ~*, kulipa sehemu tu ya bei. (2) hadithi au maelezo. (3) ajili; sababu: *on no* (*not on any*) *~*, sivyo; hapana kabisa; hasha; *on this ~*, kwa sababu hii. (4) thamani; faida; makuu: *of no ~*, -siofaa hata kidogo; *take into ~*, dhani; *take no ~ of*, toangalia; *on one's own ~*, kujisaidia -enyewe. **~able** *adj.* be **~able**, diriki; pasishwa. **~ancy** *n.* kazi ya kuhesabu. **~ant** *n.* karani mwenye kazi ya kutunza hesabu. **~-book** *n.* daftari ya hesabu.

accumulate [ə'kju:mjuleit] *v.t. & i.* kusanya; fanya chungu; kusanyika. **accumulation** [ə'kju:mju'leiʃn] *n.* chungu; mkusanyo; akiba. **accumulator** *n.* chombo kinachotiwa na kuweka wingi wa nguvu za elektrisiti au umeme.

accurate ['akjurit] *adj.* sahihi; barabara. **accuracy** *n.*

accuse [ə'kju:z] *v.t.* shtaki. *the ~d*, mshtakiwa. **accusation** [,akju:'zeiʃn] *n.* **~r** *n.* mshtaki.

accustom [ə'kʌstəm] *v.t.* zoeza; tendekeza: *~ oneself*, jizoeza.

ace [eis] *n.* ree, yaani karata ya kucheza yenye ng'anda moja. *within an ~ of*, karibu sana.

ache [eik] *n.* maumivu yanayoendelea. — *v.i.* uma kwa maumivu yanayoendelea.

achieve [ə'tʃi:v] *v.t.* maliza; faulu; fikiliza.

acid ['asid] *n.* (1) dawa kama maji machungu tena makali. (2) (*chemistry*) namna ya dawa kali

sana kama *hydrochloric* ~. — *adj.* -a dawa hiyo¹ -chungu tena -kali. ~ *test*, jaribio la kuhakikisha kabisa.

acknowledge [ək'nolidʒ] *v.t.* (1) kubali; kiri. (2) julisha habari ya kuwa kitu kimewasili. (3) dhani (*cf. regard as*): *He is* ~*d to be an expert on this subject*, amekubaliwa kuwa stadi katika elimu hiyo. ~**ment** *n.* stakabadhi; risiti.

acoustic [ə'ku:stik] *adj.* -a kuhusu uwezo wa kusikia kwa masikio. ~**s** *n.* elimu ihusuyo usikizi wa sauti; tabia ya kusikika: *the* ~*s of this room are good*, katika chumba hiki sauti husikika vizuri.

acquaint [ə'kweint] *v.t.* julisha, pasha habari; (*cf. make familiar* (*with*)) ~ *oneself with one's work*, zoelea kazi; *be* ~*ed with someone*, juana mtu fulani. ~**ance** *n.* (1) ujuzi kidogo. (2) mtu umjuaye lakini si rafiki yako hasa.

acquire [ə'kwaiə*] *v.t.* pata; jipatia kwa akili au kwa jitahadi. ~**ment** *n.* upataji; akili au elimu iliyopatikana kwa kujifunza au kwa jitahadi. **acquisition** [,akwi'ziʃn] *n.* (1) tendo la kupata. (2) pato; yaliyopatikana kwa bidii au kwa bei kubwa; tunu. **acquisitive** [ə'kwizitlv] *adj.* -enye nia ya kupata.

acquit [ə'kwit] *v.t.* (*-tt-*) (1) hukumu kuwa mtu hana hatia katika jambo aliloshtakiwa. (2) ~ *oneself* (*well*, &c.). tenda kwa uhodari, &c.; fanya kazi vizuri, &c. ~**tal** *n.* ya¹.

acre ['eikə] *n.* kipimo cha eneo chenye yadi za eneo 4,840.

acrid ['akrid] *adj.* -chungu; -kali (hasa kwa kionjo au kwa harufu).

acrobat ['akrəbat] *n.* mfanyaji michezo ya ustadi wa kutumia viungo vya mwili. ~**ic** [,akrə'batik] *adj.* ~**ics** *n. pl.* michezo ya ~.

across [ə'kros] *adv. & prep.* katikati; toka upando huu mpaka upande wa pili (wa); ng'ambo (ya).

act [akt] *v.t. & i.* tenda; fanya; cheza; jifanya; igiza. ~ *as*, -wa wakili wa. ~ *upon* (*advice, a suggestion*) fuata (shauri, &c.). ~ (*up*)*on* (*cf. affect*) vuta; geuza; endesha. — *n.* (1) tendo; *in the* ~ *of stealing*, katika tendo la kuiba. (2) (*A.*) sheria. ~**ing** *adj.* aliye badala ya mtu mwingine; *e.g. the* ~*ing manager.* ~**or** *n.* mtenda; mcheza. ~**tress** *n.* ~**or** wa kike.

action ['akʃn] *n.* (1) kitendo; namna ya kwenda au kutumia viungo vya mwili; kufanya; kutumia nguvu: *a time for* ~, wakati wa kufanya; *a man of* ~, mtu wa nguvu; mtendaji. *out of* ~, -siofaa kwa kazi. (2) (*cf. effect*) matokeo: *the* ~ *of the medicine* (*salt*, &c.), matokeo ya kutumia dawa (chumvi, &c.). (3) tendo. (4) pigano; vita; *break off an* ~, acha kupigana. (5) (*law*) daawa; madai: *bring an* ~ (*against*), dai.

active ['aktiv] *adj.* (1) -enye kwenda au kuendesha; -naofanya kazi; -tendaji; -enye tabia ya kuenda upesi. (2) -a kufaa; -a kutumika; *on* ~ *service* (kwa askari aliyekwenda kupiga vita. (3) ~ *voice*, hali ya kiarifa (yaani *verb*) ionyeshayo ya kuwa *subject* ya *verb* hufanya tendo (*cf. passive*). **activity** [ak'tiviti] *n.* kuwa -tendaji; jambo ambalo hushughulikia: *outdoor activities*, shughuli za nje.

actual ['aktjuəl] *adj.* hasa; kweli; -liopo. ~**ly** *adv.* hasa; kweli.

acute [ə'kju:t] *adj.* (1) (kwa maumivu, &c.) -kali. (2) (kusikia, kuona, &c.) -kali. (3) -a akili: *an* ~ *brain; an* ~ *observer.* (4) (kwa ugonjwa) -kali. (5) ~ *angle*, pembekali: yaani pungufu ya pembemraba.

adapt [ə'dapt] *v.t.* tengeneza; badili. ~**able** *adj.* rahisi kubadilika. ~**ation** [,adap'teiʃn] *n.* tengenezo.

add [ad] *v.t. & i.* jumlisha; ongeza; ongezeka.

adder ['adə*] *n.* namna ya nyoka mdogo mwenye sumu. **puff-**~ *n.* fira; swila.

addict [ə'dikt] *v.t.* ~*ed to* (kwa watu) -enye desturi ya kujitoa kwa; pendelea (hasa ubaya, *e.g.* ulevi). — *n.* ['adikt] mtu mzoevu (hasa wa ulevi, desturi mbaya).

addition [ə'diʃn] *n.* hesabu; ongezo. *in* ~ (*to*), zaidi; tena. ~**al** *adj.* zaidi.

addle ['adl] *v.i.* (kwa mayai) oza; chafuka.

address [ə'dres] *v.t.* (1) peleka barua; andikia; tia anwani. (2) hubiria. (3) ~ *oneself to* (*a piece of work*), jitia; jifanya tayari. — *n.* (1) anwani. (2) hotuba. (3) namna ya kusema na mwenewio: *a man of pleasing* ~, mtu mwema kwa kusema na mwenendo wake. (4) (*pl.*) pay one's ~es to, jipendekeza kwa.

adequate ['adikwit] *adj.* -a kutosha; sawa. **adequacy** *n.*

adhere [əd'hiə*] *v.i.* (1) ambata; nata. (2) (*cf.* be faithful (to); give support (to) a religion, party, *&c.*) fuata, shika madhehebu. ~**nce** *n.* ~**nt** *n.* mfuasi.

adhesive [əd'hi:siv] *adj.* -a kunata. **adhesion** [əd'hi:ʒn] *n.* kunata.

adieu [ə'dju] *int.* kwa heri.

adjacent [ə'dʒeisnt] *adj.* -a kupakana, karibu.

adjective ['adʒiktiv] *n.* neno liongezalo maana ya jina (noun), sifa.

adjoin [ə'dʒoin] *v.t.* pakana na; tangamana na.

adjourn [ə'dʒə:n] *v.t. & i.* (1) weka mkutano, *&c.*, mpaka siku nyingine. (2) (kwa jamii ya watu) acha kushughulika na kazi na kutoka katika mkutano, au kwenda mahali pengine: *We ~ed to the next room.* ~**ment** *n.*

adjudicate [ə'dʒu:dikeit] *v.t. & i.* amua; toa hukumu. **adjudication** [ə,dʒu:di'keiʃn] *n.*

adjust [ə'dʒʌst] *v.t.* panga; tengeneza; rekebisha. ~**able** *adj.* ~**ment** *n.* rekebisho; patanisho.

administer [əd'ministə*] *v.t.* (1) tawala, simamia, angalia shamba, mashauri, kazi, *&c.* (2) amuru. (3) -pa; toa: ~ *an oath to sb.*, mwapisha mtu; ~ *medicine*, -pa dawa. **administration** [əd,minis'treiʃn] *n.* (1) kuangalia (mashauri, kazi, *&c.*). (2) serikali ya nchi. (3) kupa (msaada, hukumu, kiapo, *&c.*). **administrative** [əd'ministrətiv] *adj.* -a *administration.* **administrator** [əd'ministreitə*] *n.* mtu anayesimamia au kuangalia kazi.

admirable ['admərəbl] *adj.* -zuri; bora. **admirably** *adv.*

admiral ['admərəl] jemddar; wa mabaharia wa manowari.

admire [əd'maiə*] *v.t.* tazama na kupendezwa; heshimu. **admiration** [,admi'reiʃn] *n.* tendo la kupenda; sifa.

admit [əd'mit] *v.t. & i.* (-tt-) (1) ruhusu kuingia; ingiza: ~ *sb. into a house,* mruhusu mtu kuingia nyumbani, pengine hutumika kama kupitisha; *windows to ~ light and air,* madirisha ya kuingiza au kupitisha mwanga na hewa. (2) kiri (*cf. confess*) ungama. (3) ~ *of,* acha nafasi kwa: *it ~s of no doubt,* hakuna shaka hata kidogo. **admissible** *adj.* -a kukubali. **admission** *n.* (1) kuingia au kuruhusiwa kuingia: *admission free,* hapana kulipa kwa ruhusa ya kuingia. (2) neno lililokiriwa. ~**tance** *n.* ruhusa ya kuingia: *no ~tance except on business,* hapana kuingia bila shughuli.

admonish [əd'moniʃ] *v.t.* onya. **admonition** *n.* onyo la upole.

adolescent [,adə'lesnt] *n. & adj.* mvulana au msichana. **adolescence** *n.*

adopt [ə'dopt] *v.t.* (1) mlea mtoto na kumfanya mwana. (2) fuata na kutumia desturi, fikira, itikadi za mtu mwingine. **adoption** *n.*

adore [ə'do:] *v.t.* (1) abudu (Mwenyezi Mungu); penda mno na heshimu sana. (2) (*colloq.*) penda. **adorable** *adj.* (*colloq.*) -zuri; -a kupendwa. **adoration** *n.* kuabudu; pendo pamoja na heshima kubwa.

adorn [ə'do:n] *v.t.* pamba; remba. ~**ment** *n.* uzuri; pambo.

adult ['adʌlt, ə'dʌlt] *n. & adj.* mtu au mnyama mzima (kwa umri); -zima; -pevu.

adulterate [ə'dʌltəreit] *v.t.* ghoshi; changanya na kitu duni. **adulteration** *n.*

adultery [ə'dʌltəri] *n.* uzinzi.

advance [əd'va:ns] *v.i. & t.* (1) endelea mbele; sogeza, leta, endesha mbele: *Let me ~ my opinions,* nilete (nitoe) mashauri yangu. (2) (kwa bei au kodi) panda au pandisha. (3) toa karadha; lipa mbele; kopesha. — *n.* maendeleo. *in ~ (of),* mbele (ya); (*cf. in front (of).* (3) karadha (ya fedha). (4) (*pl.*) kujipendekeza. ~**ment** *n.* hatua na mashauri na fikira zao) -enye kuona na kujua mbele. ~**ment** *n.* maendeleo.

advantage [əd'va:ntidʒ] *n.* heri; faida; nafuu. *take ~ of,* tumia (vizuri au vibaya); *turn to ~,* tumia ili kujipatia faida; *seen to ~,* onekana vizuri; *to the ~ of,* ili kuleta faida. ~**ous** [,advən'teidʒəs] *adj.* -a kufaa; -a kuleta faida.

advent ['advent] *n.* majilio, mjio: *A.,* muda wenye wiki nne unaotangulia *Christmas*; mjio wa Yesu Kristo.

adventure [əd'ventʃə*] *n.* safari au jambo la kushangaza au la hatari. ~**r** *n.* mtu aliye tayari kujipatia faida kwa njia zenye hatari na pengine zisizo za haki. **adventurous** *adj.* -jasiri; -enye hatari.

adverb ['advə:b] *n.* neno liongezalo maana ya, *verb*, *adjective*, au *adverb*; kisifa.

adversary ['advəsəri] *n.* adui.

adverse ['advə:s] *adj.* -siofaa: ~ *winds*, upepo wa kupinga. **adversity** *n.* shari; msiba.

advertise ['advətaiz] *v.t. & i.* (1) tangaza; vumisha. (2) vumisha habari za. ~**r** *n.* ~**ment** [əd'və:tismənt] *n.* kutangaza; tangazo.

advice [əd'vais] *n.* (1) shauri; onyo. (2) maarifa, hasa katika kufanya biashara.

advise [əd'vaiz] *v.t.* (1) onya; shauri; shawishi. (2) (katika kufanya biashara) arifu. *ill-~d*, si -a akili. *well-~d*, -a busara. **advisable** *adj.* -a kufaa; -a kushauriwa.

advocate ['advəkit] *n.* mdai. — *v.t.* ['advəkeit] tetea; shauri.

adze [adz] *n.* tezo.

aerial ['eəriəl] *n.* uzi (nyuzi) wa simu ulionyoshwa ili kupokea simu za hewani.

aero- ['eərou] *prefix* ya hewa. ~**drome** ['eərədroum] *n.* kiwanja cha ndege. ~**plane** ['eərəplein] *n.* ndege; tiyara, tayara. ~**nautical** [,eərə'nɔ:tikl] *adj.* -a kuhusu ndege na kuongoza kwake.

aesthetic [i:s'θetik] *adj.* -sanifu.

affable ['afəbl] *adj.* -pole, -kunjufu. **affability** [,afə'biliti] *n.*

affair [ə'feə*] *n.* (1) jambo: *It is not your* ~, si amri yako. (2) (*pl.*) biashara; malimwengu.

¹**affect** [ə'fekt] *v.t.* (1) geuza: *Our position will not be* ~ed *by these events*, tabia yetu haitageuzwa kwa mambo haya. (2) vuta. ~**ing** *adj.* -a kuvuta sana; ~*ing scenes*, mambo ya kusikitisha sana.

²**affect** [ə'fekt] *v.t.* jifanya; jisingizia: ~ *ignorance*, jisingizia kuwa hujui. ~**ed** *adj.* -a kujisingizia; -a uwongo. ~**ation** [,afek'teiʃn] *n.* tabia ya kujisingizia.

affection [ə'fekʃn] *n.* (1) upendo; shauku. (2) ugonjwa. ~**ate** *adj.* -enye moyo wa kupenda.

affiance [ə'faiəns] *v.t.* posa; *be* ~d, poswa.

affidavit [,afi'deivit] *n.* hati yenye maneno ambayo mtu ameapa kuwa ni kweli mbele ya mtu mwenye amri ya kuapisha.

affiliate [ə'filieit] *v.t. & i.* pokea kuwa mshirika au mwana katika jamaa; sharikiana (na). **affiliation** [ə,fili'eiʃn] *n.*

affinity [ə'finiti] *n.* (1) ujamaa; mfano (*e.g.* baina ya mimea, wanyama, lugha). (2) ukoo. (3) kuvuta, kuvutwa: *the* ~ *of salt for water*, maji kuvutwa na chumvi.

affirm [ə'fə:m] *v.t.* thibitisha. ~**ation** [,afə'meiʃn] *n.* kuthibitisha; (hasa katika kufuata sheria) maneno yaliyosemwa kwa uthabiti lakini pasipo kiapo.

afflict [ə'flikt] *v.t.* umiza; tesa; huzunisha.

affluent ['afluənt] *adj.* -tajiri. **affluence** *n.* utajiri.

afford [ə'fɔ:d] *v.t.* (1) weza. (2) -pa; toa.

affray [ə'frei] *n.* ugomvi mbele ya watu.

affront [ə'frʌnt] *v.t.* tukana kwa wazi. — *n.* matukano kwa wazi.

afoot [ə'fut] *adv. & pred. adj.* kuwa inaendelea: *There's mischief* ~, mambo mabaya huwa tayari kutukia.

afraid [ə'freid] *pred. adj.* (*be*) ogopa.

afresh [ə'freʃ] *adv.* tena; kwa namna mpya.

aft [a:ft] *adv.* karibu na au kuiendea shetri ya chombo.

after ['a:ftə*] *adv.* baadaye; halafu. ~ *all*, hata hivi. — *prep.* baada ya; nyuma ya. — *conj.* tena.

afternoon [,a:ftə'nu:n] *n.* alasiri.

afterwards ['a:ftəwədz] *adv.* taz. *after*.

again [ə'gein] *adv.* tena; mara ya pili.

against [ə'geinst] *prep.* juu ya; kushindana na; (*cf. opposite*) kukabili; *provide* ~ *hunger*, weka akiba kwa ajili ya njaa; karibu na.

age [eidʒ] *n.* (1) umri. (2) *come* (*be*) *of* ~, -wa na miaka ishirini na mmoja. (3) muda mrefu: *the Stone Age, &c.* (4) (*colloq.*) muda mrefu: *we've been waiting for* ~s, tumengoja sana. ~**d**. (1) [eidʒd] *ppl. adj. a boy* ~d *five*, mtoto wa umri wa miaka 5. (2) ['eidʒid] *pred. adj. an* ~d *man*, mzee. ~**less** *adj.* -a milele.

agency ['eidʒənsi] *n.* (1) kazi au

afisi ya *agent*. (2) tendo; matokeo. (3) njia; msaada.

agenda [ə'dʒendə] *n.* orodha ya mambo yaliyokusudiwa kufanywa au kufikiriwa hasa katika mkutano.

agent ['eidʒənt] *n.* wakili wa mtu mwingine: *house-~*, mtu anayenunua, anayeuza na anayepanga nyumba kwa wengine; *shipping or forwarding ~*, mtu anayesimamia kazi ya kupeleka bidhaa kwa meli au kwa njia nyingine. (2) mtu au kitu kinachogeuza vitu.

aggravate ['agrəveit] *v.t.* kuliza; ongeza ubaya; (*colloq.*) sumbua.

aggregate ['agrigit] *n. & adj.* jumla; -ote. *in the ~*, -ote pamoja.

aggression [ə'greʃn] *n.* tendo la kushambulia; shambulio lililofanywa pasipo sababu ya kweli.

aggressive [ə'gresiv] *adj.* -enye tabia ya kuanzisha ugomvi. **aggressor** *n.* mleta vita au ugomvi.

aggrieved [ə'gri:vd] *adj.* -lioumizwa kwa maono: *feel ~*, fikiri kuwa umetendewa vibaya.

aghast [ə'ga:st] *pred. adj.* (be) pagawa.

agile ['adʒail] *adj.* -epesi wa mwendo. **agility** [ə'dʒiliti] *n.*

agitate ['adʒiteit] *v.t. & i.* (1) tikisatikisa; wakusha. (2) harakisha; washa. (3) *~ for*, chochea.

ago [ə'gou] *adv.* zamani. *A little while ~*, punde hivi; *ten days ~*, tangu siku kumi.

agony ['agəni] *n.* maumivu makuu.

agonizing ['agənaiziŋ] *adj.* -a kuumiza sana.

agree [ə'gri:] *v.i.* patana; kubali; faa. *~able adj.* -a kupendeza; tayari kwa kupatana. *~ment* n. ugonjwa.

agriculture ['agrikʌltʃə*] *n.* kilimo; ukulima.

ague ['eigju] *n.* homa ya kutetemesha, baridi.

ahead [ə'hed] *adv. & pred. adj.* mbele (ya). (*colloq.*) *go ~*, endelea.

ahoy [ə'hoi] *int.* sauti ya kuita, hasa ya kibaharia.

aid [eid] *v.t. & n.* saidia; msaada.

ail [eil] *v.t. & i.* uguza; taabisha; ugua: *What ~s him?* Ana nini? *~ment* n. ugonjwa.

aim [eim] *v.t. & i.* (1) piga shabaha; linga. (2) piga. (3) kusudia; azimu. — *n.* shabaha; kusudi; nia. *~less adj.* pasipo nia.

air [eə*] *n.* (1) hewa; anga; upepo. (2) *by ~*, katika ndege; *~ force*, ndege zote za nchi fulani kwa kutumiwa wakati wa vita; *on the ~*, katika simu ya hewani: *What's on the ~ this evening?* Kuna mambo gani kusikilizwa usiku huu katika simu ya hewani? (3) umbo; sura: *He has the ~ of being deaf*, ana umbo la uziwi; *put on ~s*, takabari. — *v.t.* (1) anika. (2) acha hewa kuingia. (3) onyesha au tangaza fikira kwa watu wengine.

air- *prefix*. **~borne** *adj.* (kwa ndege) -lioanza kuruka hewani; (kwa watu, askari, &c.) -liochukuliwa katika ndege hewani. **~conditioned** *adj.* (kwa vyumba au magari) -liotengenezwa kuwa na hewa daima isiyo na joto wala na baridi. **~craft** *n.* (*sing. & pl.*) ndege. **~line** *n.* kampuni yenye ndege za kuchukua abiria na bidhaa. **~liner** *n.* ndege kubwa ya kuchukua abiria. **~man** *n.* mtu aongozaye ndege. **~port** *n.* kituo cha ndege (eropleni), penye forodha, &c. **~screw** *n.* rafardha ya ndege.

aisle [ail] *n.* sehemu ya kanisa kwa marefu.

ajar [ə'dʒa:*] *adv.* (kwa mlango) wazi kidogo.

akin [ə'kin] *pred. adj.* -a damu moja; -a jamaa moja. (*fig.*) sawa (na).

alabaster ['aləba:stə*] *n.* namna ya jiwe jeupe lililofanana na marmar.

alacrity [ə'lakriti] *n.* wepesi; bidii.

alarm [ə'la:m] *n.* (1) kamsa, sauti au dalili ya kuonya kuwa hatari ni karibu; chombo cha kupigia kelele ili kuonya watu. *~ clock*, saa yenye kengele ya kuamshia mtu usingizini. (2) hofu, wasiwasi, iliyoletwa kwa hatari iliyo karibu. — *v.t.* piga kamsa, julisha hatari.

alas [ə'la:(:)s] *int.* ole!

albino [al'bi:nou] *n.* zeru.

album ['albəm] *n.* kitabu cha kutilia picha, &c.

alcohol ['alkəhol] *n.* (1) dawa iliyo nguvu ya pombe. (2) (*chem.*) jamaa ya vitu vyenye dawa hiyo. **~ic** [ˌalkə'holik] *adj.*

alcove ['alkouv] *n.* shubaka, nafasi ndogo ya pembeni katika chumba.

ale [eil] *n.* namna ya pombe.

alert [ə'lə:t] *adj.* -epesi; tayari; -a macho.

algebra ['aldʒibrə] *n.* hesabu in-

ALIAS [8] **ALPHABET**

ayotumia herufi badala ya tarakimu.

alias ['eiliəs] *n.* jina la mtu lakini si jina lake la kweli.

alibi ['alibai] *n.* udhuru kudai ya kuwa mtu aliyeshtakiwa hakuwapo pale jambo lilipotendeka.

alien ['eiliən] *adj.* (1) -geni. (2) ~ *to*, -enye tabia zisizo sawa na. *n.* mgeni.

¹ **alight** [ə'lait] *pred. adj.* (be) waka; ng'aa. (*fig.*) face(*s*) ~ *with happiness*, -enye uso uoyeshao furaha.

² **alight** [ə'lait] *v.i.* (1) shuka (kutoka motakaa, &c.). (2) tua: *The bird ~ed on a branch*, ndege alitua katika tawi.

align [ə'lain] *v.t.* weka, panga, vitu vitatu au watu watatu au zaidi katika mstari ulio sawa.

alike [ə'laik] *pred. adj.* sawasawa.

alive [ə'laiv] *pred. adj.* (1) -zima; hai. (2) be ~ *to*, tambua.

all [o:l] *adj.* -ote. — *adv.* pia; kabisa. *at* ~, hata kidogo. (*colloq.*) *He is* ~ *there*, yu macho; tayari. — *pron.* -ote.

allay [ə'lei] *v.t.* tuliza; punguza.

allege [ə'ledʒ] *v.t.* toa neno kama la jambo la hakika; dai kuwa jambo ni kweli; ~ *that sb. is a thief*, dai kuwa fulani ni mwizi. **allegation** [ale'geiʃn] *n.*

allegiance [ə'li:dʒəns] *n.* utii umpasao raia.

allegory ['aligəri] *n.* fumbo la maneno.

alleviate [ə'li:vieit] *v.t.* tuliza, punguza ukali wa maumivu, &c.

alley ['ali] *n.* njia ndogo katika mji, kichochoro.

alliance [ə'laiəns] *n.* ushirika.

alligator ['aligeitə] *n.* namna ya mamba wa kontinenti la *America*.

alliteration [ə,litə'reiʃn] *n.* mpango wa maneno mawili au zaidi yenye herufi za kwanza zilizo na tamko lile lile. *e.g. kitu kikubwa kikali kilichoanguka kilikatika.*

allocate ['aləkeit] *v.t.* gawanya.

allot [ə'lot] *v.t.* (-*tt*-) gawanya; awadha. ~**ment** *n.* mgawo, hasa katika Uingereza konde dogo lililopangwa kwa kulima mboga.

allow [ə'lau] *v.t. & i.* (1) ruhusu; acha: *Smoking is not ~ed*, Hakuna ruhusa kuvuta tumbako. (2) kubali. (3) kubali kutoa (fedha, nafasi): ~ *a child a shilling a week*, mtolea mtoto shilingi moja kila wiki. (4) ~ *for*, hesabia; kumbuka na kuweka tayari; acha nafasi ya kutosha. ~**ance** *n.* haki, sehemu (hasa ya posho, chakula, au fedha). *make ~ances for, e.g. we must make ~ances for his youth*, imetupasa kukumbuka kuwa ni kijana na kwa hayo kupunguza uzito wa jambo.

alloy ['aloi] *n.* mchanganyiko wa madini. *v.t.* [ə'loi] changanya madini.

allude [ə'lu:d] *v.i.* (*to*) taja katika kusema au kuandika. **allusion** [ə'lu:ʒn] *n.*

allure [ə'ljuə*] *v.t.* vuta; vuta kwa werevu au kwa uzuri; tongoza. ~**ment** *n.* kitu kivutacho.

alluvial [ə'lu:viəl] *adj.* -a matope ya mito.

ally [ə'lai, 'alai] *v.t.* (1) ungana (hasa kwa nia muhimu): *countries which were allied*, nchi zilizokuwa zimeunganishwa kwa vita. (2) wia, wiana; lingana: *cf. be closely related* (*to*). — *n.* ['alai] rafiki; mtani **allied** ['alaid] *adj.* -liounganishwa kwa mapatano; mtani, *pl.* watani.

almanac ['o:lmənak] *n.* kalenda; takwimu.

almighty [o:l'maiti] *adj.* -enye nguvu zote. *The A.., God*, Mwenyezi Mungu.

almost ['o:lmoust] *adv.* karibu sana; nusura.

aloft [ə'loft] *adv. & pred. adj.* juu; (kwa merikebu) juu sana katika mlingotini.

alone [ə'loun] *adv. & pred. adj.* pekee.

along [ə'loŋ] *prep. & adv.* (1) kwa mbele; katika. (2) ~ *with*, pamoja na. — *adv. Come ~!* Haya! Njoo! *All ~*, wakati wote. ~**side** [ə'loŋsaid] *adv. & prep.* mbavuni ; kando (ya), karibu (ya): *go alongside* (*of ship, jetty, &c.*), karibia; ambaa.

aloof [ə'lu:f] *adv. & pred. adj.* mbali ; -a kujitenga.

aloud [ə'laud] *adv.* kwa sauti kubwa; badala ya kunong'ona.

alpha ['alfə] *n.* herufi ya kwanza ya alfabeti ya Kiyunani.

alphabet ['alfəbet] *n.* herufi za lugha zilizopangwa katika taratibu ya kawaida, yaani a, b, c (ch), d, &c., alfabeti. ~**ic**(**al**) [,alfə'betik(l)] *adj. in ~ica order* kwa taratibu ya ~.

alpine ['alpain] *adj.* -a kuhusu *Alps* au milima mirefu.

already [o:l'redi] *adv.* kabla ya wakati upasao. *It is done* ~, imekwisha fanyika.

also ['o:lsou] *adv.* na; tena; vilevile; pia.

altar ['o(:)ltə*] *n.* (1) madhabahu. (2) (katika kanisa la Kikristo) meza panapopokewa Ushirika Mtakatifu: *lead a woman to the* ~, oa mwanamke.

alter ['o(:)ltə*] *v.t. & i.* badili; geuza; badilika; geuka.

altercation [,o(:)ltə'keiʃn] *n.* ugomvi; ubishani wa maneno makali.

alternate [o(:)l'tə:nit] *adj.* -a moja baada ya moja; -a kila -a pili; (kwa tarehe, tarakimu, &c.) -a kwanza -a tatu, &c., -a pili -a nne, &c.: *They met on* ~ *days*, walikutana kila siku ya pili. — *v.t. & i.* ['o:ltəneit] (1) (kwa vitu vya namna mbili) kuja, fanya, tia, panga, kwa zamu; badili (kitu kimoja) kwa kingine: *Wet days* ~d *with sunny days*, siku za mvua zilifuatana na siku za jua; ~ *kindness with severity*, fuatisha upole kwa ukali. (2) (kwa vitu viwili) fuatana, *alternating current*, mkondo (wa elektrisiti) unaobadilika kwa zamu, maana huenda hurudi kwa uzi mmoja. **alternative** [o(:)l'tə:nətiv] *adj.* -a kuchagua baina ya vitu viwili. — *n.* hiari ya mambo mawili; shauri la pili. *I had to go; there was no* ~, ilinilazimu kwenda; sikuwa na shauri la pili.

although [o:l'ðou] *conj.* ijapokuwa; ijapo; ingawa.

altitude ['altitju:d] *n.* urefu (wa kwenda juu angani), kimo.

altogether [,o:ltə'geðə*] *adv.* (1) pamoja, kwa jamii: *I will take them* ~, nitavichukua pamoja. (2) hasa; kabisa: *It's* ~ *untrue*, ni la uwongo kabisa.

altruism ['altruizm] *n.* tabia ya kupenda wengine kuliko nafsi. **altruist** *n.* **altruistic** *adj.*

amalgamate [ə,malgəmeit] *v.t. & i.* unganisha; changanya.

amass [ə'mas] *v.t.* fanya chungu ya; kusanya (hasa kwa mali).

amateur ['amətə] *n.* mtu atendaye kazi ya ufundi au sanaa kwa kupenda, si kwa uchumi au mshahara; mchezaji michezo bila kutazamia pato. (*cf. professional*). ~**ish** *adj.* si kamili; si stadi sana.

amaze [ə'meiz] *v.t.* staajabisha: shangaza.

ambassador [am'basədə*] *n.* mjumbe, balozi mkuu apelekwaye katika nchi za taifa nyingine na mfalme, au serikali, ya nchi yake.

amber ['ambə*] *n.* kaharabu, namna ya gundi iliyogeuka hata ikawa kama jiwe, yenye rangi ya manjano.

ambiguity [,ambi'gjuiti] *n.* (kwa maneno au mafungu ya maneno) maana isiyo dhahiri au inayofahamika kuwili. **ambiguous** [am'bigjuəs] *adj.*

ambition [am'biʃn] *n.* (1) tamaa ya kuwa maarufu, tajiri, &c. (2) cheo ambacho hutamani kukifikilia.

ambulance ['ambjuləns] *n.* gari au namna ya machela ya kuchukulia wagonjwa.

ambush ['ambuʃ] *n.* kuweka tayari watu kwa kuotea wengine njiani. *v.t. & i.* otea njiani; vizia kwa siri.

ameliorate [ə'mi:liəreit] *v.t. & i.* tengeneza au fanya -zuri zaidi; endelea; tengenea; ondokea.

amen ['a:'men, 'ei'men] *n. & int.* amin, na iwe.

amenable [ə'mi:nabl] *adj.* (*to*) (1) (kwa watu) -sikivu; -epesi kuongozwa au kushawishiwa. (2) (kwa vitu) -a kujaribiwa: *This case is not* ~ *to ordinary rules*, shauri hilo si la kujaribiwa kwa sheria za kawaida.

amend [ə'mend] *v.t. & i.* (1) fanya -zuri zaidi; sahihisha; tengeneza hatia: *You must* ~ *your ways*, lazima uwe mzuri zaidi kwa mwenendo. (2) badilisha (sheria, kanuni, &c.). ~**ment** *n.* badilisho la sheria, kanuni, &c. ~**s** *n. pl.* kwa Kisw. hutumia *vb.* *make* ~**s**, ridhisha; lipa.

amenity [ə'mi:niti] *n.* (1) uzuri. (2) kitu kinachosaidia kuleta uzuri au furaha.

amiable ['eimiəbl] *adj.* -a kupendeka; -pole; -ema. **amiability** *n.*

amicable ['amikəbl] *adj.* -a urafiki; -a amani.

amid(st) [ə'mid(st)] *prep.* kati ya; katikati ya; miongoni mwa. **amidships** *adv.*

amiss [ə'mis] *pred. adj. & adv.* -siyo sahihi; -siyo barabara. *take sth.* ~ chukizwa; udhika.

ammunition [ˌamjuˈniʃn] *n.* zana za vita, hasa risasi na baruti.

amnesty [ˈamnesti] *n.* msamaha wa watu walioikosa serikali.

among(st) [əˈmʌŋ(st)] *prep.* miongoni mwa; katikati ya; baina ya.

amorous [ˈamərəs] *adj.* -epesi kupenda wanawake; -a kuonyesha shauku.

amount [əˈmaunt] *v.i.* pata kiasi (cha) au kadiri ya. — *n.* (1) yote pamoja; jumla. (2) kiasi; kadiri.

ampere [ˈampeə*] *n.* kipimo cha nguvu ya umeme (elektrisiti).

amphibian [amˈfibjən] *n.* mnyama awezaye kuishi nchi kavu na majini pia. **amphibious** *adj.*

amphitheatre [ˈamfiˌθiətə*] *n.* jumba namna ya mviringo lenye safu za viti kwa watazamao michezo ichezwayo katika uwanja wa katikati.

ample [ˈampl] *adj.* (1) -kubwa; -enye nafasi kubwa. (2) zaidi ya kutosha: *Ten shillings will be ~ for my needs,* shilingi 10 zatosha kabisa kwa haja zangu.

amputate [ˈampjuteit] *v.t.* kata (*e.g.* mkono au mguu). **amputation** *n.*

amuck [əˈmʌk] *adv.* run ~, shikwa na wazimu na kupiga mbio huku na huku na kudhuru watu.

amulet [ˈamjulet] *n.* talasimu; hirizi.

amuse [əˈmjuːz] *v.t.* pendeza; zungumza; chekesha; furahisha. ~ment *n.* kupendezwa; kufurahi; kitu cha kufurahisha.

anaemia [əˈniːmjə] *n.* upungufu wa damu; kuwa na damu dhaifu.

anaesthesia [ˌanisˈθiːzje] *n.* hali ya kutosikia (maumivu, baridi, &c.).

anaesthetic [ˌanisˈθetik] *n.* dawa ya kuleta hali hiyo; (*colloq.*) dawa -a kufanya nusu kaputi.

analogy [əˈnalədʒi] *n.* (1) ulinganifu, au patano la kitu kimoja kwa kitu kingine: *the ~ between the heart and a pump,* moyo kufanya kazi mfano wa bomba. (2) kuleta sababu au kuthibitisha maneno kwa kutumia mfano. **analogous** [əˈnaləgəs] *adj.* -a kulinganika; -a mfano.

analyse [ˈanəlaiz] *v.t.* changanua; tenga mbalimbali sehemu za kitu kizima. **analysis** [əˈnalisis] *n.* tendo la kutenga hilo. **analyst** [ˈanəlist] *n.* mtu -afanyaye kazi hiyo.

anarchy [ˈanəki] *n.* ukosekano wa serikali; machafuko ya mambo ya utawala. **anarchism** [ˈanəkizm] *n.* kufikiri kama hakuna haja ya serikali wala utawala. **anarchist** *n.* mtu afikiriye hivyo.

anatomy [əˈnatəmi] *n.* elimu ya mwili na vyungo vyake jinsi vilivyo; elimu hiyo iliyopatikana kwa kutenga sehemu za mwili.

ancestor [ˈansistə*] *n.* mzazi; babu; jadi. **ancestral** [anˈsestrəl] *adj.* **ancestry** [ˈansistri] *n.* wazazi wote wa mtu fulani.

anchor [ˈaŋkə*] *n.* nanga: *weigh ~,* ng'oa nanga; *lie (be, ride) at ~,* meli kukaa mahali ikifungwa kwa nanga. — *v.t. & i.* funga nanga; tia nanga. ~**age** [ˈaŋkəridʒ] *n.* mahali panapokaa meli.

ancient [ˈeinʃənt] *adj.* (1) -a kale; si -a siku hizi: *the ~ Greeks,* Wayunani wa kale.

anecdote [ˈanikdout] *n.* hadithi fupi juu ya mtu au jambo la kweli.

angel [ˈeindʒl] *n.* malaika; mjumbe wa Mungu. ~**ic** [anˈdʒelik] *adj.* -ema tena -takatifu na -zuri.

anger [ˈaŋgə*] *n.* hasira. **angry** [ˈaŋgri] *adj.* -a hasira: *be ~,* kasirika.

¹**angle** [ˈaŋgl] *n.* pembe; nukta ikutanapo mistari miwili.

²**angle** [ˈaŋgl] *v.i.* vua samaki kwa ndoana na chambo. ~ *for,* (*fig.*) jaribu kupata kitu kwa hila au werevu.

Anglican [ˈaŋglikən] *n. & adj.* -a kanisa la Kiingereza.

anglicize [ˈaŋglisaiz] *v.t.* fanya kitu kiwe cha Kiingereza.

Anglo- [ˈaŋglou] *prefix* -a Kiingereza.

anguish [ˈaŋgwiʃ] *n.* uchungu.

animal [ˈaniml] *n.* mnyama; hayawani. (*attrib.*) -a mwili si -a moyo wa mtu: ~ *needs,* mahitaji ya mwili; ~ *spirits,* tabia ya kujiona kuwa mwenye afya nzuri na furaha.

animate [ˈanimeit] *v.t.* -amsha na huisha: *A smile ~d her face,* uso wake ulikuwa unafurahi. *The discussion was ~d (i.e. lively),* mazungumzo yalikuwa ya nguvu. **animation** *n.*

animosity [ˌaniˈmositi] *n.* machukio; chuki.

ankle [ˈaŋkl] *n.* kifundo cha mguu.

annals [ˈanlz] *n. pl.* habari za zamani; habari zilizotungwa kila mwaka za elimu mpya; habari za kila mwaka ya mambo ya chama.

annex [ə'neks] *v.t.* unga; nyang'anya (nchi au shamba). — *n.* (*also annexe*) ['aneks] *n.* jengo dogo lililounganishwa na jengo kubwa. ~**ation** [,anek'seiʃn] *n.* kujitwalia; kunyang'anya.

annihilate [ə'naiəleit] *v.t.* haribu kabisa. **annihilation** [ə,naiə'leiʃn] *n.*

anniversary [,ani'və:səri] *n.* sikukuu ya ukumbusho wa jambo kila mwaka.

announce [ə'nauns] *v.t.* tangaza (habari, jina la mgeni au mnenaji, &c.); onyesha; -wa dalili ya. ~**r** *n.* (*hasa*) mtu atangazaye mazungumzo ya kusikika katika simu ya hewani. ~**ment** *n.* tangazo.

annoy [ə'noi] *v.t.* sumbua; chokoza.

annual ['anjuəl] *adj.* (1) -a kila mwaka. (2) -liodumu kwa muda wa mwaka mmoja. — *n.* (1) mmea unaodumu kwa mwaka mmoja kisha hufifia. (2) kitabu, &c., kisichobadili jina lake lakini kiletacho habari mpya mara moja kila mwaka. ~**ly** *adv.*

annul [ə'nʌl] *v.t.* (-*ll*-) tangua (sheria, patano, &c.); (katika sheria) futa; ondoa faida yote ya.

anoint [ə'noint] *v.t.* paka mafuta au dawa ya mafuta, hasa kwa matendo ya ibada.

anomalous [ə'noməles] *adj.* -siofuata kawaida. **anomaly** [ə'noməli] *n.* kitu kisichofuata kawaida.

anonymous [ə'noniməs] *adj.* bila jina, au -enye jina lisilojulikana na watu: *an* ~ *gift*, zawadi iliyotolewa na mtu ambaye jina lake halijulikani; *an* ~ *letter*, barua isiyotiwa jina.

answer ['a:nsə] *n. & v.t. & i.* (ma)jibu, (katika kuhesabu) jawabu; jibu; itika. ~ *back*, jibu bila adabu, hasa ambapo hutiwa adabu; ~ *a purpose*, tosha au-faa; ~ *for*, (i) pasiwa; diriki, *cf. be responsible for;* (ii) ridhisha; lipia, *cf. atone for;* ~ *to, cf. correspond to;* ~ *to a description,* -wa sawa na sifa iliyotolewa. ~**able** *pred. adj.* diriki; pasiwa.

ant [ant] *n. soldier* ~, chungu; *termite, white* ~, mchwa; *brown* ~, siafu; *red* ~, maji moto; *small black* ~, sisimizi; *nyenyere*. ~**hill** *n.* kichuguu.

antagonize [an'tagonaiz] *v.t.* mfanya mtu adui wako. **antagonist** *n.* adui. **antagonistic** [an,tago-'nistik] *adj.* **antagonism** [an-'tagonizm] *n.* chuki; ushindani.

antarctic [ant'a:ktik] *adj.* -a nchi ya kusini ya dunia.

ante- ['anti-] *prefix* mbele ya. ~**date** *v.t.* (1) tia tarehe katika barua au *cheque* iliyo mbele ya tarehe ya kweli. (2) tangulia kwa wakati. ~**natal** *adj.* kabla ya kuzaliwa. ~**room** *n.* chumba kidogo kilicho mwingilio wa kingine kikubwa.

antecedent [,anti'si:dnt] *n.* (1) (*grammar*) *noun* au *noun-clause* ambalo *pronoun* hulihusu ('*man*' in *the man who came yesterday*). (2) (*pl.*) matendo, tabia, desturi na habari zilizokwisha pita za mtu au za watu.

antelope ['antiloup] *n.* mnyama ye yote wa jamii ya paa.

anthem ['anθem] *n.* wimbo wa dini. *national* ~, wimbo wa nchi.

anthropology [,anθrə'polədʒi] *n.* elimu ihusuyo habari zote za binadamu; lakini hasa ya mapokeo, dini na desturi za watu.

anti- ['anti-] *prefix* kinyume cha; kushindana na; kuepua na. *e.g.* ~-*aircraft guns*, mizinga ya kupigia eropleni za vita.

anticipate [an'tisipeit] *v.t.* (1) fanya au tumia kabla ya wakati utazamiwao. (2) fanya tendo kumtangulia mtu mwingine. (3) tazamia mbele na kuwahi kufanya. (4) tazamia.

antics ['antiks] *n. pl.* kichezo, mara nyingi cha kuchekesha; matendo ya furaha.

antidote ['antidout] *n.* kizuiacho dhara ya kitu kilicholiwa au mambo yaliyotendewa. *e.g.* dawa inayoharibu nguvu ya sumu, &c.

antique [an'ti:k] *adj.* -a kikale; -a kufuata namna ya kikale. — *n.* kinachosalia kutoka zamani.

antiquity [an'tikwiti] *n.* zamani za kale.

antiseptic [,anti'septik] *n. & adj.* dawa izuiayo vidonda visioze au vijidudu visizaliane.

An anvil

anvil ['anvil] *n.* fuawe.

anxiety [aŋ'zaiəti] *n.* (1) mashaka; wasiwasi. (2) tamaa. **anxious** ['aŋkʃəs] *adj.* -enye mashaka; -a kuleta mashaka; -enye tamaa (ya kufanya tendo au kupata kitu).

any ['eni] *pron. & adj. There is not* ~, hapana hata kidogo; -o -ote; ~*one*, ~*body*, ye yote, awaye yote, &c.

apart [ə'pa:t] *adv.* mbali; mbalimbali. *cf. separately*, moja moja.

apartment [ə'pa:tmənt] *n.* (1) (*pl.*) vyumba pamoja na vyumbo vya kupangishwa kwa wiki au mwezi. (2) chumba cha kukalia.

apathy ['apəθi] *n.* utepetevu. **apathetic** [apə'θetik] *adj.* -tepetevu.

ape [eip] *n.* nyani. — *v.t.* iga mambo na matendo.

aperient [ə'piəriənt] *n. & adj.* dawa ya kuharisha; -a kuharisha.

aperture ['apətjuə⁎] *n.* kipenyo (mara nyingi huwa kidogo tena chembamba), hasa cha kuingiza mwangaza katika chombo.

apex ['eipeks] *n.* kilele; ncha.

apocrypha [ə'pokrifə] *n.* baadhi ya vitabu vya Maandiko Matakatifu visivyokubaliwa na Wayahudi wala kwa kanuni za Kanisa la Kiingereza. ~**l** *adj.* -a uwongo.

apology [ə'polədʒi] *n.* (1) maneno ya kujitetea (ya kuomba radhi). (2) udhuru. **apologize** *v.i.* omba radhi. **apologetic** [ə,polə'dʒetik] *adj.*

apostle [ə'posl] *n.* (1) mmojawapo wa mitume kumi na wawili wa Yesu Kristo. (2) kiongozi, au mfunzi, wa ibada au wa jamii ya watu wenye shauri moja. **apostolic** *adj.*

apostrophe [ə'postrəfi] *n.* alama katika maandishi '.

appal [ə'po:l] *v.t.* (-*ll*-) tisha; fadhaisha.

apparent [ə'parənt] *adj.* (1) dhahiri, wazi. (2) -a kuonekana. *The ~ cause but not the real one, was* . . ., sababu iliyoonekana lakini si sababu ya kweli, ilikuwa . . . .

apparition [,apə'riʃn] *n.* kuonekana kwa mzuka au mzimu.

appeal [ə'pi:l] *v.i.* (1) omba. (2) (*to*) taka hukumu ya jaji mkuu. (3)~*to*, vuta macho, tamaa; tazamisha. — *n.* (1) tendo la kuomba: *an* ~ *for mercy*, lalamiko; ~ *to a higher court*, rufani. (2) mvuto; kutamanisha.

appear [ə'piə⁎] *v.i.* (1) onekana; fika. (2) onekana kuwa. (3) (kwa mchezaji, mhubiri, &c.) -ja hadhara ya watu. ~**ance** *n.* (1) tendo la kuonekana, la kuhudhuria. (2) kadiri ionekanavyo.

appease [ə'pi:z] *v.t.* tuliza; ridhisha. ~**ment** *n.*

append [ə'pend] *v.t.* tia au ongeza mwishoni. ~**age** [ə'pendidʒ] *n.* kilichotiwa mwishoni; kilichoungwa na; sehemu ya kitu kikubwa. ~**ix** [ə'pendiks] *n.* (1) (*pl. -ices* [-isi:z]) kilichotiwa mwishoni, hasa mwisho wa hati au kitabu. (2) (*pl. -ixes* [-iksiz]) kifuko kidogo kinachotokeza katika chango ya tumbo. **appendicitis** [ə,pendi'saitis] *n.* ugonjwa wa ~*ix*.

appertain [,apə'tein] *v.i.* ~ *to*, pasa; husu.

appetite ['apitait] *n.* tamaa, hasa njaa ya chakula. **appetizing** *adj.* -a kutamanisha; (*of food*) -a kuchapukia.

applaud [ə'plo:d] *v.t. & i.* sifu kwa kupiga makofi. **applause** [ə'plo:z] *n.* vifijo.

apple ['apl] *n.* mti au tunda la Kizungu. taz. picha.

An apple and a half

appliance [ə'plaiəns] *n.* chombo; samani; ala.

applicant ['aplikənt] *n.* mdai; mwombaji; mletaji haja.

application [,apli'keiʃn] *n.* (1) tendo la kuomba; haja (*cf. request*). (2) mpako. (3) bidii.

apply [ə'plai] *v.t. & i.* (1) leta haja. (2) tumia: ~ *the brake*, tumia kizuizo; ~ *a bandage*, funga bendeji. (3) ~ *oneself to*, jitia kwa bidii. (4) husu (*cf. concern*). **applied** *ppl. adj.* -liotumiwa kwa kufanya kazi.

appoint [ə'point] *v.t.* (1) weka saa, siku, au mahali pa kukutana. (2) chagua na kutaja jina la mtu kwa kazi fulani: ~ *a secretary*, chagua mwandishi na kutaja jina lake. ~**ment** *n.* (1) tendo la kuweka tarehe au mahali pa kuku-

tana. (2) cheo cha kazi. (3) mapatano ya kukutana na mtu.
appreciable [ə'priːʃəbl] *adj.* -a kadiri iwezayo kuonekana.
appreciate [ə'priːʃieit] *v.t. & i.* (1) fahamu, tambua au kufurahia vyema. (2) thamini; shukuru kwa: *He ~d his help*, alimshukuru kwa msaada wake. (3) zidi thamani: *This land has ~d greatly since 1940*, thamani ya shamba hili imezidi sana tangu mwaka wa 1940, **appreciation** *n.* **appreciative** *adj.*
apprehend [ˌæpriˈhend] *v.t.* (1) fahamu. (2) ogopa. (3) kamata (mwizi, &c.). **apprehension** *n.* **apprehensive** *adj.* -enye hofu.
apprentice [əˈprentis] *n.* mwanafunzi wa kazi. — *v.t. bind as an ~: I apprenticed him to a shoemaker*, nalimfanya mwanafunzi wa mshoni viatu.
approach [əˈproutʃ] *v.t. & i.* (1) karibia. (2) mwendea fulani na kuomba kitu: *~ one's employer for higher pay*, mwendea bwana na kuomba mshahara uongezwe. — *n.* (1) tendo la kukaribia. (2) njia ya kufikilia mahali, au mtu, au kitu. (3) kitu au hali iliyo karibu na.
approbation [ˌæproˈbeiʃn] *n.* ukubali; idhini.
appropriate [əˈproupriit] *adj.* -a kufaa kwa kusudi, kwa jambo, &c. — *v.t.* [əˈprouprieit] (1) jitwalia. (2) weka upande (kwa kazi muhimu). **appropriation** [əˌprouprɪˈeiʃn] *n.*
approval [əˈpruːvl] *n.* kibali; idhini.
approve [əˈpruːv] *v.t. & i.* sifu; penda; kubali.
approximate [əˈprɔksimit] *adj.* -a karibu sawa. — *v.t. & i.* leta au kuwa karibu (na bei, &c.). **approximation** [əˌprɔksiˈmeiʃn] *n.*
April [ˈeiprəl] *n.* mwezi wa nne wa mwaka wa Kizungu.
apron [ˈeiprən] *n.* vazi au kipande cha kitambaa cha kuvalia mbele, hasa kufunika mavazi yasichafuke wakati wa kufanya kazi.
apt [æpt] *adj.* (1) -epesi kwa kujifunza. (2) -zuri; -a kufaa: *an ~ remark*, neno la kufaa. (3) -elekevu: *he is ~ to forget*, huelekea kusahau. **~ly** *adv.* kwa wakati au namna ifaayo.
aptitude [ˈæptitjuːd] *n.* wepesi; utayari.

aqueduct [ˈækwidʌkt] *n.* mferejī wa maji.
arable [ˈærəbl] *adj.* (kwa ardhi) -a kulimika.
arbitrary [ˈɑːbitrəri] *adj.* -a kufuata shauri lake badala ya sababu nzuri: *e.g. an ~ decision*, hukumu isiyotokea sababu nzuri; -shupavu.
arbitrate [ˈɑːbitreit] *v.t. & i.* hukumu, amua baina ya watu wawili, hasa kwa matakwa yao.
arc [ɑːk] *n.* mkato au sehemu ya kizingo cha duara. **~-light** *n.* taa kubwa ya elektrisiti itumiwayo kandokandó ya barabara, &c.
arcade [ɑːˈkeid] *n.* njia yenye maduka iliyoikizwa dari.
¹**arch** [ɑːtʃ] *n.* (1) jengo la tao

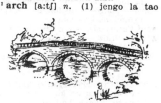

A bridge with three arches

linalochukua njia juu yake: *a bridge with three ~es*, daraja lenye matao matatu. (2) tao lililojengwa kama pambo au mlango. — *v.t. & i.* (1) fanya kama tao: *The cat ~ed its back when it saw the dog*, paka alifanya mgongo wake kama tao alipomwona mbwa. (2) -wa kama tao. **~way** *n.* = arch¹.
²**arch** [ɑːtʃ] *adj.* taz. *playful*.
arch- [ɑːtʃ] *prefix* -kuu. **~bishop** *n.* askofu mkuu. **~deacon** *n.* kasisi mkuu.
archaeology [ˌɑːkiˈɔlədʒi] *n.* maarifa ya mambo ya kale.
archaic [ɑːˈkeiik] *adj.* -a kale isiyotumika sana; (kwa lugha) isiyotumika siku hizi.
archer [ˈɑːtʃə] *n.* mpigaji upindi.
archipelago [ˌɑːkiˈpeləgou] *n.* bahari yenye visiwa vidogo vingi.
architect [ˈɑːkitekt] *n.* mwandishi wa ramani za majengo asimamiaye kazi ya kujenga. **~ure** *n.* maarifa ya ujenzi; ujenzi. **~ural** [ˌɑːkiˈtektʃərəl] *adj.*
archives [ˈɑːkaivz] *n. pl.* mahali pawekwapo hati na tarehe na historia ya siku zilizopita.

arctic ['a:ktik] *adj.* -a kaskazini sana; *(colloq.)* baridi sana.

ardour ['a:də*] *n.* shauku; hali ya kujaa upendo; bidii. **ardent** ['a:dənt] *adj.*

arduous ['a:djuəs] *adj.* (kwa kazi) -gumu.

area ['eəriə] *n.* (1) kipimo cha eneo; eneo. (2) sehemu ya dunia.

arena [ə'ri:nə] *n.* uwanja wa katikati ya *amphitheatre* ya Kirumi wa kuchezea; *(fig.)* mahali pa kushindania.

argue ['a:gju] *v.i. & t.* (1) leta sababu (za kusaidia na kupinga mashauri, &c.): ~ *sb. into (out of) sth.*, leta sababu ili kumshawishi mtu afanye (asifanye) kitu. (3) dhihirisha kwa maneno.

arid ['arid] *adj.* -kavu sana; -kame.

arise [ə'raiz] *v.i.* (*arose*, *arisen*) (1) tokea; tukia: *A new difficulty has arisen*, shida mpya imetukia. (2) toka (katika). (3) (la zamani) ondoka; inuka.

aristocracy [,aris'tokrəsi] *n.* (1) utawala kwa watu wa koo zilizo bora. (2) watu wenye hali zilizo bora. (3) jamaa ya watu wa hali hiyo.

aristocrat ['aristəkrat] *n.* mtu wa ukoo ulio bora au wa cheo kilicho bora.

ark [a:k] *n.* (katika Agano la Kale) chombo kikubwa alichounda Nuhu kabla ya gharika; sanduku kubwa.

arm [a:m] *n.* (1) mkono. (2) (*pl.*) silaha. *in* ~s, -enye silaha. (3) jeshi la askari wa nchi: *the air* ~; *the infantry* ~. (4) (*pl.*) sanamu itumikayo kwa kuonyesha jamii ya ukoo ulio bora, mji, &c., *coat of* ~s, sanamu iliyopigwa katika ngao, &c. — *v.t. & i.* (1) -pa silaha; jiweka tayari kwa vita. (2) -pa kitu cha kulinda au cha kufaa: ~ *sb. with answers to likely questions*, mpa mtu majibu kwa maulizo yanayoelekea kuulizwa.

armament ['a:məmənt] *n.* (1) jeshi lenye silaha; tengeneo la vita. (2) zana za vita, hasa mizinga ya manowari.

armistice ['a:mistis] *n.* mapatano ya kuacha vita kwa muda.

armour ['a:mə*] *n.* (1) kifuniko cha chuma kwa mwili, kwa manowari, tengesi (yaani vifaru vya vita), &c. (2) magari ya kupigania vita (hasa tengesi) yaliyofunikwa kwa chuma.

army ['a:mi] *n.* (1) jeshi. (2) jamaa ya watu walioandikwa kwa kazi maalum: *The Salvation Army*, Jeshi la Wokofu.

aroma [ə'roumə] *n.* harufu nzuri; nukato.

arose *past tense* ya **arise**.

around [ə'raund] *adv. & prep.* pande zote (za); kuzunguka.

arouse [ə'rauz] *v.t.* amsha; washa.

arrange [ə'reindʒ] *v.t.* (1) tengeneza. (2) fanya shughuli ya: *cf. make plans (for)*; ~ *a date for a meeting*, weka tarehe kwa mkutano. (3) patana; tuliza: *cf. settle*.

arrears [ə'riəz] *n. pl.* (1) kisicholipwa; deni. (2) iliyobaki kufanywa, kama kazi au barua zilizobaki zisizoandikwa bado.

arrest [ə'rest] *v.t.* (1) simamisha; zuia. (2) vuta macho ya mtu. (3) kamata kwa nguvu ya sheria za nchi. — *n.* tendo la kukamata: *make an* ~, kamata. ~**ing** *adj.* -a kuvuta macho.

arrive [ə'raiv] *v.i.* (1) fika; wasili. (2) ~ *at*, patanisha: *cf. settle, agree on*.

arrival [ə'raivl] *n.* mfiko; majilio.

arrogant ['arəgənt] *adj.* -enye kiburi.

arrow ['arou] *n.* (1) mshale. (2) dalili au alama kama mshale.

arrowroot ['arouru:t] *n.* wanga.

arsenal ['a:sənl] *n.* ghala kubwa ya kuwekea silaha na zana.

arson ['a:sn] *n.* tendo la kuteketeza nyumba (shamba, &c.) za watu.

art [a:t] *n.* (1) kazi ya binadamu. (2) elimu pamoja na ustadi wa kuumba vitu vinavyoridhisha moyo kwa njia za anasa ya mwili. (3) sanaa. (4) werevu; ujanja. ~**ful** *adj.* -erevu. ~**less** *adj.* -jinga; -a kitoto.

artery ['a:təri] *n.* mshipa mkubwa upelekao damu moyoni mpaka kila sehemu ya mwili.

article ['a:tikl] *n.* (1) kitu. (2) nakala. (3) sharti, *i.e. separate clause or item in an agreement*. (4) (*grammar*) *a, an, au the*.

articulate [a:'tikjulit] *adj.* (1) (kwa matamko) -enye kutamkwa vizuri. (2) (kwa watu) -enye kudhihirisha fikira na maono kwa usemi wa dhahiri. — *v.t. & i.* [a:'tikjuleit] sema, tamka, kwa dhahiri tena vizuri.

artificial [ˌa:ti'fiʃl] *adj.* si -a asili; -liofanywa na watu kwa kuiga viumbe vya asili; -a uwongo.

artillery [a:'tiləri] *n.* mizinga, hasa yenye gurudumu; jeshi la vita litumialo mizinga.

artisan [ˌa:ti'zan] *n.* fundi katika kazi yake.

artist ['a:tist] *n.* fundi, hasa mfanya kazi za sanaa, kama kuandika picha za rangi; aliye fundi kabisa. ~**ic** [a:'tistik] *adj.*

as [az, əz] *conj. & adv.* (1) *as hard as iron,* -gumu kama chuma; *as (like) me,* kama mimi: kama hivi; *as, thus, like this.* (2) *as you like,* kama upendavyo; *a thing such as a book,* kitu kama kitabu. (3) *cf. while, as he was going,* alipokuwa akienda.

asbestos [az, as'bestos] *n.* kitu kama jiwe la nyuzinyuzi (kimefanana sana na pamba au katani iliyogandamizwa pamoja) kizuiacho moto na joto lisipenye, wala hakiungui.

ascend [ə'send] *v.t. & i.* paa; kwea; panda. ~**ancy**, ~**ency** [ə'sendənsi] *n.* hali ya kuwa na uwezo mwingi wa kushinda: *gain an ~ancy over one's enemies,* pata uwezo wa kushinda adui. ~**ant,** ~**ent** [ə'sendənt] *n. in the ~ant,* -liozidi kupata heshima na uwezo. **ascension** [ə'senʃn] *n. the A.,* kupaa mbinguni Yesu Kristo. **ascent** [ə'sent] *n.* tendo la kupanda: *the ascent of a mountain,* njia ya kupanda mlima.

ascertain [ˌasə'tein] *v.t.* hakikiya; pata kujua.

ascribe [əs'kraib] *v.t.* (1) hesabia; *He ~d his failure to bad luck,* alihesabia bahati mbaya kuwa sababu ya kukosa kwake. (2) singizia; zulia; zua. **ascription** [əs'kripʃn] *n.*

ash [aʃ] *n.* (1) *(sing. or pl.)* jivu, majivu. (2) majivu ya maiti aliyechomwa.

ashamed [ə'ʃeimd] *pred. adj.* (*be*) ona haya; aibika.

aside [ə'said] *adv.* upande; kando. — *n.* maneno ya katika michezo) ambayo wachezaji wengine wasijie wayasikie.

ask [a:sk] *v.t. & i.* (1) *cf. request,* taka; omba. (2) ~ *a question,* uliza; hoji. (3) *cf. invite,* alika; karibisha.

asleep [ə'sli:p] *adv. & pred. adj.* (1) (*be*) lala; sinzia. (2) (kwa viungo vya mwili) -fa ganzi.

aspect ['aspekt] *n.* (1) sura. (2) upande nyumba (kitu, jambo) inapoelekea; *a house with a southern* ~, nyumba inayoelekea kusini.

asphalt ['asfalt] *n.* namna ya lami ngumu itumiwayo kwa kutandazwa juu ya barabara.

aspire [əs'paiə*] *v.i.* (*to*) taka sana; tamani.

aspirin ['aspirin] *n.* dawa ya vidonge ya kutuliza maumivu ya kichwani.

ass [as] *n.* punda; mjinga: *Don't make such an ~ of yourself,* usipuzike hivi.

assassinate [ə'sasineit] *v.t.* ua kwa siri au kwa ghafula.

assault [ə'so:lt] *v.t. & n.* rukia; shambulia. — *n.* shambulio la ghafula kama vita.

assemble [ə'sembl] *v.t. & i.* (1) kusanya; kusanyika. (2) tia pamoja tena kutengeneza sawasawa sehemu za mashini. **assembly** *n.*

assent [ə'sent] *v.i. & n.* (*to*) kubali; kiri.

assert [ə'sə:t] *v.t.* (1) sema kwa nguvu. (2) dai. ~ *oneself,* jitokeza; jidai. ~**ive** *adj.*

assess [ə'ses] *v.t.* hesabu kadiri ya, hasa ya ushuru, &c. ~**ment** *n.* ~**or** *n.*

asset ['aset] *n.* (1) mali ya mtu au kampani, &c., iwezayo kutumiwa kwa kulipa deni. (2) tabia au elimu -enye kufaa.

assiduous [ə'sidjuəs] *adj.* -enye bidii nyingi ya kazi; -tendaji. **assiduity** [ˌasi'djuiti] *n.*

assign [ə'sain] *v.t.* (1) gawanyia. (2) taja, andikia, hesabia, weka tarehe au siku. ~**ment** *n.*

assimilate [ə'simileit] *v.t. & i.* (1) tumia vizuri chakula: *His body cannot ~ potatoes,* viazi havimtulii tumboni; *food that ~s easily,* chakula kitumikacho na kutulia upesi tena vizuri. (2) ingiza wageni katika chama au katika nchi na kuwatulia vizuri. **assimilation** *n.*

assist [ə'sist] *v.t. & i.* saidia. ~**ance** *n.* ~**ant** *n.*

associate [ə'souʃieit] *v.t. & i.* (1) tia pamoja; unganisha watu au mambo katika fikira: ~ *Egypt with the river Nile,* unganisha katika fikira Misri na mto wa Nile. (2) sharikiana na. — *n.* mtu anayesharikiana na wenziwe katika

ASSORTED [16] **ATTACK**

kazi au shughuli. **association** n. maungano; jumuia; bia.

assorted [ə'ʃʊə*] ppl. adj. -a namna mbalimbali; -liyochanganika. **assortment** n. kusanyiko la vitu vya namna nyingi.

assume [ə'sjuːm] v.t. (1) sadiki, pokea kama kuwa ni kweli. (2) twaa. (3) jitilia; jitwalia. **assuming** ppl. adj. -a kujitanguliza. **assumption** n.

assure [ə'ʃʊə*] v.t. (1) ambia kwa hakika. (2) hakikisha. (3) thibitisha. (4) lipa (toa) bima, hasa juu ya maisha yako. ~**dly** [ə'ʃʊərɪdlɪ] adv. bila shaka. **assurance** [ə'ʃʊərəns] n. (1) kuhakikisha au kuhakikika. (2) kujitoshea; matumaini. (3) bima.

asterisk ['astərɪsk] n. alama hii (*).

astern [əs'təːn] adv. shetrini, kwa (katika) nyuma.

asthma ['asmə] n. ugonjwa wa pumu. ~**tic** [as'matɪk] adj.

astir [əs'tə*] adv. & pred. adj. (1) katika kufanya kazi; katika hali ya kufadhaika. (2) -wa macho.

astonish [əs'tɒnɪʃ] v.t. ajabisha; shangaza. ~**ment** n.

astray [əs'treɪ] adv. & pred. adj. (go ~) potea.

astride [əs'traɪd] adv. & pred. adj. kwa kutagaa, mguu mmoja upande huu na mmoja upande huu.

astrology [əs'trɒlədʒɪ] n. elimu, au asili ya elimu, ya nyota, na kuonyesha jinsi nyota zinavyohusiana na mambo ya binadamu.

astronomy [əs'trɒnəmɪ] n. elimu ya nyota na mwezi, &c. **astronomer** n. **astronomical** [,astrə'nɒmɪkl] adj. (1) -a kuhusu ~. (2) -siohesabika kwa wingi.

astute [əs'tjuːt] adj. (1) -janja. (2) -enye akili nyingi. ~**ly** adv. ~**ness** n.

asunder [ə'sʌndə] adv. mbalimbali; vipande vipande.

asylum [ə'saɪləm] n. mahali pa kupumzikia kwa amani tena salama; (la kizamani) nyumba watunzwamo maskini wenye wazimu.

at [at, ət] prep. kwa kawaida hutumika kama: (1) -ni; penye, &c.; kwa au katika. (2) ~ once, mara; mara moja; sasa hivi; ~ all, hata kidogo; not ~ all, sivyo (la!) h.k.; sivyo kabisa. (3) ~ length, cf. finally, hatima; baadaye; mwisho; cf. fully, in detail, kwa maneno mengi, kwa wingi.

ate past tense ya eat.

atheism ['eɪθɪɪzm] n. kutosadiki kuwa yuko Mungu, **atheist** n. asiyesadiki, &c.

athletic [aθ'letɪk] adj. (1) -a michezo ya nje. (2) -enye kupenda michezo hiiyo. ~**s** n. pl. michezo ya nje, hasa mashindano ya mbio, kuruka, &c. **athlete** ['aθliːt] n. mtu ajizoeshaye katika michezo hiiyo.

atlas ['atləs] n. kitabu cha ramani.

atmosphere ['atməsfɪə*] n. (1) hewa; anga izungushayo dunia. (2) hewa ya mahali. (3) kusikia moyoni (mema, mabaya, &c.) ambako hutokea mahali, tabia, &c.: an ~ of peace and calm, kujiona kuwa katika amani tena starehe. **atmospheric** [,atməs'ferɪk] adj. atmospheric conditions yaani tabia ya nchi na hewa. **atmospherics** n. pl. machafuko katika simu ya upepo yanayotokea nguvu za umeme hewani.

atoll ['atɒl] n. kisiwa kidogo cha matumbawe.

atom ['atəm] n. (1) kitu kidogo kabisa kisichogawanyika. (2) chembe, cf. grain: he hasn't an ~ of sense, hana akili hata chembe. ~**ic** [ə'tɒmɪk] adj. ~**ic bomb**, kombora ipasuliwayo kwa kufungua nguvu zilizomo ~s.

atone [ə'toʊn] v.i. ridhisha; lipia matendo mabaya. ~**ment** n.

atrocious [ə'troʊʃəs] adj. -ovu; -baya mno. **atrocity** [ə'trɒsɪtɪ] n. tendo katili au jovu.

attach [ə'tatʃ] v.t. (1) fungia; fungasha. (2) ona, dhani: I ~ much importance to this, naona ina maana sana. (3) -wa sehemu ya; fuatana na: the advantages ~ing to the position of President, faida inayofuatana na cheo cha President. (4) be ~ed to, penda sana. ~**ment** n. kufungia au kufungiwa. ~**é** [a'taʃeɪ] n. mtu msaidizi wa balozi katika kazi yake.

attack [ə'tak] v.t. & i. (1) endea kwa nguvu; rukia. (2) (kwa vita) shambulia. (3) (kwa ugonjwa) shika; pata. (4) (kwa maneno) bisha; shtaki. — n. (1) mwendeo wa nguvu. (2) shambulio. (3) kushikwa, kupatwa, &c. kipindi: He had a sharp ~ of fever, alishikwa na homa kwa

ATTAIN [17] **AVERAGE**

kipindi kikali. (4) kubisha; mashtaka.

attain [ə'tein] *v.t. & i.* (1) fikia. (2) pata. ~**able** *adj.* ~**ment** *n.* mpato; pato.

attempt [ə'tempt] *n. & v.t.* jaribio; jaribu; jitahidi.

attend [ə'tend] *v.i. & t.* (1) angalia. (2) hudhuria. (3) ngojea (mtu), *cf. serve, wait (upon)*. (4) (*as doctor*) alika; (*as nurse*) uguza. (5) fuatana na, *cf. accompany: a method ~ed by great difficulties*, njia ifuatanayo na shida kubwa. ~**ance** *n.* kungojea; kualikwa, *&c.* ~**ant** *n.* (1) mfuasi, *cf. servant; employee, companion*. (2) ahudhuriaye (mkutano, *&c.*). — *adj.* -a kufuatana na: *old age and its ~ant evils*, uzee na upungufu ufuatanao nao (*e.g.* kutoweza kusikia vizuri).

attention [ə'tenʃn] *n.* (1) kuangalia. (2) (mara nyingi huwa *pl.*) matendo ya adabu. (3) kituo cha kwata: *stand at ~*, simama katika ~*.

attentive [ə'tentiv] *adj.* -angalifu; -sikivu.

attire [ə'taiə*] *v.t. & n.* vaa; mavazi.

attitude ['atitju:d] *n.* (1) namna ya kusimama au kukaa. (2) namna ya kuona, kufikiri au kufanya.

attract [ə'trakt] *v.t.* (1) vuta (kwa nguvu isiyoonekana): *a magnet ~s iron*, sumaku huvuta chuma. (2) pendeza; amsha; vuta macho ya. ~**ion** *n.* ~**ive** *adj.* -a kupendeza.

attribute ['atribju:t] *n.* sifa, dalili, au alama, iliyo kiini cha tabia ya mtu au kitu: *Mercy is an ~ of God*, huruma ni kama kiini cha tabia ya Mungu. — *v.t.* [ə'tribju:t] hesabia; tolea. **attributive** *adj.* (*in grammar*) linalotaja ~, *e.g.* '*the old man*', *old* ni *attributive adjective*.

auburn [ɔ:bən] *adj.* -enye rangi kama hudhurungi.

auction ['ɔ:kʃn] *n.* mnada.

audacious [ɔ:'deiʃəs] *adj.* -jasiri. **audacity** [ɔ:'dasiti] *n.*

audible ['ɔ:dibl] *adj.* -a kusikika.

audience ['ɔ:diəns] *n.* (1) watu waliopo. (2) watu wasikiao. (3) mkutano uliokubaliwa na mkuu.

audit ['ɔ:dit] *v.t.* kagua hesabu. — *n.* mkaguo wa hesabu. ~**or** *n.*

augment [ɔ:g'ment] *v.t. & i.* ongeza; ongezeka.

August ['ɔ:gəst] *n.* mwezi wa nane wa mwaka wa Kizungu.

aunt [a:nt] *n.* shangazi; ndugu wa kike wa baba au mama.

auspices ['ɔ:spisiz] *n. pl. under the ~ of*, kwa msaada wa.

auspicious [ɔ:s'piʃəs] *adj.* heri, -a bahati.

austere [ɔ:s'tiə] *adj.* (1) (kwa mtu) -enye adili. (2) (namna ya kuishi) bila tabia au vitu vya kupasha raha au anasa. **austerity** [ɔ:s'teriti] *n.*

authentic [ɔ:'θentik] *adj.* thabiti; -liojulikana kuwa kweli. ~**ate** [ɔ:'θentikeit] *v.t.* thibitisha kuwa ni kweli.

author ['ɔ:θə*] *n.* (1) mbuni vitabu, michezo, *&c.* (2) muumba.

authority [ɔ:'θɔrəti] *n.* (1) amri; uwezo. (2) -enye amri. (3) mtu mwenye maarifa yawezayo kusadikiwa juu ya jambo fulani: *He is an ~ on old coins*, yu mtu mwenye maarifa mengi juu ya sarafu za kizamani. **authoritative** [ɔ:'θɔritətiv] *adj.* -enye amri au maarifa mengi. **authorize** ['ɔ:θəraiz] *v.t.* tolea fulani amri ya kufanya kitu. **authorization** [,ɔ:θərai'zeiʃn] *n.* mara nyingi huwa sawa na ruhusa ya kufanya kitu.

autobiography [ɔ:təbai'ɔgrəfi] *n.* habari za maisha ya mtu zilizoandikwa na yeye mwenyewe.

automatic [,ɔ:tə'matik] *adj.* (1) -a kujiendea; -a kujiendesha; (kwa mashini) -a kujiendesha bila kuangaliwa. (2) (kwa matendo) -liofanywa bila kufikiri: *Breathing is ~*, kuvuta pumzi hufanywa bila kufikiri.

automobile ['ɔ:təmə,bi:l, ,ɔ:tə'moubi:l] *n.* motakaa.

auxiliary [ɔ:g'ziljəri] *adj.* -a kuongeza nguvu; -a kusaidia. — *n.* kitu au mtu aongezaye nguvu au asaidiaye.

avail [ə'veil] *v.t. & i.* faa. *~ oneself of*, tumia. — *n.* faida. ~**able** *adj.* -a kutumikana; -a kupatikana. ~**ability** [ə,veilə'biliti] *n.*

avenge [ə'vendʒ] *v.t.* lipiza; toa kisasi.

avenue ['avinju:] *n.* (1) njia yenye safu mbili za miti kandokando. (2) (*fig.*) njia ya kufikia au kupatia.

average ['avəridʒ] *n.* (1) hesabu au kiasi cha kadiri; wastani. (2) kadiri ya kawaida au ya siku zote. — *adj.* (1) -a wastani. (2) -a kawaida. — *v.t.* tafuta wastani kwa kuhesabu.

averse [ə'və:s] *adj.* (*to*). be ~ to, topenda; chukia. **aversion** *n.* machukio; kitu au mtu achukiwaye.

avert [ə'və:t] *v.t.* (1) ~ *eyes, gaze, &c.*, geuka ili usitazame. (2) epa; kinga. *cf. avoid*.

aviation [ˌeivi'eiʃn] *n.* ufundi wa kuongoza ndege (eropleni) hewani.

aviator ['eivieitə*] *n.* aongozaye eropleni.

avoid [ə'void] *v.t.* epuka.

await [ə'weit] *v.t.* ngojea.

awake [ə'weik] *pred. adj.*, *v.i. & t.* (*p.t.* **awoke**). (1) *He is* ~, yu macho. (2) amka; amsha. ~**n** *v.t. & i.* amsha; amka.

award [ə'wo:d] *n.* (1) hukumu. (2) zawadi baada ya hukumu, hasa kwa michezo. — *v.t.* toa kama zawadi.

aware [ə'weə*] *pred. adj.* (be) jua; fahamu.

away [ə'wei] *adv.* mara nyingi maana yake kutoka, kutengana na, *e.g. he has gone* ~, amekwenda zake; *he is* ~, hayuko, hako; *he lives some distance* ~ *from here*, akaa mbali kidogo kutoka hapa.

awe [o:] *n.* hofu kwa ajili ya kitisho au heshima kuu. — *v.t.* tisha. ~**some** *adj.* -a kutisha. **awful** ['o:ful] *adj.* (1) -a kutisha, *cf. dreadful*. (2) (*colloq.*) -baya sana; -kubwa sana.

awhile [ə'wail] *adv.* kwa muda kidogo.

awkward ['o:kwəd] *adj.* (1) siyo -epesi kutumika; -a kuleta shida au hatari: *an* ~ *corner*, pembe ya kuleta hatari. (2) (kwa mtu au mnyama) -jinga; si stadi. (3) -a kuleta au -enye matata.

awl [o:l] *n.* msharasi; chombo cha kutobolea vitundu vidogo.

awning ['o:niŋ] *n.* pazia.

awoke, taz *awake*.

axe [aks] *n.* shoka. — *v.t.* uzulu kazini kwa sababu ya ukosefu wa kazi.

axiom ['aksiəm] *n.* neno linalokubaliwa na wote wenye akili.

axis ['aksis] *n.* (*pl.* **axes** ['aksi:z]) mstari wa kuwazika tu ambao kwao kitu kinazunguka kama pia. *The world revolves on its* ~ *once in twenty-four hours*, dunia huzunguka katika *axis* yake mara moja kila muda wa saa ishirini na nne.

axle ['aksl] *n.* mti au chuma cha katikati ya gurudumu au magurudumu mawili ambacho kwacho gurudumu (au magurudumu) huzunguka.

B

babble ['babl] *v.i. & .* payuka; puza; fumbua siri.

babe [beib] *n.* (*liter.*) baby, mtoto mchanga.

babel ['beibl] *n.* makelele, hasa ya sauti nyingi pamoja.

baboon [bə'bu:n] *n.* nyani mkubwa.

baby ['beibi] *n.* taz *babe*.

bachelor ['batʃələ] *n.* (1) mwanamume asiyeoa bado. (2) (*attrib.*) -a kumstahili mtu asiyeoa: *a* ~ *house*, nyumba iliyo stahili ya mtu asiyeoa. (3) mtu aliyehitimu katika *University* na kupewa daraja la kwanza humo: *B. of Arts*.

back [bak] *n.* mgongo; sehemu iliyo nyuma. — *adv.* nyuma; kinyume. — *v.i. & t.* (1) enda au endesha nyuma: ~ *a car into a garage*. (2) saidia; *cf. support*. ~ *down*, acha kudai au kuomba, *&c.*; ~ *out of (a promise or undertaking)*, jitoa katika agano au jambo; ~ *a horse*, pinga ya kuwa frasi atashinda wengine kwa kupiga mbio au kwa kuruka. ~**er** *n.* msaidizi; mpingaji. ~**fire** *n.* kishindo kiletwacho kwa *gas* iliyowaka vibaya katika mashini kama motakaa. — *v.i.* piga kishindo hivi. ~**ground** *n.* (1) sehemu ya sanamu ionekanayo kuwa mbali sana: *keep (stay) in the* ~*ground*, kaa nyuma ili usionekane. (2) upande wa juu (*e.g.* wa kitambaa cha nguo) uliopo sanamu, *&c.* (3) mambo ya maisha yaliyokwisha pita au malezi au ulimwengu. ~**ing** *n.* msaada; jamii ya wasaidizi; kitu kitandacho sehemu ya kitu iliyo nyuma. ~**slide** *v.i.* (kwa mtu) sahau desturi njema na kurudi katika desturi zilizo mbaya. ~**ward** (*adj.*) -sioendelea vizuri: *a* ~*ward child*, mtoto asiyeendelea vizuri katika masomo yake. ~**wards** *adv.* nyuma; kinyume. ~**water** *n.* (1) sehemu ya mto ambayo mkondo wa mto haufikii. (2) mahali pasipohusiana na mambo na maendeleo ya dunia. ~**woods** *n. pl.* mwitu.

bacon ['beikən] *n.* nyama ya nguruwe iliyotiwa chumvi na kutengenezwa isioze.

bad [bad] *adj.* -baya; -baya; *cf. evil, wicked, -ovu.* — *n.* ovu, maovu. *go to the ~,* potelea mbali; *200s. to the ~,* -enye deni ya shs. 200; *go ~, cf. become rotten,* oza; vunda.

bade *past tense* ya *bid.*

badge [badʒ] *n.* alama; dalili ya kujulisha mtu au kitu.

bag [bag] *n.* mfuko. — *v.t.* tia katika mfuko; (*colloq.*) twaa. — *v.i.* nepa katika makunjo.

baggage ['bagidʒ] *n.* vyombo; mizigo.

¹ **bail** [beil] *v.t.* dhamini. *~ (sb.) out,* dhamini mtu ili awekwe huru. — *n.* dhamana.

² **bail** [beil] *n.* kijiti kimoja cha viwili vinavyowekwa juu ya *stumps* katika mchezo wa *cricket.*

³ **bail** [beil] *v.t. & i.* kumba maji katika chombo.

bait [beit] *n.* chambo. — *v.t.* tia chambo katika ndoana; chokoza; sumbua; *cf. worry, annoy.*

bake [beik] *v.t. & i.* (1) oka. (2) kausha au kauka kwa joto la jua au la moto. **~r** *n.* mwokaji mikate. **~ry** *n.* mahali ambapo *~r* hufanya kazi yake.

balance ['baləns] *n.* (1) mizani. *in the ~,* mwisho au matokeo hayajajulikana bado. (2) hali ya kuwa sawasawa kabisa. (3) tofauti baina ya safu mbili za hesabu (fedha zilizopokewa na fedha zilizolipwa). **~-sheet,** hati ya kuonyesha fedha zilizopokewa na zilizolipwa. (4) (*colloq.*) -liobaki. — *v.t. & i.* (1) simama au simamisha imara tena sawasawa: *~ (oneself) on one foot,* jiimarisha sawasawa katika mguu mmoja. (2) pambanisha vitu viwili, mashauri mawili, *&c.* (3) hesabu fedha zilizopokewa na zilizolipwa na kuandika jumla itakwayo kwa kusawazisha pande zote mbili.

A balance

A balcony

balcony ['balkəni] *n.* roshani.

bald [bo:ld] *adj.* (1) -enye upara; bila nywele wala manyoya, wala majani, *&c.* (2) (*fig.*) -tupu; -siopambawa.

bale [beil] *n.* (1) robota. (2) pengine hutumika badala ya ² *bail.* — *v.i. ~ out,* ruka kutoka eropleni kwa msaada wa *parachute.*

¹ **ball** [bo:l] *n.* tufe; mpira.

² **ball** [bo:l] *n.* dansa ya watu wengi katika jumba kubwa.

ballad ['baləd] *n.* wimbo usimuliao hadithi; utenzi.

ballet ['balei, 'bali] *n.* (1) ngoma ya kuigiza hadithi au historia. (2) wachezaji ngoma hiyo.

balloon [bə'lu:n] *n.* mfuko mkubwa uliojaa namna ya hewa nyepesi wa kurukia juu hewani.

ballot ['balət] *n.* kura; chaguo la siri kwa kuweka karatasi katika sanduku. — *v.i.* chagua kwa *ballot.*

bamboo [bam'bu:] *n.* mwanzi.

ban [ban] *v.t.* (*-nn-*) kataza; rufuku. — *n.* taŋgazo la kuharimisha.

banana [bə'na:nə] *n.* (*fruit*) ndizi; (*plant*) mgomba.

band [band] *n.* (1) kipande chembamba cha kitambaa au cha chuma, *&c.* cha kufungia au cha kuungia. (2) utepe; ukanda. (3) jamii; kundi. (4) *~ of musicians,* jamii ya wapigaji ngoma au ya kutembeza askari. **~age** ['bandidʒ] *n.* utambaa, kitambaa.

bandit ['bandit] *n.* mnyang'anyi, haramia, hasa mmoja wa jamii ya watu wakaao katika milima au mwitu.

bang [baŋ] *n.* shindo. — *v.t. & i.* piga sana; fanya kishindo.

bangle ['baŋgl] *n.* bangili.

banish ['baniʃ] *v.t.* hamishia mbali; (*fig.*) sahau shughuli zote. **~ment** *n.*

banisters ['banistəz] *n. pl.* safu za viguzo vyenye ubao juu upande wa ngazi.

banjo ['bandʒou] *n.* zeze la Kizungu, gambusi.

¹ **bank** [baŋk] *n.* (1) fungu jembamba la mchango, udongo, *&c.*: *low ~s of earth between rice-fields,* mafungu membamba ya udongo katikati ya makonde ya mpunga. (2) ukingo wa mto, *&c.*

Banisters

(3) fungu kubwa, mara nyingi huwa panapana, (la mchanga, theluji, mawingu, &c.), hasa lililoletwa kwa nguvu za upepo au maji. — *v.t. & i.* (1) fanya fungu; ~ *up a fire*, funika kwa makaa na uvumbi na kayagandamiza ili moto uwake polepole kwa muda mkubwa. (2) (kwa eropleni) -wa na bawa moja juu ya bawa la pili wakati wa kugeuka.

²**bank** [baŋk] *n.* nyumba ya kuwekea au kubadili fedha, banki; benki. ~*-clerk*, karani wa benki; ~ *holiday*, (katika Uingereza) siku (si Jumapili) ambayo benki zote huamriwa kufungwa; ~ *note*, noti ya fedha. — *v.t.* weka (fedha, &c.) katika benki. ~**er** *n.* mkubwa aangaliaye kazi ya benki.

bankrupt [baŋkrʌpt] *n.* mtu aliyefilisika. — *adj.* -a kufilisika. ~ *in (of)*, pasipo kabisa: ~ *of ideas*, pasipo mashauri kabisa. ~**cy** *n.* kufilisika.

banner ['banə*] *n.* bendera (au tangazo) iliyotwekwa katika mti mmoja au miwili.

banns [banz] *n. pl.* tangazo la ndoa.

banquet ['baŋkwit] *n.* karamu hasa ya taratibu.

baptism ['baptizəm] *n.* ubatizo. ~**al** [bap'tizməl] *adj.* -a ubatizo.

baptize [bap'taiz] *v.t.* batiza, yaani kutia maji mtu au kumtia majini na kumpa jina.

bar [ba:*] *n.* (1) kitu kirefu tena kigumu, kama mchi, wa chuma, mti, sabuni, &c.): *an iron* ~, pao la chuma. (2) kipingo, piugo. (3) kipingo; kizuizi. (4) fungu la mchanga au matope mlangoni mwa mto au mwa bandari. (5) ukanda mwembamba: *a* ~ *of silver across the sky*. (6) baraza ya hukumu. (7) *the B.*, jamii ya wanasheria. (8) pa kuuzia pombe. (9) kipimo cha muziki cha kusomeka au kusikika. — *v.t.* (-*rr*-) (1) pingia njia; kinga; zuia. (2) kataza. — *prep.* (*also* ~**ring**) isipokuwa.

barb [ba:b] *n.* mwiba kama ule wa chembe cha mshale au wa ndoana. ~**ed** *adj.* -enye miiba hiiyo: ~*ed wire* uzi mwenye miiba.

barbarian ['ba:beəriən] *n.* mshenzi. **barbaric** [ba:'barik] *adj.* -a kishenzi; -katili. **barbarism** ['ba:bərizəm] *n.* hali ya kishenzi. **barbarity** [ba:'bariti] *n.* ukatili. **barbarous** ['ba:bərəs] *adj.* -shenzi; -katili.

barber ['ba:bə*] *n.* kinyozi.

bare [beə*] *adj.* (1) -tupu, pasipo mavazi au mapambo: ~*-headed*, pasipo kofia au kifuniko kichwani. — *v.t.* fanya -tupu; funua; vua. ~**ly** *adv.* (1) pasipo mapambo. (2) kwa shida.

bargain [ba:gin] *n.* (1) patano la kununua au kuuza. (2) kitu kilichonunuliwa rahisi. *into the* ~, zaidi; kama ongezo. — *v.i.* (*for*), tazamia.

barge [ba:dʒ] *n.* mashua kubwa; tishari la kutumikia mtoni au bandarini, &c. — *v.i.* (*colloq.*) gonga, gongana na. ~**e** [ba:'dʒi] *n.* mtu kama nahodha wa ~.

¹**bark** [ba:k] *n.* gome; ganda.

²**bark** [ba:k] *n. & v.i.* lia kama mbwa au mbwcha.

³**bark**, **barque** [ba:k] *n.* (1) merikebu ya matanga yenye milingoti mitatu au minne. (2) (*liter.*) merikebu yoyote.

barley ['ba:li] *n.* shayiri.

barn [ba:n] *n.* ghala ya nafaka.

barometer [bə'romitə*] *n.* mizani ya hewa.

barrack ['barək] *n.* (mara nyingi huwa *pl.*) nyumba wakaamo kikosi cha askari; jengo kubwa lisilopendeza kwa umbo lake.

barrage ['bara:ʒ, ba'ra:ʒ] *n.* (1) boma la kuzuia maji mtoni. (2) kupiga mizinga mingi pamoja kwa muda.

barrel ['barəl] *n.* (1) pipa kama katika picha. (2) mtutu.

barren ['barən] *adj.* (1) (*of land*) kame; jangwa. (2) (*of females*) tasa; (*of animals, plants, trees*) -siozaa. (3) (*fig.*) -a bure; bila faida.

barricade [,bari'keid] *v.t. & n.* zuia kwa boma; boma.

A barrel

barrier ['bariə*] *n.* kizuio.

barring *prep.* taz. *bar*, *prep.*

barrow ['barou] *n.* gari dogo (lenye gurudumu moja au mawili).

barter ['ba:tə*] *v.t. & n.* badilisha mali, bidhaa, &c.: badilishana. — *n.* badilishano la mali au bidhaa.

¹**base** [beis] *n.* (1) upande au se-

BASE [21] **BEAR**

hemu ya chini ya kitu. (2) mahali pa kuwekea zana za vita, &c. (3) mahali pa kuanzia au kusimamia vitendo. ~**less** adj. bila sababu au msingi. ~**ment** n. sehemu ya jengo iliyo chini ya usawa wa ardhi.

²**base** [beis] adj. (1) (kwa watu) tabia, fikira zao, &c., -ovu. (2) (kwa madini) -a thamani ndogo.

baseball ['beisbo:l] n. mchezo wa Amerika uchezwao kwa kibao cha kupigia mpira utupwao na mtu.

bashful ['baʃful] adj. -enye haya.

basic ['beisik] adj. -a msingi.

basin ['beisn] n. (1) bakuli. (2) mahali panapokusanyika maji (e.g. chini ya chemchemi au poromoko la maji). (3) bandari ya kilindi. (4) eneo la nchi ambalo maji yaliyomo huchukuliwa na mto; kama bonde.

bask [ba:sk] v.i. ota jua.

basket ['ba:skit] n. kikapu, kapu.

bastard ['bɑstəd] n. mwana wa haramu.

¹**bat** [bat] n. kibao kama kafi cha kuchezea mpira, hasa kwa cricket na baseball. — v.i. (-tt-) tumia ~. ~**sman** n. atumiaye ~.

²**bat** [bat] n. popo.

batch [batʃ] n. fungu; jamii, kundi.

bath [ba:θ] n. (1) chombo cha kuogea. (2) (pl.) nyumba ambamo huoga na pengine kuogelea katika kidimbwi cha maji. —v.t. & i. osha, oga.

bathe [beið] v.t. & i. (1) ogesha, oga katika bahari, mto, kidimbwi, &c. (2) ogesha, oga. (3) (kwa nuru) ng'ariza. — n. tendo la kuoga, hasa la kuogelea baharini.

battalion [bə'taljən] n. jeshi la askari wapata 1,000.

¹**batter** ['batə*] v.t. & i. gongagonga.

²**batter** ['batə*] n. unga na maji yaliyochanganywa na kufanywa laini.

battery ['batəri] n. (1) jamii ya mizinga. (2) chombo cha kutengeneza nguvu ya umeme (elektrisiti), bateri.

battle ['batl] n. vita; mapigano.

bawl [bo:l] v.t. & i. piga kelele; lia kwa sauti kubwa.

bay [bei] n. ghuba.

bayonet ['beiənit] n. singe; upanga wa bunduki.

bazaar [bə'za:*] n. (1) penye maduka (katika nchi za Mashariki). (2) duka ambamo huuzia nguo na bidhaa nyinginezo rahisi. (3) mnada kwa kupata fedha kwa kazi za huruma, e.g. Red Cross.

be [bi:] v.i. -wa.

be- prefix maana yake -ote au kabisa e.g. ~*grimed*, -chafu kabisa; ~*flagged*; -liopambwa kwa bendera nyingi sana.

beach [bi:tʃ] n. pwani. — v.t. pweleza.

beacon ['bi:kən] n. (1) taa ya kuonya eropleni zilizotiwa katika bahari, pwani, au juu ya milima na nyumba kubwa. (2) (la zamani) moto mkubwa wa kujulisha hatari au furaha.

bead [bi:d] n. (1) ushanga. (2) tone la jasho, la maji.

beak [bi:k] n. mdomo wa ndege.

beam [bi:m] n. (1) boriti ya mti (mchi) au chuma. (2) upana wa merikebu. (3) mwali wa jua; wa simu ya upepo.

bean [bi:n] n. mbegu kama jamii ya kunde, choroko, haragwe.

¹**bear** [beə*] v.t. & i. (bore, borne). (1) chukua. (2) zaa (taz. born). (3) onyesha: ~ signs of, onyesha dalili (alama) za; ~ sb. out, kubali kuwa fulani asemalo ni kweli. (4) vumilia: she can't ~ cats, hawezi kuvumilia paka. (5) geuka; ongoza; himiza: ~ to the right, geuka (ongoza) kwa upande wa kulia; bring one's energies to ~ on the task, himiza kazi. (6) ~ up, stahimili; vumilia kwa uhodari; ~ on sb. (press sb.), shawishi; husiana na, cf. refer to; ~ in mind, kumbuka; ~ oneself (well, &c.) tenda (vizuri, &c.); jichukua kwa uzuri, &c.; ~ arms, chukua na tumia silaha; ~ a hand, saidia. ~**able** adj. -a kustahimilika.

²**bear** [beə*] n. dubu. Great (Little)

A bear

B., makundi mawili ya nyota zinazoonekana angani katika sehemu ya kaskazini ya dunia.

beard [biəd] *n.* ndevu. ~ed ['biədid] *adj.* ~less *adj.*

beast [bi:st] *n.* (1) mnyama; hayawani. (2) mtu mwenye desturi za hayawani. ~ly *adj.* -a kuchukiza; -siopendeza.

beat [bi:t] *v.t. & i.* (*beat, beaten*). (1) piga (hasa kwa fimbo); tia adabu kwa kupiga; (kwa nyali za jua, mvua, *&c.*) piga sana. (2) shinda. (3) (kwa moyo, mabawa ya ndege, *&c.*) piga. — *n.* (1) pigo. (2) kipimo cha muziki. (3) zamu (hasa ya wapolisi).

beauty ['bju:ti] *n.* uzuri; urembo. **beautiful** *adj.*

beaver ['bi:və*] *n.* mnyama mdogo wa jamii ya panya akaaye majini na nchi kavu pia; manyoya yake.

because [bi'koz] *conj.* kwa sababu (ya), kwa ajili (ya).

beckon ['bekən] *v.t. & i.* pungia mkono; ashiria; konyeza. **beck** *n.* *be at sb.'s beck and call,* -wa chini ya amri ya fulani.

become [bi'kʌm] *v.i. & t.* (*became*) (1) pata kuwa. (2) geuka. (3) ~ *of, cf. happen to, What has ~ of him?* Amekuwaje ? (4) falia; pendeza: *That hat ~s you,* kofia ile inakufalia, au inapendeza sana.

bed [bed] *n.* (1) kitanda; malalo. (2) msingi. (3) safu; kunjo. (4) udongo ulio chini ya bahari, mto au ziwa. (5) tuta kwa mimea.

bee [bi:] *n.* nyuki. *make a ~-line for,* -enda kwa njia iliyo fupi kutoka mahali mpaka mahali pengine. ~hive *n.* mzinga wa nyuki. ~s-wax *n.* nta.

beech [bi:tʃ] *n.* namna ya mti wa Uingereza na Ulaya.

beef [bi:f] *n.* nyama ya ng'ombe.

beer [biə*] *n.* pombe; malenga; kangara.

beet [bi:t] *n.* mboga yenye shina tamu. *red ~,* ipikwayo na kuliwa kama mboga; *white ~,* itumikayo kufanyiza sukari.

A beetle

beetle ['bi:tl] *n.* mdudu mwenye mabawa atambaaye wa jamii ya mende.

before [bi'fo:*] *prep. & conj.* kabla (ya); mbele (ya).

beg [beg] *v.t. & i.* (*-gg-*) omba; taka. *food which is going ~ging,* chakula kisichotakiwa. *I ~ to differ,* siwezi kukubali; *I ~ your pardon,* niwie radhi; kunradhi.

beget [bi'get] *v.t.* (*begot, begotten*) (la zamani) zaa.

beggar ['begə*] *n.* mwombaji.

begin [bi'gin] *v.t. & i.* (*began, begun*) anza; ingia.

behalf [bi'ha:f] *n. on (in) ~ of, cf. for, in the interest of,* kwa ajili ya: *on (in) his (their, &c.) ~,* kwa ajili yake, yao, *&c.*

behave [bi'heiv] *v.i.* tenda; enda; jiweka; endesha. **behaviour** [bi'heivjə*] *n.* mwenendo.

behead [bi'hed] *v.t.* kata kichwa.

behind [bi'haind] *prep. & adv.* nyuma (ya); baada (ya). — *n.* kitako, *cf. buttocks.*

behold [bi'hould] *v.t.* (*beheld*) (la zamani, *liter.*) ona, hasa kitu cha kuvuta macho au kisicho cha kawaida.

being ['bi:iŋ] *n.* (1) kuwa. (2) kiumbe. (3) *The Supreme Being,* Mungu.

belch [beltʃ] *v.t. & i.* ungulia; piga mbweu.

belfry ['belfri] *n.* mnara au chumba mnarani mnamowekwa kengele.

belief [bi'li:f] *n.* (1) imani; shahada. (2) dhana; wazo.

believe [bi'li:v] *v.t. & i.* amini; sadiki. *~ in,* aminia.

bell [bel] *n.* kengele.

bellicose ['belikous] *adj.* -gomvi.

belligerent [bi'lidʒərənt] *n.* mfanya vita.

bellow ['belou] *v.i. & n.* uga, lia kama ng'ombe.

bellows ['belouz] *n.* mivuo; mivukuto.

belly ['beli] *n.* tumbo, taz. *abdomen.* — *v.i.* (pengine ~ *out*), hutumika kwa matanga yavimbapo kwa kuvuliwa kwa upepo.

belong [bi'lɔŋ] *v.i.* (1) ~ *to,* -wa mali ya; -wa mwanachama. (2) -wa na haki kuwapo, -wapo kwa haki: *Does the dog ~ here?* Mbwa ana haki kuwapo hapa? ~ings *n. pl.* mali yaani vitu (lakini si shamba, duka, *&c.*).

beloved [bi'lʌvd] *pred. adj.* (1) pendwa. (2) [bi'lʌvid] *attrib. adj. & n.* -penzi, mpenzi.

below [bi'lou] *adv. & prep.* chini (ya).

belt [belt] *n.* (1) mshipi; ukanda. (2) ukanda mrefu wa ngozi wa kuunganisha magurudumu na kuendesha mashini.

bench [bentʃ] *n.* (1) ubao wa kukalia. (2) meza ya kazi. (3) kiti cha kadhi; kadhi, kundi la makadhi (majaji) katika baraza la hukumu.

bend [bend] *v.t. & i.* (bent) (1) pinda; kunja. (2) pindika; geuka; ongoza (akili, macho, &c.): ~ *one's mind to one's work*, ongoza akili zote kazini, yaani fanya kazi kwa bidii. *bent on*, -enye nia; -enye bidii. — *n.* pindi.

beneath [bi'ni:θ] *adv. & prep.* chini (ya).

benediction [ˌbeni'dikʃn] *n.* mbaraka.

benefaction [ˌbeni'fakʃn] *n.* ufadhili (hasa kutoa fedha kwa kazi za huruma; fedha zilizotolewa hivyo).

benefactor ['benifaktə*] *n.* mfadhili; mtenda mema.

beneficent [bi'nefisənt] *adj.* -fadhili.

benificiary [ˌbeni'fiʃəri] *n.* apataye faida kwa kutajwa katika usia la mfu.

benefit ['benifit] *n.* faida; fadhili; maendeleo; ufadhili. — *v.t. & i.* falia; faa.

benevolent [bi'nevələnt] *adj.* -paji; karimu.

benign [bi'nain] *adj.* (1) (kwa watu) -ema; -a upole. (2) (kwa magonjwa) si -zito.

bent [bent] *vb. past tense* ya **bend**. — *n.* tabia; maelekeo ya mtu: *She has a ~ for sewing*, aelekea kuwa hodari sana kwa kushona.

bequeath [bi'kwi:ð] *v.t.* rithisha; usia; achia. **bequest** [bi'kwest] *n.* kuachia; kitu kilichorithiwa.

bereaved [bi'ri:vd] *ppl. adj.* (be)fiwa; twaliwa. **bereavement** *n.* kufiwa.

berth [bə:θ] *n.* (1) kijumba melini au garini. (2) mahali pa meli kutia nanga na kukaa gatini. *give a wide ~ to*, epa; ambaa. (3) (*colloq.*) kazi.

beseech [bi:si:tʃ] *v.t.* (*besought* [bi'so:t]) sihi; omba sana.

beside [bi:said] *prep.* kando ya. *He is ~ himself with anger*, amerukwa na akili kwa sababu ya hasira yake. *That is ~ the question*, hiyo ni mbali. ~*s prep. & adv.* zaidi (ya), juu (ya); tena.

besiege [bi'si:dʒ] *v.t.* zingia; zunguka; shambulia kwa pande zote. ~ *sb. with requests*, omba sana kwa nguvu.

besought *past tense* ya **beseech**.

best [best] *adj. & adv.* afadhali; bora; vizuri sana. ~ *man*, rafiki amsaidiaye bwana arusi siku ya arusi.

bestial ['bestjəl] *adj.* -a hayawani; -a kuchukiza; kama hayawani.

bestir [bi'stə:*] *v.t.* (-rr-) ~ *oneself*, jiamsha; jishughulisha.

bestow [bi'stou] *v.t.* (1) -pa. (2) weka.

bet [bet] *v.t. & i.* (-*tt*-) pinga, weka sharti. — *n.* sharti ya bahatisho.

betray [bi'trei] *v.t.* (1) haini; danganya. (2) fumbua siri (ama kwa bahati mbaya ama kwa kusudi). (3) toa dalili ya; onyesha.

betroth [bi'trouð] *v.t.* fanya uchumba; oza. ~*ed n.* mchumba.

better ['betə*] *adj. & adv.* bora, afadhali; vizuri zaidi.

between [bi'twi:n] *prep. & adv.* katikati (ya); baina (ya); kati (ya). ~-*whiles*, pengine pengine (wakati si mahali). ~ *ourselves*, siri yetu; kati yetu sisi tu.

betwixt [bi'twikst] *prep. & adv.* (la zamani) katikati (ya). Maana yake sawa na ile ya **between**.

bewail [bi'weil] *v.t.* lilia.

beware [bi'weə*] *v.t. & i.* angalia. Hutumika katika *imperative* na *infinitive*, yaani: Jihadhari! kujihadhari.

bewilder [bi'wildə*] *v.t.* fadhaisha. ~*ment n.*

bewitch [bi'witʃ] *v.t.* loga.

beyond [bi'jond] *adv. & prep.* ng'ambo ya pili (ya); upande wa pili (wa); ~ *measure*, kupita kiasi.

bi- [bai] *prefix* mara mbili; -a mbili; kila mara ya pili.

bib [bib] *n.* kitambaa cha kufunga kuzungusha shingo la mtoto mdogo chini ya kidevu wakati wa chakula.

Bible ['baibl] *n.* Msahafu. **biblical** ['biblikl] *adj.*

biceps ['baiseps] *n.* shavu la mkono katikati ya kiko na bega.

bicycle ['baisikl] *n. & v.i.* baisikeli; panda baisikeli.

bid [bid] *v.t. & i.* (-dd-) (1) (*past tense* na *p.p.* kwa kawaida *bid*) zabuni; pandisha bei. (2) (la zamani), *past tense bade* [bad, beid], *p.p.* bidden ['bidn] amuru; agiza; ambia. *n.* mzabuni; *first bid*, rasimu; *final bid*, shtiri. ~**ding** *n.* do sb.'s ~*ding*, mtii fulani.

bier [biə*] *n.* jeneza.

big [big] *adj.* -kubwa; -kuu; -nene.

bigamy ['bigəmi] *n.* kosa kwa sheria ya Kiingereza na nchi nyingine za Kikristo la kuwa na wake wawili au waume wawili wakati mmoja. **bigamous** *adj. a bigamous marriage.* **bigamist** *n.* mwenye kufanya kosa la ~.

bile [bail] *n.* nyongo; (*fig.*) uchungu.

bilious ['biljəs] *adj.* -enye ugonjwa uletwao na nyongo wa kutaka kutapika.

bilingual ['bai'lingwəl] *adj.* -enye kusema lugha mbili (hasa kutoka utotoni).

bilious, taz. *bile.*

¹ **bill** [bil] *n.* mdomo wa ndege, *cf. beak.*

² **bill** [bil] *n.* (1) hesabu. (2) tangazo lililopigwa chapa la kupokewa mkononi au la kubandikwa ukutani, *&c.* (3) hati yenye habari za sheria mpya. (4) (kwa kazi ya biashara) *B. of Exchange,* hawala; hundi. (5) (*U.S.A.*) noti ya benki. ~**-poster,** ~**-sticker** *n.* mwenye kubandika matangazo kutani.

billiards ['biljədz] *n.* mchezo wa kugonganisha tufe za pembe juu ya meza.

billion ['biljən] *n.* mamilioni milioni, (katika nchi ya Amerika na Ufaransa ni mamilioni elfu).

billow ['bilou] *n.* (*liter.*) wimbi kubwa; (*pl.*) bahari.

bin [bin] *n.* sanduku ya kuwekea nafaka, pengine hutumiwa kwa takataka.

bind [baind] *v.t. & i.* (bound [baund]). (1) funga. (2) jalidi. (3) gandamana; gandamiza. (4) funga kwa ahidi.

binoculars [bi'nokjuləz] *n. pl.* darubini (onambali) ya macho mawili.

biography [bai'ografi] *n.* maandiko ya habari za maisha ya mtu.

biology [bai'olədʒi] *n.* habari za maisha ya watu, wanyama na mimea.

biped ['baipəd] *n.* mnyama au mtu mwenye miguu miwili.

biplane ['baiplein] *n.* eropleni yenye mabawa mawili.

bird [bə:d] *n.* ndege; nyuni.

birth [bə:θ] *n.* uzazi; uzaliwa; kuzaliwa.

biscuit ['biskit] *n.* mkate mdogo mkavu, biskuti.

bisect [bai'sekt] *v.t.* kata sehemu mbili zilizo sawa kabisa.

bishop ['biʃəp] *n.* askofu.

¹ **bit** [bit] *n.* kipande kidogo sana. ~ *by* ~, haba na haba; kidogo kidogo. *a* ~, kidogo: *Wait a* ~, ngoja kidogo.

² **bit** [bit] *n.* (1) lijamu. (2) *a brace and* ~ kekee, ~ ni msumari wa kekee.

³ **bit,** taz. *bite.*

bitch [bitʃ] *n.* mbwa jike.

bite [bait] *v.t. & i.* (*bit* [bit], *bitten* ['bitn]) (1) uma; tafuna. (2) (kwa dawa kali, *acids, &c.*) penya; haribu; (kwa magurudumu, *&c.*) shika; shikamana; sio kuteleza.

bitter ['bitə*] *adj.* (1) -chungu; -kali. (2) -a kuleta huzuni; -gumu kuvumiliwa; -a hasira.

black [blak] *adj.* (1) -eusi; -a giza; -a utusitusi. (2) (*fig.*) -baya; -a hasira; *be in sb.'s* ~ *book*(*s*), topendwa na fulani; -wa umechukiza mtu; ~ *sheep,* mtu mbaya; ~ *market,* kununua au kuuza bidhaa na kuvunja sheria kwa ajili ya kulipa bei isiyo ya haki. — *n.* rangi nyeusi. ~**en** *v.t. & i.* fanya -eusi; -wa -eusi. (*fig.*) *-en a man's character,* vunja heshima ya mtu. ~**guard** ['blaga:d] *n.* mwovu. ~**leg** *n.* mtu akubaliye kufanya kazi ingawa wenzake wametoka kazini kwa ajili ya kutaka kuzidishiwa mshahara. ~**list** *n.* orodha ya majina ya wakosaji (ya watu, vitu, kazi, *&c.*) walioharimishwa kwa sababu fulani. — *v.t.* tia jina la mtu, *&c.*, katika orodha. ~**mail** *v.t.* toza hongo (mrungula, rushwa, *&c.*) kwa udhalimu kwa kuficha habari za kosa kubwa, *&c.* — *n.* hongo hiiyo: mrungula. ~**smith** *n.* mhunzi; mfua chuma.

bladder ['blædə*] *n.* (1) kibofu. (2) mpira wa ndani ya *football*.

blade [bleid] *n.* (1) ubapa, bapa; kengee. (2) jani, kijani. (3) bapa la kasia, *&c.*, yaani sehemu iliyo chini ya maji.

blame [bleim] *v.t.* kuripia; kemea.

BLANDISHMENT [25] **BLOOD**

— n. mashutumu; lawama. ~**less** adj. -sio kosa.

blandishment ['blandiʃmənt] n. (pengine huwa pl.) ubembelezi.

blank [blaŋk] adj. (1) -tupu; -eupe; pasipo maandiko. (2) (kwa uso au macho ya mtu) pasipo maana; -a kipumbavu; -liofadhaika. (3) ~ space, nafasi tupu; ~ wall, ukuta usio na milango wala madirisha; ~ cartridge. kiasi cha bunduki kisicho na risasi, ila baruti tu.— n. uwazi.

blare [bleə*] n. mlio kama ule wa tarumbeta, &c. — v.t. lia sana kama mlio wa tarumbeta.

blaspheme [blas'fi:m] v.t. & i. nenea Mungu. **blasphemous** ['blasfəməs] adj. **blasphemy** ['blasfəmi] n.

blast [bla:st] n. (1) upepo wa ghafula; dhoruba ya upepo: a ~ of hot air from a furnace, upepo wa ghafula tena wa moto uliotoka tanuu; windows broken by ~, madirisha yaliyovunjika kwa sababu ya shindo (la baruti, kombora, &c.). (2) uvumi (wa tarumbeta, &c.). — v.t. (1) pasua kwa baruti. (2) haribu. ~**-furnace** n. kalibu.

¹**blaze** [bleiz] n. (1) moto unaong'aa sana; ulimi wa moto; nuru. (2) hasira, &c., ya ghafula. — v.i. & t. (1) waka; ng'aa. (2) onyesha hasira ya ghafula. (3) ~ away, piga mizinga, bunduki, upesi sana.

²**blaze** [bleiz] v.t. fanya alama mtini kwa kubandua kipande cha gome kuonyesha njia au mpaka.

blazer ['bleizə*] n. koti la rangi ile kuvaa wakati wa michezo, &c.

bleach [bli:tʃ] v.t. & i. fanya, -wa -eupe (kwa nguvu za dawa au za jua).

bleak [bli:k] adj. (kwa tabia ya nchi) baridi; -a ukiwa; (kwa mahali) -eupe, -a kuvumiwa na upepo mwingi; (kwa kutazamia mambo ya mbele) pasipo raha.

bleat [bli:t] v.i. lia kama kondoo. — n. mlio kama wa kondoo.

bleed [bli:d] v.i. & t. (bled [bled]) toka damu. — v.t. toza damu.

blemish ['blemiʃ] n. ila; kipunguo.

blend [blend] v.t. & i. changanya; patana. — n. changanyiko.

bless [bles] v.t. (blessed, blest) (1) ombea baraka na Mungu. (2) bariki: God ~ you! Mungu akuweke. (3) (colloq.) B. my soul! Well I'm blest! Tahamaki! ~**ed** ['blesid] ppl. adj. -takatifu; -enye heri. ~**ing** n. mbaraka.

blew, taz. blow.

blight [blait] n. (1) maradhi ya mimea. (2) pepo mbaya aharibuye matumaini, raha, &c.: e.g. a ~ upon my hopes (plans, &c.). — v.t. haribu.

¹**blind** [blaind] adj. (1) -pofu; (fig.) -jinga. (2) -siofikiri; pasipo nia: in ~ haste, kwa haraka pasipo kufikiri. (3) a ~ corner, pembe ambapo watu (motakaa, &c.) wanaokuja huonekana kwa shida. (4) ~ alley, kichochoro kilichofungwa upande mmoja. (fig.) ~ alley, occupation, shughuli au kazi isiyotoka faida mwishoni. ~**ly** adv. ~**ness** n. ~**fold** v.t. fungia kitambaa machoni.

²**blind** [blaind] n. kitu kama ukingo cha kutiwa katika madirisha.

blink [bliŋk] v.t. & i. pepesa; kopesa; (fig.) ~ facts, totaka kukabili mambo yenye kuleta shida.

bliss [blis] n. furaha kamili. ~**ful** adj.

blister ['blistə*] n. lengelenge.

blitz [blits] n. shambulio la ghafula hasa kwa eropleni kutoka bawani.

bloated ['bloutid] ppl. adj. (be) (1) -liyevimba kuliko hali ya afya nzuri. (2) -liyevimba; -kubwa kuliko kiasi.

block [blok] n. (1) gogo la mti au jiwe, &c.: a chip of(f) the old ~, mtu afananaye sana na baba yake kwa umbo au kwa tabia. (2) mpango wa nyumba nyingi pamoja. (3) kipande cha mti au chuma chenye herufi au sanamu zilizochorwa juu yake cha kupigia chapa. (4) zuio; traffic ~, ghasia itokeayo motakaa nyingi zikutanapo katika mahali pembamba. (5) ~ letters, herufi (kubwa) zilizotengwa. — v.t. (1) pinga njia; zuia. (2) ~ in, chora umbo au mpango wa sanamu au ramani bila kuchora kila kitu.

blockade [blo'keid] n. mazingiwa. — v.t. zunguka kwa vita.

blond(e) [blond] n. & adj. (mtu wa Ulaya) -enye nywele nyeupe rangi ya shaba au ya kimanjano.

blood [blʌd] n. damu. in cold ~, bila hasira. make bad ~ between, leta uchungu baina ya. one's own *flesh and* ~, watu wa ukoo. *His ~ was up*, alikuwa amekasirika. **~hound** *n.* aina ya majibwa wawezao kunusia vikali. **~shed** *n.* mauaji; tendo la kumwaga damu. **~shot** *(adj.)* -enye macho mekundu kwa damu. **~thirsty** *adj.* -katili; -enye hamu ya kumwaga damu.

bloom [blu:m] *n.* ua lolote; *(fig.)* kipindi cha kukamilika. — *v.i.* toa maua; chanua.

blossom ['blosəm] *n.* ua; maua mengi, hasa ya miti ya matunda. — *v.i. cf.* bloom.

blot [blot] *n.* (1) kiwaa. (2) waa. — *v.t.* (*-tt-*) (1) tia mawaa. (2) kausha wino. (3) ~ *out*, futia mbali.

blouse [blauz] *n.* vazi la kike.

¹**blow** [blou] *v.i. & t.* (*blew* [blu], *blown* [bloun]) (1) (kwa hewa) vuma: *It was ~ing hard*, upepo ulikuwa unavuma sana. ~ *over*, pita; *(fig.)* sahauliwa. (2) pamoja na *adv.* ~ *away*, ~ *about*: (kwa vitu) ondolewa au kuchukuliwa kwa nguvu za upepo au kwa mkondo wa hewa; peperuka. (3) (*up*) puliza: *e.g.* puliza mpira. (4) ~ *one's nose*, penga; futa (toa) kamasi. — *v.i. & t. cf.* explode. (1) pasuka; pasua. *The barrel of gunpowder blew up*, pipa la baruti lilipasuka. ~ *out*, (i) zima kwa kupuliza; (ii) (kwa nyuzi za elektrisiti) yeyuka kwa sababu ya nguvu za elektrisiti kupita kiasi. (2) piga; lia: *the trumpet blew*, tarambeta ililia; *I blew the whistle*, nalipiga filimbi. (3) toa pumzi; puzia. — *n.* kujiburudisha nje kwa upepo.

A blouse

²**blow** [blou] *n.* (1) pigo. (2) *(fig.)* msiba.

blue [blu:] *n. & adj.* rangi ya samawati; buluu. ~ *ribbon* (*riband*), alama ya heshima kubwa; cheo kilicho bora; *a bolt from the* ~, jambo la ghafula lisilotazamiwa. *Oxford* (*Cambridge*) *B.*, mchezaji (*cricket, football, &c.*) au mvutaji makasa aliyechaguliwa kushindania *University*. **~-book** *n.* taarifa ya serikali. **~print** *n.* ramani iliyoandikwa katika karatasi muhimu ya buluu.

¹**bluff** [blʌf] *v.t. & i.* danganya (kwa kujisingizia kuwa na nguvu zaidi ya ile uliyo nayo).. *n.* udanganyifu huo.

²**bluff** [blʌf] *n.* jabali kubwa.

³**bluff** [blʌf] *adj.* -nyofu.

blunder ['blʌndə*] *n.* kosa; kazi ya fujo. — *v.i.* fuja; sitasita.

blunt [blʌnt] *adj.* (1) butu; dugi. (2) (kwa mtu na maneno yake) -sio na adabu lakini huwa -aminifu.

blur [blə*] *v.t. & i.* (*-rr-*) fanya hata si dhahiri; -tokuwa dhahiri. — *n.* waa; doa.

blurt [blə:t] *v.t.* (*out*) sema ghafula.

boa ['bouə] *n.* nyoka mkubwa, chatu.

boar [bo:*] *n.* nguruwe dume, *cf. hog.*

board [bo:d] *n.* (1) ubao. (2) baraza; halmashauri. (3) meza. *above* ~, wazi, bila kuficha kitu; *sweep the* ~, pata zawadi nyingi kwa mashindano. (4) chakula cha wiki au cha mwezi katika nyumba ya kupanga: *B. and lodging £3 weekly*. (5) jalada. — *v.t. & i.* (1) pamoja na *prep. up* au *in*: funga kwa mbao; funika kwa mbao. (2) pata au kutoa chakula katika nyumba ya kupanga. (3) panda melini au garini. **~er** *n.* mtu apataye chakula katika nyumba ya kupanga; mwanafunzi alalaye na kulishwa katika shule.

boast [boust] *n.* (1) kujisifu. (2) sababu ya kujisifu. — *v.i. & t.* (1) jiona. (2) -wa na kitu na kujisifu juu yake: *Our school ~s a good swimming pool*, shule yetu ina kidimbwi kizuri cha kuogelea na tunajisifu juu yake. **~ful** *adj.*

boat [bout] *n.* (1) mashua. (2) *(fig.) be* (*all*) *in the same* ~, -wa wote pamoja hatarini, *&c. burn one's ~s*, kata shauri bila kujipa nafasi ya kughairi. **~swain** ['bousn] *n.* serahangi.

¹**bob** [bob] *v.i. & t.* (*-bb-*) *& n.* (1) rukaruka. (2) ~ *up*, zuka. (3) kata na kufupisha nywele za mwanamke au msichana.

²**bob** [bob] *n.* (*slang*) shilling.

bodice ['bodis] *n.* vazi la kike kama fulana.

body ['bodi] *n.* (1) mwili. (2) kiwiliwili. (3) maiti; mzoga. (4) mkusanyo: *wa habari, maarifa, &c.*). (5) hasa kama nusu ya neno, *e.g. any*~, mtu ye yote; *some*~, mtu fulani; *every*~ watu wote.

bog [bog] *n.* ziwa la matope. ~**gy** *adj.* ~**ged** *ppl. adj.* be (*get*) ~*ged down*, -toweza kuendelea.

bogus ['bougəs] *adj.* -a uwongo.

¹**boil** [boil] *v.i. & t.* (1) (kwa maji, *&c.*) chemka; chemsha. (2) waka, hangaika, hasa kasirika. ~**er** *n.* sufuria kubwa la kuchemsha maji au uji, *&c.*

²**boil** [boil] *n.* jipu.

boisterous ['boistərəs] *adj.* -a nguvu; (kwa mtu na tabia yake) -enye kupenda kelele tena -a furaha.

bold [bould] *adj.* (1) -shujaa. (2) -sioona haya. (3) dhahiri. ~**ness** *n.* (1) ushujaa. (2) kutoona haya. (3) udhahiri.

bolster ['boulstə*] *n.* mto mrefu wa kulazia kichwa. — *v.t.* (*up*) saidia mtu atakaye sana msaada lakini pengine asiyestahili kusaidiwa.

¹**bolt** [boult] *n.* (1) komeo; kia. (2) chuma kama skrubu, huwa hufungiwa *nut*. (3) (la kizamani) mshale, *taz. blue. v.t.* komea.

²**bolt** [boult] *v.i. & t.* (1) toroka kwa ghafula. (2) meza kwa pupa. — *n.* *make a* ~ *for it*, kimbia, toroka.

A bolt (1)

BOLT

NUT

(2)

bomb [bom] *n.* kombora.

bombard [bom'ba:d] *v.t.* shambulia kwa kupiga mizinga; (*fig.*) hojihoji. ~**ment** *n.*

bombastic [bom'bastik] *adj.* (kwa mtu, usemi wake, tabia yake) -a majivuno.

bond [bond] *n.* (1) sharti; dhamana. *His word is as good as his* ~, yaani ahadi yake kweli ni deni. (2) kiungo. (3) (kwa biashara) *goods in* ~, bidhaa zilizo forodhani zisizotozwa bado ushuru. (4) (*pl.*) *cf. chains. in* ~*s*, -liofungwa; -lio katika hali ya utumwa; *burst one's* ~*s*, -wa huru. ~**age** *n.* utumwa.

bone [boun] *n.* (1) mfupa; mwiba. (2) (*fig.*) *to the* ~, kabisa; *be drenched to the* ~, lowa (loweka) kabisa. *have a* ~ *to pick with sb.*, taka kumshtaki fulani.

bonfire ['bonfaiə*] *n.* moto wa nje kwa kuchoma takataka za bustanini.

bonus ['bounəs] *n.* bakshishi; zawadi.

booby ['bu:bi] *n.* mjinga.

book [buk] *n.* (1) kitabu. (2) msahafu; sura. (3) *bring sb. to* ~, shurutisha mtu kueleza sababu ya vitendo vyake. *cf. account* (*for*). *be in sb.'s good* (*black, bad*) ~*s*, pendeza (topendeza) mtu fulani. — *v.t.* (1) andika (maagizo, *&c.*) katika kitabu au daftari. (2) agiza (au kuagizwa kutoa) tikiti kwa kutazama michezo au kwenda safari ya gari la moshi, *&c.* ~-**case** *n.* kitu kama kabati ya kuwekea vitabu. ~**ing-clerk** *n.* karani auzaye tikiti za safari. ~**ing-office** *n.* afisi panapouzwa tikiti za safari au michezo. ~**keeper** *n.* karani ambaye ni kazi yake kuandika hesabu. ~-**keeping** *n.* kazi ya kuangalia na kuandika hesabu. ~**maker** *n.* mtu ambaye ni kazi yake kupokea sharti ziwekwazo katika mashindano ya frasi.

¹**boom** [bu:m] *n.* (1) foromali ndogo (ya merikebu). (2) boriti iliyofungwa mlingotini kwa kutweka au kutoa shehena melini. (3) kizuizi kama magogo, *&c.* kilichowekwa mtoni au bandarini kwa kuzuia adui kuingia.

²**boom** [bu:m] *v.i. & t. & n.* (kwa mizinga, ngurumo, *&c.*) nguruma; ngurumo.

³**boom** [bu:m] *n.* usitawi au nafuu ya ghafula (kwa ajili ya bidhaa, *&c.*, kuvumishwa).

boomerang ['bu:məraŋ] *n.* gongo lililopindika ambalo likitupwa hurudi lenyewe.

¹**boon** [bu:n] *n.* faida; fadhili; baraka.

²**boon** [bu:n] *adj.* ~ *companion*, mwenzi mkunjufu.

boot [bu:t] *n.* kiatu kikubwa cha Kizungu kifikacho juu ya kifundo. *cf. shoe.*

A boot

booty ['bu:ti] *n.* mateka, nyara.

border ['bo:də*] *n.* (1) ukingo.

(2) mpaka. — *v.t.* tia ukingo; pakana na.

¹**bore** [bo:*] *v.t.* toboa. — *n.* (1) kitobo. (2) kipimo cha duara ya kitundu cha mtutu wa bunduki.

²**bore** [bo:*] *v.t.* chokesha. — *n.* mchoshi.

³**bore** [bo:*] *past tense* ya bear.

born [bo:n] *p.p.p.* ya bear. be ~, zaliwa.

borne *p.p.* ya bear.

borrow ['borou] *v.t. & i.* azima. *cf. lend.*

bosom ['buzəm] *n.* (1) moyoni, unamosikia furaha au huzuni. (2) (la kizamani) kifua.

boss [bos] *n.* (*colloq.*) bwana (mkubwa).

botany ['botəni] *n.* elimu ya miti na mimea. **botanist** *n.* **botanical** [bə'tanikl] *adj.*

both [bouθ] *adj., n., & pron.* -ote -wili (mbili).

bother ['boðə*] *& i. v.t.* (1) hangaika; sumbua, hangaisha: *don't* ~, haidhuru; *it's no* ~, si kazi kubwa; *si kitu* (kwangu, kwetu, *&c.*). (2) jibidisha. — *n.* udhia; taabu.

bottle ['botl] *n. & v.t.* chupa; tia katika chupa.

bottom ['botəm] *n.* chini. *bottom upwards,* kifudifudi. ~**less** *adj.* -a kwenda chini kabisa.

bough [bau] *n.* tawi.

bought *past tense & p.p.* ya *buy.*

boulder ['bouldə*] *n.* mwamba; jiwe kubwa.

bounce [bauns] *v.i. & t.* (1) ruka kama mpira; duta. (2) tupa; tupwa kwa nguvu; ingia kwa nguvu *e.g.* ~ *into a room.*

¹**bound** [baund] *n.* (mara nyingi huwa *pl.*) mpaka, mipaka. — *v.t.* -wa mipaka ya. ~**ary** *n.* mpaka.

²**bound** [baund] *v.i.* ruka. — *n.* kuruka mbele.

³**bound** [baund] *ppl. adj. (for)* tayari kwenda: *The ship is* ~ *for Bombay,* meli inakwenda Bombay.

⁴**bound** [baund] *p.p.* ya *bind* (kwa matumizi maalum kama): *The book is well* ~, kitabu kimetiwa jalada vizuri. *I am* ~ *to go,* lazima niende. ~ *up in (be),* shughulika sana (na).

bounty ['baunti] *n.* (1) upaji. (2) ukarimu. (3) bakshishi. **bounteous** ['bauntiəs], **bountiful** *adj.* -paji.

bout [baut] *n.* (1) zamu. (2) kipindi (cha ugonjwa).

¹**bow** [bou]. (1) upindi. *draw the long* ~, piga chuku. (2) kifundo.

²**bow** [bau] *v.t. & i.* (1) inama katika kusalimu. (2) pinda. (3) (*fig.*) (*to*) kubali.

³**bow** [bau] *n.* gubeti.

bowel ['bauəl] *n.* (huwa *pl.*) matumbo.

¹**bowl** [boul] *n.* bakuli.

²**bowl** [boul] *v.i. & t.* (1) tupa mpira katika mchezo wa *cricket* au *bowls*; shinda mpigaji kwa kupiga *wicket* kwa mpira. (3) *along,* enda upesi. ~**er** *n.* (1) mtupaji mpira katika mchezo wa *cricket.* (2) kofia nyeusi ya Kizungu.

¹**box** [boks] *n.* (1) sanduku; bweta. (2) *Christmas* ~, zawadi ya *Christmas. Boxing Day,* tarehe ya 26 December.

²**box** [boks] *n. & v.t. & i.* (1) pigo. (2) ~ *the ears,* piga makofi. (3) pigana ngumi.

boy [boi] *n.* (1) mtoto mwanamume; kivulana. (2) mtumishi mwanamume. ~**hood** *n.* ujana. ~**ish** *adj.* -a kivulana.

boycott ['boikot] *v.t. & n.* katazia ununuzi wa bidhaa; tengea mbali.

¹**brace** [breis] *n.* (1) kitu cha kufungia au kukazia. (2) ~ *and bit,* kekee. — *v.t.* saidia; tia nguvu; *a bracing climate,* hewa ya kuburudisha.

²**brace** [breis] *n.* jozi (ya mbwa, ndege): *five* ~ *of partridges,* kwale kumi.

bracelet ['breislit] *n.* kikuku; bangili.

braces ['breisiz] *n. pl.* kanda za kushika suruali.

bracket ['brakit] *n.* (1) kitegemeo cha mti au cha chuma. (2) alama ( ), [ ], { }, zitumiwazo katika kuandika na kupiga chapa.

A bracket

braille [breil] *n.* namna ya chapa za kutokeza zitowezazo kusomwa na vipofu kwa kuzipapasa na vidole vyao.

brain [brein] *n.* (mara nyingi huwa *pl.*) ubongo; mahali pa mwili panapofikiri: *have a good ~*, -wa na akili nyingi.

brake [breik] *n.* kizuizo; breki.

bran [bran] *n.* makapi ya nafaka.

branch [bra:ntʃ] *n.* (1) tawi. (2) sehemu ya kitu inayofanana na tawi: *~ office*, afisi lililotengwa kwa afisi kuu. — *v.i.* gawika.

brand [brand] *n.* (1) kinga; chuma chenye moto kitumiwacho kwa kuchapa alama (katika ng'ombe, *&c.*). (2) alama ichapwayo kwa njia hiyo; alama itumiwayo katika kufanya biashara; namna ya biashara yenye jina lake hasa: *the best ~s of coffee*, namna za kahawa zilizo bora. — *v.t.* tia alama ya chuma, *&c.*; (*fig.*) tia alama ya kudumu juu ya: *be ~ed as a coward*, julikana kuwa mwoga. **~-new** *adj.* -pya kabisa.

brandy ['brandi] *n.* namna ya mvinyo kali ifanyizwayo kwa zabibu.

brass [bra:s] *n.* (1) shaba nyeupe. (2) (*colloq.*) ufidhuli.

brave [breiv] *adj.* -shujaa; hodari. **~ly** *adv.* **~ry** ['breivəri] *n.*

bravo [bra:'vou] *int.* vyema sana!

brawl [bro:l] *n.* ugomvi.

brawn [bro:n] *n.* nguvu ya mwili. **~y** *adj.* -enye mwili wa nguvu nyingi.

bray [brei] *v.i. & n.* lia kama punda; mlio (kama wa punda).

brazen ['breizn] *adj.* (1) -a shaba nyeupe; kama shaba. (2) -kavu wa macho; -juvi.

brazier ['breiziə*] *n.* chombo cha kuwekea makaa ya moto.

breach [bri:tʃ] *n.* (1) tendo la kuvunja (sheria, ahadi, *&c.*). *~ of the peace*, kuvunja amani kwa kupigana mbele ya watu. (2) tundu (kama katika ukuta au boma palipobomoka).

bread [bred] *n.* mkate.

breadth [bredθ] *n.* upana. *~ of mind*, hali ya kustahimili fikira za watu wote. (*cf. broad-minded.*)

break [breik] *v.t. & i.* (*broke* [brouk], *broken*) (1) vunja; pasua. (2) ~ *away*, (i) tenga; (ii) (kwa mtu mmoja wa kundi) toroka; kimbia; pata uhuru. ~ *down*, (i) (kwa mashini, mashauri, mawazo) tofanya kazi sawasawa; haribika;

(ii) (kwa mtu, afya yake) legea; fifia; (iii) bubujika machozi. *~ sth. down*, bomoa. *~ in(to)*, ingia kwa nguvu. *~ in on*, dakiza; ingia kwa ghafula. *~ (a horse, &c.) in*, fuga; tiisha. *~ sth. off*, (i) tenga; (ii) komesha. *~ out*, (i) (moto, vita, magonjwa) tokea; onekana; (ii) (wafungwa) toka na kutoroka. *~ up*, (i) vunjika; vunja; (ii) (baraza, chuo, *&c.*) isha; koma; (iii) poteza nguvu au afya yake. (3) *~ a record*, shinda *record*. taz. *record*. *~ the back of*, maliza sehemu ya kazi iliyo (kubwa), gumu. *~ the ice*, (*fig.*) anza kuzungumza. (4) vunja (sheria, ahadi, *&c.*). (5) acha; simama, simamisha kwa muda. (6) punguza ukali wa. (7) (sauti) geuka. — *n.* (1) mvunjo; vunjiko: *the ~ of day; day~*, mapambazuko. (2) nafasi; *without a ~*, pasipo kupumzika.

breakage ['breikidʒ] *n.* kuvunja; hasara iliyotokea kuvunjika.

breakfast ['brekfəst] *n.* chakula cha asubuhi.

breast [brest] *n.* (1) maziwa; dodo. (2) kifua. (3) moyoni: *a troubled ~*, kuhangaika moyoni. *make a clean ~ of*, kiri yote.

breath [breθ] *n.* pumzi. **~less** *adj.* (1) -a kutwetatweta. (2) -a kukata pumzi.

breathe [bri:ð] *v.i. & t.* (1) vuta pumzi. (2) nong'ona: *Don't ~ a word*, usinong'one (yaani liwe la siri kabisa).

bred past tense ya *breed*.

breeches ['bri:tʃiz] *n. pl.* suruali.

breed [bri:d] *v.t. & i.* (*bred*). (1) zaa. (2) fuga wanyama, kwa ajili ya kupata watoto wao. (3) adilisha; elimisha. (4) leta: *War ~s poverty*, vita huleta ufukara. — *n.* jamaa ya wanyama wenye tabia moja. **~er** *n.* mfugaji wa wanyama. **~ing** *n.* (hasa) adabu.

breeze [bri:z] *n.* upepo. **breezy** *adj.* -a upepo mwingi; (*fig.*) -a furaha.

brethren ['breðrin] *n. pl.* (la zamani) ndugu.

breviary ['bri:viəri] *n.* kitabu cha sala kwa kila siku kitumiwacho na mapadre Wakatoliki.

brevity ['breviti] *n.* ufupi.

brew [bru:] *v.t. & i.* (1) pika (pombe, chai). (2) (*fig.*) (tufani, uovu, *&c.*) -wa karibu. (3) ten-

geneza (hutumika kwa mashauri mabaya). **~er** *n.* mfanya pombe. **~ery** *n.* mahali pa kupikia pombe.
bribe [braib] *v.t. & n.* lisha rushwa. **~ry** *n.* (-la) rushwa, (lisha) rushwa.
brick [brik] *n.* tofali.
bride [braid] *n.* bibi arusi. **~groom** *n.* bwana arusi. **bridal** *adj.* -a bibi arusi; -a arusi.
¹bridge [bridʒ] *n.* (1) daraja. (2) jukwaa juu ya sitaha ya meli ambapo maafisa hutoa amri zao. (3) sehemu ya juu ya pua.
²bridge [bridʒ] *n.* mchezo wa karata uchezwao na wachezaji wanne.
brief [bri:f] *adj.* (hutumika kwa kueleza wakati, mambo, kusema na kuandika) -fupi; -lioduma kwa muda mfupi. **in ~**, kwa maneno machache.
brigade [bri'geid] *n.* (1) sehemu ya jeshi la askari kadiri ya 5,000. (2) jeshi la watu wenye kazi maalum: *the fire ~*, jeshi la kuzima moto.
brigand ['brigənd] *n.* mnyang'anyi, hasa aibaye vitu vya wasafiri katika miitu na milima.
bright [brait] *adj.* (1)-enye kung'aa; -eupe; safi. (2) (*fig.*) -enye akili.
brilliant ['briljənt] *adj.* -a kung'aa sana; -enye akili; -zuri. **brilliance** *n.*
brim [brim] *n.* ukingo. — *v.i.* (-mm-) jaa sana. **~-ful(l)** *pred. adj.* -liojaa sana.
bring [briŋ] *v.t.* (*brought* [bro:t]) (1) leta. (2) aina ya viarifa (*verbs*) ambayo huishia na herufi *-sha* au *-za* hutumika kwa kufasiri '*bring*': *e.g. to ~ him to agree*, kumkubalisha; *to ~ to my* (*his, our, &c.*) *notice*, kunifahamisha (kumfahamisha, kutufahamisha, *&c.*). **~ up**, lea.
brink [briŋk] *n.* (1) mwanzo: *on the ~ of war*, mwanzoni mwa vita lakini vita havijaanza bado. (2) ukingo: *be on the ~ of*, -wa karibu sana (na).
brisk [brisk] *adj.* -a mwendo mwepesi.
bristle ['brisl] *n.* unywele mfupi tena mgumu. — *v.i.* (kwa nywele) simama kwa hofu au kuogofya. *~ with*, jaa; *the matter is bristling with difficulties*, jambo limejaa shida.
brittle ['britl] *adj.* -epesi kuvunjika.

broad [bro:d] *adj.* (1) -pana. (2) (*fig.*) *a ~-minded man*, mtu aliye tayari kusikia mashauri au mawazo ya watu wengi. (3) *~ daylight*, mchana. (4) -a kuonekana au kusikika upesi: *e.g. a ~ hint*, dokezo dhahiri. **~en** *v.t. & i.* fanya au -wa -pana.
broadcast ['bro:dka:st] *v.t. & i.* eneza au tawanya pande zote, hasa kwa simu ya upepo. — *n.* habari iliyoenezwa kwa simu ya upepo.
broadside ['bro:dsaid] *n.* mizinga yote ya upande mmoja wa manowari kupigwa pamoja.
broke(n), taz. *break*.
broker ['broukə*] *n.* wakili; dalali.
bronchitis [broŋ'kaitis] *n.* (ugonjwa wa) kifua; mkamba.
bronze [bronz] *n.* shaba nyeusi.
brooch [broutʃ] *n.* kifungo cha kujipambia.
brood [bru:d] *n.* makinda. — *v.i.* atamia; (*fig.*) fikiri; tafakari.
brook [bruk] *n.* kijito cha maji.
broom [bru(:)m] *n.* (1) fagio. (2) kijiti chenye maua ya kimanjano.
broth [broθ] *n.* mchuzi wa nyama.
brother ['brʌðə*] *n.* (1) ndugu mume. (2) mtu aliye wa chama kimoja. **~-in-law** *n.* shemeji. **~hood** *n.* udugu; umoja wa watu.
brought *past tense & p.p.* ya *bring*.
brow [brau] *n.* (1) paji la uso. (2) kipaji. (3) kilele (cha kilima). **~beat** *v.t.* pambanya.
brown [braun] *adj. & n.* rangi kama ya majani makavu.
browse [brauz] *v.i.* (1) tafuna majani kama wafanyavyo ng'ombe waendapo huko na huko kutafuta malisho. (2) (*fig.*) soma sehemu tu za kitabu zinazokupendeza na kukuvuta zaidi usikisome mpaka mwisho.
bruise [bru:z] *v.t.* chubua. — *n.* chubuko.
brunette [bru(:)'net] *n.* mwanamke mwenye nywele na sura nyeusi kidogo.
brunt [brʌnt] *n. bear the ~ of* (*an attack, &c.*), vumilia ukali wa shambulio, *&c.*
brush [brʌʃ] *n.* (1) burashi; fagio. (2) vita vikali tena vifupi sana. — *v.t. & i.* (1) piga burashi; fagia. (2) *~ up*, sahihisha elimu juu ya jambo fulani. **~wood** *n.* mikoko kichaka.

brute [bru:t] *n.* (1) mnyama; hayawani. (2) mtu aliye kama hayawani. (3) (hutumika kama kisifa) kama -a mnyama; -enye nguvu pasipo akili. **brutal** ['bru:tl] *adj.* kama hayawani. **brutality** ['bru:'taliti] *n.* ukali; ukatili.

bubble ['bʌbl] *n.* (1) povu. (hewani) iliyo kama tufe iliyopeperushwa juu. (2) povu ya majini.

buck [bʌk] *n.* dume (wa jamii ya paa, mbuzi, sungura). (2) *(slang) dollar* ya *U.S.A.*

bucket ['bʌkit] *n.* ndoo.

buckle ['bʌkl] *n.* kifungo cha chuma; bizimu. — *v.t. & i.* (1) funga kwa bizimu. (2) (kwa vitu vya chuma, &c.) pinda au pindika kwa moto.

bud [bʌd] *n.* jicho la ua; chipukizi. — *v.i.* (-dd-) chipuka.

budge [bʌdʒ] *v.t. & i.* jongeza, jongea kidogo, lakini mara nyingi huwa hivi: *I can't — it. It won't ~.* Siwezi kuijongeza. Haijongei hata kidogo.

A buckle

budget ['bʌdʒit] *n.* (1) habari za gharama za serikali. (2) habari; taarifa.

buffalo ['bʌfəlou] *n. (pl. -oes)* nyati; mbogo.

buffer ['bʌfə*] *n.* kitu cha kupunguzia nguvu ya kipigo, kama kilivyowekwa mbele na nyuma ya gari la moshi. *cf. bumper.*

bug [bʌg] *n.* aina ya wadudu kama kunguni.

bugbear ['bʌgbeə*] *n.* kitu kitishacho au kichukiwacho, mara nyingi bila sababu.

bugle ['bju:gl] *n.* tarumbeta, baragumu ya namna moja.

build [bild] *v.t. & i. (built).* (1) jenga. (2) *~ up,* ongeza ukubwa au nguvu (za kampani, afya ya mtu). *~ upon,* tumia kama msingi. — *n.* umbo: *a man of powerful ~,* mtu mwenye umbo la nguvu.

A bugle

bulb [bʌlb] *n.* (1) sehemu nene iliyomo ardhini ya mimea kama vitunguu; kitunguu. (2) kitu (hasa cha taa ya elektrisiti) chenye umbo la kitunguu. **~ous** *adj.*

Bulbs

bulge [bʌldʒ] *v.i. & t.* vimba; tokeza. — *n.* uvimbe.

bulk [bʌlk] *n.* (1) wingi au ukubwa. (2) sehemu iliyo kubwa (ya). **~y** *adj.* -kubwa tena -zito.

bulkhead ['bʌlkhed] *n.* kiambaza cha kukingama cha meli.

¹ **bull** [bul] *n.* (1) fahali. (2) mnyama dume kama tembo au nyangumi au wanyama wengine wakubwa. *Take the ~ by the horns,* anzia jambo gumu kwa uhodari. **~'s-eye** *n.* katikati kabisa ya shabaha.

² **bull** [bul] *n.* amri au tangazo la Papa.

bulldozer ['buldouzə*] *n.* mashini kubwa kwa kuondoa ardhi nyingi mara moja.

bullet ['bulit] *n.* risasi ya bunduki.

bulletin ['bulitin] *n.* taarifa.

bullion ['buljən] *n.* fedha au dhahabu kwa wingi isiyofanyizwa sarafu.

bullock ['bulək] *n.* ng'ombe maksai.

bully ['buli] *n.* mchokozi. — *v.t.* chokoza; dhulumu.

bulwark ['bulwək] *n.* (1) boma, hasa la ardhi. (2) ukuta mdogo wa kuzungusha sitaha za merikebu. (3) kitu (mtu) kilicho kilindo kikubwa: msaada wa Mungu ni kilindo chetu.

bump [bʌmp] *n.* (1) pigo kama kwamba vitu viwili hugongana. (2) chubuko. — *v.t. & i.* gonga.

bumper ['bʌmpə*] *n.* (1) kikombe, bilauri iliyojaa mvinyo, na hivyo mavuno yaliyositawi sana. (2) kitu cha chuma cha mbele na nyuma ya motakaa cha kuilinda isiharibiwe ikigongana na motakaa au kitu kingine.

bun [bʌn] *n.* mkate mdogo tena mtamu.

bunch [bʌntʃ] *n.* kichala cha

matunda; shada la maua. — *v.t. & i.* kusanya; kusanyika.

bundle ['bʌndl] *n.* furushi; mzigo kama mfuko wa vitu vilivyofungwa pamoja. — *v.t. & i.* (1) funga pamoja. (2) weka bila kuangalia.

bungalow ['bʌŋgəlou] *n.* nyumba ndogo pasipo orofa.

bungle ['bʌŋgl] *v.t. & i.* fanya kazi ovyo ovyo.

bunk [bʌŋk] *n.* kitanda kilichotengenezwa kama sanduku refu cha melini au garini.

bunting ['bʌntiŋ] *n.* kitambaa cha bendera.

buoy [boi] *v.t. & n.* tia boya kuonyesha mahali majini; boya; chelezo. ~ *up*, eleza mtu au kitu majini kisizame; tia moyo. ~**ant** ['boiənt] *adj.* -a kuelea; -epesi; -tumainifu. ~**ancy** ['boiənsi] *n.*

burden ['bə:dn] *n.* mzigo.

A buoy

bureau ['bjuərou, bjuə'rou] *n.* (1) afisi ambamo hutoa taarifa. (2) dawati; meza ya kuandikia.

burglar ['bə:glə*] *n.* mwizi aingiaye nyumbani usiku kuiba.

burial, *taz. bury.*

burly ['bə:li] *adj.* (kwa watu) -nene tena -enye nguvu.

burn [bə:n] *v.t. & i.* (*burnt* au *burned*) choma; chomeka. — *n.* kuchomwa.

burrow ['bʌrou] *v.t. & i.* fukua; ingia shimoni. — *n.* kishimo cha mnyama.

bursar ['bə:sə*] *n.* mtunza fedha.

burst [bə:st] *v.t. & i.* (1) pasua; pasuka, toka, penya, ingia, &c. kwa ghafula. — *n.* (1) jambo la ghafula kama kupasuka; kuangua cheko. (2) tundu, ufa uliofanyizwa kwa kupasuka. (3) jitahidi isiyodumu kwa wakati mrefu.

bury ['beri] *v.t.* (1) zika. (2) funika kwa ardhi; ficha: *buried in thought (one's books, &c.)*, -siofikiri mambo mengine bali kuwa na nia moja tu. **burial** *n.* kuzika.

bus [bus] *n.* motakaa kubwa ya abiria.

bush [buʃ] *n.* (1) kijiti chenye matawi au vitawi vingi. (2) pori; vichaka.

bushel ['buʃl] *n.* kipimo kadiri ya pishi kumi na sita.

business ['biznis] *n.* (1) shughuli; kazi. (2) biashara, *cf. trade.* (3) jambo, *cf. affair.*

bust [bʌst] *n.* kichwa na mabega ya mtu; sanamu iliyochongwa ya schemu hiyo ya mwili.

bustle ['bʌsl] *v.i.* jishughulisha kwa ghasia. — *n.* haraka.

busy ['bizi] *adj.* -enye kazi nyingi. — *v.t.* ~ *oneself*, jishughulisha. ~**body** *n.* mpekuzi.

but [bʌt, bət] *conj.* lakini. — *prep. cf. except* ila.

butcher ['butʃə*] *n.* mchinja nyama.

butt [bʌt] *v.t.* piga pembe; kumba.

butter ['bʌtə*] *n.* siagi; samli.

buttock ['bʌtək] *n.* tako, kitako.

button ['bʌtn] *n.* (1) kifungo, mara nyingi huwa kama pesa. (2) mtambo wa taa au wa kengele ya elektrisiti.

buttress ['bʌtris] *v.t.* kuegemeza. — *n.* nguzo ya kuegemeza ukuta wa nje.

buxom ['bʌksəm] *adj.* (mwanamke) -zuri tena -nene.

buy [bai] *v.t. & i.* (*bought* [bo:t]) nunua.

buzz [bʌz] *n.* uvumi kama wa nyuki. — *v.i.* vuma kama nyuki.

by [bai] *prep.* (1) katika; kando ya; karibu na. (2) na; kwa: *He was killed ~ a soldier*, aliuawa na askari. (3) *day ~ day*, kila siku; ~ *night*, usiku; ~ *noon*, kabla ya adhuhuri; ~ *themselves*, peke yao; ~ *the ~ (way)*, tena; ~ *all means*, inshallah; vyema. — *adv.* karibu: *there was nobody ~ when he came*, hapakuwa na mtu karibu alipokuja. ~ *and* ~, baadaye; bado kidogo. — *prefix* hutumika kuonyesha kitu kitokacho kitu kikubwa zaidi au kukipita kando, *e.g.* ~-*way*, ~-*path*, ~-*product*, ~-*pass*, barabara ya motakaa ipitayo kando ya nji isiwepo fujo la motakaa nyingi zikipita mjini.

C

cab [kab] *n.* (1) gari la namna moja la abiria kwa safari zisizo ndefu sana likokotwalo na farasi au huwa motakaa: *a taxi-~*. (2) kichumba cha mwendeshaji katika gari la moshi au katika lori kubwa.

cabbage ['kabidʒ] *n.* namna ya mboga yenye majani kama ya mfigili yaliyoviringana kama tufe.

A cabbage

cabin ['kabin] *n.* (1) nyumba ndogo kama kibanda kilichojengwa kwa magogo. (2) kijumba, hasa cha melini.

cabinet ['kabinet] *n.* (1) kabati la kuwekea vitu vidogo vya thamani. (2) baraza la mawaziri; halmashauri ya serikali. ~-**maker** *n.* seremala aliye stadi afanyizaye vyombo vya nyumbani kama meza, viti, *&c.* ~ **minister** *n.* waziri wa halmashauri ya serikali.

cable ['keibl] *n.* (1) amari; kamba nene ya katani au ya nyuzi. (2) uzi wa simu uliowekwa chini ya ardhi au chini ya bahari uchukuao sauti za simu; habari ichukuliwayo kwa simu. — *v.t. & i.* peleka habari kwa uzi wa simu kupita baharini.

cacao [kə'ka:ou] *n.* namna ya mti; mbegu zake hutumika kutengeneza *cocoa*.

cache [kaʃ] *n.* ficho la fedha, vyakula, *&c.*

cackle ['kakl] *v.i. & n.* teteta; mteteo wa kuku.

cactus ['kaktəs] *n.* jamii ya mimea kama mpungate, *&c.*

cadet [kə'det] *n.* mwanafunzi, hasa wa kazi ya afisa katika meli au manowari au majeshi ya askari au polisi.

cadge [kadʒ] *v.t. & i.* ombaomba vitu (hasa kwa rafiki zako).

café ['kafei] *n.* mkahawa.

cage [keidʒ] *n.* (1) kizimba. (2) kitu kama kizimba kikubwa cha kuinua na kutumbukiza watu wafanyao kazi chini ya ardhi katika shimo la makaa, *&c.*

cake [keik] *n.* (1) mkate mtamu. (2) kibonge chenye umbo la keki: *a ~ of soap*, kipande cha sabuni.

calabash ['kaləbaʃ] *n.* (*tree*) mbuyu; (*fruit*) buyu.

calamity [kə'lamiti] *n.* msiba mkubwa.

calculate ['kalkjuleit] *v.t. & i.* (1) hesabu. (2) fikiri; fanya shauri. (3) ~ *on*, amini.

calendar ['kalində*] *n.* takwimu; kalenda.

¹ **calf** [ka:f] *n.* (*pl. calves* [ka:vz]) ndama wa ng'ombe.

² **calf** [ka:f] *n.* (*pl. calves* [ka:vz]) shavu la mguu.

calibre ['kalibə*] *n.* (1) kipimo cha duara ya tundu ya mwanzi wa bunduki au mzinga. (2) kadiri ya akili au mwenendo wa mtu.

calico ['kalikou] *n.* kitambaa cha pamba kama amerikani, bafta, *&c.*

call [ko:l] *v.t. & i.* (1) taja (jina). (2) ita: *go and ~ him*, nenda umwite; ita kwa simu; alika. (3) dhani: *I ~ that a mistake*, nadhani bilo ni kosa. (4) (mara huwa ~ *out*) lia. (5) zuru kwa muda mfupi; kwenda au kuja kwa ajili ya kumtafuta mtu au kwa kupokea maagizo. (6) taka; hitaji. *Your plan will ~ for a lot of money*, shauri lako lahitaji fedha tele. — *n.* (1) mlio. (2) mwaliko. (3) kuzuru kwa kitambo kifupi. (4) kuomba; kudai.

callous ['kaləs] *adj.* (1) -gumu; -enye ganzi. (2) (kwa mtu) -shupavu; katili.

calm [ka:m] *adj.* -a shwari; -tulivu. — *n.* shwari. — *v.t. & i.* tuliza; tulia.

calves *pl.* sa ¹*calf.*

camber ['kambə*] *n.* mwinuko wa katikati ya barabara ili maji ya-sisimame.

came, taz. *come.*

camel ['kaml] *n.* ngamia.

camera ['kamərə] *n.* chombo kinachotumika kupiga picha.

camouflage ['kamufla:ʒ] *v.t. & n.* kudanganya macho.

camp [kamp] *n.* kambi; kituo. — *v.i.* tua safarini.

campaign [kam'pein] *n.* (1) muda vita vinaoendelea. (2) mashughuli yenye kusudi maalum, *e.g.* -a kushinda maradhi fulani, *&c.*

¹ **can** [kau] *v.i.* (*p.t.* could, *neg.* cannot) (1) weza. (2) mara nyingi maana ya ~ huletwa kwa mwisho wa *verb*, kwa mfano, hupatikana, yaani, *it ~ be got*; husikilikana, yaani, *it ~ be heard, &c.*

² **can** [kan] *n.* kopo la bati; mkebe. — *v.t.* (-*nn*-) tia koponi; tia katika mkebe.

canal [kə'nal] *n.* (1) handaki au njia ya maji iliyofanywa na watu kwa kupitisha meli (*e.g. the Suez C.*) au kwa kutilia maji. (2) bomba au mrija katika mimea au wanyama ambamo maji au vyakula hupitishwa.

canary [kə'neəri] *n.* kirumbizi.

cancel ['kansl] *v.t.* (-*ll*-) (1) futa. (2) tangua.

cancer ['kansə*] *n.* namna ya donda baya sana.

candid ['kandid] *adj.* -nyofu.

candidate ['kandideit] *n.* (1) mtaka; ajaribuye kupata cheo, kazi, heshima, *&c.*: *the ~ was elected*, mtaka alichaguliwa na watu kuwa mmoja wa halmashauri. (2) mtu ahojiwaye katika mtihani.

candle ['kandl] *n.* mshumaa. *The game is not worth the ~*, jambo halistahili bei kubwa wala bidii nyingi. **~-power** *n.* kipimo cha nuru.

cane [kein] *n.* henzerani, mwanzi mwembamba. — *v.t.* piga kwa henzerani. — *adj.* -a henzerani. *sugar-~*, mua.

canine ['keinain] *adj.* -a mbwa.

cannibal ['kanibl] *n.* mtu mla nyama ya kibinadamu.

cannon ['kanən] *n.* mzinga.

canny ['kani] *adj.* -enye hadhari; -angalifu.

canoe [kə'nu] *n.* mtumbwi; ngalawa.

canon ['kanən] *n.* (1) kanuni, sheria ya kanisa. (2) kanuni ambazo vitendo vya maneno ya watu hupimwa. (3) padre mwenye kiti katika halmashauri ya kanisa kuu la jimbo la askofu. **~ical** [kə'nonikl] *adj.* -a kufuata sheria za kanisa.

cantankerous [kan'taŋkərəs] *adj.* -enye uchungu wa moyo; -gomvi.

canteen [kan'ti:n] *n.* (1) duka la vyakula (hasa katika vinu, kambi za askari, maafisi). (2) bweta iwekwamo visu, vijiko, *&c.* vya mezani. (3) vyombo vya askari vya kula na vya kunywa.

canter ['kantə*] *v.i.* enda mghad.

canvas ['kanvəs] *n.* turubali.

cap [kap] *n.* (1) kofia nyororo. (2) kitu chenye umbo la ~.

capable ['keipəbl] *adj.* (1) -enye kuweza. (2) – *of*, (i) (kwa watu) -enye uwezo wa au upendeleo wa; (ii) (kwa vitu) tayari kwa; -oweza: *a situation ~ of improvement*,

jambo linaloweza kuendelea vizuri zaidi. **capability** [,keipə'biliti] *n.* uwezo wa kufanya; (*pl.*) tabia ya mtu isiyopevuka bado.

capacity [kə'pasiti] *n.* uwezo wa kuweka vitu; wa kufahamu. **capacious** [kə'peiʃəs] *adj.* -enye nafasi nyingi ndani.

¹ **cape** [keip] *n.* vazi lisilo na mikono la kuvaa mabegani.

² **cape** [keip] *n.* rasi; ncha ya nchi baharini.

caper ['keipə*] *v.i.* tanda; rukaruka. — *n. cut ~s*, rukaruka.

capital ['kapitl] *n. & adj.* (1) mji mkuu wa nchi. (2) (herufi) siyo ndogo. (3) rasilmali. (4) ~ *punishment*, adhabu ya kufa. (5) (*colloq.*) bora. **~ist** *n.* mtu wa rasilmali nyingi.

capsize [kap'saiz] *v.t. & i.* (hasa kwa mashua) pindua; pinduka.

captain ['kaptin] *n.* (1) kapiteni wa timu ya watu katika michezo; nahodha. (2) afisa mwenye cheo hicho katika jeshi la askari au la baharia.

caption ['kapʃn] *n.* maelezo mafupi ya habari zinazofuata katika kitabu, gazeti, *&c.*, au chini ya picha.

captious ['kapʃəs] *adj.* -epesi kulaumu katika mambo madogo.

captive ['kaptiv] *n.* mateka; mfungwa. **captivity** *n.* utumwa; kifungo.

capture ['kaptʃə*] *v.t.* kamata; nyang'anya. — *n.* tendo la kukamata; mateka.

car [ka:*] *n.* (1) motakaa, *&c.* (2) gari.

caravan ['karəvan] *n.* (1) msafara. (2) gari kubwa kama nyumba ndogo.

carbine ['ka:bain] *n.* bunduki fupi.

carbolic acid [ka:'bolik 'asid] *n.* dawa yu sumu itokayo katika makaa ya mawe, hutumika sana kusafisha vidonda na vyombo vya nyumbani au hospitalini.

carbon ['ka:bən] *n.* kitu kilicho asili ya vitu vingi viwezavyo kuunguuzwa. Makaa na almasi ni *carbon*. ~ *paper*, karatasi nyembamba zilizotiwa rangi kwa kuweka katikati ya karatasi nyingine ili kupata nakala.

carcass, carcase ['ka:kəs] *n.* mzoga wa mnyama (hasa mwili uliochinjwa kwa kuliwa na watu).

card [ka:d] *n.* karata. *post~s*, karata

cardinal zipelekwazo kwa Posta pengine zenye picha juu yake pamoja na maandiko; *Christmas ~s*, karata zipelekwazo kwa Posta wakati wa Noel kwa kubashiri heri; *playing ~s*, jozi ya karata, (jumla ni 52 ambazo hutumika kwa michezo mingi), *put one's ~s on the table*, julisha mambo au nia. *play one's ~s well*, -wa na akili kwa kujipatia vinavyotakiwa. *be on the ~s, wezekana*; elekea kuwa. **~board** ['ka:dbɔ:d] *n.* karatasi nene kama ubao mwembamba.

cardinal ['ka:dinl] *adj.* -kuu; -a maana. *~ numbers*, (moja, mbili, tatu, &c., *cf. ordinal*). *~ points*, (*north*) kaskazi, (*south*) kusi, (*east*) mashariki, (*west*) mangharibi. — *n.* mmojawapo wa baraza kuu ya Papa.

care [keə*] *n.* (1) hadhari. *take ~*, angalia. (2) taabu. — *v.i.* (i) shughulika. (2) *~ for*, (i) penda; (ii) angalia. **~ful** *adj.* -angalifu. **~less** *adj.* -zembe. **~taker** *n.* mtunzaji.

career [kə'riə*] *n.* (1) namna ya maisha. (2) njia ya kujipatia riziki. (3) mwendo wa ghafula wa nguvu. — *v.i. ~ along, ~ through* (*over*) (*a place*) pita kwa upesi pasipo kuangalia.

caress [kə'res] *v.t.* bembeleza; busu.

cargo ['ka:gou] *n.* (*pl. -oes*) shehena.

carnal ['ka:nəl] *adj.* -a kuhusu mwili; -a tamaa za mwili.

carnival ['ka:nivl] *n.* sikukuu au sherehe.

carnivorous [ka:'nivərəs] *adj.* -a kula nyama.

carol ['karəl] *n.* wimbo wa furaha au kusifu, hasa wa sikukuu ya kuzaliwa Yesu Kristo.

carpenter ['ka:pintə*] *n.* seremala (*cf. joiner*). **carpentry** ['ka:pəntri] *n.* useremala.

carpet ['ka:pit] *n.* zulia.

carry ['kari] *v.t. & i.* (1) chukua. (2) -wa na; twaa kutoka mahali mpaka mahali pengine; peleka. (3) tegemeza. (4) jishika au shika sehemu za mwili; jitembeza. (5) shinda; shawishi; *~ one's point*, shawishi watu kukubali kuwa shauri lako ni jema; *~ everything before one*, shinda katika mambo yote. (6) fanya njia kwa vitu; peleka: *the pipes ~ water to the town*, mifereji huchukua maji mjini. (7) fanya -refu zaidi; endeleza. (8) (kwa sauti au kishindo) sikika. (9) *~ away*, chukua mahali pengine; (*fig.*) fanya mtu asiweze kutawala akili zake; washa. *~ forward*, chukua jumla au idadi kutoka ukarasa mpaka juu ya ukarasa mwingine. *~ off*, chukua kwa nguvu au pasipo ruhusa. *~ on*, endeleza; simamia. *Carry on! Endelea! ~ on business* (*as an auctioneer, shoemaker, &c.*) jishughulisha katika kazi ya mnadi, mshoni viatu; *~ on a conversation with someone*, zungumza na fulani. *~ (sth.) through*, timiza vizuri.

carrier ['kariə*] *n.* (1) mtu au kampani wachukuao bidhaa na kulipwa kwa kazi hiyo. (2) chombo cha chuma kwa kuchukua mizigo, &c., katika baisikeli au motakaa. (3) manowari iliyotengenezwa kwa kuchukua eroplani nyingi; manowari mbebaji tiard.

cart [ka:t] *n.* gari linalovutwa na wanyama au mnyama mmoja kwa kuchukua bidhaa. *put the ~ before the horse*, fanya vitendo au kuweka vitu kwa namna isiyo ya taratibu.

cartoon [ka:'tu:n] *n.* picha ya kuigiza mambo yanayotendeka na watu (hasa mambo ya utawala wa nchi) hata yachekeshe.

cartridge ['ka:trid3] *n.* kiasi au risasi ya bunduki.

carve [ka:v] *v.t. & i.* (1) chora. (2) kata na kugawia nyama mezani.

¹**case** [keis] *n.* (1) jambo; kadhia. (2) (kwa daktari) mgonjwa anayeugwa: *five ~s of malarial fever*, watu wagonjwa watano waliougua homa. (3) (*law*) kesi ya kukatiwa na mhukumu.

²**case** [keis] *n.* kasha; sanduku; bweta.

A cartridge

cash [kaʃ] *n.* fedha za kutumia, sarafu; *ready money* (taz. *money*), *hard ~, spot ~*, fedha taslimu. — *v.t.* badili noti (hati ya fedha) kwa fedha. **~ier** ['ka'fiə*] *n.* karani mtunza fedha au daftari.

cask [ka:sk] *n.* pipa.

cassava [kə'sa:və] *n.* muhogo.

cassock ['kasək] *n.* vazi lililofanana na kanzu, huvaliwa na makasisi, wahudumu na waimbaji wa kanisani.

cast [ka:st] *v.t. & i.* (**cast**) (1) tupa. ~ *a vote*, tia vota kwa kuchagua mtu au kwa kukata shauri; ~ *off clothes*, mavazi makukuu yasiyotakiwa tena. ~ *anchor*, tia nanga. ~ *lots*, piga kura. (3) mimina (chuma kilicho moto sana tena kama maji) katika kalibu. (3) jumlisha. — *n.* tendo la kutupa. *p.p. adj.* ~ *down*, taz. *downcast*.

caste [ka:st] *n.* jamii ya watu Wahindi wenye cheo kile kile cha maisha, au wa madhehebu ile ile; desturi ya kugawanya watu hivi; jamii yo yote ya watu iliyoteuliwa kama ilivyoelezwa juu.

castle ['ka:sl] *n.* ngome; gereza; jumba, au majumba mengi pamoja, lililopinga njia ya adui katika siku za zamani. ~s *in the air* (*in Spain*), mawazo ya kutamani vitu au hali, au kuwa za mambo makuu usiyo na hakika kuyapata.

A castle

castor oil ['ka:stər'oil] *n.* mafuta ya mbarika ya mbono.

castrate [kas'treit] *v.t.* hasi. **castrated** *adj.* maksai.

casual ['kaʒjuəl] *adj.* (1) -a bahati. (2) -zembe. (3) -a kutukia mara kwa mara: ~ *labourer*, kibarua. ~**ty** ['kaʒjuəlti] *n.* mtu aliyejeruhiwa au aliyeuawa au aliyepotea vitani.

cat [kat] *n.* (1) paka. (*fig.*) *let the* ~ *out of the bag*, toa nje siri; *wait for the* ~ *to jump*, ngojea fikira za watu wengine kabla ya kutoa shauri lako. (2) mnyama ye yote wa jamii ya paka.

catalogue ['katəlog] *n.* orodha ya majina ya vitabu, mahali, bidhaa, *&c.*

catapult ['katəpʌlt] *n.* manati.

cataract ['katərakt] *n.* (1) maporomoko ya maji. (2) mtoto jichoni yaani ugonjwa wa macho.

catastrophe [kə'tastrəfi] *n.* msiba mkuu. **catastrophic** [,katə'strofik] *adj.*

catch [katʃ] *v.t. & i* (*p.t. & pf. t. caught*) (1) kamata; shika; daka; nasa. (2) pata; wahi; weza kutumia, kukutana, *&c. I caught him as he was leaving the house*, nalimpata alipokuwa akitoka nyumbani. (3) ~ *sb. up*, ~ *up with sb. or sth.*, patia; fanya kazi yote iliyotakiwa ili kufikilia cheo fulani. (4) kuta; gundulia. (5) patikana; shikwa na ugonjwa; ~ *fire*, waka, anza kuwaka; ~ *sb.'s words* (*his meaning*), fahamu maneno ya fulani; ~ *sight of*, ona kwa kitambo kidogo; ~ *sb.'s eye*, (*attract his attention*) vuta macho ya fulani. (6) shika; rarua: *The nail caught her dress*, msumari ulishika na kurarua vazi lake. (7) ~ *one's breath*, vuta pumzi ghafula kwa sababu ya kushtuka. — *n.* (1) tendo la kudaka. (2) hila. ~**ing** (*adj.* (kwa ugonjwa) -a kuambukiza.

catechism ['katikizm] *n.* mtungo wa mafundisho kwa namna ya kuuliza maswali na kutoa majibu.

catechize ['katikaiz] *v.t.* fundisha au jaribia kwa njia ya kuhoji.

category ['katigəri] *n.* aina.

cater ['keitə*] *v.i.* ~ *for*, patia (chakula, michezo, *&c.*).

caterpillar ['katəpilə*] *n.* (1) mdudu

A caterpillar (1)

A tractor with caterpillars (2)

wa namna atambaaye, ni mtoto wa kipepeo au nondo. (2) ukanda wa kuunga pamoja magurudumu ya mashini.

cathedral [ka'θi:drəl] *n.* kanisa kuu la jimbo la askofu.

catholic ['kaθəlik] *adj.* (1) -a kufaa watu wote mahali pote. (2) -a

cattle [ˈkatl] *n. pl.* mifugo, yaani ng'ombe, mbuzi, kondoo, &c.

caught, taz. *catch*.

cauliflower [ˈkɔlifl̩auə*] *n.* namna ya mboga kama *cabbage*.

cause [kɔ:z] *n.* (1) sababu; asili. (2) kusudi. — *v.t.* fanya; lazimisha. Mwisho wa viarifa kama -sha, -za hutumika mara nyingi kwa kuleta maana hiiyo. *e.g.* enda = go, lakini endesha = ~ to go.

causeway [ˈkɔ:zwei] *n.* njia kuu ya mawe, njia iliyoinuka juu ya ziwa lenye matope, &c.

caustic [ˈkɔ:stik] *adj.* (1) -enye kuchoma kama moto. (2) -kali; -chungu.

cauterize [ˈkɔ:təraiz] *v.t.* choma jeruhi, &c. kwa chuma cha moto au *caustic* ili kuepua sumu.

caution [ˈkɔ:ʃn] *n.* (1) uangalifu; hadhari. (2) maonyo. **cautious** *adj.* -angalifu.

cavalry [ˈkavlri] *n.* (la wingi) askari wapanda farasi.

cave [keiv] *n.* pango.

cavity [ˈkaviti] *n.* tundu; shimo.

cease [si:s] *v.i. & t.* koma; tulia; isha; komesha.

cedar [ˈsi:də*] *n.* mwerezi. Ni mti ambao rangi yake ni nyekundu tena mti hunuka vizuri.

ceiling [ˈsi:liŋ] *n.* upande wa chini ya dari.

celebrate [ˈselibreit] *v.i.* (1) tukuza. (2) sifu. ~d *adj.* -enye sifa; adhimu. **celebration** [ˌseliˈbreiʃn] *n.* mtukuzo. **celebrity** [siˈlebriti] *n.* kuwa na sifa kuu; utukufu; (mtu) maarufu.

celerity [siˈleriti] *n.* wepesi.

celestial [siˈlestjəl] *adj.* (1) -a mbinguni. (2) kamili.

celibacy [ˈselibəsi] *n.* hali ya mwanamume asiyeoa.

cell [sel] *n.* (1) chumba kidogo kwa mtu mmoja (hasa katika *monastery* au gereza). (2) kitundu; kijumba. (3) chembechembe iliyo asili ya kitu chenye uhai: *All animals and plants are made up of ~s*, wanyama na mimea yote huwamo ~s (nyingi sana zisizohesabika). (4) sehemu ya bateri kwa kutengeneza elektrisiti.

cellar [ˈselə*] *n.* chumba kilichochimbwa chini ya nyumba kiwe ghala ya kuweka makaa, divai, &c.

cellophane [ˈseləfein] *n.* kitu kama karatasi, lakini chepesi sana cha kupenyeka nuru, kitumiwacho kwa kufunika vitu kama vitabu, &c.

celluloid [ˈseljuloid] *n.* kitu kigumu kama pembe kitumiwacho kwa kutengeneza picha za sinema na bweta ndogo, &c.

cellulose [ˈseljulous] *n.* kitu kilicho asili ya nyuzinyuzi za mimea itumiwayo kwa kufanya *celluloid*, aliri, &c.

cement [siˈment] *n.* (1) saruji; udongo ulaya; simenti (taz. *concrete*). (2) kitu chochote kilicho kama simenti kwa kuziba tundu (katika meno) au kwa kuunga vitu pamoja. — *v.t.* tia simenti juu au ndani; unga kwa simenti; (*fig.*) imarisha; unganisha.

cemetery [ˈsemitri] *n.* makaburini; mava; maziara.

cenotaph [ˈsenətɑ:f] *n.* namna ya jengo la ukumbusho wa watu waliokufa wakazikwa mahali pengine, yaani kama kaburi lisilo mfu.

censer [ˈsensə*] *n.* chetezo.

censor [ˈsensə*] *n.* (1) mtumishi wa serikali mwenye amri ya kukagua vitabu, barua, picha za sinema, &c., na kutoa mambo anayofikiri ni maovu na wakati wa vita maneno yote au picha zote ambazo anafikiri zitasaidia adui. (2) taz. *census*.

censure [ˈsenʃə] *v.t. & n.* laumu; suta; lawama; masuto.

census [ˈsensəs] *n.* mwandiko unaofanywa kwa serikali wa hesabu, hali, uchumi, &c., wa watu wote na nchi.

cent [sent] *n.* senti, sarafu ya sehemu ya mia kwa moja ya shilingi. *Five per cent.*, mia kwa tano.

centenarian [ˌsentiˈneəriən] *n.* mtu mwenye umri wa miaka mia.

centenary [senˈti:nəri] *adj. & n.* -a baada ya miaka mia; sikukuu ya ukumbusho ya kila mwaka wa mia.

centigrade [ˈsentigreid] *adj.* -enye digrii (daraja) 100; *e.g.* kipimo cha joto kiitwacho C. *thermometer*, kilichogawanyika sehemu 100.

centigramme [ˈsentigram] *n.* kipimo cha sehemu mia kwa moja ya *gramme*, yaani uzito wa 0.353 aunsi au wakia.

centimetre [ˈsentiˌmi:tə*] *n.* kipimo

centipede ['sentipi:d] n. tandu.

centre ['sentə*] n. (1) palipo katikati hasa, katikati. (2) mahali ambapo hukuta watu wengi walio na shughuli nyingi, hasa penye shughuli ambazo huvuta wengi kutoka mitaa iliyo karibu: *the shopping ~ of a town*, soko la mji. (3) mtu, au kitu, avutaye macho au fikira za watu. — *v.t. & i.* weka, chukua, katikati; dhani kuwa ni katikati: *~ one's hopes on sth.*, tumainia au kutegemea kitu kabisa. **central** ['sentrəl] *adj.* -a katikati, karibu na katikati; -kuu kabisa. **centralize** ['sentrəlaiz] *v.t. & i.* chukua katikati; tia, -ja, chini ya amri ya mkuu au wakuu walio katikati.

centurion [sen'tjuəriən] n. mwongozi Mrumi wa zamani wa askari mia moja.

century ['sentʃuri] n. (1) muda wa miaka mia. (2) karne. (3) (katika mchezo wa *cricket*) 100 *runs*.

cereal ['siəriəl] *adj. & n.* -a nafaka; nafaka.

ceremony ['serimoni] n. (1) matendo kama yale ya ibada, arusi au maziko, au ya sherehe kama kuzindua shule mpya au kufungua kwa mara ya kwanza jengo lililokwisha jengwa. (2) kawaida za desturi za kiungwana: *stand upon ~*, timiza kabisa kawaida hizo.

certain ['sə:tn] *adj.* (1) yakini; halisi. *for ~*, bila shaka; *make ~*, uliza ili kuwa na hakika. (2) -moja; fulani. (3) kidogo lakini si -ingi-: *There was a ~ doubt about his health*, kulikuwa na shaka kidogo juu ya afya yake. **~ly** *adv.* bila shaka. **~ty** n. yakini.

certificate [sə'tifikit] n. hati ya kuthibitisha jambo sahihi.

certify ['sə:tifai] *v.t.* julisha (kwa kuandika hati) kuwa jambo ndilo sahihi: *certified insane*, mtu ambaye daktari hujulisha kuwa ana wazimu.

cessation [sə'seiʃn] n. ukomo; pumziko.

cesspool ['sespu:l] n. shimo la kumwagia maji machafu.

chafe [tʃeif] *v.t. & i.* (1) sugua (ngozi, &c.) ili kupasha moto. (2) kwaruza. (3) udhika: *~ under insults*, udhika kwa sababu ya matukano.

chaff [tʃa:f] n. (1) kapi. (2) ubishi, mzaha. — *v.t.* bishana kwa ucheshi.

chain [tʃein] n. (1) mnyororo; mkufu. (2) *~ of mountains (lakes, villages, &c.)* mfululizo wa milima (maziwa, miji, &c.). (3) *~ of events, &c.* mambo mengi yakifuatana, mafuatano; mfululizo. (4) kipimo cha urefu yaani futi 66. — *v.t.* funga, fungia mnyororo.

chair [tʃeə*] n. (1) kiti. **~man** n. mkuu wa baraza.

chalice ['tʃalis] n. kikombe, hasa kile cha Ushirika Mtakatifu.

chalk [tʃɔ:k] n. chokaa kabla haijachomwa moto, chaki.

challenge ['tʃalindʒ] n. (1) mwito wa kuja kushindana. (2) ulizo la mlinzi kuwa, 'Ni nani anayekuja?' — *v.t.* ita kuja kushindana; taka sababu za kuthibitisha shauri au neno.

chamber ['tʃeimbə*] n. (1) (la zamani) chumba. (2) baraza. (3) *~ of Commerce*, baraza la watu wa kuendeleza mambo ya biashara. (4) afisi katika jengo kubwa, hasa afisi ya mwana sheria. (5) nafasi kama kitundu katika mzinga au bunduki (ambamo hutia risasi), au katika mashini. **~maid** n. mtumishi wa kike atengenezaye vyumba vya kulala.

chameleon [kə'mi:liən] n. kinyonga; kigeugeu; lumbwi.

champ [tʃamp] *v.t. & i.* (kwa farasi) tafunatafuna kwa kelele (chakula au lijamu); (*fig.*) jionyesha kuwa na haraka.

champagne [ʃam'pein] n. namna ya divai nyeupe ya Kifaransa.

champion ['tʃampiən] n. (1) mtu ashindaniaye mwenzake au upande fulani, &c.: *a ~ of free speech (liberty, &c.)* ashindaniaye ruhusa ya watu kusema wanavyofikiri (uhuru, &c.). (2) mtu, timu, mnyama, &c., walio wa kwanza katika mashindano. — *v.t.* shindania; linda.

chance [tʃa:ns] n. (1) tukio; bahati: *let ~ decide*; *take one's ~*, tegemea bahati yako. (2) *cf. possibility*: *go on the ~ that sb. will be there*, enda kwa kuwa labda fulani atakuwapo. (3) nafasi: *take the ~ of a lifetime*, tumia nafasi kwa sababu labda haitatukia tena wakati wote wa maisha yako. (4) *(attrib.)* -a bahati. — *v.t. & i.* (1) tukia kwa bahati. (2) ~ *upon,* kuta. (3) *take a risk,* bahatisha.

chancel ['tʃa:nsəl] *n.* upande wa mashariki wa kanisa palipo madhabahu.

chancellor ['tʃa:nsələ*] *n.* (katika nchi nyingine) mkuu wa serikali; (katika *universities* pengine kuna mkuu; *C. of the Exchequer,* katika Uingereza mkuu wa mambo yahusuyo fedha za nchi; *The Lord C. of England,* Jaji (mwamuzi) mkuu wa nchi.

change [tʃeindʒ] *v.t. & i.* (1) badili. ~ *one's mind,* ghairi; *the property~d hands,* mali ilibadilika ikawa chini ya amri ya mwenyewe mwingine. (2) *cf. exchange.* badili, vunja: ~ *a 100s. note,* vunja noti ya shilingi 100. (3) geuza; geuka. — *n.* (1) mageuzi; mabadiliko. (2) kitu cha lazima ili kugeuza au kubadili; kitu cha kubadilishwa: *Take a ~ of clothes with you,* chukua mavazi mengine ili uweze kubadilisha yale uliyokwenda nayo. (3) pesa au fedha zisizo za karatasi: ~ *for a 100s. note;* baki: yaani ikiwa bei ya kitu ni sh. 1/50 na wewe ulimpa mwenye duka shs. 2/-, senti 50 ulizopata ndizo *change.*

channel ['tʃanl] *n.* (1) mlangobahari. (2) sehemu ya chini ya maji ya mto au bahari: *The ~ is marked by buoys,* njia yenye kilindi yaonyeshwa kwa vyelezo. (3) mfereji au njia ambamo maji hutiririka, *(fig.)* njia ambayo kwayo habari, mashauri, *&c.,* yaweza kupita.

chant [tʃa:nt] *n.* wimbo uimbwao mara nyingi kama ule utumiwao kwa zaburi kanisani. *cf. hymn.* — *v.i. & t.* imba hasa kwa kuimba kanisani.

chaos ['keiɔs] *n.* kisicho na umbo wala taratibu; machafuko matupu.

chap [tʃap] *v.t. & i.* (-*pp*-) (kwa ngozi) *The skin of my hands is ~ped,* ngozi ya mikono yangu imekuwa si nyororo tena imepasuka. kwa upepo, baridi, *&c.,* fanya kupasuka tena kuwa si nyororo.

² **chap** [tʃap] *n. (colloq.)* mtu mwanamume.

chapel ['tʃapl] *n.* (1) nyumba (siyo kanisa kubwa ya wilaya) itumiwayo kwa ibada ya Kikristo, *e.g.* katika chuo, gereza, kanisa kubwa, *&c.* (2) ibada yenyewe katika mahali hapo.

chaplain ['tʃaplin] *n.* kasisi wa manowari, wa jeshi la askari, wa *college* au chuo kikuu, *&c.,* yaani kasisi wa *chapel*¹.

chapter ['tʃaptə*] *n.* (1) sura; mlango. (2) wakuu wa *cathedral.*

¹ **char** [tʃa:*] *v.t. & i.* (-*rr*-) choma au chomeka kwa moto: ~*red wood,* mti uliochomwa kwa moto ukawa mweusi.

² **char** [tʃa:*] *v.i. & n.* kufanya kazi za kibarua nyumbani. ~-**woman** *n.* mwanamke kibarua, afanyaye kazi ya kufagia, kupanguza vyombo, *&c.,* nyumbani.

character ['karəktə*] *n.* (1) (kwa watu, jamii ya watu, *&c.*) tabia au sifa; tabia na sifa ziletazo tofauti baina ya watu wengine au ya nchi nyingine. (2) sifa njema. (3) mtu ajulikanaye na watu wengi: *a public* ~; mtu katika mcheezo au kitabu; mtu ashere na desturi za kawaida; *quite a* ~, mtu ambaye desturi zake huchekesha wengine. (4) barua ya kazi. (5) hali na tabia ziletazo tofauti baina ya vitu vingine, mahali pengine, *&c.* (6) herufi, alama, *&c.* zitumiwazo katika mwandiko au chapa. ~**istic** [ˌkarəktə'ristik] *adj.* -a kuhusu, -a kuonyesha tabia ya watu, vitu, mahali, *&c. e.g. with his* ~*istic bravery,* kwa ushujaa kama ilivyo desturi yake. — *n.* alama au tabia ya peke yake. ~**ize** ['karəktəraiz] *v.t.* onyesha tabia ya; -wa alama ya.

charcoal ['tʃa:koul] *n.* makaa.

charge [tʃa:dʒ] *n.* (1) mashtaka; *bring a* ~ *of murder against sb.,* mshtaki fulani kuwa mwuaji. (2) shambulio. (3) bei iliyotozwa au kutakwa kwa vitu au kwa kazi. (4) kiasi cha baruti, au cha elektrisiti kilichotiwa katika chombo cha kuweka nguvu za umeme (yaani *accumulator*). (5) kazi au zamu ya fulani. *be in* ~ *of,* -wa na kazi ya kuangalia; pasiwa. *give sb. in* ~, leta fulani kuangaliwa na polisi. — *v.t. & i.* (1) shtaki. (2) shambulia. (3) toza au taka kama bei: *They* ~*d me 10s. for this shirt,* walinitoza shilingi 10 kwa

shati hiyo. *How much do you ~ to make a pair of shoes?* Unataka bei gani kwa kushona jozi ya viatu? (4) weka; jaza; tia ~': *His motor-car battery is not ~d*, bateri ya motakaa yake haina nguvu. (5) agiza.

charity ['tʃariti] *n.* (1) hisani; upendano; huruma. (2) chama cha watu wasaidiao maskini au walioteswa. **charitable** ['tʃaritəbl] *adj.*

charm [tʃa:m] *n.* (1) tabia au uwezo wa kupendwa sana na watu au wa kupendeza wengine. (2) talasimu; hirizo. — *v.t. & i.* (1) vuta kwa wema wako; pendeza kwa wema wako; (2) loga; fanyia uchawi. **~ing** *adj.* -enye hisani; -a kupendeza mno.

chart [tʃa:t] *n.* (1) ramani ya bahari na pwani itumiwayo na mabaharia. (2) hati au karatasi yenye orodha au mpango wa mambo ya maarifa au tabia ya nchi, bidhaa, &c.). — *v.t.* fanya hati hiyo.

charter ['tʃa:tə*] *n.* hati; mkataba. — *v.t.* ajiri merikebu au ndege. taz. *hire.*

chary ['tʃeari] *adj.* -nyimivu; -a kutoa kidogo kidogo tu.

chase ['tʃeis] *v.t.* fuata ili kuwinda, &c.; fukuza. — *n.* mwindo.

chasm ['kazim] *n.* shimo kubwa, genge; (*fig.*) tofauti kubwa sana baina ya fikira au mapenzi ya watu.

chassis ['ʃasi] *n.* (*pl.* **chassis** ['ʃasiz]) mashini na magurudumu ya motakaa au gari.

chaste [tʃeist] *adj.* safi; -takatifu.

chasten ['tʃeisn] *v.t.* rudi; ongoza.

chastise [tʃas'taiz] *v.t.* adhibu; tia adabu.

chat [tʃat] *v.i. & n.* (-*tt*-) ongea. — *n.* maongezi.

chatter ['tʃatə*] *v.i.* (1) sema upesi sana. (2) payapaya.

chauffeur ['ʃoufə*, ʃou'fə:*] *n.* mwendeshaji wa motakaa.

cheap ['tʃi:p] *adj.* rahisi. **~ly** *adv.* **~en** *v.t.* **~ness** *n.*

cheat [tʃi:t] *v.t. & i.* danganya; punja. — *n.* mdanganyi.

check [tʃek] *v.t.* (1) tazama kusudi kusahihisha. (2) zuia; pinga. — *n.* (1) kusahihisha; mtu atazamaye hivyo. (2) risiti au stakabadhi. (3) mirabaraba; nguo yenye alama za mirabaraba. **~mate** *v.t.* pinga au shinda (mtu au mashauri yake).

cheek [tʃi:k] *n.* (1) shavu la uso. (2) ujuvi; ushupavu.

cheer [tʃiə*] *v.t. & i.* (1) furahisha. ~ *up* furahi; ~ *sb. up*, furahisha fulani. (2) piga ukelele wa kuamkia, kutia moyo, &c. — *n.* (1) tabia ya kutumaini, kufurahi. (2) vifijo. **~ful** *adj.* -a kuleta furaha. **~less** *adj.* bila furaha au faraja.

cheese [tʃi:z] *n.* jibini, namna ya chakula kitengenezwacho kwa maziwa yaliyogandishwa.

chemistry ['kemistri] *n.* elimu ya namna zote za vitu vya duniani vyenye uzito. **chemical** ['kemikl] *adj.* -liotengenezwa kwa ~. — *n.* dawa au vitu viliyyopatikana kwa ~. **chemist** ['kemist] *n.* mwenye elimu ya ~; mtu atengenezaye na kuuza vyombo na dawa za *chemical*.

cheque [tʃek] *n.* hawala, hati ya fedha itumiwayo kwa kulipa au kupokea katika benki.

cherish ['tʃeriʃ] *v.t.* tunza; hifadhi.

chess [tʃes] *n.* mchezo wa sataranji.

chest [tʃest] *n.* (1) kasha: *a ~ of drawers*, almari. (2) kifua.

chew [tʃu] *v.t. & i.* tafuna.

chick [tʃik] *n.* kifaranga cha kuku au kinda la ndege.

chicken ['tʃikin] *n.* kifaranga hasa cha kuku; nyama ya kuku iliyo chakula. **~-hearted** *adj.* -oga. **~-pox** *n.* tetewanga.

chide [tʃaid] *v.t. & i.* (chid, chided) karipia.

chief [tʃi:f] *n.* mwongozi au mkuu. — *adj.* -kuu.

child [tʃaild] *n.* (*pl. children*) mtoto. *be with* ~, chukua mimba. **~birth** *n.* uzazi. **~hood** *n.* utoto. **~ish** *adj.* -a kitoto. **~like** *adj.* -a kama mtoto; bila hatia wala kosa.

chill [tʃil] *n.* (1) baridi. (2) nyua ya baridi. *adj.* -a baridi: *a ~ breeze*, upepo wa baridi; (*fig.*) baridi; bila kuona furaha. **~y** *adj.* -a baridi kidogo.

chime [tʃaim] *n.* sauti za kengele zikigongwa taratibu.

chimney ['tʃimni] *n.* (1) dohani, bomba la kutokea moshi. (2) bilauri ya taa ya mafuta.

Chimneys

chimpanzee [ˌtʃimpanˈziː] *n.* sokwe, namna ya nyani mkubwa.

chin [tʃin] *n.* kidevu.

china ['tʃainə] *n.* vyombo, *e.g.* vikombe, sahani, *&c.*, vya udongo mweupe wa kauri.

chip [tʃip] *n.* kipande kidogo sana. — *v.t.* & *i.* kata, vunja kipande kidogo; katika, vunjika: *things which ~ easily*, vyombo vivunjikavyo upesi.

chisel ['tʃizl] *n.* & *v.t.* (-*ll*-) patasi; kata au umba kwa patasi.

chloroform ['klorəfo:m] *n.* namna moja ya dawa itumikayo kutia usingizi.

chock [tʃok] *n.* kipande au kabari la kukazia. ~-**full** *adj.* -liojaa kabisa.

chocolate ['tʃoklit] *n.* kitu kitengenezwacho kwa unga wa mbegu za mti uitwao *cacao* ukichanganywa kwa sukari kuwa laini na kitamu sana kula au kunywa.

choice [tʃois] *n.* (1) tendo la kuchagua; haki au nafasi ya kuchagua. (2) mtu aliyechaguliwa au kitu kilichochaguliwa; jumla ya vitu ambavyo waweza kuchagua: *A large ~ of books was shown*, vitabu vingi vilionyeshwa vya kuchaguliwa. — *adj.* -lioteuliwa kwa bidii; -a tofauti; bora.

choir ['kwaiə*] *n.* jamii ya waimbaji.

choke [tʃouk] *v.i.* & *t.* (1) toweza kuvuta pumzi kwa sababu ya kitu kuizuia kooni, au kwa sababu ya kusikia furaha (huzuni, *&c.*). (2) kaba, songa roho. (3) (mara nyingi ~ *up*) zuia au ziba kabisa njia isiyozibwa kwa desturi: *the pipe is ~d up with rubbish*, bomba limezibwa kwa takataka.

choose [tʃuːz] *v.t.* & *i.* (*chose* [tʃouz], *chosen* ['tʃouzn]). (1) chagua; teua. (2) amua baina ya kitu kimoja na kingine; azimu (kufanya kitu): *Do whatever you ~*, fanya upendavyo.

chop [tʃop] *v.t.* (-*pp*-) kata kwa mapigo: *~ wood*; *~ a tree down*, kata na kuangusha mti. — *n.* pigo la kukata; kipande kinene kilichokatwa, hasa cha nyama yenye mfupa wa mbavu ndani yake, cha kupikwa na kuliwa na mtu mmoja. **~per** *n.* shoka la kukatia nyama au mti. **~py** *adj.* (kwa bahari) -enye mawimbi mafupi.

chord [kɔːd] *n.* (1) mstari ukatao kizingo cha duara sehemu mbili. (2) sauti tatu au zaidi za muziki zilinganazo zikipigwa pamoja. (3) uzi wa kinanda.

chorus ['kɔːrəs] *n.* (1) wimbo wa jamii ya watu wakiimba pamoja. (2) itikio la wimbo. (3) mlio wa watu wengi pamoja.

chose, chosen, taz. *choose*.

christen ['krisn] *v.t.* taz. *baptize*.

Christian]'kristjən] *adj.* -a Kikristo, -a Kristo. — *n.* Mkristo; Mmasihi. **~ity** [ˌkristiˈaniti] *n.* dini ya Kristo.

Christmas ['krisməs] *n.* sikukuu ya kukumbusha kuzaliwa kwake Kristo, yaani tarehe 25 mwezi wa Desemba.

chronicle ['kronikl] *n.* taarifa. — *v.t.* andika katika taarifa.

chrysalis ['krisəlis] *n.* buu; jana (hali ya mdudu katikati ya kuwa funza mpaka kutoka na kuruka).

chubby ['tʃʌbi] *adj.* -enye uso wa mviringo; -nene.

chuck ['tʃʌk] *v.t.* (*colloq.*) (1) tupa: *~ away rubbish*, tupa taka. (2) *~ sth. up*, acha: *~ up one's job*, kuacha kazi.

chuckle ['tʃʌkl] *v.i.* & *n.* jichekea; chekelea; kicheko.

chum [tʃʌm] *n.* rafiki sana. — *v.i.* (*-mm-*) *~ up* (*with*), -wa rafiki (wa).

chunk [tʃʌŋk] *n.* kipande kinene cha kitu cho chote, *e.g.* cha mkate.

church [tʃəːtʃ] *n.* kanisa.

churn [tʃəːn] *n.* chombo cha kusukia maziwa. — *v.t.* & *i.* (1) sukasuka maziwa ili kuyagandisha yawe samli. (2) sukasuka (bahari, *&c.*).

chutney ['tʃʌtni] *n.* achali ya embe, pilipili, siki, *&c.*

cigar [siˈgaː*] *n.* sigara. **~ette** [ˌsigəˈret] *n.* sigareti.

cinder ['sində*] *n.* makaa.

cipher ['saifə*] *n.* (1) tarakimu (0). (2) kitu au mtu asiye na maana. (3) mwandiko wa fumbo. — *v.t.* & *i.* (1) hesabu. (2) andika kwa fumbo.

circle ['səːkl] *n.* (1) duara. (2) jamii ya watu wenye fikira, kazi, *&c.*, zilizo sawasawa. (3) mfululizo kamili. — *v.t.* & *i.* zungusha; zunguka.

circuit ['səːkit] *n.* (1) safari iliyo kama mwendo wa duara, hasa safari za kawaida za jaji (mwamuzi) kutoka mji hata miji mingine kwa kukata mashauri. (2) safari ya duara ya elektrisiti: yaani elektrisiti hutoka mahali fulani na baada ya kutua mahali pengine hurudi pale ilipotoka.

circular ['səːkjuləˑ] *adj.* -a duara. — *n.* tangazo, barua, *&c.*, iliyopelekewa watu wengi.

circulate ['səːkjuleit] *v.i. & t.* zunguka; enea; zungusha; eneza.

circumcise ['səːkəmsaiz] *v.t.* tahiri.

circumference [sə(ː)'kamfərəns] *n.* kivimbe, mstari wa kuzunguka.

circumlocution [ˌsəːkəmlou'kjuːʃn] *n.* maneno mengi kwa kueleza; kinyume cha kufupisha maneno.

circumnavigate [ˌsəːkəm'navigeit] *v.t.* safiri kwa merikebu kuzunguka nchi, hasa dunia nzima.

circumscribe ['səːkəmskraib] *v.t.* andika mpaka; tia mpaka; zuia.

circumspect ['səːkəmspekt] *adj.* -angalifu.

circumstance ['səːkəmstəns] *n.* (1) (huwa mara nyingi *pl.*) hali zilivyo. (2) jambo; tendo.

circus ['səːkəs] *n.* kiwanja mfano wa duara ambapo wanyama waliofugwa na watu huchezea mbele ya watazamaji.

cistern ['sistən] *n.* tangi ya maji, hasa kwa kuwekea maji nyumbani.

citadel ['sitədl] *n.* ngome (ndani ya mji).

cite [sait] *v.t.* nena; taja.

citizen ['sitizn] *n.* (1) mkaa mjini siyo porini. (2) raia. ~ship *n.* uraia.

citron ['sitrən] *n.* (mti) mbalungi; (tunda) balungi. **citrus** ['sitrəs] *adj.* -a mti wa jamii ya mbalungi.

city ['siti] *n.* mji mkubwa.

civet ['sivit] *n.* zabadi; ~ cat, ngawa.

civic ['sivik] *adj.* -a kuhusu mji au wakaao mjini. ~s *n. pl.* elimu ya utawala wa mji na kazi na haki za raia.

civil ['sivl] *adj.* (1) -a jamii ya wanadamu; -a watu wakaao pamoja: ~ *law*, sheria zihusuzo watu au raia wa mji au nchi zisizohusiana na waovu; ~ *war*, vita baina ya watu wa sehemu mbili za nchi moja. (2) -a serikali (lakini si -a kiaskari); ~ *servant*, mtumishi wa serikali. (3) -enye adabu. ~**ity** *n.* uungwana. ~**ly** *adv.* ~**ian** *n.* raia asiye askari mwenye silaha.

civilize ['sivilaiz] *v.t.* staarabisha.

civilization *n.* ustaarabu.

clad [klad] la zamani *p.p.* ya *clothe*: *poorly* ~, -liovaa mavazi ya maskini.

claim [kleim] *v.t.* (1) dai, taka kwa haki. (2) dai, jidai. (3) taka; stahili. — *n.* (1) tendo la kudai. (2) haki ya kutaka. (3) kitu kilichodaiwa. (4) eneo la nchi (*e.g.* katika nchi ambamo hutafuta dhahabu au vito) chini ya mchimbuzi mmoja. ~**ant** *n.* mdai.

clamber ['klambəˑ] *v.i.* panda kwa shida, hasa kwa kutumia mikono kwa kushika; paramia. *e.g.* ~ *over a wall*.

clamour ['klaməˑ] *n.* makelele, hasa ya watu waliokasirika na kunung'unika au ya wanaodai haki.

clan [klan] *n.* kabila; ukoo; jamii ya watu wa mlango mmoja.

clap [klap] *v.t. & i.* (-*pp*-) (1) piga makofi, hasa kwa kushangilia. (2) piga mgongo wa rafiki kwa kumwamkia. (3) ~ *sb. in prison*, tia kwa ghafula mtu kifungoni.

clarify ['klarifai] *v.t. & i.* dhihirisha; safisha; dhihirika; safika.

clarity ['klariti] *n.* udhahiri; weupe.

clash [klaʃ] *v.i. & t. & n.* (1) (fanya) mshindo mkubwa kama kwamba vitu viwili vya madini vimegongana. (2) (leta) tofauti au mabishano: *colours that* ~, rangi zenye tofauti (za mbalimbali) zisizopendeza zikiwa pamoja. — *n.* (1) mshindo mkubwa. (2) mabishano.

clasp [klaːsp] *n.* (1) kifungo; bizimu. (2) mshiko wa nguvu wa vidole au wa mkono; fumbatio. *v.t. & i.* (1) funga kwa bizimu. (2) shika sana. ~-**knife** *n.* kisu cha kukunja.

class [klaːs] *n.* (1) namna; aina. (2) darasa la watu wafundishwao pamoja; cheo, au daraja la mafundisho wanayofuata. — *v.t.* tia katika cheo kilicho sahihi. ~-**conscious** *adj.* -enye kufahamu cheo chako na tofauti baina ya vyeo vingine vya watu.

classic ['klasik] *adj.* (1) bora kabisa. (2) -enye daraja la waandishi wa zamani Wayunani na Warumi na la ustaarabu wa watu wale wa zamani za kale. (3) maarufu kwa sababu ya kujulikana tangu zamani. — *n.* mwandishi, mchora picha, kitabu, kazi ya sanaa, *&c.* aliye au kilicho bora kabisa hasa wa Kiyunani na Kirumi. ~**al** *adj.*

classify ['klasifai] *v.t.* ainisha.

clause [klo:z] *n.* (1) fungu la maneno lenye maana dhahiri. (2) mlango, au sura moja katika mapatano au sheria.

claw [klo:] *n.* (1) ukucha mrefu tena mkali wa miguu ya ndege na wanyama wengine; mguu mzima wenye kucha hizo. (2) chombo chenye kucha ndefu; kitu chenye umbo la ukucha (*e.g.* kama gando la kaa). — *v.t.* shika kwa kucha au kwa vidole; piga makucha.

clay [klei] *n.* udongo (mzito unatao kama wa mfinyanzi), towe.

clean [kli:n] *adj.* (1) safi (*fig.*) *make a ~ breast of*, kiri kabisa dhambi au makosa. (2) -enye umbo mzuri wa kupendeza. — *v.t. & i.* safisha; -wa safi. — *adv. cf. completely*: *We ~ forgot you were coming*, tulisahau kabisa kuwa utakuja. **~liness** *n.* usafi. **~se** [klenz] *v.t.* safisha sana; (hasa) takasa baada ya kukosa.

clear [ˈkliə*] *adj.* (1) -eupe. (2) dhahiri. (3) -baini; bila shaka au shida. (4) wazi. (5) *cf. complete*, kamili. — *v.t. & i.* (1) safisha; ondoa. *The sky is ~ing*, mawingu yanatakata; *~ up*, tengeneza vizuri; panga vitu vizuri; au kwa hali ya hewa, kutakuwa kweupe; *~ out*, (*colloq.*, *go away*), toka; kimbia. (2) pita juu ya, au kando ya; bila kugusa kitu. (3) faidi. **~ance** *n.* (1) kuondoa vitu vyote; kusafisha. (2) nafasi iliyoachwa baina ya vitu viwili. **~ing** *n.* (hasa) palipo peupe pasipo miti katika mwitu.

¹cleave [kli:v] *v.t. & i.* (*p.t.* clove [klouv] au *cleft*, *p.p.* cleft au cloven) kata katika vipande viwili kwa kupiga kwa shoka kubwa, &c.; pasua. *cloven hoof*, kwata ya ng'ombe, ya Shetani.

²cleave [kli:v] *v.i.* (la zamani) fuata.

cleft, taz. *cleave*.

clench [klentʃ] *v.t. & i.* funga sana meno, vidole au ngumi.

clergy [ˈklə:dʒi] *n.* *the ~* (*with pl. vb.*) wenye daraja katika Kanisa la Kikristo. **~man** *n.* mmoja wa *~* lakini si askofu.

clerk [kla:k] *n.* karani.

clever [ˈklevə*] *adj.* -enye akili; hodari; -juzi; stadi.

click [klik] *v.i. & n.* (fanya) mwaliko, sauti ya kualika kama vile kidoko, mtambo wa bunduki, &c.

client [ˈklaiənt] *n.* mtu apataye msaada au shauri kutoka kwa mwanasheria; mnunuzi katika duka. **~ele** [ˌkli:onˈteil] *n.* wanunuzi.

cliff [klif] *n.* jabali, genge, hasa ukingoni mwa bahari.

climate [ˈklaimit] *n.* tabia ya nchi, yaani joto, baridi, upepo, &c.

climax [ˈklaimaks] *n.* mwisho, kikomo cha mambo.

climb [klaim] *v.t. & i.* panda; kwea.

clinch [klintʃ] *v.t. & i.* taz. *clench¹* *~ an argument*, toa sababu ithibitishayo kabisa maneno yako.

cling [kliŋ] *v.i.* (*clung*) shika; ambata; nata.

clinic [ˈklinik] *n.* hospitali. **~al** *adj.*

¹clip [klip] *n.* kitu kidogo cha uzi au chuma cha kufunga pamoja karatasi, &c. — *v.t.* (*-pp-*) funga au kuweka pamoja kwa kutumia *~*.

²clip [klip] *v.t.* (*-pp-*) kata kwa makasi, &c.; fupisha au fanya sawasawa: *~ a hedge* (*or the wool from a sheep's back*). **~pers** *n. pl.* kitu kama makasi kwa kukatia nywele au manyoya.

cloak [klouk] *n.* vazi kama joho, (*fig.*) cho chote kifichacho au kufunika. — *v.t.* (*fig.*) ficha; setiri.

clock [klok] *n.* saa.

¹clog [klog] *n.* kiatu cha mti, mtalawanda.

²clog [klog] *v.t. & i.* (*-gg-*) ganda, zuia kwa uchafu au mafuta &c.; zibika, zuilika kwa uchafu, &c.

¹close [klouz] *v.t. & i.* (1) funga, ziba. (2) (huwa *~ up*) sogea, sogeza. *~ in* (*upon*) zunguka, hasa kwa kushambulia. (3) komesha. *~ with an offer*, patana. — *n.* ukomo.

²close [klous] *adj.* (1) karibu: *a ~ friend*, msiri. (2) (kwa hewa, tabia ya joto) si baridi. *It is ~ today*, jasho leo, kumetanda. (3) kwa bidii. (4) -a siri. (5) -a kusonga. (6) -siopenda kutoa msaada au fedha, mnyimivu. (7) (kwa mashindano au michezo na matokeo yake) karibu kuwa sawasawa. — *adv.* karibu.

clot [klot] *n.* kidonge. *The blood is ~ted*, damu imegandama.

cloth [klo(:)θ] *n.* nguo au kitambaa cha namna yoyote.

clothe [klouð] *v.t.* (*p.t. & p.p.* clothed, la zamani *clad*) vika; visha. **~s** [klouðz] *n. pl.* mavazi.

cloud [klaud] n. (1) wingu. (2) wingi wa vitu kama wingu. (3) (*fig.*) hali ya taabu au hofu; *be under a ~* (*of suspicion*), -wa umeshukiwa, au umeonewa mashaka.

¹**clove** [klouv] n. (*tree*) mkarafuu; (*bud*) karafuu; (*stalk*) kikonyo.

²**clove, cloven**, taz. *cleave*.

¹**club** [klʌb] n. rungu; gongo. (*playing-cards*) pau.

²**club** [klʌb] n. chama au shirika la watu.

cluck [klʌk] v.i. & n. kulia kama kuku anayewaita vifaranga yake.

clue [klu] n. alama; dalili.

clump [klʌmp] n. kichaka.

clumsy ['klʌmzi] adj. -zito (tena -jinga kwa watu); (kwa vitu) kisicho cha umbo zuri la kufaa.

clung, taz. *cling*.

cluster ['klʌstə*] n. (1) tawi (la nazi), shada (la maua, &c.). (2) kundi (la nyuki).

¹**clutch** [klʌtʃ] v.t. & i. shikilia kwa hofu au kwa hasira. — n. (1) tendo la kushikilia au kukamata imara. *in the ~es of*, chini ya amri kali ya fulani. (2) mtambo (wa motakaa au mashini) uuunganishao na kutenga mashini na mtambo uzungushao magurudumu.

²**clutch** [klʌtʃ] n. jumla ya mayai yaliyoatamiwa na kuku safari moja; vifaranga vilivyoanguliwa.

clutter ['klʌtə*] v.t. (mara nyingi ~ *up*) chafua; fuja.

co- [kou-] *prefix*, yaani kitangulizi, kifahamishacho kutenda au kutendwa pamoja: *co-author*, aliyeandika kitabu pamoja na mwandishi mwingine; *co-education*, kuelimisha pamoja wanaume kwa wanawake.

¹**coach** [koutʃ] n. (1) gari kubwa

A coach

lenye magurudumu manne livutwalo na farasi wanne au zaidi. (2) gari la moshi la abiria. (3) motabasi iendayo safari ndefu. ~**man** n. mwendeshaji wa ~¹.

²**coach** [koutʃ] n. mwalimu, hasa wa kufundisha watu mmoja mmoja peke yake ili wawe tayari kwa mtihani; mfundishaji wa michezo ya mashindano. — v.t. & i. fundisha; zoeza.

coal [koul] n. makaa ya mawe. ~-**gas** n. namna ya hewa itokayo makaani. Hutiwa katika matangi makubwa na kuchukuliwa katika mabomba membamba mpaka nyumbani; humo hutumika kupashia moto majiko na kuwashia taa. ~-**tar** n. namna ya lami ipatikanayo wakati wa kutengenezwa ~-*gas*.

coalesce [,kouə'les] v.i. ungana.

coalition [,kouə'liʃn] n. mwungano; shirika, mapatano ya watu, mataifa, &c. (hasa kwa mambo ya utawala)

coarse [ko:s, koəs] adj. (1) -a kukwaruza; isiyo laini (nguo); duni, hafifu. (2) -sio -zuri wala -embambamba; -a vibumba; -a vidonge. (3) -shenzi, -sio na adabu: ~ *language*, maneno ya kishenzi yasiyofaa.

coast [koust] n. pwani. — v.i. & t. (1) pita pwani kwa pwani. (2) telemka mlima katika baisikeli na huku miguu inapumzika.

coat [kout] n. (1) vazi lenye mikono, koti. (2) ngozi ya mnyama au manyoya, &c. (3) mpako wa rangi.

coax [kouks] v.t. & i. bembeleza; bemba.

cobra ['koubrə] n. nyoka wa namna moja, fira, swila.

cobweb ['kobweb] n. utando wa buibui.

¹**cock** [kok] n. jogoo; ndege dume. ~-**crow** n. alfajiri; saa ya kuwika jogoo. ~-**sure** adj. -juvi tena -enye majivuno.

²**cock** [kok] n. (1) bomba na mdomo wa kuzibua maji, pombe, mvinyo, &c. katika pipa au mrija. (2) mtambo wa bunduki. — v.t. simikisha, paza mtambo wa bunduki.

cockroach ['kokroutʃ] n. mende.

cocoa ['koukou] n. mbegu za mti uitwao *cacao* zilizosagwa hata kuwa unga; kinywaji kitengenezwacho kwa kuchanganya unga huo pamoja na maji na moto.

coco-nut ['koukənʌt] n. (*tree*) mnazi; (*ripe nut*) nazi; (*nut with milk*) dafu. taz. *copra*.

cocoon [kə'ku:n] n. kifukofuko,

nyumba ya mdudu ambayo huitengeneza kwa kujiunganishia nyuzinyuzi.

code [koud] *n.* (1) mpango wa kanuni. (2) orodha ya kawaida za maisha. (3) mpango wa herufi au tarakimu za mwandiko, mara nyingi tarakimu hutumika badala ya maneno ili kupunguza gharama ya kupeleka simu, na kuficha habari za mambo yanayoarifiwa.

coerce [kou'ə:s] *v.t.* shurutisha.

coffee ['kofi] *n.* (*plant*) mbuni; (*berry*) buni; (*drink*) kahawa.

coffin ['kofin] *n.* sanduku la kuzikia maiti.

cog [kog] *n.* jino la gurudumu. ~-wheel *n.* gurudumu lenye meno.

Cog-wheels

cogent ['koudʒənt] *adj.* -a nguvu; -a maana.

cogitate ['kodʒiteit] *v.i. & t.* waza; fikiri sana.

cohere [kou'hiə*] *v.i.* ambatana; shikamana. ~nce, ~ncy *n.* ~nt *adj.* (hasa kwa usemi, fikira, mawazo) dhahiri; -epesi kufahamika. **cohesion** [kou'hi:ʒn] *n.* kuambatana. **cohesive** *adj.*

coil [koil] *v.t. & i.* kunja; zunguka. — *n.* pindi.

coin [koin] *n.* sarafu.

coincide [,kouin'said] *v.i.* (1)(kwa vitu viwili au zaidi) lingana kwa eneo na umbo. (2) (kwa mambo) tukia wakati mmoja. (3) (kwa fikira, &c.) patana. ~nce [kou'insidəns] *n.* mambo kutukia pamoja kwa nasibu au ajabu.

A snake coiled round a tree

cold [kould] *adj.* (1) -a baridi *in ~ blood*, kwa makusudi, bila huruma. *throw ~ water on*, jaribu kushusha moyo au kutia mashaka. *give the ~ shoulder to*, -pa kisogo. (2) (*fig.*) -tepetevu, si -a rafiki. — *n.* (1) baridi. (2) makamasi; mafua.

colic ['kolik] *n.* msokoto (msongo) wa tumbo.

collaborate [kə'læbəreit] *v.i.* shiriki katika kazi.

collapse [kə'laps] *v.i.* (1) anguka; vunjika kwa vipande vidogovidogo. (2) zimia. — *n.* anguko; hali ya kuzimia au ya kukata tamaa.

collapsable, -ible, *adj.* -a kuweza kukunjwa.

collar ['kolə*] *n.* (1) sehemu ya vazi izungukayo shingo; ukosi. (2) ukanda uzungukao shingo la farasi, mbwa au mnyama mwingine. (3) kiungo kama ukanda wa chuma cha kuungia mirija miwili au vipande viwili vya chuma. — *v.t.* kamata kwa ukosi; kamata kwa nguvu. ~-bone *n.* mtulinga.

colleague ['koli:g] *n.* mmojawapo wa watu wawili au zaidi wafanyao kazi pamoja, huwa wa cheo kimoja tena hufanya kazi moja.

collect [kə'lekt] *v.t. & i.* kusanya; kusanyika. ~ed *adj.* hasa kwa mtu mtulivu. ~ion *n.* kukusanya; kukusanyika; wingi wa vitu vilivyokusanywa au kukusanyika; fedha iliyokusanywa katika mkutano, yaani mchango wa fedha au sadaka. ~ive *adj.* -a jamii; watu wote pamoja.

college ['kolidʒ] *n.* (1) chuo kwa elimu ya juu ama cha kufundisha ama cha kuvumbua elimu; jamii ya walimu na wanafunzi iliyo sehemu ya *university*; majengo ambamo watu hao hufundisha na kufundishwa. (2) chama cha watu wenye haki na heshima sawasawa: *the C. of Surgeons*; *the C. of Cardinals*.

collegiate [kə'li:dʒiit] *adj.*

collide [kə'laid] *v.i.* gongana. **collision** *n.*

colliery ['koljəri] *n.* shimo la makaa.

colloquial [kə'loukwiəl] *adj.* -a usemi tu.

collusion [kə'lu:ʒn] *n.* upatano wa siri au ushirika katika udanganyifu.

¹colon ['koulən] *n.* alama hii (:).

²colon ['koulən] *n.* sehemu ya chini ya tumbo kubwa.

colonel ['kə:nl] *n.* mkubwa wa *regiment* ya askari.

colonnade [,kolə'neid] *n.* safu ya nguzo au ya miti.

colony ['koləni] *n.* (1) nchi iliyo-

COLOSSAL [46] **COMMAND**

endelezwa na watu waliotoka kwao kwenda kukaa ugenini iliyotawaliwa kutoka kwa nchi ya asili. (2) jamii ya watu waliotoka ugenini au wenye kazi moja wanaokaa pamoja: *the American ~ in Paris*; *a ~ of artists*. **colonial** [kə⁹louniəl] *adj.* **colonize** *v.t.* **colonization** *n.*

colossal [kə'losəl] *adj.* -kubwa mno.

colour ['kʌlə*] *n.* (1) rangi. (2) rangi zituminwazo na wapigaji picha. (3) (kwa mambo, maelezo) kufanana kuwa -a kweli: *give (lend) ~ to*, fanya jambo kuwa ni la kweli au kuelekea kuwa kweli; (katika kuandika habari) kuleta mambo madogo, siyo makuu, na hivyo kuwafahamisha vizuri wasomaji juu ya jambo lote na jinsi lilivyotukia. (4) (*fig.*) *he is off ~*, hawezi kidogo. (5) (*pl.*) bendera. *stick to one's ~*, kataa kabisa kuacha amini yako; *come off with flying ~s*, fanikiwa vizuri sana. **~less** *adj.* -sio na rangi; (*fig.*) *a ~less person*, mtu mdufu.

colt [koult] *n.* mwana farasi; (*youth*) kijana.

column ['koləm] *n.* (1) nguzo. (2) kitu chenye umbo la nguzo. (3) safu ya chapa katika gazeti au kitabu; sehemu ya gazeti itumiwayo siku zote kwa shughuli ile ile.

coma ['koumə] *n.* usingizi mzito sana. **~tose** ['koumətous] *adj.*

combat ['kʌmbət, 'kombət] *n. & v.t. & i.* vita; pigano; pigana; shindana. **~ant** ['kʌmbətənt] *adj. & n.* mpigani; mshindani.

A column

combine [kəm'bain] *v.t. & i.* unganisha; unga; ungama. — *n.* ['kombain] shirika la watu hasa kwa kufanya biashara na kuongoza bei ya vitu. **combination** [,kombi'neiʃn] *n.* (1) kuunganisha; kuungama; watu waliosharikiana kwa shughuli moja. (2) (*pl.*) fulana na suruali fupi pamoja zilizovaliwa kufunika mwili na miguu.

combustible [kəm'bʌstibl] *adj.* -a kuweza kuwaka upesi.

combustion [kəm'bʌstʃən] *n.* mwako; hali ya kuwaka.

come [kʌm] *v.i.* (*p.t.* came, *p.p.* come) -ja. *~ by* (*sth.*), pata kitu kwa bahati; *~ to*, *~ round*, *~ to one's senses*, pata fahamu baada ya kuzimia; *~ into* (*a fortune*), rithi fedha nyingi; *~ out*, *cf. be published: His book has come out*, kitabu alichoandika kimepigwa chapa; (kwa mambo au vitendo) *cf. become known: The whole affair has ~ out*. jambo lote limejulikana; *~ off*, tokea kama ulivyotumaini; *~ of age*, timiza umri wa miaka 21; *~ to blows*, *cf. begin fighting*, anza kupigana; *~ about*, tukia; *~ across*, *~ upon*, kuta, ona kwa bahati; *~ true*, -wa kweli; *~ of*, *cf. have as a result: What came of the conversation?* Mazungumzo yalitokea namna gani?; *~ off*, tokea (vizuri); *~ to*, *cf. happen to: How did you ~ to hear of this affair?* Ulipata kujua jinsi gani jambo hilo? *in years to ~*, katika miaka ijayo. *a coming man*, mtu ambaye watu wengi hufikiri kama atakuwa maarufu baadaye. **~-back** *n.* kupata mara ya pili uwezo wako au cheo chako cha zamani. **~-down** *n.* kutofaulu katika mambo yako.

comedy ['komidi] *n.* mchezo wa kuigisha mambo ya kuchekesha. **comedian** *n.* mtu achezaye *comedy*; mchezaji aliye na nia ya kuchekesha watazamaji.

comet ['komit] *n.* nyota yenye mkia; namna moja ya eropleni iendeshwayo bila nguvu za rafardha.

comfort ['kʌmfət] *n.* (1) faraja au msaada kwa mtu anayeumwa au anayeteswa; kitu kiletacho faraji hii. (2) starehe. — *v.t.* fariji; tuliza. **~able** ['kʌmfətəbl] *adj.* -a kufariji; -enye raha au faraja. **~less** *adj.* -a bila raha; bila faraja.

comic ['komik] *adj.* (1) -a kuchekesha watu. (2) -a kuhusu *comedy*.

comma ['komə] *n.* alama hii (,).

command [kə'ma:nd] *v.t. & i.* (1) amrisha; amuru. (2) *cf. control*, zuia, tawala. (3) -wa na amri au uwezo juu ya; stahili kuwa na: *~ respect and sympathy*, stahili kupewa heshima na huruma. (4) (kwa mahali) -wa juu ya: *The*

commando *fort on the hill* ~s *the plain*, boma lililo kilimani lina uwanda mbele au chini yake. — *n.* amri; uwezo; utawala; sehemu ya jeshi iliyo chini ya amri ya fulani. ~**ant** [ˌkomən'dant] *n.* mkuu wa boma. ~**eer** [ˌkomən'diə*] *v.t.* twaa kwa matumizi ya vita au ya majeshi ya askari. ~**er** *n.* mkuu wa askari au wa manowari. ~**ment** [kə'ma:ndmənt] *n.* moja ya amri kumi za Nabii Musa.

commando [kə'ma:ndou] *n.* askari wa jeshi la askari ambao huchaguliwa kwa uhodari wao tena hufundishwa kazi zote za kushambulia maadui katika nchi kavu na baharini pia.

commemorate [kə'memoreit] *v.t.* fanya ukumbusho wa; adhimisha sikukuu ya kukumbuka mtu au jambo fulani.

commence [kə'mens] *v.t. & i.* anzisha; anza. ~**ment** *n.* mwanzo.

commend [kə'mend] *v.t.* (1) sifu. (2) weka katika utunzo (wa). ~**able** *adj.* -a kustahili kusifiwa. ~**ation** *n.* sifa.

commensurate [kə'menʃərit] *adj.* -a kipimo au kadiri iliyo sawa (na).

comment ['koment] *n.* fafanusi; elezo. — *v.i.* toa fikira au maelezo (juu ya). ~**ary** ['komənteri] *n.* (1) jumla ya fafanusi. (2) habari zinazotolewa moja kwa moja wakati wenyewe wa jambo fulani: *a broadcast* ~*ary on a football match*, habari zinazotolewa katika simu ya upepo wakati ule ule wa mchezo wa mpira. ~**ator** ['komenteitə*] *n.* atoaye habari hizo katika simu ya upepo.

commerce ['komə:s] *n.* biashara.

commiserate [kə'mizəreit] *v.t. & i.* sikitikia; hurumia.

commissar [ˌkomi'sa:*] *n.* mjumbe wa serikali katika nchi ya U.S.S.R.

commissariat [ˌkomi'seəriət] *n.* watoaji chakula hasa katika majeshi ya askari wa vita.

commission [kə'miʃn] *n.* (1) agizo; amri; cheo cha afisa. (2) kutenda au kufanywa vibaya. (3) faida; ushuru. (4) hati au cheti cha kumpa mtu uneziri au amri fulani. (5) jamii ya watu waliopewa amri kufanya mambo fulani hasa kuchungulia mambo yanayoleta mashaka. (6) *in* ~, (kwa manowari) tayari kusafiri baharini; yenye mabaharia wote na vyakula tayari kwa kazi. ~**er** *n.* wakili wa serikali, *e.g. District* ~*er,* Disi; ~*er of Police.*

commit [kə'mit] *v.t.* (-*tt*-) (1) tenda, fanya tendo baya au la ujinga. (2) aminisha; weka. (3) ~ *oneself,* jipa sharti; ahidi. ~**ment** *n.* sharti; ahadi.

committee [kə'miti] *n.* jamii ya watu waliochaguliwa kutenda jambo au kushauriana juu yake, halmashauri.

commodious [kə'moudiəs] *adj.* -enye nafasi kwa kazi yake; -kubwa.

commodity [kə'moditi] *n.* fao; kifaa.

common ['komən] *adj.* (1) -a kuhusu, -a kutumiwa, -a kutokea, -a kufanywa watu wote wa chama au jamii moja: *a* ~ *language;* ~ *knowledge,* ifahamikayo na walio wengi, hasa wa chama kimoja. (2) -a kawaida. (3) (kwa watu na desturi zao) *cf. vulgar,* -sio na adabu. — *n.* (1) (huwa katika kijiji au karibu yake) kiwanja cha kutumiwa na watu wote. (2) *House of Commons,* sehemu moja ya halmashauri ya Parliament, yaani ambamo watu waliochaguliwa na raia wote hushauriana. (3) *in* ~, watu wote wa jamii; *out of the* ~, *cf. unusual,* -sio -a kawaida. (*be on*) *short* ~*s,* topata chakula cha kutosha. ~**ly** *adv.* ~**er** *n.* mmoja wa watu wa Ingereza wasio na cheo kikuu. ~**place** *n. & adj.* (neno, jambo, *&c.,* lililo) la kawaida au la sikuzote. ~**wealth** *n.* milki au dola au utawala wa nchi nyingi au moja. *e.g. The British Commonwealth of Nations.*

commotion [kə'mouʃn] *n.* udhia; kishindo; ghasia.

communal ['komjunl] *adj.* (1) -a watu wa mtaa au mji. (2) -a kutumiwa na watu wote.

commune [kom'ju:n] *v.i.* -wa na fikira zile zile za mwenzako; ongea.

communicate [kə'mju:nikeit] *v.i. & t.* (1) pasha (habari, shauri, joto, ugonjwa, *&c.*) kwa mtu mwingine au kitu kingine. (2) toa; gawanya. (3) -wa na njia ya kupishana (kama vyumba, bustani, barabara, *&c.*). (4) pokea Ushirika Mtakatifu.

communicable [kə‚mju:nikəbl] *adj.*

-oweza kupitishwa kwa mwingine kama habari au ugonjwa. **communication** *n.* tendo la kupasha kwa mwingine; -liopashwa (hasa habari); njia ya kupitia, kama ya gari la moshi, ya barabara, ya simu, &c. **communicative** [kə'mju:nikətiv] *adj.* -enye tabia ya kuzungumza na kupa habari.

communion [kə'mju:njən] *n.* (1) ushirika. (2) jamii ya watu wenye kanuni zile zile za imani. (3) mazungumzo; maongezi. (4) Ushirika Mtakatifu.

communiqué [kə'mju:ni:kei] *n.* habari au tangazo lililotowelea na serikali.

communism ['komjunizəm] *n.* njia ya utawala ifuatwayo na nchi ya Russia na nchi nyingine. **communist** *n.* afuataye njia hiyo.

community [kə'mju:niti] *n.* jamii ya watu wakikaa pamoja kwa hali moja.

commute [kə'mju:t] *v.t.* badilisha.

¹**compact** ['kompakt] *n.* mapatano.

²**compact** [kəm'pakt] *adj.* -dogo tena -a kukazana vizuri; -a kukazana.

companion [kəm'panjən] *n.* mwenzi; rafiki.

company ['kʌmpəni] *n.* (1) kuwa na mwingine au wengine. (2) shirika, kampani ya biashara. (3) jumla ya watu wafanyao kazi pamoja: *a ship's* ~, mabaharia wa meli au manowari moja. (4) sehemu ya jeshi la askari.

comparative [kəm'parətiv] *adj.* (1) -a kulingana. (2) -sio sawasawa kabisa ila ni karibu sawasawa. (3) (*grammar*, sarufi) maana yake *more* au zaidi, *e.g. more beautiful*, -zuri zaidi.

compare [kəm'peə*] *v.t.* (1) pambanisha. (2) linganisha: *Yours is not to be* ~*d to mine*, yako si kulinganishwa na yangu, ni mbalimbali kabisa. (3) (*grammar*, sarufi) taz. *comparative*² juu. **comparable** ['kompərəbl] *adj.* -oweza kulinganishwa (na).

comparison [kəm'parisn] *n.* (1) tendo la kupambanisha. (2) vyeo vya kupambanisha katika sarufi. taz. *compare*² juu.

compartment [kəm'pa:tmənt] *n.* kijumba; (*of railway carriage*) behewa.

compass ['kʌmpəs] *n.* (1) dira. (2) (*pl.*) bikari. (3) eneo.

A magnetic compass— a pair of compasses

compassion [kəm'paʃn] *n.* huruma.

compatible [kəm'patibl] *adj.* (kwa mawazo, mashauri, kawaida) -a kupatana, -a kuelekeana. **compatibility** *n.*

compatriot [kəm'patriət] *n.* mtu, mzaliwa au raia wa nchi ile ile sawa na mtu mwingine.

compel [kəm'pel] *v.t.* (-*ll*-) shuruti; lazimisha.

compensate ['kompenseit] *v.t. & i.* lipa, fidia, lipia (maumivu, hasara, &c.).

compete [kəm'pi:t] *v.i.* shindana. **competition** [,kompit'tiʃn] *n.* kushindana; jambo lolote ambamo watu hushindana: (katika biashara) mghalaba.

competent ['kompitənt] *adj.* -enye nguvu, akili, &c. ya kutosha. **competence** *n.* (1) kuwa na nguvu, akili, &c., ya kutosha. (2) nafuu tele.

competitive [kəm'petitiv] *adj.* -a kushindaniwa: kama mtihani ambamo watu hushindana na wenzao. **competitor** *n.* mshindani.

compile [kəm'pail] *v.t.* tunga kitabu, hasa kitabu kama kamusi.

complacent [kəm'pleisnt] *adj.* -kinaifu.

complain [kəm'plein] *v.i.* nung'unika. ~**ant** *n.* mshtaki taz. *plaintiff.*

complaisant [kəm'pleizənt] *adj.* -enye kutaka kupendeza wengine, -pole.

complement ['komplimənt] *n.* kitimizacho kitu; hesabu kamili; kiasi kamili.

complete [kəm'pli:t] *adj.* (1) kamili; -zima. (2) -timilifu. (3) sana, *e.g. a* ~ *stranger*, mtu aliye mgeni

sana. ~**ly** *adv.* sana; kabisa. **completion** *n.* tendo la kumaliza; mwisho.

complex ['kompleks] *adj.* -enye sehemu, vipande, matengenezo, tabia, nyingi; -gumu kufahamika. — *n.* kinyongo. ~**ity** *n.* tabia ya kuwa ~; kitu kilicho ~.

compliance [kəm'plaiəns] *n.* ukubali. *in* ~ *with*, kwa kukubali.

compliant *adj.* tayari kukubali.

complicate ['komplikeit] *v.t.* tatiza; fanya kitu kigumu kufahamika. ~**d** *adj.* -enye sehemu nyingi; *cf. complex.* **complication** *n.* (1) tabia ya kuwa *complex,* -a fumbo; -gumu. (2) ongeza matata au shida ya jambo.

complicity [kəm'plisiti] *n.* ushirika (wa kufanya mabaya).

compliment ['kompliment] *n.* (1) sifa, ama kwa maneno ama kwa tendo, *e.g.* kwa kutaka msaada wa shauri la mtu fulani juu ya jambo. (2) (*pl.*) salamu, maneno ya heshima. — *v.t.* ['kompliment] toa heshima. ~**ary** *adj.* (1) -enye kutoa heshima, salamu, *&c.* (2) *a* ~*ary ticket,* tikiti iliyotolewa bure.

comply [kəm'plai] *v.i.* ~ *with a request, &c.* kubali; sikia.

component [kəm'pounənt] *adj.* -liomo. — *n.* ~ *part,* kitu kilichomo, sehemu.

compose [kəm'pouz] *v.t. & i.* (1) (huwa hutumika katika *passive*) *be* ~*d of,* -wa na sehemu (nyingi). (2) tunga; buni. (3) (kupiga chapa) panga herufi za chapa. (4) tuliza: ~ *oneself,* jituliza. ~**d** *adj.* -tulivu. ~**r** *n.* (hasa kwa muziki) mtungaji. **compositor** *n.* mpangaji herufi za chapa.

composite ['kompəzit] *adj.* -liofanywa na sehemu nyingine au na vitu mbalimbali.

composition [,kompə'ziʃn] *n.* (1) tendo la kutunga. (2) kilichotungwa (*e.g.* mashairi, kitabu, nyimbo); mpango. (3) sehemu za kitu. (4) mchanganyiko.

compost ['kompost] *n.* mchanganyiko wa mimea iliyooza kufanya mbolea.

composure [kəm'pouʒə*] *n.* utulivu; makini.

¹**compound** ['kompaund] *n. & adj.* (kitu) kilichomo sehemu mbili au zaidi.

²**compound** ['kampaund] *n.* au kiwanja cha nyumba; kambi la wafanyi kazi.

comprehend [,kompri'hend] *v.t.* (1) fahamu kabisa. (2) -wa na; weka, *cf. include.* **comprehensible** [,kompri'hensibl] *adj.* -a kufahamika. **comprehension** *n.* tendo la akili la kufahamu. **comprehensive** *adj.* -a kuweza kuweka 'sana.

compress [kəm'pres] *v.t.* (1) bana shindilia. (2) (kwa maandiko, mawazo) fupisha. — *n.* ['kompres] kipande cha nguo kilichobandikwa katika sehemu ya mwili kuzuia damu kutoka au kutuliza homa, *&c.*

comprise [kəm'praiz] *v.t.* -wa na ... ndani yake, *e.g. The book* ~*s all sorts of knowledge,* kitabu kina maarifa ya namna zote ndani yake.

compromise ['komprəmaiz] *n.* mapatano ambamo pande zote mbili huachia baadhi ya mahitaji tena hawapati yote waliyotaka. — *v.t. & i.* (1) patana, ridhiana kama ilivyoelezwa juu. (2) ingiza fulani katika tuhuma, mashaka kwa matendo yako.

compulsion [kəm'pʌlʃn] *n.* shurutisho. **compulsory** [kəm'pʌlsəri] *adj.* -a lazima.

compunction [kəm'pʌŋkʃn] *n.* majuto. *disobey your chief without the slightest* ~, totii mkubwa wako bila majuto au mashaka yoyote.

compute [kəm'pju:t] *v.t.* hesabu; kadiri. **computation** *n.*

comrade ['komrid, 'kʌm-] *n.* rafiki; mwenzi.

concave ['kon'keiv] *adj.* -a mvungu; -enye shimo. taz. picha chini ya *convex.*

conceal [kən'si:l] *v.t.* ficha.

concede [kən'si:d] *v.t.* (1) kubali. **concession** [kən'seʃn] *n.* kukubali; ruhusa iliyotolewa na mwenyewe wa nchi, *e.g.* kuchimbua madini au vito katika ardhi yake.

conceit [kən'si:t] *n.* majivuno; kiburi.

conceive [kən'si:v] *v.t. & i.* (1) pata mimba. (2) waza; dhani. **conceivable** *adj.* -a kuweza kuwazika au kusadikika.

concentrate ['konsentreit] *v.t. & i.* (1) kusanya au kusanyika mahali pamoja. (2) ongeza nguvu ya kitu. (3) ~ *on,* kaza fikira juu ya.

conception [kən'sepʃn] n. (1) wazo. (2) mtungo wa mimba.

concern [kən'sə:n] v.t. (1) pasa; husu. (2) ~ *oneself with*, jitia katika jambo. (3) hangaisha. *be ~ed about the future*, hangaika juu ya mambo yatakayokuja. — n. (1) ipasayo; ihusuyo. (2) jambo; shirika; kampani. (3) ushirika. (4) shaka; hangaiko. taz. *anxiety*.

concert ['konsət] n. (1) mazungumzo (tafriji) ya watu kuimba pamoja au kupiga muziki. (2) *in ~ (with)*, umoja wa shauri; mapatano. ~ed [kən'sə:tid] adj. ~*ed action*, tendo linalofanywa na watu pamoja ambalo lilitangulia kutengenezwa.

concertina [,konsə'ti:nə] n. chombo cha muziki kichezwacho na mikono miwili. taz. picha.

concession, taz. *concede*.

conciliate [kən'silieit] v.t. patanisha hasa mtu aliye rafiki; suluhisha; tuliza hasira ya fulani. **conciliation** n. **conciliatory** adj.

A concertina

concise [kən'sais] adj. (kwa mtu, usemi wake au tabia yake au maandiko yake, &c.) -fupi; -enye habari nyingi katika maneno machache.

conclave ['konkleiv] n. baraza ya siri.

conclude [kən'klu:d] v.t. & i. (1) koma; isha; komesha. (2) fanya. (3) dhani; ona. **conclusion** n. (1) mwisho. (2) dhana iliyotokea kufikiri sana. (3) hukumu. **conclusive** adj. (kwa mambo, ushuhuda, &c.) -a nguvu; -a kuthibitisha.

concoct [kən'kokt] v.t. (1) tengeneza kwa kuchanganya pamoja: ~ *a new kind of soup*, changanya namna mpya ya mchuzi. (2) buni (hadithi, singizio, &c.).

concord ['konko:d] n. upatano au umoja (kati ya watu au vitu). ~ance [kən'ko:dəns] n. (1) upatano. (2) mpango wa ABC wa maneno makuu yaliyotumiwa na mwandishi au katika kitabu: *a ~ance of the Bible (the works of Shakespeare)*.

concourse ['koŋko:s] n. mkutano; kundi.

concrete ['koŋkri:t] adj. -a kushikika au kuonekana (wala si -a kuwazika tu) *e.g. a ~ example*, mfano wenye kushikika au kuonekana; ni kinyume cha *abstract*. — n. saruji, chokaa, au udongo wa Ulaya uliochanganywa na maji na kokoto, kama sakafu.

concubine ['koŋkjubain] n. mwanamke wa kinyumba; suria.

concur [kən'kə:*] v.i. (-rr-) (1) patana. (2) tokea wakati ule mmoja. ~**rence** n. patano. ~**rent** adj. -a wakati ule mmoja.

concussion [kən'kʌʃn] n. mtikiso; kuzirai kwa sababu ya kipigo cha kichwa.

condemn [kən'dem] v.t. (1) laumu. (2) hukumu kuwa na hatia na kustahili adhabu. (3) weka, tuma, agiza, fulani kuishi katika hali ya taabu au maumivu. ~**ation** n.

condense [kən'dens] v.t. & i. (1) ongeza uzito au nguvu; (kwa mvuke) geuza mvuke uwe maji. (2) fanya muhtasari ya: *a ~d account of an event*, habari ya jambo iliyofupishwa iwe kama muhtasari. ~**r** n. chombo cha kugeuza mvuke uwe maji au elektrisiti mpaka iwe na nguvu inayotakiwa. **condensation** [,konden'seiʃn] n. kugeuka kwa namna ilivyoelezwa juu; matone ya maji (*e.g.* umande) yaliyofanywa mvuke ugeukapo.

condescend [,kondi'send] v.i. tendea wema (hisani) wenye cheo kidogo; (pengine kupiga ubwana huku anapotenda) jinyenyekea.

condition [kən'diʃn] n. (1) kitu kilicho cha lazima kabla kitu kingine chaweza kutokea; kitu kinachotegemeza kitu kingine kinachofuatana. (2) tabia; hali. (3) (*pl.*) mambo yaliyvyo. (4) cheo.

condole [kən'doul] v.i. hurumia; sikitikia.

condone [kən'doun] v.t. achilia; samehe.

conduce [kən'dju:s] v.i. faa, saidia, elekeza kuleta. **conducive** adj.

conduct ['kondʌkt] n. (1) mwenendo. (2) matengenezo; usimamizi. — v.t. & i. [kən'dʌkt] (1) ongoza; peleka; chukua. (2) tengeneza; endesha, cf. *manage* or *control*. (3) ~ *oneself (well, &c.)*, cf. *behave*.

jiweka; jichukua. (4) *cf. transmit, carry*, chukua; pitisha nguvu za elektrisiti. ~or *n*. (1) mtu anayeongoza¹,²; hasa mtu katika basi (*bus*) au gari la *tram* afanyaye kazi ya kupokea fedha na kutoa tikiti. (2) kitu kichukuacho⁴ nguvu za elektrisiti au za joto.

cone [koun] *n*. (1) kitu cha mviringo

Cones

chini kilichochongoka juu. (2) namna ya matunda ya miti kama misunobari. **conic** *adj*.

confection [kən'fekʃn] *n*. **confectionery** *n*. mchanganyiko, hasa ni vitu vitamu kama sukari, halua, maandazi, peremende, &c.

confederate [kən'fedərit] *adj*. -lioungwa pamoja kwa mapatano. — *n*. mwenye shauri lile lile moja (hasa la kutenda mabaya).

confer [kən'fə:] *v.t. & i.* (-rr-) (1) toa (haki, heshima, hisani). (2) (*with*) fanya shauri pamoja (na). ~**ence** ['konfərəns] *n*. mkutano kwa mazungumzo au kwa kushauriana pamoja.

confess [kən'fes] *v.t. & i.* (1) kiri. (2) ungama dhambi au makosa mbele ya kasisi; (kwa kasisi mwenyewe) ungamisha. ~**ional** *n*. mahali pa upweke pa kanisani ambapo kasisi huketi kwa kuungamisha wakosaji. ~**or** *n*. mwungamishi.

confide [kən'faid] *v.t. & i.* (1) ambia (siri); weka (mtu au kitu) kuangaliwa na yule aaminiwaye; toa kazi au zamu kwa mtu fulani ili aifikilize. (2) amini; tumainia. **confidant(e)** *n*. mtu aaminiwaye kwa kufikiliza mambo ya siri hasa ya kupendeleza. ~**nce** ['konfidəns] *n*. (1) tendo la kuambia siri au kumwamini mwenzako. (2) siri iliyoambiwa wa kwa huba. (3) ushupavu. ~**nt** *adj*. -tumainifu; -shupavu, &c. ~**ntial** *adj*. (1) -a siri. (2) msiri: *my ~ntial secretary*, mwandishi wangu msiri.

configuration [kən,figjuə'reiʃn] *n*. umbo; namna.

confine [kən'fain] *v.t.* (1) wekea mipaka; husika na (kwa). (2) funga. — *n*. ['konfain] (huwa hutumiwa katika *pl*.) mipaka; ukingo. ~**d** *ppl. adj.* (hasa) jifungua; zaa. ~**ment** *n*. mfungo, kifungo; (hasa) uzazi.

confirm [kən'fə:m] *v.t.* (1) thibitisha; imarisha. (2) sahihisha. (3) bandika mikono baada ya Ubatizo, tolea Kipa imara.

confiscate ['konfiskeit] *v.t.* (kama adhabu au kwa kutilia nguvu) twaa mali ya mtu mwingine: hasa serikali kuadhibisha mtu kwa kutwaa mali zake.

conflagration [,konfle'greiʃn] *n*. moto mkubwa.

conflict ['konflikt] *n*. (1) pigano; vita; ugomvi. (2) (kwa fikira, mashauri, shauku, &c.) *in* ~ (*with*), -wa mbalimbali na. — *v.i.* pambana; hitilafiana; -wa mbalimbali.

confluence ['konfluəns] *n*. mahali pa kukutana, hasa pa mito miwili.

conform [kən'fo:m] *v.i. & t.* fanana; fuata; sawazisha.

confound [kən'faund] *v.t.* (1) shangaza; fadhaisha. (2) changanya; chafua. (3) angamiza; shinda.

confront [kən'frʌnt] kabili; pinga; kabilisha.

confuse [kən'fju:z] *v.t.* changanyisha; chafua. **confusion** [[,kən'fju:ʒn] *n*. ghasia; chafuko.

confute [kən'fju:t] *v.t.* thibitisha ya kuwa fulani asema wongo; onyesha shauri kuwa si la kweli.

congeal [kən'dʒi:l] *v.t. & i.* gandisha; ganda. (hasa kwa damu kuganda katika upepo baridi.)

congenial [kən'dʒi:nial] *adj*. (1) (kwa vitu) -a kupatana; -a kupendeza. (2) (kwa watu) -enye tabia ya namna ile ile.

congenital [kən'dʒi:niəl] *adj*. (kwa magonjwa) -a kuzaliwa na: *a ~ sickness*, ugonjwa mtu aliozaliwa nao.

congested [kən'dʒestid] *ppl. adj.* (1) -a kusongana mno; -enye watu wengi zaidi: *The streets were ~ with people*, njia zilikuwa zimejaa watu wengi zaidi. (2) (kwa sehemu za mwili) -enye damu nyingi kuliko

kiasi: *His lungs were* ~, mapafu yake yalikuwa na damu nyingi. **congestion** *n*.

congratulate [kən'grætjuleit] *v.t.* shangilia.

congregate ['koŋgrigeit] *v.t. & i.* kusanya; kusanyika. **congregation** *n*. (hasa) watu waliokusanyika kwa kumwabudu Mungu.

congress ['koŋgres] *n*. (1) mkutano wa watu. (2) baraza kuu ya U.S.A.

conical ['konikl] *adj*. -enye umbo la *cone*.

conifer ['kounifə*] *n*. mti wa namna ya msunobari wenye matunda yaitwayo *cones*.

conjecture [kən'dʒektʃə*] *v.i. & t. & n*. bahatisha; kisia. — *n*. dhana; kisio.

conjugal ['kondʒugl] *adj*. -a mume na mkewe.

conjugate ['kondʒugeit] *v.t. & i.* (sarufi) taja mabadiliko au sehemu zote za kiarifa (*verb*).

conjunction [kən'dʒʌŋkʃn] *n*. (1) (sarufi) kiungo. (2) *in — with*, pamoja na. (3) mwungano (wa mambo, *&c*.). **conjunctive** [kən'dʒʌŋktiv] *adj*. -a kuunganisha.

conjure [kʌndʒə] *v.t. & i.* (1) fanya kiinimacho (mazingaombwe, mizunga). (2) ~ *up*, tunga; buni; fikirisha. ~*r*, **conjuror** *n*. mtu afanyaye viinimacho.

connect [kə'nekt] *v.t. & i.* (1) unganisha; ungika. (2) husu (*cf. associate*). ~**ion**, **connexion** *n*. (1) kuunganisha; kuungika; kiungo: *bicycle pump* ~*ion*, kiungo cha bomba la baisikeli; wiano, uhusiano: *These affairs have no* ~*ion with each other*, mambo haya hayawiani, hayahusiani. *in this* ~*ion*, kwa jambo (habari, hali) hili. (2) gari la moshi, meli, *&c*. iletayo wasafiri muda mfupi kabla nyingine haijaanza safari yake ili wasafiri watoke katika ile ya kwanza na kuendelea katika ile ya pili. (3) jamaa ya watu ambao hununua kwa duka moja au kutibiwa na dakitari mmoja, *&c*. (4) jamaa ya watu waabuduo Mungu kwa kufuata itikadi moja. (5) ndugu; jamaa.

connive [kə'naiv] *v.i.* ~ *at*, achilia, toangalia kosa au tendo lililokatazwa kwa sheria.

connubial [kə'nju:biəl] *adj*. -a mume na mkewe.

conquer ['koŋkə*] *v.t.* (1) shinda maadui; achia mbali desturi mbaya. (2) kamata, twaa, hasa wakati wa vita. **conquest** *n*. ushindi; mateka.

conscience ['konʃəns] *n*. dhamiri, yaani akili ituonyayo kama matendo yetu ni mema au mabaya. *have a clear* (*guilty*) ~, -wa na moyo wenye raha (wasiwasi); ~ *money*, malipo yalipwayo na mtu kutuliza moyo wake kwa ajili ya tendo baya, kama vile wizi, *&c*.

conscientious [,konʃi'enʃəs] *adj*. -enye bidii kufanya vyema yote yapasayo.

conscious ['konʃəs] *adj*. (1) *be* ~ *of*, *cf. be aware of*, fahamu, ona, sikia. (2) (kwa matendo, mawazo, *&c*.) unayosikia mwenyewe nafsini: *with* ~ *superiority*, ukijua nafsini yo kuwa amri yako ina nguvu kuliko ile ya wote wengine. (3) haya; soni. taz. *self—*. ~**ness** *n*. (1) fahamu. (2) fikira zote, masikio yote, *&c*. ya mtu.

conscript [kən'skript] *v.t.* andika (askari) kwa lazima. — *n*. ['konskript] askari au baharia aliyeandikwa kwa lazima ya serikali.

consecrate ['konsikreit] *v.t.* weka wakfu; bariki.

consecutive [kən'sekjutiv] *adj*. -a kufuatana mfululizo.

consensus [kən'sensəs] *n*. upatano, ukubali wa watu wote.

consent [kən'sent] *v.i. & n.* kubali; ridhia; ukubali.

consequence ['konsikwəns] *n*. (1) tokeo la jambo jingine. (2) -kubwa; -enye cheo kikubwa: *It's of no* ~, haina maana; si kitu; basi. *A person of* ~, mtu mwenye cheo kikubwa. **consequent** *adj*. -a kufuatana kama tokeo la jambo la kwanza. **consequential** *adj*. -a kufuatana, *&c*.; (kwa watu) ajidaiye kuwa ni mtu wa cheo kikubwa.

conservation [,konsə'veiʃn] *n*. kutunza vyema; kuhifadhi.

conservatism [,kən'sə:vatizəm] *n*. ulinzi; utunzo; kuhifadhi mambo na desturi za kale. **conservative** *n. & adj*. (1) asiyependa kubadili mambo; mmoja wa jamii ya wapendao utawala wa watu wasiopenda kubadili mambo kwa haraka. (2) (*colloq*.) -enye hadhari; -a kiasi.

consider [kən'sidə*] v.t. & i. (1) fikiri. (2) kumbuka; pima. (3) dhani; ona. **~able** adj. -a kustahili kufikiriwa; -kubwa; tele. **~ate** [kən'sidərit] adj. -enye huruma; -pole. **~ation** n. (1) hali ya kuwa na huruma. (2) tendo la kufikiri. (3) mambo ambayo ni lazima yakumbukiwe: *These are the ~ations which influenced him in making his plans,* haya ndiyo mambo ambayo ni lazima yakumbukwe kama yale yaliyomfanya kufuata mashauri yake. (4) lipo; tuzo. *cf. reward, payment.* **~ing** prep. kwa kuwa.

consign [kən'sain] v.t. (1) peleka (bidhaa, &c., kwa gari la moshi, meli, &c.) kwa mtu mwingine. (2) tolea; weka. **~ee** [ˌkonsai'ni:] n. mtu apelekewaye bidhaa, &c. kwa gari au meli, &c. kupeleka; bidhaa zipelekwazo. **~ment** n.

consist [kən'sist] v.i. (1) ~ *of,* -wa; ni. (2) ~ *in,* kitu chake ni; asili yake ni. **~ence, ~ency** n. (1) (huwa ~*ency*) hali ya kuwa na fikira, desturi, &c. zile zile daima. (2) uzito, ugumu (hasa wa maji mazito au wa kitu kifanyuacho kwa kukichanganya na maji): *mix flour and milk to the right ~ency,* changanya pamoja unga na maziwa yawe ya uzito (ugumu) ufaao. **~ent** adj. (1) (kwa watu, tabia, desturi na fikira zao) thabiti; -aminifu; -a kulingana sawa. (2) -a kupatana na.

console [kən'soul] v.t. farijia; tuliza. **consolidate** [kən'solideit] v.t. & i. (1) imarisha. (2) unganisha.

consonant ['konsənənt] n. sauti au herufi isiyo vokali (*vowel*), yaani b, ch, d, &c.

¹ **consort** ['konso:t] n. mume; mke; na basa mume wa malkia.

consort ['kən'so:t] v.i. ~ *with,* andamna; patana (na).

conspicuous [kən'spikjuəs] adj. -enye kuonekana kwa mbali.

conspire [kən'spaiə*] v.i. (1) fanya shauri pamoja (hasa baya). (2) ungana: *Events ~d to bring about his failure,* mambo yaliungana na kwa hayo alipotea. **conspirator** [kən'spirətə*] n. mtu apatanaye kufanya shauri baya. **conspiracy** n.

constable ['kʌnstəbl] n. polisi. **constabulary** [kən'stabjuləri] n. jamii ya polisi.

constancy ['konstənsi] n. uthabiti; uaminifu.

constant ['konstənt] adj. (1) -a sikuzote; -a daima. (2) thabiti; -aminifu. **~ly** adv. mara nyingi; daima.

constellation [ˌkonstə'leiʃn] n. kundi la nyota.

consternation [ˌkonstə'neiʃn] n. hofu kuu; ushangao; fadhaa.

constipation [ˌkonsti'peiʃn] n. hali ya kufunga choo.

constituent [kən'stitjuənt] adj. (1) -enye haki ya kufanya au kubadilisha sheria za serikali. (2) sehemu ya mchanganyiko. — *n.* mtu mwenye haki kuchagua mtu kukaa katika baraza kuu ya nchi fulani.

constitute ['konstitju:t] v.t. (1) -pa haki ya kushika cheo au heshima; weka. (2) simamisha; anzisha; *cf. establish.* (3) fanya; -wa sawa na. **constitution** [ˌkonsti'tju:ʃn] n. (1) sheria; kanuni. (2) tabia ya uzima wa jumla ya viungo vya mtu. (3) umbo la kitu. (4) tabia na siha ya mtu. **~al** adj. -a sheria na kanuni za serikali: *a ~al ruler,* mtawala afuataye sheria na kanuni za nchi; *a ~al weakness,* uhafifu uletwao na -¹ ya mtu.

constrain [kən'strein] v.t. lazimisha. **~ed** ppl. adj. (kwa sauti na mwenendo) si ya kawaida. **~t** n. kulazimisha au kulazimishwa; nguvu; sharti.

constrict [kən'strikt] v.t. bana; songa.

construct [kən'strʌkt] v.t. jenga; unga; fanya. **~tion** n. **~ive** adj.

construe [kən'stru] v.t. & i. (1) fasiri. (2) fahamu maana yake kuwa. *cf. infer.*

consul ['konsl] n. (1) balozi, mtu apelekwaye na serikali yake kukaa katika nchi ya kigeni awe wakili wake. (2) (la zamani katika utawala wa Kirumi) mmoja wa wakuu wawili wa serikali. **~ar** adj. -a balozi¹. **~ate** n. cheo cha balozi¹; maafisi ya ~.

consult [kən'sʌlt] v.t. (1) taka shauri kwa. (2) kumbuka. **~ant** n. mstadi (hasa dakitari) ambaye watu hutaka shauri lake katika shughuli zao. **~ation** n. kutaka shauri; mkutano kwa kusudi la kushauriana.

consume [kən'sju:m] *v.t. & i.* (1) -la; -nywa. (2) tumia; maliza. (3) teketeza; haribu. (4) *be ~d with*, jaa (shauku, husuda, huzuni, &c.). (5) *~ away*, lika; haribika.

consummate [kən'sʌmit] *adj.* -kamili. ['konsʌmeit] — *v.t.* kamilisha.

consumption [kən'sʌmpʃn] *n.* (1) ulaji; kadiri iliwayo. (2) ugonjwa ufanyao sehemu ya mwili, hasa mapafu, kudhoofika; kifua kikuu.

consumptive *adj.* anayeugua au anayeelekea kuugua ~².

contact ['kontakt] *n.* (hali ya) kugusana au kukutana: *be in ~ with sb.* -wa katika hali ya kuonana au kuwa na shughuli na fulani.

contagion [kən'teidʒən] *n.* kueneza ugonjwa kwa ambukizo; ambukizo la mawazo mabaya, mashauri maovu, &c. **contagious** *adj.* (kwa ugonjwa) -a kuambukiza; (*fig.*) -a kueneza upesi kwa kufuata mfano wa mwingine: *~ laughter* (*gloom*).

contain [kən'tein] *v.t.* (1) -wa na (vitu) ndani; weka ndani; chukua ndani. (2) zuia. (3) (*geometry*) -wa mpaka wa.

contaminate [kən'tamineit] *v.t.* tia uchafu; haribu; ambukiza.

contemplate ['kontempleit] *v.t.* tazama sana (kwa macho au kwa kufikiri); nia.

contemporary [kən'tempərəri] *adj.* -a wakati ule ule: *a ~ record of events* (*i.e.* iliyoandikwa na watu waliokuwapo wakati ule). — *n.* person ~ *with another; we were contemporaries at school* (*college, &c.*), tulikuwa tukisoma wakati ule ule chuoni. **contemporaneous** [kən,tempə'reinjəs] *adj.* -a wakati ule ule.

contempt [kən'tempt] *n.* (1) hali ya kudharauliwa. (2) kudharau: *to feel ~ for a liar*, mseme wongo. (3) *~ of court*, kutotii amri ya jaji au baraza; kutoheshimu mwamuzi au mkuu wa baraza. ~**ible** *adj.* -liostahili kudharauliwa. ~**uous** *adj.* -a kuonyesha dharau.

contend [kən'tend] *v.i.* (1) fanya juhudi; shindana (na mtu au kitu kwa kusudi). (2) dai, nena kwa uthabiti. *cf. argue, assert.* **contention** *n.* neno; shauri. **contentious** *adj.* -gomvi; -bishi.

¹**content** [kən'tent] *adj.* (1) (*be*) ridhi, ridhika. (2) *~ to,* tayari (kufanya, &c.). — *n.* uradhi, radhi. — *v.t.* ridhisha. ~**ed** *ppl. adj.* (*be*) ridhi(ka). ~**ment** *n.* uradhi, radhi.

²**content** ['kontent] *n.* (1) (huwa *pl.*) vitu vya ndani; yaliyomo. (2) kadiri ambayo chombo chaweza kuweka (kuchukua).

contest [kən'test] *v.t. & i.* (1) shindana. (2) kana. ['kontest] — *n.* shindano. ~**ant** *n.* mshindani.

context ['kontekst] *n.* maneno yanayotangulia na kufuata aya, mstari, au maneno mengine ambayo hudhihirisha maana yake.

¹**continent** ['kontinənt] *adj.* -zuilifu wa tamaa, hasa ya kike na kiume.

²**continent** ['kontinənt] *n.* bara kuu; mojawapo la mafungo matano ya dunia.

contingent [kən'tindʒənt] *adj.* (1) -sio hakika; -a bahati. (2) -a kutegemea jambo jingine. — *n.* sehemu ya jamii, kundi la askari au la manowari yaani sehemu moja ya jeshi. **contingency** *n.* jambo liwezalo kutokea lakini hakuna hakika kwamba litatokea: *In such a contingency, we cannot agree,* mambo yakitokea hivi hatuwezi kukubali.

continue [kən'tinju] *v.i. & t.* (1) endelea; dumu. (2) chaga; charuka. **continual** *adj.* -a daima; -a kuendelea. **continuance** *n.* maisha; ufulizo; uendeleo. **continuation** *n.* mwandamano; mfulizo. **continuity** *n.* mwendeleo moja kwa moja. **continuous** *adj.* kama *continual*.

contort [kən'to:t] *v.t.* geuzageuza; (*of face*) kunja, finya (uso). ~**ion** *n.* mageuzo; mapindi ya maungo. ~**ionist** *n.* mtu ajipindapindaye vyungo vyake.

contour ['kontuə*] *n.* umbo; sura. *~ line,* mstari uandikwao katika ramani kuonyesha urefu wa kwenda juu wa sehemu za nchi.

contra- ['kontrə] *prefix* yaani sehemu ya neno iliyotiwa mwanzoni mwa neno kuleta maana ya mbalimbali kabisa, au kinyume chake.

contraband ['kontrəband] *n.* kuleta au kuchukua bidhaa zilizokatazwa na sheria katika nchi fulani; uchumi wa kufanya kazi hiyo.

¹**contract** ['kontrakt] *n.* patano;

kupatana kuleta bidhaa au kufanya kazi, &c. kwa bei isiyogeuka. —v.t. & i. [kən'trakt] (1) patana. (2) pata: ~ *debts*, pata au kufanya deni; wiwa. (3) pata, patwa na: ~ *a disease*, patwa na ugonjwa.

contract [kən'trakt] v.t. & i. (1) punguza, fupisha; punguka, fupika: *iron* ~ *when it becomes cool*, chuma hupunguka kikipoa; *to* ~, 'mama yake' *to* 'mamaye', kufupisha maneno ya 'mama yake' hata neno moja 'mamaye'. ~**ion** n. mpunguo; mfupisho.

contradict [,kontrə'dikt] v.t. (1) sema ya kuwa neno lililosemwa au kuandikwa si la kweli. (2) (kwa matendo au maneno) achana; -wa kinyume cha.

contraption [kən'trapʃn] n. (colloq.) kidude.

contrary ['kontrəri] adj. (1) -a mbalimbali. (2) (kwa upepo) cf. *adverse*, mbisho; tanga mbili. (3) (colloq.) [kən'treəri]) -kaidi; -bishi. — adv. kukabili, kukabiliana. — n. kilicho mbalimbali kabisa. *on the* ~, bali: '*Have you finished?*' '*On the* ~ *I have just started*'. 'Umekwisha?' 'Bali, nimeanza tu'. **contrariness** n. ukaidi.

contrast [kən'tra:st] v.t. & i. (1) pambanisha. (2) -wa namna nyingine kabisa. — n. ['kontra:st] (1) tendo la kumpambanisha. (2) tofauti; kitu kinachotofautisha.

contravene [,kontrə'vi:n] v.t. (1) shindana na; vunja (sheria, desturi, &c.). (2) bishana. (3) -wa mbalimbali na. **contravention** n.

contribute [kən'tribju:t] v.t. & i. (1) saidia; toa. (2) shiriki. (3) (*to a newspaper*) peleka habari kupigwa chapa katika gazeti.

contrite ['kontrait] adj. -enye masikitiko kwa ajili ya makosa.

contrive [kən'traiv] v.t. & i. vumbua; tengeneza (shauri, hila, kitu cha kufaa). **contrivance** n. kitu, chombo kilichofanywa au kuvumbuliwa.

control [kən'troul] n. (1) amri; utawala. (2) namna ya kuongoza au ya kusimamia. (3) cf. *restraint*, uzuifu. — v.t. (-ll-) weza; zuia.

controversy ['kontrəvə:si] n. ugomvi, shindano la maneno.

convalescent [,konvəl'lesnt] n. & adj. -a katika hali ya kuwa katika kupona.

convene [kən'vi:n] v.t. & i. kusanya; ita kwenye mkutano; kutanika.

convenient [kən'vi:njənt] adj. -a kufaa. **convenience** n. tabia ya kufaa; manufaa: *make a convenience of sb.*, mtumia mtu aliye tayari kusaidia bila huruma; *at your convenience*, wakati unapopenda.

convent ['konvənt] n. (1) jamii ya watawa wanawake, yaani mabikira. (2) nyumba mabikira wakaamo.

convention [kən'venʃn] n. (1) mkutano wa wanavyama kwa kusudi maalum. (2) mapatano baina ya nchi mbili au zaidi. (3) jambo la desturi.

converge [kən'və:dʒ] v.i. & t. endea mahali pamoja; karibiana; leta pamoja.

conversant ['konvəsənt] adj. ~ *with*, -zoefu; -enye kujua sana.

conversation [,konvə'seiʃn] n. zungumzo. ~**al** adj. -enye kupenda kuzungumza; -enye kutumika katika mazungumzo. **converse** n. kama zungumzo.

converse ['konvə:s] n. & adj. (kwa mawazo au maneno) kinyume cha.

convert [kən'və:t] v.t. (1) geuza; badili. (2) badilisha dini ya mtu. **conversion** n. badiliko (badilisho) la dini. ~**ible** adj. -a kubadilika.

convex ['konveks] adj. kama mviringo wa kutokeza.

convey [kən'vei] v.t. (1) chukua kutoka mahali mpaka mahali pengine. (2) julisha; arifu. (3) (kwa wanasheria) sihia mali. ~**ance** n. (1) kuchukua; kitu kichukuacho; gari. (2) hati ya kubadilisha au kusihia mali.

CONCAVE

CONVEX

convict [kən'vikt] v.t. tia (fulani) hatiani; (kwa jaji au waamuzi) thibitisha hatia ya kosa. — n. ['konvikt] mfungwa.

conviction [kən'vikʃn] n. (1) thibitisho la hatia ya kosa. (2) tendo la kusadikisha. (3) nia; dhana.

convince [kən'vins] v.t. sadikisha; julisha.

convivial [kən'viviəl] *adj.* (1) -a kufurahisha moyo. (2) -a karamu.

convoke [kən'vouk] *v.t.* ita; kusanya. **convocation** *n.* mkutano; baraza ya wakuu wa kanisa la Kiingereza.

convoy [kon'voi] *v.t.* (hasa kwa manowari) fuatana au sindikiza kwa ajili ya kulinda. — *n.* ulinzi; himaya ya njiani.

convulse [kən'vʌls] *v.t.* shtusha sana. **convulsion** [kən'vʌlʃn] *n.* kifafa; (kwa watoto) dege; babu; babewana; msukosuko.

coo [ku:] *v.i. & n.* lia polepole kama njiwa.

cook [kuk] *v.t. & i. & n.* pika; mpishi. ~**er** *n.* chombo cha kupikia; jiko. ~**ery** *n.* upishi.

cool [ku:l] *adj.* (1) -a baridi kidogo. (2) -tulivu. (3) -enye macho makavu. (4) (kwa mwendeno) si ya furaha wala ya bidii.

coolie ['ku:li] *n.* mtu apakiaye na kupakua mizigo melini katika nchi za mashariki; kuli.

coop [ku:p] *n.* kitundu, kizimba (cha kuku, &c.). — *v.t.* funga zizini au katika nafasi ndogo.

co-operate [kou'opəreit] *v.i.* fanya kazi pamoja; shirikiana; fanya bia. **co-operation** *n.* **co-operative** —*adj. n.* duka la chama cha bia.

co-opt [kou'opt] *v.t.* karibisha mtu mkutanoni kwa uchaguo wa mkutano.

co-ordinate [kou'o:dinit] *adj.* -a namna, kadiri au cheo kile kile. — *v.t.* linganisha.

¹**cope** [koup] *n.* vazi la sherehe la kasisi.

²**cope** [koup] *v.i.* ~ *with*, weza; faulu; shindana na.

copious ['koupiəs] *adj.* -ingi.

copper ['kopə*] *n.* shaba nyekundu.

copra ['koprə] *n.* mbata, nazi kavu.

copy ['kopi] *n.* (1) nakili. (2) mfano. (3) maneno ya kupigwa chapa. — *v.t. & i.* (1) nakili. (2) fuatisha; iga; igiza. ~**right** *n.* haki ya mtu aliyebuni kitabu ya kuzuia wengine wasikifuatishe.

coral ['korəl] *n.* (*red*) marijani; (*white*) matumbawe.

cord [ko:d] *n.* (1) kamba nyembamba. (2) uti wa mgongo (*spinal*); kitovu (*umbilical*).

cordial ['ko:djəl] *adj.* -kunjufu. — *n.* kitu (dawa, kinwaji, &c.) kifurahishacho moyo, kiburudisho.

corduroy ['ko:djuroi] *n.* namna ya nguo nzito tena ngumu.

core [ko:*, koə*] *n.* moyo; kiini.

cork [ko:k] *n.* gome la jamii ya miti fulani; kwa (chupa) kizibo. ~-**screw** *n.* kizibuo.

¹**corn** [ko:n] *n.* nafaka; (*maize*) mahindi; (*wheat*) ngano; (*grain of*) punje. ~-**cob** *n.* gunzi; bunzi.

²**corn** [ko:n] *n.* kwa mguu) sugu; (kwa paji la uso) sijida.

A cork-screw

corner ['ko:nə*] *n.* (1) pembe. *turn the* ~, (*fig.*) okoka hatarini, *e.g.* katika ugonjwa mzito. *a tight* ~, hatari kubwa. (2) (kwa biashara) *make a* ~ *in wheat, &c.*, nunua ngano yote ili kupandisha bei. — *v.t.* (1) tia hatarini. (2) nunua yote kama ~¹. ~-**stone** *n.* (*fig.*) msingi.

coronation [,korə'neiʃn] *n.* tendo la kutia mfalme taji anapotawazwa.

coroner ['korənə*] *n.* mtu mwenye amri ya serikali kuhojihoji sababu ya kifo cha watu wafao ghafula au kwa namna iwezayo kudhaniwa wameuawa, &c.

coronet ['korənit] *n.* kitaji, taji ndogo, pambo la kichwa.

¹**corporal** ['ko:pərəl] *adj.* -a mwili; ~ *punishment,* kupiga fimbo au kupigwa fimbo kwa kuadhibishwa.

²**corporal** ['ko:pərəl] *n.* cheo cha askari kilicho chini ya *sergeant*.

corporation [,ko:pə'reiʃn] *n.* jamii ya watu waliochaguliwa kutawala watu wa mjini: *the mayor and* ~, mkuu wa mjini na washauri wake. **corporate** ['ko:pərət] *adj.* -a jamii.

corps [ko:*] *n.* jamii ya watu katika jeshi la askari.

corpse [ko:ps] *n* maiti. *cf. carcass*, mzoga.

corpulent ['ko:pjulənt] *adj.* -nene.

correct [kə'rekt] *adj.* sahihi; bila kosa. — *v.t.* sahihisha; toa makosa; tia adabu.

correspond [,koris'pond] *v.i.* (1) lingana; fanana. (2) andikiana barua. ~**ence** *n.* (1) usawasawa; ulinganifu. (2) kuandikiana barua; barua. ~**ent** *n.* (1) mwenzi. (2) mleta habari kwa barua.

corridor ['korido:*] *n.* njia nyumbani uunganishao vyumba; ukumbi.

corroborate [kə'robəreit] *v.t.* thibitisha; shuhudia.

corrode [kə'roud] *v.t. & i.* -la; haribu; ozesha (kama kwa kutu); lika; haribika. **corrosion** [kə'rouʒn] *n.* uharibifu kwa kuliwa kama kwa kutu. **corrosive** [kə'rousiv] *n. & adj.*

corrugated ['korugeitid] *ppl. adj.*

A sheet of corrugated iron

-enye mikunjo au migongogongo midogo. taz. picha.

corrupt [kə'rʌpt] *adj.* (1) (kwa watu na matendo yao) -ovu, hasa kwa sababu ya kula rushwa. (2) -chafu: ~ *air*, hewa chafu. — *v.t.* chafua; lisha rushwa. **~ible** *adj.* (hasa) -enye kula rushwa.

cosmopolitan [ˌkozmə'politn] *adj.* -a kuhusu sehemu zote za ulimwengu.

cost [kost] *v.i. & t.* uzwa kwa bei fulani. *What does it* ~ ? chauzwa kiasi gani? — *v.t.* leta bei; jumlisha bei. — *n.* (1) bei. (2) (*law, pl.*) gharama ya kushindwa kortini, gharama ya meza (ya hukumu, ya daawa, &c.). (3) *at all* ~*s*, kwa vyo vyote. **~ly** *adj.* -a thamani kubwa.

costume ['kostju:m] *n.* (1) mavazi ya kawaida. (2) koti fupi na kikoi cha kike.

cosy ['kouzi] *adj.* -a raha nyingi; -a anasa.

cot [kot] *n.* kitanda cha mtoto mdogo.

cottage ['kotidʒ] *n.* nyumba ndogo.

cotton ['kotn] *n.* pamba.

couch [kautʃ] *n.* (1) (*liter.*) kitanda. (2) malalo. — *v.t. & i.* (1) eleza kwa maneno. (2) (kwa wanyama) jikunyata; jificha.

cough [kof] *v.i.* kohoa. — *n.* kikohozi.

could, taz. *can*.

council ['kaunsil] *n.* baraza; diwani, halmashauri. **~lor** *n.* mshauri.

counsel ['kaunsəl] *n.* (1) shauri; fikira; maonyo. *Keep one's own* ~, setiri neno; *hold* ~ *with* (*sb.*), *take* ~ *together*, shauriana (pamoja). *Queen's C.*, Mwanasheria Mkuu. — *v.t.* (-*ll*-) shauri; onya.

¹**count** [kaunt] *v.t. & i.* (1) hesabu. (2) ~ *on, cf. rely on,* tegemea. ~ *for much* (*little, nothing*), *He does not* ~, hana maana. (3) *cf. consider,* dhani. — *n.* (1) tendo la kuhesabu. *take the* ~ (*boxing*) yaani kuhukumiwa kuwa umeshindwa katika kupigana ngumi. (2) *account, notice,* maana. (3) (*law*) shtaka, mashtaka. **~less** *adj.* -siohesabika.

²**count** [kaunt] *n.* jina la heshima la mtu mwenye cheo fulani (halitumiki katika Uingereza). **~ess** *n.* mke wa ~².

countenance ['kauntinəns] *n.* (1) uso. (2) msaada; kibali: *give* ~ *to a plan,* kubali shauri. — *v.t.* toa msaada kwa.

¹**counter** ['kauntə⁕] *n.* meza ndefu (ya kuhesabia fedha dukani, au kuwekea vitu vya kuuza).

²**counter** ['kauntə⁕] *n.* pesa kama sarafu lakini kwa kutumia katika michezo tu.

³**counter** ['kauntə⁕] *adv.* kukabili.

counter- ['kauntə⁕] *prefix* (1) kinyume kwa jinsi ya kukabili au ya kupinga: ~ *march;* ~ *attraction.* (2) -liofanywa kama kuitika au kujibu: ~ *attack;* ~ *claim.*

counteract [ˌkauntə'rakt] *v.t.* kinza; zuia; shinda.

counterbalance [ˌkauntə'baləns] *n.* uzito ulio sawa na uzito mwingine kama mizani. — *v.t.* sawazisha.

counterfeit ['kauntəfi:t] *n. & adj.* -a uwongo: -a kuiga. — *v.t.* iga, fanya mfano wa (hasa kwa mapesa yasiyo ya taratibu ya serikali).

counterfoil ['kauntəfoil] *n.* kipande kilicho nakili cha stakabadhi.

countermand [ˌkauntə'ma:nd] *v.t.* tangua amri.

counterpart ['kauntəpa:t] *n.* kifani; nakili.

countersign ['kauntəsain] *n.* itikio la siri kwa kuthibitisha kuwa u rafiki si adui. — *v.t.* tia sahihi; thibitisha kwa kutia sahihi.

country ['kʌntri] *n.* (1) nchi. (2) bara. (3) mashambani.

countrified ['kʌntrifaid] *adj.* -enye desturi za mwenyeji wa kijijini si wa mjini. **~man** *n.* mtu wa kijiji, wa mashambani, si wa mjini. **~-side** kwenye mashamba.

county ['kaunti] *n.* jimbo au wilaya.

coup [ku:] *n.* kipigo; dharuba.

couple ['kʌpl] *n.* (1) *cf. pair.* jozi, watu (au vitu) wawili wa namna moja au pamoja. (2) mume na mke. — *v.t.* (1) unga au tia vitu pamoja. (2) kumbuka vitu viwili pamoja.

coupon ['ku:pɒn] *n.* cheti.

courage ['kʌridʒ] *n.* ushujaa; uhodari.

¹**course** [ko:s, koəs] *n.* (1) mwendo: *the* ~ *of events,* jinsi mambo yalivyoenda. *in* ~ *of,* cf. *in process of: a railway was in* ~ *of construction,* njia ya gari la moshi ilikuwa inajengwa. *In the* ~ *of, cf. during, in the* ~ *of his childhood he often went hunting,* wakati wa utoto wake alikwenda mara nyingi kuwinda. *in* ~ *of time,* halafu; baadaye. *in* ~ *of conversation,* katika kuongea. *in due* ~, kwa taratibu au kwa kawaida. *of* ~, ndiyo; naam; bila shaka. (2) njia; maendeleo; majira. (3) kiwanja cha *golf*; uwanja wa farasi kushindania mbio. (4) *cf. series (of tasks, treatments, &c.)*: mfulizo. (5) *(of bricks or stones)* safu; tabaka; mstari wa matofali au mawe katika nyumba. (6) sehemu moja, au aina moja ya chakula, katika wakaa.

²**course** [ko:s, koəs] *v.t. & i.* (1) winda kwa mbwa. (2) tiririka; enda upesi.

court [ko:t] *n.* (1) korti; baraza ya hukumu: waamuzi na wakuu wengine wahukumuo mashauri. (2) mtawala mkuu (mfalme, &c.) wa jamaa wake, wakuu na washauri, &c.; baraza au tafrija ya mfalme kwa kuamkia wakuu. (3) kiwanja (cha *tennis*). (4) (~*yard*) ua. (5) kujipendekeza (kwa). — *v.t.* takia uchumba; jipendekeza (kwa). ~**eous** ['ko:tiəs] *adj.* -a adabu. ~**esy** ['kə:təsi] *n.* adabu. ~**ier** ['ko:tjə] *n.* mfuasi wa mfalme. ~**martial** ['ko:t'ma:ʃl] *n.* baraza ya kuhukumu watu wa majeshi ya vita. ~**ship** ['ko:tʃip] *n.* ubembelezi; maposo.

cousin ['kʌzn] *n.* mtoto wa ndugu wa baba au mama, binamu.

cover ['kʌvə*] *v.t.* (1) funika; enea: *The water* ~s *the whole plain,* maji yameenea uwanda mzima. (2) enda, safiri: ~ *ten miles in an hour,* enda maili kumi kwa saa moja. (3) linga (kwa bunduki au bastola). (4) linda;

hifadhi; fanya bima. (5) (kwa fedha) tosha kwa. — *n.* kifuniko. *cf. shelter,* kimbilio; kificho. (~ *of book*) jalada.

covet ['kʌvit] *v.t.* tamani (hasa mali ya mwingine).

¹**cow** [kau] *n.* ng'ombe. ~-**boy** *n.* mchungaji wa ng'ombe katika tambarare za America. ~-**herd** *n.* mchunga ng'ombe. ~-**hide** *n.* ngozi ya ng'ombe.

²**cow** [kau] *v.t.* ogofya; tiisha.

coward ['kauəd] *n.* mwoga. ~**ly** *adj.* -oga. ~**ice** ['kauədis] *n.* woga.

cowrie ['kauri] *n.* kauri; kete.

crab [krab] *n.* kaa wa pwani; *(small)* kaa koko.

crack [krak] *n.* (1) ufa; mwatuko. (2) mwaliko wa bunduki, &c.; kishindo. (3) pigo la (kichwa, uso) liwezalo kusikika. — *v.t. & i.* (1) fanya ~¹.

A crab

pata ~¹. (2) fanya au fanyiza mwaliko, yaani ~¹. (3) (kwa sauti, hasa ya mvulana anapokaribia utu mzima) geuka kuwa sauti ya kukwaruza. (4) (*colloq.*) ~ *up,* haribika ghafula; ~ *sb. or sth. up,* vumisha; sifu mno. ~ *a joke,* fanya mzaha. — *adj. cf. first-rate,* bora kabisa ~**er** *n.* (1) namna ya mkate mwembamba tena mgumu. (2) fataki ya kuchezea ialikayo ikipasuka. ~**le** ['krakl] *v.i. & n.* (fanya) vishindo vidogovidogo kama bunduki nyingi kualika moja moja au kama moto uanzao kuwaka.

cradle ['kreidl] *n.* kitanda kidogo cha mtoto.

craft [kra:ft] *n.* (1) ufundi; ustadi. (2) hila; werevu. (3) mashua; meli, &c. ~**sman** *n.* mstadi. ~**y** *adj.* -a hila; -erevu. ~**ily** *adv.* ~**iness** *n.*

cram [kram] *v.t. & i.* (-*mm*-) (1) jaza kabisa. (2) (kwa mtihani) fundisha tayari kwa mtihani. ~**mer** *n.* afundishaye wanafunzi tayari kwa mtihani.

cramp [kramp] *n.* kiharusi. — *v.t.* tia katika nafasi isiyotosha; zuia maendeleo au kukua kwa mtu au kitu. ~**ed** *adj.* (kwa nafasi) -embamba, -siotosha; (kwa kuandika) -enye herufi ndogo zilizosongwa pamoja tena ngumu kusomeka.

crane [krein] *n.* (1) (*bird*) korongo.

Cranes

(2) (kwa kutweka mizigo) slingi; winchi. — *v.t. & i.* nyosha shingo; jinyosha: ~ *one's neck.*

crank [kraŋk] *n.* chombo cha kuanzisha motakaa chenye umbo la L. — *v.t.* piga ~ ili kuendesha *engine, &c.*

crash [kraʃ] *v.t. & i.* (1) enda au anguka kwa kishindo; ~ *into,* dunda. (2) (kwa kampani ya biashara au kwa serikali) filisika. — *n.* (1) kishindo cha kuanguka, *&c.* (2) ufilisi.

crate [kreit] *n.* mzinga; sanduku la mbao nyepesi lenye nafasi kati ya mbao kwa kuchukua chupa, *&c.*

crater ['kreitə*] *n.* shimo la katikati ya volkeno.

crawl [krɔ:l] *v.i.* (1) **tambaa;** jikokota. (2) enda polepole. (3) jaa viumbe watambaao.

crayon ['kreiɔn] *n.* chaki yenye rangi, kalamu ya namna ya udongo yenye rangi.

crazy ['kreizi] *adj.* (1) -enye wazimu. (2) -liohangaika; -enye kupenda sana kuliko kiasi; *he's ~ about the cinema,* apenda sana sana kwenda sinema. (3) -sio na akili. cf. *foolish.* (4) (kwa majengi, *&c.*) si salama; tayari kuvunjika au kuanguka. **craze** [kreiz] *n.* (1) tamani, hasa kwa kitu au kwa desturi isiyodumu sana. (2) kitu kinachotamaniwa.

creak [kri:k] *v.i. & n.* lia, kama mbao zinazokwaruzana.

cream [kri:m] *n.* (1) maziwa ya mtindi, yaani mafuta ya juu (yakisukwasukwa hugeuka siagi). (2) cho chote kifananacho na mtindi. (3) sehemu iliyo bora. (4) rangi ya ~. ~ery *n.* siagi, maziwa, jibini, viuzwapo.

crease [kri:s] *n.* (1) kunjo. (2) (mchezo wa *cricket*) mistari iliyoandikwa juu ya ardhi kwa chokaa. — *v.t. & i.* kunja.

create [kri(:)'eit] *v.t.* umba; vumbua. **creator** *n.* muumba; mfanyiza; *the Creator,* Mungu Mwenyezi.

creature ['kri:tʃə*] *n.* kiumbe.

credible ['kredibl] *adj.* -a kustahili kusadikika.

credit ['kredit] *n.* (1) tumaini, imani. (2) sifa njema. (3) heshima. (4) watu (au vitu) waleteao heshima walimu wao kwa sababu ya kufanikiwa au kwa sababu ya adabu na desturi zao. (5) kusadiki kuwa fulani atalipa deni zake; muda wa kulipa deni. (6) (*in a bank*) fedha alizo nazo mtu katika benki (kinyume cha *debit*). — *v.t.* (1) amani; tumainia. (2) andika jumla katika upande wa ~' wa daftari. ~**able** *adj.* -enye kuleta ~¹'².

credulous ['kredjuləs] *adj.* -epesi kuamini au kusadika bila ushuhuda.

creed [kri:d] *n.* imani; (*Muslim*) shahada; fatiha.

creek [kri:k] *n.* hori; ghuba ndogo.

creep [kri:p] *v.i.* (*crept*) tambaa; enda polepole au kwa siri. *n. pl. the* ~s, hali ya damu kusisimika. ~**er** *n.* kiumbe mwenye kutambaa; (hasa) mmea utambaao ardhini au kupanda kuta za nyumba, *&c.* ~**y** *adj.* -a kuleta msisimiko.

cremate [kri:meit] *v.t.* unguza, choma maiti badala ya kuzika.

crept *past tense & p.p.* ya *creep.*

crescent ['kresnt] *n.* mwezi mwandamo; mwezi kongo; kitu chenye umbo hilo.

crest [krest] *n.* (1) shungi, kishungi; kilemba cha jogoo; upanga wa jogoo. (2) alama ya kuonyesha nasaba na ukoo, kama chapa ya nishani. (3) kilele; ncha ya juu. ~**-fallen** *adj.* -a majonzi; -a kukata tamaa.

¹ **crew** [kru:] *n.* jamii ya mabaharia na waendeshaji wa eropleni.

² **crew** taz. *crow.*

¹ **cricket** ['krikit] *n.* nyenje; cheneni; panzi.

² **cricket** ['krikit] *n.* mchezo wa watu. *not* ~, (*colloq.*) si desturi; si haki.

cried *past tense & p.p.* ya *cry.*

crime [kraim] *n.* (1) tendo la kuvunja sheria; taksiri. (2) dhambi.
criminal ['krimin!] *adj.* -a kuvunja sheria; -ovu. — *n.* mvunja sheria.
crimson ['krimzn] *adj. & n.* -a rangi nyekundu.
cripple ['kripl] *n.* kiwete; kilema. — *v.t.* fanya mtu kiwete; haribu, punguza sana nguvu.
crisis ['kraisis] *n.* (*pl. crises* ['kraisi:z]) kipeo; wakati ulio muhimu kabisa.
crisp [krisp] *adj.* (1) -kavu hata kuweza kufikichika. (2) (kwa hewa) -a kuburudisha. (3) (kwa nywele) -a kipilipili. (4) (kwa tabia, desturi) -epesi tena thabiti na bila shaka.
criterion [krai'tiəriən] *n.* (*pl. -ria* [-riə]) kanuni; kawaida: jinsi au tabia ya kupima kitu au thamani yake.
critic ['kritik] *n.* (1) mstadi wa kupima uzuri au ukweli wa vitabu au sanaa. (2) mjuzi atafutaye na kuonyesha makosa, hatia, &c. ~**ism** ['kritisizm] *n.* (1) kazi ya ~¹; hukumu ya ~¹. (2) masuto. ~**ize** ['kritisaiz] *v.t. & i.* toa hukumu juu ya kitabu au sanaa; onea makosa; suta.
critical ['kritikl] *adj.* (1) -a wakati ulio muhimu kabisa. (2) -a kazi ya critic¹: ~ *opinions on a book*, fikira za mstadi juu ya kitabu. (3) -a kusuta.
croak [krouk] *n.* mlio kama wa chura au kunguru. — *v.t. & i.* (1) lia kama hivi; sema kwa sauti kama ile ya chura. (2) bashiri mabaya.
¹**crock** [krok] *n.* chombo cha udongo; kigae. ~**ery** *n.* vyombo vya udongo kama sahani, vikombe, &c.
²**crock** [krok] *n.* (*colloq.*) mnyama mzee tena mdhaifu (hasa farasi); mtu asiyeweza kufanya kazi vizuri kwa sababu ya ugonjwa.
crocodile ['krokədail] *n.* mamba; ngwena.
crony ['krouni] *n.* msiri au rafiki wa siku nyingi.
crook [kruk] *n.* (1) fimbo ndefu iliyopindika mwishoni. (2) kigoe; kingoe. (3) mjanja afanyaye kazi ya kupunja. ~**ed** *adj.* si sawasawa: (kwa mtu na matendo yake) -danganyifu.
croon [kru:n] *v.t. & i.* imba bila kutamka maneno; imba kwa sauti ndogo.
¹**crop** [krop] *n.* mavuno; (*p'.*) mimea iliyomo shambani.
²**crop** [krop] *n.* (1) umio, gole la ndege. (2) kipini cha mjeledi. (3) kunyolewa vifupi sana.
³**crop** [krop] *v.t. & i.* (-*pp*-) (1) (kwa wanyama) -la machipukizi au vilele vya mimea. (2) kata, nyoa vifupi. (3) ~ *up*, onekana kwa ghafula.
cropper ['kropə*] *n. come a* ~, (*colloq.*) anguka vibaya; shindwa (*e.g.* katika mtihani).
croquet ['krouki] *n.* mchezo wa kupiga tufe chini kwa namna ya nyundo ya mti.
cross [kros] *n.* (1) msalaba. (2) wana wa wanyama (au mimea) wasio wa namna moja: Nyumbu ni ~ baina ya farasi na punda. (3) Msalaba wa Yezu Kristo; (*fig.*) *sb.'s* ~, mzigo wake mzito wa huzuni. — *adj.* (1) -a basira. (2) -a kupinga njia; (kwa upepo) mbisho; tanga mbili. (3) *be at* ~ *purposes*, (kwa watu wawili) kusudi la kinyume, lisilopatana. — *v.t. & i.* (1) pita, vuka. (2) ~ *a cheque*, andika mistari miwili juu ya *cheque*. (3) changanya mbegu. (4) zuia; pinga. (5) ~ *one's mind*, kumbuka. — *examine v.t.* hojihoji, chambua. ~-**eyed** *adj.* -enye macho ya makengeza. ~-**roads** *n.* njia panda. ~-**word (puzzle)** *n.* fumbo lenye maneno kwa namna ya mraba.
crouch [krautʃ] *v.i.* jikunyata.
¹**crow** [krou] *n.* kunguru, *as the* ~ *flies*, yaani mstari moja kwa moja kutoka mahali mpaka mahali pengine.
²**crow** [krou] *v.i.* (*p.t. crowed* au *crew*; *p.p. crowed*) (1) (kwa jogoo) wika. (2) (kwa watoto wachanga) cheka. (3) (kwa watu) jivunia.
crowbar ['krouba:*] *n.* mtaimbo.
crowd [kraud] *n.* kundi. — *v.i.* songana. — *v.t.* songa; joza sana.
crown [kraun] *n.* (1) taji. (2) dalili ya uwezo au amri ya mfalme: serikali ya mfalme. (3) (wa kichwa) utosi. (4) sehemu ya juu, kilele. (5) *half-crown*, sarafu ya Kiingereza ya thamani ya shilingi mbili na nusu. — *v.t.* (1) tia taji; tawaza. (2) (*p.p. crowned*) *a hill* ~*ed with*

trees, kilima chenye miti juu. (3) -wa matokeo ya: *Success will ~ his efforts,* majaribio yake yatafanikiwa.

crucial ['kru:ʃl] *adj.* -a maana taz. *critical*¹.

crucifix ['kru:sifiks] *n.* sanamu ndogo ya Yesu Kristo amepigiliwa msalabani. **crucify** ['kru:sifai] *v.t.* sulibisha; sulubu. ~**ion** [,kru:si-'fikʃn] *n.* kusulibiwa.

crude [kru:d] *adj.* (1) (kwa vitu) -bichi; -siosafika, yaani kama sukari guru. (2) (kwa watu) -siofundishwa; -sio na adabu. (3) -a kazi isiyofanywa vizuri.

cruel ['kruəl] *adj.* -katili. ~**ty** *n.*

cruise [kru:z] *v.i.* vinjari. ~**r** *n.* manowari kubwa ya kuvinjari.

crumb [krʌm] *n.* chembe.

crumble ['krʌmbl] *v.t. & i.* fikicha; fikichika.

crumple ['krʌmpl] *v.t. & i.* kunjakunja; kunjamana.

crunch [krʌntʃ] *v.t. & i.* saga kwa meno na kutafuna kwa kelele.

crusade [kru:'seid] *n.* (1) vita vya dini vya zamani katika nchi ya *Palestine.* (2) pigano juu ya maovu au kwa kusudi jema.

crush [krʌʃ] *v.t. & i.* seta; ponda. — *n.* msongano wa watu.

crust [krʌst] *n.* ganda (la mkate, *&c.*). ~**y** *adj.* (1) (kwa mkate) wenye ganda gumu. (2) (kwa watu) -a hasira.

crutch [krʌtʃ] *n.* mkongojo.

crux [krʌks] *n.* kiini cha jambo kiletacho shida.

cry [krai] *v.i. & t.* (1) lia. (2) tangaza. ~ *sth. down, cf. decry,* dokeza kuwa kitu si cha thamani. — *n.* (1) mlio. (2) *in full ~,* (kwa majibwa) bweka wote pamoja katika kuwinda. ~**ing** *adj.* -enye kutaka kuangaliwa: *a ~ing need,* kitakacho kuangaliwa.

crystal ['kristl] *n.* (1) jiwe kama kioo. (2) (*science*) chembe zenye umbo la kawaida kama zile za chumvi au sukari. ~**lize** *v.t. & i.* gandisha; ganda; (*fig.*) (kwa mawazo, mashauri, *&c.*). dhihirisha; dhihirika.

cub [kʌb] *n.* mtoto wa wanyama wa mwituni kama simba, chui, mbweha.

cube [kju:b] *n.* kitu cha miraba sita iliyo sawasawa. **cubic** *adj.*

cubicle ['kju:bikl] *n.* mkato wa nyumba, au kichumba cha kulala.

cubit ['kju:bit] *n.* dhiraa; mkono.

cucumber ['kju:kʌmbə*] *n.* tango; *C. tree,* mbilimbi.

cud [kʌd] *n.* cheuo.

cuddle ['kʌdl] *v.t.* sogeza kifuani; kumbatia, bembeleza. — *v.i.* songamana.

cudgel ['kʌdʒəl] *v.t.* piga kwa gongo: ~ *one's brains,* fikiri sana. — *n.* gongo; rungu.

¹ **cue** [kju] *n.* kionyo; ishara.

² **cue** [kju] *n.* fimbo ndefu ya kuchezea *billiards.*

cuff [kʌf] *n.* (*of a coat, &c.*) sijafu.

culminate ['kʌlmineit] *v.i.* (kwa jitihada, matumaini, *&c.*) fika upeo; kamilika; fika juu.

culpable ['kʌlpəbl] *adj.* -enye hatia; -a kupasiwa hukumu.

culprit ['kʌlprit] *n.* mkosaji, mwenye hatia.

cult [kʌlt] *n.* madhehebu; bidii (au upendo) kwa mtu au kwa kitu au kwa kazi au mchezo.

cultivate ['kʌltiveit] *v.t.* (1) lima; panda mbegu; otesha. (2) ongoza; kuza; staarabisha. ~**d** *adj.* (kwa mtu) -enye adabu na elimu.

culture ['kʌltʃə*] *n.* (1) malezi; mazoezi. (2) elimu. (3) kilimo. ~**d** *adj.* (kwa mtu) -enye elimu ya ubongo na akili.

culvert ['kʌlvət] *n.* mfereji wa chini chini wa kuchukulia maji toka upande mmoja wa njia mpaka upande wa pili.

cumulative ['kju:mjulətiv] *adj.* -a kuzidizidi, -a kupakiza.

cunning ['kʌniŋ] *adj.* (1) -erevu; -janja. (2) (la zamani) hodari. — *n.* hali ya kuwa ~.

cup [kʌp] *n.* (1) kikombe. (2) kikopo.

cupboard ['kʌbəd] *n.* kabati.

cupidity [kju:'piditi] *n.* tamaa (hasa ya mali).

curable, curative, taz. *cure.*

curator [kjuə'reitə*] *n.* mwangalizi wa nyumba ya kuonyesha vitu vya tunu na vya zamani; katika kontinenti la *Australia* mtunzaji wa kiwanja cha kuchezea *cricket.*

curd [kə:d] *n.* maziwa yaliyoganda. ~**le** *v.t. & i.* gandisha; ganda.

cure [kjuə*] *v.t.* (1) ponya. (2) ondolea mbali: ~ *poverty,* ondolea mbali ufukara. (3) ng'onda, tia

CURFEW [62] **CYLINDER**

chumvi isioze. — *n.* kupona au kutibu. **curable** ['kjuərəbl] *adj.* -a kuponyeka. **curative** ['kjuərətiv] *adj.* -a kuponya; -a dawa.

curfew ['kə:fju:] *n.* (1) (la zamani) kengele iliyopigwa kuonya watu kuzima taa za moto. (2) saa ya jioni au usiku ambapo watu huamriwa wakae nyumbani, wasitembee nje kwa sababu ya vita au ya hatari.

curious ['kjuəriəs] *adj.* (1) -tafiti. (2) -dadisi. (3) -a tunu; -geni.

curiosity [,kjuəri'ositi] *n.* (1) upekuzi; udadisi. (2) kitu cha tunu. ~**ly** *adv. cf.* strangely.

curl [kə:l] *n.* msongo wa nywele. — *v.t.* sokota; pinda. — *v.i.* pindamana; zongamana.

currant ['kʌrənt] *n.* zabibu kavu tena ndogo.

currency ['kʌrənsi] *n.* (1) kutumiwa kwa desturi. (2) sarafu; fedha.

¹**current** ['kʌrənt] *adj.* (1) -a desturi. (2) -a kutumika au kutendeka sasa au siku hizi.

²**current** ['kʌrənt] *n.* (1) mkondo. (2) mkondo wa nguvu za elektrisiti. (3) mfulizo wa mambo.

curriculum [kə'rikjuləm] *n.* taratibu.

curry ['kʌri] *n.* mchuzi; (*powder*) bizari.

curse [kə:s] *n.* (1) laana. (2) matusi. (3) sababu ya hasara: *Gambling is often a* ~, kucheza kamari mara nyingi ni sababu ya hasara. — *v.t.* & *i.* (1) laani; tukana. (2) patwa, teswa: *be* ~*d with continual ill health*, patwa, daima na ugonjwa: *be* ~*d with idle children*, teswa na watoto wavivu. ~**d** ['kə:sid] *adj.* -a kuchukiwa; -a kustahili kuchukiwa.

cursory ['kə:səri] *adj.* -liofanywa upesi; kwa haraka; -a juujuu tu.

curt [kə:t] *adj.* (kwa kusema) -a maneno machache; -sio adabu.

curtail [kə:'teil] *v.t.* fupisha.

curtain ['kə:tn] *n.* pazia; msuto; ukingo, *cf.* screen.

curve [kə:v] *n.* mstari wa namna hii: ⌒. — *v.i.* fanya hivi; -wa kama mstari huu.

cushion ['kuʃn] *n.* mto; takia.

custody [kʌs'tədi] *n.* ulinzi; utunzi; kifungo, *cf.* imprisonment.

custodian [kʌs'toudiən] *n.* mlinzi; mtunzaji.

custom ['kʌstəm] *n.* (1) desturi.

(2) kawaida ya kununua kwa duka fulani sikuzote. (3) (*pl.*) ushuru utozwao forodhani kwa vitu vitokavyo na kuingia nchi. ~**ary** ['kʌstəməri] *adj.* -a desturi. ~**er** (1) mnunuzi katika duka. (2) (*colloq.*) *queer, awkward,* ~**er**, mtu wa kuleta matata au mashaka. ~**(s)-house** *n.* forodha.

cut [kʌt] *v.t.* & *i.* (1) kata. (2) (*with adv. prep. or adj.*) ~ *sth. down,* punguza; ~ *sth. or sb. off,* cf. *stop,* simamisha; *separate*, tenga; *interrupt,* katiza; ~ *sth. out,* ondoa, ~ *out a dress from cloth,* kata kwa makasi umbo la vazi kutoka nguo; *be* ~ *out for,* faa kwa: *He's not* ~ *out for that sort of work,* hafai kwa kazi ya namna ile. ~ *sth. up,* ~ *to pieces,* haribu kabisa. *be* ~ *up by his death,* huzunika sana sana kwa sababu ya kifo chake. (3) ~ *a man (dead) in the street,* -pa fulani kisogo njiani. (4) tohudhuria. (5) ~ *a tooth,* tokeza jino; ota jino. ~ *both ways,* (kwa maneno) faa tena kutofaa wakati mmoja. ~ *a loss,* baada ya hasara anza tena kwa furaha. ~ *and dried,* (kwa mashauri, &c.) tayari yote tangu hapo. — *n.* (1) mkato. (2) namna ya mavazi, yaani jinsi yalivyokatwa na kushonwa. (3) pigo katika mchezo wa *cricket*. ~**ter** *n.* (1) akataye. (2) chombo chembamba chenye mlingoti mmoja. (3) mashua ya manowari. ~**-throat** *n.* mwuaji; mkatili. ~**ting** *n.* (1) njia katikati ya mlima, &c. isiyopenya chini ya ardhi. (2) maneno yaliyokatwa kwa makasi toka gazeti. (3) chipukizi kilichokatwa kutoka mmea kwa kupanda mahali pengine. — *adj.* (kwa maneno, &c.) -kali.

cute [kju:t] *adj.* -crevu, -enye akili.

cuttle-fish ['kʌtlfiʃ] *n.* pweza.

cycle ['saikl] *n.* (1) mfuatano: *the* ~ *of the seasons of the year,* mfuatano ya nyakati za mwaka. (2) (kifupisho kwa) *bicycle.* — *v.i.* panda baisikeli.

cyclist ['saiklist] *n.* mpanda baisikeli.

cyclone ['saikloun] *n.* tufani; dhoruba.

cylinder ['silində*] *n.* (1) kitu chochote kirefu cha

A cylinder

cypher mviringo kama mzinga au bomba, taz. picha. (2) chombo kimoja cha mashini ya kutumia nguvu za mvuke kwa kusukuma *piston*.
cypher n. taz. *cipher*.

D

dab [dab] v.t. & i. (-*bb*-) chachaga; donoa. — n. kipako cha ghafula.
dabble ['dabl] v.t. & i. (1) chovya-chovya; chezacheza majini. (2) (kwa mashauri ya utawala, sanaa, &c.) shughulika kwa juujuu tu.
dad(dy) [dad(i)] n. baba (katika usemi wa kitoto).
daily ['deili] adj. & adv. -a kila siku; sikuzote. — n. gazeti lipigwalo chapa sikuzote.
dainty ['deinti] adj. (1) -a kupendeza kwa umbo lake au kwa kuonja; (kwa nguo au kitambaa) -ororo; laini; (kwa chakula) -enye kidomo. (2) (kwa mtu) -teuzi. — n. chakula kizuri cha anasa.
dairy ['deəri] n. (1) chumba au nyumba mwekwamo maziwa tena vitengenezwamo vitu kama siagi na jibini. (2) duka viuzwapo vitu hivyo. ~-*farm*, shamba lenye malisho ya ng'ombe patengenezwapo maziwa na siagi, &c.; ~-*maid*, mwanamke afanyaye kazi katika shamba hilo.
dais ['deiis] n. jukwaa.
daisy ['deizi] n. namna ya ua la Kizungu; jina la kike.
dam [dam] n. lambo; bwawa; kuko.
damage ['damidʒ] n. (1) hasara. (2) (*pl.*) (*law*) fedha au faini itozwayo, au ilipwayo, kwa mtu aliyehukumiwa kuwa ameleta hasara au maumivu. — v.t. haribu.
damn [dam] v.t. (1) (kwa Mungu) tia adhabu ya milele. (2) sema ya kuwa kitu fulani ni hafifu: *a book ~ed by the critics*, kitabu ambacho wajuzi husema ni hafifu. (3) (hasa kama laana au *int.*) laonyesha hasira au kusumbuka, &c. ~ *you I won't do it*, nakataa kwa nguvu zangu zote kuifanya. ~**able** ['damnəbl] adj. -a kustahili adhabu ya milele; -a kuchukiza. ~**ably** adv. ~**ation** n. kulaaniwa; hasara kubwa kabisa.

damp [damp] adj. -nyevu, -a majimaji: *~ clothes; wipe a winaow with a ~ cloth*, pangusa dirisha kwa kitambaa kinyevu. — n. hali ya kuwa -nyevu. — v.t. (1) lowesha kidogo. (2) (mara huwa *~en*) shusha moyo; punguza tamaa. (3) *~ down a fire*, tia makaa ya mavumbi, au yaliyolowekwa, ili moto usiwake sana. ~**er** n. (1) chombo cha chuma cha kuratibisha mkondo wa hewa katika jiko au tanuu. (2) mtu (au kitu) aloweshaye¹; au ashushaye moyo².
dance [da:ns] v.i. cheza ngoma. — v.t. chezesha ngoma. — n. ngoma.
danger ['deindʒə*] n. hatari. ~**ous(ly)** adj. & adv.
dangle ['dangl] v.i. & t. ning'inia; ning'iniza.
dare [deə*] v.t. (1) thubutu; jasiri. (2) jaribia. (3) ita kushindana. ~-**devil** adj. & n. jasiri; mjasiri.
daring n. & adj. ujasiri; jasiri.
dark [da:k] n. & adj. giza; -a giza. *keep sth. ~*, tunza siri. *look on the ~ side of things*, ona mambo yasiyo na furaha. *be in the ~ about sth.*, tojua kitu (juu ya jambo fulani). ~**en** v.t. & i. ~**ly** adv. ~**ness** n.
darling ['da:liŋ] n. & adj. mpenzi; -penzi.
darn [da:n] v.t. & i. tililia; shona.
dart [da:t] v.i. & t. ruka, toka, enda, upesi au kwa ghafula; tokeza kwa ghafula, kama nyoka kutokeza ulimi wake. — n. (1) kishale, hasa kitumiwacho kwa kucheza *darts*. (2) mruko wa ghafula.
dash [daʃ] v.t. & i. (1) peleka au tupa kwa nguvu; enda mbio; puruka. (2) vunja, haribu: *~ a person's hopes*, vunja matumaini ya fulani. (3) (kwa mawimbi, &c.) pigapiga. — n. (1) mwendo wa mbio mbele yako: *make a ~ for shelter, (safety)*, kimbilia kwa kujificha (mvua), mahali pa salama. (2) kishindo cha mawimbi yakipigapiga. (3) (*small quantity*) ki-

A dartboard and a dart

dogo: *a ~ of pepper in the food*, pilipili kidogo katika chakula. (4) alama ya kalamu au alama (—) katika chapa. (5) bidii; ujasiri. (6) *cut a ~*, onekana kuwa tajiri (*e.g.* kwa kubadhiri fedha au mali).

data ['deitə] *n. pl.* mambo ya hakika au yaliyokubaliwa kuwa hakika.

¹**date** [deit] *n.* (1) tarehe *out of ~, -a zamani*, yaani si namna ya siku hizi. *up to ~*, -a siku hizi kabisa. (2) (*colloq.*) ahadi ya kuonana wakati maalum — *v.t. & i.* -pa, tia, tarehe. *from*, toka tarehe.

²**date** [deit] *n.* (*tree*) mtende, (*fruit*) tende.

daub [do:b] *v.t. & i.* (1) kandika. (2) paka. (3) chora sanamu zisizo nzuri.

daughter ['do:tə*] *n.* binti, mtoto wa kike.

dawdle ['do:dl] *v.i.* tangatanga; chelewa kwa kuchezacheza.

dawn [do:n] *n.* mapambazuko; alfajiri. — *v.i.* pambazuka; (*fig.*) fahamika polepole.

day [dei] *n.* (1) siku; mchana; kuchwa. *have one's ~*, fanikiwa kwa kipindi. (2) shindano. *The ~ is ours; we've won the ~*, tumeshinda. **~dream** *v.i. & n.* kuwaza mambo ya kupendeza yasiyo. **~light-saving** *n.* kutia mbele mikono ya saa ili kupunguza wakati wa giza.

daze [deiz] *v.t.* tunduwaza. — *n.* (*be*) *in a ~*, tunduwaa.

dazzle ['dazl] *v.t.* fanya kiwi.

deacon ['di:kən] *n.* shemasi.

dead [ded] *adj.* (1) -fu; (*be*) fariki, -fa; -isha. (2) bila mwendo na tendo: *the ~ hours of the night*, usiku wa manane. (3) sana; kabisa: *be in ~ earnest*, kaza sana (kabisa) moyo; *come to a ~ stop*, koma kabisa, simama kabisa, &c. (4) -liokwisha tumika; -siofanya kazi: *a ~ match*, kiberiti iliyokwisha tumika; *the telephone is ~*, simu imekufa (yaani haifanyi kazi yake). *~ letter*, sheria, amri isiyo na nguvu; barua isiyoweza kuonekana mwenyeye. (5) hasa; halisi: *~ heat*, usawa (suluhu) katika shindano. *~ shot*, shabaha barabara. *in the ~ centre*, palipo katikati hasa. — *adv.* sana; kabisa. *~ beat* (*tired*), -a kuchoka kabisa. — *n. the ~ of night*, taz. juu ~¹. **~en** *v.t.* ondoa nguvu; tuliza: *drugs to ~en pain*, dawa za kutuliza maumivu. **~ly** *adj.* -a kufisha; -a mauti. — *adv.* kama mauti.

deaf [def] *adj.* ziwi; (*fig.*) -siotaka kusikiliza. **~en** *v.t.* tia uziwi; shinda masikio.

¹**deal** [di:l] *n. a good* (*great*) *~* (*of*), -ingi sana, tele; *He is a good ~ better*, &c., hajambo sana.

²**deal** [di:l] *v.t. & i.* (*p.t. & p.p. dealt* [delt]). (1) toa au gawa kwa watu wengi: *~ out money* (*cards*), gawa. (2) *~ a blow* (*at*), piga; jaribu kupiga. (3) fanya biashara. (4) *~ with*, (i) shughulika na: *the writer ~s with Africa*, mwandishi ashughulika na Afrika. (ii) tendea: *~ fairly with one's neighbours*, tendea kwa haki majirani yako. (iii) simamia; tengeneza: *a difficult problem to ~ with*, jambo gumu kutengenezwa. — *n.* (1) (kwa michezo, &c.) tendo la kugawa karata. *a new ~*, shauri jipya tena la haki; *a square ~*, kutendewa kwa haki. (2) patano katika biashara, hasa kuagana: *it's a ~*, naagana. **~er** *n.* (1) mfanyi biashara. (2) mgawa karata. **~ings** *n. pl.* mambo, matendo ya biashara.

dealt *p.t. & p.p.* ya *deal²*.

dean [di:n] *n.* (1) mkuu wa makasisi wa *cathedral*. (2) (katika *universities* nyingine lakini si zote) mtu mwenye amri juu ya mwenendo wa wanafunzi na kuwarudi; mkuu wa idara ya elimu.

dear [diə*] *adj.* (1) (*expensive*) ghali; -a thamani nyingi. (2) (*beloved*) -penzi. — *n.* mpenzi. (3) *int. e.g. Oh dear! Dear me!* huonyesha mshangao, haraka, hofu, &c. kama *loo! pole!* &c.

dearth [də:θ] *n.* ukosefu; chakula haba.

death [deθ] *n.* mauti, kifo, kufa. *put to ~*, ua. **~-duties** *n. pl.* kodi itozwayo na serikali katika mali ya wafu. **~less** *adj.* -siokufa: *~less fame*, sifa isiyokufa. **~ly** *adj.* kama mauti. **~-rate** *n.* kadiri ya watu juu ya kila elfu moja wafao kila mwaka. **~-trap** *n.* penye hatari hasa katika barabara.

debar [di'ba:*] *v.t.* pinga; zuia; kataza.

debase [di'beis] *v.t.* shusha, tweza; haribu cheo, hali, sifa au jina.

debate [di'beit] *n.* mashindano ya

DEBIT [65] **DEDICATE**

maneno (hasa katika mkutano wa watu au katika nyumba za *Parliament*). — *v.t. & i.* bishana, shindana kwa maneno; fikiri sana.

debit ['debit] *n.* hesabu iliyoandikwa upande wa madeni wa daftari. (*cf. credit*). — *v.t.* andika madeni.

debris, dé- ['deibris] *n.* takataka.

debt [det] *n.* deni. ~**or** *n.* mdeni.

decade ['dekəd, -eid] *n.* muda wa miaka kumi.

decadent ['dekədənt] *adj.* -a kupungua, kupooza, kuharibika, kuchakaa.

decapitate [di'kæpiteit] *v.t.* kata kichwa.

decay [di'kei] *v.i.* oza; haribika. — *n.* uozi.

decease [di'si:s] *n.* (hasa *legal*) kifo (cha mtu). — *v.i.* -fa; fariki: *the ~d*, marehemu, mfu.

deceive [di'si:v] *v.t.* danganya; punja. **deceit** [di'si:t] *n.* hila; udanganyifu. **deceitful** *adj.* -danganyifu. **deception** [di'sepʃn] *n.* udanganyifu; hila. **deceptive** [di'septiv] *adj.* -danganyifu; -a kukosesha mtu.

December [di'sembə*] *n.* mwezi wa mwisho wa mwaka wa Kizungu.

decent ['di:sənt] *adj.* (1) -a adabu, -a heshima. (2) -enye haya; -enye adabu. (3) (*colloq.*) -zuri; -a kupendeza: *~ weather*; *a ~ meal*. **decency** *n.* adabu; heshima.

decentralize [di:'sentrəlaiz] *v.t.* tawanya, eneza nguvu za serikali, hasa kuwapa wakili mamlaka zaidi. **deception, deceptive,** taz. *deceive*.

deci- ['desi] *prefix* sehemu ya kumi: *~metre*, *~litre*.

decide [di'said] *v.t. & i.* kata (shauri); amua. *~d adj.* dhahiri; (kwa mtu) -enye nia au kusudi thabiti.

decimal ['desiml] *adj.* -a miongo; -a kumi; -a sehemu za kumi.

decipher [di'saifə*] *v.t.* fumbua maandiko ya siri au ya fumbo.

decision [di'siʒn] *n.* (1) kuhukumu; nia; neno makataa. (2) uwezo wa kukata shauri bila shaka na kufuata nia.

decisive [di'saisiv] *adj.* (1) dhahiri tena kutokeza bila shaka: *a ~ battle*, vita mkataa bila shaka. (2) (sawa na *decided*) -enye nia au kusudi thabiti; bila shaka.

deck [dek] *n.* sitaha. *clear the ~s,* jiweka tayari kwa vita; (*fig.*) jiweka tayari kwa tendo lolote.

declare [di'kleə*] *v.t. & i.* (1) tangaza. (2) dai. (3) julisha (watu wa forodha) bidhaa ambazo ni lazima kulipa ushuru. **declaration** [ˌdeklə'reiʃn] *n.* kudai; kujulisha; tangazo.

decline [di'klain] *v.t. & i.* (1) kataa. (2) (kwa jua) shuka. (3) pungua: *a declining birth-rate*, upungufu wa kadiri ya watoto wazaliwao kila mwaka; *prices beginning to ~*, bei ianzayo kushuka; *an empire that has ~d*, dola iliyoharibika; *a man's declining years*, miaka ya maisha yake anapoanza kupungua nguvu zake. — *n.* upungua; uharibifu. *fall into a ~*, pungua nguvu; (hasa) ugua kifua kikuu.

decode ['di:'koud] *v.t.* fasiri maandiko ya siri.

decompose [ˌdi:kəm'pouz] *v.i.* oza. **decomposition** [ˌdikompə'ziʃn] *n.* hali ya kuoza; uozi.

decorate ['dekəreit] *v.t.* (1) pamba. (2) tengeneza nyumba kwa kupaka rangi. (3) visha nishani ya heshima. **decoration** [ˌdekə'reiʃn] *n.* kupamba¹·¹; nishani; cheo cha heshima. **decorative** ['dekərətiv] *adj.* -a kufaa kwa kupamba. **decorator** ['dekəreitə*] *n.* (hasa) afanyaye kazi ya ~¹.

decorum [d'ko:rəm] *n.* adabu. **decorous** ['dekərəs] *adj.*

decoy [di'koi] *n.* ndege au mnyama (au mfano wake) aliyewekwa kuwavuta wengine kwa hila ili wategwe. — *v.t.* vuta na kutega hivyo.

decrease [di'kri:s] *v.i. & t.* pungua; punguza. — *n.* kupungua; upungufu: *Crime is on the ~*, matendo ya kuvunja sheria yapungua.

decree [di'kri:] *n.* (1) amri. (2) hukumu ya makorti mengine. — *v.t. & i.* toa amri; amuru.

decrepit [di'krepit] *adj.* dhaifu kwa sababu ya uzee. *~ude n.*

decry [di'krai] *v.t.* jaribu kwa kusingizia kuvunja bei, heshima, sifa, *&c*.

dedicate ['dedikeit] *v.t.* (1) tenga kwa matumizi mema au kusudi jema. (2) weka wakf. (3) andikia ukumbusho au heshima ya mtu au kusudi maalum. **dedication** *n.* kutenga¹; (hasa) maneno yaliyoandikwa kwa kusudi².

deduce [di'dju:s] *v.t.* pata maarifa au maono juu ya jambo kwa dalili au maonyo au mambo yaliyopo au yaliyotangulia; fasiri maana. **deductive** [di'dʌktiv] *adj.* -liopatwa kwa namna hiyo.

deduct [di'dʌkt] *v.t.* t oa; chukua.

deduction [di'dʌkʃn] *n.* (1) tendo la kutoa au kuchukua; kadiri iliyotolewa. (2) kupata maarifa. taz. *deduce*; maarifa iliyopatwa hivyo.

deed [di:d] *n.* (1) kilichofanywa; tendo: *be rewarded for one's good ~s*, pewa zawadi kwa matendo mema. (2) *(legal)* mapatano yaliyoandikwa (au kuchapishwa) yaliyotiwa sahihi, hasa juu ya mali au haki ya mtu.

deem [di:m] *v.t.* dhani; ona.

deep [di:p] *adj.* (1) -a kwenda chini; -enye kina kirefu au kilindi. (2) -pana. (3) (kwa rangi) sana: *~ red*, -ekundu sana (*cf. light*). (4) (kwa sauti) -zito; -a chini. (5) (kwa watu) -erevu. (6) (kwa maono na masikio) -ingi au kutoka moyoni: *~ sorrow*, huzuni nyingi. (7) *(be) ~ in (thought, study, &c.)* fikiri sana; waza sana. — *adv.* chini sana. **~en** *v.t. & i.* fanya au enda chini zaidi.

deer [diə*] *n.* mnyama mfano wa paa.

deface [di'feis] *v.t.* umbua; haribu sura au uzuri; rembua.

defame [di'feim] *v.t.* singizia; sengenya; vunja sifa. **defamation** [,defə'meiʃn] *n.* **defamatory** [di'fæmətəri] *adj.* -a kusingizia.

default [di'fɔ:lt] *v.i.* kosa kufanya au kuhudhuria (*e.g.* katika korti) utakiwapo, au kulipa deni. — *n.* tendo la kufanya hivyo: *by ~*, kwa sababu mtu wa pili (au washindani wa pili) hakuhudhuria: *win a case (a game) by ~*, shinda katika kesi au katika mchezo kwa kuwa washindani wa pili hawakuhudhuria; *in ~ of*, ikiwa hapana. **~er** *n.* mkosaji.

defeat [di'fi:t] *v.t.* (1) shinda. (2) vunja; angamiza. — *n.* kushinda; kushindwa. **~ism** [di'fi:tizm] *n.* hali, maneno, matendo ya fulani kwa sababu atazamia kushindwa.

defect [di'fekt] *n.* ila; kombo; upungufu: *~s in a system of education*, makosa na ila katika utaratibu wa kufundishwa. **~ive** [di'fektiv] *adj.* punguani; -enye upungufu au ila.

defence [di'fens] *n.* (1) kulinda usishambuliwe; shindania. (2) ulinzi; himaya. (3) *(law)* mateteo ya kusaidia mshtakiwa; watetezi wa kusaidia mshtakiwa. **~less** *adj.* bila himaya; -sioweza kujilinda.

defend [di'fend] *v.t.* linda; hifadhi. **~ant** *n.* mshtakiwa; mdaiwa. **defensible** [di'fensibl] *adj.* -a kulindwa, -a kulindika. **defensive** *adj.* -a kujilinda. — *n.* (be) *on the defensive*, jilinda; jiweka tayari kwa kujilinda au kujitetea.

¹**defer** [di'fə:*] *v.t.* (*-rr-*) ahirisha, weka hata wakati mwingine: *a ~red telegram*, yaani simu ipelekwayo kwa gharama iliyo rahisi. **~ment** *n.*

²**defer** [di'fə:*] *v.i.* (*-rr-*) *~ to*, kubali mradi wa, nia ya, kusudi la, maneno ya mwingine; nyenyekea mtu mwingine. **~ence** ['defərəns] *n.* ukubali; unyenyekeo. **~ential** [,defə'renʃl] *adj.* -a kunyenyekea.

defiance, defiant, taz. *defy.*

deficient [di'fiʃənt] *adj. (in)* -punguani; punguani; -kosefu.

deficit ['de-, 'di:fisit] *n.* hasara; kipunguo, hasa cha fedha au mali.

defile [di'fail] *v.t.* najisi; chafua.

define [di'fain] *v.t.* (1) ainisha (*e.g.* maneno). (2) dhihirisha, eleza wazi kabisa. (3) weka mpaka: *~ a country's boundaries*, weka mipaka ya nchi. **definite** ['definit] *adj.* halisi; -enye maana dhahiri. **definition** [di'finit] *n.* (1) fafanusi; elezo. (2) udhahiri wa umbo; kufanya umbo dhahiri; -wa dhahiri kwa umbo. **definitive** [di'finitiv] *adj.* mkataa; -a kudhaniwa kuwa mkataa bila kutaka kugeuka au kuongezeka.

deflate [di:'fleit] *v.t.* (1) punguza mpira, &c. kwa kutoza hewa. (2) punguza jumla ya fedha itumiwayo katika nchi fulani. (*cf. inflate*).

deflect [di'flekt] *v.t. & i. (from)* vuta upande; potosha.

deform [di'fɔ:m] *v.t.* umbua; lemaza. **~ed** *adj.* (hasa -a mwili au -a vyungo vyake; *fig.* -a akili) -a kilema; -a kombo. **~ity** *n.* kilema; kombo.

defraud [di'frɔ:d] *v.t.* danganya; punja.

defray [di'frei] *v.t.* lipa gharama.
deft [deft] *adj.* bingwa; stadi.
defunct [di'fʌŋkt] *adj.* -fu, marehemu; -siotumika siku hizi.
defy [di'fai] *v.t.* (1) taka shari; taka vita. (2) totii. (3) tolea ujuvi. (4) leta shida zisizoweza kuondolewa.
defiance [di'faiəns] *n.*[1,] [2] **defiant** *adj.*[1,] [2]
degenerate [di'dʒenəreit] *v.i.* haribika tabia. — *adj.* [di'dʒenərit] -lioharibika. **degeneration** *n.* kuharibika; hali ya kugeuka vibaya.
degrade [di'greid] *v.t.* (1) shusha cheo (*e.g.* cha askari), huwa kwa ajili ya kumwadhibu. (2) ondoa heshima (au jina) ya mtu: ~ *oneself by cheating* (*living an idle life*), jiondolea heshima kwa kupunja (kuishi katika hali ya uvivu). **degradation** [,degrə'deiʃn] *n.*
degree [di'gri] *n.* (1) kipimo cha kupimia pembe. (2) k. cha joto, baridi, cha namna ya *Fahrenheit* au *Centigrade*. (3) kadiri. (4) cheo kati ya watu wengine. (5) cheo cha elimu katika *university*: *the ~ of Master of Arts*. (6) (*grammar*) kadiri ya kupambanua *adjs.* na *advbs*. '*Good*' (-ema), '*better*' (-ema zaidi), '*best*' (-ema kabisa) ni vyeo au kadiri tatu za kupambanua *adj.* '*good*', yaani kadiri ya *positive*, *comparative* na *superlative*.
dehydrate [,di:haidreit] *v.t.* kutoa maji, hasa katika mboga ziwe kavu.
deify ['di:ifai] *v.t.* fanya mungu; abudu au heshimu kama mungu.
deign [dein] *v.t.* kubali; ridhia.
deity ['di:iti] *n.* (1) uungu; umungu. (2) mungu. *the D*., Mwenyezi Mungu.
dejected [di'dʒektid] *adj.* -a huzuni; -zito. **dejection** *n.*
delay [di'lei] *v.t. & i.* (1) kawisha; kawia. (2) weka mpaka tarehe nyingine. — *n.* ukawisho; ukawa.
delegate ['deligeit] *v.t.* wakilisha; tuma; agiza. — *n.* ['deligit] wakili; mtume. **delegation** [,deli'geiʃn] *n.* kuwakilisha; kutuma; jamii ya watu waliotumwa, &c.; walio wakili au watume.
delete [di(:)'li:t] *v.t.* futa. **deletion** [di(:)'li:ʃn] *n.* kufuta; neno au maneno yaliyofutwa.
deliberate [di'libəreit] *v.t. & i.* fikiri sana; pima; fikiri sana; waza. *adj.* [di'libərit] (1) -a kusudi.
(2) -a hadhari; bila haraka. ~**ly** *adv.* **deliberation** *n.* fikira; kufikiriwa; maneno; shauri.
delicate ['delikit] *adj.* (1) -ororo; -dogo; -embamba: *as ~ as silk*, -ororo tena -embamba kama hariri. (2) -epesi kudhuriwa; -a kuungua; -a kutaka kuangaliwa sana: ~ *cups and plates, &c.,* (*plants*); *a ~-looking child*. (3) -gumu kufanya au kutengeneza: *a ~ matter*, jambo gumu kukatika. (4) (kwa rangi) -a kupendeza; -eupe si -eusi wala -zito. (5) (kwa kunusa, kuonja, &c.) -a kupima mageuko au tofauti ndogo sana. (6) -enye adabu. (7) (kwa chakula) -tamu. **delicacy** ['delikəsi] *n.* hali ya kuwa ~; chakula kitamu.
delicious [di'liʃəs] *adj.* -a kupendeza sana; -a kufurahisha sana; -tamu.
delight [di'lait] *v.t. & i.* (1) pendeza sana. (2) penda sana, furahi. ~**ed** *adj.* -enye furaha. ~**ful** *adj.* -a kufurahisha sana; -zuri sana.
delinquent [di'liŋkwənt] *n. & adj.* -kosaji. **delinquency** [di'liŋkwənsi] *n.* kosa; hatia.
delirium [di'liriəm] *n.* mapayo; wazimu. **delirious** [di'liriəs] *adj.* -enye kupayukapayuka au kuweweseka kwa ugonjwa au ulevi.
deliver [di'livə] *v.t.* (1) peleka (barua, vifaa, &c.) kwa watu walioandikwa katika anwani. (2) okoa. *cf. rescue, save.* (3) ~ *a speech, lecture, &c.,* hutubu; hubiri. (4) *cf. aim, send against*: ~ *a blow,* piga. (5) *cf. give birth to, be ~ed of (a child),* jifungua. ~**ance** *n.* wokovu; uhuru. ~**y** *n.* kupeleka[1]; kuhutubu; kuzaa.
delta ['deltə] *n.* serufi ya alfabeti ya Kigriki *d* (Δ, δ); mahali mto uingiapo baharini uliojigawanya sehemu mbili su zaidi.
delude [di'lu:d] *v.t.* danganya; hadaa. **delusion** [di'lu:ʒn] *n.* kudanganya au kudanganywa; maono ya uwongo hasa yaletwayo na wazimu.
deluge ['delju:dʒ] *n.* gharika; mafuriko ya maji; mvua kubwa sana. — *v.t.* gharikisha.
demagogue ['deməgog] *n.* msukumizi katika mambo ya utawala wa nchi aamshaye wafuasi wake kwa maneno ili waongozwe wake maono yao bila kufikiri.

demand [di'ma:nd] *v.t.* (1) taka (omba) kwa nguvu. (2) hitaji. — *n.* (1) kutaka kwa nguvu; matakwa. *on* ~, mara itakwapo. (2) haja: *a great* ~ *for good clerks*, makarani hodari hutakwa sana.

demarcate ['di:ma:keit] *v.t.* weka au andika mipaka. **demarcation** *n.*

demean [di'mi:n] *v.t.* ~ *oneself*, jitweza. ~*our n.* mwenendo.

demented [di'mentid] *adj.* -enyewazimu; (*colloq.*) *be* ~, fadhaika.

demi- ['demi] *prefix* nusu.

demobilize [di:'moubəlaiz] *v.t.* changua askari, yaani kuwaruhusu kwenda kwao baada ya vita.

democracy [di'mɔkrəsi] *n.* (1) nchi ambayo hutawaliwa kwa baadhi ya watu waliochaguliwa na watu wa nchi wenyewe. (2) nchi yenye serikali ipendayo tena iruhusuyo raia kufikiri au kuhubiri juu ya mambo ya utawala, isiyosahau haki ya watu walio wachache katika madhehebu, fikira, au mashauri yao. (3) watu akina yahe watendeao raia wote kama kwamba wa hali moja. **democrat** ['deməkrat] *n.* mtu apendaye ~. **democratic** *adj.*

demolish [di'mɔliʃ] *v.t.* bomoa; vunja. **demolition** [,demə'liʃn] *n.*

demon ['di:mən] *n.* pepo mbaya; shetani.

demonstrate ['demənstreit] *v.t. & i.* (1) fafanua kwa kuleta sababu dhahiri au mifano. (2) onya wazi; (kwa wafanya kazi, wanafunzi, &c.) kusanya watu wengi pamoja ili kuonyesha waziwazi kuwa hawapendi jambo fulani. **demonstration** [,demən'streiʃn] *n.* **demonstrative** [di'monstrətiv] *adj.* (1) -a kuonyesha wazi maono yako. (2) (sarufi) -a kuelekeza. 'Huyu', 'yule', 'hiki', 'yale', &c. ni vijina vya kuelekeza, yaani *demonstrative pronouns*. **demonstrator** ['demənstreitə*] *n.* mtu ahudhuriaye katika onyeshano' la waziwazi; mtu afundishaye kwa kufanua'.

demoralize [di'mɔrəlaiz] *v.t.* (1) potosha. (2) vunja moyo (*e.g.* wa askari wa jeshi la vita).

demur [di'mə:*] *v.i.* (-*rr*-) kataa; sita; kinza. — *n.* makatao; kusita: *obey without* ~, tii bila kusita.

den [den] *n.* (1) tundu la mnyama wa mwitu. (2) pakutanapo waovu, wevi, &c. (3) (*colloq.*) chumba cha faragha cha kazi.

denial, taz. *deny.*

denomination [di,nɔmi'neiʃn] *n.* (1) aina. (2) madhehebu.

denominator [di'nɔmineitə*] *n.* kigawanyo (*e.g.* 4 katika ¾).

denote [di'nout] *v.t.* -wa ishara ya; -wa jina la.

denounce [di'nauns] *v.t.* shtaki kwa wazi; haini; tangaza kuwa hukusudia kukomesha mkataba au mapatano.

dense [dens] *adj.* (1) (kwa maji au mvuke) -nene. (2) (kwa vitu na kwa watu) -liosongamana. (3) (kwa mtu) -gumu. **density** *n.* kuwa ~; (*physics*) uzito; unene.

dent [dent] *n.* kishimo, kibonyeo kilichofanywa kwa kupigw

dental ['dentl] *adj.* -a meno. **dentist** *n.* dakitari wa meno. **denture** ['dentʃə*] *n.* meno yaliyofanyizwa ya kutumia badala ya meno ya asili.

denude [di'nju:d] *v.t.* funua; vulia nguo zote: *hills* ~*d of trees*, vilima vilivyoondolewa miti yake yote.

denunciation [di,nʌnsi'eiʃn] *n.* kushtaki; kuhaini, &c. taz. *denounce.*

deny [di'nai] *v.t.* (1) kana; kanisha. (2) kataa; kataza. **denial** *n.* mkano.

depart [di'pa:t] *v.i.* (*from*) ondoka; toka; fanya au kuwa mbalimbali. ~ *from old customs*, acha desturi za zamani. ~**ure** [di'pa:tʃə*] *n.* kuondoka; kuacha.

department [di'pa:tmənt] *n.* idara ya serikali, kazi, duka au *university*.

depend [di'pend] *v.i.* ~ (*up*)*on*. (1) hitaji, pata riziki, msaada, &c. kwa; inamia. *The old man still* ~*s on his own earnings*, mzee apata bado riziki yake kwa mshahara wake (yaani hana mtu mwingine ambaye ategemea); *Good health* ~ *s on good food, sleep, and exercise*, afya njema hufuatana na chakula kizuri, usingizi na michezo; *That* ~*s, It all* ~*s*, labda, yategemea mambo yalivyo. (2) amini; -wa na hakika juu ya: *You can always* ~ *on John*, waweza kumwamini sikuzote Yohana. *Depend upon it!* maana uwe na hakika juu yake. ~**able** [di'pendəbl] *adj.* -a tumain-

DEPICT [69] **DESERT**

ika. ~ant *n.* mfuasi, mtoto; mtumishi. ~ence *n.* hali ya kutumainia au kufuatana na. ~ency *n.* nchi iliyo chini ya himaya ya nchi nyingine. ~ent *adj.* -a kufuatana na. ~ent (on) taz. *n.* = ~ant.

depict [di'pikt] *v.t.* andika picha; eleza kwa maneno au maandiko.

deplete [di'pli:t] *v.t.* tumia na kumaliza; ondolea vyote vilivyomo.

deplore [di'plo:*] *v.t.* sikitikia; jutia. **deplorable** [di'plo:rəbl] *adj.* -a kusikitisha.

depopulate [di:'popjuleit] *v.t.* punguza jumla ya watu wakaao (katika nchi au mahali). **depopulation** *n.*

¹**deport** [di'po:t] *v.t.* hamisha; fukuza. ~ation *n.* kufukuza au kufukuzwa kutoka nchi.

²**deport** [di'po:t] *v.t.* ~ oneself, jichukua: ~ *oneself with dignity* jichukua kwa adabu. ~ment *n.* mwenendo; tabia.

depose [di'pouz] *v.t.* (1) uzulu; ondosha (mtu, hasa mfalme) katika ukubwa wake. (2) toa ushuhuda (hasa baada ya kuapa kortini). **deposition** [,depə'ziʃn] *n.* kuuzulu au kuondoshwa; ushuhuda baada ya kiapo.

deposit [di'pozit] *v.t.* (1) weka. (2) (hasa kwa maji na kwa mto) acha mashapo: *The river ~s mud on the fields in the rainy season*, mto huacha matope katika mashamba siku za mvua. (3) lipa sehemu ya fedha kama amana. — *n.* (1) fedha zilizowekwa¹ au kulipwa kama amana². (2) mashapo⁴. ~or *n.* mtu awekaye fedha katika benki. ~ory *n.* ghala.

depot ['depou] *n.* ghala hasa kwa akiba ya vita; bohari.

depraved [di'preivd] *adj.* -baya; -ovu. **depravity** [di'praviti] *n.* uovu.

depreciate [di'pri:ʃieit] *v.t. & i.* punguza, punguka, thamani; kashifu. **depreciation** *n.* upunguzo (upungufu) wa thamani.

depress [di'pres] *v.t.* (1) sukuma au kuvuta chini. (2) huzunisha. (3) punguza nguvu; dhoofisha; shusha bei. ~ing *adj.* -a kuhuzunisha: ~*ing news*, habari za kuhuzunisha. ~ion *n.* (1) huzuni; uzito. (2) bonde; shimo. (3) ulegevu katika kufanya biashara. (4) kupunguza uzito wa hewa; (hasa) katikati ambapo uzito hupungua zaidi.

deprive [di'praiv] *v.t.* ~ *sb. or sth. of,* twalia; nyima.

depth [depθ] *n.* (1) hali ya kuwa *deep*: ~*s of the sea,* vilindi. (2) kipimo kutoka juu mpaka chini, au kutoka mbele mpaka nyuma. *out of one's* ~, katika maji yaliyo marefu kuliko urefu wako. (*fig.*) kupita cheo cha fikira zako.

depute [di'pju:t] *v.t.* tuma; wakilisha. **deputy** ['depjuti] *n.* wakili. **deputation** *n.* (*person or persons*) mjumbe, wajumbe. **deputize** *v.i.* (*for*) fanya badala ya mtu mwingine.

derange [di'reindʒ] *v.t.* chafua; fuja. *mentally* ~*d,* -enye wazimu.

derelict ['derilikt] *adj.* (hasa kwa merikebu baharini) -lioachwa.

deride [di'raid] *v.t.* dhihaki; fanyizia mzaha. **derision** [di'riʒn] *n.* **derisive** [di'raisiv] *adj.* -a kuonyesha au -a kustahili dhihaka.

derive [di'raiv] *v.t. & i.* (1) pata. (2) toka katika. **derivation** [,deri'veiʃn] *n.* (hasa) umbo na maana ya asili ya neno; elezo la kuonyesha asili ya neno na jinsi lilivyobadilika. **derivative** [di'rivətiv] *adj. & n.* kitu au neno lililotoka katika lingine; kisicho cha asili.

derogatory [di'rogətəri] *adj.* -a kuvunja heshima.

descend [di'send] *v.i. & t.* (1) enda (-ja) chini; shuka. (2) *be* ~*ed from,* toka, tokana na babu fulani. (3) (kwa mali, tabia, haki) rithishwa: *His bravery* ~*s from his father,* ameurithi ushujaa kwa baba yake. (4) ~ *upon,* angukia shambulia. ~ant *n.* mtoto; mzao. **descent** [di'sent] *n.* (1) mshuko; mtelemko. (2) nasaba; ukoo. (3) shambulio la ghafula.

describe [dis'kraib] *v.t.* eleza; toa habari. **description** [dis'kripʃn] *n.* (1) maelezo. (2) (*colloq.*) namna: *of any description,* -a namna yo yote. **descriptive** *adj.*

desecrate ['desikreit] *v.t.* kufuru; najisi; aibisha.

¹**desert** [di'zə:t] *v.t. & i.* (1) acha. (2) toroka; kimbia. *a* ~*ed* (*solitary*) *person,* mkiwa: *a* ~*ed village,* mahame; ganjo; tongo.

²**desert** ['dezət] *n.* jangwa, nyika, pori; mahame.

desert [di'zə:t] *n.* (huwa *pl.*) haki; stahili: *get one's ~s*, pata unayostahili.

deserve [di'zə:v] *v.t.* stahili. **deserving** *adj.* -a kustahili. **~dly** [di'zə:vidli] *adv.* kwa haki; kama ilivyostahili.

design [di'zain] *n.* (1) sanamu; kielezo; picha. (2) matengenezo; mpango. (3) taratibu; madaraka. (4) kusudi; mradi; nia. *have ~s on (against)* -wa na kusudi baya au hila ya kumdhuru fulani au kuiba kitu. — *v.t. & i.* (1) tunga sanamu, &c.¹ (2) kusudia; nia. **~edly** [di'zainidli] *adv.* makusudi. **~er** *n.* mtungaji.¹ **~ing** *adj.* (hasa) -erevu; -enye kusudi au hila.⁴

designate ['dezigneit] *v.t.* (1) onyesha: *~ boundaries*, onyesha mipaka. (2) taja; -wa dalili ya. (3) chagua (mtu) kwa kazi fulani: *He ~d me as his successor*, alinichagua kwa kumfuata katika kazi yake. **designation** [,dezig'neiʃn] *n.*

desire [di'zaiə*] *n.* (1) tamaa; shauku. (2) haja; maombi: *at the ~ of the foreman*, kwa haja ya mnyampara. (3) kitu kilichotakiwa, matakwa. — *v.t.* (1) taka sana; tamani. (2) omba: *I ~d him to sit down*, nalimwomba aketi. **desirable** *adj.* -a kupendeza; -a kutamanika. **desirability** *n.* uzuri; ufao: *the desirability of getting up early*, ufao wa kuamka mapema. **desirous** *adj.* -enye kutaka.

desist [di'zist] *v.i.* *~ from*, acha kufanya; koma.

desk [desk] *n.* meza ya kuandikia.

desolate ['desolit] *adj.* (1) (kwa mahali) palipoachwa; pa jangwa; (kwa nyumba) -liyoachwa; -siyostahili kukalika. (2) -a ukiwa; maskini. — *v.t.* ['desəleit] fanya ukiwa. **desolation** [,desə'leiʃn] *n.* ukiwa.

despair [dis'peə*] *v.i. & n.* kata tamaa; kukata tamaa.

despatch *n. & v.* taz. *dispatch.*

desperate ['despərit] *adj.* (1) (kwa mtu) -liokata tamaa hata kuogopa tayari kufanya lolote bila kuogopa hatari wala sheria za serikali. (2) -sioponyeka; -baya mno. **desperation** *n.* **desperado** [,despə'ra:dou] *n.* mtu tayari kufanya kama.¹

despise [dis'paiz] *v.t.* tweza; dharau.

despicable ['despikəbl] -a kustahili kudharauliwa.

despite [dis'pait] *prep. in spite of, ~ his wishes*, ijapokuwa hataki.

despond [dis'pond] *v.i.* kata tamaa; -fa moyo. **~ency** *n.* **~ent** *adj.*

despot ['despot] *n.* mtawala peke yake (pasipo baraza wala shauri la watu). **~ic** [des'potik] *adj.* **~ism** ['despətizəm] *n.*

destination [,desti'neiʃn] *n.* mahali mtu (au kitu) apelekwapo, au akusudiapo kufika.

destined ['destind] *p.p.* -liokusudiwa kuwa (kwa Mungu, ajali au mtu). *He is ~ for the army*, akusudiwa kuwa askari wa vita.

destiny ['destini] *n.* (1) ajali; Mungu. (2) hali; maisha; matokeo ya mambo ya ajali.

destitute ['destitju:t] *adj.* (1) fukara. (2) *~ of*, -enye haja ya; bila. **destitution** *n.*

destroy [dis'troi] *v.t.* haribu. **~er** *n.* (hasa) manowari ndogo tena nyepesi ichukuayo *torpedoes*. **destruction** [dis'trʌkʃn] *n.* **destructive** *adj.* -a kuharibu; -haribifu.

detach [di'tatʃ] *v.t.* (1) tenga; bandua. (2) peleka kikosi cha askari kutoka jeshi kubwa. **~ed** *adj.* (kwa fikira, maono, &c.) -siovutwa na maneno ya watu; (kwa nyumba) -liyotengwa na nyingine upandeni. **~able** *adj.* **~ment** *n.* (1) mtengo; mabanduko. (2) uadilifu. (3) (kwa askari, manowari, &c.) kikosi cha kutumika peke yake kwa kazi maalum.

detail ['di:teil] *n.* (1) kitu kidogo; jambo lililo dogo la habari. (2) habari ya mambo moja moja hata yaliyo madogo. — *v.t.* [di'teil] (1) eleza kwa kusimulia habari yote. (2) tuma kufanya kazi maalum.

detain [di'tein] *v.t.* kawisha; zuia. **detention** [di'tenʃn] *n.* kuzuia; kuzuiwa.

detect [di'tekt] *v.t.* vumbua; gundua. **~ion** *n.* kugundua. **~ive** *n.* mpelelezi; askari kanzu; jasusi.

deter [di'tə:*] *v.t.* (-*rr*-) kataza; zuia. **~rent** [di'terənt] *n. & adj.* shaka, lizuialo (kwa kutia shaka au hofu). — *adj.* -a kuzuia; -zuifu.

deteriorate [di'tiəriəreit] *v.t. & i.* punguza thamani; pungua thamani.

determine [di'tə:min] *v.t. & i.*

(1) weka mpaka: *The supply of food ~s the size of the army*, akiba ya chakula huweka mpaka kwa wingi wa jeshi. (2) weka; kusudia; amua; kata maneno; maliza. (3) yakinisha. (4) pambanua: *~ the meaning of a word*, pambanua maana ya neno. ~d *adj.* imara, thabiti. **determination** *n.* kuweka mpaka; kukusudia; shauri; uthabiti.

deterrent, taz. **deter**.

detest [di'test] *v.t.* chukia sana. ~**able** *adj.* -a kustahili kuchukiwa sana.

dethrone [di'θroun] *v.t.* uzulu; ondoa mfalme.

detonate ['detouneit] *v.t. & i.* pasua au pasuka kwa mshindo (*e.g.* baruti au fataki).

detour [di'tuə*], **détour** ['deituə*] *n.* kipengee; njia ya kuzunguka.

detract [di'trakt] *v.i.* ~ *from*, punguza sifa au thamani ya.

detriment ['detriment] *n.* hasara; madhara. ~**al** *adj.*

devastate ['devəsteit] *v.t.* haribu, fanya jangwa. **devastation** [,devəs'teiʃn] *n.*

develop [di'veləp] *v.t. & i.* (1) kuza. (2) ~ *a film*, tia dawa ili kutokeza picha. ~**ment** *n.* kukuza, kukua; jambo jipya lililotokea maendeleo ya siku zilizopita.

deviate ['di:vieit] *v.i.* enda upande; potoka.

device [di'vais] *n.* (1) shauri; hila. *leave sb. to his own ~s*, acha fulani afuate shauri lake. (2) chombo; kitu. (3) chapa; alama.

devil ['devl] *n.* (1) shetani. (2) (*in exclamations*) *How the ~*, namna gani; *the ~ of a time*, (kwa kufuatana na maneno yaliyotangulia), muda mrefu sana; wakati wa shida kubwa au wa kuhangaika, *&c.* ~**ish** ['devliʃ] *adj.* kama shetani, -baya mno; -katili.

devious ['di:viəs] *adj.* -enye vipengee; -potovu; -a kuzunguka.

devise [di'vaiz] *v.t.* fanya shauri au hila; vumbua.

devoid [di'void] *adj.* ~ *of*, bila; pasipo.

devolve [di'volv] *v.t. & i.* (kwa zamu au kazi) ~ (*up*)*on*, tolea; -pa; jia; pata: *When the master is ill, work ~s upon me*, mkubwa akiwa mgonjwa kazi yake huwa juu yangu.

devote [di'vout] *v.t.* toa. ~**d** *adj.* -a kupenda sana; -enye bidii. ~**e** [,devou'ti:] *n.* mtu ajitoaye (kwa dini, kazi au mchezo).

devotion [di'vouʃn] *n.* kujitoa; upendo wa moyoni; (*pl.*) ibada; sala.

devour [di'vauə*] *v.t.* -la; meza. (*fig.* tazama au sikia kwa tamaa au kwa mashaka); (kwa moto) angamiza; teketeza.

devout [di'vaut] *adj.* -a kumcha Mungu.

dew [dju:] *n.* umande.

dexterous ['dekstərəs] *adj.* -stadi; -bingwa. **dexterity** [deks'teriti] *n.*

diagnose ['daiəgnouz] *v.t.* pima, yakinisha; ugonjwa, *&c.* kwa hali na dalili zilizopo. **diagnosis** [,daiəg'nousis] *n.* uchunguzi na yakini ya jambo.

diagonal [dai'agənl] *adj.* -a kutoka pembe mpaka pembe iliyoielekea. — *n.* mstari wa kukata mraba pembe kwa pembe.

diagram ['daiəgram] *n.* picha (sanamu) ya kufundishia; mfano.

dial ['daiəl] *n.* (1) bamba la uso wa saa. (2) chombo cha simu ya kusema (*telephone*) chenye namba juu yake. — *v.t. & i.* tumia telefoni.

A dial

dialect ['daiəlekt] *n.* lugha, maneno, namna ya kunena. *the ~ of Zanzibar*, Kiunguja; *the ~ of Mombasa*, Kimvita.

A telephone dial

dialogue ['daiəlog] *n.* maandiko yaliyotungwa kama kwamba watu wanasemezana; mazungumzo baina ya watu wawili.

diameter [dai'amitə*] *n.* mstari ulionyoka upitao kati hasa ya duara. **diametrically** [,daiə-'metrikəli] *adv.* kabisa; halisi: *be ~ opposed*, kabiliana kabisa; -wa kinyume kabisa.

diamond ['daiəmənd] *n.* (1) almasi. *~ wedding*, sikukuu ya ukumbusho wa kuwa watu wamekuwa mume na mke waliooana tangu miaka sitini. (2) kitu chenye umbo la uru katika karata za kuchezea.

Diamonds

diaphragm ['daiəfram] *n.* (1) kiwambo cha moyo. (2) kiwambo cha sikio, ngoma, kinanda, &c.

diarrhoea [daiə'riə] *n.* tumbo la kuendesha, la kuhara.

diary ['daiəri] *n.* kitabu chenye habari za mambo ya kila siku taratibu.

dice [dais] *n. pl.* (*sing. die* [dai]) dadu.

dictate] dik'teit] *v.t. & i.* (1) soma wazi ili mtu mwingine aandike kama imla. (2) amuru au nena vikali — *n. pl.* ['dikteits] amri zitolewazo na ubongo wako au akili zako. **dictation** [dik'teiʃn] *n.* (1) kutoa amri. (2) imla. **dictator** [dik'teitə*] *n.* mtawala wa peke yake.

Dice

diction ['dikʃn] *n.* usemi; jinsi ya kusema.

dictionary ['dikʃənəri] *n.* kamusi, yaani kitabu kama hiki.

¹ **die** [dai] *v.i.* (1) -fa; fariki; kata roho. (2) *fig.* tamani; taka sana. *I am dying for a motor-car*, natamani kuwa na motakaa: *I am dying to go hunting*, nataka sana kuwinda.

² **die** [dai] *n.* taz. *dice*.

³ **die** [dai] *n.* chapa ya chuma ya kupigia chapa sarafu, *plur. dies*.

diet ['daiət] *n.* (1) chakula cha kila siku. (2) taratibu ya vyakula ambavyo mtu atabibiwaye na dakitari huruhusiwa kula.

differ ['difə*] *v.i.* (1) hitilafiana; -wa na tofauti. (2) tokubali. *~ence* ['difrəns] *n.* (1) hitilafu; tofauti. (2) *~ence of opinion*, kutokubali. *~ent* ['difrənt] *adj.* *~entiate* [,difə'renʃieit] *v.t. & i.* pambanua; ainisha; achana; hitilafiana.

difficult(y) ['difikəlt(i)] *adj.* -gumu; -zito; -a shida. — *n.* shida.

diffident ['difidənt] *adj.* -sioamini (au ajionyeshaye kuwa haamini) akili zake au nguvu zake. **diffidence** *n.*

diffuse [di'fju:z] *v.t. & i.* (1) eneza; tawanya; enea; tawanyika. (2) (kwa namna za mivuke) changamana polepole. — *adj.* [di'fju:s] (1) -a kutumia maneno mengi zaidi. (2) -a kutawanyika pande zote.

dig [dig] *v.t. & i.* (*dug* [dʌg]) (1) chimba. (2) (*colloq.*) tia mdukuo: *~ a person in the ribs*, mtia mtu mdukuo wa mbavu. — *n.* mdukuo. *~s n. pl.* (*colloq.*) nyumba (chumba) ya kupanga.

digest [di'dʒest] *v.t. & i.* (1) yeyusha chakula kinywani na matumboni; yeyuka tumboni. (2) fahamu; fupisha na kudhihirisha mambo, matendo, &c. yaliyo mengi sana. — *n.* ['daidʒest] muhtasari; mafupisho. *~ible* [di'dʒestibl] *adj.* -a kutulia tumboni.

dignify ['dignifai] *v.t.* tukuza; adhimisha. **dignified** *adj.* -a heshima.

dignitary ['dignitəri] *n.* mkuu, mwenye cheo kikuu, hasa kanisani (*e.g.*) askofu.

dignity ['digniti] *n.* (1) heshima. (2) adabu; makini. (3) cheo kikuu; ukuu.

digress [dai'gres] *v.i.* acha kwa kitambo habari inayosemwa (au kuandikwa) na kushika vingine.

dilapidated [di'lapideitid] *adj.* (kwa majenzi, vyombo, &c.) -bovu; -gofu; goigoi.

dilate [dai'leit] *v.t. & i.* (1) tanua; panua. (2) *~ upon*, nena au kuandika maneno mengi juu ya.

dilatory ['dilətəri] *adj.* -vivu; -zembe; -a kukawisha.

dilemma [di'lemə] *n.* mashaka (hasa ya kuchagua moja katika mawili) na yote ni mabaya au -a shida).

diligent ['dilidʒənt] *adj.* -enye bidii; -tendaji.

dilute [dai'lju:t] *v.t.* zimua; (*fig.*) fifisha.

dim [dim] *adj.* -siyo ya mwangaza mwingi; si dhahiri; (kwa macho yasiyoweza kuona vizuri. — *v.t* (*-mm-*) tia giza; fifisha. — *v.i.* ingia giza; fifia.

dimension [di-, dai'menʃn] *n.* ukubwa; kadiri; cheo.

diminish [di'miniʃ] *v.t. & i.* punguza; pungua, punguka. **diminution** [ˌdimi'njuːʃn] *n.*

diminutive [di'minjutiv] *adj.* -dogo sana. — *n.* neno lionyeshalo udogo, mara nyingi huwa mwisho wa neno kama -*kin*, -*let*. *Manikin* ni ~ ya *man*, *streamlet* ni ~ ya *stream*.

dimple [dimpl] *n.* kitinyo kidogo, hasa katika shavu la uso au kidevu.

din [din] *n.* mshindo. — *v.i. & t.* (-*nn*-) (1) fanya kelele au mshindo. (2) ~ *sth. into sb.*, mwambia mtu maneno yale yale mara nyingi ili akumbuke.

dine [dain] *v.i.* -la chakula kikubwa cha kutwa.

ding-dong ['diŋ'dɔŋ] *n. & adv.* mlio wa kengele au mlio unaofanana nao. *fig. a* ~ *struggle*, shindano ambalo washindanao wawili ni sawasawa kwa nguvu zao.

dinghy ['diŋi] *n.* machua ndogo.

dingy ['dindʒi] *adj.* -chafu.

dinner ['dinə*] *n.* chakula kikubwa cha kutwa.

dint [dint] *n.* (1) kishimo; kibonyeo. (2) *by* ~ *of*, kwa nguvu ya; kwa sababu ya.

diocese ['daiəsis] *n.* jimbo la askofu. **diocesan** [dai'ɔsisn] *adj.*

dip [dip] *v.t. & i.* (-*pp*-) (1) chovya. (2) *v.i.* inama; telemka kidogo: *The sun dipped below the horizon*, jua lilitelemka kutoka upeo wa macho. (3) telemsha na kuweka tena kama kupiga saluti kwa bendera. (4) ~ *into* (kitabu, elimu) onja; soma, chungua kidogo. — *n.* (1) mchovyo; (hasa) kuogelea kidogo. (2) dawa ya kuogeshea kondoo na wanyama wengine.

diphtheria [dif'θiəriə] *n.* ugonjwa mbaya wa koo ndani wa kuambukiza.

diphthong ['difθɔŋ] *n.* vokali (*vowels*) mbili zitamkwazo kama kwamba ni moja tu, *e.g.* au.

diploma [di'ploumə] *n.* hati ya sifa; hati ya cheo; shuhuda.

diplomacy [di'plouməsi] *n.* (1) kuangalia mambo ya nchi moja baina ya nchi nyingine; ustadi katika kazi hiyo. (2) ustadi wa kushughulika na watu wengine ili mambo yote yafanikiwe. **diplomat** [di'ploumat] (1) mjumbe wa serikali (hasa katika kazi ya ~¹). (2) mstadi wa ~¹. **diplomatist** [di'ploumətist] kama kwa *diplomat*. **diplomatic** [ˌdiplo'matik] *adj.* -a ~; -erevu.

direct [di'rekt, dai-] *adj & adv.* (1) -lionyoka; -sio kupindika; -sioenda au -siopelekwa kando. (2) bila kitu au bila mtu katikati; katika mstari usiokatika; moja kwa moja. (3) -nyofu: mtu mnyofu hana hila katika shughuli zake. — *v.t. & i.* (1) ongoza; elekeza. (2) andika anwani. (3) ~ *one's attention to the business under discussion*, angalia sana mambo ambayo hushauriana. ~**ion** [di'rekʃn] *n.* (1) majira. (2) agizo; amri. (3) anwani. (4) tendo la kuongoza; au la kuagiza. ~**ive** [di'rektiv] *n.* amri; maagizo. ~**ly** *adv.* (1) moja kwa moja. (2) mara moja; sasa hivi. ~**ness** *n.* ~**or** *n.* mwongozi; mkuu. ~**orate** [di'rektərit] *n.* chama au mkutano wa wakuu wa kampani. ~**ory** [di'rektəri] *n.* kitabu chenye majina, anwani, na habari nyinginezo za watu: *a telephone* ~*ory*, kitabu cha nambari za simu pamoja na majina na anwani.

dirt [də:t] *n.* uchafu wa namna yo yote. ~**y** *adj.* ~**ily** *adv.* ~**iness** *n.*

dis- [dis] *prefix* cha kufahamisha maana ya kinyume cha . . ., *e.g. advantage*, faida, *disadvantage*, hasara: *like*, penda, *dislike*, tupenda.

disable [dis'eibl] *v.t.* lemaza; ondolea nguvu. **disability** [ˌdisə'biliti] *n.* udhaifu; upunguani.

disabuse [ˌdisə'bjuːz] *v.t.* ondolea kosa; arifu ukweli.

disaffected [ˌdisə'fektid] *adj.* -sio -a rafiki; -a kutaka maasi.

disagree [ˌdisə'griː] *v.i.* (1) topatana. (2) ~ *with*, (of food, climate, &c.) totulia. *This food* ~*s with me*, chakula hiki kinaninuka. ~**able** *adj.* -chungu; -gumu; -enye chuki. ~**ment** *n.*

disallow [ˌdisə'lau] *v.t.* kataza; kanusha.

disappear [ˌdisə'piə*] *v.i.* toweka, didimia.

disappoint [ˌdisə'point] *v.t.* tofanya iliyotumainiwa; zuia iliyotumainiwa. ~**ed** *adj.* -liosikitika kwa kutopata iliyotumainiwa. ~**ment** *n.* kusikitika kwa sababu ya kutopata; mtu (au kitu) akusikitishaye hivyo.

disapprove [[disə'pru:v] *v.i.* (*of*) tokubali: yaani ni kinyume cha *approve*.

disarm [dis'a:m] *v.t. & i.* (1) ondolea silaha. (2) (kwa nchi) punguza silaha za vita. (3) tuliza. **~ament** [dis'a:məmənt] *n.* kuondolea au kuondolewa silaha.

disaster [di'za:stə*] *n.* msiba; baa. **disastrous** *adj.*

disband [dis'band] *v.t. & i.* vunja jeshi; fumukana.

disburse [dis'bə:s] *v.t. & i.* toa fedha; lipa.

disc taz. *disk*.

discard [dis'ka:d] *v.t.* tupa.

discern [di'sə:n] *v.t. & i.* ona; (hasa) kwa shida kidogo. **~ing** *adj.* -a akili; -juzi. **~ment** *n.*

discharge [dis'tʃa:dʒ] *v.t.* (1) shusha, telemsha (shehena kutoka melini). (2) piga, fyatua (bunduki, *&c.*); tupa (mshale, *&c.*). (3) toa (maji, mvuke, nguvu za elektrisiti, *&c.*), zilizo ndani; *The chimney ~s smoke*, bomba hutoa moshi; *The river ~s itself into the ocean*, mto hujitoa baharini. (4) ondosha; toa katika kazi. (5) lipa deni; fanya zamu au kazi. — *n.* mshindo²; kutoa³; ruhusa⁴; kufukuzwa au kufukuza kazini⁴; (kwa maji, *&c.*) kutoka; (kwa jeruhi, jipu, *&c.*) usaha.

disciple [di'saipl] *n.* mwanafunzi; mfuasi.

discipline ['disiplin] *n.* (1) malezi; maongozi. (2) taratibu; nidhamu. (3) amri za kujichukua. — *v.t.* adilisha; rudi. **disciplinarian** [ˌdisipliˈneəriən] *n.* mtiisha. **disciplinary** *adj.* -a kurudi.

disclaim [dis'kleim] *v.t.* kana; kataa.

disclose [dis'klouz] *v.t.* funua; onyesha; arifu. **disclosure** [dis'klouʒə*] *n.* mambo yaliyofunuliwa; wonyesho.

discolour [dis'kʌlə*] *v.t. & i.* geuza, haribu rangi; geuka, haribika rangi. **discoloration** [disˌkʌləˈreiʃn] *n.*

disconcert [ˌdiskənˈsə:t] *v.t.* fuja mashauri ya fulani; sumbua.

disconnect [ˌdiskəˈnekt] *v.t.* tenga; fungua; ungua. **~ed** *adj.* (kwa maneno au fikira) -siofungamana vizuri; -siofuatana barabara.

disconsolate [dis'konsəlit] *adj.* -sio na furaha; -sio na faraja.

discontent [ˌdiskənˈtent] *n.* uchungu; ukosefu wa ridhaa. **~ed** *adj.* -a kutoridhika.

discontinue [ˌdiskənˈtinju:] *v.t. & i.* komesha; koma.

discord ['disko:d] *n.* (1) kutopatana; ugomvi. (2) fitina; (kwa muziki) sauti zisizolingana. **~ant** [dis'ko:dənt] *adj.* -a kutopatana au kulingana; (sauti) -a kutopendeza masikio.

discount [ˈdiskaunt] *n.* kipunguzi cha bei kwa (i) wenye duka wanunuao bidhaa kwa kuuza tena; (ii) walipao fedha taslimu; (iii) wafanyi biashara watakaolipa tarehe itakapowasilia yaani kwa hawala. *at a ~,* (kwa bidhaa) zisizotakiwa na watu wengi wakati mmoja, rahisi kupatikana. — *v.t.* [disˈkaunt] (1) lipa au pokea thamani ya sasa ya hawala isiyotazamiwa kulipwa bado. (2) sadiki nusu tu ya habari (kwa ajili ya kupigwa chuku, kubadilishwa, *&c.*).

discourage [disˈkʌridʒ] *v.t.* (1) shusha, vunja moyo. (2) shauri au kumvuta (mtu) asifanye. **~ment** *n.*

discourse ['disko:s] *n.* maongezi; hotuba. — *v.i.* ['disko:s] ongea; hutubu; sema au kuandika maneno mengi (juu ya habari au mambo).

discourteous [disˈkə:tjəs] *adj.* -sio na heshima au adabu.

discover [disˈkʌvə*] *v.t.* vumbua; gundua. **~er** *n.* **~y** *n.* kuvumbua; kuvumbulika.

discredit [dis'kredit] *v.t.* punguza sifa ya mtu au kitu hata kutosadikiwa; vunja uso; tahayarisha. — *n.* aibu; fedheha; mashaka. **~able** [disˈkreditəbl] *adj.* -a kuleta aibu au mashaka.

discreet [dis'kri:t] *adj.* -a busara katika matendo na maneno. **discretion** [disˈkreʃn] *n.* (1) busara. (2) hiari ya kufanya upendavyo na kufuata shauri lako.

discrepancy [dis'krepənsi] *n.* (kwa habari, idadi) tofauti; kutopatana.

discriminate [disˈkrimineit] *v.t. & i.* (1) pambanua. (2) onea. **discriminating** *adj.* -enye uwezo wa kupambanua; -a kuonea. **discrimination** *n.*

discursive [disˈkə:siv] *adj.* (kuhusu maneno au maandiko ya mtu) -a maneno mengi yasiyofuata taratibu.

discuss [disˈkʌs] *v.t.* zungumza juu ya; hoji. **~ion** *n.*

disdain [dis'dein] *v.t. & n.* dharau; tweza. ~**ful** *adj.*

disease [di'zi:z] *n.* ugonjwa; maradhi. ~**d** *adj.* -gonjwa.

disembark [,disem'ba:k] *v.t. & i.* kinyume cha *embark*.

disfigure [dis'figə*] *v.t.* umbua, haribu uso au umbo.

disgorge [dis'go:dʒ] *v.t.* toa au leta kama katika kutapika; (*fig.*) toa kama si kwa hiari yako (hasa vitu vilivyonyang'anywa).

disgrace [dis'greis] *n.* (1) aibu. (2) mtu, au kitu, aletaye aibu hiyo. ~**ful** *adj.*

disgruntled [dis'grʌntld] *adj.* -sioridhika; -siopendezwa hata kidogo.

disguise [dis'gaiz] *v.t.* geuza uso au umbo ili kudanganya, au kuficha ukweli. — *n.* kugeuza uso au umbo hivyo; hali ya kugeuka hivi; mavazi, matendo, desturi, &c., yatumiwayo ili kugeuza au kugeuka hivyo.

disgust [dis'gʌst] *n.* machukio; kinyaa. — *v.t.* chukiza; kirihi. ~**ing** *adj.*

dish [diʃ] *n.* sahani; kombe. — *v.t.* pakua; leta chakula.

dishearten [dis'ha:tən] *v.t.* kinyume cha *hearten*.

dishevelled [di'ʃevld] *adj.* -enye nywele za matimutimu, au nguo za kuchafuka.

dishonour [dis'onə*] *n.* (1) aibu. (2) mtu, au kitu, aletaye aibu hiyo. — *v.t.* leta aibu; aibisha; fedheheesha. ~ *a cheque*, totekeleza ahadi, deni, &c. ~**able** *adj.*

disillusion [,disi'lu:ʒn] *v.t.* toa (mtu) katika dhana ya uwongo na kumwonyesha ukweli. ~**ment** *n.*

disinfect [,disin'fekt] *v.t.* safisha pachafu kwa kuondoa (katika nyumba, mahali, nguo, &c.) yale yaambukizayo ugonjwa. ~**ant** *n.* dawa ya kuondoa yaambukizayo ugonjwa. — *adj.* -a dawa hiyo.

disinherit [,disin'herit] *v.t.* kata urithi. ~**ance** *n.*

disintegrate [dis'intigreit] *v.t. & i.* vunja, tenga, sehemu mbalimbali; vunjika, tengeka, sehemu mbalimbali.

disinterested [dis'intristid] *adj.* si -enye kupendelea.

disjointed [dis'dʒointid] *adj.* -siyofungamana, -siyofuatana moja kwa moja; -liyokatikakatika.

disk, disc [disk] *n.* kitu cha duara (kama sahani).

dislocate ['disləkeit] *v.t.* (1) shtua; tegua. *e.g.* tegua mguu. (2) vuruga; chafua.

dislodge [dis'lodʒ] *v.t.* ondoa (kwa nguvu) katika kituo; hamisha.

dismal ['dizməl] *adj.* -a kufisha moyo kwa sababu ya giza, weusi, ukiwa, &c.

dismantle [dis'mæntl] *v.t.* (1) pambua au ondoa mapambo. (2) kongoa: ~ *a machine*, kongolea mashine.

dismay [dis'mei] *n.* hofu; fadhaa. — *v.t.* ogofya; fadhaisha.

dismember [dis'membə*] *v.t.* changua; rarua vipande vipande.

dismiss [dis'mis] *v.t.* (1) ondosha; uzulu; (hasa katika kazi) fukuza. (2) achia mbali: ~ *thoughts of revenge*, achia mbali fikira za kisasi. ~**al** [dis'misl] *n.*

disoblige [,diso'blaidʒ] *v.t.* kataa kusaidia au kukumbuka matakwa ya mtu mwingine.

disorder [dis'o:də*] *n.* (1) fujo; machafuko. (2) ghasia; fujo. (3) ugonjwa; maradhi. — *v.t.* chafua, fuja. ~**ly** *adj.*

disorganize [dis'o:gənaiz] *v.t.* chafua; vunja taratibu ya.

disown [dis'oun] *v.t.* kana; kataa.

disparage [dis'paridʒ] *v.t.* umbua, vunja heshima. ~**ment** *n.* **disparagingly** *adv.*

disparity [dis'pariti] *n.* hitilafu; tofauti.

dispassionate [dis'paʃənit] *adj.* si -pendelevu; -siyependelea; -a haki.

dispatch, des- [dis'patʃ] *v.t.* (1) tuma (mtu); peleka (kitu). (2) fanya upesi; maliza. (3) ua. — *n.* (1) kutuma au kupeleka; kutumwa au kupelekwa. (2) barua, hasa ya serikali au ya mkuu wa jeshi. (3) wepesi, haraka: *act with* ~, fanya upesi.

dispel [dis'pel] *v.t.* (*-ll-*) ondoa; fukuza.

dispense [dis'pens] *v.t. & i.* (1) ~ *with*, totumia; totaka. (2) gawanya; toa. (3) tengeneza au toa dawa. ~**r** *n.* mtu atengenezaye dawa akifuata maagizo ya dakitari. **dispensary** [dis'pensəri] *n.* nyumba ya kutoa dawa. **dispensation** [,dispen'seiʃn] *n.* (1) mgawo; tukio lionekanalo kama amri ya Mungu.

(2) ruhusa iliyotolewa na wakuu wa kanisa.

disperse [dis'pə:s] *v.t. & i.* tawanya; tawanyika. **dispersal** *n.*

dispirited [dis'piritid] *adj.* -liovunjika moyo.

displace [dis'pleis] *v.t.* hamisha; toa katika mahali pake. ~**ment** *n.* (hasa) kadiri ya maji iliyohamishwa na kitu kinacholea juu yake, *e.g.* meli yenye *displacement* kadiri ya tani 10,000 za maji.

display [dis'plei] *v.t.* onyesha; angaza. — *n.* wonyesho.

dispose [dis'pouz] *v.i. & t.* (1) ~ *of*, komesha; uzia mbali. (2) panga; tengeneza. (3) *be, feel,* ~*d*, taka; penda. **disposal** [dis'pouzl] *n.* matumizi; kuuza; matengenezo. *at your disposal,* kwa matumizi yako. **disposition** [,dispə'ziʃn] *n.* (1) madaraka; mapango. (2) tabia; silika; moyo.

dispossess [,dispə'zes] *v.t.* ~ (*sb.*) *of,* twalia (mali, shamba, &c.); shurutisha mtu kuhama kutoka nyumba iliyo yake. ~**ion** [,dispə'zeʃn] *n.*

dispute [dis'pju:t] *v.t. & i.* (1) shindana; bishana; kaidi; kana, *cf. question truth or justice of* (*sth.*). (2) pinga. — *n.* shindano; mabishano. *beyond* ~, bila shaka.

disquiet [dis'kwaiət] *v.t.* fadhaisha; hangaisha. — *n.* fadhaa.

disregard [,disri'ga:d] *v.t.* tojali; toangalia. — *n.* kutoangalia.

disreputable [dis'repjutəbl] *adj.* -enye tabia (sifa) mbaya; -ovu.

disrepute [,disri'pju:t] *n.* tabia (sifa) mbaya: *fall into disrepute*, poteza sifa njema.

disrobe [dis'roub] *v.i. & t.* vua nguo; vulia nguo.

disrupt [dis'rʌpt] *v.t.* chafua (jamii ya watu, kazi za serikali, &c.). ~**ion** *n.* ~**ive** *adj.* -a kuchafua.

dissect [di'sekt] *v.t.* changua; kata vipande vipande.

dissemble [di'sembl] *v.t. & i.* ficha; jificha.

disseminate [di'semineit] *v.t.* eneza, tawanya, hasa mafundisho ya dini, &c.

dissent [di'sent] *v.i.* tokubali; kaidi. **dissension** [di'senʃn] *n.* kutopatana; fitina. ~**er** *n.* mtu asiye Mkatoliki lakini hakubali mafundisho ya kanisa la Uingereza.

dissertation [,disə'teiʃn] *n.* hotuba ndefu (maandiko mengi) yenye maelezo mengi juu ya jambo.

dissipate ['disipeit] *v.t. & i.* (1) fukuza (mawingu, hofu, ujinga, &c.); tawanya; tawanyika. (2) tapanya; fuja. ~**d** *adj.* -fisadi.

dissolute ['disəlu:t] *adj.* -fisadi; -potovu.

dissolution [,disə'lu:ʃn] *n.* (*end*) mwisho.

dissolve [di'zolv] *v.t.* (1) (*melt*) ycyusha. (2) yeyuka. (3) toweka polepole. (4) *cf. bring to, come to, an end*: ~ *a marriage,* komesha ndoa.

dissuade [di'sweid] *v.t.* shawishi vingine; jaribu kuzuia kwa shauri au kwa maneno. **dissuasion** *n.*

distance [distəns] *n.* (1) kipimo cha urefu baina ya vituo viwili, mahali, &c.; kuwa mbali sana; sehemu ionekanayo upeo wa macho. (2) muda. **distant** ['distənt] *adj.* (1) mbali kwa mahali au wakati; -a jamaa lakini si -a karibu. (2) (kwa matendo) baridi; si -kunjufu.

distaste [dis'teist] *n.* kutopenda; chuki. ~**ful** *adj.* -siopendeza; -a kuleta chuki.

distemper [dis'tempə*] *n.* (1) rangi ya kuchanganywa na maji ili kuipakaa katika kuta za vyumba. (2) ugonjwa wa mbwa.

distend [dis'tend] *v.t. & i.* vimbisha; tanua; vimba; tanuka.

distil [dis'til] *v.t. & i.* (1) tirinisha, fanya maji kuwa mvuke na kuugeuza maji tena. (2) tonesha; tona.

distinct [dis'tiŋkt] *adj.* (1) -epesi kusikika; -epesi kuoneka; dhahiri. (2) -ingine; -a mbalimbali. ~**ly** *adv.* ~**ive** *adj.* -a kupambanua; -a kuonyesha; -a mtindo.

distinction [dis'tiŋkʃn] *n.* (1) tofauti. (2) hali ya kuwa bora au si -a kawaida. (3) heshima, sifa.

distinguish [dis'tiŋgwiʃ] *v.t. & i.* (1) pambanua. (2) -wa alama ya tabia, ya tofauti. (3) jipatia sifa: ~ *oneself in an examination.* —**ed** *adj.* -tukufu; mashuhuri; -teule.

distort [dis'to:t] *v.t.* (1) geuza umbo (hali) wa kawaida: *a face* ~*ed by pain,* usio uliogeuka kwa maumivu. (2) toa habari isiyo kweli; haribu maana.

distract [dis'trakt] *v.t.* vuta mawazo pengine. ~**ed** *adj.* -enye wasiwasi; -enye mawazo yaliyovutwa pengine. ~**ion** *n.* kuvuta mawazo pengine au kuvutwa pengine kwa mawazo yako; kitu cha kuvuta mawazo hivyo ama kwa kupendeza au kucheza ama kwa kusumbua.

distress [dis'tres] *n.* (1) sababu iliyoleta maumivu, huzuni, au fadhaa; shida ya fedha au ya matakwa. (2) taabu; msiba. — *v.t.* sumbua; udhi.

distribute [dis'tribju:t] *v.t.* (1) toa. (2) eneza; tanda. (3) gawanya; ainisha; panga. **distribution** *n.*

district ['distrikt] *n.* sehemu ya nchi, jimbo, wilaya; *(of town)* mtaa.

distrust [dis'trʌst] *v.t.* shuku; totumaini. — *n.* tuhuma; shaka.

disturb [dis'tə:b] *v.t.* pindua, chafua, vunja utaratibu. ~**ance** *n.* machafuko; (hasa) ghasia, kishindo katika raia wa nchi au mji.

ditch [ditʃ] *n.* handaki; mferiji.

ditto, do. ['ditou] *n.* ile ile. Latumiwa sana katika orodha ili kuepuka kuandika maneno mara nyingi, alama yake ni (,, ,,).

dive [daiv] *v.i.* (1) piga mbizi majini. (2) shuka upesi; tia mkono (majini, chomboni, mfukoni, &c.). — *n.* mzamo, mzamio. ~**r** *n.* (hasa) mtu afanyaye kazi chini ya maji akivaa mavazi mazito muhimu ya kazi yake.

diverge [dai'və:dʒ] *v.i.* gawanyika njia mbalimbali; tawanyika. ~**nce, ~ncy** *n.* ~**nt** *adj.*

diverse [dai'və:s] *adj.* -a namna mbalimbali. **diversity** *n.*

divert [dai'və:t] *v.t.* (1) geuza upande; (2) vuta mawazo kutoka kitu; furahisha. ~**ing** *adj.* -a kufurahisha. **diversion** *n.* kugeuza upande; kuvuta mawazo: (hasa) jambo la kuachisha kazi, mchezo, tafrija.

divest [dai'vest] *v.t.* (1) vua (mavazi). (2) twalia: ~ *a man of his rank and honours*, mtwalia mtu cheo chake na nishani za heshima.

divide [di'vaid] *v.t.* gawanya; gawa; tenga. ~**nd** ['dividend] *n.* sehemu au hesabu ya kugawanyika, kigawanye. (2) sehemu ya faida; faida ya gawio. **divisible** [di-'vizibl] *adj.* -a kugawanyika. **division** [di'viʒn] *n.* (1) kugawanya; kugawanyika; mstari ukatao katika sehemu. (2) sehemu ya jeshi.

divisor [di'vaizə*] *n.* kigawanyo.

divine [di'vain] *adj.* -a Mungu -takatifu.

divorce [di'vo:s] *n.* (1) talaka. (2) mtengano wa vitu viwili vilivyoshikamana. — *v.t.* (1) taliki; tangua ndoa. (2) tenga.

divulge [dai'vʌldʒ] *v.t.* fumbua siri.

dizzy ['dizi] *adj.* (kwa watu) -enye kizunguzungu; (kwa mahali, &c.) -enye kuleta kizunguzungu.

¹ **do** [du:, du] (*p.t.* **did**; *p.p.* **done**) I. *aux. vb.* yaani kiarifa kisaidiacho kufanya wakati na hali ya kiarifa kingine. II. *v.t. & i.* (1) fanya tenda. (2) faa. *cf. serve, be suitable or satisfactory (for).* (3) pika (vizuri): *The meat isn't done yet*, nyama haijaiva bado. (4) *(colloq.)* danganya; punja. *cf. cheat, trick sb.* (5) *(colloq.)* haribu. *do for sb.*, ua au dhuru mtu. *be done for*, haribika. *be done up*, choka sana. (6) (i) *do sth. up*, safisha; fanya kama -pya tena. (ii) funga kifurushi au bumba. funga vifungo, &c. (iii) *do with*, tamani; taka sana, hitaji; toshewa, ridhika: *I could do with a drink*, nataka sana kinwaji. *He could do with a new hat*, anahitaji kofia mpya: (yaani kofia aliyo nayo ni kuukuu). *do without*; *cf. manage without, deny oneself*; jinyima. (iv) *do away with*, ondoa kabisa. (v) *have to do with*; *cf. be concerned with*; husu. *have (something, nothing, &c.) to do with*, shughulika na. (7) *do for (sb.)*, *(colloq.)* fanya kazi kwa fulani kama kumpikia chakula, kufagia chumba, &c. (8) *have done with*, tokuwamo tena; tofanya tena: *Let's be quick and have done with it*, haya tumalize upesi. (9) *Do come, please do come*, tafadhali uje, nataka sana uje.

² **do.** ['ditou] kifupisho cha *ditto*.

docile ['dousail] *adj.* -tii; -sikivu.

docility [dou'siliti] *n.* welekevu.

¹ **dock** [dok] *n.* (1) gudi; majababa.

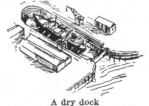

A dry dock

DOCK [78] **DOUBLE**

(2) (*pl.*; au *dock-yard*) safu ya gudi penye kupakia na kupakua shehena, penye ghala na maofisi. — *v.t. & i.* (kwa merikebu) -ja, enda, leta katika gudi. ~**er** *n.* mpagazi afanyaye kazi katika gudi.

² **dock** [dok] *n.* mahali pa kuwekwa mfungwa katika korti.

³ **dock** [dok] *v.t.* kata, fupisha (mkia wa mnyama); punguza (mshahara au vyakula, *&c.*).

doctor ['doktə*] *n.* (1) mtu aliyepata cheo kilicho bora cha elimu katika *University*: *D. of Laws*, Dakitari wa sheria. (2) dakitari; mganga tabibu. — *v.t.* (1) (*colloq.*) tibu. (2) haribu (hasa chakula au kinywaji) kwa kuongeza kitu ndani yake; ongeza dawa katika (chakula). (3) geuza kusudi la kudanganya:~ *accounts* (*evidence*), geuza hesabu (ushuhuda).

doctrine ['doktrin] *n.* elimu; mafundisho; madhehebu.

document ['dokjumənt] *n.* hati.

dodge [dodʒ] *v.t. & i.* epa; epuka (ili usionekane au usikamatwe). — *n.* hila; kidude cha kufaa sana.

doe [dou] *n.* jike la *deer*.

dog [dog] *n.* mbwa. — *v.t.* (-*gg*-) fuata karibu sana. ~**-tired** *adj.* -liochoka kabisa.

dogged ['dogid] *adj.* -kaidi.

doggerel ['dogərəl] *n.* mashairi hafifu ya upuzi.

dogma ['dogmə] *n.* fundisho la kanuni (hasa la kanisa). ~**tic** *adj.* ~**tize** *v.t.*

dole [doul] *v.t.* gawia chakula, fedha, *&c.* kidogo kidogo kwa unyimivu. — *n.* sadaka ya posho, *&c.* hasa kidogo tu.

doleful ['doulful] *adj.* -a huzuni; -zito.

doll [dol] *n.* mtoto wa bandia; mwanaserere.

dollar ['dolə*] *n.* reale. *American* ~, sarafu yenye thamani yapata shilingi sita.

dolphin ['dolfin] *n.* samaki kama nyangumi mdogo.

dome [doum] *n.* kuba; zege.

domestic [dou'mestik] *adj.* (1) -a nyumbani; -ajamaa. (2) si -geni; -mzalia; -a nchi yako: ~ *news*, habari

A dome

za nchi yako. (3) (kwa wanyama) -liofugwa na watu; -enye kukaa na watu. (*cf. wild*). ~**ate** [dou'mestikeit] *v.t.* (1) (hasa hutumika katika *p.p.*, ~*ated*) fundisha, vuta, lea, kupenda nyumbani na mambo yake. (2) (kwa wanyama) fuga. ~**ity** [,doumes'tisiti] *n.* maisha ya nyumbani au miongoni mwa watu wa jamaa.

domicile ['domisail] *n.* nyumba; makao.

dominate ['domineit] *v.t. & i.* tawala; (kwa mahali, hasa pa juu) -wa -kubwa kuliko. **dominant** ['dominənt] *adj.* -kuu; -a nguvu; -a kutawala. **domination** [,domi'neiʃn] *n.* utawala, nguvu. **domineer** [,domi'niə*] *v.i.* fanya jeuri; piga ubwana.

dominion [də'minjən] *n.* (1) utawala; amri. (2) (huwa *pl.*) mamlaka. (3) nchi ya dola ya Kiingereza yenye amri ya kujitawala: *the D. of Canada*.

dominoes ['dominouz] *n. pl.* mchezo wa dhumna.

donate [dou'neit] *v.t.* -pa (fedha, *&c.*), kwa kusaidia kazi za huruma). **donation** *n.* kupa; zawadi, sadaka iliyotolewa.

donkey ['doŋki] *n.* punda. ~**-engine** *n.* mashini ndogo iendeshwayo kwa nguvu za mvuke sitahani pa meli kwa kutweka na kushusha shehena, *&c.*

donor ['dounə*] *n.* mpaji.

doom [du:m] *n.* (1) maangamizi; kifo; ajali. (2) (pengine ~*s-day*) siku ya kuhukumiwa ulimwengu. ~**ed** *p.p. cf. condemned to sth., to do sth.* -liolazimishwa kwa ajali kufanya kitu.

door [do:*] *n.* mlango. *next* ~, katika nyumba ya jirani. *out of* ~*s*, nje; hewani.

dormant ['do:mənt] *adj.* -a kulala kwa muda; -siotumika.

dormitory ['do:mitəri] *n.* chumba cha kulala; bweni.

dose [dous] *n.* kiasi cha dawa. — *v.t.* nywesha dawa.

dot [dot] *n.* nukta; alama ndogo. — *v.t.* (-*tt*-) tia nukta. *be* ~*ted about*, tapakaa.

double ['dʌbl] *adj.* (1) maradufu; -a mara mbili. (2) -enye sehemu mbili zilizo sawa: *a* ~ *barrelled gun*, bunduki -enye mitutu miwili.

DOUBT [79] **DRAUGHT**

(3) kwa watu wawili: *a ~ bed*; -enye kufaa kwa watu wawili. (4) (kwa maua) -enye zaidi ya duara moja ya petali. — *adv.* (1) mara mbili: *cost ~*, -wa -a bei mara mbili zaidi. (2) kwa jozi. — *n.* (1) kiasi cha mara mbili. (2) mtu (au kitu) aliye mfano wa mwingine; kama pacha. (3) *at the ~*, mbio. — *v.t. & i.* (1) zidisha au ongeza mara mbili; zidi au ongezeka mara mbili. (2) kunja katika sehemu mbili. *~ back*, rudi mbio; *~ up*, pinda; kunja; pindika; kunjika; (kwa mtu aliyeumiwa) fanya kujikunja kwa maumivu. *~-dealer n.* mjanja.

doubt [daut] *n.* shaka; wasiwasi; *without a ~*, bila shaka; *no ~*, labda. — *v.t. & i.* onea shaka; shuku; ona shaka. *~ful adj.* -enye wasiwasi; si hakika. *~less adv.* (colloq.) taz. *no ~*, labda.

dough [dou] *n.* unga uliotiwa maji na chachu tayari kuokwa.

dove [dʌv] *n.* (1) hua; njiwa. (2) dalili ya amani. *~-colour(ed) adj.* -eupe kidogo -a rangi ya hua. *~-tail v.t. & i.* umanisha au umana kwa ndimi.

¹**down** [daun] *adv.* chini. — *prep.* chini ya. — *v.t.* put *~ tools.* kataa kufanya kazi; *~ an enemy*, mshinda adui. *~cast adj.* (kwa mtu) -a huzuni; (kwa macho) ya kutazama chini. *~fall n.* maanguko (*e.g.* ya mvua); (*fig.*) maangamizi; kuanguka mara moja kutoka hali kuu katika hali hafifu. *~-hearted adj.* taz. *~cast.* *~pour* ['daunpo:*] *n.* maanguko; mvua nyingi. *~right* ['daunrait] *adj.* -nyofu; wazi. — *adv.* kabisa; sana. *~trodden* ['daun,trɔdn] *adj.* -a kudhulumiwa; -a kulemewa. *~ward* ['daunwəd] *adj.* -a kwenda, au -a kuelekea, chini. *~wards adv.* chini.

²**down** [daun] *n.* nchi ya vilima vilima vyenye majani mafupi.

³**down** [daun] *n.* ulaika, malaika. *~y adj.* laini; -ororo; -a malaika.

dowry ['dauəri] *n.* mahari.

doz. kifupisho cha *dozen*.

drab [dræb] *adj.* -a rangi ya hudhurungi nyeusi, -sio na rangi nzuri; -a kuondoa furaha.

draft [dra:ft] *n.* (1) mwandiko wa upesi (wa kujaribia, wa kufikiria,

&c.) wa hati au barua; kiolezo; kielelezo. 2) hundi; hawala; hati ya kulipa fedha. (3) kundi dogo la watu lililotolewa katika kundi kubwa kwa kazi maalum (hasa la askari). — *v.t.* fanya ~¹ wa; chagua watu kwa ~¹. *~sman n.* atengenezaye ~¹ (hasa kwa kazi ya mashini au ya kujenga).

drag [dræg] *v.t. & i.* (-*gg*-) (1) kokota; burura. (2) -enda polepole na kwa shida. (3) (kwa wakati upitao, kwa kazi, kwa michezo) endelea vibaya pasipo furaha. (4) tumia nyavu, &c. kwa kutafuta chini ya mto, ziwa, &c. — *n.* kitu kibururwacho, *e.g.* wavu wa kukamata samaki; (*fig.*) kizuio.

dragon ['drægɔn] *n.* joka (la hadithi za zamani) lenye mabawa, magamba, miguu minne yenye kucha, litoalo moshi na moto kinywani. *~-fly n.* kereng'ende.

drain [drein] *n.* (1) mferji; mfumbi. (2) kitu kitumiacho bila kikomo nguvu, wakati, fedha, &c. — *v.t. & i.* (1) ondoa maji kwa ~¹; (kwa maji) tiririka na kukauka. (2) tumia kidogo kidogo nguvu, &c.¹ (3) -nywa (yote pia). *~age* ['dreinidʒ] *n.* kuondoa maji; kukauka; utaratibu wa ~¹.

drama ['dra:mə] *n.* (1) mchezo wa kuigiza mambo ya hadithi, &c.; ustadi wa kuandika na kuchezesha michezo hiyo. (2) mfululizo wa mambo ya shani. *~tic* [drə'mætik] *adj.* -a ~; -siotazamiwa kama jambo la shani. *~tics n. pl.* michezo ya ~. *~tist* ['dræmətist] *n.* mtunga hadithi ya ~. *~tize v.t.* tunga hadithi ya kuigizwa mbele ya watu kama mchezo.

drank, taz. *drink*.

drape [dreip] *v.t.* (1) angika pazia kwa makunjo ili kuzunguka au kufunika kitu: *~ curtains over a window*, funika dirisha kwa pazia; *~ a cloak round the shoulders*, funika mabega kwa vazi kubwa. (2) pamba kwa nguo. *~r n.* mwuzanguo. *~ry n.* (1) bidhaa ziuzwazo na *~r*. (2) mavazi, pazia, &c., ya kuzunguka kitu.

drastic ['dræstik] *adj.* (kwa vitendo, desturi, dawa) -a nguvu sana.

draught [dra:ft] *n.* (1) mvuto wa upepo. (2) mvuo wa samaki kwa wavu. (3) kadiri ya maji ihitaji-

DRAW [80] DRIVE

wayo ili meli ielee. (4) kuchota maji, pombe, &c. kutoka chombo kama pipa. (5) mnywo; funda: *take large* ~*s*, piga mafunda. (6) (kwa wanyama) -a kutumiwa kwa kazi ya kukokota: *a* ~-*horse*, ~-*oxen*. (7) (*pl*.) mchezo wa dama. ~**y** *adj*. -a upepo mwingi. ~**sman** *n*. taz. *draftsman*.

draw ['dro:] *v.t. & i*. (*p.t. drew* [dru:]; *p.p. drawn* [dro:n]). (1) vuta; kokota, burura. (2) ~ *a cork*, zibua : ~ *a tooth*, ng'oa. (3) pokea; gawiwa: ~ *rations*, gawiwa posho ya kila siku: ~ *money from a bank*, pokea (toza) fedha katika benki. (4) (huwa ~ *out*), ongeza urefu kwa kuvuta. (5) vuta kwa kupendeza macho au masikio, &c. kama sanamu katika sinema. (6) (kwa meli) hitaji kadiri ya maji kwa kuelea: *the ship* ~*s six feet of water*, merikebu yahitaji maji ya futi sita. (7) shawishi mtu kusema yote ajuayo: toza ushuhuda kutoka kwa shahidi: toza machozi (ghadhabu) ya fulani. (8) ~ *towards, away from, level with, to an end*, &c. -ja (enda) karibu, kutoka, sawa, mwishoni, &c. (9) ~ *a game, competition*, &c., shindana sawasawa: *a* ~*n game*, mchezo ulio sawa, (10) piga mstari, ramani, sanamu, &c.; chora. ~ *the line at*, kataa. (11) ~ *a cheque*, andika; ~ *up* (*out*) *a form, agreement*, &c. andika hati, patano, &c. (12) (hutumika pamoja na *adv*.): ~ *in*, (kwa siku za mwaka) punguka; ~ *out*, ongezeka. ~ *oneself up*, jinyosha. ~ *up*, (kwa motakaa, taxi, &c.) simama; (kwa askari, &c.) jiweka tayari. — *n*. kuvuta; mvuto; kupiga kura (taz. *lot*); mchezo, au shindano, ulio sawa[10]. ~**n** *ppl. adj*. (kwa uso au macho) -liochoka kwa kazi nyingi au kwa taabu. ~-**back** *n*. kizuio; ila. ~-**bridge** *n*. daraja liwezalo kuinuliwa au kuvutwa kuzuia watu wasivuke. ~**er** *n*. mtoto wa meza (saraka) utelezao na kuvutwa. ~**ers** *n*. suruali. ~**ing** *n*. kupiga mstari, &c.[10]; picha iliyopigwa kwa kalamu. ~**ing-room** *n*. sebule.

drawl [dro:l] *v.i. & t*. dodosa, kokota maneno.

dread [dred] *n*. woga, hofu. *v.t. & i*. ogopa; hofia.

dream [dri:m] *n*. (1) ndoto. (2) hali ya kuwa katika ndoto. (3) wazo juu ya mambo yajayo. (4) mtu (au kitu) -a kupendeza sana. — *v.t. & i*. (*p.t. dreamed or dreamt* [dremt]) ota; ona kama katika ndoto; waza. ~**y** *adj*. (kwa mtu) -wa kwamba anasinzia; ~*y eyes*, macho ya kusinzilia; (kwa kitu) si dhahiri; -sio ya kweli. ~**ily** *adv*.

dreary ['driori] *adj*. pasipo furaha; -a kuchosha.

dregs [dregz] *n. pl*. (1) takataka; machujo. (2) (*fig.*) watu wasiofsa kitu.

drench [drent∫] *v.t*. lowesha. *be* ~*ed*, loweka.

dress [dres] *n*. (1) nguo. (2) mavazi; (kwa wanawake) kisutu; kanga. — *v.t. & i*. (1) vaa; valia. (2) *be* ~*ed in*, vika. (3) *cf. prepare*, tengeneza. (4) (kwa jeraha) safisha na kutia dawa. (5) jipangusa na kujichambua kwa kitana. (6) pamba. ~**er** *n*. (1) (hasa) msaidizi wa dakitari katika kazi ya kusafisha majeraha. (2) meza au kabati ya jikoni. ~**ing** *n*. (1) dawa ya kubandika. (2) mchuzi; kitoweo.

drew *p.t*. ya *draw*.

dribble ['dribl] *v.t. & i*. (1) (kwa maji) toa udelele (udende, mate) kama mtoto au mzee afanyavyo. (2) (kwa mchezo wa mpira (*football*)) piga chenga.

drift [drift] *v.i. & t*. chukuliwa (*e.g.* kwa mkondo wa maji); (*fig.*) ishi pasipo kusudi au kazi. — *n*. mkondo wa maji au wa hewa; (*fig.*) maana; majira ya mambo.

¹**drill** [dril] *n*. kekee. — *v.t. & i*. zua; toboa; pekecha.

²**drill** [dril] *n*. utaratibu wa askari; kwata.

³**drill** [dril] *n*. mfuo wa kupandia mbegu; mashini ya kupandia mbegu; safu ya mbegu zilizopandwa hivyo.

⁴**drill** [dril] *n*. namna ya kitambaa, katani au amerikani nzito.

drink [driŋk] *v.t. & i*. (*p.t. drank*; *p.p. drunk*). (1) -nywa. (2) -nywa ulevi, hasa lewa. (3) ~ *sth. in*, pokea, sikia, ona, kwa furaha. ~**able** *adj*. -a kunyweka.

drip [drip] *v.t*. tiririsha; dondosha, tona; tiririka; dondoka; tona. — *n*. mtiririko, tone; sauti ya maji kutona. **dripping** *n*. uto wa nyama.

drive [draiv] *v.t. & i*. (*p.t. drove*

[drouv]; *p.p. driven* ['drivn]). (1) endesha (gari la moshi, motakaa, &c.) kama itakwavyo; endesha, sukuma mbele; swaga (shunga) wanyama. (2) (huwa hutumika kwa *passive*): ~*n by steam*, -lioendesha kwa mvuke, kwa nguvu za maji, &c. (3) chukua kwa gari: ~ *a friend to the town*, mchukua rafiki mjini. (4) *cf. force*, lazimisha: ~*n to steal through hunger*, -liolazimishwa kuiba kwa sababu ya njaa. (5) ~ *at*, taka, jaribia: *What's he driving at?* Ataka nini? Kusudi lake nini? (6) ~ *a bargain*, pigania bei. (7) (kwa mawingu, mvua) chukuliwa kwa nguvu za upepo. (8) (kwa msumari, &c.) pigilia; kongomea; piga (mpira katika mchezo kama *golf*); *let* ~ *at*, piga. — *n.* (1) mwendo katika gari; njia ya kuendea gari. (2) njia isiyo ya watu wote ya kufika nyumba hasa ipitayo kati ya shamba au bustani. (3) mpigo wa mpira; mrusho; . (*fig.*) nguvu; kuweza kufanyiza upesi mambo ambayo wataka yafanywe. ~**r** *n.*

dromedary ['drʌm-, 'droməderi] *n.* ngamia.

drone [droun] *n.* (1) nyuki dume; mtu asiyefanya kazi lakini aishi kwa sababu ya kazi ya wengine. (2) uvumi; mvumo. — *v.i. & t.* vuma (kama nyuki, &c.); sema au imba kwa sauti ya kivivu.

droop [druːp] *v.i. & t.* shuka, inama, kwa sababu ya kufifia au kudhoofika; shusha, inamisha hivi.

drop [drop] *n.* (1) tone. (2) urefu kati ya kitu kilicho juu na kingine kilicho chini; mwanguko. (3) kipunguo: *a* ~ *in price*, kipunguo cha bei. — *v.i. & t.* (-*pp*-) (1) acha, angusha. (2) punguza; pungua; legea: *The wind* ~*ped suddenly*, upepo ulilegea ghafula. (3) acha: ~ *a bad habit*, acha desturi mbaya. (4) ~ *behind*, chelewa; fuata nyuma kwa kuwa huwezi kudumu mwendo. ~ *in* (*on sb.*), zuru. ~ *off*, (i) pungua. (ii) sinzia. ~ (*sb.*) *at*: *Please* ~ *me at the post office*, tafadhali usimame katika posta nishukie pale. ~ *sb. a hint*, onya fulani.

drought [draut] *n.* kukosa (ukosefu wa) mvua siku nyingi; kiu.

drown [draun] *v.t. & i.* (1) tosa majini; tota (-fa) majini. (2) shinda kwa sauti kubwa zaidi.

drowse [drauz] *v.i.* sinzia. **drowsy** *adj.* -enye kutaka kusinzia; -enye kuleta usingizi. **drowsiness** *n.* lepe; lepe ya usingizi; ndezi.

drug [drʌg] *n.* dawa. ~**gist** *n.* mwuza dawa; mwenye duka la dawa.

drum [drʌm] *n.* (1) ngoma. (2) *ear*~, kiwambo cha sikio. — *v.t. & i.* (-*mm*-) piga ngoma; piga kwa vidole kama kwamba kupiga ngoma: ~ *on the table with your fingers*, piga meza kwa vidole vyako kama kwamba meza ni ngoma. (2) ~ *something into sb.'s head*, ambia fulani maneno mara nyingi asiweze kuyasahau. ~**mer** *n.* mpiga ngoma.

drunk [drʌŋk] *p.p.* ya *drink*. *be* ~, lewa. ~**ard** *n.* mlevi. ~**enness** *n.* ulevi.

dry [drai] *adj.* (1) -kavu. (2) ~ *bread*, mkate bila siagi; ~ *wines*, divai chungu (isiyo tamu); (kwa usemi) baridi. — *v.t. & i.* kausha; kauka. **drily** *adv.* ~**ness** *n.* ~**er** *n.* chombo cha kukausha.

dual ['djuːəl] *adj.* -a watu wawili; -a vitu viwili.

dubious ['djuːbiəs] *adj.* -enye mashaka; si hakika.

ducal ['djuːkl] *adj.* taz. *duke*.

duchess ['dʌtʃis] *n.* mke au mjane wa *duke*.

¹**duck** [dʌk] *n.* bata.

²**duck** [dʌk] *v.t. & i.* inama; jikunja. — *n.* kuinama ghafula. ~**ing** *n.* kuloweka sana.

dud [dʌd] *n.* (*colloq.*) kitu (au mtu) kisichofaa.

due [djuː] *adj.* 1) -a deni; -a kulipwa. (2) -a haki; -a halali. (3) *cf.* (*to be*) *expected*: *When is the ship* ~? meli yatazamiwa lini? (4) ~ *to*, kwa sababu ya. — *adv.* barabara; sawasawa: ~ *north*, kaskazini barabara. — *n.* (1) haki. (2) ushuru; kodi.

duet [djuː'et] *n.* wimbo wa watu (vinanda, &c.) wawili.

duffer ['dʌfə*] *n.* mjinga; baradhuli.

dug, taz. *dig*.

duke [djuːk] *n.* mtu mwenye cheo bora kuliko wote ila mfalme. **ducal** *adj.* -a *duke*. **duchy, dukedom** *n.* milki au cheo cha *duke*.

dull [dʌl] *adj.* (1) -sio -eupe; -siong'aa; -sio kali. (2) -zito; -pumbavu; *trade is* ~, hakuna biashara nyingi, kuna biashara kidogo.

duly ['dju:li] *adv.* ipasavyo, kwa wakati wake.

dumb [dʌm] *adj.* bubu. ~ *show*, kwa vitendo bila kusema maneno. ~**found** *v.t.* duwaza; shangaza.

dummy ['dʌmi] *n.* mfano; mwigo. — *adj.* -a uwongo; -a kuigiza, *e.g.* ~ *cartridge*, kiasi kisicho na risasi.

dump [dʌmp] *n.* (1) jaa ya taka. (2) mahali pa kuwekea vyombo vya kiaskari. — *v.t.* (1) tupa takataka. (2) leta bidhaa ya kuuza rahisi sana katika nchi nyingine ili kushinda bidhaa ya nchi ile ile.

dunce [dʌns] *n.* mjinga kabisa.

dung [dʌŋ] *n.* mavi; kinyesi; samadi.

duplicate [*v.* 'dju:plikeit; -*n.* -it] *v.t. & n.* nakili; fanya -ingine sawasawa nakili, -ingine mfano mmoja.

durable ['djuərəbl] *adj.* -a kudumu sana.

duration [djuə'reiʃn] *n.* maisha; muda; wakati.

during ['djuəriŋ] *prep.* wakati wa.

dusk [dʌsk] *n.* giza la jioni; magharibi.

dust [dʌst] *n.* vumbi. *throw* ~ *in sb.'s eyes*, danganya mtu au kumkosesha. *shake the* ~ *off one's feet*, ondoka kwa hasira. — *v.t. & i.* (1) pangusa. (2) nyunyiza, tia kidogo huko na huko. ~**bin** *n.* pipa la kutia taka. ~**man** *n.* mtu achukuaye takataka iliyomo ~*bins*. ~**er** *n.* kitambaa cha kupangusia.

duty ['dju:ti] *n.* (1) wajibu; ipasayo; *do* ~ *for*, tumiwa badala ya. (2) ushuru. **dutiful** *adj.* -tii; -tiifu, -sikivu.

dwarf [dwɔ:f] *n.* mbilikimo; kibeti. — *adj.* -dogo kuliko kawaida.

dwell [dwel] *v.i.* (*p.t.* dwelt) (1) kaa; keti, shinda. *cf. live* (*in, at, &c.*). (2) ~ ((*up*)*on, cf. think, speak, or write at length about*. toa maneno mengi juu ya; eleza sana; fululiza. ~**ing** *n.* makao; nyumba.

dwindle ['dwindl] *v.i.* pungua; dhoofika.

dye [dai] *v.t. & i.* (1) tia rangi hasa kwa kuchovya katika maji yenye rangi. (2) geuka rangi: kitambaa chageuka vizuri rangi yake, *the cloth dyes well*. — *n.* dawa itumiwayo kwa kugeuza rangi: rangi yenyewe ipatikanayo kwa kuchovya kitu.

dynamic [dai'næmik] *adj.* -a nguvu zenye kuendesha: (kwa mtu) -enye nguvu; -enye tabia ya bidii au nguvu nyingi.

dynamite ['dainəmait] *n.* namna ya baruti yenye nguvu nyingi.

dynamo ['dainəmou] *n.* mashini igeuzayo nguvu za kuendesha kuwa umeme.

dynasty ['dai-, 'dinəsti] *n.* nasaba; jamaa, au ukoo wa mfalme.

dysentery ['disntri] *n.* tumbo la, au ugonjwa wa, kuhara damu.

E

each [i:tʃ] *adj. & pron.* kila -moja; -moja.

eager ['i:gə*] *adj.* -enye bidii.

eagle ['i:gl] *n.* tai; koho; furukombe.

¹**ear** [iə*] *n.* (1) sikio. (2) uwezo wa kupambanua sauti na namna zake: *have a good* ~ *for music*; *play by* ~, piga kinanda kwa kukumbuka sauti pasipo kusoma muziki. ~-**drum** *n.* kiwambo cha sikio. ~-**mark** *v.t.* weka (fedha, *&c.*) upande hasa kwa kusudi fulani. ~**shot** *n.* kadiri ya kusikia maneno.

An eagle

²**ear** [iə*] *n.* suke la ngano, mpunga, *&c.*

earl [ə:l] *n.* jina la heshima la mtu mwenye cheo kikubwa. ~**dom** *n.* daraja au milki ya *earl*.

early ['ə:li] *adj.* -a kale; -a zamani. *cf. ancient*. — *adv.* mapema; mwanzo; mwanzoni.

earn [ə:n] *v.t.* pata kwa kazi, chuma kwa ajili ya tabia na vitendo. ~**ings** *n. pl.* ujira; mshahara.

earnest ['ə:nist] *adj.* -a juhudi; -a bidii; -a moyo.

earth [ə:θ] *n.* (1) dunia. *why* (*where, what, who*) *on* ~, hutumiwa kwa kuongeza nguvu za maulizo. (2) nchi; nchi kavu. (3) ardhi; udongo. (4) pango la mbweha au la mnyama mwingine. *run to* ~, fukuza (mbweha) katika pango lake; (*fig.*) chunguliа jambo kwa bidii mpaka kuvumbua asili yake. (5) ~ (*connexion*), uzi wa kuunganisha duara ya umeme ardhini.

~en *adj.* -liofanyizwa kwa ardhi au kwa towe. **~enware** *n.* vyombo vya udongo. **~ly** *adj.* (1) -a dunia hii. (2) (*colloq.*) hata kidogo: *it's no earthly use*, haifai hata kidogo. **~ closet** *n.* choo. **~quake** *n.* tetemeko la nchi. **~work** *n.* boma la udongo.

earwig ['iəwig] *n.* kidudu kidogo kiwezacho kufinya.

ease [i:z] *n.* raha; utulivu. *be at ~, starehe; be ill at ~*, fadhaika; ona wasiwasi; *with ~*, bila shida. — *v.t. & i.* (1) tuliza (mwili au moyo). (2) legeza; punguza (mwendo au bidii). *~ off*, legea; pungua.

easel ['i:zl] *n.* chombo cha kuegemeza picha au ubao.

east [i:st] *n. & adj. & adv.* mashariki; -a mashariki; mashariki ni. *~ wind* *n.* matlai.

Easter ['i:stə*] *n.* Pasaka, sikukuu ya kufufuka Yesu Kristo.

eat [i:t] *v.t. & i.* (*p.t.* ate *or* eat; *p.p.* eaten) (1) -la. (2) -la; haribu; *cf.* destroy.

eaves [i:vz] *n. pl.* mchirizi; upenu. **~drop** *v.i.* sikia wakati wa kujificha.

ebb [eb] *v.i.* -pwa; rudi; (*fig.*) dhoofika. **~-tide** *n.* maji kupwa.

ebony ['ebəni] *n.* mpingo.

eccentric [ek'sentrik] *adj.* (kwa mtu na desturi zake) -a kinyongo; -siofuata kawaida.

ecclesiastic [e,kli:zi'astik] *n.* kasisi; padre.

echo ['ekou] *n.* mwangwi; (*fig.*) mtu, (au maneno, au tendo, *&c.*) aliye kama nakili ya mtu (au maneno, *&c.*) mwingine. — *v.i. & t.* toa mwangwi; fuata kabisa maneno ya mtu mwingine.

eclipse [i'klips] *n.* kupatwa mwezi au jua; (*fig.*) kupunguka, akili, nguvu, sifa njema. — *v.t.* (kwa nyota) pinga; (*fig.*) shinda mwingine kwa uhodari, uzuri, *&c.*

economy [i(:)'konəmi] *n.* (1) uwekevu, kiasi katika kutumia fedha, vitu au nguvu. (2) kuangalia na kutengeneza fedha, bidhaa, na vitu vinginevyo, vya jamii, vya chama au vya nyumba. **economic** *adj.* -a kuhusu kuendesha nyumba au mali.

economics *n. pl.* elimu ihusuyo biashara na uchumi. **economical** *adj.* -wekevu. **economize** *v.t. & i.* punguza gharama, shika kiasi katika kutumia fedha na vitu.

ecstasy ['ekstəsi] *n.* kusikia furaha kubwa sana moyoni.

eczema ['eksimə] *n.* ugonjwa wa ngozi kama upele mbaya sana.

eddy ['edi] *n.* mzunguko (wa maji, hewa, moshi, *&c.*) — *v.i.* enda kwa kuzungukazunguka.

Eden ['i:dn] *n.* (*Bible*) bustani ya Aden, makao ya Adamu na Hawa walipoumbwa.

edge [edʒ] *n.* (1) machinjioni; makali; *on ~*, (*fig.*) *his nerves were on ~*, alikuwa anafadhaika sana. (2) ukingo; upindo; mpaka. **~ways**, **~wise** *adv.* kwa upande, ubavuni. *I could not get a word in ~ways*, sikuweza kusema hata neno moja kwa kuwa mwingine alikuwa na domo kila nilipotaka kusema.

edible ['edibl] *adj.* -a kulika na wanadamu.

edict ['i:dikt] *n.* amri; sheria.

edifice ['edifis] *n.* jumba.

edify ['edifai] *v.t.* fundisha mema; adilisha.

edit ['edit] *v.t.* tengeneza (kazi ya mtu mwingine) tayari kwa kupigwa chapa, hasa kwa gazeti. **~ion** [i'diʃn] *n.* jumla ya nakala za kitabu au gazeti fulani iliyopigwa chapa wakati mmoja. **~or** *n.* mtengenezaji. **~orial** *adj.* -a mtengenezaji. — *n.* insha iandikwayo (au mtungo wa habari) katika gazeti, kwa desturi huandikwa na mtengenezaji.

educate ['edjukeit] *v.t.* funza; elimisha; zoeza; lea. **education** *n.* mafundisho; malezi; elimu.

eel [i:l] *n.* mkunga; nyoka wa maji.

efface [e'feis] *v.t.* futa. *~ oneself*, jifanya kama si mtu astahiliye kufikiriwa.

effect [e'fekt] *n.* (1) mwisho; matokeo. *of no effect*, bure; -siofaa. *take ~*, fanya; timiliza. (2) maana; umbo: *talk for ~; calculated for ~*, sema, fanya, *&c.* ili kujaribu kuvuta au kushawishi watu wanaosikia au wanaotazama. (3) (*pl.*) bidhaa; mali. — *v.t.* fanyiza; fanya. **~ive** *adj.* -a maana; -a kushtusha; (katika vita) tayari kwa kupigana. **~ual** *adj.* -a kuleta lililotakiwa.

effeminate [e'feminit] *adj.* -a kike; -a anasa. **effeminacy** *n.* tabia ya kike; anasa.

effervesce [,efə'ves] *v.i.* chemka; fura; fanya povu.

efficacious [,efi'keiʃəs] *adj.* -a kufaa. **efficacy** ['efikəsi] *n.*

efficient [e'fiʃənt] *adj.* -a nguvu; -a kufaa; (kwa watu)-stadi.

effigy ['efidʒi] *n.* sanamu, mfano wa mtu uliofanyizwa kwa mti au mawe.

effort ['efət] *n.* bidii; nguvu.

effrontery [e'frantəri] *n.* ujuvi; ukavu wa macho.

effusion [e'fju:ʒn] *n.* kutoka; kumwaga. **effusive** [e'fju:siv] *adj.* -a maneno mengi lakini -kunjufu.

e.g. = kwa mfano.

¹ **egg** [eg] *n.* yai ; *(white)* ute; *(yolk)* kiini; *(shell)* kaka; ganda. **eggplant** *n.* mbilingani.

² **egg** [eg] *v.t.* ~ sb. on, sukuma; sukumiza.

egoism ['egouizm] *n.* tabia ya kujifikiri. **egoist** *n.* mtu mwenye kujifikiri.

egotism ['egotizm] *n.* tabia ya kujipendelea; majisifu.

egress ['i:gres] *n.* njia (uwezo, ruhusa) ya kutoka; matokeo.

eight [eit] *n. & adj.* 8, -nane; themanya. **~een** ['ei'ti:n] *n. & adj.* 18, kumi na -nane; themantashara.

eighty ['eiti] *n. & adj.* themanini.

either ['aiðə*, 'i:ðə*] *adj. & pron.* -moja -o -ote; -mojawapo; *pron.* -mojawapo. — *conj. & adv.* ama . . . ama; au . . . au; wala, *e.g. nor did I do that* ~, wala hilo sikulifanya.

ejaculate [i'dʒakjuleit] *v.t. & i.* toa kwa ghafula; toa neno ghafula.

eject [i'dʒekt] *v.t.* fukuza; toa, tapika maji, *&c.*

elaborate [i'labərit] *adj.* -a kazi nyingi; -zuri. — *v.t.* [i'labəreit] zidi kutia matengenezo, maelezo, *&c.*, tia madoido.

elapse [i'laps] *v.i.* pita; jiri.

elastic [i'lastik] *adj.* -a kunyumbuka, -a kunapukia, kama mpira. — *n.* ugwe wa pamba au hariri wenye nyuzi za mpira.

elate [i'leit] *v.t.* furahisha (pengine kupita kiasi). *be* ~*d*, furahi sana kwa sababu ya kufaulu katika jambo fulani.

elbow ['elbou] *n.* kiko cha mkono, kivi. *out at* ~*s*, (kwa mavazi) -kuukuu; -liochakaa; (kwa mtu) anayevaa mavazi yaliyochakaa. — *v.t.* jisukuma, jiingiza kwa nguvu katika kundi la watu, piga kikumbo.

elder ['eldə*] *adj.* mzee kuliko mtu mwingine (hasa kuliko mtu wa jamaa). — *n.* (1) *(pl.)* wazee. (2) mtu wa halmashauri. ~**ly** *adj.* -zee. **eldest** *adj.* -lio -zee kuliko wengine; kifungua mimba.

elect [i'lekt] *v.t.* (1) chagua mtu kwa kupiga vipande. (2) chagua; teua. — *adj.* -teule: *the bishop* ~, askofu aliyechaguliwa (lakini hajaingia bado kazini). (3) *the* ~, watu wateule au waliodhaniwa kuwa ni bora. ~**ion** [i'lekʃn] *n.* uchaguzi, kuchagua, kuteua, hasa kwa halmashauri ya serikali ya nchi. ~**ioneering** [i'lekjə'niəriŋ] *n.* kuvuta watu kuchagua mtu fulani hasa kuwa mtu wa baraza kuu ya nchi. ~**or** *n.* mwenye haki ya kuchagua katika ~*ion*. ~**orate** *n.* jumla ya watu wote wenye haki kuchagua katika ~*ion* ya nchi.

electricity [,elek'trisiti] *n.* umeme; asili ya umeme; elimu ya umeme na asili yake. **electrocute** [i'lektrəkju:t] *v.t.* ua kwa kusudi au kwa bahati kwa kutumia nguvu za umeme au stimu.

elegant ['eligənt] *adj.* -zuri; -a madaha.

element ['elimənt] *n.* (1) *(science)* vitu vya asili kama udongo, hewa, moto, maji. (2) jambo la asili; mambo ya asili: *the* ~*s of geometry*, mambo ya asili yaliyo mepesi ambayo ni lazima kujifunza kwanza. (3) *the* ~*s*, tabia ya hewa kama joto, baridi, mvua, upepo, *&c.*, *in one's* ~, -wa na raha; *he is in his* ~, ajiona kuwa kwake. (4) *an* ~ *of (doubt, &c.)*, dalili ya shaka, *&c.* ~**ary** [eli'mentəri] *adj.* -a asili; -a mwanzo.

elephant ['elifənt] *n.* (1) tembo; ndovu. *white* ~, mali inayomletea mwenyeji hasara au matata tena isiyomfalia.

elevate ['eliveit] *v.t.* inua; pandisha; fanya bora. **elevation** [,eli'veiʃn] *n.* (1) mwinuo. (2) urefu wa kwenda juu, kimo. (3) sanamu ya kuonyesha urefu wa jengo au kitu kingine. **elevator** *n.* kitu kiinuacho au kupandisha.

eleven [i'levn] *adj. & n.* 11. kumi na -moja; edashara.

elicit [i'lisit] *v.t.* toza; tokeza. ~ *a reply*, jibisha, mvuta mtu ajibu.

eligible ['elidʒəbl] *adj.* -a kufaa; -a kuchagulikana.

eliminate [i'limineit] *v.t.* toa; futa; ondosha.

ellipse [i'lips] *n.* umbo la yai. **elliptic(al)** [i'liptik(l)] *adj.* -enye umbo la yai.

elocution [,elə'kju:ʃn] *n.* ustadi wa kusema kwa ufasaha.

elongate ['i:lɔŋgeit] *v.t.* An ellipse ongeza urefu, tanua.

eloquence ['eləkwəns] *n.* ufasaha wa maneno. **eloquent** *adj.*

else [els] *adv.* tena, zaidi. **elsewhere** *adv.* pengine.

elucidate [i'lu:sideit] *v.t.* eleza; dhihirisha; fafanua.

elude [i'lu:d] *v.t.* epuka, okoka kwa hila. **elusive** [i'lu:siv] *adj.* -a hila; -danganyifu; (kwa watu); -sioonekana wala kupatikana upesi.

emanate ['eməneit] *v.i.* toka; anza.

emancipate [i'mansipeit] *v.t.* weka huru; toa utumwani.

embalm [em'ba:m] *v.t.* tia dawa maiti isioze.

embankment [em:baŋkmənt] *n.* boma la kuzuia maji; njia ya juu juu.

embargo [em'ba:gou] *n.* (*pl. -oes*) makatazo; marufuku.

embark [em'ba:k] *v.i. & t.* (1) panda, ingia, pakia, ingiza melini. (2) ~ (*up*)*on*, anza; ingia.

embarrass [em'barəs] *v.t.* (1) fadhaisha; sumbua. (2) zuia. ~ment *n.*

embassy [em'bəsi] *n.* ubalozi; ujumbe; jumba la balozi; balozi na wafuasi wake.

embed [em'bed] *v.t.* tia ndani sana na kukaza imara.

embellish [em'beliʃ] *v.t.* pamba; tia uzuri; rembesha.

ember ['embə*] *n.* (mara nyingi huwa *pl.*) kaa la moto; majivu ya moto.

embezzle [em'bezl] *v.t.* iba au tumia bila haki fedha zilizowekwa amana au kaditha kabidhi. ~ment *n.*

embitter [em'bitə*] *v.t.* chukiza; tia uchungu.

emblem ['embləm] *n.* mfano; alama.

embody [em'bodi] *v.t.* tengeneza dhahiri mawazo, maono; tia pamoja; -wa moja na.

embolden [em'bouldən] *v.t.* tia moyo; fanya kuwa hodari.

embrace [em'breis] *v.t.* (1) kumbatia. (2) kubali kwa moyo. (3) shika; -wa na. — *n.* kumbatio.

embroider [em'brɔidə*] *v.t.* tarizi; tia nakshi; (*fig.*) piga chuku; tia chumvi. ~y *n.* almaria; nakshi; tarizi.

embroil [em'brɔil] *v.t.* fitini; gombanisha.

embryo ['embriou] *n.* mimba, mbegu; kitoto cha kiumbe kabla ya kuzaliwa; kitu kilichoanza kuendelea. ~nic [,embri'onik] *adj.*

emend [i'mend] *v.t.* sahihisha. ~ation *n.*

emerald ['emərəld] *n.* zumaradi.

emerge [i'mə:dʒ] *v.i.* (1) zuka; tokea; onekana. (2) dhihirika, julikana. ~ncy *n.* jambo la ghafula lisilotazamiwa.

emetic [i'metik] *n.* dawa ya kutapisha.

emigrate ['emigreit] *v.i.* hama. **emigrant** *n.* mtu ahamiaye ugenini. **emigration** [,emi'greiʃn] *n.*

eminent ['eminənt] *adj.* (kwa watu) -kuu; (kwa tabia) -a cheo bora. **eminently** *adv.* sana, kabisa. **eminence** ['eminəns] *n.* (1) ukuu. (2) kilima; mwinuko. (3) *His (Your) E.*, jina la heshima la *cardinal* wa kanisa.

emir [e'miə*] *n.* amiri; shehe.

emissary ['emisəri] *n.* mjumbe aliyetumwa katika ujumbe, mara nyingi usiopendeza.

emit [i'mit] *v.t.* toa; tokeza. **emission** *n.* kutoa; kutokeza; utoko; utokezi.

emolument [i'moljumənt] *n.* mshahara; pato.

emotion [i'mouʃn] *n.* maono (furaha, huzuni, upendo, *&c.*); hangaiko la moyo.

emperor ['empərə*] *n.* mfalme wa milki.

emphasis ['emfəsis] *n.* mkazo; nguvu. **emphasize** ['emfəsaiz] *v.t.* kaza. **emphatic** *adj.* -a nguvu; -a mkazo. **emphatically** *adv.*

empire ['empaiə*] *n.* (1) milki ya mamlaka ya *emperor*. (2) enzi kuu.

empiric(al) [em'pirik(l)] *adj.* jarabati; -a kubahatisha.

emplacement [em'pleismənt] *n.* mahali pa kuweka mzinga.

employ [em'plɔi] *v.t.* (1) -pa kazi;

ajiri. (2) **tuma.** — *n. in the* ~ *of*, katika kazi ya fulani. ~**ment** *n.* kazi. ~**ee** [em'ploii:] *n.* mtu anayeajiriwa.

emporium [em'po:riəm] *n.* penye biashara nyingi; soko; duka kubwa.

empower [em'pauə*] *v.t.* wezesha; -pa amri.

empress ['empris] *n.* mke wa *emperor*.

empty ['empti] *adj. & v.t. & i.* -tupu; pasipo na kitu; wazi ndani. — *v.t.* mwaga; miminia; toa yote yaliyomo. — *v.i.* mwagika.

emulate ['emjuleit] *v.t.* jaribu kufanya sawa na, au bora, kuliko mwingine.

enable [e'neibl] *v.t.* wezesha; tia nguvu; jalia.

enact [e'nakt] *v.t.* fanya sheria; toa amri.

enamoured [e'naməd] *ppl. adj.* (*be*) ~ *of*, ashiki; tamani sana; penda sana.

encampment [en'kampmənt] *n.* kituo; kambi (hasa ya askari wa vita).

encase [en'keis] *v.t.* funika; funga.

enchant [en'tʃa:nt] *v.t.* (1) pendeza mno; liwaza. (2) loga.

encircle [en'sə:kl] *v.t.* zunguka; zungusha.

enclose [en'klouz] *v.t.* (1) zunguka, zungusha kabisa kwa ukuta au boma. (2) funga katika bahasha hasa pamoja na barua.

enclosure [en'klouʒə*] *n.* kufunga; kitu kilichofungwa ndani ya bahasha pamoja na barua.

encore [oŋ'ko:*] *int.* maana yake kufurahisha waimbaji au wachezaji waimbe tena au wazidi kucheza kwa nguvu mara ya pili: Tena!

encounter [en'kauntə*] *v.t.* kutana na; pigana na. — *n.* mkutano usiotazamiwa; jambo la hatari.

encourage [en'kʌridʒ] *v.t.* tia moyo; tia nguvu; tumainisha. ~**ment** *n.* msaada; faraja.

encroach [en'kroutʃ] *v.i.* twaa isiyo haki; iba mpaka.

encumber [en'kʌmbə*] *v.t.* zuia; -wa kizuizo kama mzigo mzito; sumbua. **encumbrance** *n.*

encyclopaedia [en,saiklou'pi:diə] *n.* kitabu kikubwa (au vitabu vingi) cha maarifa mengi.

end [end] *n.* (1) mwisho; kikomo; mpaka. *on* ~, (kwa pipa, &c.) kusi-mama wima. *for* (*five, &c.*) *hours* (*days, &c.*) *on* ~, (*cf. consecutively*), kwa muda wa saa (siku, &c.) tano bila kukoma. *make both* ~*s meet*, chuma fedha za kutosha kwa kupata riziki. *put an* ~ *to, make an* ~ *of*, haribu; ondolea mbali; komesha. *be at a loose* ~, -wa bila kazi (shughuli). (2) *cf. purpose, aim*: kusudi, nia: *to gain one's* ~, kupata utakacho; apata mradi wake. — *v.i. & t.* isha; koma; komesha; kata; maliza. ~**ing** *n.* mwisho wa hadithi, &c. ~**less(ly)** *adj. & adv.* -a daima; pasipo mwisho. ~**ways,** ~**wise** *adv.* ncha kwa ncha; kiwimawima.

endanger [en'deindʒə*] *v.t.* tia hatarini; hatirisha.

endear [en'diə*] *v.t.* pendekeza. ~**ment** *n.* mapendezi.

endeavour [en'devə*] *n. & v.i.* jaribio; juhudi; jaribu; jitahidi.

endorse [en'do:s] *v.t.* (1) andikia jina; tia sahihi. (2) sahihisha; ridhia.

endow [en'dau] *v.t.* (1) wekea (fedha, mali, &c.) wakf ili kusaidia (*college* au chuo, &c.). (2) *be* ~*ed with*, jaliwa. ~**ment** *n.*

endure [en'djuə*] *v.t. & i.* (1) vumilia; stahimili. (2) ishi; dumu. **endurance** *n.* (1) kuvumilia; kustahimili. (2) tendo, jambo, la kuvumilia.

enema ['enimə] *n.* bomba la kuingizia dawa mkunduni; dawa ya kuingizwa mkunduni.

enemy ['enimi] *n.* adui.

energy ['enədʒi] *n.* (1) nguvu; bidii; uwezo wa kufanya sana kazi. (2) (*science*) nguvu zilizo ndani ya vitu za kufanya kazi. **energetic** [,enə'dʒetik] *adj.* -enye nguvu na bidii; -liofanywa kwa nguvu na bidii.

enervate ['enəveit] *v.t.* ondolea nguvu; dhoofisha.

enfeeble [en'fi:bl] *v.t.* dhoofisha mtu au haribu bidii yake.

enfold [en'fould] *v.t.* kumbatia; funga.

enforce [en'fo:s] *v.t.* (1) shurutisha watu kutii (sheria, amri, &c.). (2) lazimisha mtu kufanya. (3) tilia nguvu (maneno, haja, &c.). ~**ment** *n.*

enfranchise [en'frantʃaiz] *v.t.* (1) pasha haki ya 'kuvota' (hasa kwa kuchagua mtu kwa halma-

engage [en'geidʒ] *v.t. & i.* (1) tuma; ajirisha. (2) ahidi: *cf. promise, undertake.* (3) be ~d in, shughulika na. (4) pigana; piganisha. (5) (kwa sehemu za mashini) *cf. interlock,* ingia; shika; ingiza. ~d *ppl. adj.* (hasa) -lioposa. ~ment *n.* (1) ahadi, sharti, hasa (i) ya kuoana na fulani au, (ii) kwenda au kuwa mahali ili kukutana au kuonana na fulani. (2) mapigano. **engaging** *adj.* -enye mapendezi; -a kupendeza.

engender [en'dʒendə*] *v.t.* zaa; fanya; -wa asili ya; leta.

engine ['endʒin] *n.* mashini; chombo; mtambo. ~-**driver** *n.* mtu aendeshaye gari la moshi. ~**er** [,endʒi'niə*] *n.* (1) mtu abuniye mashini, madaraja, njia za reli, meli, gudi, *&c.* (2) mtu aangaliaye mashini (au mtambo) ya meli au manowari. — *v.t.* buni; tunga (*colloq.*), ~ *a scheme,* tunga shauri litakalo akili nyingi, pengine upate faida mwenyewe kuliko wengine.

engrave [en'greiv] *v.t.* chora; tia nakshi. **engraving** *n.* mchoro; nakshi.

engross [en'grous] *v.t.* vuta, shughulisha sana: *He was ~ed in his work,* alikuwa akishughulika kabisa na kazi yake; *an ~ing story,* hadithi yenye kuvuta kabisa na kushika wasomaji.

engulf [en'gʌlf] *v.t.* meza; didimika.

enhance [en'ha:ns] *v.t.* ongeza; kuza.

enjoin [en'dʒoin] *v.t.* amuru; agiza.

enjoy [en'dʒoi] *v.t.* penda; furahia: *enjoy oneself,* furahi. ~**able** *adj.* ~ment *n.*

enlarge [en'la:dʒ] *v.t. & i.* kuza; ongeza; tanua. ~ment *n.* mkuzo (hasa wa picha); maongezo.

enlighten [en'laitn] *v.t.* elimisha; tia nuru na kuondoa mtu kutoka imani isiyo ya kweli. ~ment *n.*

enlist [en'list] *v.t. & i.* (1) pata. (2) andika katika kazi ya askari; jitia katika kazi ya askari.

enliven [en'laivn] *v.t.* changamsha.

enmity ['enmiti] *n.* uadui; uchuki.

enormity [e'no:miti] *n.* ubaya wa kupita kiasi.

enormous [e'no:məs] *adj.* -kubwa mno kupita kiasi.

enough [i'nʌf] *adj., n., & adv.* -a kutosha; kadiri ya kufaa au ya kutosha; kwa kiasi. *It is ~,* basi.

enquire [in'kwaiə*] *v.i. & t.* taz. *inquire.*

enrage [en'reidʒ] *v.t.* kasirisha.

enrich [en'ritʃ] *v.t.* tajirisha; sitawisha.

enrol(l) [en'roul] *v.t.* andika, changa jina la mtu katika orodha.

en route [on'ru:t] *adv.* (*Fr.*) njiani, katika safari.

ensign ['ensain]; (katika jamii ya mabaharia) ['ensn] *n.* bendera za

An ensign

kutumika katika meli na manowari: *white ~* (itumiwayo kwa manowari); *red ~* (itumiwayo kwa meli za biashara za Kiingereza).

enslave [en'sleiv] *v.t.* tia utumwani.

ensue [en'sju:] *v.i.* fuata; fuatana; tokea.

ensure [en'ʃuə*] *v.t.* hakikisha; salimisha.

entail [en'teil] *v.t.* leta nyuma yake.

entangle [en'tangl] *v.t.* tega; tatanisha; tia matata. ~ment *n.*

enter ['entə*] *v.t. & i.* (1) ingia. (2) andika. (3) ~ *into,* shiriki; anza kushughulika na au kuzungumza juu ya; ~ *upon,* anza (kazi mpya, &c.).

enterprise ['entəpraiz] *n.* (1) jambo kubwa, hasa la ujasiri au la bidii. (2) uhodari, ushujaa wa kuingia shughuli mpya au mambo mapya. **enterprising** *adj.* -enye uhodari au bidii[1].

entertain [,entə'tain] *v.t. & i.* (1) karibisha; pokea. (2) pendeza; furahisha, *cf. amuse.* (3) fikiria; wazia. ~ *a matter,* fikiria jambo. ~**ing** *adj.* -a kupendeza; -a kufurahisha. ~ment *n.* karamu; machezo.

enthral(l) [en'θro:l] *v.t.* (-ll-) vuta kabisa macho na masikio ya watu; loga, shangaza kwa uzuri, habari, mambo ya ajabu, *&c.*

enthrone [en'θroun] *v.t.* kalisha katika kiti cha enzi (*e.g.* mfalme, askofu, *&c.*).

enthusjasm [en'θju:ziazəm] *n.*

shauku; harara; idili. **enthusiast** [en'θju:ziæst] *n.* mwenye ~. **enthusiastic** *adj.* **enthusiastically** *adv.*

entice [en'tais] *v.t.* vuta mtu, bembeleza mtu, aache jambo moja ashike jingine. ~**ment** *n.*

entire [en'taiə*] *adj.* -zima; -ote; kamili. ~**ly** *adv.* ~**ty** *n.* ukamili; hali ya kuwa -zima.

entitle [en'taitl] *v.t.* taja; pasha haki: *I am ~d to it*, ni stahili yangu.

entrails ['entreilz] *n. pl.* matumbo.

¹**entrance** ['entrəns] *n.* (1) mwingilio; mlango. (2) **tendo la kuingia.** (3) haki ya kuingia: ~ *fees*, malipo ya kuingia (mtihani, &c.).

²**entrance** [en'tra:ns] *v.t.* (hutumika zaidi katika *pass.*) shinda kwa furaha, kama katika ndoto.

entrant ['entrənt] *n.* aingiaye; mshindani *cf.* ¹**entrance³**.

entreat [en'tri:t] *v.t.* sihi; omba. ~**y** *n.* maombi; haja.

entrench [en'trentʃ] *v.t.* zungushia handaki au boma. ~ *oneself*, jichimbia kinga ardhini; *(fig.)* jiweka salama mahali. ~**ment** *n.*

entrust [en'trʌst] *v.t.* gawia fulani kama kazi au zamu yake; pasisha mtu na kazi au zamu fulani.

entry ['entri] *n.* mwingilio; mlango; kitu kilichoandikwa katika daftari &c.; orodha, jumla ya watu, &c., washindanao katika mchezo, &c.

entwine [en'twain] *v.t.* pota; suka.

enumerate [i'nju:məreit] *v.t.* hesabu, taja moja moja. **enumeration** *n.*

enunciate [i'nʌnʃieit] *v.t. & i.* (1) nena; tamka (maneno). (2) nena wazi (fikira yako). **enunciation** *n.*

envelop [en'veləp] *v.t.* zunguka, zungusha. *be ~ed in mist*, zungukwa na ukungu.

envelope ['envəloup, 'on-] *n.* bahasha.

enviable, envious taz. *envy.*

environment [en'vaiərənmənt] *n.* mastakimu mazingira; ukazi.

envisage [en'viʒidʒ] *v.t.* ona; kabili; wazia.

envoy ['envoi] *n.* mjumbe; tume.

envy ['envi] *v.t. & n.* onea; husudi; onea wivu. **enviable** ['enviəbl] *adj.* -a kutamanisha; -a kutamanika. **envious** ['enviəs] *adj.* -enye husuda; -enye kijicho.

epidemic [,epi'demik] *n. & adj.* ugonjwa ushikao watu wengi pamoja; -a kushika watu wengi pamoja.

epilepsy ['epilepsi] *n.* kifafa **epileptic** [,epi'leptik] *adj.* -a kifafa. — *n.* mtu mwenye kifafa.

episcopal [i'piskəpl] *adj.* -a askofu.

episode ['episoud] *n.* (hadithi ya) jambo mojawapo katika mfululizo wa mambo.

epistle [i'pisl] *n.* (la zamani) barua. *the Epistles*, *(Bible)* zilizoandikwa na mitume kwa watu na jamii za watu waabuduo. **epistolary** [i'pistələri] *adj.* -a barua.

epitaph ['epita:f] *n.* maneno yaliyoandikwa juu ya jiwe la kaburi.

epithet ['epiθet] *n.* kisifa *(adj.)* cha kueleza tabia; neno liongezwalo katika jina, kama 'Alfred the *Great*', Alfred Mkuu.

epoch ['i:pok] *n.* tarehe; muda wa jambo kubwa; mwanzo wa muda maalum. *adj.* ~*-making: an ~ making event*, jambo mashuhuri.

equable ['ekwəbl] *adj.* si -geuzi; sawasawa; mamoja: *an ~ climate*, tabia ya nchi sawasawa isiyo geuzi.

equal ['i:kwəl] *adj.* sawa; -a kulingana. *be ~ (a task, &c)*, weza (kazi, &c.). — *n.* mtu, (au kitu), aliye sawa na mwingine. — *v.t.* (*-ll-*)-wa sawa na; lingana na. ~**ly** *adv.* ~**ity** [i:'kwoliti] *n.* hali ya kuwa sawa na. ~**ize** ['i:kwəlaiz] *v.t.* sawazisha.

equanimity [,i:kwə'nimiti] *n.* utulivu wa moyo.

equate [i'kweit] *v.t.* taz. *equalize.*

equation [i'kweiʃn] *n.* kusawazisha; mlinganyo.

equator [i'kweitə*] *n.* istiwai (*Ar.*); ikweta, yaani duara ya kuizunguka dunia kati hasa ya ncha ya kaskazini na ncha ya kusini. ~**ial** [,ekwə'to:riəl] *adj.* -a au karibu na ~.

equestrian [i'kwestriən] *n. & adj.* (1) (mtu) apandaye farasi: *an ~ statue*, sanamu ya mawe ya mpanda farasi. (2) -a kuhusu kupanda farasi: ~ *skill*, ustadi wa kupanda farasi.

equilibrium [,i:kwi'libriəm] *n.* hali ya kuwa sawa kama vitanga vya mizani.

equinox ['i:kwinoks] *n.* majira ya jua kupita juu ya ikweta, na urefu wa mchana na usiku ni sawasawa. **equinoctial** *adj.*

equip [i'kwip] *v.t.* (*-pp-*) fanya tayari; andaa. ~**ment** *n.* vitu vitakiwavyo kwa kusudi lo lote.

equivalent [i'kwivələnt] *n. & adj.* sawa; badala. — *adj.* -enye maana au thamani iliyo sawa.

era ['iərə] *n.* njia ya kuhesabu tarehe kuanzia jambo kubwa maalum: *e.g. the Christian* ~, wakati uliofuata mwanzo wa dini ya Kikristo.

eradicate [i'rædikeit] *v.t.* ng'oa kabisa; futia mbali.

erase [i'reiz] *v.t.* futa; futia mbali.

erect [i'rekt] *adj.* -a wima. — *v.t.* (1) simamisha: ~ *a pole,* simamisha mti. (2) jenga; unda; fanyiza. ~**ion** *n.*

erode [i'roud] *v.t.* (kwa dawa za *acid,* mvua, mkondo, *&c.*) -la; bomoa; fukua. **erosion** [i'rouʒn] *n.* kula; mmego; mmomonyoko.

err [ə:*] *v.i.* kosa; potoka; fanya dhambi.

errand ['erənd] *n.* safari fupi kwa kupeleka au kupata kitu (*e.g.* cheti, vitu dukani, *&c.*); kusudi la safari hiyo: *He has gone on an* ~, ametumwa. ~**-boy** *n.* mtoto alipwaye fedha kwa kwenda safari hizo.

erratic [e'rætik] *adj.* (kwa watu, saa, *&c.*) -geugeu; potoe.

erratum [e'ra:təm] *n.* (*pl.* -ta [-tə]) kosa katika kuandika au kufuasa chapa au kunakili.

erroneous [e'rouniəs] *adj.* si sahihi; -enye kosa.

error ['erə*] *n.* (1) kosa: *spelling* ~*s,* makosa ya kuendeleza maneno. (2) dhambi: *lead someone into* ~, peleka fulani katika dhambi; kosesha.

erupt [e'rʌpt] *v.i.* (hasa kwa volkeno) foka; bubujika. ~**ion** *n.*

escalator ['eskəleitə*] *n.* namna ya ngazi ijiendeayo, yaani watu husimama tu na ngazi hiyo huwapandisha au kuwatelemsha.

escapade [‚eskə'peid] *n.* tendo la ujinga (la kuasi, la ujasiri, la upuzi) hasa kwa ajili ya furaha moyoni.

escape [es'keip] *v.i. & t.* (1) okoka; epuka; kimbia; toroka. (2) (kwa hewa, *gas, &c.*) vuja. (3) sahauliwa; toangaliwa. — *n.* kuokoka; kukimbia; kutoroka: *have a narrow* ~, okoka kwa shida. *Fire-*~, ngazi ndefu, taz. chini ya neno la *fire.*

escort ['esko:t] *n.* mlinzi; mfuasi. — *v.t.* [es'ko:t] fuatana na (ili kulinda kwa heshima); sindikiza.

especial [es'peʃl] *adj.* -a peke yake; bora. ~**ly** *adv.* zaidi; hasa.

espouse [is'pauz] *v.t.* (1) jitia katika; fuata mambo ya. (2) (la zamani kwa wanaume) oza; oa.

esprit de corps ['espri:də'ko:] *n.* (*Fr.*) moyo wa kupenda na kusitawisha jamii na heshima yake.

esquire [es'kwaiə*] *n.* mwungana (huandikwa kama *Esq.* baada ya jina la mwanamume katika anwani ya barua, *&c.*).

¹ **essay** ['esei] *n.* insha; mtungo wa maneno.

² **essay** [e'sei] *v.t.* jaribu; hakiki; pima.

essence ['esns] *n.* (1) asili; nafsi; kiini. (2) mafuta; ute; marashi. taz. *extract*¹ *n.*

essential [e'senʃl] *adj.* (1) -a kanuni, -a kawaida. (2) -a asili, -a mafuta, -a ute. ~**ly** *adv.*

establish [es'tæbliʃ] *v.t.* (1) simamisha, imarisha (serikali, kampani, *&c.*) (2) weka. (3) sadikisha; kubalisha. ~**ment** *n.* (1) kuimarisha; kuweka. (2) watu wa serikali; nyumba, kikao, maskani. *cf. household; of a department,* jumla ya watu wa idara ya kazi.

estate [es'teit] *n.* (1) shamba: ~ *agent,* msimamizi wa shamba; anunuaye tena auzaye nyumba na mashamba kwa watu wengine. (2) rasilmali, mali yote ya mtu: *real* ~, yaani mashamba na nyumba; *personal* ~, yaani fedha na mali ya namna nyingine. (3) (la zamani) hali, *cf. state, condition.*

esteem [es'ti:m] *v.t.* (1) heshimu; stahi. (2) fikiri; dhani. **estimable** ['estiməbl] *adj.* -a kuheshimiwa.

estimate ['estimeit] *v.t.* kadiri; pima. — *n.* ['estimət] kisio.

estimation [‚esti'meiʃn] *n.* nia; moyo: *in my* ~, nionavyo mimi; heshima; sifa: *be held in high* ~, heshimiwa sana.

estrange [es'treindʒ] *v.t.* vunja urafiki. ~**ment** *n.*

estuary ['estjuəri] *n.* hori, mahali papana mto uingiapo baharini.

et cetera [et'setrə] (*Lat.*) hufupishwa kuwa, *&c.* kadha na kadha.

eternal [i'tə:nl] *adj.* bila mwanzo wala kikomo; -a milele. **eternity** [i'tə:niti] *n.* milele.

ether ['i:θə*] *n.* dawa kama maji ikaukayo upesi sana: hutumika kuzimisha roho kwa muda au kunyamazisha maumivu.

ether ['i:θə*] *n.* (la shairi) anga ya juu. **~eal** [i'θiəriəl] *adj.* -a mbinguni; -a peponi.

ethics ['eθiks] *n.* elimu ya wema na ubaya; kanuni za maadili. **ethical** *adj.* -a mambo ya adili; -a maadili.

ethnology [eθ'nolədʒi] *n.* elimu ya tabia (makao, umbo, desturi, matendo, &c.) za mataifa ya wanadamu.

etiquette ['etiket, eti'ket] *n.* adabu; mwenendo wa kawaida ya kiungwana.

etymology [,eti'molədʒi] *n.* elimu ya asili ya maneno moja moja. **etymological** [,etimə'lodʒikl].

eucalyptus [,ju:kə'liptəs] *n.* namna ya mti, kalitusi.

Eucharist ['ju:kərist] *n. the* E. Ushirika Mtakatifu wa kikristo.

eugenics [ju:'dʒeniks] *n.* elimu ya jinsi ya kusitawisha wanadamu (wanyama) kwa kuchagua wazazi kwa uangalifu sana.

eulogy ['ju:lədʒi] *n.* maneno ya kusifu. **eulogize** ['ju:lədʒaiz] *v.t.* sifu.

eunuch ['ju:nək] *n.* towashi; mhasi.

euphemism ['ju:fimizəm] *n.* neno zuri litumikalo badala ya neno lisilopendeza, *e.g. He sometimes doesn't speak the truth*, pengine maneno yake si kweli, badala ya kusema: *He's a born liar*, ni mwongo mtupu.

euphony ['ju:fəni] *n.* sauti ya kupendeza: sauti tamu.

eurhythmics [ju:ri θmiks] *n.* ulinganifu wa kazi za vyungo vya mwili.

evacuate [i'vakjueit] *v.t.* (1) (hasa kwa askari) ondoka katika; hama katika; acha. (2) hamisha watu (*e.g.* wakati wa vita). **evacuation** *n.* **evacuee** [i,vakju'i:] *n.* mtu aliyehamishwa¹.

evade [i'veid] *v.t.* (1) epa. (2) epuka. **evasion** [i'veiʒn] *n.* kuepa; kuepuka; maneno ya werevu; hila. **evasive** [i'veiziv] *adj.* -enye hila; -erevu.

evaluate [i'valjueit] *v.t.* thamini; kadirisha.

evangelic(al) [,i:van'dʒelik(l)] *adj.* (1) -a Injili. (2) -a madhehebu ya Wakristo wa *evangelical*. **evangelist** [i'vandʒəlist] (1) mmoja wa waandika Injili. (2) mweneza Injili, hasa asafiriye sana.

evaporate [i'vapəreit] *v.t. & i.* (1) geuka hewa. (2) chemsha maji ili yageuke hewa. (3) (*fig.*) toweka. **evaporation** *n.*

evasion, evasive, taz. *evade.*

eve [i:v] *n.* (1) siku kabla ya sikukuu. (2) *on the ~ of (great events)*, wakati utanguliao (mambo makuu).

even ['i:vn] *n. (poet.)* jioni; magharibi.

even ['i:vn] *adj.* (1) sawasawa; laini. (2) -siobadilika: *at an ~ pace*, kwa mwendo usiobadilika. (3) (kwa hesabu) kamili. (*cf. odd* witiri). **~ly** *adv.* sawasawa.

even ['i:vn] *adv.* (1) sawasawa. (2) *~ as*, (*cf. like*) kama **~vyo**: *~ as I expected*, kama nilivyofikiri. (3) *~ if*, ijapo; ijapokuwa; hata: *~ if you die*, ujapokufa; hata ukifa; hata kama ukifa.

evening ['i:vniŋ] *n.* jioni; magharibi; taz. ¹*even.*

event [i'vent] *n.* (1) jambo; tukio. (2) mmojawapo wa michezo katika kusanyiko la michezo. **~ful** *adj.* -enye mambo mengi; -a ajabu. **~ual** *adj.* -a mwisho. **~ually** *adv.* mwisho; hatimaye. **~uality** [i,ventju'aliti] *n.* jambo liwezalo kutokea.

ever ['evə*] *adv* (1) (*cf. always*) sikuzote; daima. (2) *who~, when~, where~*, ye yote, po pote: *where~ he goes*, kila aendapo; *what~*, iwayo yote; *for ~*, hata milele. **~green** *n. & adj.* (mti) wenye majani mabichi kwa mwaka mzima. **~lasting** *adj.* -a milele, *the* E., God, Mungu wa milele. **~more** *adv.* hata milele.

every ['evri] *adj.* kila.

evidence ['evidəns] *n.* ushahidi.

evident ['evidənt] *adj.* dhahiri; wazi. **evidently** *adv.*

evil ['i:vl] *adj.* -ovu; -baya, *the* E. One, Shetani. — *n.* uovu; dhambi; kitu kibaya; msiba. — *adv.* kwa uovu. **~ly** *adv.*

evoke [i'vouk] *v.t.* ita; tokeza; leta.

evolution [,i:və'lu:ʃn] *n.* (1) kukua. (2) *Theory of* E., kusadiki kuwa vitu havikuumbwa lakini vimegeuka na kuendelea kutoka vitu vya asili. (3) (kwa askari) kazi; miendo; michezo; mazunguko.

evolve [i'volv] *v.t. & i.* funua; funuka; toa; kua na kuendelea.

ewe [ju:] *n.* kondoo jike.

ex- *prefix* chaleta maana ya '-a zamani': *e.g. the ex-king*, aliyekuwa mfalme zamani.

¹exact [eg'zakt] *adj.* halisi; barabara. ~**ly** *adv.* ~**ness**, ~**itude** [eg'zaktitju:d] *n.* (hali ya) kuwa halisi.

²exact [eg'zakt] *v.t.* toza, lipiza kwa nguvu. ~**ing** *adv.* -a kuhitaji bidii nyingi. ~**ion** [eg'zakʃn] *n.* kulipiza kwa nguvu; kitu kitozwacho, hasa kodi nyingi, isiyo na haki, au hongo.

exaggerate [eg'zadʒəreit] *v.t. & i.* piga chuku; ongeza sifa mno; zidisha. **exaggeration** *n.*

exalt [eg'zolt] *v.t.* (1) paaza; kuza. (2) sifu sana; tukuza. ~**ed** *adj.* -a cheo bora. ~**ation** [,egzol'teiʃn] *n.* (hasa) hali ya furaha ya moyoni.

examine [eg'zamin] *v.t.* (1) tazamia; kagua. (2) hoji. **examination** *n.* (1) mkaguo. (2) mtihani.

example [eg'za:mpl] *n.* (1) namna. (2) mfano. (3) onyo: *Let this be an ~ to you*, liwe kama onyo kwako: *I will make an ~ of him*, nitamwadhibisha ili wengine waonywe.

exasperate [eg'za:spəreit] *v.t.* kasirisha; chachisha. **exasperation** *n.*

excavate ['ekskəveit] *v.t.* chimba; chimbua; fukua. **excavator** *n.* mchimbaji; mashini ya kuchimba. **excavation** *n.*

exceed [ek'si:d] *v.t.* (1) pita; shinda. (2) ruka mpaka; pita kiasi. ~**ingly** *adv.* sana.

excel [ek'sel] *v.t. & i.* (-*ll-*) pita; -wa bora.

excellent ['eksələnt] *adj.* -ema sana; bora. ~**ly** *adv.* **excellence** *n.* **Your (His) Excellency** *n.* Bwana (*Governor* au Balozi) mtukufu.

except [ik'sept] *prep.* ila; isipokuwa. — *v.t.* tenga; tohesabu. ~**ion** [ek'sepʃn] *n.* mtu (au kitu) aliyetengwa au asiyehesabiwa; kisichofuata kawaida. *take ~tion to*, tokubali; kataa; toridhia. ~**ional** [ek'sepʃnl] *adj.* si -a kawaida; si -a sikuzote. ~**ionally** *adv.* kwa kadiri isiyo ya kawaida.

excerpt ['eksə:pt] *n.* teuzi, maneno kadha wa kadha ya kitabu au ya hotuba.

excess [ek'ses] *n.* (1) kadiri ambayo kitu kimoja chapita (chazidi) kingine au chapita kiasi. *in ~ of*, zaidi ya. (2) (*pl.*) matendo yapitayo kiasi. (3) (*attrib.*) ~ *luggage*, mizigo zaidi ya ile ambayo msafiri huruhusiwa kuichukua kwa gharama ya tikiti yake. ~**ive** *adv.* mno; zaidi.

exchange [eks'tʃeindʒ] *v.t.* badili: ~ *blows*, pigana: ~ *words*, (*cf quarrel*) bishana. — *n.* (1) badilisho. (2) (kwa fedha) mvunjo wa fedha; faida ya fedha; sarafu. (3) mahali wafanyi biashara wakutanapo kwa kufanya kazi: *the Cotton E.*; *the Stock E*. (4) *telephone ~*, nyumba ya kuunganisha pamoja sauti ziletwazo kwa nyuzi za simu; *labour ~*, (katika Uingereza) afisi ambapo huandikwa nafasi za kazi zilizopo katika wilaya au mji fulani.

exchequer [eks'tʃekə*] *n.* (1) *the E.*, idara ya serikali iangaliayo fedha za nchi. *Chancellor of the E.*, mkuu wa idara hiyo. (2) akiba ya fedha (ya nchi au ya watu).

excise [ek'saiz] *n.* ushuru (kodi) utozwao juu ya vitu vingine vifanywavyo ndani ya nchi, viuzwavyo au vitumiwavyo humo: *the ~ duty*, kodi ya pombe. (*cf. customs*).

excise [ek'saiz] *v.t.* kata (sehemu ya mwili, ya kitabu, &c.). **excision** [ek'siʒn] *n.*

excite [ek'sait] *v.t.* (1) amsha; chocheza. (2) chochea. (3) amsha; chocheleza: chocheleza neva (mishipa ya fahamu). **excitable** *adj.* -epesi (kwa hasira, furaha, &c.). **excitability** *n.* ~**ment** *n.* wasiwasi; kichocho; haraka; jambo la kuchocheza.

exclaim [eks'kleim] *v.t. & i.* lia, sema ghafula (kwa sauti kuu, kwa haraka, kwa nguvu, kwa mkazo).

exclamation [,eksklə'meiʃn] *n.* mlio, msemo wa ghafula; *exclamation mark*, alama ya kushangaa (!).

exclude [eks'lu:d] *v.t.* (1) zuia (mtu asiingie): ~ *sb. from membership of a club*, zuia mtu asiingie katika shirika la watu. (2) weka mbali. **exclusion** *n.* kuzuia au kuzuiwa. **exclusive** [eks'klu:siv] *adj.* (1) (kwa mtu) asiyetaka kasharikiana na wengine, hasa wale ambao afikiri ni wadogo wake. (2) (kwa chama au jamii) isiyoelekea kupokea wanachama wapya. (3) (kwa duka, vitu viuzwamo) la namna isiyo ya siku zote. (4) -a peke yake (yao &c.). (5) *exclusive of,* pasipo.

excommunicate [ˌekskə'mjuːnikeit] *v.t.* harimisha, ondolea haki ya kusharikiana katika ibada za kanisa la Kikristo.

excrement ['ekskrimənt] *n.* mavi; kinyesi.

excruciating [eks'kruːʃieitiŋ] *adj.* -a kuumiza mno.

exculpate ['ekskʌlpeit] *v.t.* toa katika hatia; burai.

excursion [eks'kəːʃn] *n.* matembezi; safari ya furaha.

excuse [eks'kjuːz] *v.t.* toa sababu za kuonyesha kuwa mtu (au tendo lake) asishtakiwe; achilia. (2) samehe. (3) ~ *oneself from a duty, &c.* omba uruhusiwe kutofanya zamu, &c. — *n.* [eks'kjuːs] sababu ya (ya kweli au iliyobuniwa) ya kucleza au ya kushuhudia matendo yako.

execute ['eksikjuːt] *v.t.* (1) fikiliza (shauri au amri). (2) timiliza (wosia). (3) tia sahihi. (4) fisha; ua. (5) cheza (mchezo au ngoma, &c.). **executant** [eg'zekjutənt] *n.* afikilizaye shauri, &c.; mchezaji mchezo au ngoma. **execution** [ˌeksikjuːʃn] *n.* (1)utimizo. (2) ustadi wa kucheza muziki. (3) kufisha; kuua; kuuawa. **executioner** *n.* mfishaji (kwa amri ya hakimu au ya serikali). **executive** [eg'zekjutiv] *adj.* -a kuhusu kufikiliza au kutimiliza; -enye amri: *the ~ branch of a government,* sehemu ya serikali iliyo na amri. **executor** [eg'zekjutə*] *n.* wakili kwa mambo ya wosia. **executrix** *n. executor* wa kike.

exemplary [eg'zempləri] *adj.* -a kuwa kama mfano au -a kuonya.

exemplify [eg'zemplifai] *v.t.* onyesha kwa mfano; onyesha namna.

exempt [eg'zempt] *v.t. & adj.* samehe (kodi, kazi, &c.); -liosamehewa. ~**ion** *n.*

exercise ['eksəsaiz] *n.* (1) matumizi: *the ~ of patience,* kusubiri; kuvumilia. (2) mazoezi: ~ *of the body and its limbs,* mazoezi ya mwili na vyungo vyake. (3) michezo au kwata kwa kuzoeza askari, mabaharia, &c. — *v.t. & i.* (1) zoeza; jizoeza. (2) tumia: ~ *patience,* subiri¹. (3) hangaisha (moyo): *He was ~d about his faults,* alihangaika juu ya makosa yake.

exert [eg'zəːt] *v.t.* (1) toa; tumia. (2) ~ *oneself,* fanya juhudi; jitahidi.

exhale [eks'heil] *v.t. & i.* toa pumzi; toa mvuke (harufu, uvundo); toweka (kama mvuke, &c.).

exhaust [eg'zoːst] *v.t.* (1) maliza kabisa. (2) fanya tupu; ondoa -ote. (3) sema, vumbua, yote iwezekanayo kusemwa juu ya (jambo). — *n.* bomba la mashini la kutolea mvuke uishapo kufanya kazi yake. ~**ion** [eg'zoːstʃən] *n.* kuishiwa (nguvu, &c.). ~**ive** *adj.* (kwa maandiko au maneno) -a kumaliza kabisa.

exhibit [eg'zibit] *v.t.* (1) onyesha wazi, tembeza (kwa mnada au kwa mashindano, &c.). (2) toa dalili dhahiri (ya tabia kama uhodari, woga, &c.). — *n.* kitu kionyeshwacho. ~**ion** [ˌeksi'biʃn] *n.* (1) tamasha, (2) onyesho. (3) tendo la kuonyesha tabia²; *make an* ~*ion of oneself,* jichukua vibaya mbele ya watu. (4) fedha za kusaidia mwanafunzi kama tuzo, kwa sababu ya ustahili wake.

exhilarate [eg'ziləreit] *v.t.* changamsha; furahisha.

exhort [eg'zoːt] *v.t.* sihi; omba kwa nguvu.

exhume [eks'hjuːm] *v.t.* fukua; chimbua (hasa maiti kaburini).

exile ['eksail] *v.t.* fukuza, hamisha, mtu kutoka nchi yake. — *n.* kufukuza (kufukuzwa, kukaa) mbali na kwao.

exist [eg'zist] *v.i.* -wa; -wa hai; ishi. ~**ence** *n.* kuwako; kuishi.

exit ['eksit] (*Lat.*) *n.* njia ya (ɪolango la) kutokea.

exodus ['eksədəs] *n.* kutoka, kuhama, kuondoka kwa watu wengi pamoja.

exonerate [eg'zonəreit] *v.t.* toa katika lawama.

exorbitant [eg'zoːbitənt] *adj.* (kwa bei au haja) -a kupita sana kiasi.

exorcize ['ekso:saiz] *v.t.* punga pepo.

expand [eks'pand] *v.t. & i.* (1) tanua; panua; eneza; tanuka; enea. (2) kunjua; funua. (3) (kwa mtu) -wa -kunjufu. **expanse** [eks'pans] *n.* eneo; mapana. **expansion** [eks'panʃn] *n.* kutanua au kutanu

ka. expansive *adj.* -enye ku anua (kuvimba, &c.); -kubwa sana; (kwa mtu) -kunjufu.

expatriate [eks'patriət] *n. & adj.* (mtu) akaaye mbali na kwao.

expect [eks'pekt] *v.t.* tazamia; ngoja; ngojea. **~ancy** [eks'pektənsi] *n.* hali ya kutazamia, &c. **~ation** ['ekspek'teiʃn] *n.* (1) kutazamia; matumaini: *~ation of life*, miaka ambayo mtu atumaini (atazamia) kuishi. (2) (*pl.*) mtu atumainivyo (kurithi).

expedient [eks'pi:diənt] *n. & adj.* shauri, njia, hila, lakini yatazamiwa kufaa.

expedite ['ekspidait] *v.t.* endeleza; himiza. **expeditious** [,ekspi'diʃəs] *adj.* -epesi; -a haraka.

expedition [,ekspi'diʃn] *n.* (kwa watu, meli, &c., wafanyao) safari kwa nia maalum.

expel [eks'pel] *v.t.* (*-ll-*) fukuza; ondosha. **expulsion** [eks'pʌlʃn] *n.*

expend [eks'pend] *v.t.* tumia (fedha, nguvu, akili, fikira, &c.). **~iture** [eks'penditʃə*] *n.* kutumia hivyo; fedha zitumiwazo.

expense [eks'pens] *n.* kutumia (fedha, nguvu, akili, fikira, &c.); (huwa ~*s pl.*) fedha zitumiwazo au zihitajiwazo kwa jambo lo lote. **expensive** *adj.* -ghali.

experience [eks'piəriəns] *n.* (1) njia ya kujipatia elimu au ustadi kwa kufanya na kuona vitu mwenyewe; maarifa yapatwayo hivi. (2) jambo au tendo lililokupatia maarifa hayo. — *v.t.* jaribu mwenyewe; ona kwa majaribio.

experiment [eks'perimənt] *n.* jaribu; jaribio. — *v.i.* jaribia.

expert ['ekspə:t] *n.* mzoevu; mstadi. — *adj.* -zoevu; stadi. **~ly** *adv.* **~ness** *n.*

expiate ['ekspieit] *v.t.* lipa; toa sadaka kwa.

expire [eks'paiə*] *v.i.* (1) (kwa muda wa wakati) koma. (2) toa pumzi; pumua; (*liter.*) -fa; kata roho. **expiration** [,ekspi'reiʃn] *n.*

expiry [eks'paiəri] *n.* kikomo (cha muda wa wakati).

explain [eks'plein] *v.t. & i.* eleza; fasiri; toa maelezo. *~ oneself*, fanya dhahiri maana ya maneno yako; toa sababu kwa matendo yako. **explanation** [,eksplə'neiʃn] *n.* **explanatory** [eks'planətəri] *adj.*

explicit [eks'plisit] *adj.* wazi; dhahiri; baini.

explode [eks'ploud] *v.t. & i.* (1) washa, pasua, lipusha kwa kishindo kikubwa. (2) (kwa kuona moyoni) waka; (kwa mtu), ~ *with laughter*, angua kicheko; *with rage*, *anger*, hamaki. (3) onyesha kuwa fikira au mawazo si ya kweli bali ni ya uwongo. **explosion** *n.* **explosive** *n. & adj.* kitu kielekeacho kuwaka au kupasuka.

¹**exploit** [eks'ploit] *v.t.* (1) endesha na kuendeleza (mashimo ya mawe, nguvu za maji, na nguvu nyingine za asili). (2) tumia kwa jinsi ya kujipatia faida yote iwezekanavyo.

²**exploit** ['eksploit] *n.* tendo la ujasiri.

explore [eks'plo:*, -ploə*] *v.t.* (1) safiri katika nchi, &c. kwa kusudi la kuvumbua. (2) peleleza habari. ~**r** *n.* msafiri katika nchi zisizojulikana na watu. **exploration** *n.*

explosion, explosive, taz. *explode*.

export [eks'po:t] *v.t.* peleka (bidhaa) katika nchi nyingine. — *n.* ['ekspo:t] kazi ya kufanya hivyo; bidhaa ipelekwayo hivyo.

expose [eks'pouz] *v.t.* (1) funua; weka wazi. (2) onyesha (*e.g.* vitu kwa kuuzwa). (3) chongea; fumua. (4) funua kwa nuru (kama kwa picha za kamera). **exposure** *n.* kufunua au kufunuka.

express [eks'pres] *v.t.* (1) eleza; onyesha (kwa maneno, matendo): ~ *one's feelings (meaning)* onyesha kwa maneno usikiayo moyoni mwako. (2) peleka (barua au vitu) kwa tarishi maalum la mbio. — *adj.* (1) halisi; dhahiri: *an ~ command*, amri dhahiri. (2) -a kwenda au kupelekwa kwa mbio: *an ~ train*, gari la moshi la kwenda kasi. — *adv.* kwa tarishi maalum la mbio; kwa gari la moshi la haraka. ~**ion** [eks'preʃn] *n.* (1) njia ya kueleza¹. (2) neno au fungu la maneno. (3) uso; sura. ~**ive** *adj.* -a kuonyesha usikiayo¹.

expulsion, taz. *expel*.

expunge [eks'pʌndʒ] *v.t.* futa.

expurgate ['ekspə:geit] *v.t.* takasa, safisha maandiko.

exquisite ['ekskwizit, eks'kwizit] *adj.* (1) bora sana. (2) (kwa maumivu, furaha, &c.) -a kusikika vikali sana.

extant [eks'tant] *adj.* -liopo sasa hata leo.

extempore [eks'tempəri] *adv. & adj.* (-lililosemwa au kufanywa) bila kutengenezwa tayari.

extend [eks'tend] *v.t. & i.* (1) nyosha, ongeza (kwa urefu au kwa wakati). (2) tolea. (3) laza kirefurefu; tandaza. (4) (kwa angani au nchini) enea. **extension** [eks'tenʃn] *n.* kuongeza au kuongezwa; kitu kilichoongezwa: *an* ~ *to a hotel*, sehemu iliyoongezwa katika hoteli. **extensive** [eks'tensiv] *adj.* -a kuenea mbali. **extent** [eks'tent] *n.* (1) urefu; eneo. (2) kadiri: *to a certain* ~ yaani nusu, kwa sehemu, kidogo. **extenuate** [eks'tenjueit] *v.t.* punguza hatia au kosa kwa kutafuta udhuru.

exterior [eks'tiəriə*] *adj. & n.* -a nje; umbo la nje.

exterminate [eks'tə:mineit] *v.t.* maliza; komesha; ng'oa (magonjwa, fikira, madhehebu); haribu kabisa.

external [eks'tə:nl] *adj.* -a nje; -lio nje, -a kutumika kwa nje au katika ngozi ya mwili.

extinct [eks'tiŋkt] *adj.* (1) -siowaka; si -enye kutenda. (2) -fu; -siopo sasa.

extinguish [eks'tiŋgwiʃ] *v.t.* (1) zima; zimisha. (2) komesha; haribu. ~**er** *n.* chombo cha kuzima moto, &c.

extort [eks'to:t] *v.t.* toza kwa nguvu au lipiza kwa jeuri. ~**ion** [eks'to:ʃn] *n.* ~**ionate** [eks'to:ʃənit] *adj.* (kwa haja au bei) -a kutaka -ingi kupita kadiri.

extra ['ekstrə] *adj.* -a zaidi; -a zaidi ya desturi. — *adv.* sana; zaidi: ~ *special*, -zuri sana. — *n.* ziada; hasa ni jambo (kazi, utumishi, &c.) ambalo kwalo fedha zaidi kuliko ile iliyotajwa yatozwa.

extract [eks'trakt] *v.t.* (1) ng'oa, ondoa (huwa kwa nguvu); pata (fedha, habari, &c.) kwa mtu asiyetaka kuitoa. (2) pata (maji, utomvu, &c.) kwa kusindikiza, kukamua, na kuchemsha, &c. (3) teua na kunakili maneno mifano, sura, (kutoka kitabu). — *n.* ['ekstrakt] (1) maji, mafuta, &c., matokeo ya kusindika, kuchemsha, &c.[1] (2) mateuzi; madondoo.[2] ~**ion** *n.* (hasa kwa watu) kizazi na asili: *of French* ~*ion*, asil ya Kifaransa.

extradite ['ekstrədait] *v.t.* rudisha kwake ili ahukumiwe mkosaji wa nchi nyingine aliyekimbia.

extraordinary [eks'tro:dinəri] *adj.* ajabu; si -a desturi.

extravagant [eks'travəgənt] *adj.* (1) -potevu; -enye desturi ya kufuja fedha; -badhirifu. (2) (kwa fikira, usemi, mwendo) -a kupita kiasi. **extravagance** *n.*

extreme [eks'tri:m] *adj.* (1) -a mwisho; -a kipeo. (2) -a mno. (3) (kwa watu) taz. *extravagant*.
— *n.* (1) mwisho; upeo. (2) (*pl.*) vitu vilivyo mbalimbali kabisa: *the* ~*s of heat and cold*, vilivyo mbalimbali kabisa joto na baridi. *go to* ~*s*, shika kazi au fanya mashauri kwa ukali. **extremist** *n.* mtu mwenye fikira, &c. za kupita sana kiasi. **extremity** [eks'tremiti] *n.* (1) ncha; kikomo; mpaka; (*pl.*) mikono na miguu. (2) hali mbaya mno.

extricate ['ekstrikeit] *v.t.* toa; okoa.

exult [eg'zʌlt] *v.i.* (*at, over*) furahi; shangilia. ~**ant** *adj.* ~**ation** *n.*

eye [ai] *n.* (1) jicho. *see* ~ *to* ~ (*with sb.*), patana. *have an (a good)* ~ *for*, -wa -juzi; jua sana; -wa -a busara; -a kuona na kufahamu upesi. *with an* ~ *to*, -enye kutumaini. *make* ~*s at*, jipendekeza kwa. (2) kitu kama jicho, hasa kitundu cha sindano.
— *v.t.* tazama. ~**sore** *n.* kitu kilicho kibaya mno. ~**witness** *n.* shahidi awezaye kueleza jambo kwa kuwa aliliona kwa macho.

F

fable ['feibl] *n.* (1) hadithi fupi, pengine si ya kweli, hasa ihusuyo wanyama, *e.g. Aesop's* ~*s*. (2) habari ya uwongo. **fabulous** ['fabjuləs] *adj.* -a hadithi hizo; -a kuishi katika hadithi hizo tu; -a kusadikika kwa shida.

fabric ['fabrik] *n.* (1) nguo. (2) kazi au matengenezo. ~**ate** *v.t.* fanyiza (kitu kisicho cha kweli). ~**ation** *n.* kitu kilichofanyizwa; pengine huwa habari ya uwongo.

façade [fə'sa:d] *n.* upande wa mbele wa nyumba.

face [feis] *n.* (1) uso, sura. *make (pull) a ~ (at)*, tazamia kwa uso uliofinywa; geuza uso. *Save (lose) one's ~*, kuma (haribu) heshima yako. (2) upande, hasa wa mbele: *the ~ of a clock*, uso wa saa. *~ value*, thamani iliyoandikwa juu ya sarafu, noti, &c. (3) mambo yaonekanavyo: *on the ~ of it*, jambo likiwa hivyo. — *v.t. & i.* (1) tazama; simamia; elekea; kabili. *~ the music*, toogopa katika shida au hatari; *~ it out*, vumilia. (2) fanyiza nje; kandika: *a stone wall ~d with cement*, ukuta wa mawe uliokandikwa kwa simenti. **facial** ['feiʃl] *adj.* -a uso.

facile ['fəsail] *adj.* (1) -epesi kufanyika au kupatika. (2) (kwa mtu) awezaye kufanya bila taabu; (kwa maneno, maandiko) yafanywayo kwa urahisi bila kuangalia sana ubora wake. **facilitate** [fə'siliteit] *v.t.* fanya -epesi; punguza shida.

facility [fə'siliti] *n.* (1) tabia iwezeshayo mtu kujifunza na kufanya bila taabu. (2) (*pl.*) mambo yenye kupunguza shida (za kazi, safari, &c.).

fact [fakt] *n.* jambo la hakika; kweli, hakika. *in (point of) ~, as a matter of ~*, kwa kusema kweli.

faction ['fakʃn] *n.* (1) jamii ya wafitini wenye shauri moja. (2) fitina baina ya watu hawa. **factious** ['fakʃəs] *adj.*

factor ['faktə*] *n.* (1) sehemu za nambari; kigawanyo: *e.g. ~s za 12 ni 2, 3, 4, 6.* (2) sababu.

factory ['faktəri] *n.* kiwanda; nyumba ya kufanyiza vitu.

faculty ['fakəlti] *n.* (1) welekevu (ustadi, uwezo) wa kufanya tendo lote. (2) nguvu za mwili kama kusikia, kuona. (3) idara ya elimu katika *University.*

fade [feid] *v.t. & i.* fifisha; chujusha; fifia; -chujuka.

Fahrenheit ['farənhait] *n.* namna ya kipimo cha joto na baridi, killchotiwa alama 32° kuonyesha baridi igandayo, na 212° kuonyesha joto la kuchemsha.

fail [feil] *v.i. & t.* (1) shindwa; toweza: (*e.g.* shindwa katika mtihani). (2) (kwa wakaguaji) amua kuwa akaguliwaye ameshindwa katika mtihani. (3) kosekana; adimika. (4) (kwa afya, macho, &c.) dhoofika. (5) sahau kufanya. (6) *cf. become bankrupt*, filisika. *~ing n.* upungufu; kosa. *~ure* ['feiljə*] *n.* kutofanya; mtu (au kitu) asiyefanya.

faint [feint] *adj.* (1) dhaifu; -sioonekana vema; si dhahiri. (2) *feel (look) ~*, taka kuzimia (kuzirai). — *v.i.* zimia roho; zirai. — *n.* kuzimia roho; kuzirai. *~ly adv. adv. ~-hearted adj.* -oga.

¹**fair** [feə*] *adj.* (1) -a haki; adili; sawa. (2) -zuri: *a ~ chance*, nafasi ya kutosha; *~ weather*, kuzuri; kweupe; (kwa upepo) -zuri. (3) (kwa ngozi au nywele) -eupe. (4) (la zamani) -zuri. *the ~ sex*, wanawake. (5) *~ copy*, nakili safi; *~ name*, sifa njema. — *adv.* sawa; kwa haki: *play ~*, cheza sawa. *~ly adv.* (1) kwa haki. (2) kidogo: *speak English ~ly well*, sema Kiingereza vizuri kidogo. *~ness n.*

²**fair** [feə*] *n.* (1) mkutano (soko) wa watu kuuza vitu na kujifurahisha kwa kutazama michezo, &c. (2) tamasha.

fairy ['feəri] *n.* pepo mwema kama mtu (basa mwanamke) mdogo sana. *~-tale n.* (1) hadithi ya kizimwi. (2) hadithi isiyo kweli.

faith [feiθ] *n.* (1) imani; itikadi. (2) dini. (3) ahadi. (4) *in good ~*, kwa kweli; *in bad ~*, kwa uwongo. *~ful adj.* (1) -amini; -aminifu. (2) -a kufuata mambo kama yalivyotokea; hakika. *~fully adv. ~less adj.* -danganyifu; si-aminifu.

fake [feik] *v.t.* fanyiza hadithi au kitu hafifu kuigiza kitu cha thamani ili kudanganya.

fall [fo:l] *v.i.* (*fell* [fel], *~en* ['fo:ln]) (1) anguka. (2) (kwa boma, mji, &c.) tekwa. (3) kosa. (4) (vitani) pigwa. (5) *~ in love (with)*, ashiki, shikwa na mapenzi (ya). *~ asleep*, patwa na usingizi; sinzia. *~ short (of)*, kosa kufika; punguka. (6) (pamoja na *adv.* na *prep.*) *~ back*, enda nyuma; rudi. *~ back on*, tumia badala ya kitu (mtu) kingine kisichofaa. *~ in*, (kwa askari) jipanga. *~ in with*, kubali (mashauri, &c., ya mwingine). *~ off*, (hasa) punguka. *~ on (the enemy)*, shambulia (adui). *~ out (with)*, gombana (na). *it fell out that*, ilitokea kuwa. *~ through*, isha; tanguka. *~ to*, shika kazi. — *n.*

(1) kuanguka, &c., mwanguko. (2) (U.S.A.) autumn, sehemu ya mwaka. (3) (huwa pl.) maanguko (maporomoko) ya maji: *the Victoria Falls*.

fallacy ['faləsi] n. dhana lenye kosa; hoja ya uwongo. **fallacious** [fə'leiʃəs] adj.

fallible ['falibl] adj. -a kuweza kukosa.

fallow ['falou] n. & adj. (ardhi) iliyolimwa na kuachwa bila kupandwa mbegu.

false [fols] adj. -sio -a kweli au -a hakika. — adv. *play sb.* ~, haini; danganya. ~**ly** adv. ~**hood** n. uwongo. **falsify** v.t. (1) geuza maana (namna) kusudi la kudanganya; ghoshi. (2) *falsify fears (hopes)*, -wa kinyume cha vile ulivyoogopa (ulivyotumaini). **falsification** n.

falsetto [fol'setou] n. sauti ya kiume iliyogeʻzwa kuiga sauti ya kike.

falter ['foltə*] v.i. sita.

fame [feim] n. (hali ya) kujulikana na watu wote; sifa (hasa njema).

familiar [fə'miljə*] adj. (1) (*be*) ~ *with*, jua sana. (2) -a sikuzote na kujulika sana; -enye kuonekana, kusikika, &c. sikuzote. (3) -a karibu; -a kupendwa sana: *a* ~ *friend*, msiri; rafiki sana. (4) *over (too)* ~, -enye kujionyesha au kujidai kuwa rafiki sana; -juvi. ~**ity** [fə,mili'ariti] ujuvi. ~**ize** [fə'miljəraiz] v.t. zoeza.

family ['famili] n. (1) wazazi na watoto. (2) wa jamaa wa mtu na mkewe. (3) watu wote wa ukoo mmoja. (4) aina ya viumbe (au ya lugha) vyenye kufanana sana na kutokea asili moa.

famine ['famin] n. njaa, shida ya chakula.

famish ['famiʃ] v.i. *be* ~*ed*, ona njaa sana.

famous ['feiməs] adj. maarufu; -a sifa, -tukufu.

¹**fan** [fan] n. pepeo la mkono au kama rafardha ndogo iendeshwayo kwa elektrisiti. — v.t. & i. (-*nn*-) pepea.

²**fan** [fan] n. (*colloq.*) mfuasi ashikiliaye sana jambo: *film* ~*s*, wapendao mno kutazama sinema. An electric fan

fanatic [fə'natik] n. & adj. mshupavu (hasa wa dini); mtu ashikiliaye sana jambo hasa bila akili. ~**al** adj. ~**ism** [fə'natisizm] n. ushupavu (wa dini).

fancy ['fansi] n. (1) kuwaza au kuota; wazo. (2) fikira, dhana bila msingi wa imara. (3) shauku. — adj. (1) (hasa kwa vitu vidogo) -liorembwa; -a rangi; -a kupendeza macho. (2) ~ *dress*, mavazi ya umalidadi ya kuigiza. ~ *price*, bei ghali sana. — v.t. (1) waza. (2) -wa na shauku (kwa). (3) dhani² (kuwa jambo litatokea). (4) (kama kilio cha kushangaa) tahamaki! ~ *oneself*, jisifu. **fanciful** adj. -enye fikira² nyingi; -sio -a kweli; -liobuniwa kwa namna ya kushangaza. ~-**work** n. ushoni wa kuremba.

fang [faŋ] n. chonge, jino refu; jino lenye sumu la nyoka.

fantastic [fan'tastik] adj. (1) -a kigeni tena -sio -a kawaida. (2) (kwa mashauri) -a kuwazika tu; -a kuchekesha. ~**ally** adv.

far [fa:*] adv. (*farther* ['fa:ðə*], *farthest* ['fa:ðist]) kwa mahali, au (*further* ['fə:ðə*], *furthest* ['fə:ðist]) kwa wakati, &c. (1) mbali. (2) *in so* ~ *as, as* ~ *as,* kwa kadiri, -vyo: *in so* ~ *as I am concerned,* kwa kadiri inavyonihusu mimi. ~ *and away* (*better*) sana. — adj. -a mbali sana. *be a* ~ *cry (from),* -wa mbali sana (kutoka). ~-**away** adj. -a mbali; (kwa macho ya mtu) kama kuwa yatazama kitu kilicho mbali sana au kufikiri kilichopita zamani. ~-**fetched** adj. (kwa kulinganisha) si halisi. ~-**off** adj. = -*away*. ~-**reaching** adj. -a kuhusu watu, (au vitu), wengi sana. ~-**seeing**, ~-**sighted** adj. (*fig.*) -a akili; -a kufikiri mambo kwanza.

fare [feə*] n. (1) nauli; uchukuzi. (2) chakula na kinywaji. *bill of* ~, *cf. menu,* orodha ya vyakula vya karamu. — v.i. safiri; endelea: *How did you* ~? Uliendeleaje? *He* ~*d well,* Alifanikiwa.

farewell ['feə'wel] *int.* kwa heri. — n. kuaga; maagano.

farm [fa:m] n. (1) shamba. (2) (~-*house*) nyumba ya mwenye shamba. — v.t. & i. (1) lima. (2) ~ *out* (*work*) pangisha kazi. ~**er** n. aangallaye shamba. ~-**yard** n. ua (boma) uliozungukwa kwa mabanda ya wanyama wa shamba, &c.

farther, farthest, taz. *far*.

farthing ['fɑ:ðiŋ] *n.* sarafu yenye thamani ya robo ya *penny*.

fascinate ['fasineit] *v.t.* (1) loga au vuta sana. (2) tiisha kwa kutazamia, kama nyoka afanyavyo.

fascination [,fasi'neiʃn] *n.* (hasa) kitu kivutacho.

fashion ['faʃn] *n.* (1) (kwa mavazi, desturi, usemi, &c.) -liopendwa na walio wengi wakati au mahali fulani: *the Paris* ~*s,* mavazi yapendwayo Paris; *changes of* ~, mageuko ya desturi (mavazi, &c.); *out of* ~, *in* ~, -siopendwa na watu, -pendwao na watu walio wengi. (2) namna ya kufanya: *behave in a strange* ~, jichukua kwa namna isiyo ya kawaida. *after a* ~, si vizuri. — *v.t.* umba. ~**able** *adj.* -a desturi¹; -a kutumika na watu wengi, hasa waungwana: *a* ~*able hotel.* ~**ably** *adv.*

¹**fast** [fɑ:st] *adj.* (1) -a imara. (2) (kwa rafiki) sana; -aminifu. (3) (kwa rangi) -a kudumu. — *adv.* imara. *be* ~ *asleep,* -wa na usingizi mzito; lala foo; *play* ~ *and loose with,* geuka mara nyingi kwa namna ya kutendea rafiki au watu.

²**fast** [fɑ:st] *adj.* (1) -epesi; -a mbio. (2) (kwa mtu) -potovu; fisadi. (3) (kwa saa) -endayo upesi. — *adv.* upesi: *rain* ~, -nya, nyesha sana.

³**fast** [fɑ:st] *v.i.* funga: Ramadhani ni mwezi wa kufunga. — *n.* fungo.

fasten ['fɑ:sn] *v.t. & i.* (1) funga; (kwa mlango, dirisha, &c.) komea. (2) fungika. (3) ~ *upon,* shika sana. ~**er,** ~**ing** *n.* kifungo.

fat [fat] *n.* (1) mafuta yaliyo katika wanyama; mafuta hayo yaliyoyeyuka na kutumiwa kwa kupikia. (2) mafuta yatokayo mbegu nyingine. *live on the* ~ *of the land,* ishi maisha ya anasa. — *adj.* (1) -lionenepa; -enye mafuta¹ mengi. (2) -nono; -liojaa sana. (3) -a faida; -a neema. — *v.t. & i.* (-*tt*-) (huwa ~**ten**) nonesha; nenepa; nona.

fatal ['feitl] *adj.* -a kufisha; -a ajali. ~**ly** *adv.* -*ly wounded,* -liojeruhiwa vibaya mno. ~**ism** ['feitəlizəm] *n.* kuamini kuwa mambo yote ni ya ajali. ~**ist** *n.* mtu aaminiye ~*ism.* ~**istic** [,feitə'listik] *adj.* ya ~*ism.*

~**ity** [fə'taliti] *n.* hali ya kuongozwa kwa hatari; kifo katika msiba, katika vita, &c.

fate [feit] *n.* (1) ajali; amri ya Mungu. (2) mambo yatakayokuja yakawa kama ajali. (3) kufa; mauti; maangamizi. ~**d** ['feitid] *adj.* -a ajali. ~**ful** *adj.* -a kuhukumiwa kama mambo yatakavyokuwa.

father ['fɑ:ðə*] *n.* (1) baba mzaa. (2) mzazi; kiongozi wa kwanza. (3) kasisi, padre (hasa kwa kanisa la Kirumi). — *v.t.* (1) -wa asili ya (shauri, &c.). (2) ~ *sth. on sb.,* singizia fulani. ~**in-law** *n.* mkwe. ~**ly** *adj.* -a baba au kama baba.

fathom ['faðəm] *n.* pima, futi sita (hasa kina cha maji); wari mbili. — *v.t.* (*fig.*) tambua; elewa. ~**less** *adj.* -siopimika.

fatigue [fə'ti:g] *n.* (1) hali ya kuchoka sana. (2) (askari) kazi au zamu, *e.g.* kusafisha, kupika, kukata majani, &c. — *v.t.* chokesha.

fatten, taz. *fat.*

fault [fo:lt] *n.* (1) baa; kasoro. *find* ~ *with,* onea makosa; *be at* ~, sitasita. (2) kupasiwa kosa au kukosesha: *It's your own* ~ *if you've hurt yourself,* ukiwa umeumizwa ni juu yako mwenyewe. (3) *cf. error,* kosa. ~**less** *adj.* pasipo kosa; kamili. ~**y** *adj.* -enye makosa (hatia, &c.). ~**ily** *adv.*

fauna ['fo:nə] *n.* jamii ya wanyama wa namna zote za nchi fulani.

favour ['feivə*] *n.* (1) upendo; moyo wa kusaidia. *in* ~ *of,* (i) kwa upendo wa. (ii) kwa ajili ya. *out of* ~ (*with*) -siopendelewa (na). (2) fadhili: (*please*) *do me a* ~, tafadhali. — *v.t.* (1) penda; saidia. (2) pendelea. (3) fanana na mwingine kwa sura. ~**able** *adj.* -a kukubali; -a kusaidia. ~**ably** *adv.* ~**ite** ['feivərit] *n. & adj.* kipenzi. ~**itism** *n.* kupendelea.

fear [fiə*] *n.* (1) hofu. (2) hatari. (3) kicho; uchaji; *the* ~ *of God,* kumcha Mungu. — *v.t. & i.* ogopa; chelea. ~**ful** *adj.* -a kuogofya. ~**fully** *adv.* ~**less** *adj.* pasipo hofu.

feasible ['fi:zəbl] *adj.* -a kuwezekana.

feast [fi:st] *n.* (1) sikukuu. (2) karamu.

feat [fi:t] *n.* tendo gumu lifanywalo vizuri.

feather ['feðə*] *n.* unyoya, nyoya:

birds of a ~, watu wa namna moja. **show the white ~**, onyesha hofu. **in high~**, kwa moyo wa furaha. — *v.t.* tia manyoya. **~ one's nest**, jitengenezea vyote sawasawa.

feature ['fi:tʃə*] *n.* (1) sehemu ya uso; sura. (2) jambo la kuangaliwa.

February ['februəri] *n.* mwezi wa pili wa mwaka wa Kizungu.

fed *p.t. & p.p.* ya **feed**. **be ~ up (with)** (*colloq.*) -wa na chuki.

federal ['fedərəl] *adj.* -a kuunganika katika mambo ya utawala. **~ism** *n.* kuunganika. **federate** *v.t. & i.* (kwa nchi, jamii) unganisha kama jamii moja. **federation** [,fedə-'reiʃn] *n.* (1) namna ya utawala (*e.g.* katika Malaya) ambayo majimbo hujitawala lakini huachia mambo ya kigeni, ya ulinzi, &c. serikali ya nchi yote. (2) tangamano la majimbo au la shirika. (3) tendo la kuunganisha.

fee [fi:] *n.* ada.

feeble ['fi:bl] *adj.* dhaifu; goigoi. **feebly** *adv.*

feed [fi:d] *v.t. & i.* (**fed**) (1) lisha. (2) (kwa wanyama) -la; jilisha. — *n.* chakula; malisho (ya wanyama).

feel [fi:l] *v.t. & i.* (**felt**) (1) papasa; gusa; tomasa. (2) ona; jiona. **~ like doing sth.**, taka kufanya kitu. (3) onekana; oneka kama. (4) sikia moyoni. **~ n. by the~**, kwa kugusa. **~er** *n.* (1) pembe, mkono (wa kupapasia). (2) jaribu; **~ing** *n.* (1) kuona; kusikia: *a ~ing of comfor* kujiona katika hali ya faraja. (2) ono; sikio moyoni. (3) (*pl.*) sehemu zisizo na akili za mwili, maono, *e.g.* hasira, upendo, uchungu: *hurt a man's ~ings*, mwudhi mtu. (4) **~ing for** (*art, beauty, etc.*) penda sana (sanaa, uzuri, &c.). — *adj.* -enye kusikia au kuonyesha huruma.

feet, taz. **foot**.

feign [fein] *v.t.* jifanya; jisingizia.

felicitate [fi'lisiteit] *v.t.* takia heri. (taz. **congratulate**.)

felicity [fi'lisiti] *n.* heri; furaha kuu.

¹fell *p.t.* ya **fall**.

²fell [fel] *v.t.* angusha; kata (mti).

fellow ['felou] *n.* (1) (*colloq.*) mtu. (2) (*pl.*) wenzi; washiriki (hasa katika mabaya). (3) (*attrib.*) wa namna moja, &c.: **~ citizens**, raia ndugu: **~ passengers**, abiria ndugu. (4) mwana chuoni wa jamii ya elimu au wa halmashauri ya chuo kikubwa. **~-feeling** *n.* huruma. **~ship** *n.* (1) ushirika; urafiki. (2) uanachama. (3) cheo cha heshima cha *University*.

felon ['felən] *n.* mtu aliyefanya kosa kubwa.

¹felt *p.t. & p.p.* ya **feel**.

²felt [felt] *n.* namna ya nguo kama ile ya tarbushi au ya kofia. **~ hats**, **~ slippers**.

female ['fi:meil] *adj.* (1) -ke. (2) -a wanawake. — *n.* mke au jike.

feminine ['feminin] *adj.* (1) -a kike. (2) -ke. **feminism** *n.* shauri la kuwapa wanawake haki zote za wanaume.

fen [fen] *n.* mbuga yenye kinamasi; bwawa.

¹fence [fens] *v.t. & n.* (zungusha, gawanya kwa kuweka mpaka wa) kitalu, boma.

²fence [fens] *v.i.* (1) shindana na k*¹*jilinda kwa upanga. (2) (*fig.*) ongopa; sitasita.

fend [fend] *v.t. & i.* (1) **~ off** (*a blow*), kinga; epusha. (2) **~ for** (*oneself, young ones*), tunza; kimu; ruzuku.

ferment [fə:'ment] *v.t. & i.* chachisa; (*fig.*) chochea (fitina, fujo, &c.). — *n.* ['fə:ment] uchachu; chachu. **be in a ~**, (*fig.*) fujika; chafuka. **~ation** *n.*

fern [fə:n] *n.* namna ya mmea wa rangi ya majani isiyo na maua. taz. picha.

ferocious [fə'rouʃəs] *adj.* -kali; katili. **ferocity** [fə'rositi] *n.*

ferret ['ferit] *n.* kinyama kama cheche hodari kwa kuua panya na kufukuza sungura kutoka vishimo vyao. — *v.t. & i.* winda kwa kutumia vinyama hawa. **~ out** (*sth. or sb.*), chunguza, peleleza.

ferro-concrete ['ferou-'koŋkri:t] *n.* saruji (udongo wa Ulaya) iliyomo chuma.

ferry ['feri] *n.* kivuko. — *v.t. & i.* vusha; vuka.

fertile ['fə:tail] *adj.* (1) (kwa ardhi) -enye rutuba; (kwa mimea) -zazi; (kwa mtu na akili zake) -a mashauri mengi tena mema. (2) -a kuzaa sana (kinyume cha *sterile*); -a kukua. **fertility** [fə:'tiliti] *n.* kuzaa sana; uzaaji. **fertilization** [,fə:tilai'zeiʃn] *n.* **fertilizer** *n.* mbolea, samadi, cho chote kitiacho udongo nguvu.

fervent ['fə:vənt] *adj.* (1) -a moto; -a kumeka. (2) *(fig.) cf. passionate*, -a ashiki : ~ *love*, shauku ya nguvu; -a nguvu: *a ~ lover*, mchumba wa shauku ya nguvu. **fervour** ['fə:və*] *n.* bidii; moyo wa bidii; nguvu. **fervid** *adj.* = ~¹.

fester ['festə*] *v.i. & t.* (1) tunga usaha. (2) kasirisha; leta uchungu.

festival ['festivl] *n.* sikukuu. **festive** ['festiv] *adj.* **festivity** [fes'tiviti] *n.* (1) = ~. (2) *(pl.)* jambo la furaha: *wedding festivities*, arusi na jambo lote la furaha ya arusi.

fetch [fetʃ] *v.t. & i.* (1) leta. (2) toza; (kwa bidhaa) uzwa kwa; pata.

fête [feit] *n.* sikukuu; tamasha (huwa nje hewani si nyumbani).

fetid ['fet-, 'fi:tid] *adj.* -a kunuka vibaya.

fetish, fetich ['fi:t-, 'fetiʃ] *n.* hirizi; kitu kiabudiwacho kwa sababu hufikiriwa kina pepo ndani yake.

fetter ['fetə*] *n.* pingu; *(fig.* huwa *pl.)* kizuizi. — *v.t.* tia katika mapingu; zuia.

fever ['fi:və*] *n.* (1) hali ya mwili ambapo husikia joto sana, ni dalili ya ugonjwa. (2) homa. (3) wasi-wasi. **~ish** *adj.* -a homa kidogo.

few [fju:] *adj. & n.* -chache; haba.

fez [fez] *n.* tarbushi.

fiancé(e) [fi'a:nsei] *n.* mchumba mwanamume; mchumba mwanamke.

fiasco [fi'æskou] *n.* jambo lililopooza au lisilofaulu.

fibre ['faibə*] *n.* (1) uzi; kitembwe. (2) utembwe; utembo. **fibrous** ['faibrəs] *adj.* -a nyuzinyuzi.

fickle ['fikl] *adj.* (kwa tabia za mtu, za nchi, za hewa, &c.) -geugeu; -a kugeukageuka.

fiction ['fikʃn] *n.* (1) hadithi ya kubuniwa au kuwaziwa isiyo ya kweli. (2) mabuniko. **fictitious** [fik'tiʃəs] *adj.* -sio -a kweli; -liobuniwa.

fiddle ['fidl] *n.* fidla; udi ya Kizungu.

be fit as a ~, -wa mzima sana; *play second ~*, -wa wa pili; fanya kazi isiyo muhimu. — *v.t. & i.* (1) piga fidla. (2) chezacheza kwa vidole. **~sticks** *n. int.* upuzi! mawe!

fidelity [fi'deliti] *n.* amini; uaminifu.

fidget ['fidʒit] *v.i. & t.* chezacheza totulia; sumbua.

field [fi:ld] *n.* (1) konde; shamba. (2) (huongezwa katika maneno mengine kama *oil-, coal-, gold-*) ~, kwa kuonyesha mahali vitu vipatikapo. (3) eneo la nchi; uwanda: *ice-~; flying-~.* (4) sehemu ya elimu; eneo la matumizi. — *v.i. & t.* simama (katika *cricket* ~) tayari kudaka au kuzuia mpira. **~-glasses** *n. pl.* namna ya darubini ndogo. **~-marshal** *n.* afisa ya kiaskari wa cheo kikubwa kushinda vyote.

fiend [fi:nd] *n.* shetani; katili.

fierce ['fiəs] *adj.* (1) -kali. (2) (kwa joto, shauku, &c.) -a nguvu. **~ly** *adv.* **~ness** *n.*

fiery ['faiəri] *adj.* -a moto; -kali.

fife [faif] *n.* filimbi.

fifteen [fif'ti:n] *n. & adj.* 15, kumi na -tano. **fifty** *n. & adj.* 50, hamsini.

fig [fig] *n.* *(tree)* mtini; *(fruit)* tini.

fight [fait] *v.t. &i.* *(fought* [fo:t]*)* pigana. *~ shy of,* epuka. *~ it out,* kata shauri kwa kupigana. — *n.* vita; mapigano. **~er** *n.* (hasa) eropleni za kupigania zisizo nzito.

figure ['figə*] *n.* (1) tarakimu, hasa kutoka 0 mpaka 9. (2) bei: *buy sthg. at a low ~,* nunua kitu kwa bei ndogo. (3) umbo la mtu. (4) mtu, hasa maongozi yake: *Churchill, the greatest ~ of his time,* Churchill maarufu sana kuliko wote wa siku zake. (5) umbo la mtu lililochorwa kwa rangi au kwa mawe; choro la mwili wa ndege, mnyama, &c.; choro au ramani. — *v.i. & t.* (1) -wamo; oneka. (2) ~ *sth. out,* hesabu; fikiria. (3) onyesha kwa picha au sanamu (kwa kazi ya sanaa); waza. **~d** *adj.* -enye sanamu. **~-head** *n.* mtu wa cheo kikubwa lakini hana nguvu wala amri.

filament ['filəmənt] *n.* uzi; mzizi.

¹**file** [fail] *n.* jalada ya kuwekea barua, &c. kwa taratibu. — *v.t.* weka katika ~.

²**file** [fail] *n.* tupa; (kwa mti) tungu. — *v.t.* chua; piga tupa.

FILE [100] **FISH**

¹**file** [fail] n. safu. — v.i. ~ in (out), ingia au toka kwa safu.

filial ['filjəl] adj. -a mtoto kwa baba (mama) yake: ~ duty, kazi ihusuyo mtoto kutenda.

fill [fil] v.t. & i. (1) jaza. (2) jaliza. ~ out, cf. grow fatter, nenepa, kua. — n. shibe. eat (have) one's ~, shiba.

film [film] n. (1) utando. (2) karatasi cha gamba jembamba cha kupigia sanamu. (3) picha ya sinema: sound ~s, picha ambamo sauti (za watu, &c.) husikika. — v.t. & i. (1) funika, funikwa kwa utando¹. (2) piga picha² ya.

filter ['filtə*] n. chujio. — v.t. & i. safisha kwa ~, chuja; (fig. kwa kundi la watu, kwa habari, &c.) pita kidogokidogo.

filth [filθ] n. uchafu; taka. — **thy** adj. ~ily adv.

fin [fin] n. pezi la samaki.

final ['fainl] adj. (1) -a mwisho. (2) -a kukata maneno. — n. (huwa pl.) mtihani wa mwisho; mashindano ya mwisho. ~e [fi'na:li] n. schemu ya mwisho (wa kuimba wa kucheza, wa kazi, wa mfululizo wa mambo). ~ly adv. mwishoni.

finance [fi-, fai'næns] n. (1) mambo ya kuangalia fedha (hasa za serikali). (2) (pl.) fedha (mali) ya serikali au ya kampani ya biashara. — v.t. toa fedha kwa. **financial** adj. **financier** [fi-, fai'nænsiə*] n. mstadi katika mambo ya fedha na mali.

find [faind] v.t. (found [faund]). (1) ona. (2) ~ one's feet, fahamu nguvu zako na kuanza kufanikiwa. (3) jifunza kwa kuzoea; fahamu. (4) (huwa ~ out) tafuta; tambua. (5) toa, ruzuku; (fedha, matakwa mengine): ~ your daughter in clothes, mtolea binti yako fedha za kununua mavazi yake. ~ favour with, kubalika. (6) (legal) hukumu; amua.

¹**fine** [fain] adj. (1) -eupe; -sio na mvua. (2) -a kupendeza; -zuri. (3) stadi; -angalifu sana. ~ workmanship, kazi ya ustadi kabisa. (4) -dogo sana. (5) -embamba sana. (6) (kwa madini) safi. ~ry ['fainəri] n. umalidadi.

²**fine** [fain] n. faini, fedha ya kulipia kosa. — v.t. toza faini.

finger ['fiŋgə*] n. kidole. — v.t. tia vidole, papasa. ~-**post** n. mti wenye ishara wa kuonyesha njia. ~-**print** n. alama ya kidole.

finish ['finiʃ] v.t. & i. (1) maliza. (2) timiliza; ng'arisha. — n. (1) mwisho. (2) hali kamili.

finite ['fainait] adj. -enye mpaka (kikomo).

fire ['faiə*] n. (1) moto. (2) kupiga bunduki. (3) hasira; harara. — v.t. & i. (1) washa moto; unguza. (2) fanya gumu katika tanuu: ~ bricks, tia makaa katika tanuu. (4) piga bunduki; (kwa bunduki au mzinga) lia. (5) washa. ~ up hangaika, &c. (6) (colloq.) fukuza (mtumishi). ~-**alarm** n. kamsa. ~-**arm** n. bunduki au bastola. ~-**brand** n. mfitini; mchochezi. ~-**brigade** n. jamii ya askari wenye kazi ya kuzima moto mjini. ~-**damp** n. hewa mbaya, pengine hulipuka, hasa huwapo katika mashimo ya kuchimbua makaa ya mawe. ~-**engine** n. chombo cha kuzimia moto kitumiwacho na ~-**brigade**. ~-**escape** n. ngazi ndefu ya kutelemkia watu katika nyumba inayoungua. ~-**fly** n. kimulimuli; kimerimeti. ~-**man** n. mmoja wa ~-**brigade**; msaidizi wa mwongoza wa gari la moshi. ~-**place** n. meko; mafiga. ~-**proof** adj. -sioshika moto; -sioteketea. ~- A fire-escape **side** n. pa kuota moto; (home) kwake, kwao, &c. ~-**wood** n. kuni. ~-**work** n. fataki au viberiti vya michezo.

¹**firm** [fə:m] adj. (1) -gumu; thabiti. (2) -siogeuka upesi, thabiti. — adv. ~ au ~ly imara. ~**ness** n. uthabiti; imara.

²**firm** [fə:m] n. kampani; shirika la biashara.

firmament ['fə:məmənt] n. anga; mbingu.

first [fə:st] adj., n., & adv. kwanza. ~-**class** adj. -a kwanza; -a jinsi iliyo bora. ~-**hand** adj; -pya kabisa; -a kupatika kwa kuzoea kuangalia mambo mwenyewe si kwa kusoma vitabu, &c. ~-**rate** adj. bora. ~ly adv. kwa kwanza.

fish [fiʃ] n. & v.i. & t. (1) samaki; nswi. (2) vua samaki. ~ for (information, compliments), jaribia kwa werevu, tumia hila kwa kupata (habari, kusifiwa). ~ *sth. up (out of ...)* opoa; ~*ing-rod*, henzerani ya kuvulia samaki. ~**erman** n. mvuvi. ~**monger** ['fiʃ'mʌŋgə*] n. mwuzaji samaki. ~*y adv. (colloq.)* -a kuleta shaka: *a ~y story.*

fist [fist] n. ngumi; konde.

¹fit [fit] *adj.* (1) be ~, *suitable, right (for)*, faa; stahili; laiki. (2) -a haki; sawasawa. *think (see)* ~ *to*, taka; chagua. (3) -enye afya nzuri. — *v.t. & i.* (-*tt*-) (1) faa; kaa: *His clothes ~ him,* nguo zake zimemkaa. (2) vaa ili kupima cheo. (3) fanya sawasawa; tengeneza. (4) tengeneza; pamba. ~ *a new door*, tengeneza (na kukaza) mlango mpya. (5) patana na. — *n.* jinsi mavazi yakaavyo; matokeo ya ~*³*. ~**ter** n. mtu afanyaye kazi ya kushona na kupima mavazi; fundi wa kutengeneza mashini (mitambo). ~**ting** *adj.* -a kufaa. — *n. pl. electric light* ~*tings*, matengenezo ya taa za umeme.

²fit [fit] *n.* (1) kipindu: *a ~ of coughing*, kipindu cha kukohoa; kifafa. (2) kuangua kwa ghafula, kama kuangua cheko, kuingiwa hasira, *&c. by ~s and starts*, mara kushika mara kuacha. ~**ful** *adj.* -a kugeukageuka.

five [faiv] *n. & adj.* 5, -tano.

fix [fiks] *v.t. & i.* (1) kaza; fanya imara. (2) azimu; weka; kata. (3) kaza macho; angalia. (4) tengeneza kwa dawa karatasi za picha zisififie. (5) ~ *up*, angalia; patia; ~ *up a friend for the night*, karibisha rafiki alale nyumbani kwenu kwa usiku mmoja; ~ *up a quarrel*, tuliza ugomvi. — *n. in a* ~, mashakani. ~**ed** *adj.* imara; thabiti. ~**edly** ['fiksidli] *adv. look* ~*edly at*, kaza macho. ~**ture** ['fikstʃə*] *n.* (1) chombo kisichoondoka hasa *pl.* kama kabati, meko, taa, *&c.* (2) (tarehe iliyowekwa) kwa mchezo au shindano.

fizz [fiz] *v.i. & n.* fanya sauti kama maji yanayochemka na kutoa povu. ~**le** ['fizl] *v.i.* kama fizz. ~*le out,* pooza.

flabbergast ['flabəgɑːst] *v.t.* shangaza; pumbaza.

flabby ['flabi] *adj.* (1) (kwa musuli, mnofu) teketeke. (2) *(fig.)* dhaifu; -kosefu.

flag [flag] *n.* bendera. ~-**ship** *n.* manowari itwekwayo bendera ya *admiral.* ~-**staff** *n.* mlingoti. — *v.i.* legea; pungua: *his strength* ~*s*, nguvu zake zinalegea.

flagrant ['fleigrənt] *adj.* -a uovu wazi; baini.

flake [fleik] *n.* gamba: *snow* ~*s*, theluji kama manyoya.

flame [fleim] *n.* mwali; mwako wa moto — *v.i.* (1) waka; fanana na nyali kwa rangi. (2) *(fig.)* waka kwa hasira.

flamingo [flə'mingou] *n.* heroe, ndege kama korongo mwekundu sana.

flank [flaŋk] *n.* (1) ubavu; upande wa mtu au wa mnyama. (2) upande wa mlima; hasa wa jeshi au jamii ya manowari.

flannel ['flanl] *n.* (1) kitambaa cha sufi au manyoya ya kondoo. (2) kipande kidogo cha ~ kwa kusugulia na kusafishia vitu. (3) *(pl.)* mavazi hasa ya michezo wakati wa joto.

flap [flap] *v.t. & i.* (-*pp*-) (kwa mabawa, matanga, *&c.*) pigapiga; punga; papatika. — *n.* (1) pigo. (2) kipande. (3) upindo.

flare [fleə*] *v.i.* waka; lipuka. ~ *up*, *(fig.)* hamaki. — *n.* mwako; moto; lipuko.

flash [flaʃ] *n.* mwako; lipuko; nuru ya mwanga wa kumulika ghafula. *in a* ~, kufumba na kufumbua tu. — *v.t. & i.* (1) mulika. (2) metameta kwa ghafula. (3) peleka upesi kama umeme: ~ *news across the world*, peleka habari kupita dunia kama umeme. ~**y** *adj.* -a kimalidadi; -shaufu.

flat [flat] *adj.* (1) sawa; panapana. (2) baridi; dufu; (kwa pombe ya kizungu, *&c.*) si -tamu kwa sababu povu limekwisha toweka. (3) (kwa musiki) -a sauti isiyopendeza. (4) *(colloq.)* kabisa: *a ~ denial*, kukana kabisa. (5) ~ *rate*, bei ya vitu vyote ni moja. — *n.* (1) ubapa (wa upanga). (2) mahali sawa na papana. (3) (kwa muziki) kitelemsho; alama ya (♭). (4) orofa ya nyumba. ~**ly** *adv.* kabisa⁴. ~**ten** *v.t. & i.* sawazisha; tandaza.

flatter ['flatə*] *v.t.* (1) sifu mno; bembeleza. (2) pendeza: *be* ~*ed by an invitation*, pendezwa kwa mwaliko. (3) (kwa picha) **fanya**

-zuri kuliko -a kweli. (4) jipendeza kwa dhana zako. ~er *n.* mbembelezi. ~y *n.* ubembelezi.

flavour ['fleivə*] *n.* utamu; mwonjo; ladha.

flaw [flo:] *n.* kombo; ufa; waa. ~less *adj.* kamili, bila waa.

flax [flaks] *n.* kitani. ~en *adj.* rangi ya kitani.

flay [flei] *v.t.* chuna, chunua; piga mjeledi; (*fig.*) karipia.

flea [fli:] *n.* kiroboto.

fled *p.t.* ya *flee*.

flee [fli:] *v.i.* (*fled* [fled]) kimbia.

fleece [fli:s] *n.* manyoya ya kondoo. — *v.t.* kumba mali.

¹fleet [fli:t] *n.* (1) jamii (kundi) ya manowari, meli, (mashua, vyombo) chini ya amri ya mkuu mmoja. (2) jumla ya meli, eropleni, basi, &c., chini ya mkubwa mmoja au mwenyewe mmoja.

²fleet [fli:t] *adj.* -epesi; -enye mbio.

flesh [fleʃ] *n.* (1) nyama. *one's own* ~ *and blood*, watu wa ukoo wako; ndugu. (2) -a mwili, -a asili: *the sins of the* ~, uovu wa asili.

flew *p.t.* ya *fly*.

flex [fleks] *n.* uzi wa taa za umeme.

flexible ['fleksəbl] *adj.* -a kupindikana; (*fig.*) -a kubadilikana, -a kukubali mambo mapya. **flexibility** [,fleksə'biliti] *n.*

flick [flik] *v.t.* & *n.* piga kidogo, shtua; pigo jepesi.

flicker ['flikə*] *v.i.* (1) (kwa nuru; *fig.*) kwa matumaini, &c.) sinzia. (2) wayawaya: ~ing *shadows*, vivuli vinavyowayawaya.

flier *n.* = *flyer*, taz. *fly*.

¹flight [flait] *n.* (1) kuruka; mwendo wa hewani. (2) safari ya juu hewani. (3) kundi la ndege au vitu vilivyo pamoja hewani: *a* ~ *of pigeons*, kundi la njiwa warukao pamoja. (4) kundi dogo la eropleni za *Royal Air Force*. (5) ngazi ya madaraja ~y *adj.* -shaufu; -geugeu.

²flight [flait] *n.* kukimbia; ukimbizi. *put* (*the enemy*) *to* ~, fukuza maadui.

flimsy ['flimzi] *adj.* (kwa nguo au kitambaa) -embamba; laini.

flinch [flintʃ] *v.i.* nywea; epa.

fling [fliŋ] *v.t.* & *i.* (*flung* [flʌŋ]) (1) tupa kwa nguvu, rusha. (2) toa kwa nguvu; punga mikono kwa nguvu; -enda kwa hasira au bila hadhari. — *n.* (1) tendo la kutupa; kupunga mikono, &c. *have a*

~ *at*, jaribia; bahatisha. *have one's* ~, pata kipindi cha furaha. (2) namna ya ngoma.

flint [flint] *n.* namna ya jiwe gumu sana, hasa jiwe la bunduki (ya zamani), sasa hutumika kwa kutokeza cheche katika chombo kidogo cha kupasha moto sigara.

flit [flit] *v.i.* (-*tt*-) ruka huko na huko kwa wepesi.

float [flout] *v.i.* & *t.* (1) elea; ogelea. (2) eleza. (3) ~ *a business company*, anzisha. — *n.* (1) chelezo. (2) namna ya gari la kuchukulia machupa ya maziwa, &c.

flock [flok] *n.* (1) kundi la ndege au wanyama, kama kondoo au mbuzi, wachungwao au wasafirio pamoja. (2) (kwa watu) wengi pamoja. (3) kusanyiko la watu waabuduo. — *v.i.* -ja wengi; songana.

flog [flog] *v.t.* piga sana kwa fimbo au mjeledi. ~ging *n.* adhabu ya kupigwa.

flood [flʌd] *n.* (1) gharika; maji mengi. (2) ~ *of anger, words, tears*, &c. wingi wa hasira, maneno, machozi, &c. — *v.t.* & *i.* (1) gharikisha; furika. (2) peleka kwa wingi: ~ *an office with requests*, peleka maombi mengi sana katika afisi. ~-**light** *n.* (huwa *pl.*) taa kubwa za kuangaza nje ya nyumba. — *v.t.* angaza hivyo. ~-**tide** *n.* maji (bahari) kujaa.

floor [flo:*] *n.* (1) chini; (*concrete*) sakafu. (2) (*story*) orofa. (3) *take, have, the,* ~, pata nafasi ya kuhubiri. — *v.t.* (1) tia orofa katika nyumba. (2) pigilia; (kwa swali, bishano, &c.) shinda; tatiza. ~**ing** *n.* mbao za orofa.

flop [flop] *v.i.* (-*pp*-) (1) enda, anguka, ovyo ovyo. (2) jipweteka jitupa. — *n.* (1) tendo la kufanya hivyo au kishindo cha tendo. (2) (*colloq.*) taz. *fiasco*. *adv.* kwa kishindo. ~**py** *adj.* -a kuangukaa ovyo ovyo; -a kujichukua hivi -sio -gumu.

flora ['flo:rə] *n.* jamii ya mimea yote ya nchi fulani.

floral ['flo:rəl] *adj.* -a maua.

florin ['florin] *n.* sarafu ya Kiingereza, thamani yake shilingi mbili.

florist ['florist] *n.* mwuzaji (pengine mlimaji) maua.

flounder ['flaundə*] *v.i.* (1) tapatapa; gaagaa. (2) (*fig.*) sitasita

kosakosa. (*e.g.* ukihubiri kwa lugha ya kigeni).

flour ['flauə*] *n.* unga.

flourish ['flʌriʃ] *v.i. & t.* (1) sitawi; endelea vizuri; fanikiwa. (2) punga; tikisa. — *n.* tikiso; kupunga; urembo; mshindo; mdundo.

flout [flaut] *v.t.* dhihaki; dharau.

flow [flou] *v.i.* (1) enda kama maji, tiririka. (2) (kwa nywele, nguo, &c.) ning'inia. (3) (kwa bahari) kujaa. — *n.* mwendo wa ~; kadiri, wingi wa ~.

flower ['flauə*] *n.* (1) ua: *in* ~, -enye maua. (2) (fig.) sehemu bora: *the ~ of the nation's youth*, sehemu bora ya vijana wa taifa. (3) ~ *s of speech*, marembo ya maneno. *v.i.* toa maua; chanua. ~*y* *adj.* -enye marembo mengi ya maneno.

flown *p.p.* ya *fly*.

flu [flu] *n.* = *influenza*.

fluctuate ['flʌktjueit] *v.i.* (kwa bei, vipimo, &c.) panda na kushuka; badilikabadilika.

fluent ['fluənt] *adj.* (kwa mtu) -epesi wa kusema, -semaji; (kwa maneno) kama maji. **fluency** *n.*

fluff [flʌf] *n.* kibonge cha sufi; manyoya, malaika, pamba, &c. kama kibonge hicho. ~*y* *adj.* kama ~; -liofunikwa kwa ~.

fluid ['flu:id] *n. & adj.* (kitu kama) maji, hewa; (kwa fikira, &c.) -siokazana.

flung *p.t.* ya *fling*.

flush [flʌʃ] *v.i. & t.* (1) (kwa mtu, uso wake) -wa -ekundu kwa sababu ya damu nyingi kuingia. (2) (kwa afya, joto, masikio, &c.) geuka uso hivyo: ~*ed with happiness* (wine, &c.), -liyegeuka uso kwa sababu ya furaha (pombe, &c.); (kwa damu) geuza uso. (3) safisha au osha (e.g. miferiji) kwa gharika ya maji; (kwa maji) toka kwa gharika. — *n.* (1) gharika; furiko. (2) kugeuka uso¹. (3) hali ya ghafula (hasira, furaha); enzi kubwa.

flute [flu:t] *n.* filimbi; zomari.

flutter ['flʌtə*] *v.t. & i.* (1) (kwa ndege) pigapiga mabawa bila kuruka au kurukaruka kidogo kidogo tu. (2) hangaisha; harakisha. — *n.* kitetemeko; hangaiko; wasiwasi.

¹**fly** [flai] *v.t. & i.* (*flew* [flu:] *flown* [floun]). (1) ruka; chukuliwa na upepo. (2) (kwa bendera, &c.) pepea hewani; tweka (bendera).

(3) enda mbio, kimbia; pita upesi: ~ *to the rescue*, kimbilia ili kuokoa roho; *a ~ing visit*, kuzuru kwa kitambo kifupi; ~ *open*, funguka ghafula: ~ *to bits*, *into pieces*, pasuka katika vipande vidogo; *let* ~ *at*, piga (bunduki, mshale, &c.); ~ *into a rage*, futuka; panda hamaki.

flier, flyer *n.* mwendeshaji wa eropleni. ~-**leaf** *n.* ukarasa wa kwanza na wa mwisho wa kitabu usiopigwa chapa. ~-**wheel** *n.* gurudumu la kusawazisha mwendo wa mashini.

²**fly** [flai] *n.* inzi. ~-**blown** *adj.* (kwa nyama, mkate, &c.) -lio karibu kuoza kwa sababu ya mayai ya mainzi ndani yake.

foal [foul] *n.* mwana farasi (punda). *in* (*with*) ~, (kwa farasi jike) zaa (au kuwa karibu kuzaa) mwana farasi.

foam [foum] *n.* povu.

focus ['foukəs] *n.* (1) mahali mishale ya nuru (au moto) ikutanapo baada ya kupindika kwa kioo, &c.; mahali kitu kionekanapo vizuri zaidi kwa macho, darubini, &c. (2) mahali penye jambo hasa. — *v.t. & i.* kutanisha mahali pamoja; weka kitu (macho) ili kuona vizuri iwezekanavyo. **focal** ['foukl] *adj.*

fodder ['fodə*] *n.* chakula (isipokuwa majani yanayoota) cha farasi, ng'ombe, kondoo, &c.

foe [fou] *n.* adui.

fog [fog] *n.* ukungu. ~-**horn** *n.* paipu ya meli ipigwayo wakati wa ukungu kujulisha ilipo. ~**gy** *adj.*

fogey ['fougi] *n.* (huwa *old* ~) mtu mzima (au mzee) ashikiliaye ya zamani asijiali ya siku hizi; mzito; mjinga.

foil [foil] *v.t.* shinda; zuia; pinga.

fold [fould] *v.t. & i.* (1) kunja, pinda; kunjikana, pindikana. (2) pakata (pachika) mikono; kumbatia, *cf. embrace*. — *n.* kunjo; pindo; finyo. ~**er** *n.* (1) jalada ya kuwekea karatasi. (2) hati iliyokunjwa yenye matangazo, &c. juu yake.

foliage ['fouliidʒ] *n.* majani (ya mti).

folk [fouk] *n. pl.* (1) watu; umati. (2) (*colloq.*) watu wa ndugu au jamaa. ~-**dance** (pachika) *n.* ngoma (wimbo) ya zamani ijulikanayo na umati wa watu. ~-**lore** *n.* hadithi, ngano (desturi, habari) za watu wa kale.

follow ['folou] *v.t. & i.* (1) fuata. (2) shika (njia); fahamu (maneno, hotuba, kitabu, *&c.*). (3) shika (kazi): ~ *the sea (the plough, the law, the trade of a tailor)*, shika kazi ya baharia (ukulima, sheria, ushonaji wa nguo). (4) fuata (shauri, desturi, *&c.*). (5) tokea: *It ~s from what you say*, kwa sababu hiyo; *That does not ~ at all*, la! hasha! ~ *sth. up*, fuata; patia; endeleza. *as ~s*, hivi. ~**er** *n.* mfuasi; msaidizi. ~**ing** *n.* wafuasi; akina; umati.

folly ['foli] *n.* upuzi; upumbavu; ujinga.

foment [fou'ment] *v.t.* osha kwa dawa au maji ya moto; bandika dawa; (*fig.*) chochea; fitini. ~**ation** *n.* josho la moto; dawa ya kubandikia.

fond [fond] *adj.* (1) *be ~ of*, penda. furahia. (2) -a mahaba; -fadhili. (3) -jinga.

fondle ['fondl] *v.t.* papasa kwa mahaba.

font [font] *n.* birika ya maji ya ubatizo; (*poet.*) kisima. taz. *fountain*.

food [fu:d] *n.* chakula. ~**stuffs** *n. pl.* vitu vitumiwavyo kwa chakula.

fool [fu:l] *n.* (1) mpumbavu; mjinga. *make a ~ of*, danganya; *make a ~ of oneself*, jipumbaza; ~*'s errand*, utume usio na faida; ~*'s paradise*, furaha ya mjinga isiyodumu. (2) (la zamani) mchekeshaji. — *v.i. & t.* (1) jipumbaza; fanya upuzi. (2) danganya. ~ *away (one's time, money, &c.)* tumia vibaya. ~**ery** *n.* upuzi. ~**hardy** *adj.* -jasiri yaani -a kujihatirisha bure. **-ish** *adj.* -pumbavu; -jinga; -puzi. ~**ishly** *adv.* -puzi. ~**proof** *adj.* -a namna ya kuwa hata mjinga aweza kutumia bila kuharibu. ~**scap** ['fu:lskap] *n.* karatasi, kipimo chake inchi 17 kwa inchi 13 kabla ya kukunjwa.

foot [fut] *n.* (pl. **feet** [fi:t]). (1) mguu; guu; *sole of ~*, wayo, unyayo; *lower part of ~*, upande wa chini, tako, liwato; *cloven ~*, taz. *hoof*, ukwato. *on ~*, kwa kutembea. *set sth. on ~*, anzisha; fanyiza; *set (sb.) on his feet*, (hasa) saidia mtu kufanikiwa (katika biashara, *&c.*); *fall on one's feet*, fanikiwa; *put one's ~ down*, kataa; kana; *carry sb. off his feet*, amsha (chomesha) sana mtu; *put one's ~ in it*, kosa (kwa maneno au kwa matendo). (2) upande wa chini: *the ~ of a page (mountain)*. (3) urefu wa mguu yaani kipimo cha urefu wa inchi 12. (4) kipimo cha mkazo katika mashairi. — *v.t. & i.* (1) suka mguu wa soksi. (2) ~ *the bill*, kubali kulipa hesabu. ~**ball** *n.* mchezo wa mpira wa teke. ~**fall** *n.* kishindo cha mguu. ~**-hills** *n. pl.* vilima vidogo chini ya milima. ~**-hold** *n.* pa kuwekea au kutegemezea mguu (katika kupanda mlima, majabali, *&c.*). ~**ing** *n.* (1) = ~**hold**. (2) kikao; cheo cha mtu baina ya watu wote. (3) msingi. ~**man** *n.* mtumishi. ~**-note** *n.* maelezo yaliyoandikwa chini katika ukarasa. ~**path** *n.* kijia. ~**print** *n.* wayo; alama ya mguu. ~**step** *n.* hatua.

for [fo:*, fə*] *conj.* kwa kuwa; maana. *prep.* *fight* ~, shindania; ~ *my sake*, unipendavyo; ~ *nothing*, bure; ~ *sale*, -a kuuzwa.

¹**forbear** [fo:'beə*] *v.i.* (*forbore* [fo:'bo:*l], *forborne* [fo:'bo:n] jizuia: ~ *from asking (to ask) questions*, jizuia usiulize mauliso (ijapokuwa unataka sana kuuliza); vumilia. ~**ance** [fo:'beərəns] *n.* saburi; uvumilivu.

²**forbear** [fo:'beə*] *n.* babu.

forbid [fə'bid] *v.t.* (*forbade* [fə'beid, -'bad], *forbidden* [fə'bidn] gombeza; kataza. ~**ding** *adj.* -a kuogofya; -kali; -chungu.

force [fo:s] *n.* (1) nguvu: *the ~ of a blow*, nguvu ya pigo (kulipuka, mabishano, maneno); *the ~s of nature*, (*e.g.* dhoruba). (2) kitu (fikira, shauri, jamii, *&c.*) chenye kugeuza watu na desturi zao: *Fascism and Communism have been powerful ~s in world affairs*, Fascism na C. yamekuwa mashauri ya nguvu nyingi katika mambo ya dunia. (3) jeshi: *join the ~s*, jiandika kama askari. (4) (*law*) amri; uwezo wa kushurutisha (taz. *bind*⁴). *put a law into ~*, fanya sheria iwe (na nguvu) sharti. — *v.t.* (1) lazimisha; vunja, pasua kwa nguvu. ~ *a person's hand*, shurutisha mtu kufanya kitu kabla hajataka kuifanya. ~**d** *march*, mwendo uliokazwa (wa askari kwa kusudi maalum). (2) otesha mimea kabla ya wakati wa mwaka ambapo huota kwa (desturi) kawaida.

~ful *adj.* (kwa mtu, tabia yake, maneno yake, &c.) -enye nguvu nyingi. **forcible** ['fo:sibl] *adj.* -a nguvu. **forcibly** *adv.*

forceps ['fo:sips] *n.* kikoleo; kibano: chatumiwa na madaktari hasa wale wa meno.

ford [fo:d] *n.* kivuko. — *v.t.* vuka kwa miguu.

fore [fo:*] *n.* upande wa mbele. come to the ~, -wa maarufu. — *adj. & adv.* -a mbele; kwa mbele.

fore- *prefix* (1) mbele: **~-foot, ~-leg, ~-mast, ~-part** (*nouns*). (2) kwa mbele; kabla ya wakati: **~-see** *v.* **~-taste** *n.* **~-warn** *v.*

forearm ['fo:ra:m] *n.* kigasha, mkono tangu kiko mpaka kitanga.

forecast [fo:'ka:st] *v.t.* kisi; bahatisha. — *n.* [fo:ka:st] maaguzi; bahatisho: *the weather ~*, maaguzi ya tabia ya hewa jinsi itakavyokuwa.

forefathers ['fo:fa:ðəz] *n. pl.* baba; babu; wazee.

forefinger ['fo:fiŋgə*] *n.* kidole cha shahada.

forehead ['forid] *n.* paji la uso; kikomo cha uso.

foreign ['forin] *adj.* (1) -geni, -a nchi nyingine si -a nchi yako. (2) mbali; -siopasa; -siohusu. (3) -a nje: *a ~ body in the eye*, kitu cha nje kilichoingia jichoni. **~er** *n.* mtu wa nchi nyingine.

foreman ['fo:mən] *n.* msimamizi; mnyapara.

foremost ['fo:moust] *adj. & adv.* (-a) kwanza; muhimu.

forenoon ['fo:nu:n] *n.* asubuhi, mchana kabla ya saa sita.

foreshadow [fo:'ʃadou] *v.t.* onyesha (onya) jambo litakalokuja; -wa dalili ya, *e.g. the clouds ~ rain*, dalili ya mvua ni mawingu.

foresight ['fo:sait] *n.* uwezo wa kuona mbele yatakayokuja; busara.

forest ['forist] *n.* mwitu. **~er** *n.* msimamizi wa mwitu. **~ry** *n.* elimu (kazi) ya kusitawisha mwitu.

forestall [fo:'sto:l] *v.t.* tangulia na kutwaa kwanza.

foretell [for'tel] *v.t.* kisi.

forethought ['fo:θo:t] *n.* busara, akili ya kuwa tayari kwa, au kuandalia mambo ya baadaye.

foreword ['fo:wə:d] *n.* dibaji; utangulizi.

forfeit ['fo:fit] *v.t.* potewa, twaliwa, tozwa (na) kwa adhabu ya kosa. — *n.* malipo ya kosa, adhabu. — *adj.* -a kulipwa; -a kutozwa. **~ure** ['fo:fitʃə*] *n.* kupotewa, &c.¹

forgather [fo:'gaðə*] *v.i.* kutana; onana (na), ~ (*with*).

forgave *past tense ya forgive.*

¹ **forge** [fo:dʒ] *v.i.* ~ *ahead*, (*e.g.* kwa meli, gari, &c.) endelea mbele polepole; (*e.g.* kwa farasi) endelea polepole kwa jitihadi nyingi mpaka kutangulia.

² **forge** [fo:dʒ] *n.* kiwanda cha mhunzi mfua chuma. — *v.t. & i.* fua (chuma).

³ **forge** [fo:dʒ] *v.t. & i.* iga ili kudanganya. **~r** *n.* mtu afanyaye hivyo. **~ry** *n.* kuiga hivyo; nakili ya kudanganya (hasa ya sahihi ya mtu).

forget [fə'get] *v.t. & i.* (*forgot* [fə'got], *forgotten* [fə'gotn]). sahau. ~ *oneself*, jichukua bila kufikiri; pitiwa. **~ful** *adj.* -sahaulifu.

forgive [fə'giv] *v.t. & i.* (*forgave* [fə'geiv], *forgiven* [fə'givn]). samehe. **~ness** *n.* kusamehe; usamehevu; buraa.

forgo [fə'gou] *v.t.* (*forwent, forgone*) totumia; toa; acha.

fork [fo:k] *n.* (1) kiuma. (2) (kwa njia, mto, mti, &c.) panda; (kwa mwili) msamba. — *v.t. & i.* (1) twaa kwa kiuma. (2) (kwa njia, &c.) fanya (gawanyika) panda.

forlorn [fə'lo:n] *adj.* maskini; -tupu; -lioachwa.

form [fo:m] *n.* (1) umbo. (2) taratibu; kawaida; namna; aina; jinsi. (3) desturi: *good* (*bad*) ~, desturi njema (mbaya). (4) hati: *income-tax* (*telegraph*) ~o, hati za kuandikia kodi (maneno ya kupelekewa simu). (5) hali ya mwili; afya (hasa ya farasi wa kushindania, washindani wa michezo): *in* ~ *of*, katika hali ya afya nzuri; *out of* ~, -sioelekea kushindana vizuri. (6) ubao; kiti. (7) darasa la chuo cha *Secondary*. — *v.t. & i.* (1) umba; umbika. (2) tengeneza; tunga; tengenea. (3) -wa; -wamo. (4) zoeza. **~al** ['fo:ml] *adj.* (1) -a kawaida; -a taratibu. (2) -a umbo la nje si -a moyo. (3) (kwa mwenendo) si -kunjufu. **~ality** [fo:'maliti] *n.* mwenendo; desturi, taratibu: *legal* ~*alities*, taratibu za sheria. **~ation** *n.* kufanyiza;

mpango; (hasa) matengenezo; majenzi. **~less** *adj.* bila sura maalum; -sio dhahiri.

former ['fo:mə*] *adj.* (1) -liopita; -a zamani. (2) -a kwanza (kwa watu wawili au vitu viwili). **~ly** *adv.* kwanza; zamani.

formidable ['fo:midəbl] *adj.* (1) -a kutisha. (2) -kubwa, yaani huhitaji jitihadi kubwa kufanya au kushinda: ~ *opposition* (*enemy*) adui mwenye kushindwa kwa shida.

formula ['fo:mjulə] *n.* (1) utaratibu wa maneno (*e.g.* '*How d'you do?*). (2) kanuni; kawaida; hasa kwa alama au hesabu. (3) maelezo (huwa ya ishara) ya kuchanganya dawa. **~te** ['fo'mjuleit] *v.t.* eleza kanuni; eleza kwa taratibu.

forsake [fə'seik] *v.t.* (*forsook* [fə'suk], *forsaken* [fə'seikn]) toka; acha; tupa.

fort [fo:t] *n.* ngome; boma.

forth [fo:θ] *adv.* (1) nje. (2) mbele: *from this day* ~, kutoka leo na kuendelea; *back and* ~, kwenda na kurudi. *and so* ~, na vingine vivyo hivyo. **~coming** *adj.* (1) tayari kutokea. (2) *be* ~*coming*, (kwa msaada, fedha, &c.) -wapo tayari wakati wa kutakiwa. **~right** *adj.* -nyofu; -a kusema waziwazi. **~with** *adv.* mara hiyo; sasa hivi.

fortify ['fo:tifai] *v.t.* tia (ongeza) nguvu; imarisha kwa kutia kuta, mifereji, mizinga, &c.; jipa moyo. **fortification** [ˌfo:tifi'keiʃn] *n.* kutia nguvu; kuimarisha; ngome; boma.

fortitude ['fo:titju:d] *n.* uvumilivu wa maumivu, shida, taabu, hatari, &c.

fortnight ['fo:tnait] *n.* majuma mawili, siku kumi na nne. **~ly** *adj. & adv.* -a kila siku ya kumi na nne.

fortress ['fo:tris] *n.* mji uliojengwa kama boma; boma.

fortuitous [fo:'tjuitəs] *adj.* -a bahati.

fortune ['fo:tʃən] *n.* (1) bahati; ajali; *have* ~ *on one's side*, -wa na bahati; *tell sb.'s* ~, mwagulia fulani mambo yatakayomtukia. *a* ~-*teller*, mbashiri. (2) kufanikiwa; heri; utajiri; rasilmali. **fortunate** ['fo:tʃənit] *adj.* -a heri.

forty ['fo:ti] *n. & adj.* 40, arobaini.

forward ['fo:wəd] *adj.* (1) -a mbele. (2) -a kutangulia. (3) -a kuendeleza kazi. — *n.* mchezaji wa mbele (katika *football*, &c.). — *v.t.* saidia; endeleza mbele; peleka (barua, &c.) kwa mtu kwa anwani mpya. — *adv.* (sawa na ~s) mbele: *bring sth.* ~, leta mbele ya mwingine (wengine) jambo au shauri kwa kuangaliwa; *come* ~, -ja mbele ya watu (mtu); *look* ~ *to*, tazamia (kwa furaha) jambo litakalokuja baadaye; *carriage* ~, taz. *carriage*.

foster ['fostə*] *v.t.* lea; chunga; kuza. **~-parent** (-*mother*, -*father*) *n.* baba wa kulea; mama wa* kunyonyesha. **~-brother** (-*sister*) *n.* ndugu wa kunyonya.

fought *past tense & p.p.* ya *fight*.

foul [faul] *adj.* (1) -a kuchukiza; -a kunuka (kuonja) vibaya; -chafu. (2) -ovu; -a kusema matusi; (kwa tabia ya hewa) -a dhoruba. (3) ~ *play*, kucheza kwa jinsi isiyo halali. — *adv. fall* (*run*) ~ *of*, (kwa merikebu) pambana na; (*fig.*) gombana na. — *v.t. & i.* (1) chafua; chafuka. (2) (kwa merikebu) pambana na; (kwa nanga, minyororo, nyavu, &c.) tatika; tatana.

¹ **found** *past tense & p.p.* ya *find*.

² **found** [faund] *v.t.* (1) weka msingi wa. (2) anzisha (kwa kusaidia kwa fedha, &c.): ~ *a new school*, anzisha chuo kipya. **~ation** *n.* (1) kuweka msingi wa; kuanzisha; mali wakf. (2) (huwa *pl.*) misingi. **~er** *n.* mwenye kuanzisha.

fount [faunt] *n.* (1) (*poet.*) chemchemi; kisima; jicho la maji. (2) mkusanyo wa alama za risasi za mpiga chapa.

fountain ['fauntin] *n.* chemchemi; bomba la kurusha maji juu kwa nguvu. **~-pen** *n.* kalamu ya wino yenye kuweka wino ndani.

four [fo:*] *n. & adj.* 4, nne; -nne. *on all* ~*s*, kwa kutambaa. **~score** *adj.* themanini. **~teen** [fo:'ti:n] *n. & adj.* arobatashara; kumi na nne.

fowl [faul] *n.* (1) (la zamani) ndege yo yote. (2) kuku.

fox [foks] *n.* mnyama kama mbweha. **~-hound** *n.* mbwa wa kuwindia ~. **~-trot** *n.* namna ya ngoma ya kucheza.

fraction ['frakʃn] *n.* (1) sehemu ndogo au kipande. (2) mkato; tarakimu isiyo kamili (*e.g.* ⅓, ⅔, 0·76).

fracture ['fræktʃə*] n. mvunjo: *He has a ~ of the leg,* amevunjika mguu. — *v.t. & i.* vunja; vunjika.

fragile ['frædʒail] adj. -a kuvunjika upesi. **fragility** [frə'dʒiliti] n.

fragment ['frægmənt] n. kipande; sehemu.

fragrant ['freigrənt] adj. -enye harufu nzuri. **fragrance** n.

frail [freil] adj. dhaifu; goigoi; -a kuvunjika upesi.

frame [freim] n. (1) mbao; miti; kiunzi. (2) mwili. (3) kiunzi. (4) ~ *of mind,* hali ya akili; nia. — *v.t. & i.* (1) fanya; tengeneza. (2) zungushia mbao, (chuma, &c.). ~**work** n. mjengo; kiunzi; jukwaa.

franc [fræŋk] n. sarafu ya Kifaransa, ya ki-Belgium, ya ki-Switzerland.

franchise ['fræntʃaiz] n. uhuru; ruhusa au hak ya kuchagua mtu wa baraza.

¹**frank** [fræŋk] adj. -nyofu; -a kusema (kuonyesha) kweli.

²**frank** [fræŋk] v.t. ~ *a letter,* tia sahihi (barua) ipelekwe bure.

frankincense ['fræŋkinsens] n. ubani; buhuri.

frantic ['fræntik] adj. kama -enye wazimu (kwa sababu ya maumivu, hasira, majonzi, &c.).

fraternal [frə'tə:nl] adj. -a ndugu; -a kidugu. **fraternity** [frə'tə:niti] n. (1) udugu. (2) chama, shirika, jamii (ya watu wenye hali moja). **fraternize** ['frætənaiz] v.i. fanya urafiki.

fraud [fro:d] n. (1) udanganyifu hata kuvunja sheria. (2) mtu (au kitu) adanganyaye. ~**ulent** ['fro:djulənt] adj.

¹**fray** [frei] n. pigano; shindano.

²**fray** [frei] v.t. & i. (kwa kitambaa, kamba, &c.) chakaza, haribu kwa kusugua; chakaa; chanika.

freak [fri:k] n. (1) shauri, tendo, jambo la kigeni, lisilo la kawaida; mtu ambaye fikira zake ni za kigeni si za kawaida. (2) kiumbe kigeni cha ajabu (*e.g.* kondoo mwenye miguu mitano). ~**ish** adj. -sio -a kawaida.

free [fri:] adj. (1) (kwa nchi) -enye kujitawala; -enye desturi ya serikali iruhusuyo kila raia mmoja kupata haki yake. (2) (kwa mtu) -sio hadimu; -siofungwa; -enye hiari. (3) (kwa vitu) -siofungwa; -siozuiwa: *have* (*give sb.*) *a ~ hand,* -wa na nafasi; fanya upendavyo; *the F. Churches* yaani *nonconformists.* (4) bila kulipa, bure: *a ~ port,* bandari ya kutumika na wote bila kutozwa kodi wala ushuru. (5) (kwa mahali au wakati) wazi; (kwa mtu) pasipo kazi, -enye faragha. (6) (kwa kufasiri) -a kufasiri maana ya fikira za fungu zima la maneno si ya kila neno moja. (7) *be ~ with,* (fedha, &c.) -wa -paji. *make ~ from,* (*error, blemish, &c.*) -wa pasipo (kosa, ila, &c.). (8) ~ *fight,* pigano ambalo ye yote ana ruhusa kuingia. ~ *will,* hiari ya kufanya upendavyo. — *v.t.* (*freed*) weka huru. ~**dom** n. uhuru. ~-**hand** adj.(kwa kuandika picha) -liofanywa kwa mkono bila kusaidiwa kwa rula wala bikari. ~-**handed** adj. -karimu, -paji. ~**hold** n. shamba (kiwanja, &c.) lisilopasiwa kodi au ushuru, mali hasa ya mwenyewe. ~**ly** adv. bila kuzuiwa, kwa unyofu. ~-**man** n. mtu asiye mtumwa; mwungwana wa mji. ~-**mason** n. mwana wa chama kimojawapo cha kusaidiana, kieneacho sana dunjani, chenye utaratibu maalum ya siri. ~ **thinker** n. mtu asiyekubali mwongozo wa vitabu vya dini ashikiliaye nia yake mwenyewe katika mambo ya dini. (vile vile kuna ~ *thought*).

freeze [fri:z] v.i. & t. (*froze* [frouz], *frozen*) (1) *be freezing,* -wa baridi sana hata kugandisha maji kuwa barafu. (2) (kwa maji) ganda kwa baridi hata kuwa barafu; (kwa vitu vingine) ganda au kuwa -gumu kwa baridi. (3) fanya baridi; fanya -gumu: *frozen roads,* barabara zilizofanywa gumu kwa baridi; ~ *the blood,* tisha sana. **freezing-point** n. kiasi cha baridi kigandishacho maji kuwa barafu.

freight [freit] n. nauli itozwayo kwa kuchukua bidhaa kutoka mahali hata mahali pengine; shehena. ~**er** n. meli ya kuchukua shehena si abiria.

frenzy ['frenzi] n. wazimu.

frequent ['fri:kwənt] adj. -a mara nyingi; -ingi; -a siku zote. — *v.t.* [fri'kwent] enda (mahali) mara nyingi; zoea kwenda (kukaa, kuzuru) kwa wingi. ~**ly** adv. mara nyingi. **frequency** ['fri:kwənsi] n.

FRESH [108] **FUMBLE**

kufanyika mara kwa mara; kadiri ya kufanyika.

fresh [freʃ] *adj.* (1) -bichi; -pya. (2) -pya au -ingine. (3) (kwa chakula) -tamu, -siotiwa chumvi; (kwa maji) -tamu; (kwa uso wa mtu) safi, -enye afya nzuri; (kwa tabia ya hewa) baridi. ~ *air*, hewa safi ya nje. ~**ly** *adv.* ~**ness** *n.*

fret [fret] *v.t. & i.* (*-tt-*) (1) chokoza; sumbuka. (2) -la; chakaza. ~**ful** *adj.* -tukutu; -a kunung'unika.

friction ['frikʃn] *n.* (1) kusugua, hasa iwapo nguvu hupotea bure. (2) mabishano.

Friday ['fraidi] *n.* Ijumaa. *Good F.,* Ijumaa Kuu.

friend [frend] *n.* (1) rafiki: *make~s with*, patana na; fanyiana urafiki. (2) (*F.*) mwana wa chama cha Marafiki, yaani *Quakers*. ~**ly** *adj.* ~**liness** *n.* urafiki; upole. ~**ship** *n.* urafiki.

frigate ['frigit] *n.* manowari ya zamani ya matanga iliyokwenda upesi; (la sasa) manowari ndogo nyepesi ya kulinda meli kubwa.

fright [frait] *n.* (1) hofu kubwa ya mshtuko: *give sb. a* ~, shtusha fulani. (2) (*colloq.*) mtu au kitu kama mzaha. ~**en** *v.t.* ogofya; shtusha. ~**ful** *adj.* (1) -a kuogofisha; -a kuchukiza. (2) (*colloq.*)-siopendeza; -siofaa. ~**fully** *adv.* sana.

frigid ['fridʒid] *adj.* (1) baridi. (2) si -kunjufu; baridi. ~**ity** [fri'dʒiditi] *n.* ~**dire** ['fridʒidee*] *n.* barafu.

frisk [frisk] *v.i.* rukaruka, chezacheza (kama watoto au wana mbuzi, &c.). ~**y** *adj.* tayari kurukaruka, &c.; -epesi, -a kwenda mbio.

frivolous ['frivələs] *adj.* hafifu au pasipo maana; (kwa watu) -puzi.

frivolity [fri'voləti] *n.*

frog [frog] *n.* chura.

frolic ['frolik] *v.i.* (*-cked*) cheza. — *n.* mchezo; mzaha. ~**some** *adj.*

from [from, frəm] *prep.* kwa; katika; toka.

front [frʌnt] *n.* (1) (upande wa) mbele. (2) (kwa vita) nchi au mahali pa kupigania. (3) barabara ukingoni mwa mji iliyo kando ya bahari au mto mkubwa. (4) *put on* (*show*) *a bold* ~, jionyesha kuwa huna hofu. — *v.t. & i.* kabili; kabiliana na. ~**age** *n.* upande wa mbele (wa nyumba, shamba) hasa wa kuelekea barabarani, mtoni. ~**al** ['frʌntl] *adj.* -a mbele.

frontier ['frʌntjə*] *n.* mpaka.

frontispiece ['frʌntispiːs] *n.* picha mwanzo wa kitabu.

frost [frost] *n.* (1) tabia ya hewa baridi chini ya *freezing-point* ya maji. (2) vipande vidogo vya theluji vifunikavyo ardhi, nyumba, mimea, &c. kama vumbi jeupe. (3) (*colloq.*) jambo likosalo kutokea kama ulivyotumaini; ukosefu. ~**bite** *n.* maumivu ya kiungo cha mwili yaletwayo kwa ~'.

froth [froθ] *n.* (1) povu. (2) maneno ya upuzi.

frown [fraun] *v.i.* kunja (finya) uso au kipaji. ~ *on*, chukia. — *n.* uso wa kukunjamana.

froze(n), taz. *freeze*.

frugal ['fruːgl] *adj.* (1) -wekevu (hasa kwa chakula). (2) -a kiasi. ~**ly** *adv.* ~**ity** [fruː'galiti] *n.*

fruit [fruːt] *n.* (1) sehemu ya mmea yenye mbegu; (hasa) tunda tamu la chakula (*e.g.* machungwa, ndizi). (2) (*fig.*) faida; mapato; chumo. — *v.i.* (kwa miti na mimea) zaa. ~**erer** ['fruːtərə*] *n.* mwuzaji wa matunda. ~**ful** *adj.* -zazi; (*fig.*) -a faida; -a kufaa. **fruition** [fruː'iʃn] *n.* uchumi; matumizi. ~**less** *adj.* pasipo matunda; bure; -siofaa.

frustrate [frʌs'treit] *v.t.* zuia mtu asifanye atakavyo. **frustration** *n.*

fry [frai] *v.t. & i.* kaanga; kaangwa.

fuel [fjuəl] *n.* kitu cha kuchoma kwa kuwasha moto au kuendesha gari, &c., (*e.g.* kuni, makaa, mafuta).

fugitive ['fjuːdʒitiv] *n. & adj.* mtoro; -toro.

fulcrum ['fʌlkrəm] *n.* egemeo la wenzo.

fulfil [ful'fil] *v.t.* (*-ll-*) timiza; timiliza; tekeleza. ~**ment** *n.*

A fulcrum

full [ful] *adj.* (1) -enye kujaa; -liojaa; -enye tele. (2) -zima; -ote. ~ *face*, (kinyume cha uso toka upande) uso duara kutoka mbele; *in* ~, -ote; *to the* ~, kabisa; *at* ~ *speed*, upesi uwezavyo. — *adv.* kamili: ~*-grown*, (kwa watu, wanyama, mimea) -zima; ~*-blown*, (kwa maua) -pevu. ~**y** *adv.*

fumble ['fʌmbl] *v.t. & i.* papasa; shikashika kwa vidole vizito.

fume [fju:m] *n.* (huwa *pl.*) moshi, mvuke wa kunuka sana. — *v.i. & t.* (1) toa moshi huo. (2) kasirika.

fumigate ['fju:migeit] *v.t.* fukiza moshi wenye dawa; takasa kwa fukizo.

fun [fʌn] *n.* mchezo; *make ~ of, poke ~ at,* fanyia mzaha.

function ['fʌŋkʃn] *n.* (1) kazi maalum ya mtu au kitu. (2) tamasha. — *v.i.* fanya kazi, fanya. ~al *adj.* ~ary *n.* mwenye kuamriwa kazi fulani; mtu wa serikali.

fund [fʌnd] *n.* (1) akiba (ya vitu visivyoonekana vya kuwazika tu): *a ~ of common sense,* akiba ya (au wingi wa) akili. (2) (vile vile hutumika kwa *pl.*) akiba ya fedha kwa kusudi maalum: *public ~s,* hazina ya serikali.

fundamental [,fʌndə'mentl] *adj.* -a asili; -kubwa.

funeral ['fju:nərəl] *n.* maziko.

fungus ['fʌŋgəs] *n.* ukungu; kuvu.

funk [fʌŋk] *n.* (*colloq.*) (1) hofu kubwa: *in a ~.* (2) mwoga. — *v.i. & t.* ogopa.

funnel ['fʌnl] *n.* (1) mrija. (2) bomba; dohani.

funny ['fʌni] *adj.* (1) -a kuchekesha. (2) -geni; ajabu; -gumu kufahamika. ~**bone** *n.* mfupa mmoja wa kiko cha mkono.

fur [fə:*] *n.* (1) manyoya ya wanyama (kama paka au sungura). (2) ngozi ya wanyama yenye manyoya hayo itumikayo kwa mavazi. (3) utando wa ulimi au wa ndani ya birika. ~**red** *adj.* -liofunikwa kwa ~³. ~**ry** *adj.* -a manyoya au kama manyoya.

furious ['fjuəriəs] *adj.* -a ghadhabu.

furlong ['fə:lɔŋ] *n.* yadi 220.

furlough ['fə:lou] *n.* ruhusa ya kupumzika (hasa ya Wa-*Mission,* wa serikali, askari walio katika nchi za kigeni: *six months ~,* ruhusa (livu) ya miezi sita.

furnace ['fə:nis] *n.* (1) joko. (2) kalibu; tanuu.

furnish ['fə:niʃ] *v.t.* toa; patia; pamba (nyumba, *&c.*). **furniture** ['fə:nitʃə*] *n.* pambo la nyumba, vyombo, vifaa, zana.

furrow ['fʌrou] *n.* mfuo; mfereji; kunjo la uso. — *v.t.* fanya mifuo (katika).

further ['fə:ðə*] *adv.* (1) -a mbele (ya wakati): *cf. farther* kwa mahali. (2) tena; juu ya hayo. — *adj.* -a zaidi. — *v.t.* saidia; endeleza. **furthest** *adj. & adv.* mbali kabisa (kwa wakati). ~**more** *adv.* zaidi; tena. ~**most** *adj.* = *furthest.*

furtive ['fə:tiv] *adj.* (kwa vitendo) -a siri; -a hila; (kwa mtu) -siotaka kuonwa.

fury ['fjuəri] *n.* ghadhabu kali; mwanamke aliyeghadhabika.

fuse [fju:z] *v.t. & i.* yeyusha kwa joto kali sana; yeyuka hivyo; (kwa duara ya elektrisiti) vunjika kwa kuyeyuka kwa ~; ungana; changamana. — *n.* (1) (kwa duara ya elektrisiti) uzi mfupi uyeyukao na kuvunja duara ikiwa ila hupatwa ndani yake. (2) fataki.

fuselage ['fju:zila:ʒ] *n.* kiunzi cha eropleni.

fusion ['fju:ʒn] *n.* mchanganyiko wa vitu mbalimbali viwe kitu kimoja: *the ~ of copper and tin,* mchanganyiko wa shaba nyekundu na bati.

fuss [fʌs] *n.* udhia; makelele (hasa juu ya mambo madogo). — *v.i. & t.* shughulika shughulika; sumbua. ~**y** *adj.* -sumbufu; -a kushughulika-shughulika katika mambo madogo.

futile ['fju:tail] *adj.* -siofaa; -a bure. **futility** [fju:'tiliti] *n.*

future ['fju:tʃə*] *n. & adj.* wakati ujao; -a baadaye; -takaokuja. *for the ~,* baadaye; tangu leo. **futurity** [fju:'tjuəriti] *n.* wakati ujao; jambo litakolokuja.

G

gabble ['gabl] *v.t. & i.* sema upesi bila kutamka vizuri maneno. — *n.* mapayo.

gable [geibl] *n.* paa; *a ~ roof,* paa la mgongo.

gadget ['gadʒit] *n.* chombo cha kazi; kidude.

gag [gag] *n.* (1) kizibo cha kinywa. (2) maneno au matendo yaongezwayo na *actor* (mchezaji wa *theatre*; mzaha baina ya wachezaji wa *theatre.*

gaiety, gaily, taz. *gay.*

gain [gein] *v.t. & i.* (1) pata (kitu utakacho): *~ one's living,* pata riziki au uchumi; *~ time,* jipatia bahati kwa kukawia. (2) endelea; kua. (3) ~ (*up*)*on,* patia; shinda. — *n.* mapato; maendeleo; faida. ~**ful** *adj.* -a kuleta faida.

gait [geit] *n.* mwendo.

gale [geil] *n.* upepo mwingi; dhoruba.

gallant ['gælənt] *adj.* (1) -shujaa. (2) -zuri: *a ~ ship*, merikebu nzuri. — *n.* [gə'lænt] kijana mmalidadi, hasa ajipendekazaye kwa wanawake. **~ry** ['gæləntri] *n.* (1) ushujaa. (2) maneno, matendo, *&c.* ya ~; kujipendekeza kwa wanawake.

gallery ['gæləri] *n.* (1) nyumba ya kuonyesha kazi za sanaa. (2) watu wakaao katika mbao za orofa ya juu katika *theatre. play to the ~*, jipendekeza kwa watu wasio na akili nyingi. (3) roshani. (4) njia iendayo sawasawa katika mashimo ya kuchimbuliwa mawe.

gallon ['gælən] *n.* kipimo cha Kiingereza kadiri ya pishi mbili.

gallop ['gæləp] *v.i.* enda (piga) shoti.

gallows ['gælouz] *n.* mti wa kunyongea watu waliohukumiwa kufa kwa sheria. **~-bird** *n.* mtu mwovu astahiliye kunyongwa.

galore [gə'lɔ:*] *adv.* kwa wingi.

gamble ['gæmbl] *v.i. & t.* cheza kamari; cheza michezo kama karata kwa fedha; bahatisha; busu (*colloq.*). —*n.* jambo (mchezo) la kubahatisha. **~r** *n.*

game [geim] *n.* (1) mchezo, hasa wenye kawaida zake (*e.g. tennis, football*). *play the ~*, fuata kawaida; (*fig.*) -wa amini. (2) (*pl.*) mashindano ya michezo: *the Olympic Games*. (3) hesabu itakiwayo katika mchezo ili kushinda. (4) hila; shauri; *making ~ of them*, kuwafanyia mzaha; *the ~ is up*, shauri limeshindwa. (5) (*collective*) wanyama (ndege) wa kuwinda. *big ~*, wanyama kama tembo, simba, nyati, *&c.* **~keeper** *n.* mlinzi wa wanyama wa kuwindā. **~ licence** *n.* cheti cha ruhusa ya kupiga wanyama.

gander ['gændə*] *n.* bata dume la Bukini.

gang [gæŋ] *n.* kundi la wapagazi, watumwa, wafungwa, watu waovu, wafanyao kazi pamoja.

gangway ['gæŋwei] *n.* ujia; ubao wa kuingilia melini.

gangrene ['gæŋgri:n] *n.* kioza cha sehemu ya mwili.

gaol [dʒeil] *n.* (= *jail*) gereza. **~-bird** *n.* mfungwa aliyefungwa mara nyingi. **~er** *n.* mlinzi wa gereza.

gap [gæp] *n.* (1) nafasi katika ukuta, kitalu, *&c.* (2) nafasi; hitilafu (ya mawazo, mashauri, *&c.*).

gape [geip] *v.i.* achama; piga miayo; pumbaa. — *n.* mwayo.

garage ['gɑrɑ:ʒ] *n.* banda la kuwekea motakaa; kiwanda cha kutengenezea motakaa.

garb [gɑ:b] *n.* (desturi ya) kuvaa mavazi maalum: *in clerical ~*, katika mavazi ya kipadre. — *v.t.* (hutumika zaidi kwa *passive*): *~ed as a sailor*, -liovaa mavazi ya kibaharia.

garble ['gɑ:bl] *v.t.* teua vibaya katika (maneno, mambo, *&c.*) ili kudanganya wasomaji au wasikilizao: *a ~d version of a story*, mateuzi ya hadithi yenye kudanganya watu.

garden ['gɑ:dn] *n.* (1) bustani; shamba la maua au la mboga. (2) (kwa *pl.*) bustani kubwa kwa maburudisho ya watu wote. **~er** *n.* mlimaji bustani.

gargle ['gɑ:gl] *v.t. & i.* sukutua kooni. — *n.* dawa ya kusukutua.

garland ['gɑ:lənd] *n.* shada la maua.

garlic ['gɑ:lik] *n.* kitunguu saumu.

garment ['gɑ:mənt] *n.* vazi; vao; nguo.

garrison ['gærisn] *n.* askari walinzi wa mji, ngome, au boma. — *v.t.* tia askari hawa.

garrulous ['gæruləs] *adj.* -enye maneno mengi. **garrulity** [gæ'ru:liti] *n.*

garter ['gɑ:tə*] *n.* ukanda wa kuzuia soksi.

gas [gæs] *n.* (1) mvuke; kitu kama hewa au mvuko mwembamba. (2) (hasa) mvuke wa makaa ya mawe utumiwao kwa kuwaka kuleta nuru na joto la kupikia; *laughing ~*, mvuke wa kuchekesha, hutumiwa sana na madaktari ya meno ili mtu aking'olewa jino asione maumivu. (3) (*colloq. U.S.A.*) = *gasolene* yaani *petrol*. — *v.t.* (1) sumisha kwa namna ya hewa mbaya. (2) payapaya. **~-bag** *n.* (*colloq.*) mpayapaya. **~eous** ['geisiəs] *adj.* -a kama ~. **~ometer** [gæ'sɔmitə*] *n.* tangi kubwa la mviringo la kuwekea ~, siku hizi huitwa **~-container**.

gash [gæʃ] *n.* tojo, jeraha ndefu. — *v.t.* kata jeraha ndefu (katika).

gasolene ['gæsəli:n] *n.* (*U.S.A.*) *petrol*.

gasp [ga:sp] *v.i. & t.* tweta; vuta pumzi kwa shida. — *n.* kuvuta pumzi kwa shida kwa sababu ya kuumiwa, kushtuka, *&c.* (be) *at one's last ~,* choka kabisa; gharighari ya kufa.

gastric ['gastrik] *adj.* -a tumbo.

gate [geit] *n.* (1) mlango; lango. (2) hesabu ya watu walipao fedha kutazama mchezo (*e.g. football*) kiwanjani. ~**way** *n.* lango.

gather ['gaðə*] *v.t. & i.* (1) kusanya; kusanyika. (2) chuma (maua, *&c.*). (3) fahamu. *What did you ~ from his statement?* Ulifahamu nini kwa maneno yake? (4) kunja. (nguo, paji la uso). (5) tunga (fanya) usaha. ~**ing** *n.* mkutano; kusanyiko.

gaudy ['go:di] *adj.* -shaufu; -a urembo mwingi.

gauge [geidʒ] *n.* (1) kipimio; kipimo (unene, upana). (2) nafasi baina ya reli za relwe au baina ya gurudumu za gari la moshi; unene wa uzi, bati, *&c.*; unene wa risasi ya bunduki, *&c.* (3) chombo cha kupimia (*e.g.* mvua, nguvu ya upepo, unene, *&c.*), wa vyombo vya kazi, wa uzi, *&c.*) — *v.t.* pima; kadirisha.

gaunt [go:nt] *adj.* -embamba sana.

gauze [go:z] *n.* shashi, nguo nyembamba sana ya kupenya nuru; waru wa nyuzi kama chandalua.

gave, *taz. give.*

gay [gei] *adj.* -a furaha; -changamshi. **gaily** *adv.* **gaiety** ['geiəti] *n.* furaha; shangwe.

gaze [geiz] *v.i. & n.* kazia macho; tazama.

gazelle [gə'zel] *n.* mnyama paa, swala, *&c.*

gazette [gə'zet] *n.* karatasi (gazeti) yenye matangazo ya serikali.

gazetteer [,gazi'tiə*] *n.* kamusi ya majina ya jiografia.

gear [giə*] *n.* (1) vyombo au vifaa kwa kazi maalum: *hunting ~,* vifaa vya kuwindia; *steering ~,* usukani; *the landing ~ of an aircraft,* chombo chenye magurudumu cha kuwezesha eropleni kutua na kuruka vizuri.

Gear wheels

(2) matengenezo ya magurudumu yenye meno ya kuendesha mashini. *in ~,* matengenezo yaendeshayo yameingiana; *out of ~,* matengenezo yaendeshayo yametengana. *high ~,* matengenezo ya kuendesha mashini upesi; *low ~,* hutumika kwa kuanzisha mashini na kwa kupanda kilima.

geese, *taz. goose.*

gem [dʒem] *n.* (1) kito cha thamani, johari. (2) kitu kipendwacho sana kwa sababu ya uzuri wake.

gender ['dʒendə*] *n.* jinsi (kwa kuwa kiume au kike). *feminine ~,* -a kike; *masculine ~,* -a kiume; *neuter ~,* si -a kike wala -a kiume.

general ['dʒenrəl] *adj.* (1) -a vitu vyote; -a mambo yote; -a watu wote; si maalum; si -a upekee: *a matter of ~ interest,* jambo la kuhusu watu wote; *~ knowledge,* maarifa juu ya mambo ya duniani; *a ~ practitioner,* dakitari atabibiaye magonjwa yote; *as a ~ rule,* kwa kawaida; *in ~,* mara nyingi. (2) -a kudokeza; -a juujuu tu. (3) (baada ya cheo cha mtu wa serikali) -kuu, *e.g. inspector ~.* — *n.* jemadari. ~**issimo** [,dʒenrə'lisimou] *n.* jemadari mkuu wa majeshi yote ya askari na mabaharia. ~**ity** [,dʒenə'raliti] *n.* (1) kawaida. (2) hali ya kuwa -'. ~**ize** ['dʒenrəlaiz] *v.i. & t.* hukumu baada ya kufikiri mambo yote; toa habari ya kuhusu mambo mengi. ~**ization** [,dʒenərəlai'zeiʃn] *n.* ~**ly** ['dʒenrəli] *adv.* mara nyingi; kwa kawaida.

generate ['dʒenəreit] *v.t.* fanyiza; tokeza; leta; zaa: *~ heat,* tokeza joto. *~ bitter feelings,* leta uchungu. **generation** [,dʒenə'reiʃn] *n.* (1) kuzaa; kufanyiza, *&c.* (2) kizazi: *three ~s,* vizazi vitatu (baba na mwanawe na mjukuu). (3) watu wa wakati fulani: kizazi. (4) kadiri ya miaka thelathini. **generator** ['dʒenəreitə*] *n.* mashini au chombo kifanyiza cho nguvu ya mvuke, elektrisiti, *&c.*

generous ['dʒenərəs] *adj.* (1) karimu; -paji; -ema; -zuri. (2) -ingi; -enye kutoa nyingi.

genesis ['dʒenisis] *n.* asili; mwanzo.

genetics [dʒi'netiks] *n.* elimu ya tabia zirithishwazo.

genial ['dʒi:niəl] *adj.* (1) -kunjufu;

-changamfu. (2) (kwa tabia ya hewa) -a joto; -a kuleta mavuno mengi. ~ity [ˌdʒɪniˈaliti] n. hali ya kuwa ~.

genitive [ˈdʒenɪtɪv] n. & adj. jinsi ya *noun, pronoun, adjective*, kujulisha -enyewe.

genius [ˈdʒi:njəs] n. (1) (mtu mwenye) akili halisi. (2) welekevu au ustadi wa taifa, wa muhula, wa desturi, wa lugha, &c. (3) mtu (au pepo) mwenye kuongoza mtu mwingine.

genteel [dʒenˈti:l] adj. (1) (la zamani) -a kiungwana. (2) (la siku hizi hutumika mara nyingi kama dhihaka) -enye kuiga msemo, desturi za waungwana. **gentility** [dʒenˈtɪlɪtɪ] n.

Gentile [ˈdʒentaɪl] n. & adj. si Myahudi.

gentle [ˈdʒentl] adj. (1) -pole; -ema; si -enye nguvu wala ukali. (2) (kwa mtelemko) -a kuinuka polepole si ghafula. (3) (kwa ukoo wa watu) -a cheo cha kiungwana. ~**folk** n. pl. waungwana. ~**man** n. mwungwana; (matumizi ya *genteel* yaliyo sawa na) *man*; (la zamani) mtu mwenye mali asiye na haja ya kufanya kazi. ~**manly** adj. -a adabu; -a kiungwana. ~**woman** n. mwanamke wa kiungwana. **gently** adv. kwa upole. **gentry** [ˈdʒentrɪ] n. watu waungwana wasio wa daraja bora (*nobility*).

genuine [ˈdʒenjuɪn] adj. -a kweli; halisi.

genus [ˈdʒi:nəs] n. (pl. *genera* [ˈdʒenərə]). (1) (*science*) aina, jinsi, ya wanyama au ya mimea iliyo ndogo kuliko jamii (*family*): *genus Homo*, binadamu. (2) jinsi; namna.

geography [dʒɪˈogrəfɪ] n. elimu ya habari za dunia. **geographic(al)** [dʒɪəˈgrafɪk(l)] adj.

geology [dʒɪˈolədʒɪ] n. elimu ya habari za mawe, udongo na uso wa dunia, kujua jinsi zilivyofanyika. **geologist** n. mtu atafutaye habari za mawe, &c. **geological** [dʒɪəˈlodʒɪkl] adj.

geometry [dʒɪˈomətrɪ] n. elimu ya mistari na maumbo **geometric(al)** adj.

germ [dʒəm] n. (1) mimba; mbegu; yai; (fig.) asili ya fikira au ya shauri. (2) kijidudu yaani mikrobu, yenye kuleta ugonjwa. ~**icide** [ˈdʒə:mɪsaɪd] n. dawa inayoweza kuua *germ*. ~**inate** [ˈdʒə:mɪneɪt] v.t. & i. (kwa mbegu) anza kukuza; anza kukua. ~**ination** n.

gesticulate [dʒesˈtɪkjuleɪt] v.i. onyesha maana katika kusema au badala ya kusema kwa kupunga mikono.

gesture [ˈdʒestʃə*] n. kutikisa mkono au kichwa kwa kueleza fikira, maono, &c.; kitendo au neno kwa kuonyesha shauri.

get [get] v.t. & i. (*got* [got]) (1) pata; nunua; chuma; leta; pewa; pokea; fahamu, tambua (maana ya maneno yaliyosemwa au yaliyoandikwa). (2) pata kuwa; geuka; fanya kuwa; fanyiza. ~ *tired*, choka; ~ *a door open*, shindua mlango (baada ya kufanya jitihadi); ~ *sb. elected*, fanya mtu kuchaguliwa na watu. (3) fika, enda mahali fulani; fikisha; peleka: ~ *home*, fika nyumbani; ~ *the children to bed*, peleka watoto kitandani. (4) *catch* (*disease*); *suffer*; *experience*; patwa; ugua; sikia; ona: ~ *a shock*, sikia (ona) msiba. (5) fanya + *passive*. nyolewa nywele au ndevu; ~ *one's hair cut or beard shaved*. (6) fikisha; shawishi kuja; alika: ~ *the doctor to come tomorrow*, alika dakitari kuja kesho. (7) (pam. na adv. na prep.). ~ *about* (kwa habari, &c.) cf. spread, enea; (kwa watu) safiri; ~ *sth. across*. (*colloq.*) fahamisha; pokeza; ~ *along*, endelea; ~ *on with one's neighbours*, sharikiana na jirani; ~ *at*, fikia; cf. find out, vumbua; (*colloq.*) -pa rushwa; ~ *away* (*with*); cf. escape, okoka; pona; ~ *by heart*, jifunza kwa moyo; ~ *in*, cf. arrive, fika; wasili; ~ *in*, cf. be elected, chaguliwa; ~ *sth. in*, cf. collect (e.g. debts, crops), kusanya; vuna; ~ *off*, cf. start; *escape punishment*: anza; pona; ~ *on*, endelea; karibia: *the time is ~ting on for four o'clock*, saa inakaribia saa kumi; ~ *out of*, cf. avoid, epukana na; cf. give up (a habit), acha desturi; ~ *over*, cf. overcome, shinda; cf. recover from (an illness, &c.), pona; cf. finish (a task) maliza (kazi); ~ *round* (a rule, &c.) cf. evade, epua; ~ *round sb.*, bembeleza; ~ *through*, cf. pass (an examination), faulu (mtihani); cf. reach the end of (work, money, &c.),

GEYSER [113] **GIVE**

maliza, kazi; tumia fedha zote; ~ to (work, business, &c.), anza; ~ to know, fanya urafiki na; ~ up, simama; ondoka kitandani; (wa upepo) vuma sana; ~ up to, cf. reach, fikia; ~ up to mischief, -wa -tundu; ~ sth. up, tengeneza kwa onyesho; tengeneza. (8) (kwa p.t.) have got to = must, paswa. have not got to, si kupaswa. ~-at-able [get'atəbl] adj. -a kufikika. ~-up n. sura ya fulani; (colloq.) mavazi: Mrs. S. came in a new ~-up, Mrs. S. alikuja amevaa mavazi mapya.

geyser ['gaizə*] n. (1) chemchemi (bubujiko) ya maji ya moto yarukayo juu sana kwa vipindi. (2) ['gi:zə*] chombo cha kupasha moto maji ya kuoga, &c., hasa kwa kutumia nguvu za hewa ya gas au elektrisiti.

ghastly ['ga:stli] adj. (1) kama kifu; -eupe tena -gonjwa: He was looking ~, alionekana kuwa mweupe tena mgonjwa. (2) -a kutisha; -a kuchukiza; -baya mno: a ~ accident, ajali mbaya mno.

ghost [goust] n. (1) pepo; kizuka. (2) (la zamani) roho: give up the ~, yaani die, kata roho. The Holy G., Roho Mtakatifu. (3) not the ~ of an opportunity hakuna nafasi hata kidogo.

giant ['dʒaiənt] n. (1) (katika hadithi za vizimwi) jitu. (2) mtu, mnyama (au mmea) aliye mkubwa sana kuliko kawaida. (3) (attrib.) -kubwa sana.

gibber ['dʒibə*] v.i. tatarika; payapaya. ~ish n. maneno, au sauti, ya kupayapaya.

gibe [dʒaib] v.i. dharau; fanyia mzaha. — n. dharau; mzaha.

giddy ['gidi] adj. (1) -a kizunguzungu. (2) -puzi; -a kujitia katika mazungumzo (michezo, &c.) kuliko kazi.

gift [gift] n. (1) zawadi. (2) akili; nguvu: a person with a ~ for foreign languages, mtu mwenye akili kwa kujifunza lugha za kigeni.

gigantic [dʒai'gantik] adj. -kubwa kabisa.

giggle ['gigl] v.i. & n. cheka kipumbavu; mcheko wa kipumbavu.

gild [gild] v.t. paka dhahabu; chovya katika maji ya dhahabu; pamba. **gilt** [gilt] adj. = ~ed:

gilt-edged paper. gilt-edged securities⁸, hati za kujipatia fedha ambazo hakuna hatari yo yote kuwa hutapata faida. — n. angi ya kupakia, &c.

¹**gill** [gil] n. shavu la samaki.

²**gill** [dʒil] n. kipimo kadiri ya robo pint.

gilt, taz. gild.

gimlet ['gimlit] n. chombo kidogo cha kutobolea.

¹**gin** [dʒin] n. namna ya kileo cheupe rangi ya maji.

²**gin** [dʒin] n. (1) mtambo wa kuchambulia pamba. (2) mtego wa wanyama. — v.t. (-nn-) chambulia pamba katika mtambo¹.

ginger ['dʒindʒə*] n. (1) tangawizi. (2) rangi ya hudhurungi nyekundu. (3) (colloq.) bidii; nguvu. — v.t. ~ up, ongeza nguvu.

gingerly ['dʒindʒəli] adj. & adv. kwa hadhari sana.

giraffe [dʒi'ra:f] n. twiga.

girder ['gə:də*] n. boriti; mhimili (ubao au chuma).

girdle ['gə:dl] n. (1) mshipi; ukanda. (2) kitu kizungukacho. — v.t. zunguka.

girl [gə:l] n. msichana.

gist [dʒist] n. the ~ of (sb.'s remarks) kiini cha (maneno ya mtu), maana hasa.

give [giv] v.t. & i. (gave [geiv], given ['givn]) (1) toa, pa. (2) (pam. na adv. & prep. kwa matumizi maalum). ~ sth. away, fumbua siri; ~ sb. away, haini; ~ the bride away, oza bibi arusi; ~ in, shindwa, acha kujitahidi; ~ out, (kwa akiba, &c.) -isha tumiwa -ote; ~ (sth.) out, tangaza; eneza; ~ over, acha kufanya; ~ up, acha kufanya; acha (desturi); toa au acha kwa mwingine, e.g. ~ up your seat to a lady, mwachia kiti chako mwanamke (ili akae badala yako). (3) (pam. na majina, nouns) ~ a laugh, cheka; toa mcheko: ~ a groan, piga kite; toa mlio wa huzuni, &c.: ~ a push, sukuma kidogo; ~ a hand, saidia; ~ evidence of, jionyesha kuwa na; ~ ground, (kwa askari katika kupigana) rudi nyuma; ~ rise to, anzisha; ~ way (kwa kamba, theluji, jukwaa) pasuka; vunjika; (kwa jeshi la askari) sukumwa kwa nguvu, -jipa; ~ place to, fuatana na; ondokea. (4) ~ sb. to under-

stand that . . ., fahamisha fulani ya kuwa. . . . (5) legea; bonyea; nyumbuka. — *n.* hali ya kunyumbuka. ~ *and take*, kujionyesha tayari kupatana. ~n *p.p.* (matumizi maalum) (1) -liokubaliwa: *at a* ~n *time and place.* (2) ~n *to,* -enye kupenda sana (desturi, *e.g.* kujivuna).

gizzard ['gizod] *n.* firigisi, (yaani tumbo la ndege la kusagia).

glacial ['gleisiəl] *adj.* -a theluji.

glacier ['glasiə*] *n.* mto wa maji yaliyoganda kwa baridi.

glad [glad] *adj.* -a furaha; -kunjufu. ~ly *adv.* ~ness *n.* ~den *v.t.* furahisha.

glamour ['glamə*] *n.* uzuri wa kudanganya. ~ous *adj.* *(colloq.* tena hutumika kwa wanawake tu) -zuri sana.

glance [gla:ns] *v.i. & t.* (1) tupia jicho; angalia kidogo. (2) (kwa vitu vyenye kung'aa) ng'aa. (3) (kwa silaha au mapigo) piga na kugeuka upande. — *n.* mtupo wa jicho.

gland [gland] *n.* sehemu ya mwili kama kifuko mfanyizwamo maji yenye dawa yaingiayo damuni na kufanya kazi nyinginezo mwilini. ~ular ['glandjulə*] *adj.* -a ~ au kama ~.

glare [gleə*] *v.i. & n.* ng'aa; mng'aro; tazamo la hasira au la ukali. **glaring** *adj.* (hasa kwa makosa) wazi; dhahiri.

glass [gla:s] *n.* (1) kitu kiitwacho kioo. (2) bilauri. (3) kioo (cha kujitazamia). (4) darubini. (5) kipima-hewa; mizani ya hewa. (6) (*pl.*) *eye-~es*, miwani. (7) vyombo kama bilauri. ~-house *n.* kibanda chenye kuta za kioo na kioo juu yake kwa kuotesha mimea. ~y *adj.* kama kioo; (kwa macho) bila dalili ya uhai; yaliyokaziwa.

glaze [gleiz] *v.t. & i.* (1) tia kioo. (2) paka rangi nyeupe ing'aayo (kama sahani na vikombe). (3) (kwa macho) taz. *glassy.* — *n.* rangi iliyopakiwa katika sahani, *&c.*

glazier *n.* fundi wa kutia kioo (madirishani, *&c.*).

gleam [gli:m] *v.i. & n.* ng'aa; mulika. (1) kianga; kimeta. (2) dalili ndogo (ya kutumainisha, kufurahisha, *&c.*).

glean [gli:n] *v.t. & i.* okota masazo ya wavunaji; pata kwa shida (habari, elimu, *&c.*).

glee [gli:] *n.* (1) furaha kwa sababu ya kufanikiwa. (2) wimbo uimbwao na watu kwa sauti zilinganazo. ~ful *adj.* ~fully *adv.*

glib [glib] *adj.* -enye maneno mengi yasemwayo bila kufikiri lakini zaidi kwa kudanganya au kubembeleza.

glide [glaid] *v.i.* pita (enda) kwa mwendo laini; tiririka. — *n.* mwendo laini. ~r *n.* eropleni isiyo na mashini. **gliding** *n.* mchezo wa kuruka hewani katika ~rs.

glimmer ['glimə*] *v.i. & n.* mulika kidogo kidogo. — *n.* mwangaza (wa taa, mshumaa, *&c.*) mdogo. *not a* ~ *of hope,* hakuna matumaini hata kidogo.

glimpse [glimps] *v.t. & n.* ona kidogo tu katika kupita; tazamo la mara moja.

glint [glint] *v.i. & n.* metameta; ng'aa; kianga; kimulimuli.

glisten ['glisn] *v.i.* (hasa kwa vitu vilivyo majimaji au vilivyosuguliwa sana na kung'arishwa, *e.g.* macho yaliyojaa machozi) ng'aa; nang'anika.

glitter ['glitə*] *v.i. & n.* metameta na kutoa vianga. — *n.* kianga.

gloat [glout*] *v.i.* ~ *over,* tazama (fikiri) kwa furaha ya choyo.

globe [gloub] *n.* kitu kilichoviringana pande zote kama chungwa, hasa yenye ramani ya dunia; tufe. ~-trotter *n.* msafiri ugenini asiyeweza kutulia mahali. **globular** ['globjulə*] *adj.* -a kuviringana kama mpira (tufe); kilichofanyizwa kwa matone. **globule** ['globju:l] *n.* tufe ndogo sana (hasa ya maji); tone.

gloom [glu:m] *n.* (1) giza lakini si nyeusi kabisa. (2) huzuni; uzito.

glorify, taz. *glory.*

glory ['glo:ri] *n.* (1) sifa kuu iliyopatwa kwa sababu ya matendo makuu. (2) utukufu wa Mungu na malaika. (3) fahari; kitu kistahilicho kupewa heshima na sifa. (4) hali ya kuwa -zuri au -tukufu. — *v.i.* ~ *in,* furahia. **glorify** ['glo:rifai] *v.t.* tukuza; adhimu. **glorious** ['glo:riəs] *adj.* -enye au -a kuleta sifa kuu; (*colloq.*) -a kupendeza; -a kufurahisha.

gloss [glos] *v.t. & n.* ng'arisha. ~ *sth. over,* setiri; rahisisha (kosa). ~y *adj.*

glove [glʌv] *n.* mfuko wa mkono. *be hand in ~ with,* -wa rafiki sana na kusaidiana katika jambo.

glow [glou] *v.i. & n.* (1) meka; -wa -ekundu (au -eupe) kwa joto bila kutoa ndimi za moto. (2) ona joto (kama baada ya kukimbia sana au kwa kukasirika, &c.) **~worm** *n.* kimulimuli; kimetameta.

glower ['glauə*] *v.i.* kodolea macho kwa hasira (chuki).

glue [glu:] *n.* gundi; sherizi. — *v.t.* unga kwa~.

glum [glʌm] *adj.* kimya kwa uzito wa moyo; -chungu.

glut [glʌt] *v.t.* (1) peleka (fanyiza, toa) wingi kuliko inayohitajiwa. (2) ~ *oneself,* -la chakula zaidi. — *n.* wingi mno.

glutinous ['glu:tinəs] *adj.* -a kunata.

glutton ['glʌtn] *n.* mlafi. **~ous** *adj.* -lafi. **~y** *n.* ulafi.

gnash [naʃ] *v.i. & t.* (kwa meno) kereza (meno); saga meno.

gnat [nat] *n.* mdudu mdogo kama mbu.

gnaw [no:] *v.t. & i.* (1) tafuna. (2) sumbua; udhi.

gnu [nju] *n.* nyumbu; kongoni.

go [gou] *v.i.* (*went, gone* [gon]). (1) enda. (2) enea; fika: *How far does this road ~?* Njia hii yafika wapi? (3) pata kuwa: ~ *blind,* pofuka; ~ *bad,* oza; ~ *to sleep,* sinzia. (4) (kwa mashini) fanya kazi; enda vizuri: *Is your clock ~ing?* Saa yako inakwenda? (5) -wa; ishi (hasa kwa kawaida): *always ~ armed,* chukua silaha daima; ~ *naked,* -wa (enda) uchi. (6) wekwa au kutiwa kwa kawaida: *These books always ~ on the top,* vitabu hivi hutiwa juu siku zote. (7) vunjika: *The mast went in the storm,* mlingoti ulivunjika katika dhoruba. (8) (kwa fedha) tumiwa (kwa). (9) (pam. na *adv. & prep.*) ~ *about sth.,* anza kufanya: *We're not ~ing about our work properly,* hatuendelei sawasawa katika kazi yetu; *go ahead,* anza; ~ *after,* jaribu kupata au kufuata; ~ *back (up)on, cf. withdraw from (a promise),* vunja ahadi; ~ *by,* pita: *a good rule to ~ by,* kawaida nzuri kwa kufuata; ~ *by the name of,* tajwa jina la; ~ *down,* zama; (kwa mawimbi, upepo) tulia; (kwa mchezo, wimbo, hadithi, &c.) pokewa vizuri au kwa furaha; ~ *for,* shambulia; ~ *for a shilling,* uzwa kwa bei ya shillingi!; *All his work went for nothing,* kazi yake yote ilikuwa ya bure; ~ *in for (a competition, examination),* ingia (shindano, mtihani); (*cf. take up*) ~ *in for (golf, &c.)* jitia katika (golfu, &c.); ~ *into, cf. enter (business, the army, &c.)* ingia kazi, jeshi la askari; ~ *into (the evidence, details)* angalia sana; (kwa hesabu) gawanyika halisi bila kitu kubaki; ~ *off,* (kwa bunduki, baruti, &c.) lipuka; (kwa chakula, &c.) poteza ladha; ~ *off well (badly),* (kwa michezo, tamasha, &c.) faulu, (tofaulu) au sitawi, (tositawi); ~ *on,* endelea; tukia; *be ~ing on for (e.g. it's ~ing on for twelve o'clock)* inakaribia saa sita; ~ *out,* zima; acha kuwaka; ~ *over (through)* tazamia kwa uangalifu; ~ *round (e.g. the food will not ~ round)* chakula hakitatosha; ~ *through, cf. suffer, undergo (hardships, &c.),* vumilia; ~ *through with,* timiza; ~ *together,* patana vizuri; ~ *with,* (kwa rangi) lingana; ~ *without,* vumilia ukosefu wa. (10) ~ *to sea,* -wa baharia; ~ *halves,* shiriki sawasawa (wawili); ~ *shares,* shiriki sawasawa; ~ *to law,* enda sheriani; ~ *to pieces,* haribika kwa mwili au kwa moyo: ~ *to seed,* (*fig.*) dhoofika. — *n.* (1) nguvu; bidii: *he's full of ~,* ana bidii nyingi. (2) *have a ~ (at sth.)* jaribu. (*be) on the ~,* -wa -tendaji; *all the ~,* mtindo wa siku hizi; desturi ya watu walio wengi. **~-between** *n.* mjumbe. **~ing** *n.* hali ya barabara ya kufanya safari nyepesi au gumu; mwendo. **~ings-on** *n. pl.* mambo ya kushtusha.

goal [goul] *n.* (1) mwisho wa mahali pa kushindania mbio; mlango wa *football*; bao. (2) (*fig.*) kusudi; nia; mradi. **~-keeper** *n.* mlinda mlango.

goat [gout] *n.* mbuzi. **~herd** *n.* mchunga mbuzi.

gobble ['gobl] *v.t. & i.* meza kwa pupa.

god [god] *n.* (1) mungu. (2) Mungu, Mola; (kwa Waislamu) Allah. **~child, ~daughter, ~son** *n.* mtu ambaye ~*parent* amdhamini katika ubatizo wake. **~dess** ['godis] *n.* mungu wa kike. **~father,** ~-

mother, ~**parent** n. mtu ahidiye, mtoto abatizwapo, kuangalia kuwa mtoto alelewe kama Mkristo. ~**fearing** adj. -chaji Mungu; aishiye maisha mema. ~**-forsaken** adj. (kwa mahali) pabaya. ~**less** adj. -ovu; -siyeamini Mungu. ~**ly** adj. -tawa, -enye kushika dini. ~**send** n. bahati kubwa isiyotazamiwa; cha kuleta furaha kwa sababu chafaa sana.

godown ['goudaun] n. ghala; bohari.

goggle ['gogl] v.i. & t. (kwa macho) tokeza; (kwa watu) kodolea macho (kwa mshangao, hofu, &c.). ~**s** n. pl. miwani mikubwa ya kuzuia mavumbi na upepo au mwangaza wa jua kali.

gold [gould] n. dhahabu. ~**-leaf** n. kama ukarasa mwembamba sana wa dhahabu iliyofuliwa utumiwao kwa kupaka dhahabu, &c. ~**smith** n. mfua dhahabu. ~**en** ['gouldn] adj. kama dhahabu kwa thamani au kwa rangi. ~**en age**, (katika hadithi za Kiyunani) muda wa historia wa zamani sana wa furaha kubwa na heri; muda wa historia ya taifa fulani ambapo wastadi wa sanaa na waandishi walisitawi sanaa. ~**en wedding**, sikukuu ya ukumbusho wa kuwa mume na mkewe wameoana tangu miaka 50.

golf [golf] n. mchezo wa mipira midogo kupiga kwa fimbo za vingoe.

gone p.p. ya go.

gong [goŋ] n. upatu.

good [gud] adj. (better, best) (1) -ema. be ~ for, faa. (2) -a kweli; sana. cf. thorough. (3) zaidi ya: he took a ~ half of the loaf, alitwaa zaidi ya nusu ya mkate; It's a ~ five miles, ni mbali zaidi ya maili tano. (4) -ingi: a ~ many, -ingi, a ~ few, -ingi kidogo; a ~ way, mbali kidogo. (5) as ~ as, kama; sawa na. (6) in ~ time (for) mapema, tayari (kwa); all in ~ time, yaani ngoja kidogo, stahimili. (7) (kwa chakula) -zuri; -siooza. (8) be ~ for, -wa na nafasi, nguvu, fedha, &c. kwa: be ~ for a ten-mile walk, -wa tayari kutembea maili kumi; ~ for shs. 1,000, -enye shs. elfu moja na zaidi. (9) make sth. ~, rudisha, lipa, timiza (ahadi); thibitisha, cf. accomplish. — n. (1) wema; uzuri. (2) do sb. ~ -faa; -falia; furahisha. (3) faida: It's no ~ trying, haifai kujaribu. (4) for ~ (and all), kwa milele; kabisa. (5) (10 shs.) to the ~, shilingi kumi kama faida. (6) (pl.) mali; bidhaa; shehena. ~**-bye** [gud'bai] kwa heri; Mungu awe nawe. Ni neno litumiwalo kwa kuaga. ~**-for-nothing** n. & adj. hafifu; ovyo. ~**-looking** adj. -zuri. ~**ly** adj. -zuri; tele. ~**-natured** adj. -ema, -pole; -kunjufu. ~**ness** n. taz.~¹. — n. (1) wema, uzuri. (2) nguvu; utamu. — int. tahamaki! ~**will** n. (1) hisani; huruma. (2) (kwa kufanya biashara) sifa iliyopatikana kwa ustadi, bidii, &c.

goose [gu:s] n. (geese [gi:s]) (1) bata Bukini; nyama yake kwa chakula. (2) mjinga, baradhuli. ~**step** n. namna ya kwenda kiaskari bila kukunja magoti.

gorge [go:dʒ] n. (1) koo. (2) bonde jembamba; genge. — v.t. & i. vimbisha kwa chakula kingi; -la kwa pupa.

gorgeous ['go:dʒəs] adj. -zuri sana; -enye marembo mengi.

gorilla [gə'rilə] n. nyani mkubwa afananaye na mtu.

gosling ['gozliŋ] n. mtoto wa bata Bukini.

gospel ['gospəl] n. Injili. ~ truth, maneno ya hakika.

gossip ['gosip] n. mzungumzi. — v.i. ongea.

got past tense & p.p. ya get.

gouge [gaudʒ, gu:dʒ] n. patasi. — v.t. piga mfuo; toa; ng'oa.

gourd [guəd] n. (tunda) boga; (chombo) buyu.

govern ['gʌvən] v.t. & i. (1) tawala. (2) zuia; weza. (3) ongoza: be ~ed by the opinions of others, ongozwa kwa mashauri ya watu wengine. ~**ment** n. utawala; serikali; dola. ~**or** n. (1) Gavana, lakini neno la Governor hutumika mara nyingi. (2) Governor au mwana wa chama cha wasimamizi wa College. (3) mtambo urekebishao mwendo wa mashini. (4) (colloq.) mkubwa wako katika kazi.

gown [gaun] n. (1) vazi la kike. (2) vazi kama joho la walimu, wanasheria, jaji, &c.

grab [grab] v.t. & i. (-bb-) nyakua; pokonya; shika ghafula; nyang'anya. — n. kunyang'anya.

grace [greis] *n.* (1) uzuri; madaha. (2) (huwa *pl.*) adili, adabu. (3) hisani; mapenzi; rehema. *be in sb.'s good ~s*, tendewa kwa upendeleo au hisani nyingi na fulani. (4) (*do sth.*) *with a (bad) good ~*, (fanya kitu) kama mtu (asiyetaka) atakaye kukifanya. (5) sala (ya kushukuru chakulani). (6) neema, rehema ya Mungu; *act of ~*, fadhili; hasa achilio au samaha la adhabu litolewalo na mfalme. (7) *His (Your) G.*, jina la heshima la kumtaja Duke au *Archbishop*. — *v.t.* pendekeza; letea heshima. **~ful** *adj.* -zuri, -enye madaha. **~fully** *adv.* **~less** *adj.* -baya; -bovu.

gracious ['greiʃəs] *adj.* (1) -fadhili; -zuri. (2) (kwa Mungu) -enye neema. (3) (*int.*) *Good ~!* Tahamaki! **~ly** *adv.*

gradation [grə'deiʃn] *n.* (1) geuko la polepole. (2) daraja la maendeleo au la usitawi.

grade [greid] *n.* (1) cheo; daraja. (2) (*U.S.A.*) mshuko; mtelemko; *cf. gradient.* — *v.t.* (1) panga kwa utaratibu wa vyeo. (2) sawazisha.

gradient ['greidiənt] *n.* kadiri ya kushuka au kupanda.

gradual ['gradjuəl] *adj.* kidogo kidogo; (kwa mtelemko) -a polepole. **~ly** *adv.*

graduate ['gradjueit] *v.i.* (1) panga kwa cheo (uzuri, &c.). (2) pata daraja (*degree*) katika *University*. — *n.* ['gradjuːt] mtu aliyepata *degree*.

¹**graft** [graːft] *n.* (1) chipukizi ya mti (iliyotiwa shinani mwa mti mwingine, iliyopandikizwa kwa mti usio wake). (2) kipande cha ngozi au cha mfupa, &c., cha mtu au cha mnyama, kilichotiwa mwilini mwa mtu mwingine au katika sehemu nyingine ya mwili ule ule. — *v.t. & i.* pandikiza.

²**graft** [graːft] *n.* fedha za rusnwa; udanganyifu. — *v.i.* fuata desturi ya udanganyifu (mara nyingi katika kazi za utawala).

grain [grein] *n.* (1) punje. (2) chembe. (3) nafaka. (*fig.*) *without a ~ of sense*, pasipo akili hata kidogo. (4) kipimo kilicho kidogo cha uzani. (5) (kwa mti, &c.) nyuzi. *against the ~*, vigumu; haipendezi: *go against the ~*, -wa -chukiza.

grammar ['gramə•] *n.* sarufi, elimu ya kazi na matumizi ya maneno. **grammatical** [grə'matikl] *adj.* -a sarufi, -a kufuata kanuni za sarufi.

gram(me) [gram] *n.* kipimo cha uzani (*Metric*) = wakia ·0353.

gramophone ['graməfoun] *n.* (huwa gramafoni), santuri.

granary ['granəri] *n.* ghala ya nafaka.

grand [grand] *adj.* (1) -kubwa -kuu. (2) *cf. complete*, kamili; -zima. (3) -tukufu; -a fahari. (4) -a heshima; -sharifu. (5) (*colloq.*) -zuri sana: *have a ~ time*, furahi sana. **~eur** ['grandʒə•] *n.* fahari. **grand-** *pref.* ¹**~child**, ¹**~daughter**, ¹**~son** *n.* mwana wa kike au wa kiume wa mwana wako. ¹**~parent**, ¹**~father**, ¹**~mother** *n.* mama au baba wa mama au baba yako.

grant [graːnt] *v.t.* (1) kubali kupa: jalia. (2) kubali. *take (sth.) for ~ed*, fikiri kuwa neno au jambo ndilo kweli au litatukia bila shaka. — *n.* kitu kilichotolewa, hasa fedha kwa makusudi maalum.

grape [greip] *n.* zabibu.

grape-fruit ['greipfruːt] *n.* balungi.

graph [graf] *n.* mwandiko wa mistari na matao kuonyesha mabadiliko (ulinganifu, &c.) ya mambo, *e.g.* joto la jua linavyozidi au kupungua kila saa.

graphic ['grafik] *adj.* (1) -a kuandika; -a kuchora picha; -a kupiga sanamu. (2) (kwa kusimulia) -a kueleza vizuri.

graphite ['grafait] *n.* namna ya jiwe jororo jeusi litumikalo kufanyizia kalamu za risasi.

grapple ['grapl] *v.t. & i.* kama tana shikana; (*fig.*) jitahidi sana ku fahamu jambo fulani.

grasp [graːsp] *v.t. & i.* (1) shika; fumbata; fahamu moyoni. (2) *~ at*, jaribu kukamata; pokea kwa bidii. — *n.* uwezo wa kushika. **~ing** *adj.* -choyo (kwa fedha &c.).

grass [graːs] *n.* majani. **~-hopper** *n.* panzi.

¹**grate** [greit] *v.t. & i.* (1) paruza; kwaruza; lia kwa kuparuza. (2) chukiza.

A grate

²**grate** [greit] *n.* fito za chuma za kuwekea moto jikoni.

grateful ['greitful] *adj.* (1) -a kushukuru; -enye shukrani. (2) -tamu; -a kupendeza.

gratify ['grætifai] *v.t.* pendeza; furahisha; tosheleza.

grating ['greitiŋ] *n.* chuma cha kufunikia shimo au cha tundutundu.

gratis ['greitis] *adv. & adj.* bure, bila gharama.

gratitude ['grætitju:d] *n.* shukrani.

gratuitous [grə'tju:itəs] *adj.* (1) bure, bila malipo. (2) -liofanywa au -liotolewa bila sababu: *a ~ insult*, matukano bila sababu.

gratuity [grə'tjuiti] *n.* zawadi.

¹**grave** [greiv] *n.* kaburi.

²**grave** [greiv] *adj.* -zito; -a taratibu.

gravel ['grævl] *n.* changarawe; mawe madogo.

graven ['greivn] *p.p. cf. carved*, hutumika tu kama *~ image*, mfano ulionakishiwa.

gravity ['græviti] *n.* (1) uzito. (2) ukubwa; maana. (3) uzani: *specific ~*, uzito wa kitu kulingana na ule wa maji.

gravy ['greivi] *n.* mchuzi.

gray [grei] *adj.* = grey.

¹**graze** [greiz] *v.i. & t.* (kwa wanyama) -la majani; lisha (ng'ombe, mbuzi, &c.).

²**graze** [greiz] *v.t.* paruza, chubua kidogo. — *n.* mahali ngozi palipochubuka.

grease [gri:s] *n.* (1) mafuta ya wanyama yaliyoyeyushwa. (2) bereu; uge; mafuta. — *v.t.* [gri:z] tia mafuta (hasa katika viungo vya mashini).

great [greit] *adj.* (1) -kubwa. (2) -kuu. (3) maarufu. (4) (*colloq.*) -a kupendeza sana. (5) *a ~ many*, -ingi sana.

great- [greit] *pref. ~-grandfather*, baba mzazi wa babu. *~-grandson*, mwana wa mwana wa mwana wako.

greed [gri:d] *n.* choyo; tamaa. *~ily adv. ~iness n.*

green [gri:n] *adj.* (1) kijani kibichi. (2) (kwa matunda) -bichi, (kwa mti) -bichi. (3) (kwa watu) -zuzu; -jinga. — *n.* (1) rangi ya majani (kijani kibichi). (2) (*pl.*) namna ya mboga (hasa kebiji). (3) kiwanja cha kijiji cha kuchezea. *~ery* ['gri:nəri] *n.* mimea na majani. *~grocer* n. mwuza mboga na matunda. *~horn* n. mjinga.

~house n. nyumba ya kuotesha maua na matunda.

greet [gri:t] *v.t.* (1) salimu (2) (kwa vitu vyenye kuonekana na kusikika) pendeza macho au masikio. *~ing* n. Salamu. *e.g.* Salaam! jambo!

gregarious [gri'gɛəriəs] *adj.* -enye kukaa makundi makundi; -enye kupenda kukaa wengi pamoja.

grenade [gri'neid] *n.* kombora dogo.

grew *past tense ya grow*.

grey [grei] *adj. & n.* -a kijivu rangi ya majivu.

greyhound ['greihaund] *n.* namna ya mbwa mrefu mwembamba mwenye mbio sana.

grid [grid] *n.* (1) utaratibu wa nyuzi za chuma zichukuazo juu ya fito mkondo wa elektrisiti (umeme) (2) utaratibu wa kutumia miraba ya mistari katika ramani.

grief [gri:f] *n.* (1) huzuni; kitu kiletacho huzuni. (2) *come (bring to ~*, potea, au pata (poteza, a leta) hasara. **grieve** [gri:v] *v.t. & i.* sikitisha; huzunisha; sikitika; -wa na huzuni. **grievance** ['gri:vəns] *n.* sababu ya kweli au ya wongo ya kunung'unisha. **grievous** ['gri:vəs] *adj.* -zito; -zito; -a kuudhi.

grim [grim] *adj.* -kali; -zito; -katil

grimace [gri'meis] *n.* finyo (kunjo la uso. — *v.i.* finya (kunja) uso.

grin [grin] *v.i. & n.* (*-nn-*) toa men kwa kucheka; kicheko.

grind [graind] *v.t. & i.* (groun [graund]) (1) saga. (2) tikita (3) (*fig.*) onea; dhulumu. (4) chu noa. (5) kereza, saga (meno (6) shikilia kazi. — *n.* (*colloq* kazi ngumu isiyo na furaha. *~ stone* n. jiwe la kunolea. *Keep sb. nose to the ~stone*, shurutisha fula kufanya kazi.

grip [grip] *v.t. & i.* (*-pp-*) shik kamata sana. — *n.* (1) (uwezo w namna ya) kushika: *have a good (fig.* = fahamu) *of a problem*, f hamu sana jambo; *come to ~s wi the enemy*, shambulia sana maadu (2) (*U.S.A.*) mfuko wa msafiri.

grit [grit] *n.* (1) mchanga; ch ngarawe. (2) (*fig.*) moyo mgum — *v.t.* (*-tt-*) *~ the teeth*, kerez meno. *~ty adj.* kama mchanga -liomo mchanga.

groan [groun] *v.i.* ugua; piga kit — *n.* kite; mlio wa huzuni.

grocer ['grousə*] n. mwuza vyakula. ~y ['grousəri] n. kazi ya mwuza vyakula; (pl.) vyakula na vitu kama sabuni, jibini, &c.

groin [groin] n. manena, kinena.

groove [gru:v] n. (1) mfuo. (2) (fig.) desturi: *He has got into a* ~, afuata kawaida tu hawezi kugeuka na kujaribu mambo mapya.

A groove

grope [group] v.i. tafuta kwa kupapasa (kama kipofu, au mtu gizani).

gross [grous] adj. (1) -sio na adabu. (2) (kwa kosa, udhalimu, &c.) -baya sana. (3) (kwa mwili) -nene; (kwa akili) -zito; ~ *eater*, -laji sana. (4) jumla: -zima (kinyume cha ²*net*): ~ *amount*, jumla bila kupunguzwa. — n. (kwa wingi haligeuki) dazan 12, yaani 144. ~ly adv. sana; mno.

¹ground [graund] n. (1) nchi; ardhi: *Our plans fell to the* ~, yaani mashauri yetu yaliharibika; *hold one's* ~, jiweka imara; *shift one's* ~, ghairi, geuka shauri; *suit sb. down to the* ~, mfalia sana fulani: *cover much* ~, (i) safiri sana, (ii) (kwa taarifa) eleza mambo mengi sana. (2) kiwanja: *cricket* ~, kiwanja cha kuchezea *cricket*; *fishing* ~s, mahali pa baharini ambapo huvulia sana samaki. (3) (pl.) kiwanja, bustani, ya kuzunguka nyumba, huwa huzungushiwa na ua, boma, &c. (4) (pl.) mashapo; taka. (5) sababu, ya kusema, kufanya au ya kusadiki kitu. — v.t. & i. (1) pweleza; pwelewa; (kwa eropleni) lazimisha kukaa katika nchi bila kuruka (kwa sababu ya tabia mbaya ya hewa). (2) tegemeza. (3) fundisha au kuzoeza fulani (katika jambo fulani). ~**ing** n. mafundisho mazuri na mazoezi katika jambo fulani. ~**less** adj. bila sababu nzuri. ~(**s**)**man** n. mtu atunzaye kiwanja cha kuchezea. ~**nut** n. njugu. ~-**rent** n. kodi ya kiwanja. ~-**swell** n. mawimbi ya mkoba. ~**work** n. msingi; asili.

² ground, taz. *grind*.

group [gru:p] n. jamii; kundi.

— v.t. panga jamii jamii. — v.i. kusanyika jamii pamoja.

grouse [graus] v.i. (colloq.) nung'unika. — n. kunung'unika.

grove [grouv] n. miti mingi kidogo mahali pamoja.

grovel ['grovl] v.i. (-ll-) nyenyekea, jifanya -nyonge.

grow [grou] v.i. & t. (*grew* [gru:], *grown* [groun]) (1) kua; (kwa mimea) ota; ~ *up*, komaa; pevuka. (2) kuza; otesha. (3) zidi: ~ *older*, konga; chakaa; ~ *small* (*less*), pungua. (4) ~ *upon*, the habit ~*s upon me*, nazidi kufuata desturi; *The book* ~*s on me*, nazidi kupenda kitabu. ~**er** n. mtu aoteshaye mimea: *a tomato*-~*er*, mwoteshaji nyanya. ~**n-up** n. mtu mzima. ~**th** [grouθ] n. (1) kukua; kukuza. (2) mazidi. (3) kitu kiotacho au kilichoota.

growl [graul] v.i. nguruma; vuma; koroma. — n. ngurumo.

grudge [grʌdʒ] v.t. totaka kupa au kukubali; onea kijicho kwa unyimivu (kwa sababu ya husuda, kijicho, chuki). — n. chukio la siri; *bear a* ~ *against*, kamia; onea chuki.

grudgingly adv. kwa unyimivu (chuki).

gruesome ['gru:səm] adj. -a kutisha; -a kuogofya.

gruff [grʌf] adj. (kwa mtu, sauti yake, mwenendo) si adabu, -kali.

grumble ['grʌmbl] v.i. nuna; nung'unika. ~**r** n. mnuni; mnung'unikaji.

grumpy ['grʌmpi] adj. -a kasirani; -enye hasira.

grunt [grʌnt] v.i. & t. & n. guna (hasa kwa nguruwe); guno.

guano ['gwa:nou] n. taka za ndege wa baharini zitumikazo kama mbolea au samadi.

guarantee [‚garən'ti:] n. (1) dhamana. (2) ahadi. (3) mtu aliyeahidi hivi: *be* ~ *for your friend's good behaviour*, ahidi kuwa amana kwa mwenendo mzuri wa rafiki yako. (4) amana. (5) (colloq.) dalili. — v.t. (1) hawili; toa hakika. (2) (colloq.) ahidi. **guarantor** n. = ~³.

guard [ga:d] n. (1) hadhari: *be on one's* ~, jihadhari; kingojo: *keep* ~, shika kingojo; fanya zamu. (2) mtu aangaliaye gari la moshi. (3) (hasa kama sehemu ya neno) kinga, kitu cha kukingia au kulindia: *e.g. fire-*

GUARDIAN

~, kinga-moto; *mud*~, kinga-matope. — *v.t. & i.* (1) linda; hifadhi. (2) — *against*, kinga; epuka kwa hadhari. ~ed *adj.* (hasa kwa maneno au taarifa) -a hadhari; -angalifu. ~room *n.* korokoni.

guardian ['ga:diən] *n.* mlinzi; mlezi (hasa kwa sheria) wa kijana au mtu dhaifu tena aangalia mali yake. ~ship *n.* ulinzi; ulezi.

guer(r)illa [gə'rilə] *n.* mapigano (vita) ya watu wasio askari hasa; apiganaye hivi.

guess [ges] *v.t. & i. & n.* kisi; bahatisha; kisio; bahatisho.

guest [gest] *n.* (1) mgeni akaribishwaye na mtu mwingine. (2) mtu akaaye katika hoteli au alaye chakula hapo.

guffaw [gʌ-, gə'fɔ:*] *v.i. & n.* cheka kwa sauti kubwa; cheko kubwa.

guide [gaid] *n.* (1) kiongozi. (2) alama; kitu cha kuelekezea. (3) kitabu cha maelezo au maongezi. (4) Girl G., mwana wa chama Kiitwacho Girl G~ s. — *v.t.* ongoza. **guidance** *n.* kuongoza; kuongozwa.

guild [gild] *n.* chama; ushirika.

guile [gail] *n.* ujanja; werevu.

guilt [gilt] *n.* hatia; dhambi. ~y *adj.* -enye hatia, -a dhambi.

guinea ['gini] *n.* shilingi ishirini na moja; sarafu ya zamani ya thamani hiyo.

guinea-pig ['ginipig] *n.* mnyama mdogo, mwenye masikio mafupi, kama panya mkubwa, hutumiwa kwa majaribio ya madakitari; mtu akubaliye kutumiwa hivyo.

guitar [gi'ta:*] *n.* gambusi yenye nyuzi sita.

gulf [gʌlf] *n.* (1) hori; ghuba. (2) shimo kubwa. (*fig.*) tofauti kubwa baina.

gull [gʌl] *n.* shakwe, ndege mkubwa wa bahari.

gullet ['gʌlit] *n.* umio; koo.

gully ['gʌli] *n.* mvo; mfereji.

gulp [gʌlp] *v.t. & i.* meza upesi; gugumiza.

¹**gum** [gʌm] *n.* ufizi wa meno.

²**gum** [gʌm] *n.* (1) gundi. (2) = *chewing* ~, kidonge kitamu cha kutafuna. ~-boot *n.* kiatu kirefu cha mpira.

gun [gʌn] *n.* bunduki. *stick to one's* ~s, jitetea. ~boat *n.* manowari ndogo. ~-cotton *n.* baruti ya pamba. ~ner *n.* mkuu wa mzinga.

HABITABLE

~powder *n.* baruti. ~shot *n.* kadiri ya bunduki au mzinga kutupa risasi yake. ~smith *n.* fundi wa kufua bunduki.

gurgle ['gə:gl] *v.i. & n.* lia kama maji kooni; gugumia. — *n.* mlio wa maji kooni.

gush [gʌʃ] *v.i. & n.* (1) bubujika; foka. (2) (zungumza) kwa shauku.

gust [gʌst] *n.* mkondo (wa upepo); ~ *of rain, anger, &c.*, mvua, hasira, -a ghafula.

gusto ['gʌstou] *n.* furaha; pupa.

gut [gʌt] *n.* (1) (*pl.*) tumbo; (*fig.*) *He has no* ~s, hana moyo, yu mwoga. (2) uzi wa utumbo wa mnyama, utumikao kwa kutengenezea zeze. — *v.t.* (-*tt*-) (1) tumbua. (2) teka; haribu: *a house* ~*ted by fire*, nyumba iliyoharibiwa kwa moto.

gutter ['gʌtə*] *n.* mchirizi; mfereji. — *v.i.* (kwa mshumaa) waka kwa vipindi hata nta hutiririka upandeni.

guttural ['gʌtərəl] *n. & adj.* (sauti) -a kooni (kama sauti ya *gh* katika ghafula).

guzzle ['gʌzl] *v.i. & t.* -la au -nywa kwa pupa.

gymkhana [dʒim'ka:nə] *n.* tamasha ya michezo.

gymnasium [dʒim'neiziəm] *n.* chumba au kiwanja cha michezo ya kuzoeza vyungo vya mwili.

gymnastic [dʒim'nastik] *adj.* -a kuzoeza vyungo vya mwili. ~s *n. pl.* mazoezi ya vyungo vya mwili. **gymnast** *n.* fundi wa mazoezi hayo.

H

habit ['habit] *n.* (1) mazoea; *cf. custom*, desturi. (2) (la zamani) vazi; nguo: *riding-*~, mavazi ya kike ya kuvaliwa kwa kupanda farasi. ~ual [hə'bitjuəl] *adj.* -a mazoea; -a kawaida. ~ually *adv.* kwa desturi; kwa kawaida. ~uate *v.t.* zoeza.

habitable ['habitəbl] *adj.* -a kukaa watu; -a kukalika watu. **habitat** ['habitat] *n.* kikao, makao. **habitation** [,habi'teiʃn] *n.* (1) kukaa. (2) kikao, makao.

¹**hack** [hak] *v.t. & i.* katakata; tema; chonga; *a ~ing cough*, kikohozi cha nguvu kama kukatakata kifua. **~-saw** *n.* msumeno wa kukatia chuma.

²**hack** [hak] *n.* (1) farasi wa kupangishwa kwa kazi. (2) mtu aliyeajiriwa kufanya kazi ya kuandika isiyoleta heshima. **~neyed** ['haknid] *adj.* (hasa kwa maneno) -liotumika sana (hata kuchakaa au kuchosha).

had, taz. *have*.

haemorrhage, hem- ['hemǝridȝ] *n.* mtoko wa damu katika mishipa.

haggard ['hagǝd] *adj.* (kwa uso) -a kukonda (hasa kwa sababu ya ugonjwa, njaa, taabu, &c.), -a kusawajika sura.

haggle ['hagl] *v.i.* pigania bei; piga ubazazi.

¹**hail** ['heil] *n.* mvua ya mawe; vitu vijavyo kwa wingi tena kwa nguvu. — *v.i. & t.* (1) -nya mvua ya mawe. (2) (*fig.* kwa mapigo, &c.) -ja kwa wingi.

²**hail** ['heil] *v.t. & i.* (1) salimu; tolea mlio wa salamu; ita; pigia kelele. (2) *~ from*, toka, tokea. — *n. within ~*, -a karibu hata -a kuweza kuitwa. *be ~ fellow well met with* (sb.), jua sana au zoelea sana (fulani).

hair ['heǝ*] *n.* unywele; nywele. *not turn a ~*, toogopa hata kidogo; *make sb.'s ~ stand on end*, tisha sana. **~-dresser** *n.* kinyezi. **~-pin** *n.* kipingo cha nywele. **~-pin bend in the road**, pembe ya hatari barabarani iliyo pindi ya nusu duara. **~-splitting** *adj.* -a kuleta au kuonyesha tofauti ndogondogo zisizo za maana. **~y** *adj.* -a nywele au kama nywele; -liofunikwa kwa nywele.

half [ha:f] *n. & adj.* (*halves* [ha:vz]) nusu: *go halves with sb., in sth.*, gawanya na mwingine nusu nusu; *do sth. by halves*, fanya kitu vibaya au ovyo; *too clever by ~*, (huwa hutumika kwa kinyume yaani *ironical*) -a kujidai kuwa -a akili nyingi bali -sio na akili ya kutosha; (*one's*) *better ~*, (*colloq.*) mke (wako); *adv. not ~ bad* (*colloq.*) -zuri kidogo; *not ~!* (*colloq.*), naam; ndiyo; inshallah. **~-blood** *n.* (kwa udugu au ukoo) mtu mwenye baba au mama yule yule na mtu mwingine lakini si wazazi wote wawili. **~-hearted** *adj.* -zembe, -sio na bidii. **~-holiday** *n.* siku ambayo sehemu yake huruhusiwa kupumzika. **~-mast** *n. at ~-mast*, kutweka bendera nusu mlingoti (ili kuonyesha huzuni). **~-pungufu** *adj.* -pungufu wa akili.

hall [ho:l] *n.* (1) chumba kikubwa, kilinge; chumba cha baraza. (2) chumba cha kulia. (3) sebule.

hallelujah [,hali'lu:jǝ] *n. & int.* neno la kumsifu Mungu.

hall-mark ['ho:lma:k] *n.* chapa ipigiwayo fedha au dhahabu kuonyesha kama ni safi.

hallo [hǝ'lou, 'hʌ'lou] *int.* ukelele wa kuita au kushtuka.

halo ['heilou] *n.* duara ya mwangaza hasa kuzunguka kichwa cha mtakatifu.

halt [ho:lt] *v.t. & i. & n.* (1) simamisha; simama; kusimama. (2) onyesha au kusema kwa kusita. (3) kituo. **~ingly** *adv.* kwa namna ya *~*¹.

halter ['ho:ltǝ*] *n.* kamba yenye tanzi (ya kuongozea farasi, ya kunyonga mtu).

halve [ha:v] *v.t.* gawa nusu nusu; punguza kwa nusu yake.

ham [ham] *n.* paja la nguruwe lililokolea chumvi au kukaushwa katika moshi.

hammer ['hamǝ*] *n.* nyundo. *go at sthg.* **~** *and tongs*, shikilia jambo kwa bidii nyingi; *come under the* **~**, uzwa katika mnada. *v.t. & i.* (1) gonga, piga nyundo. (2) (*fig.*) fululiza kwa kazi nyingi: *~ out a solution*, fululizia jambo la shida hata mwishoni uone njia ya kufanya.

hammock ['hamǝk] *n.* wavu wa

A hammock

kulalia (au kuchukulia) mtu kama machela.

hamper ['hampǝ*] *v.t.* zuia; tatanisha.

hand [band] *n.* (1) mkono. *at ~*, karibu, tayari; *live from ~ to* *mouth,* tumia fedha mara moja pasipo kuweka akiba; *in ~,* (i) tayari; (ii) -naotendeka; -naoendelea: *out of ~,* (i) -siowezakuongozwa, zuiliwa; (ii) mara moja; bila kuweka tayari; *win ~s down,* shinda kwa urahisi; *keep one's ~ in,* jizoeza; *with a heavy ~,* kwa ukali; *with a high ~,* kwa kiburi. (2) *The matter is in your ~s,* ni juu yako. (3) mfanya kazi katika kinu, bandari, &c.; mmoja wa mabaharia katika meli. (4) mkono, mshale, wa saa. (5) upande: *on the right (left) ~,* upande wa kulia (kushoto); *on all ~s,* pande zote. (6) *~writing; signature;* mwandiko; mkono; sahihi. — *v.t.* -pa; pitisha; saidia kwa mkono. **~-bag** *n.* mfuko wa mkononi wa kike. **~-book** *n.* kitabu cha maelezo. **~cuff** *n.* pingu ya mkono. **~ful** *n.* (i) kadiri ya kushikwa mkononi, ukofi; (ii) kidogo; (iii) *person or animal difficult to control,* mtukutu, mwenye matata. **~icraft** *n.* sanaa. **~y** *adj.* (1) stadi. (2) tayari kwa kutumiwa. (3) (kwa vyombo vya kazi, &c.) rahisi kutumiwa; -a kufaa.

handicap ['handikap] *n.* (1) shindano ambalo washindani husaidiwa wengine mbele, wengine nyuma, kwa kadiri ya kusawazisha nguvu. (2) kizuizi.

handkerchief ['haŋkətʃif] *n.* leso; kitambaa.

handle ['handl] *n.* mpini, kipini. *v.t.* (1) gusa; papasa. (2) ongoza. **~-bar** *n.* usukani.

handsome ['hansəm] *adj.* (1) (kwa uso) -zuri. (2) (kwa zawadi, &c.) -ingi; -kubwa.

hang [haŋ] *v.t. & i.* (hung [hʌŋ]) (1) angika (kwa chango); *~ a door,* kaza mlango; *~ the head,* shusha kichwa (kwa aibu); *~ fire,* (kwa bunduki) chelewa kupiga; (kwa mambo) endelea polepole. (2) tundika; pembeza; yongesha; pembea, ning'inia. (3) (*past tense & p.p.* hanged) nyonga; songa (kwa kamba). (4) (*pam. na adv. & prep.*) *~ about,* ngoja bure; *~ back,* kataa; sita; *~ on to,* shika sana; kataa kupa; *~ together,* (kwa watu) saidiana; (kwa sehemu za hadithi) fuatana sawasawa; *be hung up,* kawishwa. — *n.* (1) jinsi kitu (hasa vazi) kishukavyo na kukaa. (2) *get the ~ of sth.,* pata kufahamu maana ya kitu au jambo; *He doesn't care a ~,* ni mamoja kwake. **~-dog** *adj.* (kwa sura ya mtu) -danganyifu tena -a kuona aibu; -a kufedheheka. **~er** (hasa) mti mfupi wa kutundikia mavazi, makoti, &c. **~er-on** *n.* ajiingizaye miongoni mwa rafiki ili kujipatia faida. **~ings** *n. pl.* mapazia.

hangar ['haŋ(g)ə*] *n.* banda la eropleni.

hanker ['haŋkə*] *v.i.* ~ *after (for),* taka sana, tamani.

haphazard ['hap'hazəd] *adv. & n.* ovyo; bahati.

happen ['hapən] *v.i.* (1) tukia. (2) ~ *on,* kuta au kutana na kwa bahati. **~ing** *n. cf. event,* jambo; tukio.

happy ['hapi] *adj.* (1) -a furaha. (2) (kwa maneno, fikira, mashauri, &c.) hodari; -ema. **~-go-lucky** *adj.* -enye kubahatisha, -zembe.

harangue [hə'raŋ] *v.t. & i. & n.* hutubu; toa hotuba; hotuba.

harass ['harəs] *v.t.* udhi; sumbua; shambulia mara nyingi.

harbour ['ha:bə*] *n.* bandari; (*fig.*) kimbilio, mahali pa salaam. — *v.t.* (1) linda; ficha: ~ *a criminal,* karibisha mvunja sheria. (2) weka moyoni (hasira, uchungu, &c.).

hard [ha:d] *adj.* (1)-gumu. ~ *cash,* fedha taslimu; ~ *water,* maji yenye chokaa nyingi; *be ~ of hearing,* tosikia vyema; ~ *labour,* kufungwa gerezani na kushurutishwa kufanya kazi ngumu; ~ *and fast (rules),* kanuni zisizobadilika; ~ *luck,* ~ *lines,* bahati mbaya kuliko ulivyostahili; ~ *times,* siku za dhiki au shida. — *adv. be ~ up,* zidiwa; dhii; *be ~ put to it,* ~ *pressed,* -wa katika shida; ~ *by,* karibu; ~ *upon,* siq nyuma sana. **~en** *v.t. & i.* fanya -gumu; -wa -gumu. **~-headed** *adj.* -a busara, -a akili barabara. **~-hearted** *adj.* -enye moyo mgumu. **~ihood** *n.* uhodari, uthabiti. **~ship** *n.* taabu; shida. **~ware** *n.* vyombo vya chuma.

hardly ['ha:dli] *adv.* (1) kwa shida. (2) tu. *cf. scarcely:* ~ *any,* -chache sana; kidogo tu.

hardy ['ha:di] *adj.* (1) -enye nguvu; -enye kuvumilia taabu au msiba. (2) (kwa mimea) -sioharibika

HARE [123] HAZARD

kwa baridi. **hardily** *adv.* **hardiness** *n.*

hare [heə*] *n.* sungura. **~-brained** *adj.* -zembe.

harem ['heərəm] *n.* nyumba ya wake na masuria ya mtu.

hark [ha:k] *v.i.* sikiliza.

harlot ['ha:lət] *n.* malaya.

harm [ha:m] *v.t. & n.* dhuru; madhara. **~ful** *adj.* -a kudhuru. **~less** *adj.* si -a kudhuru.

harmonium [ha:'mouniəm] *n.* kinanda.

harmony ['ha:məni] *n.* (1) moyo mmoja, upatano. (2) ulinganifu wa sauti au wa rangi. **harmonious** [ha:'mouniəs] *adj.* -a kupatana; -enye ulinganifu wa sauti au wa rangi. **harmonize** ['ha:mənaiz] *v.t. & i.* patanisha; linganisha; lingana; patana.

harp [ha:p] *n.* kinubi.

harpoon [ha:'pu:n] *n.* mkuke uliofungiwa kamba utupwao kwa mkono au kwa mzinga kwa kukamata nyangumi.

harrow ['harou] *n.* chombo kizito cha chuma cha kulimia. — *v.t.* vunjavunja udongo kwa kukokota ~; (*fig.*) huzunisha.

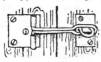
A harp

harsh [ha:ʃ] *adj.* (1) -a kuchukiza. (2) -kali; -gumu.

hartebeest [ha:'tibi:st] *n.* kongoni.

harum-scarum ['heərəm'skeərəm] *n.* mtu asiyejali mambo. taz. *hare-brained*.

harvest ['ha:vist] *n.* (1) mavuno; mazao. (2) matokeo. **~er** *n.* mvunaji; chombo cha kuvunia.

hasp [hasp] *n* sehemu ya chuma

A hasp and staple

iliyoonyeshwa kwa upande wa kushoto wa picha. (taz. *staple*.)

haste [heist] *n.* wepesi; haraka. *make* ~, fanya hima; **~n** ['heisn] *v.i. & t.* fanya hima; enda upesi; himiza; harakisha. **hasty** [heisti]

adj. (1) -a haraka; -a ghafula. (2) -enye kukasirika upesi.

hat [hat] *n.* kofia. *talk through one's* ~, (*colloq.*) sema upuzi.

hatch [hatʃ] *v.t. & i.* (1) angua (kwa kuku). (2) ~ *a plot*, buni hila.

hatchet ['hatʃit] *n.* kishoka. *bury the* ~, acha ugomvi.

hate [heit] *v.t. & n.* chukia; uchuki. **~ful** *adj.* -a kuchukia, -a kuchukiza. **hatred** ['heitred] *n.* = *hate*.

haughty ['ho:ti] *adj.* -a kiburi; -a kujivuna.

haul [ho:l] *v.t.* kokota, vuta kwa nguvu. ~ (*sb.*) *over the coals*, karipia. — *n.* kukokota; vuo (la samaki); pato (la vitu).

haunch [ho:nʃ] *n.* paja; tako.

haunt [ho:nt] *v.t.* rudia mara nyingi. — *n.* mahali palipo kama makao au maskani: *the* ~ *of criminals*, papendwapo sana na waovu. **~ed** *adj.* -pa kuzuriwa sana na pepo.

have [hav] *v.t.* (*had* [had]) (1) *cf. possess*[2], -wa na. (2) Hutumika kwa kugeuza kiarifa (*vb.*) katika wakati uliopita ulio kamili: *e.g. I have seen*, nimeona. (3) — *cf. allow*, *I won't* ~ *you saying such things*, Nakukataza kusema kama hayo. (4) fanya; mara nyingi kiarifa hugeuka kuwa -sha au -za, *e.g.* : *cook*, pika, lakini, ~ *the eggs cooked well*, pikisha vizuri mayai. (5) kiarifa hutumika katika *passive*, *e.g.* ~ *a leg broken*, vunjwa mguu; ~ *one's father die*, fiwa na baba yako. (6) lazima; sharti: *I* ~ *to go*, lazima niende. (7) (*colloq.*) punja; danganya: *He's been had*, amedanganywa. (8) ~ *to do with*, shughulika na; pasiwa na; ~ *sth. (nothing) to do with*, husiwa (tohusiwa) na; ~ *sth. out with sb.*, bishana na fulani na kutengeneza jambo.

haven ['heivn] *n.* bandari; (*fig.*) kituo cha salama.

haversack ['havəsak] *n.* mkoba wa kuchukuliwa begani au mgongoni.

havoc ['havək] *n.* maangamizi makuu; hasara kubwa.

hawk [ho:k] *n.* ndege mkubwa tena mwenye nguvu sana na shakevale.

hawker ['ho:kə*] *n.* mchuuzi, mtembeza bidhaa.

hay [hei] *n.* majani yaliyokatwa na kukaushwa kulisha ng'ombe.

hazard ['hazəd] *n.* hatari. — *v.t.* (1) hatirisha. (2) bahatisha. **~ous** *adj.* -enye hatari.

haze [heiz] *n.* ukungu, mvuke. **hazy** *adj.* -enye ukungu; (*fig.*) si dhahiri.

he [hi:] *pron.* yeye, katika kiarifa hutumika 'a-', *e.g.* aenda, ~ goes.

head [hed] *n.* (1) kichwa. (2) kitu chenye umbo la kichwa, *e.g.* cha nyundo, cha msumari, kilele cha mlingoti, povu la pombe, maua katika ncha ya shina. (3) akili: *lose one's* ~, potewa akili; *off one's* ~, -enye wazimu; *take it into one's* ~ *that*, pata kufikiri kuwa; (*talk*) *above their* ~*s*, ongea kwa maneno magumu hata hawafahamu maana ya maneno. (4) kila mmoja: 5*s. a* ~, shilingi 5 kila mmoja; *crowned* ~*s*, wafalme, malkia. (5) (halibadiliki katika wingi) 50 ~ *of sheep*, kondoo 50 katika kundi moja. (6) juu: *at the* ~ *of the list*, (kwa) juu ya orodha. (7) mkubwa: *the* ~ *of the school*, mkubwa wa chuo. (8) sura. (9) kipeo, upeo (wa hatari, ugonjwa, shida, *&c.*) — *v.t. & i.* (1) tangulia. (2) elekeza; endea. (3) piga mpira kwa kichwa. ~**ing** *n.* anwani; dibaji. ~**lamp** *n.* taa kubwa ya motakaa, *&c.* ~**land** *n.* rasi. ~**quarters** *n.* makao ya wakuu (wa kazi, serikali, *&c.*). ~**strong** *adj.* -kaidi, -siyesikia shauri la mtu. ~**way** *n.* maendeleo. ~**y** *adj.* (kwa vinwaji) -a kulevya.

heal [hi:l] *v.t. & i.* ponya; pona.

health [helθ] *n.* (1) hali ya mwili (nzuri au mbaya). (2) (hasa) afya nzuri, uzima. ~**y** *adj.* -zima; -a kuleta afya.

heap [hi:p] *n.* (1) fungu; chungu. (2) (*pl. colloq.*) wingi wa; chunguchungu: *There were* ~*s of things there* (*i.e. very many*), vitu vilikuwapo chunguchungu. — *v.t.* (1) kusanya fungu; fanya chungu. (2) jaza; -pa -ingi.

hear [hiə*] *v.t. & i.* (*heard* [hə:d]). (1) sikia. ~ *from*, pata barua ya; ~ *of*, ambiwa; arifiwa. (2) *cf. judge*. hukumu; amua. (3) *Hear! Hear!* *int.* ndivyo hasa, Ehe! Ehe! ~**ing** *n.* (1) *within* (*out of*) ~*ing*, karibu hata kusikika (mbali hata -sisikike). (2) baraza; hukumu. ~**say** *n.* tetesi; uvumi.

heart [ha:t] *n.* (1) moyo. (2) (*fig.*) moyo; mtima. *have the* ~ *to* (*do sth.*), thubutu; *lose* ~, kata tamaa; *take* ~, jipa moyo; *take sth. to* ~, onea sikitiko (uchungu) rohoni; sikitikia; *change of* ~, majuto; kuongoka; *after one's own* ~, -a kupendeza halisi. (3) *cf. centre*. katikati ya: *in the* ~ *of the forest*, katikati ya mwitu. (4) (*playingcards*) kopa. ~-**ache** *n.* huzuni kubwa. ~-**beat** *n.* pigo la moyo. ~-**breaking** *adj.* -a kuhuzunisha sana. ~-**broken** *adj.* -a kushindwa na taabu. ~**burn** *n.* kiungulia. ~-**burning** *n.* ugomvi; chuki. ~**en** *v.t.* tia moyo; changamsha. ~**felt** *adj.* -a moyoni, -a kweli. ~**less** *adj.* pasipo huruma; -kali. ~-**rending** *adj.* taz. ~-*breaking*. ~-**strings** *n. pl.* moyo ndani: *pull at one's* ~-*strings*, huzunisha sana. ~**y** *adj.* (1) -kunjufu, -a kweli. (2) -enye afya njema, -a nguvu. (3) (kwa kula na kunywa): *a* ~*y meal*, chakula tele, shibe. ~**ily** *adv.*

hearth [ha:θ] *n.* meko; moto; (*fig.*) nyumba, kwake (kwao, *&c.*), *cf. home*.

heat [hi:t] *n.* (1) moto, joto. (2) hasira. (3) (kwa mashindano) mara zamu. — *v.t. & i.* pasha moto; pata joto.

heathen ['hi:ðən] *n. & adj.* wasio na dini ya Kikristo, Kiyahudi wala Kiislamu.

heave [hi:v] *v.t. & i.* (*heaved or hov-* [houv]) (1) inua; vuta (kamba). (2) (*colloq.*) tupa. (3) panda na kushuka (kama mawimbi). (4) (kwa meli) ~ *in*(*to*) *sight*, onekana ba harini; ~ *to*, simama; tua. — *n.* kusukuma kwa juhudi.

heaven ['hevn] *n.* (1) makao y Mungu na watakatifu. (2) mahala pa raha. (3) (mara nyingi *pl* uwinguni. *good* ~*s!* *int.* Lo! ~**ly** *ad* -a mbinguni; kama watu wa mbinguni; -a kupendeza sana -zuri sana.

heavy ['hevi] *adj.* (1) -zito (2) -kubwa; -a kuliko kiasi (3) (kwa watu) -zito, -pumbav — *adv.* *time hanging* ~ *on his hand* saa zikipita polepole. **heavily** *ad*

heckle ['hekl] *v.t.* udhi kwa maswa magumu.

hedge [hedʒ] *n.* ua, boma la ui (miba, michongoma). — *v.t. & i.* (zungushia ua; jengea boma. (2) ji kwa kujihadhari sana. ~**hog** *mnyama kama nungunungu mdoge kalunguyeye. ~**row** *n.* = ua.

heed [hi:d] *v.t. & n.* angalia; usiki

hadhari. ~ful *adj.* -angalifu. ~less *adj.* -zembe; -jinga.

heel [hi:l] *n.* kifundo (kisigino) cha mguu; upande wa chini, tako. *take to one's* ~*s,* kimbia; *cool (kick) one's* ~*s,* lazimishwa kungoja; *come to* ~, (kwa mbwa) fuata karibu sana bwana wake, (*fig.*) jiweka chini, tii; *down at* ~, (kwa viatu) vilivyochakaa pande za chini.

hefty ['hefti] *adj.* (*colloq.*) -enye nguvu; -kubwa.

heifer ['hefə*] *n.* mtamba wa ng'ombe.

height [hait] *n.* (1) urefu wa kwenda juu, kimo. (2) mlima. (3) -tupu: *the* ~ *of folly,* ujinga mtupu. ~**en** *v.t.* ongeza kwa juu; ongeza nguvu.

heinous ['heinəs] *adj.* (kwa makosa) -a kuchukiza; -ovu sana.

heir [eə*] *n.* mrithi. ~**ess** *n.* ['eəris] *n.* mwanamke mrithi. ~**loom** *n.* mali ya urithi isiyoweza kutolewa wala kuuzwa.

held *past tense* ya *hold.*

helicopter ['helikoptə*] *n.* namna ya eropleni iwezayo kupaa na kushuka moja kwa moja kiwima; tiarakipanga.

hell [hel] *n.* (1) jehanum. (2) ahera; mahali pa taabu au pa adhabu. (3) (kama *int.*) kwa kuonyesha hasira au machukio.

hello, *int.* = *hullo.*

helm [helm] *n.* usukani.

helmet ['helmit] *n.* kofia ya chuma; sepeo.

help [help] *v.t. & i.* (1) saidia. (2) epua; zuia: *I can't* ~ *doing it,* sharti (sina budi) kufanya; *it can't be* ~*ed, there's no* ~ *for it,* sharti iwe, haina budi kuwa ~. (3) gawia chakula, *&c.:* ~ *yourself,* twaa kadri unayotaka. ~**er** *n.* ~**ful** *adj.* -a kufaa; -a kusaidia. ~**ing** *n.* mego (la chakula). ~**less** *adj.* bila msaada; hoi; dhaifu. ~**mate** *n.* mwenzi, rafiki; (hasa) mume au mke.

helter-skelter [heltə'skeltə*] *adv.* mbio mbio, kwa haraka.

hem [hem] *v.t.* kunga: ~ *in,* zunguka; funga. — *n.* upindo.

hemi- ['hemi] *prefix* nusu.

hemisphere ['hemisfiə*] *n.* nusu ya mviringo kama mpira; kizio cha dunia.

hen [hen] *n.* kuku. ~**-pecked** *adj.* -enye kutawalwa na mkewe.

hence [hens] *adv.* (1) huku; hapa; tangu leo. (2) kwa sababu hiyo. ~**forth, ~forward** *adv.* tangu leo.

henna ['henə] *n.* rangi ya hina ya kutiliwa katika nywele au ndevu.

her [hə:] *pron. & adj.* yeye (mke) -ake.

herald ['herəld] *n.* (1) (*historical*) mjumbe; mleta habari. (2) mtu (au kitu) atangazaye mbele. — *v.t.* tangaza mbele; onya. ~**ry** *n.* maarifa ya nasaba na ya alama zake.

herb [hə:b] *n.* mmea, hasa ambao majani yake hutumiwa kama dawa. ~**alist** ['hə:bəlist] *n.* mwenye maarifa ya mimea (hasa ifaayo kwa dawa).

herd [hə:d] *n.* kundi la wanyama, *&c., the common (vulgar)* ~, jamii ya watu wa vivi hivi; akina yahe. ~**sman** ['hə:dzmən] *n.* mchunga, mchungaji.

here [hiə*] *adv.* huku; humu; hapa. ~ *and there,* huko na huko. *It's neither* ~ *nor there,* haimo. ~**abouts** ['hiərə,bauts] *adv.* kama hapa, karibu. ~**after** *adv. & n.* baadaye; halafu; maisha ya milele. ~**upon, ~with** *adv.* hivi; kwa hiyo; hapa.

hereditary [hi'reditəri] *adj.* -a kurithiwa. **heredity** [hi'rediti] *n.* maelekeo ya tabia (udhaifu, nguvu, ugonjwa, *&c.*) kurithiwa na mtoto.

heresy ['herisi] *n.* mafundisho ya imani yasiyopatana na yale yaliyotangazwa na Kanisa kuwa kweli. **heretic** *n.* mzushi, afundishaye *heresy.* **heretical** [hi'retikl] *adj.* -a *heresy.*

heritage ['heritidʒ] *n.* kitu kilichorithiwa au kiwezacho kurithiwa.

hermit ['hə:mit] *n.* mtawa, mkaa pekee.

hero ['hiərou] *n.* (*pl.* -oes) (1) mwanamume shujaa, jasiri. (2) mtu mkuu katika habari za kale, hadithi, utenzi, *&c.* ~**ine** ['herouin] *n. hero* wa kike. ~**ic** [hi'rouik] *adj.* -shujaa, jasiri. ~**ism** ['herouizm] *n.* ushujaa.

heron ['herən] *n.* ndege mwenye miguu mirefu akaaye penye mabawawa; kulasitara.

hers [hə:z] *pron.* -ake.

hesitate ['heziteit] *v.i.* sita, ingiwa na shaka. **hesitant** *adj.* **hesitation** *n.* kusita; wasiwasi.

hessian ['hesiən] *n.* nguo nzito ya katani kama gunia.

hew [hju:] *v.t.* (hewed [hju:d], hewn [hju:n]) tema; kata.

hexagon ['heksəgən] *n.* umbo lenye pande sita.

hey [hei] *int.* neno la kuita au la kuonyesha mshangao. *e.g.* ala! we!

heyday ['heidei] *n.* wakati wa nguvu nyingi, afya bora, usitawi.

hibernate ['haibəneit] *v.i.* pisha majira ya baridi kwa usingizi.

hiccup, hiccough ['hikʌp] *v.i. & n.* -wa na kwikwi; kwikwi; kitefutefu.

¹**hide** [haid] *v.t. & i.* (hid, hidden) ficha; jificha. **hiding** *n.* (kwa mtu) *go into hiding*, jificha; *be in hiding*, -wa umejificha. **hiding-place** *n.* maficho.

²**hide** [haid] *n.* ngozi ya mnyama, hasa kama kitu cha biashara na cha kutengenezewa viatu, &c.; (ya binadamu, hutumika kama mzaha). ~-**bound** *adj.* -a kufuata mambo ya kawaida tu. **hiding** *n.* (*cf. beating*) *give someone a good hiding*, mpiga sana fulani.

hideous ['hidiəs] *adj.* -enye sura (umbo) ya kuchukiza sana.

higgledy-piggledy ['higldi'pigldi] *adj. & adv.* -a fujo, hobelahobela; kwa fujo.

high [hai] *adj.* (1) -a juu; -refu (kwa kwenda juu). ~*lights*, sehemu za picha zenye kurudisha sana nuru; ~ *priest*, kasisi mkuu, hasa kuhani mkuu wa Wayahudi; ~ *road*, ~*way*, barabara; njia kuu; ~ *school*, chuo cha cheo kilicho juu ya chuo cha mwanzoni (yaani *elementary*); *the* ~ *seas*, bahari isiyo karibu na pwani; *a* ~ *sea*, bahari ya mawimbi makubwa; *a* ~ *tea*, chakula cha jioni, yapata saa kumi na moja, cha nyama kidogo lakini hunywa chai. (2) (kwa saa au wakati) -kuu: ~ *noon*, mchana mkuu; ~ *summer*, wakati wa joto kuu. *It's* ~ *time you started*, wakati umewadia uende. (3) (kwa nyama) anza kuoza. *adv.* *play* ~, cheza na kupinga fedha nyingi; *run* ~, (kwa bahari) mawimbi yaruka juu sana; (*fig.* kwa maono) hangaika. ~-**born** *adj.* -a jamaa (ukoo, jadi) bora. ~-**brow** *n. & adj.* mtu ajidaiye akili na busara nyingi. ~-**flown** *adj.* (kwa maneno yaliyosemwa au kuandikwa) -a juujuu, -a kupiga makuu. ~-**handed** *adj.* -a jeuri; -a nguvu.

~-**lands** *n. pl.* nchi ya juu, milima.

~-**lander** *n.* mkaa milimani, hasa milimani mwa *Scotland*. ~-**minded** *adj.* -nyofu; -enye moyo safi.

~-**ness** *n.* (1) kinyume cha chini. (2) *His* (*Her, Your*) *Highness*, namna ya kumwitikia mtoto mwanamume wa mfalme. ~**ly** *adv.* sana; vema: *speak* ~*ly of someone*, msifu sana fulani; *a* ~*ly paid man*, mtu alipwayo mshahara mkubwa. ~-**ly-strung** *adj.* -epesi wa kuchochewa.

hilarious [hi'lɛəriəs] *adj.* -a furaha.

hill [hil] *n.* kilima. ~*y adj.* -enye vilima vingi. ~**ock** *n.* kilima kidogo.

him [him] *pron.* yeye (mume); yule.

¹**hind** [haind] *n.* paa jike.

²**hind** [haind] *adj.* -a nyuma: *the* ~ *legs of a horse*, miguu ya nyuma ya farasi. ~**most** *adj.* -a nyuma kabisa.

hinder ['hində*] *v.t.* zuia; pinga; kawilisha. **hindrance** *n.* kizuizo; pingamizi.

hinge [hindʒ] *n.* pata; bawaba. — *v.t. & i.* (1) funga kwa pata. (2) ~ (*up*)*on*, tegemea; husiana na.

hint [hint] *n.* dokezo; onyo dogo. — *v.t. & i.* dokeza; fumbia.

hinterland ['hintəland] *n.* bara.

¹**hip** [hip] *n.* nyonga; kiweo.

²**hip** [hip] *int. Hip, hip, hurrah!* mlio wa kushangilia, pipule!

hippopotamus [,hipou'potəməs] *n.* kiboko.

hire ['haiə*] *v.t.* panga; ajiri. — *n.* ujira; upangaji; kodi. ~-**ling** *n.* (huwa neno la kudharau) kibarua, mtu wa mshahara. ~-**purchase** *n.* namna ya kununua vitu kwa kulipa kidogo kidogo mpaka deni imetimia.

his [hiz] *pron.* -ake (mwanamume).

hiss [his] *v.i. & t. & n.* lia kama nyoka na kama sauti ya s; lia hivi kwa kufyoza mtu; mlio kama wa nyoka.

history ['histəri] *n.* habari za kweli za mambo yaliyopita. **historian** *n.* mwandishi wa historia. **historic** [his'torik] *adj.* maarufu katika historia; -a kuhusiana na historia.

historical [his'torikl] *adj.* (1) -a historia si -a hadithi tu. (2) -a kutegemea mambo ya kweli ya historia.

hit [hit] *v.t. & i.* (-tt-, hit) (1) piga. (2) ~ *it off with sb.*, patana na fulani.

hitch [hitʃ] v.t. & i. (1) vuta. (2) fungia; fungamana na. — n. (1) mvuto wa ghafula. (2) namna ya fundo. (3) kizuizi: *Everything went off without a ~*, mambo yote yalitokea sawasawa kabisa (yaani pasipo kizuizi).

hither ['hiðə*] adv. (la zamani) huku, hapa. **~to** adv. hata sasa; hata leo.

hive [haiv] n. mzinga wa nyuki.

hoard [ho:d] n. akiba. — v.i. & t. weka akiba; dunduliza.

hoarse [ho:s] adj. (kwa sauti) -liyopwea; (kwa mtu) -enye sauti iliyopwea.

hoary ['ho:ri] adj. -enye mvi; mzee sana.

hoax [houks] n. ubishi; mzaha. — v.t. danganya; dhihaki.

hobble ['hɔbl] v.i. & t. (1) chechemea; enda chopi. (2) funga miguu ya farasi asikimbie.

hobby ['hɔbi] n. jambo (kazi, elimu, &c.) ashughulikialo mtu kupisha wakati, yaani kujifurahisha tu wala si kwa uchumi.

hob-nob ['hɔbnɔb] v.i. (-bb-) (with) suhubiana (na); fanya urafiki (na).

hock [hɔk] n. goti la farasi nyuma.

hockey ['hɔki] n. mchezo wa mpira mdogo uchezwao kwa kupigwa na fimbo yenye kingoe.

hoe [hou] n. jembe. — v.t. lima; palilia.

hog [hɔg] n. nguruwe dume tena maksai; (*fig.*) mtu mchafu mwenye choyo. *go the whole ~*, fanya jambo mpaka kulimaliza.

hoist [hoist] v.t. inua; tweka.

hold [hould] v.t. & i. (*held*) (1) shika. (2) (pamoja na adv. & prep.) *~ back*, topenda kufanya (tendo); *~ sth. back*, ficha neno; setiri; *~ sb. (oneself) back*, cf. *restrain*, zuia fulani, jizuia; *~ by (to)*, fuata (kusudi, mradi); *~ forth*, toa maneno wazi, toa hotuba ndefu; *~ off*, jitenga; *~ out*, (i) vumilia; stahimili; (ii) (kwa chakula, akiba, &c.) tosha; *~ out sth.* (*e.g. hopes*), toa; *~ sth. over*, cheleza, kawisha; *~ sb. or sth. up*, (i) kawisha; (ii) pingia njia ili kunyang'anya; *~ with*, kubali. (3) cf. *contain*: weka; chukua. (4) dhani; dhania: *I ~ the view that a promise is a debt*, nadhani kuwa ahadi ni deni. (5) zuia; shika: *~ the breath*, zuia (shika) pumzi: *~ one's tongue*, nyamaza. (6) -wa na; -wa mwenyewe wa. (7) fanya: *~ a meeting*, fanya mkutano. (8) cf. *continue*; dumu; *~ good*, -wa na nguvu, faa. *H. hard!* (*colloq.*) Ngoja kwanza! *~ one's own ground*, simama imara. — n. (1) tendo la, namna ya, uwezo wa, kushika. (2) mahali pa kushikia. (cf. *foot-~*.)

¹**hold** [hould] n. ngama (ya meli), tumbo (la meli).

hole [houl] n. tundu; shimo. *pick ~s in*, pekua, tafuta makosa; *in a ~*, (*colloq.*) -wa na mashaka; *~ and corner methods*, nayari; ujanja.

holiday ['hɔlədi] n. siku ya ruhusa, livu; (*festival*) sikukuu.

holiness, taz. *holy*.

hollow ['hɔlou] adj. (1) wazi ndani, -tupu. (2) (kwa kishindo) kama kwamba chatoka mahali patupu. (3) (*fig.*) -sio kweli. (4) cf. *sunken*: *~-eyed*, -enye macho ndani. — adv. (*colloq.*) (*beat sb.*) *~*, shinda kabisa. — n. bonde; shimo.

holy ['houli] adj. (1) -a Mungu; -a kuhusiana na Mungu au na dini: *the H. Bible, the H. Land*. (2) -takatifu.

homage ['hɔmidʒ] n. (1) heshima kuu. (2) (la zamani) kumtii bwana wako.

home [houm] n. (1) makao; kwangu, kwako, kwetu, &c.; (*be, feel, make oneself) at ~*, jiona kuwa kwako pasipo haya tena kuona raha. (2) nyumba kubwa kama makimbilio ya wazee au wagonjwa. (3) makao. (4) (*attrib.*) *of the ~*, -a nyumbani; -a nchi yenyewe si -a nchi ya kigeni. — adv. nyumbani au nchini mwa mtu fulani: *bring sth. ~ to sb.*, fahamisha fulani bila shaka. **~less** adj. **~like** adj. **~-made** adj. **~sick** adj. -enye majonzi kwa sababu ya kuwa mbali. **~spun** n. & adj. nguo iliyotengenezwa nyumbani. **~stead** n. nyumba ya mwenye shamba pamoja na ghala za nafaka. **~ward** adj. & adv. -a kuelekea nyumbani.

homely ['houmli] *adj.* (1) -siopambwa, safi. (2) -a kukumbusha mambo ya nyumbani.

homicide ['homisaid] *n.* kuua mtu; mwuaji mtu. **homicidal** [,homi-'saidl] *adj.*

homogeneous [,homəu'dʒi:niəs] *adj.* -a jinsi moja.

honest ['onist] *adj.* amini; -aminifu, -nyofu. ~**ly** *adv.* ~**y** *n.*

honey ['hʌni] *n.* asali ya nyuki. ~**comb** *n.* masega; mkate wa nyuki. — *v.t.* toboa na vipenyo vingi. ~**moon** *n.* muda wa kukaa faraghani pamoja bwana na bibi arusi baada ya kuoana.

honorarium [,onə'reəriəm] *n.* malipo ya hiari kwa kazi yasiyodaiwa.

honorary ['onərəri] *adj.* (1) (lafupishwa mara nyingi kuwa *hon.*) kwa kazi isiyolipiwa: *the ~ secretary.* (2) (kwa cheo, daraja, &c.) kipewacho kama cha heshima bila kutimiliza matakwa yote: *an ~ vice-president.*

honour ['onə*] *n.* (1) staha; heshima. (2) sifa njema; heshima: *on my ~*, natoa ahadi; *debt of ~*, deni ya ahadi, si ya sharti. (3) *Your, (His) H.*, jina la heshima kwa majaji. (4) mtu (au kitu) aletaye heshima: *an ~ to the school.* (5) (*pl.*) alama za heshima, nishani, &c., *the ~s list*, orodha ya vyeo vya heshima vilivyotolewa na Mfalme wa Uingereza. *an ~s degree*, cheo cha elimu ya heshima sana. — *v.t.* (1) heshimu. (2) pokea na kulipa (*cheque, &c.*) wakati maalum. *~ a promise*, fikiliza ahadi. ~**able** ['onərəbl] *adj.* (1) -a heshima. (2) (lafupishwa kuwa *Hon.*.) jina la wakuu wengine.

hood [hud] *n.* kifuniko cha kichwa na mabega: (kwa mwanamke) shela; (kwa motakaa) chandalua.

hoof [hu:f] *n.* (pl. **hoofs** [hu:fs] au **hooves** [hu:vz]) ukwato; kwata.

hook [huk] *n.* (1) chango. (2) kulabu; ngoe, kingoe; mundu. *fish-~* ndoana. *by ~ or by crook*, kwa vyo vyote; kwa njia zote; viwavyo vyote. — *v.t.* funga; kamata; fungamana; petamana: *~ a fish*, vua samaki. ~**ed** [hukt] *adj.* kama ndoana. ~**-worm** *n.* kicha ngo kiletacho ugonjwa wa safur kikiingia na kukaa tumboni.

hooligan ['hu:ligən] *n.* mtu azoeay kupigana na kufanya ghasia n makelele katika njia za mji.

hoop [hu:p] *n.* pete kubwa ya mti a ya chuma ya kuzungushia pipa kitu kama hicho kitumiwacho kam gurudumu kwa kuchezea.

hoot [hu:t] *n.* (1) mlio wa bund (2) mlio wa honi ya motakaa au w paipu ya meli. (3) makelele y mzaha. — *v.i.* lia kama bundi a paipu ya meli. — *v.t.* fukuza kw makelele; zomea. ~**er** *n.* paipu y meli au ya kinu.

¹**hop** [hop] *n.* mmelca mrefu weny maua yatumiwayo kufanyizia po mbe ya Kizungu; (*pl.*) maua ya m huu.

²**hop** [hop] *v.i. & t.* (*-pp-*) (1) (kw binadamu) ruka kwa mguu mmoja (kwa viumbe wengine) rukaruk kama ndege warukavyo. (2) kiuk — *n.* mruko wa mguu mmoja mruko mfupi; safari fupi ya er pleni.

hope [houp] *n.* (1) matumain taraja. (2) sababu ya kut mainisha; mtu (au kitu) ambay hutumainia. — *v.t. & i.* tumain taka. ~**ful** *adj.* -enye kutumain -a kutia taraja. ~**less** *adj.* kukata tamaa; -a bure.

horde [ho:d] *n.* (1) kabila la wa wenye kuhamahama. (2) kun kubwa.

horizon [hə'raizn] *n.* mstari v upeo wa macho. ~**tal** [,hori'zont *adj.* -a kwenda sambamba na ~ -liolala sawasawa (si wima).

horn [ho:n] *n.* (1) pembe (y mnyama). (2) baragumu; mbi (ya motakaa, &c.) honi; paip ~**bill** *n.* ndege kama kwembe.

hornet ['ho:nit] *n.* nyigu.

horror ['horə*] *n.* kitisho; kitu cł hofu. **horrible** ['horibl] *ad* **horrid** *adj.* -a kutisha; (*colloq.*) kuchukiza; -a kuudhia. **horri** ['horifai] *v.t.* ogofya; shtusha.

horse [ho:s] *n.* (1) farasi. (2) aske wapanda farasi. ~**-play** *n.* mche wenye ghasia. ~**power** *n.* (laf pishwa kuwa *h.p.*) kipimo c kupimia nguvu ya mashini.

horticulture ['ho:tikʌltʃə*] *n.* limo cha bustani.

hosanna [hou'zənə] *n.* neno la kumsifu Mungu au kumwabudu.

¹**hose** [houz] *n.* bomba la mpira la kutupia maji (bustanini, kuzimia moto, &c.). — *v.t.* tupia maji (bustanini, &c.); safisha (motakaa, &c.) kwa kutumia ~.

²**hose** [houz] *n.* (1) soksi. (2) vifuniko vya miguu. **hosier** ['houʒiə*] *n.* mwuza soksi, shati, nguo za kuvaa ndani (ya nguo nyingine) kama fulana, &c. **hosiery** ['houʒiəri] *n.* as *hosier*.

hospitable ['hospitəbl] *adj.* -karimu; -a kupokea wageni.

hospital [,hospitl] *n.* hospitali (nyumba ya kuuguzia wagonjwa).

hospitality [,hospi'taliti] *n.* ukarimu; kukaribisha wageni; utu mwema.

¹**host** [houst] *n.* (1) mwenyeji; mwenye kukaribisha wageni. (2) mwenye hoteli. ~**ess** *n.* host wa kike.

²**host** [houst] *n.* (1) wingi. (2) (la zamani) jeshi.

³**Host** [houst] *n.* mkate utumikao katika Ushirika Mtakatifu wa Misa.

hostage ['hostidʒ] *n.* mdhamini; mtu (mara chache kitu) aliyeshikwa au kuwekwa rehani.

hostel ['hostəl] *n.* nyumba ya kukaa wanafunzi wa chuoni; nyumba ya kupumzikia wasafiri. ~**ry** *n.* (la zamani) hoteli.

hostess, taz. ¹*host*.

hostile ['hostail] *adj.* -a adui.

hostility [hos'tiliti] *n.* uadui; (*pl.*) vita.

hot [hot] *adj.* (1) -a moto, -enye joto. *get into* ~ *water*, ingia matata; ~ *air*, majivuno, upuzi. (2) ~ *on the trail* (*on sb.'s tracks*), fuata karibu sana. ~-**bed** *n.* tuta lenye mbolea au samadi ya kuotesha sana mboga; (*fig.*) mahali penye maovu (fitina, &c.) mengi. ~**headed** *adj.* -a harara, -epesi wa hasira. ~-**house** *n.* kibanda cha kuotesha maua na matunda.

hotch-potch ['hotʃpotʃ] *n.* changanyiko.

hotel [hou'tel] *n.* hoteli, nyumba wageni wanunuamo chakula, &c.

hound [haund] *n.* (1) mbwa mkubwa wa kuwindia. (2) mtu mbaya. — *v.t.* fukuza; winda.

hour ['auə*] *n.* (1) saa moja, (yaani dakika 60). *at the eleventh* ~ saa (wakati, nafasi) ya mwisho kufanya jambo; *the small* ~s, tangu usiku wa manane mpaka alfajiri. (2) wakati; saa: *What is the* ~? Saa ngapi? (3) (*pl.*) vipindi (nyakati) hasa vya kufanya kazi: *office* ~s, saa za kufanya kazi afisini. *keep good* ~s, enda kulala mapema. (4) wakati maalum; sasa au leo: *in the* ~ *of danger*, wakati wa hatari; *questions of the* ~, mambo leo. ~**ly** *adj.* & *adv.* -a kila saa; baada ya kila saa.

house [haus] *n.* (*pl.* ['hauziz]) (1) nyumba. *keep* ~, angalia mambo ya nyumbani. (2) *Houses of Parliament*, nyumba ambamo Halmashauri ya Uingereza hukutanapo. (3) watu waliohudhuria kwa kutazama michezo ya *theatre*: *a full* ~, theatre iliyojaa; *bring down the* ~, (kwa mchezaji) shangiliwa sana na wote waliopo. (4) ukoo: ujamaa: *the H. of Windsor*, ukoo wa wa-*Windsor* (ukoo wa wafalme wa Uingereza). (5) shirika la biashara. — *v.t.* [hauz] (1) patia watu nyumba za kukaa. (2) weka: *Where can I* ~ *all my books?* Naweza kuweka wapi vitabu vyangu vyote? ~ **agent** *n.* mtu auzaye au apangaye nyumba kwa watu wengine. ~-**breaker** *n.* (1) mwenye uchumi wa kubomoa nyumba au majengo. (2) mwivi aingiaye nyumba ya mtu mwingine mchana kusudi aibe. ~**hold** *n.* watu wa nyumbani. ~**holder** *n.* mwenyeji, mwenye nyumba. ~**keeper** *n.* mwanamke msimamizi wa nyumba mwenye madaraka ya nyumba. ~**maid** *n.* mwanamke mtumishi wa nyumbani kwa mshahara. ~**wife** *n.* (1) bibi mkubwa wa nyumba, bibi mwenye nyumba. (2) ['hazif] kibumba (mfuko) chenye sindano, uzi, vifungo, &c.

hovel ['hovl] *n.* kibanda kibovu, nyumba mbovu ya kimaskini.

hover ['hovə*] *v.i.* (kwa ndege) simama mahali pamoja juu hewani; (kwa watu); kaa kwa mashaka, sitasita.

how [hau] *adv.* je? jinsi gani? ~**ever** *adv.* kwa kadiri yo yote: *He will buy it,* ~*ever dear it is*, atanunua ijapo ni ghali sana. — *conj.* lakini; walakini; iwayo yote.

howl [haul] *n.* lio, mlio: ~ *of*

laughter, ukelele wa kicheko. —*v.i.* lia; vuma. — *v.t.* ~ *a speaker down*, zomea mnenaji. ~**er** *n.* (*colloq.*) kosa (hasa katika mtihani) la kuchekesha.

hub [hʌb] *n.* kitovu (kikombe) cha gurudumu.

hubbub ['hʌbʌb] *n.* makelele, ghasia.

huddle ['hʌdl] *v.i.* (1) songana; songamana. — *v.t.* songasonga. (2) ~ (*oneself*) *up*, jikunyata; jikunja.

¹ **hue** [hju:] *n.* rangi.

² **hue** [hju:] *n.* ~ *and cry*, milio na makelele kama Huyo! Huyo!

hug [hʌg] *v.t.* (-*gg*-) (1) kumbatia. (2) (kwa meli) sogea pwani, ambaa.

huge [hju:dʒ] *adj.* -kubwa mno.

hull [hʌl] *n.* jahazi (meli, chombo) tupu pasipo milingoti, matanga, *&c*.

hullabaloo [ˌhʌləbə'lu:] *n.* ghasia, makelele.

hullo [hʌ'lou, hə-] *int.* neno la kumfanya mtu atazame au la kumwamkia.

hum [hʌm] *v.t. & i.* (-*mm*-) vuma kama nyuki; imba hali midomo imefumbwa. — *n.* uvumi; mvumo. — *int.* [hmm] kwa kuonyesha mashaka.

human ['hju:mən] *adj.* -a mwanadamu: *a* ~ *being*, mtu.

humane [hju'mein] *adj.* (1) -ema; -enye huruma. (2) ~ *learning*, *studies*. elimu isiyo ya *science*.

humanitarian [ˌhju:mæni'tɛəriən] *adj. & n.* -a huruma; -a kujaribu kupunguza maumivu na taabu.

humanity [hju'mæniti] *n.* (1) jamii ya wanadamu wote. (2) utu; asili ya kibinadamu. (3) huruma; wema.

humble ['hʌmbl] *adj.* (1) -nyenyekevu. (2) -nyonge; maskini. — *v.t.* shusha; tweza.

humbug ['hʌmbʌg] *n.* uayari; ujanja,; mjanja; ayari; laghai; upuzi. — *v.t.* (-*gg*-) danganya, laghai.

humdrum ['hʌmdrʌm] *adj.* -a siku zote bila mabadiliko; -a vivi hivi; -a kuchosha.

humid ['hju:mid] *adj.* majimaji; -a rutuba; (kwa *climate*) -a jasho. ~**ity** [hju:'miditi] *n.*

humiliate [hju:'milieit] *v.t.* tahayarisha; fedhehesha.

humility [hju:'militi] *n.* unyenyekevu.

humour ['hju:mə*] *n.* (1) kuweza kuchekesha au kucheka: *He has a good sense of* ~, yu mwepesi kuona na kufahamu mambo ya ubishi (2) tabia, moyo (hasa katika wakati maalum): *He is in a good* ~ yu mkunjufu; *He is not in the* ~ *for work*, hapendi kufanya kazi. — *v.t.* bembeleza (tuliza, furahisha) kwa kukubali mashauri au matakwa.

humorist *n.* mcheshi. **humorous** *adj.* -epesi kuona na kufahamu mambo ya ubishi; -a kuchekesha.

hump [hʌmp] *n.* (kwa wanyama nundu; (kwa watu) kigongo. ~**back** *n.* mtu mwenye kigongo.

humus ['hju:məs] *n.* udongo uliofanyika kwa majani kuoza, rutuba

hunch [hʌntʃ] *n.* (1) kigongo (2) kipande kikubwa (cha mkate *&c.*). (3) (*colloq.*) *have a* ~, vumbu shauri kwa kubahatisha. — *v.t* kunja mgongo. ~**back** *n.* = *hump back*.

hundred ['hʌndrəd] *n. & adj.* 100 ~-**weight** *n.* = *cwt.* kwa kifupisho ratli mia na kumi na mbili.

hung, taz. *hang*.

hunger ['hʌŋgə*] *n.* (1) njaa uhitaji wa chakula. (2) (*fig.* tamaa. — *v.i.* tamani sana **hungry** ['hʌŋgri] *adj.* -enye njaa **hungrily** *adv.*

hunk [hʌŋk] *n.* = *hunch*¹.

hunt [hʌnt] *v.t. & i.* (1) winda (2) tafuta. — *n.* mwindo; kuwinda

hurdle ['hə:dl] *n.* (1) kiunzi kam cha kufanyizia ua au kitalu (ch mti au fito zilizosokotwa). (2) p hutumika kurukia katika mashi ndano.

hurl [hə:l] *v.t.* tupa kwa nguvu.

hurrah [hu'ra:] **hurray** [hu'rei] *in.* mlio wa shangwe, pipule!

hurricane ['hʌrikən, -kein] *n* tufani.

hurry ['hʌri] *n.* haraka; hima — *v.t. & i.* himiza; enda kw haraka; ghaflika. **hurried** *ad* -liofanywa kwa haraka.

hurt [hə:t] *n.* maumivu. — *v. dhuru*; umiza. — *v.i.* uma.

hurtle ['hə:tl] *v.i.* (hasa hewani) end mbio sana.

husband ['hʌzbənd] *n.* mume — *v.t.* tumia kwa uangalifu. ~**ma** *n.* (la zamani) mkulima. ~**ry** *n* (la zamani) ukulima.

hush [hʌʃ] *v.t. & i.* tuliza; nyama

husk [hʌsk] *n.* ganda. ~y *adj.* (1) -kavu kama makumbi. (2) (kwa sauti) -liyopwewa. ~**ily** *adv.*

hustle ['hʌsl] *v.t.* songa; sukuma; sukumiza. — *n.* mkumbo; msukumo.

hut [hʌt] *n.* kibanda.

hyaena, *n.* taz. *hyena*.

hybrid ['haibrid] *n. & adj.* (kwa wanyama au mimea, &c.) -a wazazi wa namna mbalimbali, -a mbegu mbili mbalimbali: Nyumbu ni mnyama wa ~.

hydraulic [hai'drɔ:lik] *adj.* -a maji; -enye kuendeshwa kwa maji.

hydro- ['haidrou-] *prefix* (1) -a maji. (2) -a namna ya hewa iitwayo *hydrogen*. ~**gen** *n.* namna ya hewa nyepesi sana, iliyochanganyika na *oxygen* hufanya maji.

hyena [hai'i:nə] *n.* fisi.

hygiene ['haidʒi:n] *n.* elimu ya afya. **hygienic** [hai'dʒi:nik] *adj.* -a afya.

hymn [him] *n.* wimbo wa dini; mashairi; utenzi.

hyper- ['haipə*] *prefix.* -a zaidi, -a kupita kiasi: ~ *critical*.

hyphen ['haifən] *n.* kistari, alama hii (-).

hypnotism ['hipnətizm] *n.* uwezo wa kumtia mtu hali kama ya usingizi na kumfanya atende mambo yaliyoamriwa katika usingizi huo.

hypocrisy [hi'pokrəsi] *n.* unafiki, udanganyifu wa moyo. **hypocrite** ['hipokrit] *n.* mnafiki, mjisingizia wema (tabia njema, &c.).

hypodermic [,haipou'də:mik] *adj.* -a chini ya ngozi. *e.g.* ~ *syringe*, sindano la kuingiza chini ya ngozi.

hypotenuse [hai'pɔtinju:z] *n.* upande mrefu wa pembetatu yenye pembe mraba.

hypothesis [hai'pɔθisis] *n.* neno lililokubaliwa ingawa halikuthibitika, kusudi kueleza jambo. **hypothetic(al)** [,haipə'θetik(l)] *adj.* -a kukisi, -a kutafuta hakika.

hysteria [his'tiəriə] *n.* hali ya kushikwa na shetani (pepo) wa kulia au kucheka bila sababu. **hysterical** [his'terikl] *adj.* -enye kushikwa na shetani (pepo) kama juu; -a kuletwa kwa *hysteria*.

I

ice [ais] *n.* barafu: *break the* ~, anzisha maneno; **jasiria** maneno. — *v.t.* (1) fanya chakula au kinywaji baridi sana kwa barafu. (2) gandisha kwa baridi; funika kwa barafu; (*a cake*) ikiza keki sukari. ~**berg** *n.* kilima cha barafu kie-

An iceberg

leacho baharini. ~**bound** (~-**free**) *adj.* iliyozungukwa kwa barafu isiweze kutoka; (bila barafu). ~-**cream** *n.* chakula kitamu kilichofanyizwa kwa maziwa na vitu vingine na kugandishwa kwa baridi. ~-**field**, ~-**pack** *n.* mapande makubwa ya barafu baharini.

icicle ['aisikl] *n.* barafu iliyojitunga kama kishada au kishungi.

icy ['aisi] *adj.* baridi sana; (*fig.*) si -changamfu; -liofunikwa kwa barafu.

idea [ai'diə] *n.* (1) wazo; fikira. (2) shauri.

ideal [ai'diəl] *adj.* (1) pasipo upungufu, bila kombo lo lote. (2) -a kuwazika tu, si -a kweli. — *n.* wazo, fikira la ukamilifu. ~**ism** *n.* (1) kuishi kwa kuongozwa na mawazo yako; kutaka ukamili. (2) (kinyume cha *realism*) (katika kazi za sanaa) kufanya kazi ili sanamu ufanyazo zionyeshe vitu si kama vilivyo bali kama kamili. ~**ist** *n.* mtaka ukamili. ~**ize** *v.t.* fanya kamili; dhania kuwa kamili. ~**ly** *adv.*

identical [ai'dentikl] *adj.* yule yule, kile kile, &c. **identify** [ai,dentifai] *v.t.* (1) sema, onyesha, thibitisha ya kuwa mtu ndiyo hasa anayefikiriwa (kitu ndicho hasa kinachofikiriwa). (2) *identify oneself with*, tegemeza, shirikisha. **identification** [ai,dentifi'keiʃn] *n.* kuthibitisha (kuthibitishwa) nafsi. **identity** [ai'dentiti] *n.* (1) hali ya kuwa yule yule, kile kile, &c. (2) nafsi ya mtu (au ya kitu) jinsi ilivyo.

ideology [ˌaidi'olədʒi] *n.* utaratibu wa fikira, hasa kwa utaratibu wa kuendesha nchi au fedha zipatikanazo na zitumikazo.

idiom ['idiəm] *n.* (1) namna maalum ya lugha ya jamii ya watu au ya wenyeji wa nchi fulani peke yao. (2) neno, au fungu la maneno, litumikalo kwa namna isiyo ya kawaida (*e.g. to take a walk, to drop a brick, &c.*) au kwa namna isiyofuata hasa kanuni za sarufi (*e.g. it's me*). ~**atic** [ˌidiə'matik] *adj.*

idiocy ['diəsi] *n.* upumbavu. ~**ic** [ˌidi'otik] *adj.* -pumbavu. ~**ically** *adv.*

idiot ['idiət] *n.* mpumbavu; mjinga.

idle ['aidl] *adj.* (1) -siofaa, -a bure. (2) (kwa watu) -sio na kazi. (3) -vivu; -zembe. (4) -a bure, -siofaa. — *v.i. & t.* kaa kwa uvivu; -wa -vivu. ~**r** *n.* mvivu. **idly** *adv.* ~**ness** *n.*

idol ['aidl] *n.* (1) sanamu ya kuabudika. (2) mtu (au kitu) apendwaye (kustahiwa, kuheshimiwa) mno. ~**ater** [ai'dolətə*] *n.* mwabudu sanamu. ~**atrous** *adj.* -a kuabudu sanamu. ~**atry** *n.* ibada ya sanamu. ~**ize** ['aidəlaiz] *v.t.* penda mno, heshimu mno kupita kiasi.

if [if] *conj.* kama; ikiwa; (mara nyingi -ki- hutumika). *If I die, nikifa.*

igloo ['iglu] *n.* kibanda cha Waeskimo kilichojengwa kwa vipande vya barafu.

ignite [ig'nait] *v.t. & i.* washa; waka.

ignoble [ig'noubl] *adj.* -a aibu; -nyonge; -duni.

ignominious [ˌignə'miniəs] *adj.* -a aibu; -a kufedhehesha. **ignominy** ['ignəmini] *n.* aibu mbele ya watu wote; tendo la aibu.

ignorant ['ignərənt] *adj.* -jinga; -kosefu wa maarifa; -siojua. **ignorance** *n.* ujinga; kutojua. **ignoramus** [ˌignə'reiməs] *n.* mjinga; mpumbavu.

il- [il] *prefix* kinyume cha-; -sio. **il'legal, il'legible, il'logical** *adj.*

ill [il] *adj.* (1) (huwa kama *predic.*) -gonjwa: *fall* ~ *; be taken* ~, ugua. (2) (*attrib.*) *cf. bad,* -baya: ~ *health,* afya mbaya. — *n.* (1) uovu; ubaya: *do* ~, fanya uovu. (2) *cf. misfortune, trouble,* msiba; hasara. — *adv.* vibaya, siyo vizuri: ~ *at ease,* -sio -starehefu. *I can* ~ *afford it,* naweza kulipa kwa shida. ~**-bred** *adj.* -sio na adabu, -sio na malezi mazuri. ~**-fated** *adj.* -enye ajali mbaya. ~**-gotten** *adj.* -liopatwa kwa njia mbaya au haramu. ~**-natured** *adj.* -kali, -korofi. ~**ness** *n.* ugonjwa. ~**-treat,** ~**-use** *v.t.* tendea mabaya; tumia vibaya.

illicit [i'lisit] *adj.* haramu; marafuku.

illiterate [i'litərit] *n. & adj.* (mtu) asiyefundishwa, asiyeweza kusoma wala kuandika. **illiteracy** *n.*

illuminate [i'lu:mineit] *v.t.* (1) tia nuru; angaza. (2) pamba (mji, njia, &c.) kwaa taa (kwa kuonyesha furaha). **illumination** [iˌlu:mi'neiʃn] *n.* (hasa kwa *pl.*) kupamba mji kwa taa. **illumine** [i'lu:min] *v.t.* tia nuru.

illusion [i'lu:ʒn] *n.* (kuona) kitu kisichokuwapo kama katika ndoto.

illusive [i'lu:siv], **illusory** [i'lu:səri] *adj.* -a kudanganya akili; -sio -a kweli; -lioletwa kwa ~.

illustrate ['iləstreit] *v.t.* eleza kwa mifano, picha, &c.; tia picha za kueleza jambo au kitabu. **illustration** [ˌilə'streiʃn] *n.* kueleza kwa mifano kama juu; kitu kama picha au mfano kielezacho. **illustrator** *n.* mtu afanyaye picha kwa kitabu.

illustrious [i'lʌstriəs] *adj.* maarufu.

im- *prefix* kinyume cha-; siyo, hapana. ˌimma'terial, ˌimma'ture, im'measurable, im'mobile, im'moderate, im'moral, im'patient, im'perfect, im'possible, im'probable, im'prudent, im'pure, *adj.*

image ['imidʒ] *n.* (1) sanamu, nakala ya mtu au kitu, hasa iliyofanywa kwa mawe, mti au shaba, &c. (2) mfano uliowaziwa moyoni. (3) mfano wa maneno, methali. (4) *be the very* ~ *of sb.,* fanana kabisa na fulani. ~**ry** *n.* sanamu; kutumia methali au mifano katika kuandika.

imagine [i'madʒin] *v.t.* (1) wazia; dhania. (2) dhani kuwa jambo laelekea kutukia. **imaginable** *adj.* -a kupatikana. **imaginary** *adj.* -a kuwazika tu; si -a kweli. **imagination** *n.* uwezo wa mtu kuwazia mambo asiyoona. **imaginative** *adj.* -enye mawazo mengi.

imbecile ['imbisi:l] *adj.* -pungufu wa akili. — *n.* punguani. **imbecility** [,imbi'siliti] *n.* upungufu wa akili; kichaa.

imbibe [im'baib] *v.t.* -nywa; jifunza, hifadhi moyoni.

imbue [im'bju] *v.t.* ~*d with*, -liojaa (huruma, uchuki, &c.).

imitate ['imiteit] *v.t.* (1) iga; fuatisha. (2) fuasa; nakili. **imitation** [,imi'teiʃn] *n.* mwigo; mfano; nakili; (*attrib.*) *imitation gold*, dhahabu isiyo ya kweli, (isiyo sahihi). **imitative** *adj.* -a kuiga.

immaculate [i'makjulit] *adj.* safi kabisa, pasipo mawaa; sahihi kabisa.

immaterial [imə'tiəriəl] *adj.* (1) -sio na maana sana. (2) -sio na mwili.

immediate [,imi:djət] *adj.* (1) *cf. close*. -a pili; -a karibu sana; *my ~ neighbours*, majirani wangu walio karibu sana. (2) -a mara moja: *an ~ answer*, majibu ya mara moja. ~**ly** *adv.* sasa hivi; mara moja.

immemorial [,imi'mo:riəl] *adj.* -a tangu zamani za kale.

immense [i'mens] *adj.* -kubwa sana. ~**ly** *adv.* sana. **immensity** *n.* ukubwa (wa kupita kadiri).

immerse [i'mə:s] *v.t.* (1) chovya, tosa. (2) *be ~d in*, shughulika sana na; -wa katika shida sana ya. **immersion** [i'mə:ʃn] *n.*

immigrate ['imigreit] *v.i.* ingia nchi kusudi kukaa. **immigrant** *n.* afanyaye hivyo. **immigration** [,imi'greiʃn] *n.* kuja kukaa.

imminent ['iminənt] *adj.* (hasa kwa hatari) -a karibu sana, -a kuelekea kutokea upesi.

immortal [i'mo:tl] *adj.* -a kuishi milele; -siosahauliwa. *the ~s*, miungu ya Kiyunani na ya Kirumi. ~**ity** [,imo:'taliti] *n.* maisha ya milele. ~**ize** *v.t.* -pa maisha ya daima; fanya ukumbusho wa daima; pasha sifa ya daima.

immovable [i'mu:vəbl] *adj.* (1) -sioondoka: *~ property*, mali isiyogeuka (*e.g.* nyumba na majenzi). (2) imara; madhubuti.

immune [i'mju:n] *adj.* huru; -sioweza kupatwa na ugonjwa, &c. **immunity** *n.* kutoweza kupatwa na ugonjwa, &c.; uhuru wa kutolipa kodi, &c.

impact ['impakt] *n.* mgongano.

impair [im'peə*] *v.t.* punguza nguvu (thamani, manufaa, &c.); haribu.

impart [im'pa:t] *v.t.* gawa; shirikisha; toa, funua (siri, &c.).

impartial [im'pa:ʃəl] *adj.* -adilifu, -siopendelea, sawa. ~**ly** *adv.*

impassable [im'pa:səbl] *adj.* (kwa njia, &c.) -siopitika.

impassioned [im'paʃənd] *adj.* -enye moyo wa kuonyesha (harara, hasira, &c.).

impassive [im'pasiv] *adj.* baridi; -tepetevu.

impeccable [im'pekəbl] *adj.* -sioweza kutenda dhambi; bila kosa (hatia, waa).

impecunious [,impi'kju:niəs] *adj.* maskini, -sio na fedha.

impede [im'pi:d] *v.t.* zuia; pinga. **impediment** [im'pedimənt] *n.* (hasa) kigugumizi cha maneno.

impel [im'pel] *v.t.* (-*ll*-) sukuma; himiza.

impending [im'pendiŋ] *adj.* taz. *imminent: the ~ storm; ~ dangers*.

imperative [im'perətiv] *adj.* (1) -a lazima; -a kuangaliwa mara moja. (2) (amri) -a kusikiwa, -a kutiiwa; -liotolewa (-liofanywa) kwa thabiti. (3) (sarufi) aina ya kiarifa (*verb*) ya kuamuru, *e.g. Go! Come!* Nenda! Njoo!

imperial [im'piəriəl] *adj.* (1) -a kifalme. (2) (kwa vipande vya kupimia uzani na kadiri za kupimia maji) -liotumiwa kwa kufuata sheria za *U.K.* yaani Uingereza. ~**ism** *n.* mashauri ya kueneza dola na enzi ya nchi fulani.

imperil [im'peril] *v.t.* (-*ll*-) hatirisha.

impersonal [im'pə:sənəl] *adj.* (1) -a kutovutwa kwa fikira zako mwenyewe. (2) -a kutotaja mtu au kitu maalum. (3) (kwa *verbs*) -a kutumika nafsi ya tatu ya umoja bila kutaja mtu au kitu maalum, *e.g. It is raining*, inanyesha mvua.

impersonate [im'pə:səneit] *v.t.* iga; jifanya.

impertinent [im'pə:tinənt] *adj.* (1) -juvi. (2) -siohusiana na kitu kinachonenwa. **impertinence** *n.*

imperturbable [,impə'tə:bəbl] *adj.* -tuliyu; -gumu.

impervious [im'pə:viəs] *adj.* (1) -siopenyeka. (2) ~ *to*, (mtu) -siosikia, -siokubali (shauri).

impetuous [im'petjuəs] *adj.* -a harara; -a haraka; -a bidii bila

impetus ['impitəs] n. nguvu, mwendo.

impinge [im'pindʒ] v.i. piga, angukia.

implacable [im'plækəbl] adj. -enye hasira (chuki, uchungu) isiyotulizika.

implant [im'pla:nt] v.t. tia au kaza fikira moyoni; fundisha.

implement ['impliment] n. chombo cha kazi. — v.t. ['impliment] tumia, fikiliza.

implicate ['implikeit] v.t. pasisha hatia; tia hatiani.

implication [,impli'keiʃn] n. (1) kutia (kutiwa) hatiani. (2) maana isiyo wazi, kidokezi.

implicit [im'plisit] adj. (1) (cf. *explicit*) -liodokezwa, -lioonyeshwa bila kutajwa. (2) bila kuuliza: ~ *belief*, imani kamili.

implore [im'plo:*] v.t. omba sana; sihi.

imply [im'plai] v.t. dokeza; husika na: *Silence sometimes implies consent*, yaani, kunyamaa mara nyingi ni sawa na kukubali.

import [im'po:t] v.t. (1) leta (hasa bidhaa katika nchi kutoka ugenini). (2) -wa na maana; onyesha. — n. ['impo:t] (1) (mara nyingi pl.) bidhaa ziingiazo. (2) kuleta bidhaa. (3) maana. ~**er** n.

important [im'po:tənt] adj. (1) -a maana; muhimu. (2) -kuu; -enye amri. ~**ly** adv. **importance** n.

importunate [im'po:tʃunit] adj. (1) (kwa watu) -a kuombaomba. (2) (kwa mambo) -a kushurutisha. **importunity** [,impo:'tʃuniti] n. usumbufu wa kuomba.

impose [im'pouz] v.t. & i. (1) weka; toza. (2) ~ *upon*, tumia vibaya fulani (kwa sababu ya ukarimu wake); danganya. **imposing** adj. -a fahari; -a kushangaza. **imposition** [,impə'ziʃn] n. (1) kuweka (kodi au ushuru, &c.). (2) kodi; haja isiyo ya haki. (3) madanganya.

impossible [im'posibl] adj. (1) -siowezekana. (2) -siovumilika.

impostor [im'postə*] n. ayari, laghai. **imposture** [im'postʃə*] n. ujanja; ulaghai.

impotent ['impotənt] adj. pasipo nguvu ya kufanya kitu fulani; -siofaa neno. **impotence** n.

impound [im'paund] v.t. kamata au kufunga kwa ruhusa ya sheria.

impoverish [im'povəriʃ] v.t. fanya kuwa maskini; fukarisha.

impracticable [im'præktikəbl] adj. (1) -siofanyika. (2) (kwa njia) -siopitika.

impregnable [im'pregnəbl] adj. -siotwalika kwa nguvu.

impress [im'pres] v.t. (1) gandamiza, kaza kitu kimoja na kingine, piga chapa. (2) tia moyoni; ingiza sana: *I was not much ~ed*, sikupenda sana. ~**ion** [im'preʃn] n. (1) alama iliyofanywa kwa kukaza. (2) chapa. (3) uonavyo au usikiavyo moyoni. (4) fikira au dhana lakini si dhahiri. ~**ionable** adj. -epesi kuona (huruma, huzuni, furaha, upendo, &c.). ~**ive** adj. -a kuvuta moyo.

imprint [im'print] v.t. piga chapa: *ideas ~ed on the mind*, dhana zilizotiwa moyoni. — n. ['imprint] kitu (*e.g.* alama ya kidole) kilichokazwa kama kwa kupigwa chapa.

imprison [im'prizn] v.t. funga, tia gerezani. ~**ment** n.

impromptu [im'promptju:] adv. & adj. bila kutengenezwa kwanza; bila kufikiriwa kwanza.

improve [im'pru:v] v.t. & i. kuza hali (thamani, manufaa, &c.), sitawisha. ~**ment** n.

improvident [im'providənt] adj. si -enye kufikiri siku za mbele, -potevu.

improvise ['imprəvaiz] v.t. & i. (1) tunga papo hapo bila matengenezo. (2) fanya kwa haraka bila vifaa (vyombo, &c.) vyake hasa.

impudent ['impjudənt] adj. -shupavu, -sio na haya. **impudence** n.

impugn [im'pju:n] v.t. nenea, leta mashaka juu ya ukweli wa maneno.

impulse ['impʌls] n. (1) nguvu, msukumo. (2) nia ya ghafula. **impulsive** adj. -a kufanya bila kutunga shauri kwanza.

impunity [im'pju:niti] n. *with* ~, bila hofu ya kupata adhabu.

impute [im'pju:t] v.t. dhania; hesabia; shtaki; singizia: *innocent of the crime ~d to him*, pasipo hatia ya taksiri aliyoshtakiwa; ~ *a youth's mistake to stupidity*, hesabia kosa la mvulana kutokea ujinga wake. **imputation** [,impju'teiʃn] n. mashutumu; masingizio.

in [in] *prep. & adv.* kwa; katika; -ni; ndani; -mo.

in- *prefix* si; pasipo; bila. *e.g. in-ability.* ni kinyume cha *ability*.

inadvertent [,inad'və:tənt] *adj.* si -angalifu; -a kughafilika. **~ly** *adv.* siyo kwa kusudi. **inadvertence** *n.*

inalienable [in'eiliənəbl] *adj.* (kwa haki, *&c.*) -sioondoleka; -siotengeka.

inane [i'nein] *adj.* -sio na maana, -puzi. **~ly** *adv.* **inanity** [i'naniti] *n.* upuzi.

inanimate [in'animit] *adj.* -fu, si -enye uzima (uhai): *~ conversation,* yaani, mazungumzo (maneno) baridi.

inapt [i'napt] *adj.* si stadi; -siopasa kitu kinachonenwa.

inasmuch [,inəz'mʌtʃ] *conj.* **~ as,** kwa sababu; kwa kuwa.

inaugurate [i'no:gjuəreit] *v.t.* (1) weka; ingiza. (2) fungua kwa taratibu za desturi. **inaugural** *adj.* -a kuzindulia. **inauguration** *n.*

inborn ['in'bo:n] *adj.* -a asili.
inbred ['inbred] *adj.* -a asili.

incandescent [,inkan'desnt] *adj.* -enye kung'aa kwa moto mwingi.

incapacitate [,inkə'pasiteit] *v.t.* ondolea nguvu (uwezo, haki, *&c.*).

incapacity [,inkə'pasiti] *n.* kutoweza; ukosefu wa nguvu (akili).

incarnate [in'ka:nit] *adj.* -enye mwili (kiwiliwili): *a devil ~,* mtu mwenye tabia mbaya sana hata kuonekana kuwa shetani. — *v.t.* ['inka:neit] (1) geuza **kuwa** mtu. (2) geuza fikira au wazo liwe la umbo wa kuoneka, wa kugusika, *&c.* (3) (kwa mtu) -wa mfano halisi (wa tabia, wema, *&c.*). **incarnation** [,inka:'neiʃn] *n.* (1) (hasa) kufanyika mtu halisi Yesu Kristo. (2) mtu ahesabiwaye kuwa mfano halisi wa tabia, wema, *&c.*

incendiary [in'sendjəri] *n. & adj.* (1) achomaye moto na kuteketeza nyumba au shamba makusudi; mfitini achomaye watu kuasi. (2) kombora la kuteketeza.

¹ **incense** [in'sens] *v.t.* kasirisha.
² **incense** ['insens] *n.* ubani; uvumba.
incentive [in'sentiv] *n.* kichocheo; kishawishi.
inception [in'sepʃn] *n.* mwanzo.
incessant [in'sesənt] *adj.* bila kukoma.

incest ['insest] *n.* zinaa ya maharimu (kama vile baba na binti yake, *&c.*).

inch [intʃ] *n.* inchi: *by ~es,* kidogo kidogo; *every ~ (a soldier),* (askari) mzuri kabisa.

incidence ['insidəns] *n. the ~ of a disease,* yaani, hesabu, au namna ya watu wapatwao na ugonjwa fulani; *the ~ of a tax,* jinsi kodi ipashavyo watu wailipao.

incident ['insidənt] *n.* jambo; neno; tukio. **~al** [,insi'dentl] *adj.* (1) -a kutokea, -a kufuata lakini si -a asili. (2) -dogo, si -a maana. (3) -a kufuata kama matokeo.

incinerate [in'sinəreit] *v.t.* choma taka pakawa iwe majivu. **incinerator** *n.* jiko la kuchomea taka.

incipient [in'sipiənt] *adj.* -a kwanza, -a katika kuanza.

incision [in'siʒn] *n.* kato; chanjo.
incisive [in'saisiv] *adj.* -kali, -a nguvu.

incite [in'sait] *v.t.* chochea; amsha. **~ment** *n.*

inclination [,inkli'neiʃn] *n.* (1) maelekeo; mapenzi; tamaa. (2) mainamizi; mwinamo.

incline [in'klain] *v.i. & t.* (1) elekea; kabili. (2) elekeza; inamisha; pandisha. — *n.* kilima; mpando; mshuko; mtelemko.

include [in'klu:d] *v.t.* tia, weka ndani: *price 7s., postage ~d,* bei yake shs. 7, gharama ya posta ikihesabiwa pamoja. **inclusion** [in'klu:ʒn] *n.* **inclusive** [in'klu:siv] *adj.* -a kushika (kuweka, kutia) -ote ndani.

incognito [in'kognitou] *adv.* bila kujulisha jina lako.

income ['inkəm] *n.* mapato; mshahara; chumo.

incommode [,inkə'moud] *v.t.* sumbua; udhi.

incomparable [in'kompərəbl] *adj.* -siolinganikana.

incongruous [in'kongruəs] *adj.* -siopatana; mbalimbali. **incongruity** [,inkoŋ'gruiti] *n.*

inconsequent [in'konsikwənt] *adj.* -siofuata sawasawa; -siofungamana. **~ial** *adj.* si -a maana.

inconvenient [,inkən'vi:njənt] *adj.* -sumbufu; -siofaa. — *v.t.* sumbua; taabisha.

incorporate [in'ko:pəreit] *v.t.* fanya moja, unga; unganisha. — *adj.* [in'ko:pərit] -liofanywa umoja wa

INCORRIGIBLE [136] **INDULGE**

jamii ya watu. **incorporation** [in,ko:pə'reiʃn] *n.*

incorrigible [in'koridʒibl] *adj.* -siorudika; -enye moyo mbaya.

increase [in'kri:s] *v.t. & i.* ongeza; kuza; ongezeka; kua. — *n.* mazidi; mwongezo.

increment ['inkrəmənt] *n.* nyongeza; ongezo.

incriminate [in'krimineit] *v.t.* pasisha hatia; tia hatiani.

incubate ['inkjubeit] *v.t.* atamia mayai kwa kutumia taa kubwa ya kuyapasha moto; atamia (kalia) mayai. **incubator** *n.* chombo chenye taa kubwa cha kuatamia mayai.

inculcate ['inkʌlkeit] *v.t.* fundisha; onyaonya.

incumbent [in'kʌmbənt] *adj. It is ~ upon me*, imenipasa; imenibidi. — *n.* padre wa mji.

incur [in'kə:*] *v.t.* (-*rr*-) pata.

indebted [in'detid] *adj.* -enye kuwa na deni.

indeed [in'di:d] *adv.* kweli; sana. — *interj.* ala!

indefatigable [,indi'fatigəbl] *adj.* -siochoka.

indefinite [in'definit] *adj.* -sio dhahiri. *~ article,* (*grammar*) neno la *a(n)*.

indelible [in'delibl] *adj.* -siofutika.

indemnify [in'demnifai] *v.t.* lipa; komboa; ondoa hasara. **indemnity** [in'demniti] *n.* malipo.

indent [in'dent] *v.t.* (1) tia pengo; bonyeza. (2) jongeza mstari ndani. (3) pelekea maagizo (ya zana, vyakula, &c.). — *n.* ['indent] hati (barua, cheti) ya kuagizia vitu.

independent [,indi'pendənt] *adj.* (1) -a kujitawala (kujitegemea, kujitoshelea, &c.). (2) -a kufuata matendo au mashauri yako. — *n.* (hasa) *member* wa *Parliament* asiyesharikiana na jamii yo yote ya watu. **independence** *n.* upweke; upekee; ukinaifu.

index ['indeks] *n.* (*pl.* ~*es*). (1) kitu kielekezacho (kidole): *the ~ finger,* kidole cha shahada. (2) fahirisi, orodha ya mambo na majina, &c. — *v.t.* tunga katika taratibu ya Alfabeti.

India ['indiə] *n. ~ paper,* karatasi nyembamba sana. ~**n** *adj.* ~**n** *corn*, muhindi; mahindi; *in ~n file,* mwandamo. **india-rubber** *n.* mpira.

indicate ['indikeit] *v.t.* elekeza; onya; onyesha. **indication** *n.* kielekezo; dalili. **indicative** [in'dikitiv] *adj.* (1) *indicative mood,* yaani kiarifa (*verb*) chenye hali ya kuonyesha habari hasa, si amri, si kusudi. (2) *indicative of,* -a kuelekea ku-. **indicator** ['indikeitə*] *n.* (hasa) mshale wa kuelekezea.

indices *pl.* ya *index.*

indifferent [in'difərənt] *adj.* (1) baridi, -a kutojali; -a kutopendelea. (2) -a vivi hivi; hafifu; duni. **indifference** *n.* ubaridi, kutojali. *It's a matter of complete ~ to me*, ni mamoja (sawasawa) kwangu.

indigenous [in'didʒənəs] *adj.* -zalia, -a nchi yenyewe.

indigestion [,indi'dʒestʃən] *n.* tumbo kutoweza chakula.

indignant [in'dignənt] *adj.* -enye uchungu, hasa kwa sababu ya udhalimu. ~**ly** *adv.* **indignation** [,indig'neiʃn] *n.*

indignity [in'digniti] *n.* ufidhuli; utwezo.

indigo ['indigou] *n.* nili; rangi ya buluu sana kama ya upindi wa mvua.

indispensable [,indis'pensəbl] *adj.* -a lazima.

indisposed [,indis'pouzd] *adj.* (1) -a si -zima, -gonjwa. (2) -a kutopenda. **indisposition** [,indispə'ziʃn] *n.* (hasa) ugonjwa usio mzito.

individual [,indi'vidjuəl] *adj.* (1) -a mtu mmoja, -a kitu kimoja. (2) -moja peke yake. (3) maalum. ~**ly** *adv.* kila -moja peke yake. ~**ity** [,indi,vidju'aliti] *n.* nafsi; roho; tabia.

indoctrinate [in'doktrineit] *v.t.* funza, fundisha (hasa dhana maalum).

indolent ['indələnt] *adj.* -vivu. **indolence** *n.*

indomitable [in'domitəbl] *adj.* -sioshindika, -siokubali kushindwa.

indoor ['indo:*] *adj.* -a ndani ya nyumba, -a kufanywa ndani ya nyumba. ~**s** [in'do:z] *adv.* ndani ya nyumba.

indubitable [in'dju:bitəbl] *adj.* pasipo shaka.

induce [in'dju:s] *v.t.* (1) vuta; shawishi. (2) fanya; leta. ~**ment** *n.* mvuto; kishawishi.

indulge [in'dʌldʒ] *v.t.* pendeza;

timiza shauku, jitoa kwa (shauku); jifurahisha kwa. ~**nce** [in'dʌldʒəns] (1) kitu ambacho kwacho hujifurahisha (e.g. sigara, kwenda sinema). (2) (Kanisa la Kirumi) kusamehewa adhabu iliyopasiwa kwa ajili ya makosa. ~**nt** adj. -pole; -ema; -a kupendelea.

industry ['indʌstri] n. (1) utendaji; bidii. (2) kazi; uchumi. **industrial** [in'dʌstriəl] adj. -a kazi. **industrious** [in'dʌstriəs] adj. -a kushika kazi; -tendaji.

inept [i'nept] adj. -pumbavu; -liofanya au -liosemwa katika wakati usiofaa.

inert [i'nə:t] adj. (1) kama kifu. (2) (kwa mtu) -zembe; -tepetevu. ~**ia** [i'nə:ʃiə] n.

inevitable [in'evitəbl] adj. -sioepukika; -a lazima kutukia.

inexperience [,iniks'piəriəns] n. utovu wa ujuzi, kutojua.

inexpressible [,iniks'presibl] adj. -sionenekana; -a kupita maneno.

infallible [in'falibl] adj. -sioweza kukosa.

infamous ['infəməs] adj. -ovu sana; -a aibu. **infamy** ['infəmi] n. sifa mbaya, aibu.

infant ['infənt] n. mtoto mchanga. **infancy** ['infənsi] n. (1) utoto; uchanga. (2) mwanzo: *Aviation is no longer in its infancy*, kuruka hewani si sasa mwanzoni mwake. ~**icide** [in'fantisaid] n. kuua watoto wachanga. ~**ile** ['infəntail] adj. -a kitoto; -a mwanzoni.

infantry ['infəntri] n. askari wa kwenda kwa miguu.

infect [in'fekt] v.t. ambukiza; eneza. ~**ion** [in'fekʃn] n. ambukizo, hasa ugonjwa wa kuambukizwa). ~**ious** [in'fekʃəs] adj. (1) -a kuambukiza ugonjwa. (2) (fig.) -enye nguvu ya kujienaza na kushawishi watu.

infer [in'fə*] v.t. (-rr-) fahamu (kwa kujua sababu yake). ~**ence** ['infərəns] n. (1) kujua jambo kwa kuijua sababu yake. (2) mwisho wa maneno.

inferior [in'fiəriə*] adj. -a chini; -dogo; hafifu. — n. mtu aliye wa cheo cha chini. ~**ity** [in,fiəri'oriti] n. hali ya kuwa chini.

infernal [in'fə:nl] adj. -a jehanamu; -a shetani; -baya sana. **inferno** [in'fə:nou] n. jehanamu; mahali pa joto sana.

infest [in'fest] v.t. (kwa panya, dudu wanyang'anyi) -wapo wengi sana: *warehouses ~d with rats*, ghala zilizomo panya wengi sana.

infidel ['infidl] n. mtu asiye na dini yo yote.

infidelity [,infi'deliti] n. (tendo la) udanganyifu.

infiltrate [in'filtreit] v.i. penyeza (ingiza) askari katikati ya vikosi vya maadui ili kuwazunguka; (kwa mashauri) ingia akili za watu. **infiltration** [,infil'treiʃn] n.

infinite ['infinit] adj. pasipo mwisho (kikomo). *The I.*, Mungu. ~**ly** adv. ~**simal** [,infini'tesiməl] adj. -dogo mno -siopimika. **infinitive** [in'finitiv] adj. & n. namna ya kiarifa (verb) chenye kitangulizi cha *ku-*, kwa Kiingereza hutumika *to*: (e.g. *let him go*; *allow him to go*). **infinity** [in'finiti] n. (maths.) nafasi, wakati, wingi, usio na mwisho kwa kuwa mkubwa.

infirm [in'fə:m] adj. (1) dhaifu, hasa kwa sababu ya kuwa mzee. (2) goigoi. ~**ary** [in'fə:məri] n. (la zamani) hospitali. ~**ity** [in'fə:miti] n. udhaifu; ugonjwa.

inflame [in'fleim] v.t. & i. amsha, washa damu; kasirisha. **inflammable** [in'flaməbl] adj. -a kuwaka moto; (fig.) -a harara. **inflammation** [,inflə'meiʃn] n. mwako; hasa uvimbe wa sehemu ya mwili unaoumiza. **inflammatory** [in'flamətəri] adj. (1) -a kuwasha. (2) -a kuamsha (fitina, ugomvi).

inflate [in'fleit] v.t. & i. (1) pulizia (fig.) ~*d with pride*, -liovimba kwa kiburi. (2) ongeza wingi wa fedha katika nchi ili kupandisha bei ya vitu. (cf. *deflate*). **inflation** [in'fleiʃn] n.

inflect [in'flekt] v.t. (grammar) badili mwisho wa neno au umbo lake ili kuonyesha jinsi linavyoungamana na maneno mengine ya fungu. ~**ion**, **inflexion** [in'flekʃn] n. (1) kubadili; mwisho wa neno (e.g. *-ed* kwa kuonyesha wakati uliopita). (2) mabadili ya sauti.

inflict [in'flikt] v.t. ~ *sth. on sb.*, tesa fulani kwa (kumpiga, kumwumiza, kumrudi, &c.: ~ *oneself* (*one's company*) (*up*)*on sb.*, fuatana na mtu fulani asiyetaka uende naye. ~**ion** [in'flikʃn] n.

influence ['influəns] n. (1) mvuto.

(2) ushawishi; mtu (au kitu) avutaye au ashawishiye. (3) enzi kwa sababu ya utajiri, nguvu, &c. — v.t. vuta; shawishi. **influential** [ˌinfluˈenʃl] adj. -enye enzi.

influenza [ˌinfluˈenzə] n. makamasi; mafua.

influx [ˈinflʌks] n. mjio; majilio.

inform [inˈfɔːm] v.t. & i. (1) arifu; juvya. (2) ~ against sb., shtaki fulani mbele ya mapolisi. ~ant n. mleta habari. ~ation [ˌinfoˈmeiʃn] n. habari; taarifa. ~er n. (hasa) aleteaye mapolisi habari juu ya wakosaji.

informal [inˈfɔːməl] adj. bila sherehe. ~ly adv. ~ity [ˌinfoːˈmaliti] n.

infringe [inˈfrindʒ] v.t. & i. vunja (kanuni, &c.). ~ment n.

infuriate [inˈfjuərieit] v.t. ghadhibisha; kasirisha.

infuse [inˈfjuːz] v.t. & i. tilia moyoni. **infusion** [inˈfjuːʒn] n.

ingenious [inˈdʒiːniəs] adj. (1) (kwa mtu) -enye akili, stadi. (2) (kwa vitu) -liofanywa kwa ustadi. **ingenuity** [ˌindʒiˈnuiti] n.

ingenuous [inˈdʒenjuəs] adj. -sio na hila, adili.

inglorious [inˈglɔːriəs] adj. (1) -a aibu; pasipo heshima. (2) -nyonge.

ingot [ˈiŋgot] n. (-enye umbo la tofali) bonge kama tofali la (la dhahabu au la fedha); kinoo.

ingrained [inˈgreind] adj. (kwa desturi, zoea, &c.) -liokwisha thibitika.

ingratiate [inˈgreiʃieit] v.t. pendekeza.

ingredient [inˈgriːdiənt] n. sehemu; kichanganyiko.

inhabit [inˈhabit] v.t. kaa katika, kalia. ~able adj. -a kukalika na watu. ~ant n. mkazi; mwenyeji.

inhale [inˈheil] v.t. & i. vuta pumzi; vuta hewa.

inherent [inˈhiərənt] adj. -a ndani, -a asili.

inherit [inˈherit] v.t. rithi. ~ance n. kurithi; urithi.

inhuman [inˈhjuːmən] adj. -sio na huruma; -katili. ~ity [ˌinhjuːˈmaniti] n.

inimitable [iˈnimitəbl] adj. -ema sana; -enye akili nyingi, hata -sioigika.

iniquitous [iˈnikwitəs] adj. -ovu sana; -baya sana. **iniquity** [iˈnikwiti] n.

initial [iˈniʃl] adj. -a mwanzo; -a kwanza. — n. herufi ya kwanza ya jina la mtu. — v.t. tia sahihi ya ~s.

initiate [iˈniʃieit] v.t. (1) anza; anzisha. (2) ingiza mtu katika chama cha siri; tia jandoni. — n. & adj. [iˈniʃiət] mtu aliyeingizwa katika chama; mwali. **initiation** [iˌniʃiˈeiʃn] n. **initiative** [iˈniʃiətiv] n. (1) hatua ya kwanza: *take the initiative*, anza jambo; *on his own initiative*, peke yake bila amri ya mwingine. (2) tabia, uwezo, akili, ya kuanzisha mambo.

inject [inˈdʒekt] v.t. ingiza (maji, dawa, &c.) kwa kupiga sindano. ~ion n.

injure [ˈindʒə*] v.t. dhuru; umiza.

injury n. madhara; hasara; maumivu. **injurious** [inˈdʒuəriəs] adj. -a kudhuru; -a kutia hasara.

injustice [inˈdʒʌstis] n. (1) udhalimu. (2) tendo lisilo la haki: *do sb. an* ~, pima sifa ya mtu kuwa chini kuliko ilivyo kweli.

ink [iŋk] n. wino. — v.t. paka (tia) wino.

inkling [ˈiŋkliŋ] n. kidokezo, dalili ndogo.

inland [ˈinlənd, -lənd] adj. -a bara (ya nchi). (2) -a ndani ya nchi. — adv. [inˈlænd] katika bara.

inlay [inˈlei] v.t. (inlaid) fanya kazi ya njumu: *ivory inlaid with gold*, pembe iliyotiwa dhahabu kwa njumu.

inlet [ˈinlet] n. hori, ghuba ndogo.

inmate [ˈinmeit] n. mkaa pamoja na wengine wa nyumba fulani (hasa wa hospitali au gereza, &c.).

inmost [ˈinmoust] adj. -a ndani kabisa.

inn [in] n. (1) hoteli ya kupokea wageni ambamo hupata chakula. (2) *Inns of Court*, (nyumba za) vyama vya sheria vya London.

innate [iˈneit] adj. (kwa tabia, &c. ya mtu) -a asili, -a tabia.

inner [ˈinə*] adj. -a ndani. ~most adj. = *inmost*.

innings [ˈiniŋz] n. zamu (katika mchezo).

innocent [ˈinəsənt] adj. (1) -siyefanya dhambi. (2) -sioleta maovu; -siodhuru. **innocence** n.

innocuous [iˈnɔkjuəs] adj. -siodhuru; -sio na madhara.

innovation [ˌinouˈveiʃn] n. uzuzi; mageuzi; mambo mapya.

innumerable [i'nju:mərəbl] *adj.* -siohesabika (kwa kuwa -ingi sana).

inoculate [i'nɔkjuleit] *v.t.* chanja, piga sindano makusudi kuzuia uambukizo wa ugonjwa.

inquest ['inkwest] *n.* baraza ya kuhoji sababu ya kifo.

inquire [in'kwaiə*] *v.t.* (1) uliza, tafuta habari. (2) ~ *into*, chungua; peleleza; ~ *after*, ulizia hali; ~ *for* (*sb.*), taka; omba. ~**r** *n.* mwenye kuuliza, *&c.* **inquiry** [in'kwaiəri] *n.* (1) kuuliza. (2) ulizo; baraza.

inquisition [,inkwi'ziʃn] *n.* kuhoji sana. **inquisitive** [in'kwizitiv] *adj.* -pekuzi; -dadisi.

inroad ['inroud] *n.* vita, shambulio; (*fig.*) *make* ~*s on*, tumia upesi.

insatiable [in'seiʃiəbl] *adj.* -siotosheleka; -lafi, -sioshiba.

inscribe [in'skraib] *v.t.* andika, chora (maneno, jina, *&c.*, katika).

inscription [in'skripʃn] *n.* mwandiko, maneno (yaliyoandikwa).

inscrutable [in'skru:təbl] *adj.* -siofahamika, -a fumbo, -a siri.

insect ['insekt] *n.* mdudu. ~**icide** [in'sektisaid] *n.* dawa ya kuua wadudu.

insensible [in'sensibl] *adj.* (1) *be* ~, zimia; zirai. (2) -sioona, -siohisi. (3) (kwa mabadiliko) madogo sana hata kutoonekana. **insensibility** [in,sensi'biliti] *n.*

insert [in'sə:t] *v.t.* penyeza; ingiza.

inside ['in'said] *n.*, *adj.*, *adv.*, *& prep.* ndani; -a ndani; ndani; ndani ya.

insidious [in'sidiəs] *adj.* -a kudhuru kwa siri.

insight ['insait] *n.* busara, ufahamu.

insignia [in'signiə] *n. pl.* alama za cheo (kama nishani, tepe, taji, *&c.*).

insinuate [in'sinjueit] *v.t.* (1) penyeza kidogo kidogo (kwa hila), ingiliza. (2) dokeza, singizia.

insipid [in'sipid] *adj.* chapwa, pasipo utamu; -dufu, -zito.

insist [in'sist] *v.t. & i.* (1) nena kwa nguvu (kwa bidii, kwa uthabiti). (2) shikilia, taka kwa nguvu. ~**ent** *adj.* (hasa) -a kushurutisha. ~**ence** *n.*

insolent ['insələnt] *adj.* -fidhuli; -a jeuri; -a kutakabari. **insolence** *n.*

insomnia [in'sɔmniə] *n.* hali ya kutoweza kupata usingizi.

inspect [in'spekt] *v.t.* kagua; tazamia. ~**ion** [in'spekʃn] *n.* ~**or** *n.* (hasa) msimamizi; mkaguzi.

inspire [in'spaiə*] *v.t.* (1) tia moyoni. (2) ongoza; sukumiza.

inspiration [,inspi'reiʃn] *n.* (1) maongozi. (2) mtu (au kitu) aongozaye. (3) fikira au nia nzuri ijayo kwa ghafula moyoni.

install [in'stɔ:l] *v.t.* (1) tia katika kazi, weka. (2) tia (chombo cha kupasha moto, simu, *&c.*) katika nyumba tayari kutumiwa. ~**ation** [,instɔ:'leiʃn] *n.* kuweka; kiweko.

instalment [in'stɔ:lmənt] *n.* (1) sehemu. (2) fungu (la deni, malipo, mali, maandiko, hadithi, *&c.*).

instance ['instəns] *n.* (1) mfano; namna; *for* ~, kwa mfano. (2) *at the* ~ *of*, kwa shauri la (fulani). — *v.t.* toa kama mfano.

instant ['instənt] *adj.* (1) -a mara moja. (2) -a mwezi huu. — *n.* (1) dakika. (2) *this* ~, sasa hivi; *the* ~ (*that*) mara. ~**ly** *adv.* mara moja. ~**aneous** [,instən'teiniəs] *adj.* -a dakika moja; -a mara hiyo.

instead [in'sted] *adv.* mahali pa; badala ya.

instep ['instep] *n.* kiganja cha mguu.

instigate ['instigeit] *v.t.* anzisha; chochea; sukumiza.

instil [in'stil] *v.t.* (-*ll*-) fundisha kidogo kidogo, tia kwa taratibu fikira katika ubongo.

instinct ['instiŋkt] *n.* silika, akili (ya asili ifunzayo watu na wanyama watende mambo bila kufundishwa). ~**ive** *adj.* -a silika, -a moyo (bila shauri au ufahamu).

institute ['institju:t] *v.t.* anzisha; weka. — *n.* chama; shirika. **institution** *n.* desturi.

instruct [in'strʌkt] *v.t.* (1) fundisha. (2) amuru; agiza. ~**ive** *adj.* -a kufundisha.

instrument ['instrəmənt] *n.* (1) chombo. (2) ala ya ngoma, *e.g.* kinanda, zeze, *&c.* (3) mtu atumiwaye na mwingine kwa kutimiza makusudi yake. ~**al** *adj.* (1) (kwa muziki) -a kuchezwa katika ala za muziki. (2) -a kutendea kazi, -a kusaidia.

insubordinate [,insə'bɔ:dinit] *adj.* -asi, -kaidi. **insubordination** *n.*

insufferable [in'sʌfərəbl] *adj.* -enye kiburi nyingi zaidi; -enye majivuno yasiyochukulika; -siovumilika.

insular ['insjulə] *adj.* -a kisiwa; -enye ulimwengu mdogo. ~**ity** [,insju'lariti] *n.*

insulate ['insjuleit] *v.t.* (1) funika au tenga kwa mpira, &c., ili nguvu ya umeme (joto, &c.) isitoke. (2) tenga, weka peke yake.

insulation *n.* kutengwa au kufunikwa; tendo la kufanya hivi; kitu cha kutengea au kufunikia, *e.g.* mpira. **insulator** *n.* (hasa) kitu, chombo, cha kutengea nyuzi za umeme.

insult [in'sʌlt] *n.* matukano. — *v.t.* ['insʌlt] tukana.

insuperable [in'sju:pərəbl] *adj.* (kwa shida, &c.) -sioshindika.

insurance [in'ʃuərəns] *n.* (1) masharti ya bima. (2) malipo ya bima. ~ **policy** *n.* hati ya bima.

insure [in'ʃuə*] *v.t.* fanya bima ya; lipa jukumu.

insurrection [,insə'rekʃn] *n.* maasi, fitina (juu ya serikali).

intact [in'takt] *adj.* -zima; kamili.

intake ['inteik] *n.* (1) mlango (kilango, tundu) wa kuingia maji au hewa. (2) kadiri au wingi wa watu (au vitu) waingiao kwa muda.

intangible [in'tandʒibl] *adj.* (hasa) -siotambulikana kwa akili au ubongo.

integer ['intidʒə*] *n.* hesabu kamili; si sehemu. **integral** ['intəgrəl] *adj.* (1) -a lazima kwa kukamilika au kukamilisha. (2) -zima. **integrate** ['integreit] *v.t.* kamilisha; unganisha sehemu kufanya uzima.

integrity [in'tegriti] *n.* (1) tabia ya kuwa -aminifu tena -nyofu. (2) hali ya kuwa kamili.

intellect ['intilekt] *n.* akili. ~**ual** [,intə'lektjuəl] *adj.* (1) -a akili. (2) -enye akili nyingi. — *n.* mtu mwaza mwenye akili nyingi.

intelligence [in'telidʒəns] *n.* (1) akili; ufahamu. (2) habari; maarifa. **intelligent** *adj.* -enye akili nyingi. **intelligentzia** [in,teli'dʒentsiə] *n* .watu wenye akili wa nchi. **intelligible** [in'telidʒibl] *adj.* dhahiri; -a kufahamika. **intelligibility** [in,telidʒi'biliti] *n.*

intend [in'tend] *v.t.* kusudia; nuia.

intense [in'tens] *adj.* (1) (kwa tabia au hali) -ingi sana. (2) (kwa mawazo ya ndani) -a nguvu, -kali sana. **intensify** *v.t. & i.* fanya au pata kuwa -ingi (-a nguvu) sana. **intensity** [in'tensiti] *n.* kuwa ~; nguvu ya mawazo ya ndani, &c.

intent [in'tent] *adj.* (1) (kwa kutazama) -enye bidii (ya). (2) (kwa watu) -a kujikaza kwa. — *n.* nia; kusudi.

intention [in'tenʃn] *n.* nia; kusudi. ~**al** *adj.* -a kusudi. ~**ally** *adv.*

inter [in'tə:*] *v.t.* (*-rr-*) zika.

inter- *prefix* katikati; miongoni mwa; baina.

intercede [,intə'si:d] *v.i.* ombea, sihi kwa ajili ya -ingine. **intercession** [,intə'seʃn] *n.*

intercept [,intə'sept] *v.t.* kamata au zuia njiani.

interchange [,intə'tʃeindʒ] *v.t.* (1) badilishana (mashauri, &c.). (2) badili vitu viwili. — *n.* ['intətʃeindʒ].

intercourse ['intəko:s] *n.* mazungumzo, ushirika; biashara, kubadilishana vitu.

interest ['intərest] *n.* (1) moyo wa kutaka kujua au kuarifiwa. (2) udadisi. (3) mapenzi: *His chief* ~*s are business and football*, mapenzi yake hasa ni biashara na mchezo wa mpira. (4) maana. (5) faida. (6) haki ya kusharikiana katika jambo fulani, hasa kupata sehemu ya faida yake. (7) faida: *He charges 5 per cent.* ~, mia kwa tano ndiyo faida yake. — *v.t.* tia, vuta, moyo wa kupenda. ~**ing** *adj.* -a kuvuta au kushika moyo wa kupenda.

interfere [,intə'fiə*] *v.i.* (1) (kwa watu) jiingiliza; jitia kati. (2) zuia; kataza. ~**nce** *n.* kujiingiliza; kuzuia; kizuizi.

interim ['intərim] *n. in the* ~, muda wa kati.

interior [in'tiəriə*] *adj.* (1) -a ndani. (2) -a bara si -a pwani. (3) -a nchi yenyewe si -a kigeni. — *n.* (1) upande wa ndani; ndani. (2) bara ya nchi.

interject [,intədʒekt] *v.t.* tia kati. ~**tion** *n.* neno la kuonyesha mshangao, &c., *e.g.* Oh! Good! loo! kumbe! &c.

interlock [,intə'lok] *v.t. & i.* unganisha; ungamana.

interloper ['intəloupə*] *n.* mdukizi, mpelelezi.

interlude ['intəlu:d] *n.* kipumziko, nafasi kati ya mambo mawili (au vitambo viwili) yaliyo mbalimbali.

intermediate [,intə'mi:dʒət] *adj.* -a kati; -a baina.

interminable [in'tə:minəbl] *adj.* pasipo mwisho; -a kuchosha.

intermittent [,intə'mitənt] *adj.* -a vipindi.

intern [in'tə:n] *v.t.* funga, zuia mtu asitoke mahali fulani (hasa watu wa nchi za kigeni wakati wa vita).

internal [in'tə:nl] *adj.* (1) -a ndani. (2) -a kuhusu nchi yenyewe si mambo ya ugeni. (3) -a kutoka kwa kitu chenyewe.

international [,intə'næʃnl] *adj.* -a kati ya mataifa.

interpret [in'tə:prit] *v.t. & i.* (1) fasiri; fumbua. (2) dhani kuwa maana ya. (3) -wa mfasiri au mkalimani. ~**er** *n.* mkalimani. ~**ation** [in,tə:pri'teiʃn] *n.*

interrogate [in'terəgeit] *v.t.* hoji. **interrogation** *n.* ulizo; kuhoji. **interrogative** [,intə'rogətiv] *adj.* -a kuuliza.

interrupt [intə'rʌpt] *v.t. & i.* dakiza; katiza. ~**ion** *n.* kudakiza; kitu chenye kukatiza.

intersect [,intə'sekt] *v.t. & i.* (1) kata. (2) (kwa mistari) katana; kutana. ~**ion** *n.* mahali pa kukatana, &c.

intersperse [,intə'spə:s] *v.t.* tia huko na huko kati ya vitu vingine.

interval ['intəvəl] *n.* (1) wakati (katikati ya mambo mawili au sehemu mbili za jambo). (2) nafasi katikati ya vitu viwili au mahali pawili: *at ~s*, pengine pengine; kwa vipindi.

intervene [,intə'vi:n] *v.i.* (1) (kwa mambo) -ja (tokea) kati. (2) (kwa watu) jitia (ingia kati). (3) (kwa wakati) -ja (-wa) kati. **intervention** *n.*

interview ['intəvju:] *n.* mkutano (wa watu wawili au baadhi mbili za watu); mkutano wa kupata shauri au kufanya shughuli. — *v.t.* tengeneza mkutano kama ulivyoelezwa juu.

intestate [in'testeit] *adj.* pasipo usia; pasipo kurithisha mali.

intestine [in'testin] *n.* (hutumika sana kwa *pl.*) matumbo.

¹**intimate** ['intimit] *adj.* (1) -a moyoni: *an ~ friend*, msiri. (2) -a ndani; -a mtu mwenyewe peke yake. ~**ly** *adv.* **intimacy** ['intəməsi] *n.* (1) kuwa ~. (2) urafiki.

²**intimate** ['intimeit] *v.t.* arifu; tangaza; onya. **intimation** *n.* habari; onyo.

intimidate [in'timideit] *v.t.* tisha. **intimidation** *n.*

intone [in'toun] *v.t.* sema kwa sauti ya kuimba. **intonation** [,intou'neiʃn] *n.* hasa jinsi sauti ishukavyo na kupanda katika kusema.

intoxicate [in'toksikeit] *v.t.* (1) rusha akili; levya. (2) chukua, amsha, sana kupita kiasi ya kujitawala.

intrepid [in'trepid] *adj.* -siotishika; -sioona hofu.

intricate ['intrikit] *adj.* -enye sehemu nyingi; -a fumbo. **intricacy** ['intrikəsi] *n.*

intrigue [in'tri:g] *n.* hila; werevu. — *v.i.* fanya shauri kwa hila.

intrinsic [in'trinsik] *adj.* (kwa thamani, tabia) -a kitu chenyewe peke yake.

introduce [,intrə'dju:s] *v.t.* (1) leta ndani au mbele ya. (2) anza; julisha. (3) tangaza; julishana. (4) ingiza; penyeza. **introduction** *n.* kuleta, kuingiza, &c.; dibaji, maneno ya mbele kitabuni. **introductory** [,intrə'dʌktəri] *adj.* -a mwanzo; -a kuanzisha.

introspection [,introu'spekʃn] *n.* kujiangalia nafsi.

intrude [in'tru:d] *v.t. & i.* leta au ingiza pasipo adabu; ingia bila kukaribishwa. ~**r** *n.* **intrusion** *n.*

intuition [,intju'iʃn] *n.* ujuzi (maono) uingiao akili ghafula bila kufikiri.

inundate ['inʌndeit] *v.t.* gharikisha: *~d with* (*requests*, &c.), (*fig.*) -liopokea (haja, &c.) nyingi sana.

invade [in'veid] *v.t.* (1) ingia kwa vita, shambulia. (2) (*fig.*, kwa maono, magonjwa, &c.) shambulia. (3) vunja haki ya; zuia. ~**r** *n.* **invasion** [in'veiʒn] *n.*

¹**invalid** ['invəli(:)d] *n. & adj.* mgonjwa; -a kufalia wagonjwa: *an ~ chair* (*diet*), kiti (chakula) cha wagonjwa. — *v.t. & i.* (hasa kwa askari wa jeshi) toa (tolewa) katika kazi kwa ajili ya ugonjwa.

²**invalid** [in'valid] *adj.* (*leg.*) kinyume cha *valid*.

invaluable [in'valjuəbl] *adj.* -a thamani sana, -siokadirika kwa kuwa na thamani sana.

invasion *n.* taz. *invade*.

invent [in'vent] *v.t.* (1) vumbua; buni. (2) tunga; fanyiza. ~**or** *n.*

mvumbuaji. ~**ive** *adj.* hodari wa kubuni; -vumbuzi. ~**ion** *n.* kubuni; kitu (chombo, mashine, &c.) kipya; akili ya kuvumbua.

inventory ['inventri] *n.* orodha; hesabu.

invert [in'və:t] *v.t.* pindua, weka kinyume. **inversion** *n.* kupindua, kupindukia hali ya kuwa kinyume.

invest [in'vest] *v.t. & i.* (1) tuma fedha ili kupata faida, *e.g.* shirikisha katika kampani, &c. (2) ~ **in**, (*colloq.*) nunua. ~**ment** *n.* kutuma fedha, taz. ~. ~**or** *n.* mtu mwenye kutuma fedha.

investigate [in'vestigeit] *v.t.* chungua, peleleza, tafuta, habari ya ajali.

invigorate [in'vigəreit] *v.t.* tia nguvu; imarisha.

invincible [in'vinsəbl] *adj.* -sioshindika kwa sababu ya kuwa na nguvu nyingi.

invite [in'vait] *v.t.* alika. (2) omba (shauri, &c.). (3) vuta; shawishi. **inviting** *adj.* -a kutamanisha. **invitation** [,invi'teiʃn] *n.* (hasa) barua ya kukaribisha (ya kualika); mwaliko.

invoice ['invois] *v.t. & n.* fanya orodha ya bidhaa za kuuzwa pamoja na bei yake; orodha; hesabu.

invoke [in'vouk] *v.t.* (1) omba (Mungu, msaada wa nguvu ya sheria, &c.) kwa msaada au himaya. (2) omba; sihi. (3) ita, leta kwa njia ya uchawi. **invocation** [,invo-'keiʃn] *n.* maombo; sala; kuomba.

involuntary [in'volǝntəri] *adj.* -siokusudiwa; bila kujua.

involve [in'volv] *v.t.* (1) pasha (fulani) matata, fitina, &c.; tatanisha. (2) fuatana na. (3) -wamo: *I'm not ~d in this matter*, simo katika shauri hili. ~**d** *adj.* -gumu, -sioelea.

inward ['inwəd] *adj.* (1) -a ndani. (2) -a kuelekea upande wa ndani. ~**ly** *adv.* (hasa) moyoni; rohoni.

iodine ['aiədi:n] *n.* namna ya dawa ya kupaka vijeraha, &c.

iota [ai'outə] *n.* herufi ya Kigiriki 'i': *not an ~ of truth*, si kweli hata kidogo.

IOU ['aiou'ju:] *n.* (yaani naahidi kukulipa deni) cheti chenye sahihi iliyo ahadi ya kulipa deni.

ir- *prefix* si, *e.g. irreverent*, -sio na heshima.

irascible [i'rasibl] *adj.* -epesi wa hasira.

irate [ai'reit] *adj.* -a hasira. **ire** [aiə*] *n.* (*liter.*) hasira.

iris ['aiəris] *n.* (1) duara ya rangi izungukayo mboni ya jicho. (2) namna ya ua la rangi ya zambarau bivu.

irk [ə:k] *v.t.* udhi; sumbua. ~**some** *adj.* -a kuchosha.

iron ['aiən] *n.* (1) chuma: *strike while the ~ is hot*, fanya hapo mambo yangalipo ya kufaa; *a man of ~*, mtu mgumu. (2) pasi: *have too many ~s in the fire*, shughulika na mambo mengi zaidi pamoja. (3) (*pl.*) pingu; minyororo: *put a man in ~s*, funga mtu minyororo. — *v.t.* piga pasi. ~**monger** *n.* mfanya biashara ya vyombo vya chuma. ~**mongery** *n.* uchumi wa ~*monger*; vyombo vyake. ~**mould** *n.* doa lililofanyika nguoni kwa kutu au wino.

An iris

irony ['aiərəni] *n.* (1) ubishi, matumizi ya maneno ya kinyume, *e.g.* hapa pazuri (lakini kwa kweli ni pabaya). (2) mambo yaliyotokea kinyume cha kutazamiwa: *the ~ of fate*, kinyume kilicholetwa na ajali kama kwamba inafanya mzaha. **ironic(al)** [aiə'ronik(l)] *adj.*

irreproachable [,iri'proutʃəbl] *adj.* -siolaumika.

irresistible [,iri'zistəbl] *adj.* -sioweza kuzuiwa na mtu; -a kutamanisha.

irrespective [,iri'spektiv] *adj.* pasipo kuangalia, kufikiri, kuhesabu.

irresponsible [,iri'sponsibl] *adj.* (1) (hasa kwa mwenendo) -liofanywa bila kufikiriwa kama -livyopaswa. (2) -siokuwamo; -siopasiwa.

irrigate ['irigeit] *v.t.* (1) kunywesha maji hasa kwa mimea. (2) tengeneza njia hizo za kutilia maji. **irrigation** *n.*

irritate ['iriteit] *v.t.* (1) washa; kasirisha. (2) choma, chokoza (sehemu ya mwili). **irritable** ['iritəbl] *adj.* -epesi wa hasira. **irritant** ['iritənt] *n. & adj.* kitu kiwashacho, &c.; -a kuwasha.

irritation n. moto, kuwasha; kichomi.

island ['ailənd] n. kisiwa. ~**er** n. mkaa kisiwani. **isle** [ail] n. (liter. ila kwa majina tu): e.g. Isle of Man.

islet ['ailit] n. kisiwa kidogo.

isolate ['aisəleit] v.t. tenga, weka peke yake.

issue ['isju:, 'iʃu] v.i. & t. (1) toka; tokea. (2) toa; chapisha, vitabu, magazeti, &c.; gawanya. — n. (1) kutoka. (2) matokeo. (3) jambo lenyewe la kushindaniwa. (4) toleo la magazeti, sarafu mpya, tikiti posta mpya, &c. (5) (legal) watoto: die without ~, fa bila kuzaa watoto.

isthmus ['isməs] n. shingo (ya nchi iunganishayo mafungu mawili ya nchi).

it [it] pron. hii, huu, &c., ile, ule, &c.; (pamoja na viarifa (verbs)) i-, u-, ki-, &c. It is good, ni njema. I love ~, naipenda.

italic [i'tælik] adj. (kwa serufi) za namna hii, italic.

itch [itʃ] v.i. (1) waka; chochota. (2) -wa na shauku kufanya kitu fulani. — n. upele.

item ['aitəm] n. (1) kitu kimoja, kitu kimoja katika orodha. (2) dondoo la habari.

itinerant [i'tinərənt] adj. -a kutembeatembea.

itinerary [ai'tinərəri] n. utaratibu wa safari; njia ya safari.

ivory ['aivəri] n. pembe.

J

jab [dʒab] v.t. (-bb-) dukua, piga mdukuo. — n. mdukuo.

jabber ['dʒabə*] v.i. & t. tatarika, sema upesi bila kutamka vizuri maneno. — n. mapayo.

jack [dʒak] n. (1) jeki; mtambo wa kuinulia vitu vizito. (2) bendera ya meli. — v.t. (~ up) inua kwa ~. ~**ass** ['dʒakas] n. punda dume; mpumbavu. ~**-of-all-trades** n. mtu awezaye kidogo kila kazi.

jackal ['dʒako:l] n. mbwa (wa) mwitu.

jacket ['dʒakit] n. koti fupi.

jaded ['dʒeidid] adj. -liochoka sana.

jag [dʒag] n. chonge; ncha. ~**ged** ['dʒagid] adj. -enye vichonge: ~ged rocks, majabali yenye vichonge.

jaguar ['dʒagwa:*] n. chui (wa Amerika).

jail [dʒeil] n. = gaol.

¹**jam** [dʒam] v.t. & i. (-mm-) (1) bana; kwamisha; shindilia (kwa sehemu za mashini au vizuizo vya motakaa, &c.): He ~med on the brakes, alifunga (alishindilia) breki kwa nguvu. (3) songa: ~ clothes into a box, songa nguo katika sanduku. (4) ~ the wireless, zuia wireless ya mwingine ili sauti zake zisisikilikane vizuri. — n. msongano; mbano.

²**jam** [dʒam] n. mraba (matunda yaliyochemshwa pamoja na sukari).

jamboree [,dʒambə'ri] n. mkutano wa furaha (shangwe), e.g. wa Boy Scouts.

January ['dʒanjuəri] n. mwezi wa kwanza wa mwaka wa Kizungu.

¹**jar** [dʒa:*] v.i. & t. (-rr-) (1) gonga na hivi kufanya kishindo cha kuchukiza; paruza. (2) topendeza (masikio au neva za fulani). — n. (1) kishindo cha kuchukiza; kwaruzo. (2) mshtuo.

²**jar** [dʒa:*] n. (1) chupa; mtungi. (2) yaliyomo katika chupa au mtungi: a ~ of honey, chupa ya (yenye) asali.

jargon ['dʒa:gən] n. changanyiko la maneno yasiyofahamika na wasikiao kwa kuwa ni ya kishenzi au yaliyogoteka au ya ufundi maalum.

A jam-jar

jaundice ['dʒo:ndis] n. ugonjwa wa ngozi na macho kugeuka rangi ya manjano ufanywao na nyongo. ~**d** adj. -wivu; -a husuda.

javelin ['dʒavlin] n. mkuki mfupi wa kutupwa (hasa katika michezo).

A jack

jaw [dʒɔ:] *n.* (1) taya, utaya. (2) (*pl.*) kinywa; (*fig.*) mwingilio wa bonde, pango, *&c.*; (hasa) ma mahali pa hatari. (3) kinywa cha jiliwa, cha seremala, *&c.* (4) (*colloq.*) maneno; hotuba ya kuchokesha wasikilizaji. — *v.t. & i.* (*colloq.*) zungumza; karipia.

jazz [jaz] *n.* namna ya muziki ya ngoma.

jealous ['dʒeləs] *adj.* (1) -wivu. (2) *be* ∼, fanya kijicho: *be* ∼ *of sb. else's success,* mwonea jicho fulani kwa sababu ya kufanikiwa kwake. (3) *be* ∼ *of* (*reputation, &c.*), angalia (sifa, *&c.*). ∼**ly** *adv.* ∼**y** *n.* ona wivu.

jeer [dʒiə*] *v.i.* dhihaki, fanya mzaha; *cf. laugh rudely* (*at sb.*), mcheka fulani. — *n.* dhihaka; cheko.

jelly ['dʒeli] *n.* ute mzito, kitu chororo, yaani si maji wala kigumu cha kupenyeka nuru, hutumika kwa chakula na pengine hutengenezwa

A jelly-fish

kwa sukari na matunda. ∼**-fish** *n.* mnyama wa baharini wa yavuyavu.

jeopardy ['dʒepədi] *n. in* ∼, katika hatari. **jeopardize** ['dʒepədaiz] *v.t.* tia hatarini.

jerk [dʒe:k] *v.t. & i. & n.* (1) vuta (tupa, rusha, piga, sogeza, endesha) ghafula: *The train stopped with a* ∼, gari la moshi lilisimama ghafula. (2) shtuka; tetema. (3) *physical* ∼*s* (*colloq.*) michezo ya kwata. ∼**y** *adj.* kwa vipindi. ∼**ily** *adv.*

jersey ['dʒə:zi] *n.* namna ya fulana nzito, jozi.

jest [dʒest] *n.* ubishi, mzaha. — *v.i.* bisha, toa mzaha.

jet [dʒet] *n.* (1) tokeo la nguvu (la maji, la moto, la mvuke); ∼ *aircraft,* ndege isiyo na rafardha (majembe) iendeshwayo kwa ∼ ya mvuke mwembamba itokezwayo nyuma; tiara-fataki. (2) kitundu cha kutokea maji (hewa, *&c.*).

A jet of flame   A jet aircraft

jewel ['dʒu:əl] *n.* (1) kito; johari; jiwe la thamani. (2) kitu (au mtu) kihesabiwacho kuwa cha thamani. ∼**ler** *n.* mwuza johari. ∼**(le)ry** *n.* ∼*s*.

jig [dʒig] *n.* namna ya mchezo wa ngoma. — *v.i. & t.* (-*gg*-) cheza ngoma ya ∼; rukaruka. ∼**-saw puzzle** *n.* fumbo la namna ya picha yenye sehemu nyingi ndogo isiyoonekana vizuri mpaka sehemu zote zimeunganishwa sawa sawa.

jigger ['dʒigə*] *n.* (*flea*) tekenya; funza.

jiu-jitsu [dʒu:'dʒitsu] *n.* kushindana mieleka kwa namna ya Kijapan.

job [dʒob] *n.* (1) kazi moja iliyotimilika. (2) *That's a good (bad)* ∼, ni jambo zuri (baya); vizuri; heri. (3) kazi; chumo. — *v.t. & i.* (-*bb*-) fanya kazi ndogo za namna nyingi: *a* ∼*bing gardener,* mlimaji bustani (afanyaye kazi kwa watu wawili au zaidi).

jockey ['dʒoki] *n.* mpanda farasi katika mashindano.

jocular ['dʒokjulə*] *adj.* -cheshi, -a mzaha.

jog [dʒog] *v.t. & i.* (-*gg*-) *& n.* (1) piga mdukuo; piga kikumbo; (*fig.*) ∼ *sb.'s memory,* kumbusha fulani. (2) (enda, kimbia) kwa mwendo mgeugeu tena mzito. (3) ∼ *on, along,* (*fig.*) enda polepole vizito. ∼**-trot** *n.* mwendo mzito.

A jersey

join [dʒoin] *v.t. & i.* (1) unga. (2) jitia katika; ungana; ungana na. = *joint.*

joiner ['dʒoinə*] *n.* seremala. ∼**y** *n.* useremala.

joint [dʒoint] *n.* (1) ambapo vitu

viwili vyaunganua; mwungo. (2) kiungo: *e.g.* viungo vya vidole. (3) kipande kizima cha nyama kama vile mchinjaji auzavyo. — *adj.* -a wengi pamoja; -a shirika, -a chango: ~ *stock*, mali ya chango au ya shirika.

FINGER JOINTS

joke [dʒouk] *n.* ubishi; mzaha. *It's no* ~, ni jambo la maana. ~**r** *n.* **jokingly** *adv.*

jolly ['dʒoli] *adj.* (1) -a furaha; -changamfu. (2) (*colloq.*) -a kupendeza; -zuri. — *adv.* (*colloq.*) sana. **jollification** [,dʒolifi'keiʃn] *n.* sherehe; sikukuu. **jollity** *n.* furaha; michezo.

jolt [dʒoult] *v.t. & i. & n.* (1) shtusha; shtuka; mshtuo. (2) (kwa gari, &c.) -enda kwa vipindi. taz. *jerk.*

jostle ['dʒosl] *v.t. & i.* songa, sukuma kwa nguvu.

¹**jot** [dʒot] *v.t.* (-*tt*-) ~ (*sth.*) *down*, andika upesi ukumbusho.

²**jot** [dʒot] *n.* kipande kidogo, nukta. *not a* ~, hata kidogo. taz. *iota.*

journal ['dʒə:nl] *n.* (1) gazeti. (2) kitabu cha mambo ya kila siku. ~**ese** [,dʒə:nə'li:z] *n.* maandiko kama yale ya magazeti yasiyo mazuri sana. ~**ism** ['dʒə:nəlizm] *n.* mtungo wa habari kwa magazeti. ~**ist** *n.* mwandishi wa habari kwa magazeti.

journey ['dʒə:ni] *n.* safari; mwendo. — *v.i.* safiri.

jovial ['dʒouvjəl] *adj.* -kunjufu; -changamfu; -a furaha; -a kucheza. ~**ity** [,dʒouvi'æliti] *n.*

joy [dʒoi] *n.* furaha; shangwe. ~**ful** *adj.* -a furaha; -a kufurahisha. ~**fully** *adv.* ~**less** *adj.* pasipo furaha, -a huzuni. ~**lessly** *adv.* ~**ous** ['dʒoiəs] *adj.* -a furaha.

jubilant ['dʒu:bilənt] *adj.* -a shangwe. **jubilation** [,dʒu:bi'leiʃn] *n.*

jubilee ['dʒu:bili:] *n.* sikukuu ya ukumbusho wa mwaka wa hamsini wa jambo kuu: *silver* ~, wa mwaka wa 25; *diamond* ~, wa mwaka wa 60.

judge [dʒʌdʒ] *n.* (1) jaji. (2) mzuzi. (3) mwenye maarifa, mjuzi. — *v.t. & i.* (1) hukumu; hukumia. (2) amua. (3) pima; pambanua; dhani: ~ *it better to postpone a meeting,* dhani kuwa ni heri kucheleweshã mkutano; ~ *a man by his actions,* mpima mtu kwa matendo yake. **judg(e)ment** ['dʒʌdʒmənt] *n.* (1) kuhukumu; kuhukumiwa; hukumu; maamuzi. (2) akili ya kutambua au kuchagua mazuri.

judicial [dʒu:'diʃəl] *adj.* -a *judge*; -a korti.

judicious [dʒu:'diʃəs] *adj.* -enye akili, -a busara. ~**ly** *adv.* ~**ness** *n.*

jug [dʒʌg] *n.* kopo; mdumu.

juggle ['dʒʌgl] *v.i. & t.* (1) fanya kiinimacho; fanya mizungu au michezo ya kushangaza. (2) fanya ujanja; danganya; potoa. ~**r** *n.* mfanya kiinimacho, miujiza, &c.

A jug

juice [dʒu:s] *n.* maji ya tunda au nyama, utomvu: *digestive* (*gastric*) ~**s**, maji ya kutuliza chakula tumboni. **juicy** *adj.*

July [dʒu'lai] *n.* mwezi wa saba wa mwaka wa Kizungu.

jumble ['dʒʌmbl] *v.t. & i.* changanya; chafua; chafuka. — *n.* fujo; machafuko. ~**-sale** *n.* mnada wa vitu visivyo mpya.

jump [dʒʌmp] *v.i. & t.* (1) ruka. (2) shtuka (*e.g.* kwa hofu). (3) ~ *at*, (*an offer, &c.*), kubali (pokea, twaa) kwa furaha; ~ (*up*)*on* (*sb.*), karipia, tia adabu. — *n.* (1) mruko. (2) mshtuko. (3) kupanda ghafula: *Yesterday there was a* ~ *in the price of rice,* jana bei ya mchele ilipanda ghafula. ~**y** *adj.* -epesi kushtuka.

jumper ['dʒʌmpə*] *n.* gwanda fupi, namna ya fulana.

junction ['dʒʌŋkʃn] *n.* njia panda.

juncture ['dʒʌŋktʃə*] *n.* kuunga. *at this* ~, hapa; ndipo; mara hiyo.

June [dʒu:n] *n.* mwezi wa sita wa mwaka wa Kizungu.

jungle ['dʒʌŋgl] *n.* kichaka; msitu.

junior [dʒu:njə*] *n. & adj.* mdogo (kwa umri, kwa cheo); -dogo, -a chini.

¹**junk** [dʒʌŋk] *n.* takataka kuukuu.

²**junk** [dʒʌŋk] *n.* jahazi la Kichina lisilo na mkuku.

jurisdiction [,dʒuəris'dikʃn] *n.* hukumu; amri; mamlaka.

jurisprudence [,dʒuəris'pru:dəns] *n.* maarifa ya sheria.

jurist ['dʒuərist] *n.* mwanasheria.
jury ['dʒuəri] *n.* baraza la watu (kwa desturi 12) waliochaguliwa kusikiliza maneno ya shauri la kumwambia hakimu (jaji) wanayofikiri juu ya shauri bila kupendelea. **juror, ~man** *n.* mtu wa *jury*.
jury-mast ['dʒuərima:st] *n.* mlingoti uliotiwa badala ya ule uliovunjika.
¹**just** [dʒʌst] *adv.* barabara; sawasawa; *(only)* tu. ~ *now*, sasa hivi. *He has* ~ *come*, ndiyo kwanza aje. *He* ~ *succeeded*, alifaulu kwa shida. *That is* ~ *right*, ndivyo hasa. ~ *what I said*, ndiyo hasa nilivyosema.
²**just** [dʒʌst] *adj.* (1) -a haki. (2) -a haki; -liostahili. ~**ly** *adv.* ~**ice** ['dʒʌstis] *n.* (1) haki; hali ya kuwa na moyo sawa: *treat all men with* ~*ice*, tendea watu wote kwa haki; *do* ~*ice to*, tenda kama ipasavyo kufanya. (2) sheria na kuhukumu: *bring a man to* ~*ice*, mleta mtu mbele ya jaji. (3) jaji wa korti kuu. (4) *J. of the Peace*, jaji mdogo (wa mji, au mtaa fulani).
justify ['dʒʌstifai] *v.t.* (1) thibitisha kuwa -a haki (-a kweli). (2) -wa sababu kufanya kwa kufanya neno fulani. **justifiable** ['dʒʌstifaiəbl] — *adj.* -a kuthibitika kuwa -a haki. **justification** [,dʒʌstifi'keiʃn] *n.* sababu, (hasa) sababu ya kuthibitisha.
jut [dʒʌt] *v.i.* (*-tt-*) ~ *out*, tokeza.
jute [dʒu:t] *n.* katani ya Kihindi ya gunia.
juvenile ['dʒu:vənail] *n.* kijana; mtoto. — *adj.* -a kitoto; -a kijana.
juxtapose ['dʒʌkstəpouz] *v.t.* weka kwa namna ya kupakana. **juxtaposition** [,dʒʌkstəpə'zi∫n] *n.* hali ya kuwa karibu (jirani, ya kupakana).

K

kangaroo [,kæŋgə'ru:] *n.* mnyama wa *Australia* aendaye kwa miguu yake ya nyuma kwa mwendo wa kurukaruka.
kapok ['ka:pok] *n.* sufi.
keel [ki:l] *n.* mkuku. *be on an even* ~, *(fig.)* tulia.

A kangaroo

keen [ki:n] *adj.* (1) (kwa visu, nyembe, &c.) -kali; (*fig.*) *a* ~ *wind*, upepo mkali. (2) (moyo wa kupenda, &c.) -a bidii, -a nguvu. (3) (kwa akili) -kali. (4) (kwa watu na tabia zao) hodari, -a bidii. ~**ly** *adv.* ~**ness** *n.*
keep [ki:p] *v.t. & i.* (*kept* [kept]). (1) tunza; weka; shika. (2) adhimisha sikukuu; fuata sheria; shika ahadi, &c. (3) ruzuku. (4) -wa na tena kuangalia, hasa kwa ajili ya kujipatia faida: ~ *a shop* (*hotel*), -wa mwenyewe wa duka (hoteli), weka duka; ~ *pigs*, fuga ngurume. (5) angalia madaraka ya nyumba (*cf. housekeeper*). (6) andika daftari; angalia hesabu: ~ *a ledger* (*diary*), andika daftari (habari za kila siku). (*cf. book-keeping*). (7) ficha: ~ *your own counsel*, ficha shauri lako. (8) tunza na kuangalia: ~ *quiet*, *v.i.*, tulia; ~ *the children quiet*, tunza na kuwatuliza watoto; *Traffic in England* ~*s to the left*, katika Uingereza magari hushika upande wa kushoto wa njia; ~ *straight on*, enda moja kwa moja; *They were all kept indoors by the rain*, wote walilazimishwa kukaa nyumbani kwa sababu ya mvua. (9) (kwa chakula) tooza: *Meat does not* ~ *in a hot country*, nyama huoza upesi katika nchi ya joto, (*fig.*) *that news will* ~, hakuna haraka kutoa habari zile. (10) fanya kitu mara nyingi au kama desturi: *Why does he* ~ *laughing?* Kwa nini acheka bila kukoma? (11) ~ *sb. or sth. from* (*doing sth.*), zuia fulani asifanye kitu: *What kept you from meeting me?* Jambo gani lilikuzuia usionane nami? (12) (pam. na *adv.* na *prep.*): ~ *at*, shurutisha (fulani) kufanya (jambo fulani) kwa bidii; ~ *away*, epuka; shurutisha fulani kuepuka; ~ *down*, zuia; tuliza; punguza; ~ *from*, epukana

na; zuia fulani asifanye (kitu); ~ *in*, jizuia; hifadhi moto usizimike; kalisha mwanafunzi chuoni kwa kufanya kazi katika saa za kupumzikia; ~ *in with* (*sb.*). (6) patana na; ~ *one's hand* (*eye*), jizoeza ili kuwa hodari (katika mchezo); ~ *off*, tenga; jitenga; ~ *on*, endelea kufanya; ~ *under*, tiisha; zuia; ~ *up*, jitia moyo; zuia (kawisha) fulani asipate kulala; andikiana barua; ~ *it up*, endelea bila kulegea; ~ *up appearances*, jisingizia kama ndivyo mambo yalivyo, kumbe sivyo; ~ *up with*, endelea kwa mwendo sawa na mtu mwingine au kitu kingine. (13) ~ (*oneself*) *to oneself*, epuka watu wengine; ~ *sth. to oneself*, kataa kugawia wengine; ~ *early* (*good*) *or late* (*bad*) *hours*, maliza kazi ya kila siku na kwenda kulala mapema au usiku sana; ~ *pace with, cf.* ~ *up with*; ~ *track of*, jua jinsi (jambo fulani liendeleavyo); ~ *watch*, ngoja zamu; kesha; ~ *watch over, cf. protect*, linda; hifadhi; ~ *one's feet* (*balance*), -wa sawa yaani kutoanguka. — *n.* (1) riziki. (2) *for* ~*s*, (*colloq.*) bila kubadilika, madhubuti. ~**er** *n.* (huwa huunganishwa na neno jingine: taz. *shopkeeper*, *goalkeeper*, &c.), lakini hasa *game-*~*er* (taz. ¹*game* wanyama wawindwao). ~**ing** *n.* (1) utunzo; hifadhi. (2) *in* (*out of*) ~*ing with*, sawa (si sawa) na; -a kupatana (-siopatana) na. ~**sake** *n.* kikumbusho.

ken [ken] *n.* kadiri ya ujuzi: *It is beyond* (*outside*) *my* ~, sina habari nayo, siifahamu.

kennel ['kenl] *n.* tundu la mbwa; kibanda kidogo cha mbwa.

kept *past tense* na *p.p.* ya *keep*.

kernel ['kə:nl] *n.* kiini.

kerosene ['kerousi:n] *n.* mafuta ya taa = *paraffin*.

kettle ['ketl] *n.* birika. *This is a pretty* ~ *of fish*, mambo yametatanika sana. ~**drum** *n.* namna ya ngoma ndogo ya madini.

key [ki:] *n.* (1) ufunguo. (2) (*fig.*) ufunuo; ufumbuo; tafsiri. (3) majibu ya maswali au ya mazoezi. (4) (*attrib.*).~ *industries*, kazi zilizo za maana sana (*e.g.* kufukua makaa). (5) kipande cha kinanda, *typewriter*, &c. cha kupigwa kwa vidole. ~-*board*, safu ya ~*s.* (6) msingi; jamii ya sauti nane zilinganazo zenyewe kwa zenyewe na sauti ya msingi iitwayo ~-*note*; (*fig.*, kwa mawazo, maneno, &c.) namna moja: *all in the same* ~, (*i.e.* monotonously) -a namna moja; -a sauti moja. — *v.t.* ~ *up*, tengeneza tayari kwa kupigwa nyuzi za kinanda; (*fig.*) amsha, chochea. ~-**stone** *n.* jiwe la katikati ya tao.

khaki ['ka:ki] *n. & adj.* namna ya nguo yenye rangi kahawia, itumikayo sana kwa mavazi ya kiaskari; rangi ya kahawia.

kick [kik] *v.t. & i.* piga teke; ~ *one's heels*, kaa bure; ngoja bure; ~ *off*, (*football*) anzisha mchezo; ~ *up a row*, (*colloq.*) fanya matata au ghasia. — *n.* (1) teke; ukwato. (2) (*colloq.*) *get a* ~ *out of sth.*, ona furaha kwa kufanya kitu fulani. (3) pigo la bunduki begani ikirudi wakati wa kupigwa; (*fig.*) *He has no* ~ *left in him*, hana nguvu tena.

kid [kid] *n.* (1) **mwana mbuzi**. (2) ngozi ya mwana mbuzi. (3) (*colloq.*) mtoto. ~**dy** *n.* = ~³.

kidnap ['kidnap] *v.t.* (-*pp*-) iba (mtoto); chukua mtu kwa nguvu bila hiari yake. ~**per** *n.*

kidney ['kidni] *n.* nso; figo; buki.

kill [kil] *v.t.* (1) ua; fisha. (2) ~ *time*, jizungumza wakati wa kungoja. — *n.* kuua; windo.

kiln [kiln] *n.* tanuu; joko.

kilo- ['ki(:)lou] *prefix* 1,000 mara katika ~-*gram*, ~-*metre*, ~-*watt*.

kilt [kilt] *n.* vazi la watu wa sehemu ya nchi ya *Scotland*.

A kilt

kin [kin] *n.* ukoo; jamaa.

¹**kind** [kaind] *n.* (1) namna; aina. (2) *pay in* ~, lipa vitu (si fedha); *repay sb.*

in ~, tendea fulani jinsi ulivyotendewa naye.

²**kind** [kaind] *adj.* -ema, -pole; -enye huruma. **~ly** *adv. Will you ~ly tell me*, tafadhali uniambie. **~ness** *n.* wema, upole; huruma.

kindergarten [ˌkindəˈgaːtn] *n.* chuo cha watoto wadogo.

kindle [ˈkindl] *v.t. & i.* (1) washa; waka. (2) (*fig.*) amsha, chochea.

kindly, taz. ¹*kind*.

kindred [ˈkindrid] *n.* (1) ukoo: *claim ~ with sb.*, dai kuwa wa ukoo mmoja na fulani. (2) jamaa. — *adj.* (1) -a jamaa; ndugu; -enye asili moja. (2) sawa, kama sawa, -a namna moja.

king [kiŋ] *n.* (1) mfalme. (2) mtu mkuu: *an oil ~*, mtu mkuu katika kampani ya kazi ya kuuza mafuta. **~dom** [ˈkiŋdəm] *n.* (1) ufalme. (2) sehemu mojawapo ya jamii ya viumbe: *the animal, vegetable, and mineral ~doms*. **~fisher** *n.* ndege mzuri sana kama mdiria. **~ly** *adj.*

kinsfolk [ˈkinzfouk] *n. pl.* ndugu; jamaa.

kiosk [ˈkiːɔsk] *n.* kijengo kidogo ambamo hutiwa simu ya kutumiwa na watu wote, taz. picha; kiduka kidogo ambamo huuziwa magazeti, maandazi, tumbako, sigareti, &c.

kirk [kəːk] *n.* (*Scots.*) kanisa.

kiss [kis] *v.t. & i.* busu. — *n.* busu.

kit [kit] *n.* (1) vyombo vya askari, baharia au msafiri. (2) vyombo vya fundi kwa kazi yake. (3) vifaa au vyombo vya kazi au mchezo. **~-bag** *n.* mfuko wa ~¹.

A telephone kiosk

kitchen [ˈkitʃin] *n.* jiko, often jikoni. **~-garden** *n.* shamba la mboga.

kite [kait] *n.* (1) ndege kama mwewe. (2) tiara; shada.

kitten [ˈkitn] *n.* paka mtoto.

knack [nak] *n.* ubingwa; wepesi.

knapsack [ˈnapsak] *n.* mkoba wa ku-

A boy flying a kite

bebwa mgongoni wa askari au msafiri, &c.

knave [neiv] *n.* mjanja; ayari: (kwa karata) mzungu wa tatu. **~ry** [ˈneivəri] *n.* ujanja; uayari.

knavish [ˈneiviʃ] *adj.* -a ujanja; -laghai.

knead [niːd] *v.t.* kanda.

knee [niː] *n.* goti. **~-cap** *n.* pia ya goti.

kneel [niːl] *v.i.* (*knelt* [nelt]) piga magoti.

knell [nel] *n.* shindo la kengele (ikigongwa moja moja kama kwa maziko).

knew *past tense* ya *know*.

knife [naif] *n.* (*pl. knives* [naivz]) kisu.

knight [nait] *n.* (1) (la zamani) mtu, hasa wa cheo bora, aliyepewa daraja kuu kwa uhodari wake katika vita. (2) (la sasa) mwenye cheo cha kuitwa *Sir* kutangulia jina lake. **~hood** *n.* cheo cha ~. **~ly** *adj.* hodari tena -ema.

knit [nit] *v.t. & i.* (-*tt*-) (1) suka; sokota. (2) unga; unganisha. (3) ~ *the brows*, kunja uso. **~ting** *n.* msokoto.

knives *plural* ya *knife*.

knob [nob] *n.* (1) rungu, kirungu. (2) nundu, kinundu. **~bly** *adj.*

knock [nok] *v.t. & i.* (1) gonga; bisha; piga; (*down*) angusha kwa kupiga; ~ *about the world*, fanya safari nyingi ndefu; ~ *sb. out*, shinda mtu kwa kumpiga sana ngumi; (*fig.*) shangaza kabisa. (2) ~ *off* (*work*), acha kazi; ~ *off* (*a shilling from a bill*), *cf. deduct*, toa; punguza; ~ *sb. up*, amsha fulani kutoka usingizi; ~ *sth. up*, fanyiza upesi.

knoll [noul] *n.* kilima kidogo.

knot [not] *n.* (1) fundo, kifundo. (2) shida, taabu: *tie oneself* (*up*) *in*(*to*) ~*s*, -wa katika matata. (3) kipingili (cha shina la muwa); mahali padogo pa ubao pagumu sana. (4) kikundi kidogo (cha watu). (5) kipimo cha mwendo wa meli: *a ship of 16* ~*s*, yaani yaweza kwenda maili 16 za baharini kila saa moja (maili ya baharini = 6,080 *ft.*). — *v.t.* funga kwa vifundo. **~ty** *adj.* (hasa) -a matata, -gumu kufahamu.

know [nou] *v.t. & i.* (*knew* [njuː], *known* [noun]) jua. *You ought to ~ better than to do that*, unastahili

KNUCKLE [149] **LAMENT**

kujua ya kuwa ni vibaya kufanya vile; ~ one's own mind, fahamu sana nia yako; *He* ~s *what's what*, mjuzi huyo, hadanganyiki; ~ *one's own business*, -wa na akili. — n. (kwa maneno haya tu) *in the* ~, -enye maarifa ambayo wengine hawana. ~**ing** adj. -juzi. ~**ingly** adv. (1) makusudi. (2) kwa namna ya mjuzi. ~**ledge** ['nɒlidʒ] n. (1) kujua; kufahamu. (2) elimu; *to* (*the best of*) *my* ~*ledge*, kadiri nijuavyo.

knuckle ['nʌkl] n. konde. — v.i. ~ *under*, jitoa, shindwa.

ko(w)tow [kau'tau] v.i. ~ *to*, jitweza mbele ya (fulani); onyesha heshima kuliko kiasi.

kraal [kra:l, kro:l] n. (katika nchi ya Afrika ya kusini) mji wa kienyeji.

kudu ['kudu] n. tandala.

L

label ['leibl] v.t, & n. tia kipande (cha karatasi) cha kubandikia mzigo; kipande (cha karatasi) chenye anwani (namba, jina, maelezo, &c.).

laboratory ['læbərətri, lə'bɒrətri] n. nyumba ya kufanyia kazi ya uvumbuzi wa dawa, mashini, &c.

labour ['leibə*] n. (1) kazi. (2) tendo; kazi iliyofanywa: *a* ~ *of love*, kazi ipendezayo mtu aliyeifanya. (3) watu wa kazi, jamii ya wafanya kazi. (4) utungu wa kuzaa. — v.i. & t. (1) fanya kazi kwa bidii, hasa kazi ya mikono. (2) toa bidii; jitahidi. (3) enda, pumua, pole pole tena kwa shida. (4) ~ *under* (*a disadvantage*) teswa kwa (shida au kizuizi). (5) eleza sana kuliko haja. ~**ed** adj. ~*ed breathing*, kupumua pole pole tena kwa shida. ~**er** n. mfanya kazi ya mikono. **laborious** [lə'bɔ:riəs] adj. (1) -a kazi. (2) -a juhudi; -a bidii.

lac, lakh [lak] n. (katika Uhindi) 100,000 (hasa ya rupia).

lace [leis] n. (1) nguo nyembamba ya nyuzi zilizosukwa vizuri, nguo ya kimia. (2) kitani, kigwe, ukanda wa kiatu. — v.i. & t. funga sana kwa ~s². ~ (*up*) *shoes*, funga viatu kwa ~s.

A shoe-lace

lacerate ['læsəreit] v.t. papura; rarua. **laceration** [læsə'reiʃn] n.

lack [lak] v.t. (1) tokuwa na; kosa. (2) be ~*ing*, kosa; pungukiwa. — n. uhitaji; upungufu: *no* ~ *of*, tele; *for* ~ *of*, kwa sababu ya ukosefu wa.

lad(die) ['lad(i)] n. kijana (mwanamume), kivulana, mvulana.

ladder ['lædə*] n. (1) ngazi: vipawa vyake huitwa *rungs*. (2) ila katika soksi ndefu, asili yake ni uzi mmoja kukatika.

laden ['leidn] adj. ~ *with*, -liopakiwa na; -enye shehena. **lading** n. *bill of lading*, cheti cha orodha ya shehena.

ladle ['leidl] n. upawa. — v.t. ~ (*out*) toa kwa upawa.

lady ['leidi] n. (1) mwanamke wa kiungwana; bibi. (2) jina la heshima kwa mabibi wa cheo fulani, mke wa Sir au *Lord*. ~-**like** adj. -a kiungwana. ~**ship** n. jina la kumtaja bibi wa cheo fulani (*your, her,* ~*ship*).

A ladle

lag [lag] v.i. (-*gg*-) ~ *behind*, kawia. ~**gard** ['lægəd] n. mvivu.

lager ['la:gə*] n. namna ya pombe isiyo nzito wala kali sana.

lagoon [lə'gu:n] n. wangwa.

laid p.t. & p.p. ya *lay*.

lain p.p. ya *lie*².

lair [leə*] n. malalo ya mnyama wa mwitu.

lake [leik] n. ziwa la maji.

lamb [lam] n. mwana kondoo; nyama yake.

lame [leim] adj. (1) -enye kilema, kiwete. (2) (*excuse, explanation, &c.*) -siofaa, si -zuri. ~**ly** adv. ~**ness** n.

lament [lə'ment] v.t. & i. lilia. — n. kilio. ~**able** ['læməntəbl] adj.

LAMP [150] **LATHE**

-a kusikitisha. ~**ation** [ˌlamen'teiʃn] n.
lamp [lamp] n. taa. ~-**post** n. nguzo ya taa.
lance [laːns] v.t. kata (jipu, &c.) kwa ~t.
lancet ['laːnsit] n. kisu kidogo kitumiwacho na madakitari.
land [land] n. (1) nchi. (2) ardhi. — v.t. & i. (1) shusha; telemsha. (2) fikisha; leta; fika. ~**ed** adj. -enye shamba au mashamba. ~**ing** n. (1) kituo kati ya sehemu mbili za madaraja. (2) kushuka; kutelemka. (3) (na ~ing place, ~ing stage) gati, mahali pa kutelemkia. ~-**lady** n. mwenyeji wa nyumba (mwanamke). ~-**lord** n. mwenyeji, mwenye kupangisha shamba au nyumba. ~**mark** n. (1) alama ya mpaka. (2) kitu (e.g. mlima, mnara, &c.) cha kuonya mahali au kuongoza njiani. (3) jambo kubwa la maisha (la habari ya watu, nchi, &c.). ~**scape** n. sanamu ya kipande cha nchi. ~**slide** n. poromoko la kipande cha nchi, e.g. cha magenge, mtelemko wa mlima, &c.

A lamppost

language ['langwidʒ] n. (1) maneno na matumizi yake. (2) lugha. (3) msemo; usemi. (4) bad, strong; matukano; matusi.
languid ['langwid] adj. -tepetevu.
languish ['langwiʃ] v.i. nyong'-onea; dhoofika; sinzia; languishing looks, macho ya kusinzilia. **languor** ['langə*] n. unyong'onyevu; utepetevu; kimya.
lantern ['lantən] n. taa, (lakini zaidi kwa taa ya mkono).
¹ **lap** [lap] n. paja, pajani.
² **lap** [lap] v.t. (1) zungusha; funga (kwa nguo, &c.). (2) kunja; funika; pita, pitana. — n. (1) (over-)~, kiasi cha kupita, kupitana. (2) (kwa mashindano ya mbio) mzunguko (katika shindano la kuzunguka mara mbili tatu).
³ **lap** [lap] v.t. & i. (-pp-) (1) -nywa (kwa ulimi kama paka). (2) pigapiga pwani (kama mawimbi madogo).
lapel [lə'pel] n. kunjo la koti kifuani.

lapse [laps] n. (1) kosa dogo katika kusema au kufanya: a ~ of memory, kutokumbuka vizuri. (2) kupunguka; kosa. (3) (kwa wakati) kupita. (4) (law) kukoma (kwa sababu ya kutotumiwa). — v.i. (1) poteka; rudia dhambi. (2) tanguka.

Lapels

lard [laːd] n. mafuta ya nguruwe.
larder ['laːdə*] n. chumba cha kuwekea vyakula, nyama, &c.
large [laːdʒ] adj. -kubwa. at ~, huru; people at ~, watu wengi; by and ~, kwa kufikiri mambo yote. ~**ly** adv. hasa; zaidi.
larva ['laːvə] n. (pl. larvae [laːviː]) mtoto wa mdudu; kiluwiluwi.
lash [laʃ] v.t. & i. (1) piga mjeledi. (2) pigapiga; sukasuka. (3) karipia; amsha, chochea. (4) funga sana kwa kamba, &c. — n. (1) kamba ya mjeledi. (2) = ukope.
lass [las] **lassie** ['lasi] n. kijana mwanamke, msichana. cf. lad.
lasso ['lasou, lə'suː] n. kamba yenye tanzi ya kukamatia wanyama.
¹ **last** [laːst] adj., adv., & n. -a mwisho; mwishoni; mwisho; ~ year, mwaka uliopita.
² **last** [laːst] v.i. endelea; dumu; tosha (kwa): enough food to ~ (us) three days, chakula cha kututosha kwa siku tatu. ~**ing** adj. -a aushi; -enye kudumu.
latch [latʃ] n. kia; komeo. — v.t. funga kwa kia (kwa komeo).
late [leit] adj. (1) be ~, kawia. (2) marehemu. (3) -liopita, -liokwisha, -a kisasa. — adv. karibu, si zamani. sooner or later, siku zijazo; of ~ = ~ly. ~**ly** adv. hivi karibu, juzijuzi. ~**st** adj. -a kisasa: the ~est fashion, mtindo wa kisasa. at the ~st, mbele ya, si baada ya.

A latch

latent ['leitnt] adj. -liopo lakini -sioonekana.
lateral ['latərəl] adj. -a upande; -a kwenda upande.
lath [laːθ] n. uwasa.
lathe [leiδ] n. kerezo.

lather ['laðə*] n. (1) povu la sabuni. (2) jasho katika farasi.

Latin ['latin] n. Kirumi, yaani lugha ya Rumi ya zamani. — adj. -a Kirumi.

latitude ['latitju:d] n. urefu wa kwenda toka *equator* upaka mahali fulani kaskazini au kusini, e.g. 60° N., au S. (2) nafasi, hiari.

A lathe

latrine ['lə'tri:n] n. choo.

latter ['latə*] adj. (1) -a kisasa; -a nyuma. (2) *the* ~, -a pili. ~**ly** adv. siku hizi; juzi.

laud [lo:d] v.t. sifu. ~**able** adj. -a kustahili sifa.

laugh [la:f] v.i. & t. cheka. ~ *in one's sleeve*, cheka kwa siri. — n. cheko, kicheko. ~**ing stock** n. mtu (au kitu) wa kuchekwa. ~**able** adj. -a kuchekesha. ~**ter** n. kucheka, cheko, &c.

launch [lo:ntʃ] v.t. & i. (1) cheleza, shua baharini. (2) (*a blow, a spear*, &c.) piga, tupa. (3) anzisha. (4) ~ *out* (*into*), jitoa, ingia, anza.

launch [lo:ntʃ] n. mashua kubwa ya melini, motaboti.

launder ['lo:ndə*] v.t. & i. fua nguo.

laundress n. dobi (mwanamke).

laundry ['lo:ndri] n. kiwanda cha dobi; nguo za kufuliwa.

laureate ['lo:riət] n. *Poet L.*, jina la heshima la mtunga mashairi wa mfalme.

lava ['la:və] n. mawe yaliyoyeyuka yatokayo mlima wa moto (volkeno).

lavatory ['lavətri] n. josho, chumba cha kunawa; choo.

law [lo:] n. (1) sheria; kanuni. (2) taratibu ya sheria. (3) taratibu ya kanuni na desturi za viumbe na vitu vya asili. ~-**abiding** adj. -tii sheria. ~-**court** n. korti, baraza la jaji. ~**ful** adj. -a haki, halali. ~**less** adj. -siotii sheria. ~-**suit** n. daawa. ~**yer** n. mwana sheria.

lawn [lo:n] n. bustani ya majani mazuri tena mororo. ~-**mower** n. mashini kwa kukata majani ya ~s.

lax [laks] adj. (1) -zembe, si -angalifu. (2) -legevu, si -gumu. ~**ity** n.

laxative ['laksətiv] n. & adj. dawa ya kuharisha.

A lawn-mower

¹ **lay** [lei] v.t. & i. (*laid* [leid]). (1) tia. (2) taga, kuta (mayai). (3) piga chini; tengeneza; tandika mkeka, andika meza, &c. (4) ~ *about one*, piga pande zote; ~ *sth. aside*, weka akiba, weka; ~ *aside old habits*, acha desturi za zamani; ~ *bare*, cf. *reveal*, funua: ~ *sth. by*, weka; ~ *claim to*, dai kama mali yako; ~ *down one's life*, toa roho (kwa mtu mwingine); ~ *down the law*, fundisha, amuru; *I can't* ~ *my hands on* (*the book*), siwezi kuona (kitabu); ~ *hold of* (*on*), shika; ~ *in*, weka akiba ya; ~ (*sb.*) *low*, shinda; ~ *on*, leta (*gas*, maji) kwa bomba katika nyumba; ~ *out*, tengeneza; ~ *oneself out to*, tia bidii kwa; ~ *up*, weka akiba; *be laid up*, lazimishwa kukaa kitandani kwa ugonjwa, &c.

² **lay** past tense ya ¹*lie*.

³ **lay** [lei] adj. (1) -a mtu asiye padre. (2) -a mtu asiye wa jamii ya watu wenye elimu maalum; -a mtu asiye dakitari, mwana sheria, &c. ~**man** n. mtu kama ilivyoelezwa juu.

layer ['leiə*] n. safu; kunjo: *clay in* ~s, towe safu safu kwa kupangana juu kwa juu.

layout ['leiaut] n. taratibu; matengenezo.

lazy ['leizi] adj. -vivu. **laze** v.i. -wa -vivu; jikalia. ~-**bones** n. (*colloq.*) mtu mvivu. **lazily** adv. **laziness** n.

¹ **lead** [led] n. (1) risasi. (2) bildi, kipande cha risasi katika kamba kwa kupima urefu wa bahari. (3) ~-*pencil*, kalamu ya risasi. ~**en** adj. -a risasi; -zito kama risasi; ~ *coloured*, -a rangi ya risasi, e.g. ~*en clouds*, mawingu ya rangi ya risasi.

² **lead** [li:d] v.t. & i. (*led* [led]). (1) tangulia; ongoza, simamia. (3) ~ *a life*, enenda; ishi; ~ *sb. a dog's life*, mtendea fulani vibaya hata awe na moyo mzito. (4) ~ *to*, (kwa njia, &c.) enda (mahali); (kwa matendo, &c.)

LEAF [152] **LEG**

elekea. (5) ~ sb. to think (believe), fikirisha, &c. — n. (1) kuongoza; kutangulia. (2) kadiri ya kutangulia: have a ~ of five yards, tangulia kwa kadiri ya yadi tano. (3) kamba ya kuongoza mbwa. (4) (kwa mchezaji wa *theatre*) take the ~ in a play, -wa mkuu katika mchezo. (5) (kwa michezo ya karata) hiari ya kuanza mchezo. ~er n. kiongozi; mkuu; taz. ~ing article chini. ~ership n. uongozi. ~ing adj. -kuu; -kubwa; ~ing article au ~er, masimulizi ya gazeti yatoayo mawazo (fikira, mashauri) ya mtengenezaji. ~ing question, kuuliza na huku kudokeza majibu unayotaka.

leaf [li:f] n. (pl. leaves [li:vz]) (1) jani. (2) ukarasa (wa kitabu): (*fig*.) turn over a new ~, rekabisha mwenendo. (3) ~ of a table, ubao uwezao kutolewa kufanya meza iwe ndogo zaidi. ~let n. (1) jani changa. (2) ukarasa wenye matangazo, &c. yaliyochapishwa juu yake. ~y adj. -enye (-a) majani mengi.

league [li:g] n. (1) mapatano baina ya watu (au mataifa) ya kusaidiana. (2) jamii ya wachezaji ambao timu zao huchezana pamoja.

leak [li:k] n. ufa; tundu; kuvuja. — v.i. (1) vuja. (2) (*fig*., kwa habari siri, &c.) fumbulika, julikana. ~age ['li:kidʒ] n. kuvuja; mvujo; kufumbulika. ~y adj. -enye kuvuja.

¹**lean** [li:n] adj. (1) (kwa watu, wanyama) -embamba; (kwa nyama) -nofu. (2) -chache, haba: ~ harvests (years) mavuno machache. — n. mnofu. ~ness n.

²**lean** [li:n] v.i. & t. (leaned or leant [lent]) (1) inama, enda upande. (2) tegemeza. (3) elekea, inamia. (4) ~ upon, (*fig*.) egemea, jiegemea na (katika). ~ing n. maelekeo; upendeleo. ~-to n. ujenzi kama kipenu.

leap [li:p] v.i. & t. & n. (leapt [lept] or leaped) ruka. ~ by~s and bounds, upesi sana. ~-frog n. mchezo wa kurukana. ~-year n. mwa-ka wenye mwezi wa *February* wa siku 29.

learn [lə:n] v.t. & i. (learnt) (1) jifunza. (2) arifiwa. ~ed ['lə:nid] adj. -enye elimu. ~ing n. elimu; hekima.

lease [li:s] n. masharti ya kupangisha nyumba (duka, shamba); hati ya kukodisha. a new ~ of life, kupata uzima baada ya ugonjwa au heri badala ya huzuni. — v.t. panga; kodisha. ~hold n. & adj. namna au hali ya kupangisha kwa masharti.

least [li:st] adj. & n. -dogo kuliko -ote; kadiri iliyo ndogo sana. — adv. kidogo; hata kidogo; at ~, iwayo yote.

leather ['leðə*] n. ngozi iliyotengenezwa isioze, tena iwe laini.

¹**leave** [li:v] v.t. & i. (left) (1) toka katika; ondoka katika. (2) acha. (3) ~ go (of), acha kushika; ~ off, isha; acha; koma; ~ out, acha; pitia. (4) achia fulani (fedha, mali, &c.) kama mrithi; bakiza. (5) pita (mahali, &c.). (6) be left, baki. **leavings** n. pl. mabaki.

²**leave** [li:v] n. (1) ruhusa. (2) take ~ of, aga; agana na; take ~ of one's senses, jichukua kama kwamba una wazimu.

leaven ['levn] n. chachu. — v.t. chacha; chachua; geuza.

leaves [li:vz] pl. ya leaf.

lecture ['lektʃə*] v.i. & t. & n. (1) hutubu; hotuba. (2) karipia; karipio. ~r n. mwalimu, mtoa hotuba. ~ship n. kazi ya mwalimu katika *university*, &c.

led *past tense* & *p.p.* ya lead.

ledge [ledʒ] n. ubao mwembamba utokezao katika ukuta au dirisha; mwamba mwembamba katika jabali.

ledger ['ledʒə*] n. daftari kubwa ya hesabu.

lee [li:] n. mahali pa shwari pasipoelekea upepo; (*attrib*.) -a shwari -sioelekea upepo; -a demani. ~-way n. mwendo wa chombo kikichukuliwa upande wa demani; (*fig*.) make up ~way, jibidiisha kwa sababu ya wakati uliopotewa.

leek [li:k] n. namna ya kitunguu kidogo.

¹**left** *past tense* & *p.p.* ya leave.

²**left** [left] adj. -a kushoto.

leg [leg] n. mguu. give sb. a ~ up, saidia fulani; pull sb.'s ~, fanyia

Leap-frog

fulani mzaha; *not to have a ~ to stand on*, shindwa kabisa katika shauri au hukumu, *&c.*; *on its last ~s*, -wa karibu kuisha.

legal ['li:gl] *adj.* -a kuhusiana na, -a kufuatana na, -a kuruhusiwa, -a kutakiwa kwa sheria; *~ tender*, fedha ambayo ni halali ipokewe kama ikitolewa kama malipo. **~ity** [li(:)'gæliti] *n.* uhalali; haki. **~ize** ['li:gəlaiz] *v.t.* halalisha.

legend ['ledʒənd] *n.* hadithi (hasa ya mambo ya ajabu au isiyo kweli). **~ary** *adj.* maarufu; -a hadithi.

legible ['ledʒəbl] *adj.* -a kusomeka bila taabu. **legibly** *adv.* **legibility** [,ledʒə'biliti] *n.*

legion ['li:dʒən] *n.* (1) jeshi la askari (Kirumi). (2) wingi.

legislate ['ledʒisleit] *v.i.* fanya sheria. **legislation** [,ledʒis'leiʃn] *n.* kufanya sheria; sheria zilizofanywa. **legislative** ['ledʒisleitiv] *adj.* -a kufanya sheria. **legislator** ['ledʒisleitə*] *n.* mfanya sheria. **legislature** jamii ya wafanya sheria (*e.g. Parliament* ya Uingereza).

legitimate [li'dʒitimit] *adj.* (1) halali. (2) -a haki. **legitimacy** *n.*

leisure ['leʒə*] *n.* wasaa; wakati wa kupumzika. **~d** *adj.* -enye wasaa. **~ly** *adv.* taratibu, polepole. *adj.* pasipo haraka.

lemon ['lemən] *n.* limau; *~ tree*; mlimau. **~ade** [,lemə'neid] *n.* maji ya limau.

lend [lend] *v.t.* (*lent*) (1) azima; kopesha. (2) *~ a hand*, saidia; *it ~s itself to*, yafaa kwa.

length [leŋθ] *n.* (1) kupima kutoka mwisho hata mwisho (mahali au wakati): *at ~*, mwishoni; *at full ~*, fudifudi (katika ardhi); *keep sb. at arm's ~*, kataa urafiki na fulani; *go to all ~s*, (*any ~s*), jaribia yote. (2) kipande cha nguo (kitambaa). **~en** *v.t. & i.* ongeza urefu; zidi urefu. **~wise**, **~ways** *adv.* kwa urefu. **~y** *adj.* (kwa' maneno, maandiko) -refu sana; -refu zaidi -a kuchosha.

lenient ['li:niənt] *adj.* -pole, -a huruma. **leniency** *n.*

lens [lenz] *n.* kioo (cha miwani, darubini, *&c.*).

lent *past tense & p.p.* ya *lend*.

Lent [lent] *n.* siku arobaini za kufunga Kikristo kabla ya Pasaka.

leopard ['lepəd] *n.* chui.

leper ['lepə*] *n.* mwenye ukoma.
leprosy ['leprəsi] *n.* ukoma.
leprous ['leprəs] *adj.* -enye ukoma.

less [les] *adj.* -dogo zaidi. — *adv.* kidogo. — *n.* -lio -dogo. — *prep.* kasoro: £10 *~* £3 *for taxes*, shilingi 200 kasoro shs. 60 za kodi. **~en** *v.t. & i.* punguza; punguka. **~er** *adj.* -dogo zaidi.

lesson ['lesn] *n.* (1) somo; fundisho. (2) onyo. *Let that be a ~ to you*, hayo yakuonye. (3) schemu ya *Bible* ya kanisani; sura.

lest [lest] *conj.* isiwe; ili isiwe; (hutumika baada ya *fear*, *be afraid*) *~ he* (*should*) *die*, asife.

let [let] *v.t. & i.* (1) ruhusu: *~ sb. do sth.*, ruhusu fulani afanye; *~ the fire out*, acha moto kuzimika (kwa makusudi au bila kukusudiwa). (2) (pamoja na *adv. & prep.*) *~ sth. down*, shusha; ongeza urefu chini; *~ sb. down*, tosaidia mtu katika haja yake; *~ oneself* (*sb.*) *in for*, jipasisha (hasa taabu, shughuli); *~ sb. into a secret*, fumbulia fulani siri; *~ off*, piga (bunduki, mzinga *&c.*); samehe (fulani). (3) *~ oneself go*, acha kujizuia. (4) pangisha, kodisha, nyumba. (5) *Let's start at once!* Tuanze mara moja! *Let every man do his duty!* (Acha) kila mtu afanye zamu yake!

lethal ['li:θəl] *adj.* -a kufisha; -a kuua.

lethargy ['leθədʒi] *n.* ulegevu; utepetevu. **lethargic** [le'θa:dʒik] *adj.*

letter ['letə*] *n.* (1) barua; waraka; (ya *alphabet*) herufi. *keep the ~ of the law* (*an agreement*), fuata kabisa sheria (agano) jinsi ilivyoandikwa bila kuangalia maana yake. (2) (*pl.*) elimu; vitabu; *a man of ~s*, mwana vyuoni.

lettuce ['letis] *n.* saladi.

level ['levl] *n.* (1) usawa; *on a ~ with*, sawa na. (2) pimamaji, kipande cha kupimia usawa. — *adj.* (1) sawa; *a ~ crossing*, njia panda ya reli na barabara. (2) *have a ~ head*, *be ~-headed*, -wa wa kiasi wa kupima sawasawa; *do one's ~ best*, fanya vizuri uwezavyo. (3) sawa (na): *a ~ race*, shindano sawa. — *v.t.* (*-ll-*) (1) sawazisha, aya sawa. (2) *~ up* (*down*), inua (shusha) ili kufanya sawasawa. (3) bomoa (nyumba, ukuta, *&c.*).

(4) cf. *aim* (*a gun, an accusation (at or against*) elekezea mashtaka; lingia.

lever ['liːvə*] *n.* wenzo; mtaimbo; msaha; chombo cha kuinulia. ~**age** ['liːvəridʒ] *n.* tendo la kutumia ~; nguvu iliyopatikana kwa kutumia ~.

A lever

levity ['leviti] *n.* purukushani.

levy ['levi] *v.t.* (1) toza; changa. (2) ~ *war* (*upon*) *against*, pigana na kwa kuanza vita. — *n.* kutoza; chango la askari, kodi, &c.: *capital* ~, mchango wa lazima wa sehemu ya mali ya watu wote wa jamii.

liable ['laiəbl] *adj.* (1) (*be*) ~ *for*, -pasiwa. (2) (*be*) ~ *to*, cf. *have a tendency to* (*make mistakes, &c.*) -elekea ku(kosa), &c.; cf. *be subject to* (*tax, punishment, &c.*) stahili (kutozwa kodi, kutiwa adabu, &c.).

liability [,laiə'biliti] *n.* (1) kupasiwa; kustahili. (2) (*pl.*) *debts, &c.*, kuwiwa; madaraka.

liaison [li'eizən] *n.* ~ *officer*, afisa aliyewekwa kuwa mjumbe baina ya majeshi mawili (hasa ya kabila mbalimbali).

liar ['laiə*] *n.* mwongo.

libel ['laibl] *n.* (1) maandiko (hati, tangazo) yenye masingizio. (2) (*colloq.*) msengenyo. — *v.t.* (-*ll*-) singizia vibaya kwa kuandika au kutangaza. ~**lous** ['laibələs] *adj.*

liberal ['libərəl] *adj.* (1) -paji; -karimu. (2) -enye utu mwema. (3) moyo wa kufuata moja ya jamii tatu za watu wa Uingereza zilitwazo *political parties.* — *n.* mtu mmoja wa *L. Party.* ~-**ity** [,libə'raliti] *n.* upaji; utu mwema.

liberate ['libəreit] *v.t.* fungua, achilia.

liberty ['libəti] *n.* (1) uhuru. (2) haki ya kuhiari ufanyayo, &c. (3) *take liberties with*, fanyia fulani yasiyo haki (yasiyofaa).

library ['laibrəri] *n.* maktaba, chumba (nyumba) cha kuwekea vitabu. **librarian** [lai'breəriən] *n.* mlinzi wa vitabu.

lice *pl.* ya *louse.*

licence ['laisəns] *n.* (1) cheti kilichotolewa na mwenye amri kumruhusu fulani afanye kitu fulani: ~ *to drive a car*, cheti cha ruhusa ya kuendesha motakaa. (2) kutumia vibaya uhuru; kutofikiri sheria, desturi, &c. **license** *v.t.* tolea fulani ~; *shops licensed to sell tobacco*, maduka yenye ruhusa ya kuuza tumbako; *licensed premises, hotels, restaurants*, ambamo huwa na ruhusa ya kuuza pombe, &c.

lick [lik] *v.t. & i.* (1) lamba; ~ *new recruits into shape*, fundisha (zoeza) askari wapya. (2) (kwa miali ya moto, mawimbi) pita kwa upole juu ya. (3) (*colloq.*) shinda; piga. — *n.* kulamba; mahali penye chumvi kwa wanyama. ~**ing** *n.* (*colloq.*) kupiga; kupigwa; kushinda; kushindwa.

lid [lid] *n.* kifuniko; ukope (wa jicho).

¹**lie** [lai] *v.i. & n.* sema uwongo; uwongo.

²**lie** [lai] *v.i.* (*lay* [lei], *lain* [lein]). (1) lala, jinyosha. (2) -wako; -wa katika. (3) kaa; -wa. (4) enea. (5) tokea; -wa juu ya: *The mistake* ~*s at your door*, kosa ndilo juu yako; *The trouble* ~*s in the lack of goods*, taabu inatokea ukosefu wa bidhaa. (6) (pamoja na *adv., &c.*) ~ *down under* (*an insult, &c.*), vumilia; ~ *in*, kaa kitandani baada ya saa ya kuondoka; kaa kitandani kwa kuzaa mtoto; ~ *low*, (*colloq.*) kaa kimya; ~ *up*, lala nyumbani kwa ugonjwa. — *n.* (*of the land*) hali ya nchi; jinsi mambo yalivyo.

lieutenant [lef'tenənt] *n.* afisa wa jeshi la askari mwenye cheo kilicho chini ya *Captain*; (*deputy*) wakili, kama ~-*colonel*, ~-*commander*.

life [laif] *n.* (1) uhai. (2) viumbe vyote. (3) uzima. (4) maisha. (5) namna ya kuishi. (6) habari ya maisha. (7) nguvu; bidii. (8) muda wa kufaa, wa kufanya kazi. ~-**belt** *n.* mshipi wa kuvaa mtu asiweze kuzama majini. ~-**less** *adj.* (1) -fu. (2) pasipo nguvu, -tepetevu.

A life-belt

lift [lift] *v.t. & i.* (1) inua; ~ *up one's voice*, paaza sauti. (2) (kwa mawingu, ukungu) toweka; panda.

paa. (3) chimbua (muhogo, viazi, &c.). — n. (1) tendo la kuinua: *give sb. a* ~, chukua fulani katika motakaa kwa kumsaidia. (2) mtambo wa kupandishia vitu na watu mpaka orofa za juu nyumbani.

¹**light** [lait] *n.* (1) nuru; weupe; mwanga. *come to* ~, *be brought to* ~, vumbulika; bainika. (2) *strike a* ~, washa kiberiti. (3) maarifa mapya. — *adj.* -enye nuru; -enye mwangaza; -eupe. — *v.t. & i.* (1) washa; waka. (2) angaza; mulikia. (3) peleka (fulani) kwa taa, mulikia njiani. ~**en** ['laitn] *v.t. & i.* (1) angaza. (2) toa umeme. ~**house** *n.* mnara wenye taa ya kuonya hatari ya mwamba, ya kuashiria njia, &c. ~**ning** ['laitniŋ] *n.* umeme.

²**light** [lait] *adj.* (1) -epesi. (2) -dogo si -zito. (3) -a polepole; laini. (4) (kwa vitabu, michezo, &c.) -a furaha, -a kujifurahisha si kwa kujielimisha; (kwa chakula) -a kutulia tumboni; (kwa kulala) tolala sana; (kwa pombe, &c.) pasipo nguvu nyingi. — *adv.* *travel* ~, safiri bila mizigo mingi. ~**en** ['laitn] *v.t. & i.* rahisisha, punguza uzito; toa umeme. ~**-fingered** *adj.* -a kuiba. ~**-headed** *adj.* -enye kichaa. ~**-hearted** *adj.* -kunjufu.

lighter ['laitə] *n.* chombo cha kutumiwa bandarini, tishari.

¹**like** [laik] *adj.* (1) sawa, -a kufanana. *nothing* ~ *as (good, &c.)*, -siofanana kwa uzuri hata kidogo. — *adv.* *I don't feel* ~ *working today*, sitaki hata kidogo kufanya kazi leo. — *conj.* sawa na; mfano wa; kama. ~**ly** *adj.* (1) -a kuelekea, -a kutaka kuwa. (2) -zuri; -a kusadikika. ~**lihood** *n.* *there is a* ~**lihood**, yamkini; labda. ~**n** ['laikn] *v.t.* fananisha; linganisha. ~**ness** *n.* mfano; kifani. ~**wise** *adv.* na tena; kadhalika; vile vile.

²**like** [laik] *v.t.* (1) penda, taka. (2) *I didn't* ~ *to trouble him*, sikutaka kumsumbua. Huwa hutumika hivi *not to* ~, kutopenda; kutotaka. (3) (pamoja na *would*, *should*) kwa kuonyesha kama ungependa: *They would* ~ *to come*, wangependa kuja. — *n.* (*pl.*) vitu upendavyo. **likeable** *adj.* -a kupendeka; -a namna ipendwayo.

liking *n.* *have a liking for*, penda; *to one's liking*, kama upendavyo; -a kufaa.

lily ['lili] *n.* namna ya ua zuri, jamii ya yungiyungi.

limb [lim] *n.* sehemu ya mwili; kiungo; tawi la mti.

¹**lime** [laim] *n.* chokaa. ~**light** *n.* nuru nyeupe kali ya namna ya taa ya kuangazia michezo. *He is fond of the* ~**light**, apenda kujionyesha mbele ya watu.

²**lime** [laim] *n.* ndimu; (*tree*) mdimu.

limit ['limit] *n.* (1) mpaka. (2) kadiri, kiasi ambacho kukizidi si kukubalika. — *v.t.* wekea mpaka; zuia; katiza. ~**ed** *adj.* -a kadiri -punguufu; -dogo. ~**less** *adj.* pasipo kiasi; -sio na mpaka. ~**ation** [ˌlimi'teiʃn] *n.* kuzuia; kuwekea mpaka; kizuizi; punguani.

¹**limp** [limp] *adj.* teketeke; -legevu.

²**limp** [limp] *v.i.* chechemea; enda chopi. ~**ingly** *adv.*

line [lain] *n.* (1) mistari; safu. (2) uzi, kamba, chuma, vitumiwavyo kwa makusudi mbalimbali: *fishing* ~*s*, nyuzi za kuvulia samaki; *telephone* ~*s*, nyuzi za simu. (3) njia ya reli. (4) kampani ya meli au ya ndege. (5) barua fupi: *Send me a* ~ *to say you have arrived*, niandikie barua fupi kunifahamisha ya kuwa umefika salama. (6) mpango kama safu ya mabomba au handaki. (7) ukoo; jamaa. (8) majira; mwenendo. (9) *equator*, ikweta, yaani mstari ulio kama mshipi katikati ya dunia. (10) kazi; shughuli. (11) jinsi; aina; namna. (12) *Hard lines!* Pole!—*v.t. & i.* andika (piga) mistari; tia safu: *roads* ~*d with trees*, barabara zenye safu za miti kandokando; ~ *up soldiers*, panga askari kwa safu. ~**age** ['liniidʒ] *n.* ufungu; jamaa. ~**al** *adj.* -a nasaba, maana -a baba hata mwana kwa mstari sawasawa. ~**r** *n.* meli, ndege ya kampani. ~**sman** *n.* (kwa michezo) msaidizi wa *referee*.

linen ['linin] *n.* kitani, nguo ya kitani, hasa shati na nguo za meza na kitanda.

linger ['liŋgə*] *v.i.* kawia; tanga.

lingua franca ['liŋgwə'fraŋkə] *n.* lugha yenye maneno yaliyotoka katika lugha nyingi, itumikayo na watu wa kabila nyingi, *e.g.* Kiswahili.

linguist ['liŋgwist] *n.* mtu ajuaye lugha nyingi; mtu mwenye elimu ya lugha.

liniment ['linimənt] *n.* dawa ya mafuta ya kusugua.

link [liŋk] *n.* (1) pete. (2) (*cuff-~s, sleeve-~s*) jozi ya vifungo kwa kila mkono wa shati. (3) mtu (au kitu) aungaye watu wawili au vitu viwili. — *v.t. & i.* unga; ungana na.

lint [lint] *n.* nguo ya pamba nyororo ya kubandikia dawa.

lion ['laiən] *n.* simba dume. *the ~'s share*, fungu kubwa. ~**ess** *n.* simba jike. ~**ize** ['laiənaiz] *v.t.* tukuza, tendea kama ni mtu mashuhuri.

liquid ['likwid] *n.* maji, kitu kiwezacho kumiminika. — *adj.* (1) -a maji; kama maji. (2) -eupe; -angavu. (3) (kwa sauti) -a kusikika vizuri. (4) si imara; -epesi kugeuka. **liquefy** ['likwifai] *v.t.* yeyusha. **liquefaction** *n.* kuyeyuka. ~**ate** *v.t.* (*a business*) filisisha.

liquor ['likə*] *n.* (1) pombe; ulevi. (2) maji.

¹**list** [list] *n.* orodha; hesabu. — *v.t.* fanya (andika) orodha, &c.

²**list** [list] *v.i.* (meli, merikebu) inamia upande. — *n.* kuinamia upande.

listen ['lisn] *v.i.* sikiliza; sikia. ~ *in*, sikiliza simu ya upepo. ~**er** *n.*

listless ['listlis] *adj.* -tepetevu.

lit *past tense & p.p.* ya *light*.

literacy ['litərəsi] *n.* kujua kuandika na kusoma.

literal ['litərəl] *adj.* (1) -a herufi. (2) halisi; -a maneno yenyewe: *a ~ copy*, nakala ya maneno yote moja moja. ~**ly** *adv.* kwa jinsi ya maana hasa ya maneno.

literary ['litərəri] *adj.* -a vitabu, maandiko, &c.; -a waandishi.

literate ['litərət] *n. & adj.* -enye kujua kuandika na kusoma.

literature ['litəritʃə*] *n.* (1) (elimu ya kuandika na kusoma) vitabu, &c.; vitabu vya maandiko mazuri na vyenye ufasaha. (2) maandiko yote ya nchi au ya watu wa muda fulani.

lithe [laið] *adj.* (kwa mtu au kwa mwili wake) -epesi -a kupindikana.

litre ['li:tə*] *n.* kipimo kadiri ya *pints* 1¾ cha madaraka ya *metric*.

¹**litter** ['litə*] *n.* machela; kitanda cha kumchukulia mtu.

²**litter** ['litə*] *n.* (1) takataka. (2) (kwa wanyama) majani ya kulalia. (3) watoto wa wanyama wa uzazi mmoja. — *v.t. & i.* (1) chafua, fuja. (2) tia majani chini kwa wanyama. (3) (kwa wanyama) zaa.

little ['litl] *adj.* (1) -dogo; si -refu; hafifu. (2) -lio -dogo: *the ~ finger*, kidole kilicho kidogo (zaidi, sana). — *n.* kidogo: *after* (*for*) *a ~*, baadaye kidogo. — *adv.* kidogo: *cf. rather*: *He's a ~ better today*, hajambo kidogo leo.

live [liv] *v.i. & t.* (1) -wa na uzima; ishi. (2) ~ *on*, pata riziki kwa; -la: *What does he ~ on?* Hula nini? ~ *sth. down*, sahaulisha; ~ *up to*, fikia cheo cha kawaida (cha madhehebu, &c.) — *adj.* [laiv] *cf. alive*, -enye uhai; -liojaa nguvu, akili: ~ *coals*, makaa ya moto; ~ *wires*, nyuzi za kuchukulia mkondo wa umeme. ~**lihood** ['laivlihud] *n.* uchumi; riziki. ~**long** ['livloŋ] *adj.* (kwa maneno yafuatayo tu) *the ~long day*, mchana kutwa. ~**ly** ['laivli] *adj.* -cheshi; -kunjufu; -epesi. ~**n** ['laivn] *v.t.& i.* (mara nyingi huwa ~*n up*) fanya kuwa -epesi; changamsha; changamka. ~**stock** ['laivstok] *n.* wanyama wa kufuga. **living** ['liviŋ] *adj.* (1) hai, -zima. (2) (kwa picha) -a kuonyesha kweli. — *n.* (1) = ~*lihood*: *make a living as a farmer*, pata riziki kwa kuwa mlimaji. (2) namna ya kuishi; *plain living*, kuishi kwa kula na kunywa kwa kiasi: *high living*, kuishi kwa anasa; *a living wage*, mshahara wa kuwezesha mtu kupata riziki.

liver ['livə*] *n.* ini; nso.

livid ['livid] *adj.* -a rangi ya risasi: ~ *with anger, fear, &c.* -liogeuka rangi kwa hasira, hofu, &c.

lizard ['lizəd] *n.* mjusi.

llama ['la:mə] *n.* mnyama kama kondoo wa *South America*.

load [loud] n. (1) mzigo: (fig.) ~ of sorrow, huzuni nyingi. (2) kadiri ambayo gari, &c. huweza kuchukua. — v.t. & i. (1) tia mzigo; tia shehena; pakia. (2) shindilia (bunduki).

A llama

loaf [louf] n. (pl. loaves [louvz]). (1) mkate. (2) ~ sugar, sukari ya vibonge vya miraba.
loan [loun] n. (1) maazimo; ukopi. (2) kukopa; kukopeshwa. — v.t. kopesha.
loath, loth [louθ] predic. adj. be ~, totaka. nothing ~, -enye kutaka.
loathe [louð] v.t. chukia kabisa.
loathing n. machukio makuu.
loathsome adj. -a kuchukiza mno.
loaves pl. ya loaf.
lobby ['lobi] n. sebule; ukumbi.
lobe [loub] n. ndewe (ya sikio).
local ['loukl] adj. (1) -a mahali maalum. (2) -a sehemu si -a kitu kizima. ~**ity** [lou'kaliti] n. mahali; mtaa; ujirani. ~**ize** ['loukəlaiz] v.t. weka (zuilia) mahali maalum; tumia kwa mahali maalum.
locate [lou'keit] v.t. (1) vumbua; weka mahali. (2) be ~d, -liopo mahali.
loch [lok] n. (Scots) (1) hori ya bahari. (2) ziwa.
¹**lock** [lok] n. nywele.
²**lock** [lok] n. (1) kufuli. (2) mtambo (wa bunduki): ~, stock, and barrel, -ote pia; kabisa. (3) sehemu ya canal au mto ambayo hufungwa

A lock in a canal

kwa milango. Hutumika kwa kuinua au kushusha merikebu. — v.t. & i. (1) tanga kwa ~. (2) shikamana; shikamanisha. ~**er** n. kasha lenye kufungwa na ~. ~**smith** n. fundi wa kufanyiza kufuli. ~**-jaw** n. pepo punda. ~**-out** n. mabwana wakataapo kwa wafanya kazi ruhusa ya kuingia mahali pafanywapo kazi mpaka wamepatana juu ya masharti fulani.
locomotion [,loukə'mouʃn] n. mwendo; nguvu ya kwenda. **locomotive** ['loukəmoutiv] adj. -enye nguvu ya kwenda. — n. gari la moshi, mashini .
locust ['loukəst] n. nzige.
lodge [lodʒ] n. nyumba ndogo. — v.t. & i. (1) pangisha. (2) kaa katika nyumba ya kupanga. (3) ingia na kukwama. (4) weka; ~ a complaint, shtaki. ~**r** n. mkaa katika nyumba ya kupanga.
lodging n. (huwa pl.) nyumba (chumba) ya kupanga.
loft [loft] n. orofa ya juu kabisa.
lofty ['lofti] adj. (1) -a juu sana; -refu. (2) (kwa fikira, mawazo, &c.) bora, -ema. (3) (kwa mwenendo) -a kiburi.
¹**log** [log] n. gogo la mti.
²**log** [log] n. (1) batli ya meli kwa kupima mwendo wake. (2) (na ~book) kitabu cha batli chenye habari zote za safari.
logic ['lodʒik] n. elimu ya kuwaza kwa akili halisi; akili ya kutoa hoja na kumsadikisha fulani. ~**al** adj. -enye hoja au maneno ya akili; in ~al order, -a kufuatana sawasawa; It's not ~al, haifuatani.
loin [loin] n. kiuno.
loiter ['loitə*] v.i. sita, tanga, fanya uzembe. ~**er** n. mtangatanga; mzembe.
loll [lol] v.i. jikalia, gaagaa.
lone [loun] adj. -a pekee; alone na lonely hutumika zaidi. ~**liness** n. kuwa peke yako (yake, &c.). ~**ly** adj. (1) pasipo rafiki. (2) (kwa mahali) pasipo watu; -a ukiwa. (3) feel ~ly, jisikia kukosa rafiki.
¹**long** [loŋ] adj. & n. (1) -refu. (2) a ~ face, uso wa huzuni; in the ~ run, mwisho; all day ~, mchana kutwa; before ~, baadaye kidogo; the ~ and short of it, jambo lenyewe. — adv. as (so) ~ as, kwa muda; iwapo; ~ drawn out, -a polepole hata -a kuchosha. ~**evity** [lon'dʒeviti] n. maisha mengi. ~**-winded** [loŋ'windid] adj. (kwa maneno) -a maneno mengi ya kuchosha.

long [loŋ] *v.i.* tamani sana. ~**ing** *n.* tamaa.

longitude ['londʒitju:d] *n.* urefu wa kwenda mahali kwa mashariki au kwa magharibi tokea *meridian* ya London.

look [luk] *v.i. & t.* (1) tazama. (2) (pamoja na *adv.* na *prep.*) ~ *after*, tazamia, tunza; ~ *down on*, dharau; ~ *for*, tafuta; ~ *forward to*, tazamia kwa furaha; ~ *in on*, zuru; ~ *into*, *cf. inspect*, chunguliza; ~ *on*, simama karibu, hudhuria; ~ (*up*)*on sb. or sth. as*, dhani kuwa; ~ *out*, jihadhari, tazamia; ~ *sth. over*, angalia; ~ *sth. through*, soma bila kuangalia sana; ~ *to*, *cf. expect*, tazamia; ~ *up*, fanikia, endelea vizuri; ~ *sth. up*, tafuta (*e.g.* neno katika kamusi); ~ *up to*, heshimu. (3) (pamoja na *adj.* na *conj.*) ~ *like*, elekea: *it ~s like rain*, inakabili mvua; ~ *alive* (*sharp*), amka, fanya hima. — *n.* (1) tazamo. (2) kufanana: ~ *of envy*, kijicho. (3) (*pl.*) sura; umbo: *good ~s*, uso mzuri, sura ya kupendeza. ~**er-on** *n.* (*pl.* ~**ers-on**) mwenye kutazama jambo ala asiingie. ~**-in** *n.* (hasa) *have a ~-in*, pata nafasi ya kushinda, jaliwa. ~**ing-glass** *n.* kioo. ~**-out** *n.* (1) (mahali pa) kuangalia; mlinzi; mpelelezi. (2) mambo ya mbele: *It's a poor ~-out for these people*, mambo ya mbele yanaelekea kutukia vibaya kwa watu hawa. (3) *That's your* (*his*, *&c.*) *~out*, juu yako (yake, *&c.*).

¹ **loom** [lu:m] *n.* kitanda cha mfumi.

² **loom** [lu:m] *v.i.* onekana kama -kubwa, tena kama kivuli kwa taratibu

loop [lu:p] *n.* kitanzi. — *v.t. & i.* (1) fanya ~. (2) ~ *sth. up* (*back*), funga kwa (kama) kitanzi. ~*hole n.* kitundu cha kupenyeza bunduki katika ukuta; (*fig.*) njia ya

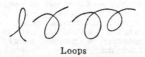

A loom

Loops

kuokoka, hasa iliyoletwa kwa maneno ya sheria yasiyo halisi.

loose [lu:s] *adj.* (1) -liofunguka; -liofunuka. (2) -siokazwa. (3) -a kulegalega. (4) (kwa maneno au matendo) -potovu, -baya. (5) *be at a ~ end*, -tokuwa na lo lote la kufanya. ~**n** ['lu:sn] *v.t.* fungua; legeza.

loot [lu:t] *v.t. & i.* teka, teka nyara. — *n.* mateka, nyara.

loquacious [lou'kweiʃəs] *adj.* -enye domo.

lord [lo:d] *n.* (1) mtawala mkuu. (2) (*L.*) *God*, Mwenyezi Mungu. (3) maulana, yaani kwa Kiingereza *peer* au *nobleman*: *the House of Lords*, baraza ya wakuu wa cheo na maaskofu Uingereza. (4) jina la heshima ya mtu mwenye cheo kikuu fulani: *the Lords of the Admiralty*; *the L. Mayor of London*. — *v.i.* ~ *it over*, tawala kama bwana mkuu; piga ubwana. ~**ly** *adj.* kama ~; -a heshima. **Lordship** *n.* *His* (*Your*) *Lordship*, latumika ukisemezana na ~ au ukizungumza juu yake.

lorry ['lori] *n.* gari lenye nguvu liendeshwalo kama motakaa, lori. (*U.S.A.* huitwa *truck*.)

lose [lu:z] *v.t. & i.* (*lost* [lost]). (1) poteza; potewa na. (2) ~ *one's way*, ~ *oneself*, *be lost*, kosa njia, potea, angamia; ~ *track of*, -tojua habari ya mtu au kitu fulani. (3) kosa kupata (kwa sababu umechelewa) *e.g. He lost the ship*, alikosa meli; kosa kuona, kusikia, *&c.* ~ *heart*, legea; kata tamaa. (4) ~ *a battle*, *a game*, *a match*, shindwa; ~ *one's temper*, kasirika; ~ *one's reason*, rukwa na akili; ~ *one's head*, shikwa na fadhaa; ~ *face*, potewa na heshima. (5) ~ *no time* (in doing *sth.*), fanya kitu mara moja. (6) *be lost to* (*all sense of shame*, *&c.*), tosikia tena aibu (fedheha); *be lost in* (*wonder &c.*), -wa na mshangao mwingi (7) (kwa saa) chelewa: *My watch ~s five minutes a day*, kila siku saa yangu yachelewa dakika tano. **loss** [los] *n.* kupoteza; kupotewa na kitu kilichopotea; hasara; msiba *be at a loss*, fadhaika.

lost past tense & p.p. ya *lose*.

¹ **lot** [lot] *n.* (*colloq.*) *the ~*, *the whole ~* *-ote*; vitu vyote. *A ~* (*of*), *~s of*

~s of people come, watu wengi huja. — *adv.* **a ~** (*better, worse, &c.*) sana.

¹**lot** [lɔt] *n.* (1) kura: *to draw (cast)* **~s,** piga kura. (2) ajali; bahati. (3) jumla ya vitu vya kuuzwa pamoja katika mnada: *Lot 46, six chairs.* (4) **a bad ~,** (*colloq.*) mtu mbaya.

loth, taz. *loath.*

lotion ['loufn] *n.* dawa ya kuoshea.

lottery ['lɔtəri] *n.* mchezo wa bahati; bahati nasibu.

loud [laud] *adj.* (1) -enye sauti kuu; -a makelele. (2) (kwa rangi, mwenendo, &c.) -a kutazamisha. **~ly** *adv.* **~-speaker** *n.* tarumbeta ya simu ya upepo.

lounge [laundʒ] *v.i.* kaa (lala) kivivu, jikalia. — *n.* chumba cha kukaa na kuzungumza. **~-suit** *n.* nguo za kiume za kuvaa mchana.

louse [laus] *n.* (*pl.* **lice** [lais]) mdudu mdogo kama kiroboto. **lousy** *adj.* -enye wadudu *lice*; (*colloq.*) -bovu; ovyo.

lout [laut] *n.* mjinga, baradhuli. **~ish** *adj.*

love [lʌv] *n.* upendo. **in ~ (with),** -enye kupenda, -enye kutamani; **make ~ to,** pendeleza. — *v.t.* (1) penda, tamani. (2) penda, furahia. **lovable** *adj.* -a kupendwa; -a kupendeza. **~r** *n.* (1) apendaye kitu. (2) mchumba (mwanaume). **loving** *adj.* -a kupenda; -enye moyo wa kupenda sana.

lovely ['lʌvli] *adj.* (1) -zuri sana; -a kupendeza. (2) -a kufurahisha. **loveliness** ['lʌvlinis] *n.*

low [lou] *adj.* (1) -a chini. (2) -nyonge. (3) -baya. (4) -a kishenzi. — *adv.* **be running ~,** (kwa akiba, &c.) pungua. **~-brow** *n. & adj.* (mtu) -enye kupenda kidogo tu mambo ya elimu na ya sanaa. **~-down** *adj.* (*colloq.*) (kwa matendo, &c.) -a aibu. **~er** ['louə*] *v.t.* (1) shusha. (2) punguza. **~land** *n.* nchi ya chini (pana na sawa).

lowly ['louli] *adj.* -nyenyekevu.

loyal ['lɔiəl] *adj.* -aminifu. **~ty** *n.*

lubricate ['l(j)u:brikeit] *v.t.* tia mafuta, lainisha (legeza) kwa mafuta. **lubricant** *n.* mafuta.

lucid ['l(j)u:sid] *adj.* (1) dhahiri. (2) **~ intervals,** vipindi vya akili katika wazimu. **~ity** [l(j)u:'siditi] *n.*

luck [lʌk] *n.* (1) bahati nzuri au mbaya: **in ~,** -enye bahati nzuri; **out of ~,** -enye bahati mbaya; **for ~,** kwa kuleta heri. (2) bahati nzuri; msaada wa bahati. **~less** *adj.* -a bahati mbaya. **~y** *adj.* -enye, -a kuleta au -a kuletwa (kwa), bahati nzuri. **~ily** *adv.*

lucrative ['lu:krətiv] *adj.* -a kuleta faida.

ludicrous ['l(j)u:dikrəs] *adj.* -a kuchekesha; -a mzaha.

lug [lʌg] *v.t.* kokota; burura.

luggage ['lʌgidʒ] *n.* mizigo.

lukewarm ['lu:kwo:m] *adj.* -a moto kidogo; vuguvugu.

lumbago [lʌm'beigou] *n.* maumivu ya viunoni.

lumber ['lʌmbə*] *n.* (1) magogo; mbao. (2) takataka. — *v.i. & t.* (1) **~ along** (*by, past*) -enda kwa mwendo mzito. (2) **~ up,** jaza na vyombo, takataka, &c.

luminous ['l(j)u:minəs] *adj.* -a kung'aa. **luminosity** [ˌl(j)u:mi-'nɔsiti] *n.*

lump [lʌmp] *n.* (1) bonge. (2) **a ~ sum,** malipo ya vitu vingi mbalimbali pamoja. (3) kivimbe. — *v.i. & t.* (1) (*together*) changamana. (2) tia pamoja; jumlisha. (3) *If you don't like it, you can ~ it,* hilo ni lazima ulivumilie ukipenda usipende. **~ish** *adj.* taz. *loutish.* **~y** *adj.*

lunar ['l(j)u:nə*] *adj.* -a mwezi: *a ~ month,* siku 28.

lunatic ['l(j)u:nətik] *n.* mwenye wazimu. **lunacy** ['l(j)u:nəsi] *n.* wazimu.

lunch [lʌntʃ] *n.* chakula cha adhuhuri (mchana). — *v.i. & t.* **-la ~. ~eon** *n.* = *lunch.*

lung [lʌŋ] *n.* pafu.

¹**lurch** [lə:tʃ] *n.* (latumika kwa maneno haya tu) **leave sb. in the ~,** acha fulani akiwa katika shida.

²**lurch** [lə:tʃ] *n.* mwendo wa kulala upande ghafula; mrama (kwa mashua au merikebu). — *v.i.* lala upande ghafula; fanya mrama.

lurk [lə:k] *v.i.* jificha.

lust [lʌst] *n.* tamaa mbaya, ashiki: *a ~ for gold,* tamaa ya dhahabu; *the ~s of the flesh,* tamaa za mwili. — *v.i.* ashiki. **~ful** *adj.* -enye tamaa ya nguvu.

lusty ['lʌsti] *adj.* -a nguvu tena -enye afya njema.

luxuriant [lʌgˈzjuəriənt] *adj.* -a kusitawi sana.

luxury [ˈlʌkʃəri] *n.* (1) anasa. (2) kitu kisicho cha lazima lakini chaleta furaha kuwa nacho. **luxurious** [lʌkˈsjuəriəs] *adj.* -a anasa.

lying, taz. *lie.*

M

macadam [məˈkadəm] *n.* ~ *road*, barabara gumu ya mawe na changarawe zilizopondwa.

macaroni [ˌmakəˈrouni] *n.* unga wa ngano uliofanyizwa kama mfano wa mianzi myembamba.

mace [meis] *n.* rungu lichukuliwalo kama alama ya cheo cha mtu.

machine [məˈʃiːn] *n.* (1) mashini; mtambo. (2) chama cha watu cha kuongoza jamii ya *politics*. **~ry** [məˈʃiːnəri] *n.* (1) (sehemu au vyombo vya) mashini. (2) utaratibu (*e.g.* wa serikali).

mackintosh [ˈmakintoʃ] *n.* koti la mvua.

mad [mad] *adj.* (1) -enye wazimu. (2) (*colloq.*) -lioteswa sana; -enye hasira. **~den** *v.t.* tia wazimu, hasa kasirisha. **~cap** *n.* mjasiri. **~ly** *adv.* **~ness** *n.*

madam [ˈmadəm] *n.* bibi, bi mkubwa. **Madame** [maˈdaːm] *n. Mrs.* (latumika mbele ya majina ya wanawake walioolewa wasio Waingereza).

made *past tense & p.p.* ya *make.*

magazine [ˌmagəˈziːn] *n.* (1) ghala ya kuwekea silaha na baruti. (2) kitasa cha bunduki. (3) kitabu kama gazeti kitolewacho mara kwa mara.

maggot [ˈmagət] *n.* funza; buu.

magic [ˈmadʒik] *n.* (1) uganga; uchawi. (2) mwujiza; kiinimacho. — *adj.* (tena *~al*) -a ~ ; a mwujiza. **~ian** [məˈdʒiʃn] *n.* mchawi.

magistrate [ˈmadʒistr(e)it] *n.* mtu afanyaye kazi ya jaji mdogo. **magisterial** [ˌmadʒisˈtiəriəl] *adj.* -a ~ : -enye amri.

magnanimous [magˈnanimoəs] *adj.* -adilifu; -enye moyo mkuu. **magnanimity** [ˌmagnəˈnimiti] *n.*

magnate [ˈmagneit] *n.* tajiri mkuu.

magnet [ˈmagnit] *n.* sumaku. **~ic** [magˈnetik] *adj.* -a, kama, -a kuletwa na sumaku: *a ~ic needle*, sindano ya dira; -a kuvuta. **~ism** [ˈmagnitizem] *n.* elimu ya nguvu za ~. **~ize** [ˈmagnitaiz] *v.t.* tia nguvu za ~; vuta kama ~.

magneto [magˈniːtou] *n.* chombo cha umeme (elektrisiti) kiwashacho mvuke wa *petrol* katika motakaa, *&c.*

magnificent [magˈnifisənt] *adj.* -zuri (-kubwa, -kirimu) kabisa. **magnificence** *n.*

magnify [ˈmagnifai] *v.t.* (1) ongeza, kuza. (2) tukuza (Mwenyezi Mungu).

magnitude [ˈmagnitjuːd] *n.* ukubwa; cheo.

mahogany [məˈhogəni] *n.* namna ya mti mwekundu, mkangazi.

maid [meid] *n.* (1) (*liter.*) mwanamwali; bikira. (2) (la zamani) mwanamke asiyeolewa; *old* ~, mwanamke mzee kidogo asiyeolewa tena haelekei kuwa ataolewa; ~ *of honour*, mwanamwali aliye mtumishi wa malkia au binti mfalme. (3) mtumishi wa kike.

maiden [ˈmeidn] *n.* (*liter.*) mwanamwali. — *adj.* (*attrib.* tu) ~ *name*, jina la ukoo wa mwanamke kabla hajaolewa; ~ *voyage*, safari ya kwanza ya meli.

mail [meil] *n.* (1) barua, babasha, *&c.* zilizopelekwa kwa posta. (2) posta.

maim [meim] *v.t.* haribu, vunja, kasiri kiungo cha mwili.

main [mein] *adj.* -kubwa, -kuu: *have an eye on the ~ chance*, katika jambo fulani fikiri faida yako tu. — *n.* (1) *the ~s*, bomba kubwa za kuleta maji au *gas*, za kuchukua nyuzi za elektrisiti: *a ~s set*, chombo cha simu ya upepo kwa kutumiwa na ~s si pamoja na *battery*. (2) *with might and ~*, kwa bidii (nguvu) nyingi. (3) *in the ~*, zaidi. (4) (*poet.*) bahari. **~land** *n.* bara, nchi kuu. **~ly** *adv.* zaidi. **~stay** *n.* nguzo; tegemeo; (*fig.*) msaada.

maintain [ˌmeinˈtein] *v.t.* (1) hifadhi, dumisha. (2) lisha; chukua; tegemeza. (3) ~ *an opinion*, ~ *that*, sema, thibitisha. **maintenance** ['meintənəns] n. (hasa) riziki, nafuu.

maize [meiz] n. mahindi; ~ *plant*, muhindi.

majesty ['madʒisti] n. enzi; utukufu. *His (Her, Your)* M. namna ya kusema na mfalme au juu ya mfalme. **majestic** [mə'dʒestik] adj. -enye enzi.

major ['meidʒə*] adj. -kubwa; -ingi; zaidi ya nusu. — n. afisa wa kiaskari kati ya *captain* na *lieutenant-colonel*. ~**ity** [mə'dʒoriti] n. (1) wingi; zaidi ya nusu. (2) umri wa miaka 21.

make [meik] v.t. & i. (made [meid]). (1) umba; fanya; fanyiza; tengeneza: ~ *cloth*, fuma nguo; ~ *a hole in sth.*, toboa; penya; ~ *a noise*, fanya kelele; *made of wood*, -liofanyizwa kwa mti; ~ *money*, pata utajiri; ~ *tea*, tengeneza chai; ~ *a bed*, tandika kitanda; ~ *fun (game, sport) of (sth.)*, fanyizia mzaha (fulani); ~ *light of (sth.)*, dharau; ~ *the most of sth.*, tumia kitu kwa namna ya kufaa sana. (2) lazimisha; shurutisha: ~ *sb. do sth.*, lazimisha mtu kufanya kitu fulani. (3) fanya kuwa. Kwa Kiswahili mwisho wa vb. kama -sha, -za, huleta maana hiyo. e.g. ~ *sb. happy*, furahisha fulani; ~ *the fire burn*, washa moto. (4) kuza; fanikisha: *The cotton trade made Manchester*, kazi ya kutengeneza pamba ilifanikiza mji wa Manchester. (5) fika: ~ *port*, fika bandari. (6) dhani: *What do you* ~ *the time?* Unadhani ni saa ngapi? (7) (*with adv. & prep.*) ~ *for*, endea; elekea; ~ *off*, kimbia; ~ *out (a cheque, a bill, &c.)* andika; weza (pata) kuona, kufahamu; thubutisha; ~ *sth. over (to sb.)*, sihia mali kwa; ~ *up*, buni; tunga; tia vitu katika bahasha, &c.; tuliza, starehesha (baada ya ugomvi); ~ *up one's mind (to)*, kusudia; ~ *believe*, jisingizia. — n. namna; aina: *cigarettes of my own* ~, sigara nilizozifanyiza (mimi) mwenyewe. ~**believe** n. hila; kisingizio. ~**shift** n. kitu kitumikacho kwa sababu kitu chenyewe hakipatikani. ~-**up** n. (1) utaratibu; mtungo. (2) rangi na unga wa kupakaa uso utumikao na wanawake na *actors*. **making** n. *be the making of*, fanikiza.

mal- [mal] *prefix* (1) vibaya: *maltreat, malformed*. (2) kwa kuleta maana ya kinyume kama *content—malcontent*.

malaria [mə'leəriə] n. homa iletwayo na namna ya mbu.

malcontent ['malkɔntent] n. mtu asiyeridhika na hivi aelekea kuasi.

male [meil] adj. -ume, dume, -a kiume. — n. mume, dume, (mtu) mwanamume.

malice ['malis] n. uovu. **malicious** [mə'lifəs] adj.

malleable ['maliəbl] adj. (1) (kwa madini) -a kufulika. (2) (*fig.*, e.g. kwa tabia ya mtu) -epesi kuongozwa.

mallet ['malit] n. nyundo ya mti.

malnutrition ['malnju:'triʃn] n. kutopata chakula cha kutosha au chakula cha kufaa.

malpractice [mal'praktis] n. (*legal*) mwenendo mbaya; upurukushani wa kazi.

A mallet

malt [mɔlt] n. kimea cha pombe.

maltreat [mal'tri:t] v.t. tendea jeuri. ~**ment** n.

mamma [mə'ma:] n. neno la kitoto kwa mama.

mammal ['maml] n. mnyama anyonyeshaye watoto wake.

mammoth ['maməθ] n. tembo wa kikale. — *attrib*. -kubwa mno.

man [man] (*pl. men*) (1) mtu, watu. *the* ~ *in the street*, mtu aliye kama mfano wa watu wa kila siku; ~ *of the world*, mjuzi wa mambo ya ulimwengu; ~ *of letters*, mwandishi wa vitabu. (2) binadamu. (3) mwanamume aliye chini ya amri ya mwingine: *masters and men*, mabwana na watu wao (yaani wafanya kazi wao); *officers and men*, maafisa na askari wao. — v.t. tia watu; pakia baharia; wekea askari. ~**ful** adj. hodari; -a kiume. ~-**handle** v.t. sukuma au chukua kwa nguvu za mwili; (*colloq.*) tendea fulani kwa ukali. ~**hood** n. (1) utu uzima. (2) moyo mkuu; uhodari. ~**kind** n. watu; walimwengu. ~**like** adj. -enye tabia (nzuri au mbaya) ya mtu. ~**nish** adj. (kwa mwanamke) kama mwanamume: -a kufalia waume zaidi ya wake.

~slaughter ['manslo:tə*] *n.* kuua mtu lakini si makusudi.

manacle ['manəkl] *n.* (hutumika zaidi kwa *pl.*) pingu ya mikono.

manage ['manidʒ] *v.t. & i.* (1) ongoza. (2) pata; faulu; weza: *I can't ~ without help,* sijiwezi bila msaada. **~ment** *n.* (1) usimamizi; uongozi: *Bankruptcy was caused by bad ~ment,* kufilisika kwaletwa kwa kuongozwa vibaya. (2) *the ~ment,* waongozi; wakuu. **~r** *n.* msimamizi. **~ress** ['manidʒəres] *n.*

mandate ['mandeit] *n.* (1) amri. (2) amri au mamlaka. (3) uwakili.

mandolin ['mandəlin] *n.* namna ya zeze. taz. picha.

mange [meindʒ] *n.* ugonjwa kama upele wa wanyama.

mangy ['meindʒi] *adj.* -enye ugonjwa wa ~; -chafu, -siotunzwa.

manger ['meindʒə*] *n.* chombo kama sanduku ndefu cha kuwekea chakula cha ng'ombe, farasi, &c.

A mandolin

mango ['maŋgou] *n.* (*pl. -oes*) mwembe; embe.

mangrove ['maŋgrouv] *n.* mkandaa.

mania ['meiniə] *n.* (1) wazimu; shetani. (2) moyo wa kupenda sana (kufanya kitu fulani). **~c** ['meiniak] *n.* mwenye wazimu (shetani).

manifest ['manifest] *adj.* dhahiri. — *v.t.* (1) onyesha dhahiri; toa dalili ya. (2) (*reflex*) jitokeza; onekana. — *n.* orodha ya shehena ya meli. **~o** [,mani'festou] *n.* (*pl. -os*) hati ya kutangaza habari.

Mangrove

manifold ['manifould] *adj.* -enye kutumika kwa namna nyingi; -enye nakala nyingi; -ingi tena mbalimbali.

manipulate [mə'nipjuleit] *v.t.* tumia, fanyiza, kwa mikono vyombo, *&c.* kwa akili; vuta au ongoza (mtu au kitu) kwa werevu.

manipulation [mə,nipju'leiʃn] *n.*

manna ['manə] *n.* chakula Waisraeli walichopewa jangwani na Mungu kwa namna ya mwujiza.

manner ['manə*] *n.* (1) jinsi; njia. (2) mwenendo. (3) (*pl.*) mazoea, desturi za mtu. (4) (*pl.*) adabu: *He has no ~s,* hana adabu. (5) namna: *all ~ of,* namna zote za. **ill-(well-)mannered** *adj.* -bila (-enye) adabu. **~ism** *n.* jinsi ya peke yake ya mtu fulani kwa desturi zake. **~ly** *adj.* -enye adabu.

manœuvre [mə'nu:və*] *n.* maongozi yaliyoazimiwa ya askari katika vita; werevu; hila. — *v.i. & t.* ongoza askari; shawishi (mtu) kufanya.

mansion ['manʃn] *n.* jumba.

mantelpiece ['mantlpi:s] *n.* ubao wa ukutani juu ya meko.

mantis ['mantis] *n.* vunjajungu.

A mantis

manual ['manjuəl] *adj.* -a mikono. — *n.* (1) kitabu kidogo cha mafundisho au maelezo. (2) vipande vipigwavyo vya *organ.*

manufacture [,manju'faktʃə*] *v.t.* fanya, fanyiza, tunga (bidhaa, *&c.*), hasa katika vinu vikubwa. — *n.* kazi ya kufanya hivi; (*pl.*) bidhaa zilizofanyizwa.

manure [mə'njuə*] *n.* mbolea; samadi. — *v.t.* tia mbolea katika ardhi.

manuscript ['manjuskript] *n.* karatasi yenye maandiko (ya mkono si ya chapa).

many ['meni] *adj. & pron.* -ingi. *be one too ~ for,* danganya kwa werevu. **~-sided** *adj.* (*fig.*) -enye akili (tabia) za namna nyingi.

map [map] *n.* ramani. — *v.t.* (1) fanya ramani. (2) *~ out,* tengeneza.

mar [ma:*] *v.t.* (*-rr-*) haribu.

marathon race ['marəθən 'reis] *n.* mchezo wa kukimbia safari ndefu.

marauder [mə'ro:də*] *n.* mnyang'anyi, mwizi.

marble ['ma:bl] *n.* (1) namna ya

MARCH [163] **MASSAGE**

mawe mazuri, marmar. (2) tufe ndogo ya jiwe, gololi.

March [ma:tʃ] *n.* mwezi wa tatu wa mwaka wa Kizungu.

march [ma:tʃ] *v.i. & t.* enda taratibu (mwendo wa askari); peleka, endesha~. —*n.* (1) tendo la kwenda ~; mwendo; safari; wimbo wa kusawazisha mwendo wa askari. (2) (*fig.*) maendeleo: *the* ~ *of events (time),* maendeleo ya mambo.

mare [meə*] *n.* farasi jike. ~'**s nest** *n.* jambo lililodhaniwa limevumbuliwa, kumbe ni wazo tu.

margarine [ˌma:dʒəˈri:n] *n.* namna ya siagi iliyofanyizwa kwa mafuta au ute wa njugu, *&c.*

margin [ˈma:dʒin] *n.* (1) pambizo, nafasi ya kandoni katika kitabu. (2) ukingo. (3) ziada (ya fedha, *&c.*). ~**al** *adj.*

marine [məˈri:n] *adj.* (1) -a bahari. (2) -a mambo ya bahari. —*n.* (1) jamii ya meli: *merchant* ~, jamii ya meli za shehena, tena za maabiria zisizo manowari. (2) askari wa manowari. ~**r** *n.* baharia.

marital [ˈmaritl] *adj.* -a mume; -a ndoa.

maritime [ˈmaritaim] *adj.* -a bahari.

mark [ma:k] *n.* (1) alama; doa, kitu cha kuharibu sura ya kitu fulani. (2) doa, waa (katika mwili). (3) dalili. (4) chapa (ya bidhaa, ya bei, *&c.*). (5) hesabu. (6) shabaha: *beside* (*wide of*) *the* ~, -sio -a maana; -sio sahihi. (7) hali ya kila siku: *up to the* ~, -zima; tayari; hali njema. (8) *make one's* ~, pata kuwa mashuhuri. —*v.t.* (1) tia alama; pigia chapa. (2) andika hesabu. (3) angalia: ~ *how it is done,* angalia jinsi lifany(iz)wavyo. (4) ~ *time,* kanyagisha miguu bila kuendelea; (*fig.*) ngoja bila kufanya kitu. (5) ~ *sth. off,* weka mipaka kwa kitu; ~ *sth. out,* andika mistari kwa kuweka mipaka; ~ *sb. out for,* chagua, teua, fulani kwa. ~**ed** [ma:kt] *adj.* dhahiri: *a* ~*ed difference,* tofauti iliyo dhahiri; *a* ~*ed man,* mtu anayetazamiwa sana kwa kuwa atarukiwa au kuadhibiwa. ~**edly** [ˈma:kidli] *adv.* ~**ing** *n.* (hasa) rangi au madoa ya manyoya, ya ngozi, *&c.* ~**sman** [ˈma:ksmən] *n.* mtu hodari wa kupiga shabaha. ~**smanship** *n.*

market [ˈma:kit] *n.* (1) soko. (2) tamaa au kutakwa kwa bidhaa: *the coffee* ~, kutakwa kwa kahawa: *a lively* ~, tamaa ya watu wengi kwa kununua; tamaa tele. —*v.i. & t.* peleka kuuza. ~**able** *adj.* -a kuuzikana. ~-**garden** *n.* bustani (shamba) ya mboga za kuuza.

marmalade [ˈma:məleid] *n.* machungwa yaliyokatwakatwa na kupikwa pamoja na sukari.

marrow [ˈmarou] *n.* (1) mafuta yaliyo ndani ya uwazi wa mifupa. (2) (*vegetable*) ~, boga.

marry [ˈmari] *v.t. & i.* oa; oza; oana. **marriage** [ˈmaridʒ] *n.* ndoa; arusi. **marriageable** *adj.* (-a umri) -a kuoa; -a kuolewa.

marsh [ma:ʃ] *n.* bwawa, ziwa lenye matope. ~**y** *adj.*

marshal [ˈma:ʃl] *n.* (1) afisa wa cheo kikuu kabisa: *Field-M.; Air M.* (2) msimamizi; mwandikaji — *v.t.* (-*ll*-) (1) panga kwa taratibu. (2) ongoza kwa kuonyesha heshima.

martial [ˈma:ʃl] *adj.* -a vita; -a kupenda vita.

martyr [ˈma:tə*] *n.* (1) mfia dini. (2) *be a* ~ *to* (*a complaint, &c.*), teswa kwa (ugonjwa). — *v.t.* tesa kama mfia dini. ~**dom** *n.* mauti au mateso ya ~.

marvel [ˈma:vl] *n.* (1) ajabu, kitu (jambo) cha kushangaza. (2) mtu au kitu -a kushangaza. —*v.i.* (-*ll*-) shangaa. ~**lous** [ˈma:vələs] *adj.* -a ajabu; -a kushangaza.

masculine [ˈmaskjulin] *adj.* -ume; -a kiume.

mash [maʃ] *v.t.* ponda; seta.

mask [ma:sk] *n.* (1) kifuniko cha uso. —*v.t.* ficha; geuza; setiri.

mason [ˈmeisn] *n.* (1) mwashi. (2) = *freemason* yaani mwana chama cha *Freemasons.*

mass [mas] *n.* (1) fungu; chungu; wingi. (2) (*science*) ukubwa. — *v.t. & i.* kusanya pamoja; kusanyika.

Mass [mas] *n.* kawaida ya Ushirika Mtakatifu; misa.

A mask

massacre [ˈmasəkə*] *n.* mchinjo wa ovyo ovyo. — *v.t.* chinja ovyo wanaume na wanawake na watoto.

massage [ˈmasa:ʒ] *v.t.* kanda; singa.

MASSIVE [164] **MAXIM**

— *n*. kukanga; kusinga. **masseur** [ma'sə:*], **masseuse** [ma'sə:z] *n*. mwanamume, mwanamke, aliyefundishwa kukanga.

massive ['masiv] *adj*. -kubwa tena -zito.

mast [ma:st] *n*. mlingoti.

master ['ma:stə*] *n*. (1) bwana. (2) *M. of Arts* (*Science, &c.*) aliyepewa cheo cha ~ cha *University*. (3) fundi, mstadi. (4) mjuzi. — *v.t*. shinda. ~**ful** *adj*. -a kupiga ubwana. ~-**key** *n*. kifunguo cha kufungulia namna nyingi za kufuli. ~**ly** *adj*. -a akili, hodari. ~**piece** *n*. kazi bora. ~**y** *n*. uwezo; amri; ustadi.

masticate ['mastikeit] *v.t*. tafuna.

mat [mat] *n*. mkeka. ~**ted** ['matid] *adj*. (kwa nywele, *&c.*) -liosukwa.

¹**match** [matʃ] *n*. kiberiti.

²**match** [matʃ] *n*. (1) mechi; shindano; mchezo: *a football* ~. (2) mwenzi; sawa; mshindani. (3) maozi. *They made a* ~ *of it*, hivyo walioana. (4) mtu (au kitu) sawa na mwingine. — *v.t. & i*. fanya sawa; linganisha; -wa mfano mmoja; lingana. ~**less** *adj*. -sio na kifani.

mate [meit] *n*. (1) mwenzi; rafiki. (2) nahodha mdogo. (3) mmoja wa ndege au wanyama wawili wakaao pamoja: *the lioness and her* ~, simba jike na dume wake. — *v.t. & i*. oza; oa.

material [mə'tiəriəl] *n*. kitu; nguo: *raw* ~*s*, vitu visivyotengenezwa bado katika vinu. — *adj*. (1) -enye asili ya kitu (cha kuoneka, cha kugusika, *&c.*), si kama roho au pepo). (2) -a mwili (si -a roho). (3) -a maana. ~**ism** *n*. (1) kusadiki ya kuwa hakuna roho, wala ulimwengu usiooneka na akili zetu ila huu tu. (2) upendo wa vitu vya mwili au vya anasa. ~**ize** *v.t. & i*. fanya kuwa kitu; tokeza -enye umbo; onekana, tokea -enye umbo.

maternal [mə'tə:nl] *adj*. -a mama; kama mama; -a kuukeni: ~ *aunt*. **maternity** [mə'tə:niti] *n*. umama; kuwa mama.

mathematics [ˌmaθə'matiks] *n*. elimu ya hesabu. **mathematical** *adj*. **mathematician** [ˌmaθəmə'tiʃn] *n*. mwenye maarifa ya hesabu.

matinée ['matinei] *n*. mchezo wa *theatre* wa alasiri.

matriarch ['meitria:k] *n*. mke aliye mkuu wa jamaa au kabila.

matriculate [mə'trikjuleit] *v.t. & i*. ingiza (pokea) katika *University* (kwa desturi baada ya kufaulu katika mtihani); pokewa katika *University*; shinda katika mtihani wa kuingia *U*. **matriculation** [mə,trikju'leiʃn] *n*. kuingia au kuingizwa katika *U*; mtihani wa kuingia *U*.

matrimony ['matriməni] *n*. ndoa; kuoa. **matrimonial** [ˌmatri'mounjəl] *adj*.

matrix ['meitriks] *n*. (*pl. matrices* ['meitrisi:z or es] au ~**es**) kalibu; mawe ya asili yenye madini, vito, *&c.*

matron ['meitrən] *n*. (1) bibi mkubwa (wa chuo, hospitali, *&c.*). (2) mwanamke aliye mkubwa wa wauguzi wote wa hospitali. (3) mwanamke aliyeolewa. ~**ly** *adj*. -a au kama ~; -a heshima ya kumpasa ~.

matter ['matə*] *n*. (1) kitu cho chote cha kinyama, cha kimti, cha kijiwe. (2) *printed* ~, vilivyochapwa. (3) jambo: *money* ~*s*, mambo ya fedha; *as a* ~ *of fact*, jambo la hakika; hakika; kweli; *a* ~ *of course*, jambo la kawaida. (4) maneno ya kitabu badala ya namna ya kuyaandika. (5) usaha. (6) *be the* ~ (*with*), *What is the* ~ *with him?* Ana nini ?; *no* ~ *what*, -o -ote; *no* ~ *when, &c.*, haidhuru lini, *&c.* — *v.i*. -wa na maana, *It doesn't* ~ *to me*, mamoja kwangu. ~-**of-fact** *adj*. -a busara; -a vivi hivi; baridi; -a kila siku.

mattress ['matris] *n*. godoro. *spring* ~, taz. picha.

A spring mattress

mature [mə'tjuə*] *v.t. & i*. pevusha ; pevuka. — *adj*. -pevu, -zima; -liotengenezwa, tayari. **maturity** [mə'tjuəriti] *n*.

mauve [mouv] *adj. & n*. rangi ya urujuani.

maxim ['maksim] *n*. kanuni; mithali

maximum ['maksiməm] *n.* upeo, cheo kilicho kikubwa; hesabu, kadiri, &c. iliyo kubwa; badala ya *minimum*.

May [mei] *n.* mwezi wa tano wa mwaka wa Kizungu; maua ya *hawthorn*. **~-day** *n.* siku ya kwanza ya ~. **maypole** *n.* mti mrefu (kama mlingoti) uliopambwa kwa maua, pengine watu huchcza kuuzunguka ~-*day*.

may [mei] *v.i. (might)* weza; -wa na ruhusa; wezekana. *I ~ go*, naweza kwenda; labda nitakwenda; *M. I go?* Niende? **~be** *adv.* labda: *as soon as ~ be*, upesi iwezekanavyo.

mayor [meə*] *n.* mkubwa (jumbe) wa mji. **~alty** ['meərəlti] *n.* kazi (muda) ya ~. **~ess** ['meəris] *n.* mke wa ~.

maze [meiz] *n.* mzingile mwanambije; mashaka; fadhaa.

meadow ['medou] *n.* shamba (konde) la majani.

meagre ['mi:gə*] *adj.* (kwa watu) -embamba; (kwa vitu) haba.

¹ **meal** [mi:l] *n.* chakula, mlo.

² **meal** [mi:l] *n.* unga.

¹ **mean** [mi:n] *v.t. & i.* (meant [ment]) (1) taka kuonyesha. (2) azimu; kusudia. (3) -wa dalili ya. (4) *~ much, a great deal, little, &c., to,* -wa na maana sana, kidogo, kwa. **~ing** *n.* (1) maana. (2) nia. — *adj. a ~ing look,* kutazamia kwa nia; -pa dalili ya nia yako kwa tazamo lako. **~ingless** *adj.* **~ingly** *adv.*

² **mean** [mi:n] *adj.* (1) -nyonge. (2) -bahili; -enye choyo. (3) (kwa matendo, mwenendo, &c.) hafifu; duni. (4) (kwa akili, &c.) -dogo; -chache. **~ly** *adv.* **~ness** *n.*

³ **mean** [mi:n] *n. & adj.* (1) katikati; wastani; -a kati. **~time** *adv. & n.* wakati ule ule; pale pale. **~while** *adv. & n.* = *~time*.

⁴ **mean** [mi:n] *n.* (1) (hutumika zaidi kwa *pl.* pamoja na *indef. art.*) namna; njia: *by ~s of,* kwa; kwa msaada wa; *by all ~s,* inshallah; naam; *by no ~s,* hasha! (2) (*pl.*) fedha; mali: *a man of ~s,* mtu tajiri.

measles ['mi:zlz] *n.* surua.

measly ['mi:zli] *adj. (colloq.)* hafifu; duni.

measure ['meʒə*] *n.* (1) kiasi, kadiri, cheo, &c. (2) kipimo. (3) futi, kitu cha kupimia. (4) *in some ~,* kidogo; *in a great ~* zaidi. (5) sheria (iliyokusudiwa). (6) shauri: *take ~s,* fanya mashauri; shika kazi. (7) (kwa mashairi au nyimbo) mwendo. — *v.t. & i.* (1) pima. (2) ~ *out, toa;* pambanua, fanya alama. (3) -wa na kadiri (kipimo): *It ~s six feet,* urefu wake ni futi sita. **~d** *adj.* (1) (hasa kwa maneno) -liotolewa kwa uangalifu. (2) -a taratibu. **~ment** *n.* (hasa kwa *pl.*) kipimo; kupima.

meat [mi:t] *n.* nyama; (la zamani) chakula cho chote.

mechanic [mi'kanik] *n.* fundi wa mashini. **~s** *n.* maarifa ya kutumia nguvu za mashini, vyombo na vitu visivyo na akili, kama za kabari, mtaimbo, gurudumu, &c. **~al** *adj.* -a mashini. **mechanism** ['mekənizm] *n.* mashini; mtambo; jinsi mashini ijiendeshavyo. **mechanize** ['mekənaiz] *v.t.* tumia mashini kwa.

medal ['medl] *n.* nishani.

meddle ['medl] *v.i.* jitia; gusa; chezea. **~some** *adj.* -enye desturi ya kujitia katika mambo ya wengine, &c.

mediate ['mi:dieit] *v.i.* jitia kati, -wa jumbe, amua. **mediation** [ˌmi:di'eiʃn] *n.* **mediator** *n.*

medical ['medikl] *adj.* -a tabibu.

medicine ['medsin] *n.* (1) elimu ya utabibu. (2) dawa. **medicineman** *n.* mchawi; mlozi.

medieval, -iaeval [ˌmedi'i:vl] *adj.* -a karne ya (1100 mpaka 1500 A.D.).

mediocre ['mi:dioukə*] *adj.* si -ema sana; hafifu. **mediocrity** [ˌmi:di'ɔkriti] *n.* (hasa) mtu hafifu.

meditate ['mediteit] *v.t. & i.* (1) fikiri. (2) tafakari kama mtawa.

medium ['mi:diəm] *n.* (1) njia; chombo. (2) wastani. (3) (*pl.* huwa *media*) mazingira. (4) mtu kijumbe, (hasa) baina ya wenye uhai na wafu. — *adj. a kati;* -a kadiri.

meek [mi:k] *adj.* -pole; -vumilivu. **~ly** *adv.* **~ness** *n.*

meet [mi:t] *v.t. & i.* (*met*) (1) kuta; kutana na. (2) faa: *Will this ~ the case?* Hii itafaa?; *~ a person's wishes,* fanya atakayo mtu. **~ing** *n.* mkutano; kusanyiko.

megaphone ['megəfoun] *n.* kitu

kama pembe pana cha kupeleka sauti mbali.

A megaphone

melancholy ['melənkoli] *n. & adj.* huzuni; uzito; -enye uzito wa moyo.

melody ['melədi] *n.* (1) sauti tamu zinazofuatana. (2) wimbo; muziki. **melodious** [mi'loudiəs] *adj.* -a sauti tamu.

melon ['melən] *n.* tikiti (maji).

melt [melt] *v.t. & i.* (1) yeyusha; yeyuka. (2) leta rehema: *a heart ~ing with pity*, moyo uliingia rehema. (3) toweka. **molten** ['moultən] (la zamani *p.p.* hutumika sasa kwa madini tu) *~ed*: *molten gold*, dhahabu iliyoyeyuka.

member ['membə*] *n.* (1) mmoja wa jamii au chama, mwanachama. (2) (la zamani) kiungo cha mwili (*e.g.* mkono, ulimi). *~ship n.* kuwa mwanachama; jumla ya wanachama.

memento [mi'mentou] *n.* (*pl.* -oes, -os) ukumbusho; kumbukumbu.

memory ['meməri] *n.* (1) uwezo wa kukumbuka: *have a good (bad) ~*, weza kukumbuka vizuri, tokumbuka vizuri. (2) wakati ambao mtu huweza kukumbuka: *within living ~*, siku hizi; siku zetu. (3) *in ~ of*, kwa kukumbuka. (4) ukumbuko; mambo yaliyokwisha pita. **memorable** ['memərəbl] *adj.* -a kukumbukwa. **memorandum** [,memə'randəm] *n.* (1) cheti au maandiko ya ukumbusho. (2) barua, huwa haina sahihi. **memorial** [mi'mo:riəl] *n. & adj.* (1) kumbukumbu. (2) hati iliyoandikwa kwa kueleza serikali shauri au jambo fulani. **memorize** ['meməraiz] *v.t.* jifunza kwa moyo.

men *pl.* ya *man*.

menace ['menis] *n.* ogofyo; tisho. — *v.t.* ogofya; tisha. **menacingly** *adv.* kwa namna ya kuogofya.

menagerie [mi'nadʒəri] *n.* jamii ya wanyama wa mwitu watembezwao katika vitundu ili watu wawaone. (*cf. zoo.*)

mend [mend] *v.t. & i.* (1) tengeneza. (2) fanya -zuri zaidi. (3) pona. — *n.* kipenyo kilichotengenezwa sawasawa. *He is on the~*, ameanza kupoa.

mendacious [men'deiʃəs] *adj.* -wongo. **mendacity** [men'dasiti] *n.* uwongo.

menial ['mi:niəl] *adj. & n.* -a mtumishi; mtumishi.

mensuration [,mensjuə'reiʃn] *n.* elimu ya kupima marefu na maeneo.

mental ['mentl] *adj.* -a akili; -a moyoni: *~ arithmetic*, hesabu za kichwani; *~ patient*, mtu mwenye kichaa; *~ home*, hospitali ya watu waliougua akili zao. *~ly adv.* *~ity* [men'taliti] *n.* tabia ya akili.

mention ['menʃn] *v.t.* taja kwa kunena au kuandika.

menu ['menju] *n.* orodha ya vyakula.

mercantile ['mə:kəntail] *adj.* -a biashara: *~ marine*, meli za kupakia abiria na bidhaa na mabaharia yake.

mercenary ['mə:sinəri] *n. & adj.* (askari au mfanya kazi) kwa ajili ya faida tu: *~ motives*, kwa ajili ya kujipatia faida tu.

merchandise ['mə:tʃəndaiz] *n.* bidhaa; biashara.

merchant ['mə:tʃənt] *n.* mfanya biashara: *~ service*, taz. *mercantile marine*. *~man n.* meli ya kupakia bidhaa, &c.

mercury ['mə:kjuri] *n.* zebaki, zito kama risasi. **mercurial** [mə:-'kjuəriəl] *adj.* ya *~*; (-a tabia ya watu) -geuzi.

mercy ['mə:si] *n.* (1) rehema. (2) jambo la kutia shukrani. **merciful** *adj.* -enye rehema. **merciless** *adj.* pasipo rehema, -kali.

mere [miə*] *adj.* -tupu; tu. *~ly adv.* tu.

merge [mə:dʒ] *v.t. & i.* (1) unganisha. (2) ungana; changanyika.

meridian [mə'ridiən] *n.* (1) mstari kutoka ncha ya kaskazini kupita kati ya mahali fulani mpaka ncha ya kusini: *the ~ of Greenwich*. (2) upeo wa juu wa safari ya jua au nyota nyingine ukiangaliwa kutoka mahali fulani pa dunia. (3) (*fig.*) upeo, kipeo; usitawi.

merit ['merit] n. (1) sifa njema; uzuri. (2) ustahili. ~**orious** [ˌmeri'tɔːriəs] adj. -a kustahili; -a sifa njema.

merry ['meri] adj. -a furaha nyingi. **merrily** adv. **merriment** n. ~**-go-round** n. chombo chenye farasi ndogo za mti kizungushacho wachezaji.

A merry-go-round

mesh [meʃ] n. jicho la wavu. — v.t. & i. (1) tega, nasa. (2) (kwa gurudumu zenye meno) ingiana.

¹**mess** [mes] n. matata; fujo: *make a ~ of sth.*, fuja; tatanisha; *get into a ~*, pata matata. — v.t. & i. chafua; buruga; fuja; ~ *about*, chezacheza. ~**y** adj. -chafu.

²**mess** [mes] n. watu walao pamoja (hasa kwa askari na baharia). — v.i. -la bia; -la kikoa.

message ['mesidʒ] n. habari; maneno; taarifa.

Messiah [mi'saiə] n. Masiya.

Messrs. ['mesəz] n. pl. kwa kutaja jina la kampani ya biashara (*Messrs. Smith, Mackenzie, & Co.*); mabwana: *Messrs. John & Charles Smith*.

met past tense & p.p. ya **meet**.

metal ['metl] n. (1) madini (chuma, fedha, dhahabu, &c.). (2) kokoto kwa kutengenezea barabara. ~**lic** [mi'talik] adj. -a madini; kama madini.

metaphor ['metəfə*] n. mfano wa maneno; mithali.

meteor ['miːtiə*] n. kimwondo, nyota ipitayo upesi mbinguni. ~**ic** adj. kama kimwondo, yaani -a kupita upesi sana.

meter ['miːtə*] n. chombo cha kupimia (mvuke, maji, elektrisiti, &c.).

A meter

method ['meθəd] n. (1) njia ya kufanya kitu. (2) taratibu. ~**ical** [me'θɔdikl] adj. -a taratibu.

Methodism ['meθədizm] n. mafundisho na matengenezo ya jamii ya Wakristo yaliyoanzishwa na *John Wesley*. **Methodist** adj. & n.

methylated spirit ['meθileitid 'spirit] n. *alcohol* iliyotiwa dawa ili kuwaka upesi tena kuleta moto; (haifai kunywewa).

metre ['miːtə*] n. (1) kipimo cha urefu, kadiri ya inchi 39½. (2) jinsi ya wimbo au utenzi. **metric** ['metrik] adj. -a taratibu ya kupima kwa *metre, litre, gramme,* &c. **metrical** adj. (1) -a kupima mashairi, nyimbo, &c. (2) -a kipimo.

metropolis [me'trɔpəlis] n. mji mkuu wa nchi. **metropolitan** [ˌmetrə'pɔlitən] adj.

mica ['maikə] n. ulanga, namna ya jiwe kama tabaka za kioo.

mice pl. ya **mouse**.

microbe ['maikroub] n. kijidudu.

microphone ['maikrəfoun] n. chombo cha kugeuza mawimbi ya sauti yawe mawimbi ya elektrisiti kama yale yatumiwayo kwa simu ya nyuzi na ya upepo.

A microphone

microscope ['maikrəskoup] n. darubini kali (ya kutazamia vitu vidogo sana).

microscopic [ˌmaikrə'skɔpik] adj. -dogo mno hata kutooneka bila kutazamiwa kwa ~.

mid- [mid-] adj. -a kati. **'mid'day** n. saa sita ya mchana adhuhuri. **'midnight** n. (1) saa sita ya usiku. (2) usiku wa manane. (Hutumika pengine kama *attrib.*)

middle ['midl] n. & adj. kati; -a kati. ~**man** n. mchuuzi; dalali.

'middling adj. -a katikati; -a kadiri, wastani. — adv. namna ya kadiri.

A microscope

midget ['mɪdʒɪt] *n.* mtu (au kitu) mdogo sana.

midst [mɪdst] *n. in the ~ of*, katikati ya; wakati wa; *in our ~*, miongoni mwetu.

midwife ['mɪdwaɪf] *n.* (pl. *-wives*) mkunga. **~ry** ['mɪdwɪfri] *n.* kazi ya mkunga.

¹ **might** [maɪt] *past tense* ya *may*.

² **might** [maɪt] *n.* uwezo, nguvu. **~y** *adj.* -enye (uweza, nguvu) nyingi. — *adv.* (*colloq.*) mno.

migrate [maɪ'greɪt] *v.i.* hama. **migrant** *n. & adj.* mhamaji; -hamaji. **migratory** ['maɪgrətəri] *adj. migratory birds*, ndege wahamao na kurudi kila mwaka.

mild [maɪld] *adj.* (1) -pole; -siye kali. (2) (kwa chakula, kinywaji, tumbako) -tamu. **~ly** *adv.* **~ness** *n.*

mile [maɪl] *n.* maili, kipimo cha urefu yaani yadi 1,760. **mil(e)age** ['maɪlɪdʒ] *n.* hesabu ya maili zilizoendwa. **~stone** *n.* jiwe lililowekwa kando ya barabara kila mwendo wa maili.

militant ['mɪlɪtənt] *adj.* -a kupigana, -a kutaka vita (hasa vita baina ya Mungu na Shetani).

military ['mɪlɪtəri] *adj.* -a askari; kiaskari. **militarism** ['mɪlɪtərɪzm] *n.* moyo wa kutaka vita.

militate ['mɪlɪteɪt] *v.i. ~ against*, -wa mbali na; kingamana na.

milk [mɪlk] *n.* maziwa. — *v.t.* kama (maziwa). **~y** *adj.* -a maziwa; kama maziwa. *the Milky Way*, zile nyota ndogo nyingi sana pamoja, kama wingu jeupe mbinguni usiku.

mill [mɪl] *n.* (1) kiwanda cha vinu, taz. *factory*. (2) kinu kidogo kwa kusagia kahawa. — *v.t. & i.* (1) tia (sindikiza) kinuni, saga, ponda. (2) *~ed edge*, (hasa ukingo wa sarafu) ukingo uliotiwa mikato (michoro) midogomidogo. (3) (kwa wanyama, watu wengi) tembeatembea katika ghasia. **~er** *n.* mwenyezi wa kinu cha kusagia unga.

millet ['mɪlɪt] *n.* mtama; wimbi.

milli- *prefix* sehemu ya elfu ya: **~gram; ~metre.**

million ['mɪljən] *n.* 1,000,000. **~aire** [ˌmɪljə'neə*] *n.* tajiri mkuu.

mimic ['mɪmɪk] *adj.* -lioigwa; -lioigwa kwa dhihaka. — *n.* mwigaji. — *v.t.* (-*icked*) (1) iga, hasa kwa kuchekesha watu. (2) fanana kabisa. **~ry** *n.* kuiga.

minaret ['mɪnəret] *n.* mnara wa msikiti.

mince [mɪns] *v.t. & i.* (1) kata (nyama) vipande vidogovidogo. (2) *not ~ matters*, sema waziwazi. (3) sema kitembe (si wazi); enda kwa hatua ndogo. — *n.* nyama iliyokatwa vipande vidogodogo. **~meat** *n.* mchanganyiko wa zabibu, matunda, mafuta, sukari, unga, *&c.*, wa kufanyia maandazi. **~-pie** *n.* andazi lenye *~meat* ndani yake.

¹ **mind** [maɪnd] *n.* (1) kukumbuka: *keep (bear) sth. in ~*, kumbuka jambo fulani; *call to ~*, fahamu, kumbuka; *put sb. in ~ of*, kumbusha fulani. (2) moyo; nia: *make up one's ~*, azimu; *change one's ~*, ghairi; *be in two ~s (about sth.)*, sita (juu ya kitu fulani); *speak one's ~*, sema wazi yaliyo moyoni; (kwa watu wawili au zaidi) *be of one ~*, patana; *have a good ~ to*, taka (elekea); *take sb.'s ~ off (the matter)*, vuta mawazo ya fulani kutoka (jambo). (3) akili: *be out of one's ~*, potewa na akili; *(have great) presence of ~*, weza kutenda upesi na kufikiri upesi wakati wa hatari. **~ful** *adj. ~ful of*, -angalifu.

² **mind** [maɪnd] *v.t. & i.* (1) angalia; tunza. *M. (out)!* Jihadhari! (2) sumbuliwa (na): *Do you ~ my smoking?* Unasumbuliwa nikivuta tumbako? *Would you ~ shutting the door?* = Tafadhali ufunge mlango?

¹ **mine** [maɪn] *pron.* -angu.

² **mine** [maɪn] *n.* (1) shimo, chimbo la kuchimbuliwa mawe, madini, makaa, *&c.*; *(fig.)* akiba (ya elimu, maarifa, *&c.*). (2) shimo la kupenyezea baruti chini ya kitu; pipa la baruti kwa kutumiwa vitani baharini kwa kupasua merikebu au kutupa nchini kutoka eropleni. — *v.t. & i.* (1) chimbua mawe, madini, makaa, *&c.* (2) tia *~s* baharini au ardhini chini ya boma, *&c.* **~field** *n.* (hasa) mahali palipowekwa baruti. **~r** *n.* (hasa) mchimbuzi katika *~*.

mineral ['mɪnərəl] *n.* jiwe (*e.g.* makaa), cho chote kisicho cha mimea wala kinyama, hasa huchimbuliwa chini ya nchi. ~ **water** *n.* maji yaliyotiwa *gas* (na mara nyingi utamu kama ndimu, machungwa, &c.).

mingle ['miŋgl] *v.t. & i. (with)* changanya (na).

miniature ['minitʃə*] *n.* sanamu ndogo ya rangi; mfano mdogo.

minimum ['minimǝm] *n. & adj.* kadiri iliyo ndogo iwezekanavyo; -dogo sana.

minister ['ministə*] *n.* (1) waziri: *Prime M.*, Waziri Mkuu. (2) balozi wa serikali katika nchi ya kigeni. (3) padre; kasisi. — *v.i.* ~ *(to),* ngojea; saidia. ~**ial** [,minis'tiəriǝl] *adj.* -a waziri; -a balozi; -a **kasisi**. **ministration** [,minis'treiʃn] *n.* utumishi, msaada (hasa utolewao na kasisi). **ministry** ['ministri] *n.* (1) Idara ya Serikali chini ya ~¹. (2) Mawaziri¹ wote wa Serikali. (3) *enter the ministry*, -a kasisi.

minor ['mainə*] *adj.* (1) -dogo; hafifu. (2) aliye mdogo wa ndugu wawili. — *n. (legal)* mtu asiyepata bado umri wa miaka 21; mtoto. ~**ity** [mai'noriti] *n.* (1) hali ya kuwa ~. (2) wachache, walio wachache.

¹**mint** [mint] *n.* nanaa; (mmea) mnanaa.

²**mint** [mint] *n.* kiwanda cha kufanyiza sarafu (cha kupiga chapa sarafu). — *v.t.* piga chapa sarafu.

minus ['mainəs] *prep.* kasa; kasoro. — *adj.* the ~ *sign,* alama ya kutoa au kuondoa, ndiyo hii —.

¹**minute** ['minit] *n.* (1) dakika. (2) ukumbusho wa mambo; taarifa. (3) *(pl.)* muhtasari ya maneno yaliyosemwa na kukatwa katika mkutano.

²**minute** [mai'njut] *adj.* -dogo sana; halisi, -a kutaka usahihi.

miracle ['mirǝkl] *n.* (1) mwujiza. (2) ajabu. **miraculous** [mi'rakjuləs] *adj.*

mirage ['mira:ʒ] *n.* (1) mazigazi; mangazimbwe. (2) *(fig.)* madanganyo ya macho (ya vitu kuonekana jinsi visivyo).

mirror ['mirə*] *n.* kioo cha kujitazamia.

mirth [mǝ:θ] *n.* furaha na macheko.

mis- [mis-] *prefix* -baya, vibaya; visivyo sawasawa.

misadventure [,misəd'ventʃə*] *n.* jambo baya; hasara.

misanthrope ['misənθroup] *n.* mchukia wanadamu wenziwe. **misanthropic** *adj.*

miscarriage [mis'karidʒ] *n.* (1) ~ *of justice,* hukumu isiyo sahihi. (2) kukosa kupeleka au kufika mahali: ~ *of goods,* bidhaa zilizokosa kufika au kupelekwa salama. (3) kuharibika mimba.

miscarry [mis'kari] *v.i.* (1) (kwa mashauri) -tofaulu; tokea vibaya; haribika. (2) (kwa barua, &c.) -tofika salama.

miscellaneous [,misə'leiniəs] *adj.* -a namna nyingi pamoja. **miscellany** ['misələni] *n.* mchanganyiko wa vitu vya namna mbalimbali.

mischance [mis'tʃa:ns] *n.* bahati mbaya; msiba.

mischief ['mistʃif] *n.* (1) madhara, hasara iliyoletwa makusudi: *make* ~ *between,* tia fitina; gombanisha. (2) utundu, matendo (hasa ya watoto) ya haraka yaelekeayo kuleta hasara. **mischievous** ['mistʃivəs] *adj.* -tundu.

misconceive ['miskən'si:v] *v.t.* kosa kufahamu vema. **misconception** ['miskən'sepʃn] *n.* kosa la akili; kutofahamu vema.

misconduct [mis'kondʌkt] *n.* kutenda mabaya (kwa mfano uzinzi). — *v.t.* [,miskən'dʌkt] endesha (kazi, jambo, &c.) vibaya; jichukua vibaya.

misconstrue ['miskən'stru:] *v.t.* kosa kuelewa vema.

miscreant ['miskriənt] *n.* mtu mwovu.

misdeal [mis'di:l] *v.i. & t.* gawia (karata za kuchezea) vibaya. — *n.* mgawanyo mbaya.

misdeed [mis'di:d] *n.* tendo baya; kosa.

misdemeanour [,misdə'mi:nə*] *n.* kosa lisilo kubwa.

miser ['maizə*] *n.* mtu mwenye choyo awekaye mali asiitumie; bahili. ~**ly** *adj.*

miserable ['miz(ə)rəbl] *adj.* (1) -enye taabu; maskini; -a kuleta taabu na huzuni. (2) -nyonge; hafifu; **miserably** *adj.* **misery** ['mizəri] *n.* hali ya kuwa ~; maumivu; uchungu; umaskini.

misfire ['mis'faiə*] *v.i.* (kwa bunduki) -tolia, (-topiga) sawasawa. — *n.* kutopiga sawasawa.

misfit ['mis'fit] *n.* vazi lisilo sawa

na kimo; (*fig.*) mtu asiyefaa kwa kazi yake.
misfortune [mis'fo:tʃən] *n.* msiba; taabu.
misgiving [mis'givin] *n.* mashaka; wasiwasi.
misguided [mis'gaidid] *adj.* pumbavu tena si haki kwa sababu ya kuongozwa vibaya.
mishap [mis'hap] *n.* bahati mbaya; msiba usio mkubwa.
mislay [mis'lei] *v.t.* (-*laid*) weka (kitu) pasipo pake na kutoweza kukiona.
mislead [mis'li:d] *v.t.* (-*led* [mis'led]) ongoza vibaya; kosesha.
misnomer [mis'noumə*] *n.* matumizi yasiyo sahihi ya jina au neno.
misplace [mis'pleis] *v.t.* (1) weka mahali pasipo pake. (2) toa (mapenzi, huruma) vibaya au pasipo akili.
misprint ['mis'print] *v.t. & n.* kosa katika chapa ya kitabu.
misrule [mis'ru:l] *n.* kutawala vibaya; fujo.
miss [mis] *v.t. & i.* (*missed* [mist]). (1) kosa shabaha; kosa kupiga (kupata, kuona, kuhudhuria, &c.): *fire at a lion and ~ it*, pigia simba shabaha na kukosa kumpiga; *try to catch a ball and ~ it*, jaribu kudaka mpira na kukosa; *He ~ed the train*, alichelewa, gari liliikwisha kuondoka. (2) huzunika kwa kuwa fulani hayuko. (3) *~ sth. out*, ruka; pitia. — *n.* kosa la shabaha. **~ing** *adj.* -siopo.
Miss [mis] *n.* jina la kutaja mwanamke asiyeolewa, bibi.
missile ['misail] *n.* kitu cha kutupia kama mshale, mkuki, mawe.
mission [miʃn] *n.* (1) kutuma (kutumwa) kwa kazi fulani, huwa katika nchi ngeni. (2) ujumbe; kazi ifanyiwayo na watume; nyumba zao, matengeneo ya kazi yao, &c. (3) kazi maalum ambayo fulani huvutwa kwa roho yake kuifanya. **~ary** ['miʃənəri] *n.* mtu aliyetumwa kueneza habari za dini yake.
mist [mist] *n.* ukungu. **~y** *adj.* (1) -enye ukungu. (2) -si dhahiri.
mistake [mis'teik] *n.* dhana isiyo sawasawa; tendo au shauri lisilo sawasawa; kosa: *by ~*, si kwa kusudi; kwa kukosa. — *v.t. & i.* (*mistook* [mis'tuk], *mistaken* [mis-'teikn]). (1) kosea; dhania (ona

fahamu, fikiri) lisilo la kweli; tofahamu vema. (2) *~* (*sb. or sth.*) *for,* dhani kuwa (mtu au kitu) ni (mtu au kitu kingine, kumbe sivyo).
mistook *past tense* ya *mistake.*
mistress ['mistris] *n.* (1) bibi. (2) mwanamke stadi kwa kazi fulani. (3) bibi mwalimu.
mistrust [mis'trʌst] *v.t. & n.* onea mashaka. **~ful** *adj.* -enye shaka.
misunderstand ['misʌndə'stand] *v.t.* kosa kufahamu; kosa kuelewa maana. **~ing** *n.* kukosea maana (na huko kuleta fitina).
mitre ['maitə*] *n.* (1) kofia ya kiaskofu. (2) (kwa useremala) namna ya kuunga vipande viwili vya ubao, na chombo cha kuviunganisha.
mix [miks] *v.t.* changa; changanya; (*stir*) vuruga. — *v.i.* changanyika; changamana; *be ~ed up in* (*with*) (*e.g. kazi ya utawala*) shughulikia; *feel ~ed up* (*about sth.*), ona mashaka. **~ed** *adj.* -a mbalimbali. **~ture** ['mikstʃə*] *n.* mchanganyo; mchanganyiko.

A mitre

moan [moun] *v.i.* ugua; lia; piga kite. — *n.* kilio, kite.
mob [mɔb] *n.* (1) watu wengi wenye makelele. (2) watu. — *v.t.* (-*bb-*) songa; kumba.
mobile ['moubail] *adj.* -a kuenda (kuendeshwa) kwa wepesi **mobility** [mou'biliti] *n.*
mobilize ['moubilaiz] *v.t.* kusanya (askari, baharia, zana za vita) tayari kwenda vitani. **mobilization** *n.*
mock [mɔk] *v.t. & i.* fanyia mzaha (hasa kwa kuiga). — *adj.* (*attrib.* tu) si -a kweli; -a kuiga. **~ingly** *adv.* **~ery** *n.* (1) kudhihaki; kufanya mzaha. (2) mtu (au kitu) aliyefanyiwa mzaha. (3) mzaha.
mode [moud] *n.* jinsi; namna; desturi (ya kuvaa, &c.).
model ['mɔdl] *n.* (1) mfano mdogo wa kitu kikubwa; kifani. (2) mtu (au kitu) wa kuigwa. (3) mwanamke atembezaye mavazi mapya kwa kuyavaa. (4) mtu ambaye umbo lake (sura yake) lafuatishwa na mchora wa sanamu. (5) (*attrib.*)

-kamilifu; -a kustahili kufuatwa: *a ~ wife*, mke mkamilifu kabisa. — *v.t.* (-*ll*-) (1) finyanga kwa udongo, *&c.* (2) fanya mfano

moderate ['modərit] *adj.* -a kiasi. — *v.t. & i.* ['modəreit] punguza; tuliza; pungua; tulia. ~**ly** ['modəritli] *adv.* kwa kiasi. **moderation** *n.* kiasi; utaratibu.

modern ['modən] *adj.* (1) -a siku hizi.. (2) -pya tena -a kisasa. ~**ize** *v.t.* fanyiza kwa desturi za siku hizi.

modest ['modist] *adj.* (1) si -enye majivuno wala kujitangulizа. (2) -dogo. (3) -enye haya; -enye adabu. ~**ly** *adv.* ~**y** *n.*

modify ['modifai] *v.t.* geuza (kidogo); punguza (ukali, nguvu, *&c.*). **modification** [,modifi'keiʃn] *n.*

moist [moist] *adj.* -a maji; chepechepe. ~**en** ['moisn] *v.t.* tia maji kidogo; lowesha. ~**ure** ['moistʃə*] *n.* uchepe; maji kidogo; rutuba.

molar ['moulə*] *n. & adj.* chego; jino la nyuma la kutafunia.

molasses [mə'læsiz] *n.* machujo ya asali ya miwa.

mole [moul] *n.* fuko; mnyama mdogo, desturi yake ni kufukua chini. ~-**hill** *n.* chungu cha udongo ifanywayo na ~.

molest [mə'lest] *v.t.* sumbua; udhi; chokoza. ~**ation** *n.*

mollify ['molifai] *v.t.* tuliza, ridhisha mtu.

molten, taz. **melt**.

moment ['moumənt] *n.* (1) kitambo kidogo; muda mfupi sana. (2) maana: *affairs of great ~*, mambo ya maana sana. ~**ary** *adj.* -a mara moja; -a kupita upesi sana. ~**ous** [mou'mentəs] *adj.* -a maana sana. ~**um** [mou'mentəm] *n.* nguvu ya kwenda; mwendo.

monarch ['monək] *n.* mfalme. ~**ism** *n.* utawala kwa mfalme. ~**ist** *n.* mtu apendaye namna ya kutawaliwa na mfalme. ~**y** *n.* nchi itawaliwayo na mfalme.

monastery ['monəstri] *n.* nyumba kubwa wa-*monks* wakaamo.

Monday ['mʌndi] *n.* Jumatatu.

money ['mʌni] *n.* fedha (sarafu, noti) itumikayo katika kuuza na kununua. ~-**order** *n.* hawala ya fedha inunulikayo posta na ya kupeleka mahali pengine na yule apelekewaye aweza kuivunja katika posta ya huko.

mongoose ['moŋgu:s] *n.* mnyama mdogo, nguchiro.

mongrel ['mʌŋgrəl] *n.* mbwa .yama, mtu wa mbegu mbili.

monitor ['monitə*] *n.* (1) mwanafunzi wa chuo mwenye amri juu ya wenzake. (2) namna ya manowari yenye mizinga mikubwa itumikayo katika mito au karibu na pwani pasipo na maji mengi. (3) mtu mwenye kazi ya kusikiliza habari zitolewazo na nchi za kigeni katika simu ya upepo na kuleta ufafanuzi wake.

monk [mʌŋk] *n.* mmoja wa chama cha wanaume wakaao pamoja ndani ya *monastery*, wakiunganishwa kwa nadhiri za dini yao.

monkey ['mʌŋki] *n.* kima, *&c.* — *v.i.* (*about with*) chezea; sumbua; hasiri. ~-**nut** *n.* njugu (nyasa).

mono- *prefix* -a moja tu kama katika ~*chrome* ['monəkroum] *n. & adj.* (picha) ya rangi moja tu.

monocle ['monəkl] *n.* rodi, kioo cha miwani cha jicho moja.

monogamy [mo'nogəmi] *n.* hali au desturi ya kuwa na mke mmoja tu.

monologue ['monəlog] *n.* maneno ya mtu mmoja akisema peke yake.

monoplane ['monəplein] *n.* eropleni yenye bawa moja tu upande huu na upande huu.

monopoly [mə'nopəli] *n.* (1) ruhusa (nguvu, haki) ya kuuza na kununua bidhaa fulani au kufanya uchumi fulani bila kushirikisha wengine; kampani au uchumi viliwyo na ruhusa hiiyo. (2) kukumba biashara fulani. **monopolist** *n.* mtu mwenye ruhusa au nguvu hiiyo. **monopolize** *v.t.* pata, shika ruhusa au nguvu hiiyo.

monosyllable ['monə,siləbl] *n.* neno lenye sauti moja tu. **monosyllabic** [,monəsi'læbik] *adj.*

monotheism ['monəˌθiːizm] *n.* kumwamini Mungu mmoja tu.

monotone ['monətoun] *n.* sauti moja isiyobadilika katika kusema au kuimba.

Monsieur [mə'sjə:*] *n.* (*Fr.* Kifaransa) maana yake bwana.

monsoon [mon'su:n] *n.* msimu; kaskazi; kusi; demani.

monster ['monstə*] *n.* (1) mnyama (mmea) mwenye umbo lisilo la kawaida; mtu (kitu) mkubwa sana, au mwenye umbo au desturi lisilo la-

MONTH [172] **MOSQUITO**

kawaida. (2) (katika hadithi) mnyama wa ajabu asiye wa kweli (*e.g.* mwenye vichwa viwili). (3) mtu mkatili mno. **monstrosity** [mon'strositi] *n.* ~¹. **monstrous** ['monstrəs] *adj.* (1) -a ~ au kama ~; -kubwa mno. (2) (*colloq.*) muhali: -sioweza kuwa.

month [mʌnθ] *n.* muda wa mwezi. ~**ly** *adj. & adv.*

monument ['monjumənt] *n.* (1) nguzo (mnara, sanamu, &c.) ya ukumbusho. (2) kazi ya mwanachuoni yenye thamani ya daima. ~**al** ['monju'mentl] *adj.* (1) (kwa vitabu, elimu, &c.) -enye thamani ya daima. (2) (kwa tabia, nyumba, majenzi) -kubwa mno.

mood [mu:d] *n.* moyo; nia; tabia. ~**y** *adj.* -enye tabia za kugeuka upesi; -enye moyo mzito. ~**ily** *adv.*

moon [mu:n] *n.* mwezi.

¹**moor** [muə*, mo:*], *n.* jangwa; nyika.

²**moor** [muə*, mo:*] *v.t.* funganisha, tia (puliza) nanga. ~**ings** *n. pl.* nanga, amari, kamba, &c. za kufunganishia; maelezi, mahali pa kutia nanga.

mop [mop] *n.* (1) ufagio uliofanyizwa kwa vipande vyembamba vya kitambaa au nyuzi nene. (2) nywele nene tena za ovyo. — *v.t.* (-*pp*-) pangusa kwa ~; ~ *sth. up*, futa; maliza.

mope [moup] *v.i.* nyamaa kimya kwa huzuni.

moral ['morəl] *adj.* (1) -a kuhusu mambo mema na maovu. (2) -adilifu: *a* ~ *life*, maisha mema; ~ *books*, vitabu vyenye adili. (3) -a *victory*, matokeo ya shindano ambayo wale wasio na nguvu nyingi huridhika kwa sababu ya kuthibitisha ya kuwa upande wao ndio wenye haki; ~ *certainty*, jambo lielekealo kuwa kweli. — *n.* (1) maana, fundisho la kisa, jambo tendo, &c. (2) (*pl.*) maadili. ~**ist** *n.* mfundishi wa maadili. ~**ity** [mə'raliti] *n.* taz. ~**s²**. ~**ize** ['morəlaiz] *v.i.* ongea juu ya wema na ubaya. ~**ly** *adv.*

morale [mə'ra:l] *n.* tabia; moyo.

morass [mə'ras] *n.* bwawa, ziwa la tope.

morbid ['mo:bid] *adj.* (1) -gonjwa. (2) (kwa roho ya fulani au kwa mawazo yake) -enye hali mbaya, si -zima. (3) (kwa mtu) -enye fikira na maono yasiyo mema. ~**ly** *adj.*

more [mo:*] *adj.* zaidi. · *adv.* zaidi; tena; juu. *a little* ~, punde. ~ *than*, kuliko; zaidi ya. *be no* ~, -fa; -isha. ~ *or less*, kwa kadiri. *Grow* (*get*, *be*) ~, zidi kuwa. ~**over** *adv.* tena.

moribund ['moribʌnd] *adj.* -a karibu kufa.

morning ['mo:niŋ] *n.* asubuhi; *early* ~, alfajiri; mapambazuko. **morn** *n.* (liter.).

morphia ['mo:fjə], **morphine** ['mo:fi:n] *n.* dawa mojawapo -enye kufariji waumizwao.

morrow ['morou] *n. the* ~, (*liter.*) kesho yake; asubuhi yake.

Morse [mo:s] *n.* ~ *code*, namna ya kupeleka habari kwa mapigo marefu na mafupi ya sauti au ya vimulimuli vya taa.

morsel ['mo:sl] *n.* kidogo, chembe (hasa cha chakula).

mortal ['mo:tl] *adj.* (1) -enye kufa. (2) -a mauti; -a kufisha. (3) -a kudumu mpaka mauti: ~ *hatred*, machukio ya kudumu sana; ~ *combat*, pigano la kukomeshwa kwa mauti tu. (4) sana; mno: *in* ~ *fear of death*, -enye kuogopa sana mauti. — *n.* binadamu. ~**ly** *adv.* ~**ity** [mo:'taliti] *n.* (1) kuwa ~¹. (2) jumla ya watu waliokufa (*e.g.* kwa sababu ya msiba au ugonjwa).

mortar ['mo:tə*] *n.* (1) chokaa. (2) kinu. (3) kombora. ~-**board** *n.* (1) chano; ubao wa kuwekea chokaa. (2) namna ya kofia mfano wa chano ivaliwayo na wanafunzi wa *college*, &c.

mortise, -tice ['mo:tis] *n.* tundu katika ubao la kutia ulimi (*tenon*).

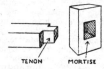

TENON   MORTISE

mortuary ['mo:tjuəri] *n.* chumba cha kuwekea maiti.

mosque [mosk] *n.* msikiti.

mosquito [mos'ki:tou] *n.* mbu. ~-**net** *n.* chandalua. ~ **proof** *adj.* -siopisha mbu; -a kuzuia mbu wasiingie.

moss [mos] *n.* majani madogodogo laini yaotayo penye maji.

most [moust] *adj.* -ingi kupita -ote. — *pron.* -lio -ingi: *make the ~ of*, tumia vizuri; *for the ~ part*, zaidi; kwa kawaida; aghalabu. **~ly** *adv.* mara nyingi; desturi.

mote [mout] *n.* chembe (hasa cha vumbi).

moth [moθ] *n.* nondo.

mother ['mʌðə*] *n.* mama mzazi. *~ tongue*, lugha ya kwao (kwetu, kwenu). — *v.t.* tunza, lea kama mama. **~hood** *n.* umama. **~less** *adj.* **~ly** *adj.* kama mama. **~-in-law** *n.* mkwe.

motion ['mouʃn] *n.* (1) mwendo. (2) kitendo; ishara ya kupunga au kutikisa mkono. (3) shauri; haja. — *v.t.* ashiria; onya kwa mkono. **~less** *adj.* bila kujongea; kimya.

motive ['moutiv] *adj.* -a kuendesha: *~ power*, nguvu za kuendesha kitu fulani. — *n.* nia; kusudi; azimio.

motivate ['moutiveit] *v.t.* letea kusudi; -wa kusudi la.

motor ['moutə*] *n.* (1) mashini igeuzayo nguvu kuwa mwendo; mtambo uendeshao (hasa wa gari au wa eropleni). (2) musuli au mshipa wa fahamu uendeshao viungo vya mwili. (3) (*attrib.*) -endeshwao kwa ~: *~-bicycle*, pikipiki (*-car, -bus, -boat*). — *v.i. & t.* safiri kwa motakaa; chukua fulani kwa motakaa.

motto ['motou] *n.* (*pl.* -oes) maneno, mithali ya kufundisha maadili: *e.g. Do to others as you would be done by*, tendea watu wengine kama ungependa wao wakutendee.

¹mould [mould] *n.* kalibu. — *v.t.* finyanga kwa udongo; subu kwa kalibu kwa madini; (*fig.*) *~ sb.'s character*, tengeneza tabia ya fulani.

²mould [mould] *n.* udongo wenye rutuba. **~er** *v.i.* vunjikavunjika kuwa ~.

moult [moult] *v.i.* jigeua manyoya; monyoka manyoya.

mound [maund] *n.* chungu; kilima kidogo; mwinuko; (cha mchwa) kichuguu.

mount [maunt] *n.* (1) mlima: *e.g. Mount (Mt.) Kenya*. (2) ukingo au upindo wa picha, karata. (3) farasi, &c. — *v.t. & i.* (1) panda; kwea. (2) tengeneza, weka tayari (picha, bunduki, johari, etc.). (3) *~ up*, zidi;

ongezeka. (4) *~ guard* (*over*), weka mlinzi.

mountain ['mauntin] *n.* mlima. **~eer** [ˌmaunti'niə*] *n.* mkaa mlimani; mpanda mlima. **~ous** ['mauntinəs] *adj.* -a milima mingi; -kubwa kama mlima.

mourn [mo:n] *v.i.* lia; huzunika. — *v.t.* (*for*) lilia; huzunikia. **~er** *n.* mhani yaani aendaye kulia mazikoni. **~ful** *adj.* -a huzuni; -a kuhuzunisha. **~fully** *adv.* **~ing** *n.* (1) kulia. (2) matanga.

mouse [maus] *n.* (*pl.* mice [mais]) panya mdogo.

moustache [məs'ta:ʃ] *n.* sharubu, ndevu za mdomo.

mouth [mauθ] *n.* (*pl.* -s [mauðz]) (1) kinywa. (2) mlango. — *v.t. & i.* sema kwa kutamka sana maneno. **~ful** *n.* (kwa kinywaji) funda; (kwa vyakula) mego. **~-organ** *n.* kinanda cha kupuliza kwa mdomo. **~-piece** *n.* (1) mdomo; tundu la kupulizia; mdakale wa kiko cha tumbako. (2) (*spokesman*) msemaji wa maneno au mashauri wa wengine.

move [mu:v] *v.t. & i.* (1) sogeza; jongeza; sogea; jongea; badilisha mahali, hamisha; badilika mahali, hama. (2) (kwa maono) kasirisha, huzunisha; amsha moyo; *~ sb. to do sth.*, shawishi fulani kufanya. (3) shauri, nena shauri katika mkutano ili mabishano yawepo juu yake na mwisho likatwe. — *n.* (1) kugeuka mahali; kugeuza mahali; (katika mchezo) zamu. (2) tendo; shughuli; kazi. (3) *He is always on the ~*, hana kituo. **~ment** ['mu:vmənt] *n.* (1) mwendo. (2) matengenezo (ya saa). (3) ushirika wa jamii ya watu na matendo yao kwa kuendeleza mashauri yao.

mow [mou] *v.t. & i.* (*past tense* mowed, *p.p.* mowed au mown [moun]) kata majani kwa mashini au kwa mundu mkubwa.

Mr. ['mistə*] **Mrs.** ['misiz] Bwana; Bibi.

much [mʌtʃ] *pron., adj., adv.* -ingi tele; sana; wingi. *~ of a (size, &c.)* karibu sawasawa.

muck [mʌk] *n.* (1) mbolea. (2) takataka; kinyaa. — *v.t. & i.* (1) chafua. (2) *~ sth. up* (*colloq.*) buruga; fuja. (3) *~ about* (*colloq.*) chezacheza. **~y** *adj.* -chafu.

mud [mʌd] *n.* tope. **~dy** *adj.* **~-guard** *n.* bango; mandigadi.

muddle ['mʌdl] *v.t. & i.* chafua; fuja; tatiza. — *n.* fujo.

mufti ['mʌfti] *n.* nguo zivaliwazo na askari wakati usio wa kazi (zisizo za kiaskari).

mug [mʌg] *n.* (1) kopo. (2) (*colloq.*) baradhuli; mjinga. (3) (*colloq.*) uso.

mulberry ['mʌlbəri] *n.* forsadi.

mulch [mʌltʃ] *n.* samadi, majani yanayooza (yanayotiwa shinani mwa miche michanga kuihifadhi na joto). — *v.t.* tilia ~.

mule [mju:l] *n.* nyumbu; baghala. **mulish** *adj.* -kaidi; -shupavu.

multi- ['mʌlti] *prefix* -enye -ingi. **~farious** [ˌmʌlti'feəriəs] *adj.* -ingi tena mbalimbali. **~form** *adj.*

multiple ['mʌltipl] *adj.* -enye sehemu nyingi. — *n.* hesabu iliyo mara fulani ya hesabu nyingine. **multiply** ['mʌltiplai] *v.t.* (1) zidisha. (2) leta wingi wa. (3) *v.i.* zidi; ongezeka. **multiplication** [ˌmʌltipli'keiʃn] *n.* kuzidisha; kuzidishwa. **multiplicity** [ˌmʌlti'plisiti] *n.* wingi.

multitude ['mʌltitju:d] *n.* (1) wingi (wa watu); umati. (2) *the* ~, walio wengi; akina yahe. **multitudinous** [ˌmʌlti'tju:dinəs] *adj.* -ingi; tele.

mumble ['mʌmbl] *v.t. & i.* sema bila kutamka vizuri.

¹**mummy** ['mʌmi] *n.* mumiani; maiti iliyotengenezwa kwa dawa na kuzungushiwa vitambaa isioze.

²**mummy** ['mʌmi] *n.* mama; (hutumika hasa na watoto).

mumps [mʌmps] *n.* ugonjwa wa matubwitubwi.

munch [mʌntʃ] *v.t. & i.* tafunatafuna; guguna.

municipal [mju:'nisipl] *adj.* -a kuhusa ~*ity*. **~ity** [mju:ˌnisi'paliti] *n.* mji wenye baraza yake inayoutawala; baraza ya mji.

munificent [mju:'nifisənt] *adj.* -karimu; -paji. **munificence** *n.*

munitions [mju:'niʃnz] *n. pl.* zana za vita, hasa mizinga, kombora, *&c.*

mural ['mjuərəl] *adj.* -a ukutani.

murder ['mə:də*] *n.* uuaji wa mtu kwa kusudi kwa namna haramu. — *v.t.* ua kwa kusudi kwa namna haramu. **~er** *n.* mwuaji wa kiume. **~ess** *n.* mwuaji wa kike. **~ous** ['mə:dərəs] *adj.* -a kuua; -a kiuaji; -a kutaka kuua.

murky ['mə:ki] *adj.* -a giza.

murmur ['mə:mə*] *v.i.* (1) vuma (lia kama maji, kama watu wengi wakiongea pamoja). (2) nong'ona. — *n.* mvumo; nung'uniko; mnong'ono.

muscle ['mʌsl] *n.* musuli; mnofu;

The muscles of an arm

ukano. **muscular** ['mʌskjulə*] *adj.* -a musuli; -enye nguvu ya mwili.

museum [mju:'ziəm] *n.* nyumba ya kuhifadhi na kuweka ili watu watazame, jamii ya vitu vya tunu, vya sanaa, *&c.* vionyeshavyo maendeleo ya wanadamu, wanyama, kazi, *&c.*

mushroom ['mʌʃrum] *n.* (1) kiyoga, uyoga. (2) (*attrib.*) ~ *growth*, -liokua upesi kama kiyoga tena -sioelekea kudumu.

music ['mju:zik] *n.* muziki; sauti ya kinanda, kinubi, zeze, *&c. face the* ~, kabiliana kwa uhodari adui zako au shida. **~al** *adj.* -a muziki; -enye kupenda ~; stadi wa kupiga muziki. **~ally** *adv.* **~ian** [mju:'ziʃn] *n.* mtu stadi wa ~; mtunga mashairi ya ~. **~-hall** *n.* jumba waimbamo na kuchezea wachezaji mbele ya watu.

muslin ['mʌzlin] *n.* shashi, nguo nyembamba sana tena nyororo.

must [mʌst] *v.i.* hakuna budi; sharti; lazima; yapasa. *I* ~ *go*, sina budi kwenda.

mustard ['mʌstəd] *n.* haradali.

muster ['mʌstə*] *n.* mkutano wa watu hasa kwa kukaguliwa: *pass* ~, faa; tosha; kubalika. — *v.t.* kusanya; changa; kutanisha. — *v.i.* kusanyika; kutana: ~ *up one's courage*, jipa moyo; thubutu.

mute [mju:t] *adj.* (1) kimya. (2) bubu. (3) (kwa herufi isiyotamkwa) -siotamkwa: *e.g.* herufi ya '*b*' katika neno '*dumb*'. — *n.* mtu aliye bubu.

mutilate ['mju:tileit] *v.t.* haribu kwa kukata au kuvunja. **mutilation** *n.*

mutiny ['mju:tini] *n.* (hasa kwa askari au baharia) maasi, uasi. — *v.i.* asi. **mutineer** [ˌmju:ti'niə*]

n. mwasi. **mutinous** ['mju:tinəs] adj. -a kuasi.

nutter ['mʌtə*] v.t. & i. sema mashavuni; sema maneno yasiyosikika.

nutton ['mʌtn] n. nyama ya kondoo.

mutual ['mju:tjuəl] adj. (1) (kwa mapenzi, heshima, &c.) -a wao kwa wao: ~ *affection*, upendano: ~ *agreement*, mapatano. ~**ly** adv.

muzzle ['mʌzl] n. (1) pua na mdomo wa mnyama; kitu cha kumfungisha mnyama mdomoni asiume. (2) kitundu cha kasiba, mtutu wa bunduki au mzinga. — v.t. tilia mnyama ~¹; nyamazisha (mtu, mtengenezaji wa gazeti, &c.) ili asitoe waziwazi mashauri yake.

myrrh [mə:*] n. manemane.

mystery ['mistəri] n. (1) siri. (2) (pl.) mafumbo ya kawaida ya dini. **mysterious** [mis'tiəriəs] adj. -a siri; -a fumbo.

mystify ['mistifai] v.t. fumba; tatanisha. **mystification** [mystifi'keiʃn] n. kutatanisha; chafua akili; kitu cha kutatanisha.

myth [miθ] n. (1) hadithi, ngano, hasa ya miungu, zimwi, &c. (2) imani isiyo kweli; kiumbe cha uwongo. ~**ical** ['miθikl] adj. -a ~s; -a uwongo. ~**ology** [mi'θɒlədʒi] n. maarifa ya ~.

N

nag [nag] v.i. & t. karipia.

nail [neil] n. (1) ukucha wa kidole. (2) msumari. *on the* ~, mara moja; *hit the* ~ *on the head*, sema au kufanya kitu kilicho sawasawa. — v.t. kongomea, pigilia msumari.

naive [na:'i:v] adj. -nyofu; -sio na hila. ~**té** [na:'i:vtei] n. kuwa -nyofu; neno lisilo na hila.

naked ['neikid] adj. -tupu; -a uchi; *with the* ~ *eye*, pasipo msaada wa darubini. ~**ly** adv. ~**ness** n.

name [neim] n. (1) jina; *call sb.* ~*s*, laumu mtu; *not have a penny to one's* ~, -wa maskini hohehahe. (2) sifa: *win a good* ~ *for oneself*, jipatia sifa njema. — v.t. taja. (2) sema. ~**less** adj. (1) -sio na jina. (2) -baya sana hata kutostahili kutajwa. ~**ly** adv. ndiyo hivi; yaani: *only one child*, ~**ly** *Mary, was absent*, mtoto mmoja tu, yaani Maria, hakuhudhuria. ~**sake** n. mwenye jina lilo hilo.

nanny ['nani] n. jina la kitoto kwa mlezi au aya.

nap (nap] n. usingizi kidogo: *be caught* ~*ping*, ghafilika; shtushwa.

nape [neip] n. ukosi, kikosi.

napkin ['napkin] n. (1) (*table* ~) kitambaa cha mikono mezani. (2) kitambaa cha uwinda cha kumfungia mtoto.

narrate [na'reit] v.t. hadithia; simulia. **narrator** [na'reitə] n.

narrative ['narətiv] adj. & n. -a namna ya hadithi; hadithi.

narrow ['narou] adj. (1) -embamba. (2) -dogo. (3) -a shida: *a* ~ *escape*, okoka kwa shida. (4) (*cf. strict*) -kali. ~**ly** adv. (1) kwa shida. (2) karibu; kwa bidii. ~-**minded** adj. -shupavu.

nasal ['neizl] adj. -a pua, -a puani.

nasty ['na:sti] adj. (1) -chafu; -a kuchukiza. (2) -a chuki; -a hatari.

nation ['neiʃn] n. taifa. ~**al** ['naʃənəl] adj. -a taifa lote. — n. mtu wa taifa fulani au mwenye haki zote za mtu wa taifa fulani. ~**alism** n. (1) fahari aonayo mtu kwa ajili ya taifa lake. (2) shauri la jamii ya watu washughulikao kujitawala. ~**alist** n. aliye wa jamii ya ~*alism*¹. ~**ality** [,naʃə'naliti] n. kuwa mmoja wa taifa. ~**alize** ['naʃənəlaiz] v.t. (1) fanya kuwa mali ya taifa (ya serikali). (2) fanya taifa. ~**alization** ['naʃənəlai'zeiʃn] n.

native ['neitiv] adj. (1) -a nchi na -a mahali mtu alipozaliwa: *your* ~ *land*, nchi yako ulipozaliwa. (2) (kwa tabia) -a asili: ~ *ability*, akili za asili. (3) (kwa mimea na wanyama) mzalia. (4) -enyeji. — n. (1) mzalia. (2) mwenyeji wa nchi. **nativity** [nə'tiviti] n. uzaliwa. *the N.*, uzaliwa wa Yesu Kristo.

natural ['natʃərəl] adj. (1) -a asili: ~ *forces* (*e.g.* tufani); ~ *history*, elimu ya mimea na viumbe; *animals living in their* ~ *state*, wanyama walio katika hali ya asili. (2) -liozaliwa nao: *He is a* ~ *orator*, ana ufasaha wa kusema kama kwamba alizaliwa nao. (3) -a kawaida; -liotazamiwa kuwa; *It is* ~

for a bird to fly, ni jambo la kawaida ndege kuruka. (4) -siopambwa; si -enye hila. ~**ly** *adv.* (1) namna ya ~³,¹. (2) kwa tabia ya kawaida. (3) sharti, hakuna budi. ~**ist** *n.* mtu mwenye elimu ya mimea na viumbe, *&c.*

naturalize ['nætʃərəlaiz] *v.t.* (1) ingiza mgeni katika taifa, (2) toa (neno) kutoka lugha moja na kuliingiza katika lugha nyingine. **naturalization** [ˌnætʃərəlai'zeiʃn] *n.*

nature ['neitʃə*] *n.* (1) ulimwengu na viumbe vyote: ~ *study*, elimu ya mimea na viumbe; ~ *worship*, kuabudu nguvu za asili (*e.g.* miti, tufani, bahari, *&c.*). (2) nguvu za asili ziletazo maisha, mazao, mvua, *&c.*: *mankind's struggle against* ~, shindano la binadamu na nguvu za asili. (3) hali ya asili: *in a state of* ~, hali ya uchi. (4) tabia na hali ya vitu. (5) desturi, kawaida za kiumbe cho chote: *a woman with a kind* ~, mwanamke mwenye desturi na kawaida za hisani; *proud by* ~, -enye desturi ya kujivuna; *It is the* ~ *of dogs to bark*, ni desturi na kawaida ya mbwa kugumia. (6) aina; namna: *things of this* ~, vitu vya namna hii. **good-~d** *adj.* -a hisani. **ill-~d** *adj.* -kali; -baya; -korofi.

naught [nɔ:t] *n.* hapana kitu: *all for* ~, kazi bure.

naughty ['nɔ:ti] *adj.* (kwa watoto) -baya; -tundu; -tukutu. **naughtiness** *n.*

nausea ['nɔ:siə] *n.* ugagazi; uchefuchefu; kutaka kutapika. **nauseous** *adj.* -a kuchafua moyo; -a kutapisha. **nauseate** ['nɔ:sieit] *v.t.* tapisha.

nautical ['nɔ:tikl] *adj.* -a baharia; -a mambo ya meli (merikebu, *&c.*).

naval ['neivl] *adj.* -a manowari, -a mambo ya manowari.

nave [neiv] *n.* sehemu kubwa ya kanisa katikati wasalipo watu.

navel ['neivl] *n.* kitovu.

navigate ['nævigeit] *v.t.* ongoza (elekeza) meli, merikebu au eropleni, *&c.*; safiri kwa merikebu au mashua katika mto au bahari.

navigable ['nævigəbl] *adj.* -a kuendeka kwa meli; (kwa meli, merikebu, *&c.*) katika hali nzuri kwa kusafiri majini. **navigation** [ˌnævi'geiʃn] *n.* maarifa ya kuongoza vyombo baharini au hewani. *&c.*

navigator *n.* kiongozi wa meli, *&c.*

navy ['neivi] *n.* jamii ya manowari zote za taifa fulani; maafisa na mabaharia wa manowari.

neap(-tide) ['ni:p('taid)] *n.* maji mafu; maji ya kupwa sana.

near [niə*] *adv.* karibu. — *prep.* karibu na (ya). — *adj.* (1) *a* ~ *thing* (*escape*), shida kuokoka. (2) (kwa jamaa, rafiki, *&c.*) *friend*, rafiki sana. (3) -a upande wa gari ulio karibu na ukingo wa barabara: *the* ~ *front wheel of a car*, gurudumu la mbele lililo karibu na ukingo wa barabara (yaani la kushoto katika Uingereza, la kulia katika Ufaransa, *&c.*). (4) -a choyo; bahili; -nyimivu. — *v.t.* & *i.* karibia: *The ship is* ~*ing land*, meli inakaribia pwani. ~**ly** *adv.* karibu; kama. ~**ness** *n.* kuwa ~.

neat [ni:t] *adj.* (1) -a taratibu; nadhifu. (2) -zuri. (3) -juzi; -bingwa. (4) (kwa kinywaji) bila kuchanganya na maji. ~**ly** *adv.* ~**ness** *n.*

nebula ['nebjulə] *n.* (*pl.* -*lae* [-li:]) jamii ya nyota nyingi ndogo kama wingu. **nebulous** ['nebjuləs] *adj.* -kama wingi; si wazi; si dhahiri.

necessary ['nesisəri] *adj.* -a lazima; -a sharti. — *n.* (huwa *pl.*) riziki; vifaa. **necessarily** *adv.* kwa lazima; sharti. **necessitate** [ni'sesiteit] *v.t.* fanya lazima ya; lazimisha. **necessitous** [ni'sesitəs] *adj.* -a maskini; -a fukara. **necessity** [ni'sesiti] *n.* (1) haja: *He was driven to steal by necessity*, alilazimishwa kuiba kwa haja yake; *for use in case of necessity*, kwa kutumiwa ukiwa na haja nayo. (2) kitu kilicho cha lazima: *Food and drink are necessities*, chakula na cha kunywa ni riziki. (3) hali ya ufukara: *in necessity*, katika hali ya ufukara.

neck [nek] *n.* (1) shingo. ~ *and* ~, (kwa mashindano ya kukimbia) sawasawa; ~ *or nothing*, kufa au kupona; ~ *and crop*, pia; kabisa. (2) kitu kirefu tena chembamba kama shingo: *e.g.* shingo ya chupa. ~**-band** *n.* sehemu ya shati ya kuzungusha shingo. ~**lace** ['neklis] *n.* mkufu. ~**tie** *n.* utepe wa shingoni.

nectar ['nektə*] n. maji matamu yaliyo katika maua, asali.

née [nei] adj. (French) -a kuzaliwa: e.g. Mrs. Brown ~ Robinson, yaani jina lake kabla hajaolewa lilikuwa Robinson.

need [ni:d] v.t. hitaji; taka. — n. (1) uhitaji; hitaji. (2) haja: There is no~ to hurry, hakuna haja kwenda haraka. (3) haja; riziki. ~**ful** adj. kanuni; sharti. ~**less** adj. -a bure — **s** adv. (kwa maneno haya tu) must ~**s** au ~**s** must, sharti (kufanya). ~**y** adj. maskini.

A necktie

needle ['ni:dl] n. (1) sindano. (2) kijiti cha kusukia. (3) (kwa compass) dira. ~**woman** n. mshoni (mwanamke). ~**work** n. kazi ya kushona.

negative ['negətiv] adj. (1) -a kukana. (2) -siofaa. (3) (maths.) kwa idadi iliyotolewa katika idadi nyingine au sifuri (0): ~ quantities, idadi zilizo ~. (4) ~ electricity, mkondo wa umeme utokao katika ncha iliyopo sahihi ya (—). (5) (photography) picha ya kufanyia nakala (sehemu nyeusi hutokea kuwa nyeupe katika nakala) — n. (1) neno la kukana. (2) (math.) idadi ya ~. (3) nakala taz. ~³. — v.t. (1) kana; kanusha. (2) fanya kuwa kitu kisichofaa; tangua; pinza.

neglect [ni'glekt] v.t. (1) totunza; toangalia. (2) tofanya; acha. — n. kutofanya; kutoangalia. ~**ful** adj. -vivu; -zembe; si -angalifu.

negligent ['neglidʒənt] adj. si -angalifu. ~**ly** adv. **negligence** n.
negligible ['neglidʒibl] adj. -sio lazima kuhesabiwa; -dogo sana hata kutokuwa na maana.

negotiate [ni'gouʃieit] v.i. & t. (1) fanyana shauri ili kupatana. (2) tengeneza (jambo la kukopa, la mnada, &c.) kwa kushauriana; badili kuwa fedha. (3) pita (pingamizi, &c.). **negotiable** adj. -a kupitika³; -a kubadilika¹ kwa fedha. **negotiation** [niˌgouʃi'eiʃn] n. kazi ya kufanyana shauri.

negro ['ni:grou] n. (pl. -oes) mtu mweusi. **negress** ['ni:gris] n. mwanamke mweusi.

neigh [nei] v.i. lia (farasi). — n. mlio wa farasi.

neighbour ['neibə*] n. jirani, mtu akaaye karibu. ~**hood** n. (1) mtaa wa mji na watu waliomo. (2) ujirani. ~**ing** adj. -a kupakana. ~**ly** adj. -ema; fadhili. ~**liness** n.

neither ['naiðə*, 'ni:ðə*] adj. -ote: of the two ~ man lived, katika watu hawa wote wawili hawakuishi. — pron. -moja: I can see ~, siwezi kuona hata -moja. — conj. ~ this nor that, wala hii wala hii.

nephew ['nevju] n. mtoto (mwanamume) wa ndugu, mpwa: e.g. my ~, mpwangu: their ~, mpwao.

nerve [nə:v] n. (1) neva; mshipa wa fahamu. (2) (pl.) hali ya kushtuka, kuhuzunika, kukasirika upesi: noises that get on my ~s, vishindo vya kunisumbua (kuniudhi) upesi. (3) hali ya kuwa na moyo mgumu; uthabiti. (4) (la zamani) mshipa wa nguvu: strain every ~ jitahidi sana. ~**less** adj. -legevu. **nervous** ['nə:vəs] adj. (1) -a mishipa ya fahamu: the ~ system, matengeneo ya mishipa ya fahamu. (2) -epesi kushtuka². (3) -enye mishipa migumu. **nervy** adj. (colloq.) = nervous².

nest [nest] n. (1) kiota cha ndege; kioto cha kiumbe. (2) mahali pa raha. ~**-egg** n. akiba.

nestle ['nesl] v.i. & t. vamia; songelea: ~ down among the cushions, vamia mito. **nestling** n. kinda; kidege.

¹**net** [net] n. wavu; (fishing) jarifa; juya; (mosquito ~) chandalua. — v.t. (-tt-) vua samaki; nasa (tega) wanyama; funika kwa wavu. ~**ting** n. wavu (hasa wa chuma).

²**net** [net] adj. bila kupunguzika: ~ profit (loss) faida (hasara) halisi. — v.t. (-tt-) pata kama faida halisi.

neuter ['nju:tə*] adj. wala -a kiume wala -a kike.

neutral ['nju:trəl] adj. (1) -a katikati kati pasipo kusaidia washindanaji. (2) wala hivi wala hivi. (3) (chem.) wala acid wala alkali. — n. mtu (nchi, &c.) -a katikati¹. ~**ity** [nju:'træliti] n. hali ya kuwa ~¹, hasa vitani. ~**ize** ['nju:trəlaiz] v.t. (1) fanya ~¹. (2) ondoa nguvu za kitu fulani kwa kuleta kitu kingine cha kutangua nguvu zake.

never ['nevə*] *adv.* si . . . kamwe; si . . . wakati wo wote. *N. mind!* Haidhuru! *Well I ~!* Kumbe! ~**more** *adv.* si tena kabisa. ~**theless** [,nevəðə'les] *conj.* walakini.

new [nju:] *adj.* -pya. — *adv.* sasa; sasa hivi: ~*comers*, waliokuja sasa hivi; ~*-laid eggs*, mayai yaliyotagwa sasa hivi; ~*-fangled*, -pya tena -geni. ~**ly** *adv.* sasa; kwa namna mpya. ~**ness** *n.*

news [nju:z] *n.* habari za mambo yaliyotokea karibuni. ~**agent** *n.* mwuza magazeti. ~**boy** *n.* mvulana auzaye magazeti kwa kuyatembeza katika njia za mji. ~**paper** *n.* gazeti. ~**reel** *n.* picha za sinema zionyeshazo habari za mambo yaliyotokea karibuni.

next [nekst] *adj.* -a pili; -a karibu. — *adv.* tena; baadaye. — *prep.* karibu ya; -a pili ya.

nib [nib] *n.* ncha ya kalamu ya wino.

nibble ['nibl] *v.t. & i.* tafuna (mega) kidogo kidogo.

nice [nais] *adj.* (1) -a kupendeza; -zuri; -ema. (2) -a kuhitaji uangalifu na uhalisi (kwa kupimwa au kukatwa). (3) chaguzi; -teuzi. ~**ly** *adv.* tena; ~**ty** ['naisiti] *n.* (1) uhalisi, tabia ya kufanya kwa hadhari nyingi. (2) mambo madogo madogo yaletayo tofauti; *to a ~ty*, hasa; halisi.

nickel ['nikl] *n.* namna ya madini nyeupe ngumu kama fedha; U.S.A. sarafu kadiri ya senti 30.

nickname ['nikneim] *n.* jina la kupanga.

nicotine ['nikəti:n] *n.* sumu iliyo katika tumbako.

niece [ni:s] *n.* mtoto (mwanamke) wa ndugu, mpwa wa kike.

niggardly ['nigədli] *adj.* -a choyo; bahili; -nyiminyimi.

nigger ['nigə*] *n.* mtu mweusi (hasa ni neno la dharau).

night [nait] *n.* usiku. *make a ~ of it*, shinda usiku kucha katika kucheza na furaha. ~**dress**, ~**gown** *n.* vazi refu kama kanzu livaliwalo na wanawake na watoto kitandani. ~**fall** *n.* magharibi; kuchwa; jioni. ~**ly** *adj.* -a usiku; -a kila usiku. — *adv.* usiku. ~**mare** *n.* jinamizi, yaani ndoto ya kutiisha. ~**watchman** *n.* mlinzi wa usiku (*e.g.* katika kiwanda).

nightingale ['naitingeil] *n.* ndege mdogo aimbaye usiku vizuri sana.

nil [nil] *n.* hapana kitu: *The result of the game was 3–nil*, matokeo ya mchezo yalikuwa 3-0.

nimble ['nimbl] *adj.* -epesi; -clekevu; (kwa akili) -kali. **nimbly** *adv.*

nine [nain] *n. & adj.* kenda; tisa; 9. *a ~ days' wonder*, jambo la kushangaza kwa muda mfupi tu. ~**teen** ['nainti:n] *n. & adj.* kumi na tisa; 19. ~**ty** *n. & adj.* tisaini; 90. **ninth** [nainθ] *n. & adj.* -a kenda; -a tisa; 9th.

nip [nip] *n.* (1) mminyo; mfinyo; mbinyo. (2) *a ~ in the air*, baridi kali hewani. — *v.t. & i.* (-*pp*-) (1) minya; finya; binya. (2) (kwa baridi kali) komesha mwanzoni; haribu: (hasa *fig.*) ~ *in the bud*, komesha mwanzoni. (3) (*humor.*) enda upesi. ~**per** ['nipə*] *n.* (1) (*pl.*) (*colloq.*) koleo; kibano. (2) (*colloq.*) mtoto mwanamume.

nipple ['nipl] *n.* chuchu; titi; kitu chenye umbo la chuchu.

no. ['nʌmbər] *n.* = *number*.

no [nou] *adj.* hapana; si. — *adv.* siyo; la; hakuna; hapana. — *int.* La! Hasha! Hapana!

noble ['noubl] *adj.* (1) bora; -enye tabia nzuri. (2) (kwa jamaa) -a cheo kikubwa. (3) -zuri sana; -a kushangaza. — *n.* mtu wa jamaa kuu. **nobility** [nou'biliti] *n.* (1) cheo cha watu wa jamaa kuu. (2) tabia ya kuwa -ema. **nobly** *adv.* vizuri. ~**man** *n.* = ~, *n.*

nobody ['noubədi] *n.* si mtu. *a mere ~*, mtu tu (asiye na cheo).

nocturnal [nok'tə:nl] *adj.* -a usiku.

nod [nod] *v.t. & i.* (-*dd*-) (1) inamisha kichwa (ishara ya kukubali au kuamkia). (2) sinzia kwa kuinamisha kichwa. — *n.* mwinamo wa kichwa: *have a ~ding acquaintance with*, mjua mtu kidogo (hasa si rafiki); *the land of ~*, ndoto; usingizi.

Noël [nou'el] *n. Christmas*, sikukuu ya Kuzaliwa kwake Kristo.

noise [noiz] *n.* sauti; mlio; kishindo. ~**less** *adj.* pasipo ~; -a kimya. **noisy** *adj.* -a makelele; -a kishindo. **noisily** *adv.*

nomad ['noumad] *n.* mtu asiyekaa mahali ila kuhamahama. **nomadic** [nou'madik] *adj.*

nominal ['nominl] *adj.* (1) -a jina;

-a jina tu; -a maneno tu si -a kweli: the ~ ruler, mtawala kwa jina tu. (2) a ~ sum (rent), fedha (kodi ya nyumba) iliyo chini sana si sha thamani ya kweli. ~**ly** adv.

nominate ['nomineit] n. taja, andika, jina la mtu kwa kuchaguliwa kwa daraja fulani. **nomination** [,nomi'neiʃn] n. (haki ya) kutaja mtu. **nominee** [,nomi'ni:] n. mtu aliyetajwa.

non- [nɔn] prefix (mwanzoni pa neno, maana yake kama **not, un-, in-**) si.

none [nʌn] adj. & pron. si -moja; hata -moja. — adv. hata kidogo: ~ the worse for his experiences, bila kupata hasara hata kidogo kwa sababu ya mambo yaliyompata.

nonsense ['nɔnsəns] n. upuzi. talk ~, puzika; piga domo. **nonsensical** adj.

noon [nu:n] n. adhuhuri; jua kichwani.

noose [nu:s] n. tanzi.

nor [nɔ:*] conj. wala.

normal ['nɔ:ml] adj. -a kawaida; -a desturi. — n. kawaida. above (below) ~, bora (chini) kuliko kawaida. ~**ly** adv. kwa kawaida.

north [nɔ:θ] n. kaskazini. — adj. -a kaskazini. — adv. upande wa kaskazi. ~**ern** ['nɔ:ðən] adj. -a kaskazini. ~**wards** ['nɔ:θwəd(z)] adv. upande wa kaskazi.

A noose

nose [nouz] n. (1) pua. pay through the ~, lipa bei iliyo ghali sana. (2) kunusa vizuri na kupambanua kwa kunusa. — v.t. & i. (1) nusa. (2) endelea polepole kwa uangalifu: The ship ~d its way through the ice, meli iliendelea polepole katika barafu. ~-**dive** v.i. (vya eropleni) piga mbizi. ~**gay** n. fungu (shada) la maua.

nostril ['nɔstril] n. mdomo; pua.

not [nɔt] adv. si; siyo; hapana.

notable ['noutəbl] adj. -a kujulikana sana; -enye sifa. **notably** adv. **notability** [,noutə'biliti] n. (hasa) mtu mashuhuri.

notch [nɔtʃ] n. pengo. — v.t. tia pengo; katia.

note [nout] n. (1) ukumbusho; muhtasari. (2) barua fupi; cheti; barua kutoka serikali moja kwa serikali nyingine. (3) maelezo mafupi ya neno au ya fungu la maneno katika kitabu. (4) hati; hawala. (5) sauti (moja moja) ya muziki; ishara (e.g. ♩, ♪) kwa kuonyesha sauti hiyo katika muziki iliyochapishwa; kipande cho chote cha kinanda cha kupigwa kwa vidole. (6) tabia (hasa dalili katika sauti) ionyeshayo jinsi uonavyo: A ~ of self-satisfaction was heard in his speech, alionyesha kwa usemi wake ya kuwa aliridhika. (7) ishara itumikayo katika kuandika na kuchapa: ~ of exclamation (!). (8) sifa; maana; cheo kikuu: a family of ~, jamaa ya cheo kikuu. (9) kuangalia; kufahamu: it is worthy of ~, linastahili kuangaliwa; Take ~ of what I say, fahamu vema ninalosema. — v.t. (1) angalia. (2) ~ sth. down, andika kama ukumbusho. ~**d** ['noutid] adj. -a kujulikana sana; mashuhuri. ~**worthy** adj. -a kustahili kuangaliwa.

nothing ['nʌθiŋ] n. si kitu. come to ~, tofaulu; haribika; make ~ of, toweza kufahamu; totumia bahati uliyo nayo; dhani kuwa si kitu; there is ~ for it but to ..., kuna njia moja tu na hii ndiyo ku ...

notice ['noutis] n. (1) tangazo (2) onyo, hasa la kusema ya kuwa kazi imekwisha au la kuondosha mpangaji wa nyumba: give a servant a month's ~, mwonya mtumishi na kuwa baada ya mwezi mmoja kazi yake itakoma. (3) kuangalia: Take no ~ of what they say, msisikie (msiangalie) maneno yao. — v.t. & i. angalia; ona. ~**able** adj. -a kutazamisha; -epesi kuangaliwa.

notify ['noutifai] v.t. tangaza; arifu; toa habari (kwa). **notifiable** adj. amba ... o kwamba ni lazima habari itangazwe (hasa kwa maradhi ambayo ni lazima serikali iarifiwe). **notification** [,noutifi-'keiʃn] n. taarifa; habari; tangazo.

notion ['nouʃn] n. wazo; nia; fikira.

notorious [nou'tɔ:riəs] adj. -liojulika sana (hasa kuwa -baya). **notoriety** [,noutə'raiəti] n. sifa mbaya; ubayana.

notwithstanding [,nɔtwið'standiŋ] prep. Eng., Swah. conj. walakini;

NOUGHT [180] **NUTRIMENT**

ijapo; ijapokuwa: ~ *advice he went*, ijapokuwa alionywa alikwenda.
nought [no:t] *n.* si kitu; sifuri ; 0.
noun [naun] *n.* (*grammar*) jina.
nourish ['nʌriʃ] *v.t.* (1) lisha; chunga; lea. (2) shika moyoni. ~**ment** *n.* chakula; kilishaji; kioteshaji.
¹**novel** ['nɔvl] *adj.* -pya; -geni. ~**ty** *n.* (1) upya; ugeni. (2) kitu kipya, (*pl.*) vitu vya namna nyingi vilivyofanyizwa visivyo vya thamani.
²**novel** ['nɔvl] *n.* kitabu chenye hadithi iliyobunika. ~**ist** *n.* mwandishi wa ~.
November [nou'vembə*] *n.* mwezi wa kumi na mmoja wa mwaka wa Kizungu.
novice ['nɔvis] *n.* mwanafunzi; mtu mpya wa kazi, *&c.*, hasa mwanafunzi wa chama cha dini. **novitiate** [nou'viʃiit] *n.* uanafunzi; hali ya kuwa ~.
now [nau] *adv.* sasa; mara hiyo. ~ *and again*, ~ *and then*, pengine. *Now then! Now now!* latumika kwa namna ya urafiki kama neno la kuonya pengine kwa kuhimiza. ~**adays** ['nauədeiz] *adv.* siku hizi; katika siku zetu.
nowhere ['nou(h)weə*] *adv.* si ... mahali po pote: *I went* ~, sikuenda po pote; *The man is* ~ *to be seen*, yule mtu haonekani mahali po pote.
nozzle ['nɔzl] *n.* mdomo wa chuma wa bomba la mpira la kutupia maji (taz. ¹*hose*).
nucleus ['nju:kliəs] *n.* (*pl.* -ei {-iai}) sehemu ya kati; kiini.
nude [nju:d] *adj.* -tupu; uchi, bila kuvaa nguo. **nudist** *n.* mtu afikiriye ya kuwa kwenda uchi huleta afya bora.
nudge [nʌdʒ] *v.t.* kumba; dukua; tia mdukuo. — *n.* mdukuo; kikumbo.
nugget ['nʌgit] *n.* kipande, kibumba cha madini (hasa ya dhahabu), cha umbo ambalo huchimbuliwa ardhini.
nuisance ['nju:səns] *n.* udhia; usumbuo; machukizo; jambo (kitu mtu, tendo) la kuudhi, kudhuru au kuchukiza.
null [nʌl] *adj.* batili; -liotanguka; ~ *and void* (*legal*) -liotanguka; -liokufa. ~**ify** *v.t.* batili; tangua; futa.
numb [nʌm] *v.t.* tia (fanya) ganzi. — *adj.* -enye ganzi; -zito; -legevu: *fingers* ~(*ed*) *with cold*; vidole vizito kwa baridi; vidole vilivyokufa ganzi.
number ['nʌmbə*] *n.* (1) *e,g.* 5, 13 na 103 ni tarakimu. (2) idadi; hesabu. (3) sehemu moja ya gazeti au ya kitabu (kwa mafungu); *a back* ~, (*fig.*) kitu, au mtu, ambaye desturi na fikira zake ni za siku za zamani. — *v.t.* (1) tia hesabu (namba). (2) timia: *Those present* ~*ed fifty*, waliohudhuria walitimia hamsini. (3) hesabia. ~**less** *adj.* -ingi sana pasipo idadi.
numeral ['nju:mərəl] *n.* tarakimu; herufi ya hesabu. **numerical** [nju:'merikl] *adj.* -a tarakimu; -a hesabu. **numerous** ['nju:mərəs] *adj.* -ingi sana.
nun [nʌn] *n.* bikira; mwanamke mtawa wa chama cha dini. ~**nery** *n.* nyumba ya mabikira hao.
nurse [nə:s] *n.* (1) mlezi; aya. (2) mwuguzi. — *v.t.* (1) uguza. (2) nyonyesha. (3) shika mtoto mchanga pajani au mikononi. (4) lea; tunza. ~**ry** ['nə:səri] *n.* (1) chumba cha watoto wadogo. (2) shamba ambamo hulea mimea na miti midogo. ~**ryman** *n.* mfanya kazi ya ~**ry** ya mimea.
nurture ['nə:tʃə*] *n.* malezi. — *v.t.* lea.
nut [nʌt] *n.* (1) kokwa; *ground-*~, *pea-*~, njugu nyasa; karanga; *coco-*~, nazi; *cashew-*~, korosho. (2) nati ya chuma ya kufungia mwishoni mwa skrubu. ~-**crackers** *n. pl.* kitu cha kubanjia kokwa. ~**shell** *n.* gamba (ganda) la kokwa; *in a* ~*shell*, kwa maneno machache sana; kwa uchache.
nutmeg ['nʌtmeg] *n.* kungumanga. Ni kokwa la mti wa *East Indies*, illyosagwa au kukunwa, dawa huitwa basibasi.
nutriment ['nju:trimənt] *n.* chakula cha kuleta nguvu na afya. **nutrition** [nju:'triʃn] *n.* tendo la kuleta na kupokea chakula; elimu ya kufahamu nguvu ziletwazo kwa

A nozzle

BOLT

NUT

namna mbalimbali za vyakula. **nutritious** [nju:'trɪʃəs] *adj.* -a kuleta chakula chenye nguvu nyingi; -a kulisha vizuri.

O

O, oh [ou] *interj.* mlio wa mshangao au wa hofu.
oak [ouk] *n.* mti mgumu uotao mahali pengi duniani.
oar [o:*, ɔə*] *n.* kasia. ~**sman** *n.* mpiga kasia.
oasis [ou'eisis] *n. (pl. oases* [-si:z]) mahali penye miti na chemchemi katika jangwa.
oath [ouθ] *n. (pl. oaths* [ouðz]) (1) kiapo. (2) laana.
oats [outs] *n. pl.* nafaka kama shayiri: *sow one's wild* ~, (kijana) jifurahisha katika maisha ya ufasiki kabla ya kutungamana na kukaa vizuri. **oatmeal** *n.* unga wa ~.
obedient [ou'bi:djənt] *adj.* -tii; -sikivu. ~**ly** *adv.* **obedience** *n.* utii; usikivu.
obey [ou'bei] *v.t. & i.* tii; sikia; tumikia.
¹object ['ɔbdʒikt] *n.* (1) kitu kiwezacho kuonwa au kuguswa: *an* ~ *lesson*, mafundisho juu ya kitu kwa kukionyesha kitu chenyewe. (2) kitu au mtu ambaye hutendewa tendo la *verb* au ambaye hufikiriwa; mtendewa; kusudi: *with no* ~ *in life*, bila kusudi katika maisha; *succeed in one's* ~, timiza nia; *time (money) no* ~, si lazima kuangalia wakati (fedha); wakati (fedha) si kitu.
²object [əb'dʒekt] *v.t.* kataa. ~**ion** [əb'dʒekʃn] *n.* katazo; uchungu; kutopenda; kizuizi; pingamizi. ~**ionable** *adj.* -a kuchukiza; -siopendeza. ~**or** *n.* mtu akataaye; mpingaji.
objective [ɔb'dʒektiv] *adj.* bila kuvutwa kwa fikira zako tena bila kupenda kujiingiza katika shauri: *My advice is quite* ~, shauri langu nimelitoa bila kufikiri faida yangu hata kidogo; bila kutaja jina wala kufikiri watenda kitu: *My statement on the purpose of the War is quite* ~, sijaribu katika maneno yangu kushtaki wala kuvumbua watu wafanyao vita.
obligation [,ɔbli'geiʃn] *n.* ahadi; sharti; wajibu. **obligatory** [ɔb'ligətəri] *adj.* -a lazima; faradhi.
oblige [ə'blaidʒ, ou-] *v.t.* (1) lazimisha; shurutisha. (2) fadhili; fanyia hisani. **obliging** *adj.* tayari kusaidia; -a fadhili.
oblique [ou'bli:k] *adj.* -a kwenda upande.
obliterate [ɔ'blitəreit] *v.t.* futia mbali; ondoa kabisa; haribu.
oblivion [ɔ'blivjən] *n.* hali ya kusahauliwa kabisa.
oblivious [ɔ'blivjəs] *adj.* -siojua hata kidogo; -liosahau kabisa.
oblong ['ɔblɔŋ] *n. & adj.* umbo kama mraba refu kuliko pana tena lenye pembe zote nne za 90°.
obscene [ɔb'si:n] *adj.* (kwa maneno, desturi) -chafu; -pujufu. **obscenity** *n.* maneno au matendo machafu.
obscure [əb'skjuə*] *adj.* (1) -a giza; -a kujificha; -sioonekana wala kufahamika vyema. (2) -siojulikana vizuri. — *v.t.* tia giza; fumba. **obscurity** [əb'skjuəriti] *n.* gizani.
observe [əb'zə:v] *v.t. & i.* (1) ona na kuangalia; chungua, chunguza. (2) fuata; shikilia; adhimisha; tukuza. (3) nena; sema. **observable** *adj.* -a kuangalika. **observance** *n.* kuangalia; kukumbuka; desturi; kawaida. **observant** *adj.* -angalifu; -elekevu. **observation** [,ɔbzə'veiʃn] *n.* (1) kuangalia, kuangalika. (2) neno, maneno. **observatory** [əb'zə:vətəri] *n.* mahali pa kuangalia jua, mwezi, nyota, &c. ~**r** *n.* mwangalizi; mchunguzi.
obsess [əb'ses] *v.t.* (kwa hofu, wazo lisiloondoka au lisilo kweli) taabisha bila kikomo. ~**ion** *n.*
obsolete ['ɔbsəli:t] *adj.* -siotumika siku hizi; -a kikale. **obsolescent** [,ɔbsə'lesənt] *adj.* -lio karibu kuwa ~.
obstacle ['ɔbstəkl] *n.* kizuizi; pingamizi.
obstinate ['ɔbstinit] *adj.* (1) -kaidi. (2) -gumu. ~**ly** *adv.* **obstinacy** *n.* ukaidi.
obstruct [əb'strʌkt] *v.t.* zuia; pinga; pingamiza. ~**ion** [əb'strʌkʃn] *n.* (hasa) kitu cha kuzuia, kipingamizi; kizuizi. ~**ive** *adj.* -a kuzuia, -a kutaka kuzuia; -a kupingia.

obtain [əb'tein] *v.t. & i.* (1) nunua. (2) pata; pewa; jipatia. (3) kubalika; enea; tumika. ~**able** *adj.* be ~*able*, patikana.

obtrude [əb'tru:d] *v.t. & i.* jiingiza; jitia kati; jidukiza. **obtrusive** [əb'tru:siv] *adj.* -fidhuli; wazi; -a kujitokeza.

obtuse [əb'tju:s] *adj.* (1) butu; dugi. (2) (kwa *angles*) pembe 'kubwa kuliko ya mraba, pembebutu. (3) -zito wa akili; -pumbavu.

obviate ['obvieit] *v.t.* ondoa; katiza; toa.

obvious ['obviəs] *adj.* wazi; dhahiri; -a kuonekana.

occasion [ə'keiʒn] *n.* (1) wakati; jambo; nafasi; *not an ~ for laughter*, si wakati wa kustahili wa kucheka; *rise to the ~*, jionyesha tayari kufanya lililo lazima. (2) sababu; haja: *There's no ~ for you to lose your temper*, huna haja (ya) kukasirika. — *v.t.* fanya; leta: *He was late and this ~ed anxiety*, alichelewa na jambo hilo lilileta wasiwasi. ~**al** *adj.* mara kwa mara; -a bahati. ~**ally** *adv.* pengine; mara kwa mara.

occupy ['okjupai] *v.t.* (1) kalia; shika. (2) twaa; dumu; shughulika (na); shughulisha: *He was occupied with his work*, alishughulika na kazi yake: *Many thoughts occupied my mind*, fikira nyingi zilishughulisha moyo wangu. **occupier** *n.* **occupant** ['okjupənt] *n.* mwenye kukaa; mkaaji; mwenyeji. **occupation** [,okju'peiʃn] *n.* (1) kutwaa; kumiliki. (2) shughuli; kazi; uchumi.

occur [ə'kə:] *v.i.* (-rr-) (1) tukia. (2) -wa; kutwa: *Which letter of the alphabet ~s most commonly?* Katika alfabeta herufi ipi hukutwa mara nyingi? (3) ~ *to*, ingia moyoni. ~**rence** [ə'kʌrəns] *n.* tukio; jambo.

ocean ['ouʃn] *n.* bahari kuu.

octagon ['oktəgən] *n.* kitu chenye pande nane. ~**al** [ok'tagənl] *adj.* -enye pembe nane na pande nane.

October [ok'toubə*] *n.* mwezi wa kumi wa mwaka wa Kizungu.

octopus ['oktəpəs] *n.* pweza mkubwa wa baharini mwenye mwili mwororo na mikono minane, taz. picha.

An octopus

ocular ['okjulə*] *adj.* -a macho; kwa kuona. ~ *proof*, kuthubutisha kwa kuona. **oculist** *n.* dakitari wa macho.

odd [od] *adj.* (1) (kwa tarakimu) witiri, si kamili. 1, 3, 5, 7 ni tarakimu witiri. (2) -moja pasipo mwenzi wake; -moja peke yake. (3) pamoja na -ingine -liobaki: *a hundred shillings and some ~ cents*, shilingi mia moja na senti kidogo. (4) -geni; si desturi. (5) mbalimbali: ~ *jobs*, namna kadha wa kadha za kazi ndogo; *at ~ times*, mara kwa mara. ~**ity** ['oditi] *n.* kigeni; ajabu; mzaha. ~**ly** *adv.* kwa namna isiyo desturi. ~**ments** *n. pl.* takataka; ovyo. ~**s** *n. pl.* (1) tofauti; ziada. (2) *be at ~s with*, gombana na; bishana na. (3) ~ *and ends*, taz. ~*ments*.

odour ['oudə*] *n.* (1) harufu. (2) *be in good (bad) ~ (with)*, pendelewa (kutopendelewa) na. ~**less** *adj.* -sio na harufu.

of [ov, əv] *prep.* -a; kwa; katika.

off [o:f, of] *prep.* (1) katika; kwa. (2) karibu na: *an island ~ the south coast*, kisiwa karibu na pwani ya kusini. (3) (kwa barabara na njia) -liotoka kwa: *a small street ~ the main road*, kichochoro kilichotoka kwa barabara kubwa. (4) ~ *colour*, (*colloq.*) -gonjwa kidogo; ~ *one's food*, bila tamaa ya chakula; ~ *one's head*, (*slang*) -enye wazimu. — *adv.* mbali; si juu. ~ *and on*, pengine; mara kwa mara. — *adj.* (1) *the ~ side*, -a upande wa kuume. (2) *on the ~ chance*, kwa bahati (lakini haielekei kuwa); *the ~ season*, wakati usio na kazi nyingi; *in one's ~ time*, wakati wa wasaa. ~**hand** *adj.* kwa upurukushani. — *adv.* kwa haraka.

offal ['ofl] *n.* (1) matumbo ya mnyama. (2) takataka.

offence [ə'fens] *n.* (1) kosa; taksiri; dhambi. (2) chuki; uchungu. (3) chukizo. (4) kushambulia: *weapons of ~,* silaha za kushambulia (kudhuru). **offend** [ə'fend] *v.i.* (1) kosa; fanya dhambi. (2) chukiza; tia uchungu. (3) chokoza; sumbua. **offender** *n.* mtenda mabaya; mwenye dhambi. **offensive** [ə'fensiv] *adj.* (1) -a kuchokoza; -a kusumbua. (2) -a kushambulia; -a kutaka vita. — *n.* shambulio: *take the ~sive,* anzisha (leta) vita. **offensively** *adv.*

offer ['ofə*] *v.t.* (1) toa; tolea; tia bei. (2) tolea Mungu: *~ (up) prayers,* toa sala, maombi. (3) fanya: *They ~ed no resistance,* hawakushindana. — *n.* neno; ahadi. **~ing** *n.* toleo; (hasa) sadaka kanisani. **~tory** ['ofətəri] *n.* sadaka kanisani.

office ['ofis] *n.* (1) (mara nyingi huwa *pl.*) chumba (vyumba) cha kazi, afisi. (2) kazi; utume. (3) fadhili; msaada.

officer ['ofisə*] *n.* (1) afisa, wa askari, baharia, &c. (2) mtu wa serikali.

official [ə'fiʃl] *adj.* (1) -a mwenye amri; -a nguvu. (2) -a serikali. — *n.* mtu wa serikali. **~ly** *adv.* kwa namna iliyo taratibu; kwa amri (nguvu) ya serikali.

officiate [ə'fiʃieit] *v.i.* fanya kazi ya mtu wa cheo fulani. **officious** [ə'fiʃəs] *adj.* -a kujidukiza; -a kujitia.

offshoot ['ofʃu:t] *n.* kitawi; kichipukizo.

offspring ['ofspriŋ] *n.* (*pl.* haigeuki) mtoto; mzao; watoto; wazao.

often ['ofn] *adv.* mara kwa mara; mara nyingi.

oil [oil] *n.* mafuta. — *v.t.* tia mafuta. **~cloth** *n.* linoleum, yaani nguo nzito iliyopakwa rangi ya mafuta ya kutumika kwa kufunika sakafu au mbao za chini nyumbani. **~skin** *n.* nguo iliyotiwa mafuta isipenyezeke kwa maji. **~y** *adj.* -a mafuta; -kama mafuta.

ointment ['ointmənt] *n.* dawa ya mafuta ya kupaka katika ngozi.

old [ould] *adj.* (kwa watu) -zee; (kwa vitu) -a zamani; (*worn out*) -kuukuu. — *n. in days of ~,* siku za kale. **~en** *adj.* (*liter.*) *in ~en days,* siku za kale. **~-fashioned** *adj.* -a zamani; -a kupenda desturi za zamani.

olive ['oliv] *n.* (mti) mzeituni, (matunda) zeituni: *hold out the ~ branch,* tolea tawi la mzeituni (yaani ishara ya kutaka amani). — *adj.* -a rangi ya zeituni.

omelette ['omlit] *n.* andazi la mayai lililokaangwa.

omen ['oumen] *n.* ndege; fali: *a good ~,* dalili ya bahati njema. **ominous** ['ominəs] *adj.* -a ndege mbaya; -a kuogofya.

omit [ou'mit] *v.t.* (*-tt-*) (1) kosa (kufanya kitu fulani). (2) ruka; pitia. **omission** [o'miʃn] *n.* kuruka; kupitia; kitu kilichopitiwa; kosa.

omnibus ['omnibəs] *n.* (1) (la zamani) bas, gari kubwa la abiria. (2) (*attrib.*) kwa makusudi mengi pamoja: *an ~ volume,* vitabu vingi vilivyo katika jalada moja.

omnipotent [om'nipətənt] *adj.* -enye enzi zote. *the O.,* Mwenyezi Mungu. **omnipotence** *n.* uwezo wa Ki-Mungu.

omniscient [om'nisiənt] *adj.* -a kujua yote. *The O., God,* Mungu ajuaye yote. **omniscience** [om'nisiəns] *n.* ujuzi wa yote.

omnivorous [om'nivərəs] *adj.* -a kula vyo vyote.

on [on] *prep.* juu ya; katika; -ni — *adv.* juu; mbele.

once [wʌns] *adv.* mara moja tu. *~ in a way (while),* pengine, si mara nyingi: *~ and for all,* mara hii tu ya kwanza na ya mwisho, *~ upon a time* hapo kale; *at ~,* mara moja; *all at ~,* mara; papo hapo. — *conj.* toka: *~ you begin to feel afraid;* toka uanzapo kuona hofu . . . — *n.* mara hii tu: *For ~ you're right,* kwa mara hii tu maneno yako ni sahihi; safari hii maneno yako ni sahihi.

one [wʌn] *adj.* -moja. — *pron. ~ by ~,* -moja-moja; *It's all ~ to me,* (ni) mamoja kwangu. **~self** [wʌn'self] *pron.* mwenyewe; (mara nyingi huwa katika *vb.*) -ji-: *please ~self,* jipendeza. **~-sided** *adj.* -a kwenda upande, -a pogo; (hasa -a kupendelea, si sawa) *a ~-sided argument,* maneno ya kupendelea upande mmoja tu.

onerous ['onərəs] *adj.* -a kuhitaji jitihada nyingi; -a kutaabisha.

onion ['ʌnjən] *n.* kitunguu.

onlooker ['onlukə*] *n.* mtu anayetazama; mwenye kuhudhuria.

only ['ounli] *adj.* -tupu; tu. — *adv.* tu; basi. — *conj.* ila; lakini; isipokuwa.

onus ['ounəs] *n.* (hutumika katika *sing.* tu) kazi; daraka; wajibu.

onward ['onwəd] *adj.* -a kwenda mbele. — *adv.* mbele. ~s *adv.*

ooze [u:z] *n.* matope; kinamasi. — *v.i.* vuja; tona; tiririka; (*fig.*) *Their courage~d away*, uhodari wao ulitoweka kama maji yalivyotiririka.

opaque [ou'peik] *adj.* -siopenyezeka kwa nuru; -sioona; -pumbavu.

open ['oupn] *adj.* (1) wazi; -eupe. (2) (hutumika kwa namna maalum pamoja na majina [*nouns*]). *in the ~ air*, nje; *with ~ arms*, pamoja na upendo au furaha; *an ~ boat*, mashua isiyo na sitaha; *~ competitions* (*scholarships, &c.*), mashindano ambayo watu wote wanahaki ya kuingia; *the ~ country*, peupe pasipo vichaka au pasipo nyumba; *keep ~ house*, karibisha wageni wengi; *have an ~ mind*, -wa tayari kupokea mashauri mapya; *in ~ order*, (kwa askari) -liotengana katika mstari mmoja; *an ~ question*, jambo lisilokatwa bado; *the ~ sea*, bahari iliyo mbali kutoka nchi. (3) *~ to*, (i) tayari kusikia (sababu, hoja) au kufikiri bei na kununua au kuuza; (ii) -a kuleta mashaka. — *n. the ~*, nje; hewa ya nje; palipo peupe. — *v.t.* (1) fungua; funua. (2) *~ out*, eneza; *~ up*, endeleza (biashara ya nchi au kampani, *&c.*). (3) *~ fire*, anza kupiga. **~ing** *n.* (1) mwanzo; kipenyo. (2) nafasi (ya kupata kazi, *&c.*). **~ly** *adv.* wazi. **~-handed** *adj.* -kunjufu. **~-hearted** *adj.* -a kweli; -nyofu.

opera ['opərə] *n.* mcheza wa waimbaji na kuigiza hadithi.

operate ['opəreit] *v.t. & i.* (1) endesha; tenda kazi. (2) (kwa madaktari) pasua; kata; tumbua. **operation** [,opə'reiʃn] *n.* (1) kazi; kutenda; *come into operation*, anza kuwa na nguvu. (2) sehemu maalum ya kazi. (3) (*pl.*) matengenezo au madaraka ya vita. (4) udaktari (wa kupasua, wa kukata). **operative** ['opərətiv] *adj.* -a kutenda kazi; -a nguvu. — *n.* mfanya kazi, hasa katika kinu au kiwanda. **operator** ['opəreitə*] *n.* mtu aendeshaye mashini, *&c.*

opinion [ə'pinjən] *n.* (1) hukumu; sifa; rai. (2) shauri: *get a lawyer's ~*, pata (maoni) shauri la mwanasheria. **~ated** [ə'pinjəneitid] *adj.* -shupavu; -bishi.

opium ['oupiəm] *n.* afyuni, yaani dawa iliyofanyizwa kwa mbegu za maua ya *poppy*; kasumba.

opponent [ə'pounənt] *n.* mshindani; adui.

opportune ['opətju:n] *adj.* (1) -a kufaa (katikati wakati maalum). (2) -a kuja sawasawa. **opportunity** [,opə'tju:niti] *n.* nafasi, wakati wa kufaa.

oppose [ə'pouz] *v.t.* (1) zuia; kabiliana. (2) kabili. **opposite** ['opəzit] *adj.* (1) -a kuelekea; -a kukabili. (2) mbalimbali kabisa. **opposition** [,opə'ziʃn] *n.* (1) hali ya kukabiliana; ushindani. (2) *the O.*, watu wasio wa jamii yenye nguvu katika *Parliament*.

oppress [ə'pres] *v.t.* (1) tawala bila haki au kwa ukatili; dhulumu. (2) (*fig.*) songa; taabisha. **~ion** *n.* udhalimu. **~ive** *adj.* -a kulemea; -zito. **~or** *n.* mdhalimu.

optical ['optikl] *adj.* -a macho. **optician** [op'tiʃn] *n.* mfanyi au mwuza miwani.

optimism ['optimizm] *n.* matumaini ya kuwa mambo yote yatatokea vizuri. **optimistic** [,opti'mistik] *adj.* -a kutumaini ya kuwa mambo yote yatatokea vizuri. **optimist** *n.* mtu aliye *optimistic*.

option ['opʃən] *n.* kuchagua; hiari. **~al** *adj.* -a hiari, si -a lazima.

opulent ['opjulənt] *adj.* tajiri; -enye mali nyingi. **opulence** *n.*

or [o:*, ə*] *conj.* au; ama.

oracle ['orəkl] *n.* (1) (katika habari za zamani za Kiyunani) majibu yaliyotolewa mahali ambapo watu walimwuliza mungu habari za mambo makuu yajayo; kahini aliyetoa majibu hayo. (2) mtu ambaye adhaniwa kuwa aweza kuagua na kupa shauri zuri. **oracular** [ə'rækjulə*] *adj.* -a ~ kama ~; maneno ya hekima kama fumbo.

oral ['o:rəl] *adj.* -a mdomo, -sioandikwa. **~ly** *adv.* kwa mdomo.

orange ['orindʒ] *n.* chungwa; (mti) mchungwa. — *adj.* -a rangi ya chungwa.

oration [ə'reiʃn] *n.* hotuba. **orator** ['orətə*] *n.* msemi; mwenye ufasaha wa kusema. **oratorical** [,orə'torikl] *adj.* -a mneni; -a ufasaha wa maneno. **oratory** ['orətəri] *n.* (1) ufasaha wa kusema; usemaji. (2) kanisa dogo la kusalia.

orb [o:b] *n.* tufe, hasa jua, mwezi au moja ya nyota.

orbit ['o:bit] *n.* mwendo wa nyota moja kuzungukia nyingine: *the earth's ~ round the sun,* mwendo wa dunia kuzungukia jua.

orchard ['o:tʃəd] *n.* shamba la miti izaayo matunda.

orchestra ['o:kistrə] *n.* (1) jamii ya watu wapigao muziki pamoja. (2) mahali ndani ya *theatre* ~ wapigapo muziki. **orchestral** [o:-'kestrəl] *adj.*

ordain [o:'dein] *v.t.* (1) (kwa Mungu, sheria, nguvu ya serikali) amuru; agiza. (2) fanya kasisi; tia mikono.

ordeal [o:'di:l] *n.* (1) (la zamani) njia ya kumhukumu mtu kama mwenye hatia au bila hatia kwa kumjaribu, kwa mfano kwa kumlazimisha apite motoni bila kuumizwa: ~ *by fire,* jaribio la moto; *trial by* ~, hukumu ya jaribio. (2) majaribu; mateso.

order ['o:də*] *n.* (1) taratibu. (2) hali ya kutengenea au kuwekwa vizuri; uzuri. (3) hali ya kufuatana na utawala mzuri na kutii sheria. (4) kanuni; kawaida; desturi. (5) amri: *by* ~ *of the Governor,* kwa amri ya *Governor.* (6) agizo: *goods on* ~, bidhaa zilizoagizwa lakini bado hazijapokewa. (7) hawala; hati. (8) *in* ~ *that,* ili. (9) cheo; daraja: *the O. of Merit,* daraja la kuwa katika chama cha *Merit;* nishani ya kuvaliwa na wanachama. (10) (*pl.*) amri iliyotolewa na askofu kumwingiza mtu katika ukasisi: *take holy* ~s, fanyika padre. (11) chama cha watu wa dini, hasa cha wateule kama *monks.* — *v.t.* (1) amuru; agiza. (2) tengeneza. ~**ly** *adj.* (1) -a taratibu. (2) makini; -a amani. — *n.* askari mtumishi; mtumishi wa hospitali.

ordinal ['o:dinl] *n. & adj.* (tarakimu) -a kuonyesha -a ngapi katika mfululizo, *e.g. first, second, third,* -a kwanza, -a pili, -a tatu.

ordinance ['o:dinəns] *n.* amri; agizo; sheria ya serikali.

ordinary ['o:dinəri] *adj.* -a siku zote, desturi; -a wastani: *out of the* ~, si -a kawaida; si -a siku zote. **ordinarily** *adv.*

ordination [,o:di'neiʃn] *n.* kufanya kasisi kwa kutiwa mikono na askofu.

ore [o:*] *n.* mawe yenye madini.

organ ['o:gən] *n.* (1) sehemu ya mwili wa mtu au mmea ifanyayo kazi maalum: *e.g. the* ~s *of speech,* (maana ulimi, meno, midomo, *&c.*). (2) njia ya (jinsi ya, kitu cha) kufanyia kazi; utaratibu. (3) njia ya kutangaza fikira za watu (*e.g.* magazeti). (4) kinanda chenye mabomba yatoayo sauti kwa nguvu ya mivukuto. ~**ic** [o:'gænik] *adj.* (1) -a sehemu ya (kiungo cha) mwili wa mtu au mmea. (2) -enye sehemu (viungo) zifanyazo kazi maalum. ~**ism** ['o:gənizm] *n.* kitu chenye uhai. ~**ist** *n.* mpiga kinanda.

organize ['o:gənaiz] *v.t.* tunga; tengeneza. ~**d** *adj. highly* ~*d forms of life,* -enye *organs* zilizokamilika. **organization** *n.* kutengeneza au kutengenea; jamii ya watu waliotengenea vizuri; utaratibu. ~**r** *n.* mtengenezaji; mtungaji; msimamizi.

orient ['o:riənt] *n. the O.* (jina la *poet.* kwa) nchi za Mashariki. ~**al** ['o:ri'entl] *adj.* -a Mashariki. — *n.* mtu wa Mashariki.

orifice ['orifis] *n.* tundu; mlango.

origin ['oridʒin] *n.* asili; mwanzo: chimbuko. ~**ate** [ə'ridʒineit] *v.i.* anza; tokana. — *v.t.* anzisha; umba.

original [ə'ridʒinl] *adj.* (1) -a kwanza; -a asili. (2) -pya; -sio nakili; -sioiga. (3) -enye akili ya kubuni (ya kutunga, ya kuvumbua). — *n.* mfano wa asili uigizwao kwa nakili. ~**ly** *adv.* ~**ity** [ə,ridʒi'næliti] *n.* tabia ya kuwa ~; kuwa na akili za kubuni, *&c.*; tabia isiyoiga nyingine.

ornament ['o:nəmənt] *n.* (1) pambo. (2) mtu (au kitu) aletaye uzuri au madaha zaidi. — *v.t.* -wa kama pambo (kwa); pamba; remba. ~**al** *adj.* -a kupamba; -zuri.

orphan ['o:fən] *n.* yatima. — *v.t.*

fanya kuwa yatima. ~age ['ɔ:fənidʒ] n. nyumba ya kutunza na kulea yatima.

orthodox ['ɔ:θədɔks] adj. -enye imani (dini, maono, desturi) sahihi. ~y n. kuwa ~.

orthography [ɔ:'θɔgrəfi] n. maendelezo sahihi ya maneno.

oscillate ['ɔsileit] v.i. & t. ning'inia; ning'iniza; pembeza.

ostensible [ɔs'tensibl] adj. -lioletwa ili kuficha kilicho cha kweli: *That was his ~ reason for not coming*, ile ndiyo iliyokuwa sababu aliyoleta ya kutokuja. (Lakini sababu hiyo haikuwa kweli).

ostentation [,ɔsten'teiʃn] n. majivuno; fahari; ushaufu.

ostentatious [,ɔsten'teiʃəs] adj. -shaufu; -a mikogo.

ostracize ['ɔstrəsaiz] v.t. ondosha katika jamii; fukuza.

ostrich ['ɔstritʃ] n. mbuni.

other ['ʌðə*] pron. & adj. -ingine; ~ than, cf. different, mbalimbali. ~wise ['ʌðəwaiz] adv. vingine. — conj. cf. if not, kama sivyo; cf. or else, au.

otter ['ɔtə*] n. mnyama mwenye manyoya mazuri akaaye mtoni, hula samaki.

ought [ɔ:t] v. aux. paswa: *we ~ to stay here*, tumepaswa kukaa hapa.

ounce [auns] n. wakia.

our ['auə*] adj. & pron. -etu. ~s ['auəz] pron. -etu. ~selves pron. sisi wenyewe.

oust [aust] v.t. ondosha; fukuza.

out [aut] adv. nje. ~ of ['autəv] prep. (kutoka) kwa. ~ and ~, kabisa; ~ of date, -a kikale kabisa; (be) ~ of breath, tweta; kokota roho; ~ of doors, nje, hewani; ~ of one's mind, -enye wazimu; ~ of temper, -enye hasira; ~-of-the-way, -geni; ajabu. — v.i. julika, julikana: *The truth will ~*, ukweli haufichiki. ~er ['autə*] adj. -a nje; -a upande wa nje. ~ermost adj. -a nje kabisa.

outbreak ['autbreik] n. kuanza kwa nguvu (kama kwa vita, maradhi, &c.).

outburst ['autbə:st] n. kupasuka kwa ghafula (kama kwa mvuke): ~ of anger, hasira ya ghafula.

outcast ['autka:st] n. & adj. (mtu au mnyama) aliyefukuzwa na wenzake; maskini; fukara.

outclass [aut'kla:s] v.t. shinda; -wa bora kuliko.

outcome ['autkʌm] n. mwisho; matokeo.

outcry ['autkrai] n. makelele (ya hofu, hasira, &c.); dakizo la watu wengi.

outdistance [aut'distəns] v.t. shinda kwa mbio; pita.

outdo [aut'du:] v.t. pita; shinda: *he was not to be ~ne*, hakutaka kushindwa.

outdoor ['aut'dɔ:*] adj. -a nje hewani. ~s adv. nje, hewani.

outfit ['autfit] n. zana, nguo, zote kwa kazi au kusudi maalum. ~ter n. mwuza ~.

outgrow [aut'grou] v.t. kua sana hata nguo hazifai kwa kuwa ndogo; pita (mwingine) kwa kukua upesi; acha katika kukua (desturi mbaya, fikira za utoto, &c.).

outlaw ['autlɔ:] n. haramia. — v.t. haramisha.

outlay ['autlei] n. gharama; matumizi ya fedha.

outlet ['autlet] n. mlango, tundu la kutokea maji, mvuke, &c.

outline ['autlain] n. (1) mstari, au mistari, wa kuzunguka umbo au mpaka: *a map in ~*, ramani ya ~. (2) habari kidogo ya kueleza mambo au maneno ya maana. — v.t. chora ~¹; toa ~².

outlive [aut'liv] v.t. ishi au dumu kuliko; dumu hata jambo lisahauliwe.

outlook ['autluk] n. (1) mandhari, sura ya nchi iliyo mbele. (2) mambo ya mbele. (3) jinsi mtu fulani afikirivyo.

out-patient ['aut,peiʃənt] n. mgonjwa apewaye dawa hospitalini lakini halali humo.

output ['autput] n. kadiri ya makaa, madini, &c., yaliyochimbuliwa katika mashimo, au ya vitu vilivyofanyizwa katika kiwanda, &c.

outrage ['autreidʒ] n. (1) tendo la ukatili au la jeuri. (2) tendo la kuleta fedheha kubwa mbele ya watu. — v.t. fanya tendo kama ~¹'². ~ous [aut'reidʒəs] adj. -a kuleta fedheha kubwa; -a jeuri.

outright ['aut'rait] adv. (1) kwa wazi. (2) mara; papo hapo: *He killed him ~*, alimwulia mbali. — adj. halisi; kamili.

outset ['autset] n. mwanzo.

outside ['aut'said] *n. & adv.* nje. — *prep.* nje -a. — *adj.* -a nje. *At the very ~*, wala si zaidi; ndio mwisho.

outskirts ['autskə:ts] *n. pl.* kiunga (cha mjini).

outspoken [aut'spoukən] *adj.* -enye kusema yalivyo; -nyofu.

outstanding [aut'standiŋ] *adj.* (1) -a kutokeza; -a kuonekana dhahiri. (2) (kwa mambo, malipo, &c.) -liobaki, -siolipwa.

outward ['autwəd] *adj.* (1) -a upande wa nje. (2) -a kwenda nje. **~(s)** ['autwəd(z)] *adv.* (kwenda) nje. **~ly** *adv.* kwa juu juu; kwa kuonekana si kwa kweli.

outwit [aut'wit] *v.t.* (-*tt*-) shinda kwa akili; punja.

oval ['ouvl] *n. & adj.* umbo la yai; -enye mviringo wa yai.

ovation [ou'veiʃn] *n.* shangwe; makelele ya salamu.

oven ['ʌvn] *n.* jiko.

An oval

¹ **over** ['ouvə*] *adv. & prep.* juu; juu ya. *~ and above*, zaidi. — *n.* (kwa mchezo wa *cricket*) ni mara sita (au nane) za kila *bowler* kutupa mpira katika zamu yake.

² **over** ['ouvə*] *adv.* zaidi; kupita. *~ polite*, -a adabu kupita kiasi; *~-tired*, -liochoka kupita kiasi. **-do** [,ouvə'du] *v.t.* (-*did*, -*done*) fanya mno kupita kiasi; *cf. exaggerate*, piga chuku; (= ~ *cook*) pika mno.

overall(s) ['ouvərɔ:l(z)] *n.* vazi la kuvaa nje ya nguo za kawaida kuzilinda wakati wa kufanya kazi.

overboard ['ouvəbɔ:d] *adv.* kutoka melini kuingia baharini: *fall ~*, anguka baharini.

overcoat ['ouvəkout] *n.* koti kubwa la kuvaa juu ya nguo nyingine.

overcome [,ouvəkʌm] *v.t.* (-*came*, -*come*) (1) shinda. (2) dhoofisha; tiisha.

overdraw [,ouvə'drɔ:] *v.t. & i.* (-*drew*, -*drawn*) jipasha deni (kwa benki). **overdraft** ['ouvədra:ft] *n.* deni kwa benki.

overdue [,ouvə'dju] *adj.* -a kuchelewa; -siowadia.

overgrown [,ouvə'groun] *adj.* (1) -liokua upesi zaidi. (2) -liofunikwa kwa majani: *garden-beds ~ with weeds*, matuta yaliyofunikwa kwa magugu.

overhang [,ouvə'haŋ] *v.t. & i.*] (-*hung*) tokeza; -wa juu ya; (*fig.*) *~ing* (*i.e.* threatening) *dangers*, hatari zilizo karibu tena za kuleta hofu.

overhaul [,ouvə'hɔ:l] *v.t.* (1) kagua kitu ili kujua hali yake; tengeneza. (2) pita. — *n.* ['ouvəhɔ:l] mkaguo; uchunguzi.

overhead [,ouvə'hed] *adj.* (1) -a juujuu. (2) (kwa uchumi au kufanya biashara) *~ expenses*, malipo (*e.g.* kwa ushuru, kuvumisha habari, mishahara ya makarani, elektrisiti ya taa, &c.) yahitajiwayo lakini yasiyo hasa kwa kufanyiza vitu katika kiwanda. — *adv.* juu kichwani; juu mbinguni: *the stars ~*, nyota juu mbinguni.

overhear [,ouvə'hiə*] *v.t.* (-*heard*) sikia bila msemaji kujua; dukiza; sikia bila kukusudia.

overlap [,ouvə'lap] *v.t. & i.* (-*pp*-) pishana; pitana.

Overlapping tiles

overlook [,ouvə'luk] *v.t.* (1) ona kutoka juu. (2) totazama, toangalia; samehe: *~ an error*, samehe kosa.

overnight [,ouvə'nait] *adv.* (1) usiku uliopita. (2) usiku mpaka asubuhi. — *adj.* ['ouvənait] -a usiku mpaka asubuhi yake.

overpower [,ouvə'pauə*] *v.t.* shinda. **~ing** *adj.* -enye nguvu za kupita kiasi; -kali sana: *an ~ing stink*, harufu mbaya tena kali sana.

overrate [,ouvə'reit] *v.t.* tia thamani au sifa zaidi kuliko stahili.

overrule [,ouvə'ru:l] *v.t.* amuru vingine au tangua (hasa kwa kutumia amri uliyo nayo).

overrun [,ouvə'rʌn] *v.t.* (-*ran*, -*run*) (1) (vita) shambulia na kushinda nchi yote. (2) (bustani) enea pote: *The weeds have ~ the whole garden*, magugu yameenea pote bustanini.

oversea ['ouvə'si:] *adj.* -a upande wa

oversee [ˌouvəˈsiː] *v.t.* (*-saw, -seen*) simamia; angalia. **~r** [ˈouvəsiə*] *n.* msimamizi.

oversight [ˈouvəsait] *n.* kosa; usahaulifu.

oversleep [ˈouvəsliːp] *v.i. & reflex* sinzia sana kupita saa ya kuamka.

overt [ˈouvəːt] *adj.* wazi; mbele ya macho. **~ly** *adv.*

overtake [ˌouvəˈteik] *v.t.* (*-took, -taken*) (1) fikia; pita. (2) (kwa dhoruba, taabu, &c.) pata kwa ghafula.

overthrow [ˌouvəˈθrou] *v.t.* (*-threw, -thrown*) shinda; angamiza; angusha. — *n.* [ˈouvəθrou] maangamizi.

overtime [ˈouvətaim] *n. & adv.* (kazi ya) kuzidi saa zake.

overwhelm [ˌouvəˈhwelm] *v.t.* vunja; gharikisha; angamiza.

owe [ou] *v.t.* (1) wiwa, -wa na deni: *he ~s me money*, awiwa nami, namwia, (*fig.*) *I ~ my success to hard work*, kufanikiwa kwangu ni kwa sababu nimejitahidi sana. (2) (*fig.*) pasa: *I ~ loyalty*, nimepaswa kumtii (mfalme). **owing** *adj.* -siolipwa bado. *owing to, prep.* kwa sababu ya.

owl [aul] *n.* (ndege) bundi; babewatoto.

own [oun] *adj.* -enyewe. *my ~, -*angu mimi; *your ~, -*ako wewe, &c. — *v.t.* miliki, -wa na (mali). — *v.i.* kiri. **~er** *n.* mwenyewe, mwenyeji. **~erless** *adj.* bila mwenyewe. **~ership** *n.* uenyeji; kumiliki.

ox [oks] *n.* (1) (*pl. oxen* [ˈoksn]) ng'ombe ye yote aliyefugwa. (2) (hasa) maksai.

oxygen [ˈoksidʒən] *n.* hewa (mvuke mwembamba) isiyo na harufu, wala rangi, wala ladha.

oyster [ˈɔistə*] *n.* chaza, huliwa bila kupikwa, pengine huwa na lulu katika kombe lake.

An oyster

P

pace [peis] *n.* (1) hatua. (2) mwendo wa kutembea au kukimbia: *keep ~ with* (*sb.*), enda sawasawa na. — *v.i. & t.* (1) enda taratibu kwa miguu. (2) pima kwa hatua.

pacific [pəˈsifik] *adj.* -a amani; -tulivu. **~ation** [ˌpasifiˈkeiʃn] *n.* kufanya amani: suluhu. **~icism** [pəˈsifisizm], **pacifism** [ˈpasifizm] *n.* madhehebu ya kuwa vita viondolewe kabisa tena ya kuwa yawezekana kuviondolea mbali. **~ist** [pəˈsifisist], **pacifist** [ˈpasifist] *n.* mtu mwenye madhehebu ya *~ism.* **pacify** [ˈpasifai] *v.t.* tuliza; suluhisha.

pack [pak] *n.* (1) mzigo; mtumba: *~-horse, ~-animal,* wa kupakia *~s.* (2) kundi (la wanyama); (kwa wanadamu huwa la kudharau): *a ~ of thieves,* kundi la wezi (la wajanja, &c.). (3) jozi; fungu zima la karata. — *v.t. & i.* (1) funga. (2) songa; songana. (3) funga na kutengeneza kwa uangalifu kwa vitu vyororo. (4) *~ sb. off, send sb. ~ing,* fukuza. **~age** [ˈpakidʒ] *n.* peto; bahasha; furushi. **~et** [ˈpakit] *n.* kifurushi; (hasa) bahasha. **~ing** *n.* kitambaa (majani makavu, &c.) cha kujaza.

pact [pakt] *n.* maafikano; mapatano.

pad [pad] *n.* (1) mto mdogo; kata. (2) kipande cha nguo, ngozi, &c., cha kubandikia: hasa kwa kubandikia miguu kwa micheza kama *cricket.* (3) karatasi za kuandikia zilizofungwa pamoja. (4) fumba la mguu (la wanyama kama mbwa, paka, &c.). — *v.t.* tia *~s¹.* (2) *~* (*out*), ongeza urefu wa (kitabu, insha, &c.) kwa kutia maneno yasiyo na maana. **~ding** *n.* kitu cha kujazia tu.

paddle [ˈpadl] *n.* kafi. — *v.t. & i.* (1) endesha (mtumbwi) majini kwa kafi; piga kafi. (2) tembeatembea majini pasipo viatu. **~-steamer** *n.* meli iendeshwayo kwa magurudumu yenye makafi. **~-wheel** *n.* gurudumu (la upande au nyuma) la kuendesha meli.

paddy [ˈpadi] *n.* mpunga. **~-field** *n.* shamba la mpunga.

padlock ['padlok] n. kufuli. — v.t. funga kwa kufuli.

padre ['pa:drei] n. kasisi.

pagan ['peigən] n. & adj. mtu asiyemwamini Mungu. ~**ism** n. ushenzi.

A padlock and key

¹**page** ['peidʒ] n. ukarasa, upande mmoja wa ukarasa.

²**page** ['peidʒ] n. mtoto mtumishi.

pageant ['padʒənt] n. (1) mchezo wa kuigiza mambo ya zamani. (2) tamasha. ~**ry** n. tamasha.

paid past tense & p.p. ya pay.

pail [peil] n. ndoo.

pain [pein] n. (1) maumivu. (2) (pl.) jitihada; bidii. (3) adhabu; kisasi: on ~ of (death), kwa kulipa kisasi cha mauti. — v.t. umiza, huzunisha. ~**ful** adj. -a kuumiza; -a kuhuzunisha. ~**fully** adv. ~**less** adj. -sioumiza, bila maumivu. ~**lessly** adv. ~**staking** adj. -enye kujitahidi; -a bidii.

A pail

paint [peint] n. rangi ya kupaka. — v.t. & i. (1) paka rangi. (2) andika picha ya rangi. ~**er** n. mtu apakaye rangi; mtu aandikaye picha ya rangi. ~**ing** n. picha ya rangi; ustadi wa kaandika picha za rangi.

pair [peə*] n. (1) jozi, vitu viwili vya kutumika pamoja: a ~ of shoes, jozi ya viatu; a ~ of scissors, mkasi; a ~ of trousers, suruali; a ~ of spectacles, miwani. (2) watu au wanyama wawili washirikianao sana, e.g. mume na mke: in ~s, wawili wawili. — v.t. & i. panga viwili viwili, fanya viwili viwili; -wa (lingana) wawili wawili (mbili mbili, &c.).

pal [pal] n. (colloq.) mwenzi; rafiki.

palace ['palis] n. jumba la mtawala (e.g. la mfalme) au askofu; jumba kubwa. **palatial** [pə'leiʃəl] adj. -a au kama ~.

palate ['palit] n. (1) kaakaa. (2) ulimi. **palatable** ['palətəbl] adj. -tamu; -a kupendeza.

pale [peil] adj. (1) -eupe; pasipo damu (e.g. uso wa mtu aliye na hofu). (2) (kwa rangi) -enye rangi kidogo.

pallet ['palit], **palliasse** ['palias] n. godoro, hasa lililojazwa majani makavu.

¹**palm** [pa:m] n. kitanga au kiganja cha mkono, gao. — v.t. ~ sth. off (on sb.), pokeza (kitu) kwa hila. ~**ist** n. mtu ajidaiye kuwa aweza kujua tabia na mambo yatakayompata mtu kwa kuangalia kitanga cha mkono wake. ~**istry** n. ustadi wa kufanya hivyo.

²**palm** [pa:m] n. (1) mti wa jamii ya mnazi, mvumo, &c.; date ~, mtende. (2) jani la mti wa jamii hiyo la kutumiwa kama alama ya kushinda au tuzo: carry off the ~, shinda. P. Sunday, Jumapili ya mitende, Jumapili kabla ya Pasaka (Easter). ~**y** adj. -a kusitawi; -a neema: in my ~y days, siku zangu za neema.

palpable ['palpəbl] adj. -a kugusika; -a kuonekana; baini; dhahiri. **palpably** adv.

palpitate ['palpiteit] v.i. (kwa moyo) pigapiga; puma; (kwa mwili wa mtu) papa kwa hofu, &c. **palpitation** [,palpi'teiʃn] n. kiherehere cha moyo.

paltry ['po:ltri] adj. hafifu; -nyonge; -dogo.

pamper ['pampə*] v.t. pendelea; dekeza.

pamphlet ['pamflit] n. kitabu kidogo kisipo jalada; juzuu. ~**eer** [,pamfli'tiə*] n. mwandishi wa ~s.

pan [pan] n. chungu; sufuria; frying ~, kikaango; tawa. ~**cake** n. andazi kama kitumbua.

pan- prefix -a au kwa -ote: P.-Asian, P.-American Airways.

pandemonium [,pandi'moniəm] n. makelele mengi pamoja na ghasia nyingi.

pane [pein] n. kipande cha kioo (katika dirisha).

panel ['panl] n. (1) kibao kilichotiwa katika mlango au kupigiliwa ukutani. (2) orodha ya majina, hasa ya watu walioitwa kufanya hukumu.

A door with four panels

pang [paŋ] *n.* umivu kali la ghafula.

panic ['panik] *n.* hofu ya ghafula (ienayo katika kundi la watu). — *adj.* -lioshikwa na woga mkuu wa ghafula hata kutofikiri sababu. ~**ky** *adj.*

pant [pant] *v.i. & t.* (1) tweta. (2) tamani. (3) sema kwa kutweta. — *n.* mtweto.

pantry ['pantri] *n.* (1) chumba cha kuwekea vyombo vya kulia. (2) chumba cha kuwekea chakula.

papa [pə'pa:] *n.* (neno la kitoto) baba.

papacy ['peipəsi] *n.* cheo (kazi, utawala) cha *Pope*. **papal** ['peipl] *adj.* -a *Pope*.

paper ['peipə*] *n.* (1) karatasi. (2) gazeti. (3) (*pl.*) hati. (4) insha iliyoandikwa ili kusomwa mbele ya wanachama, *&c*. (5) mtihani. — *v.t.* bandika karatasi (ukutani, *&c.*). ~**-hanger** *n.* fundi wa kubandika karatasi ukutani. ~**-knife** *n.* kisu cha kukata karasa za kitabu. ~**-weight** *n.* kitu kizito cha kutiwa juu ya karasa za karatasi zisipeperushwe.

papyrus [pə'paiərəs] *n.* mafunjo.

par [pa:*] *n.* (1) wastani. (2) *on a ~ with*, sawa na.

parable ['parəbl] *n.* hadithi yenye mafundisho ya kuongoa vizuri.

parachute ['parəʃu:t] *n.* kitu kama mwavuli mkubwa cha kumwezesha mtu ashuke taratibu katika eropleni. **parachutist** *n.* mtu ashukaye kwa ~.

parade [pə'reid] *v.t. & i.* (1) (kwa askari) panga. (2) tembeza; jivunia: *He ~s his strength on every occasion*, ajivunia nguvu zake kila wakati. — *n.* (1) mchezo wa askari. (2) njia kuu ya kutembelea, hasa katika pwani au bandari. (3) fahari; majivuno.

paradise ['parədais] *n.* (1) Bustani ya Aden. (2) peponi. (3) mahali pa raha: *The Gate of P.*, kilango cha jaha.

paradox ['parədoks] *n.* kweli iliyo kama uwongo (*e.g.* 'The child is father to the man'—*Wordsworth*). ~**ical** [,parə'doksikl] *adj.*

paraffin ['parəfin] *n.* mafuta ya taa.

paragraph ['parəgra:f] *n.* fungu la maneno; kipande cha **mwandiko**; aya.

parallel ['parəlel] *adj.* (1) sambamba. (2) -a kulingana; sawa; mwenzi. — *n.* (1) ~ *of latitude*, mstari wa ramani upitao kati ya mahali pote palipo sawasawa kwa urefu kutoka *Equator*. (2) mfano; kifani. — *v.t.* (1) -wa mfano wa. (2) leta mfano wa. ~**ogram** [,parə'leləgram] *n.* umbo kama mraba, taz. picha.

paralysis [pə'ralisis] *n.* kipooza. **paralyse** ['parəlaiz] *v.t.* poozesha. **paralytic** [,parə'litik] *n. & adj.* mtu aliyeugua ~.

A parallelogram

paramount ['parəmaunt] *adj.* -a maana kuu; -enye amri kuu.

parapet ['parəpit] *n.* ukingo wa ukuta au boma au daraja, *&c*.

paraphernalia [,parəfə'neiliə] *n. pl.* vyombo vingi au vifaa hasa vya kazi ya mtu.

paraphrase ['parəfreiz] *v.t. & v.i.* eleza; fafanua. — *n.* fafanusi.

parasite ['parəsait] *n.* (1) kijidudu au kimelea chenye kujilisha (kujipendekeza, kushikamana) na mwingine au kingine. (2) mtu (adusaye) apataye riziki kwa mwingine bila kurudisha kitu. **parasitic** ['parəsitik] *adj.* -enye kujipendekeza, (kushikamana) na -ingine; -enye kudusa.

parcel ['pa:sl] *n.* (1) kifurushi. (2) *part and ~ (of)*, sehemu yenye maana sana (ya). — *v.t.* (*-ll-*) ~ *out*, gawanya; gawa.

parch [pa:tʃ] *v.t.* (1) (kwa jua, *&c.*) unguza; shindisha kwa kiu. (2) kausha kwa kutia moto.

pardon ['pa:dn] *v.t.* samehe. — *n.* samaha. ~**able** *adj.* -a kusameheka. ~**ably** *adv.*

parent ['peərənt] *n.* baba au mama mzaa; (*fig.*) asili. ~**age** ['peərəntidʒ] *n. of unknown ~age*, -a baba na mama wasiojulika. ~**al** [pə'rentl] *adj.* -a baba au -a mama.

parenthesis [pə'renθisis] *n.* (*pl.* -es [-i:z]) maneno yaliyoingizwa kati-kati, yaliyotengwa na maneno mengine kwa vistari au vifungo; (*pl.*) alama ( ) za kutia maneno

parish ['pariʃ] n. mtaa wenye padre wake na kanisa lake; sehemu ya nchi katika utaratibu wa kutawala. **~ioner** [pə'riʃənə*] n. mtu akaaye katika ~, hasa Mkristo.

parity ['pariti] n. usawa.

park [pa:k] n. (1) shamba zuri la kutembelea mjini. (2) bustani kubwa. (3) *car-~*, kiwanja kilichokwa kwa ajili ya motakaa. (4) *national* ~, eneo la nchi liliotengwa kwa ajili ya uzuri wake ili watu wafurahie (*e.g.* nchi iliyomo milima, mitu, wanyama wa porini, *&c.*). — *v.t.* weka (motakaa, *&c.*) katika kiwanja.

parliament ['pa:ləmənt] n. halmashauri kuu ya serikali, hasa ya Uingereza, sehemu zake ni *House of Commons* na *House of Lords*. **~arian** [,pa:ləmen'teəriən] n. mtu hodari sana kwa kubishana katika P. na kujua kanuni zake. **~ary** [,pa:lə'mentəri] adj. -a P.

parlour ['pa:lə*] n. sebule.

parody ['parədi] n. mwigo wa maandishi ili kuchekesha wasomaji.

parrot ['parət] n. kasuku; mtu asemaye maneno bila kufahamu maana yake.

parry ['pari] v.t. kinga (pigo, *fig.* ulizo).

parse [pa:z] v.t. pambanua maneno kisarufi.

parsley ['pa:sli] n. mboga ya kizungu ya majani yaliyofinyana.

parsnip ['pa:snip] n. mboga ya kizungu kidogo kama kiazi.

part [pa:t] n. (1) sehemu. (2) (*pl.*) pande za nchi; (*sing.*) wilaya; mtaa. (3) *cf. duty*, wajibu: *on my ~*, kwa nafsi yangu; *on the ~ of Mr. A.*, kwa upande wa *Mr. A.*; *take ~ in, -wamo*; shiriki; saidia. (4) *Act a ~ in a play*, jifanya mtu mwingine katika mchezo, cheza. (5) *take sb.'s ~*, -wa upande wa. (6) *take sth. in good ~*, sikia neno kwa upole. (7) (*grammar*) ~ *of speech*, aina ya neno kisarufi. — *v.t. & i.* (1) tenga; tengana. (2) ~ *with*, toa; acha: *a man who doesn't like ~ing with his money*, mtu asiyependa kutumia fedha yake, yaani mtu mkabidhi. **~ing** n. hasa ni mstari katika nywele baada ya kuzichambua kwa kitana. **~ly** adv.

nusu; kidogo. **~-song** n. wimbo kwa watu watatu au zaidi waimbao kwa sauti mbalimbali. **~-time** adj. & adv. kwa sehemu tu ya wiki ya kazi: *~-time teaching*, kufundisha lakini si kila siku ya wiki.

partake [pa:'teik] v.i. (*-took, -taken*) (1) shiriki. (2) onja; twaa sehemu. (3) -wamo; -wa kama.

partial ['pa:ʃl] adj. (1) -a sehemu; -a nusu; -a upande. (2) -a kuona tamu; -a kupenda. (3) -a kupendelea. **~ly** adv. nusu. **~ity** [,pa:ʃi'aliti] n. (1) kupendelea upande mmoja (2) kupenda; shauku.

participate [pa:'tisipeit] v.i. shiriki. **participant** n. mshiriki. **participation** [pa:,tisi'peiʃn] n. ushirika.

participle ['pa:tisipl] n. namna ya *verb* itumikayo kama *adjective*, *e.g.* '*writing*' ni *present p.* na '*written*' ni *past p.* ya *vb. to write*. **participial** [,pa:ti'sipiəl] adj. -a ~.

particle ['pa:tikl] n. (1) kipande kilicho kidogo mno, chembe. (2) (*grammar*) *article* (*a, an, the*), *preposition* au *adverb* (*up, in, &c.*), *conjunction*, au *affix* (kwa mfano *un-, in-, -ness, -ly*).

particular [pə'tikjulə*] adj. (1) -a mtu mmoja, -a kitu kimoja, peke yake. (2) mahsusi; maalum. (3) -chaguzi: *He's very ~ in what he eats*, ni mchaguzi sana kwa chakula chake. (4) -angalifu; halisi; *in ~*, zaidi; hasa. — n. jambo moja: *go into ~s*, taja mambo moja moja, habari zote hata za mambo madogo sana. **~ize** v.t. taja -moja -moja. **~ly** adv. zaidi; hasa; halisi.

partisan [,pa:ti'zan] n. mfuasi wa bidii wa jamii au wa upande mmoja.

partition [pa:'tiʃn] n. (1) kugawanyika; mgawo. (2) ukuta, hasa kiambaza cha kati. (3) sehemu iliyogawanyika; sehemu. — *v.t.* gawa; tenga.

partner ['pa:tnə*] n. (1) mshiriki; mwenzi; hasa mtu afanyaye kazi ya biashara pamoja na mwingine. (2) mmoja wa watu wawili wanaocheza pamoja katika ngoma, *tennis* au *karata*; mume au mke. — *v.t.* -wa ~ (-wa). **~ship** n. ushirika; tia.

partridge ['pa:tridʒ] n. kwale.

party ['pa:ti] n. (1) jeshi, kundi, la watu wenye shauri moja, hasa katika kazi ya utawala wa nchi. (2) namna ya utawala utegemeao

PASS [192] **PATCH**

jamii hizo za watu wenye mashauri mbalimbali: *the ~ system*, yaani utaratibu huo; *put public interest before ~*, fikiri faida ya watu wote si faida ya jamii yako tu. (3) mtu mmoja au watu wa upande wake katika daawa ya kortini. (4) kikoa; karamu; tafrija. (5) mshiriki: *He was a ~ to their actions*, alishirikiana nao. (6) (*humorous*) mtu.

pass [paːs] *v.i. & t.* (1) pita. (2) leta; pitisha; peleka; pisha. (3) ~ *aremark*, sema neno; ~ *the time of day with*, salimu, salimia. (4) cf. *change*, geuka. (5) isha; -fa; fariki: *He ~ed away yesterday*, alifariki (duniani) jana; *The pain will soon ~ off*, maumivu yataisha bado kidogo. (6) kagua na kukubali; shinda katika mtihani. (7) -wa; fanyika. (8) ~ *time*, shinda; ongea. (9) cf. *circulate*, tembeza. (10) ~ *judgement, sentence*, toa hukumu. (11) (pamoja na *adv.* na *prep.*) ~ *sb. by*, pita; pishia mbali; ~ *for*, dhaniwa kuwa; jitendekeza; ~ *off*, tukia pasipo matata; ~ *out*, (*colloq.*) zimia roho; ~ *sth. or sb. over*, toangalia. — *n.* (1) kufaulu katika mtihani. (2) cheti. (3) matata; mashaka: *Things have come to a sad (pretty)* ~, mambo yamekuwa katika matata (mashaka) makubwa. (4) *come to* ~, tukia; *bring to* ~, fanya, fanyiza; timiliza. (5) kugawia mpira (katika mchezo kama *football, &c.*). (6) tendo la kupunga mkono (katika kiinimacho, &c.). (7) njia au mlango katika nchi ya milima. **~able** ['paːsəbl] *adj.* (1) (kwa njia, &c.) -a kuendeka; -a kupitika. (2) -a kadiri; -a wastani. **~ably** *adv.* **~book** *n.* daftari ya hesabu ya fedha ya mtu iwekwayo au itolewayo katika benki (*bank*). **~word** *n.* neno la siri ambalo ni lazima kulijua ili kukubaliwa na walinzi, &c.

passage ['pasidʒ] *n.* (1) tendo la kupita, kuabiri au kuvuka; safari ya baharini: *the ~ of time*, mpito wa wakati; *book one's ~ to America*, jiagiza cheti cha kuabiri kwa Amerika. (2) njia; kipito. (3) mahali, maneno, fungu la maneno katika kitabu.

passenger ['pasindʒəʳ] *n.* abiria.

passion ['paʃn] *n.* (1) bidii ya moyo, hasa kama shauku, machukio au hasira. (2) *the P.*, maumivu makali ya Yesu Kristo. **~ate** ['paʃənit] *adj.* -epesi wa hasira; -a ashiki nyingi.

passive ['pasiv] *adj.* (1) -a kutendewa (si kutenda). (2) ~ *Voice*, aina ya verb yenye habari ya kutendwa (si kutenda), *e.g.* barua iliandikwa. *cf. active*, ni kinyume chake. **~ly** *adv.* **~ness, passivity** [pə'siviti] *n.*

Passover ['paːsouvəʳ] *n.* sikukuu ya Kiyahudi.

passport ['paːspoːt] *n.* (1) cheti (hati) cha njia chenye ruhusa ya serikali kwa kumpitisha msafiri kwa amani bila sumbuo. (2) (*fig.*) njia ya kumpendeleza mtu au kumfanikisha.

past [paːst] *adj.* -a zamani; -liopita. — *n.* (1) zamani; mambo yaliyopita. (2) mambo yaliyokwisha pita katika maisha ya mtu. — *prep.* (1) kupita. (2) zaidi ya; mbele ya. — *adv.* kupita mbele.

paste [peist] *n.* (1) mchanganyiko wa unga na maji, &c. (2) mchanganyiko wa nyama, samaki, &c. (3) mchanganyiko laini wa unga na maji wa kuambatisha karatasi, &c. — *v.t.* ambatisha, bandika kwa ~.

pastime ['paːstaim] *n.* kitu cho chote kifanywacho wakati wa wasaa; mchezo.

pastry ['peistri] *n.* mchanganyiko kama *paste*[1] wa kufanya mkate, maandazi, &c.

pasture ['paːstʃəʳ] *n.* machunga; malisho. — *v.t.* lisha. **pasturage** ['paːstʃəridʒ] *n.* = ~.

[1] **pat** [pat] *v.t.* pigapiga polepole (kwa kofi) kwa ajili ya kupapasa. ~ (*sb.*) *on the back*, shangilia. — *n.* (1) kipigo cha namna hii. (2) kibonge, hasa cha siagi.

[2] **pat** [pat] *adv.* katika wakati wa kufaa; mara moja bila kusita: *The answer came* ~, majibu yalikuja mara moja.

patch [patʃ] *n.* (1) kipande kidogo cha nguo kilichoshonwa kwa kufunika tundu au kwa kutengeneza palipopasuka. (2) kiraka cha rangi mbalimbali. (3) kiwanja kidogo, hasa cha shamba. (4) *not a ~ on*, si -zuri hata kidogo kuliko (-ingine). — *v.t.* (1) tia kiraka; tengeneza. (2) ~ *up*, fanyiza, tengeneza lakini si sana; (*fig.*) ~ *up a quarrel*, patana, patanisha, kwa muda. **~work** *n.*

vipande vingi vya nguo vilivyoshonwa ili kufanya nguo kubwa. ~y *adj.* (*fig.* kwa kazi ya fulani) -geugeu.

patent ['peitənt] *adj.* (1) dhahiri. (2) *letters* ~ (hutamkwa ['patənt]) amri ya serikali ya kuruhusu fulani kufanyiza kitu kilichobuniwa na kukihifadhi kisiigwe. (3) -liohifadhiwa na amri hiyo. (4) ~ *leather*, ngozi iliyopakwa rangi ngumu yenye kung'aa sana. — *n.* (1) haki iliyopewa kwa *letters* ~. (2) kitu kilichobifadhiwa na *letters* ~; chombo kipya au namna mpya ya kufanyiza bidhaa, &c. — *v.t.* pata hati ya ~. ~**ee** *n.* -enye kupewa~.

paternal [pə'tə:nl] *adj.*- a baba; -a kama baba. ~**ly** *adv.* **paternity** [pə'tə:niti] *n.* kuwa baba; uzazi kwa upande wa baba; (*fig.*) asili.

path [pa:θ] *n.* (*pl.* [pa:ðz]) (1) njia, kijia. (2) mwendo.

pathetic [pə'θetik] *adj.* -a kutia huruma.

pathology [pə'θɔledʒi] *n.* elimu ya dalili, asili na dawa za maradhi. **pathological** [,paθə'lɔdʒikl] *adj.* -a ~; -a maradhi. **pathologist** [pə'θɔlədʒist] *n.* mwenye elimu ya ~.

patience ['peiʃəns] *n.* (1) saburi; uvumilivu. (2) mchezo wa karata kwa mchezaji mmoja tu. **patient** [,peiʃənt] *adj.* -stahimilivu. — *n.* mgonjwa; mwele.

patriot ['patriət] *n.* mtu mpenda nchi yake tena aliye tayari kuilinda. ~**ic** [,patri'ɔtik] *adj.* ~**ism** ['patriətizm] *n.* tabia au matendo ya ~.

patrol [pə'troul] *v.t. & i.* (-*ll*-) tembelea njia ya mji, kambi, &c.; linda; vinjari. — *n.* (1) tendo la ~: *soldiers on* ~, askari wenye zamu. (2) watu, (manowari, ndege) wenye zamu hiyo.

patron ['peitrən] *n.* (1) mfadhili; msaidizi wa fulani katika kazi yake; ajitiaye katika jambo la kukuza kazi za sanaa, &c. (2) anunuaye kwa kawaida katika duka moja. (3) ~ *saint*, mtakatifu marehemu, adhaniwaye kuwa msa mtunza mtu (mji, nchi, kazi) fulani. ~**age** ['peitrənidʒ, 'pat-] *n.* (1) msaada, &c., utolewao na ~[1,2]. (2) haki ya ~[1] (kuchagua mtu kwa kazi, cheo, fulani, fadhili, &c.). (3) kurahisisha; kujiona (kujifanya) mkuu kuliko. ~**ize** ['patrənaiz] *v.t.*

(1) -wa msaidizi wa mtu[1], au -wa mnunuaji wa kawaida[2]. (2) rahisisha; jiona, jifanya mkuu kuliko.

patter ['patə*] *n.* vishindo vidogodogo vya mfulizo: *the* ~ *of rain on a roof*, vishindo vyo mvua katika paa. — *v.i.* fanya vishindo vidogodogo kama mvua.

pattern ['patən] *n.* (1) mfano mzuri; namna ya wema. (2) kiolezo. (3) namna. (4) urembo; sanamu.

pauper ['pɔ:pə*] *n.* maskini; fukara. ~**ize** *v.t.* fanya maskini; vutia umaskini.

pause [pɔ:z] *n.* (1) kikomo; kituo; pindi. (2) *give* ~ *to*, fanya fulani kusimama au kutulia kidogo na kufikiri. — *v.i.* simama kidogo.

pave [peiv] *v.t.* tia mawe mapanamapana chini; sakifu; (*fig.*) fanya tayari kwa; andalia. ~**ment** *n.* sakafu ya mawe pande za njia kwa waendao kwa miguu.

pavilion [pə'viljən] *n.* nyumba ya wachezaji na watazamaji katika kiwanja cha kuchezea; hema kubwa.

paw [pɔ:] *n.* mguu wa mnyama wenye kucha; (*humorously*) mkono. — *v.t.* (kwa wanyama) gusa; parapara; (*colloq.* kwa watu) papasa; gusa; (kwa farasi) kanyaga kwa kwata, hasa kwa hofu au kwa tamaa ya kukimbia.

¹**pawn** [pɔ:n] *n.* kitunda katika mchezo wa sataranji; (kwa watu) mtu ambaye hutumiwa na wengine kwa faida yao bila kupata faida mwenyewe.

²**pawn** [pɔ:n] *v.t.* weka rehani. — *n. in* ~, rehani: *His watch is in* ~, saa yake ameiweka rehani. ~-**broker** *n.* akopeshaye fedha kwa rehani; mshika rehani. ~**shop** *n.* duka la rehani.

pay [pei] *v.t. & i.* (*paid* [peid]) (1) lipa, toa fedha. (2) (*for*) tiwa adabu; adhibishwa. (3) ~ *attention*, angalia; ~ *a visit*, zuru; ~ *a compliment*, (*to sb.*), salimu; sifu. (4) ~ *out*, (kwa kamba) legeza polepole. — *n.* mshahara;*ujira. ~**able** *adj.* -a kulipwa. ~**ee** [pei'i] *n.* mpokea fedha. ~-**master** *n.* karani (afisa) wa kulipa mshahara askari au mabaharia. ~**ment** *n.* malipo.

pea [pi:] *n.* njegere; mbaazi ya Kizungu. ~**nut** *n.* = *groundnut*, njugu; karanga.

Peas in a pod

peace [pi:s] n. (1) amani; salama. (2) raha; utulivu. ~**able** adj. -tulivu; -a kutaka amani; -pole. ~**ably** adv. ~**ful** adj. (1) -a amani. (2) -tulivu. ~**fully** adv. ~**maker** n. mpatanishi; msuluhishi. ~**-offering** n. dhabihu; uradhi; kitulizo.

peacock ['pi:kok] n. tausi.

pea-hen n. tausi jike.

peak [pi:k] n. (1) kilele; ncha ya juu. (2) sehemu ya kofia itokezayo juu ya nyushi. (3) hesabu, kadiri, iliyozidi.

A peacock

peal [pi:l] n. (1) mlio wa kengele. (2) jamii ya kengele nyingi zipigwazo pamoja. (3) ~ *of thunder*, ngurumo; radi; ~ *of laughter*, kuangua cheko. — v.t. & i. vumisha; piga kengele; lia; vuma.

pear [peə*] n. tunda la Kizungu kama pera.

pearl [pə:l] n. lulu.

peasant ['pezənt] n. mkulima. ~**ry** n. wakulima.

pebble ['pebl] n. kijiwe cha mviringo; changarawe.

peck [pek] v.t. & i. (1) donoa; piga kwa mdomo. (2) (*colloq.*) ~ *at one's food*, -la chakula kama kwamba huna njaa. — n. kudonoa; (*colloq.*) busu la haraka bila kupenda. ~**ish** adj. (*colloq.*) -enye njaa.

A pear

peculiar [pi'kju:liə*] adj. (1) -geni; ajabu. (2) -a peke yake. ~**ly** adv. ~**ity** [pi,kju:li'ariti] n. hali (mtindo, tabia) ya peke yake.

pecuniary [pi'kju:niəri] adj. -a fedha ya kutumika.

pedagogue ['pedəgog] n. mwalimu. **pedagogy** ['pedəgodʒi, -gogi] n. elimu ya kufundisha.

pedal ['pedl] n. kipande cha mashini (kinanda, cherehani, baisikeli, &c.) cha kukanyaga kwa miguu. — v.t. & i. endesha kwa kukanyagia ~.

peddle ['pedl] v.t. chuuza; tembeza bidhaa. **pedlar** [['pedlə:] n. mchuuzi; mtembeza bidhaa.

pedestrian [pi'destriən] n. mwenda kwa miguu. — adj. (1) -a kwenda kwa miguu; -a kuhusu kutembea. (2) (kwa mtu, aandikavyo au asemavyo) -zito; -a kuchukiza.

peel [pi:l] v.t. (1) ambua. (2) chuna. — v.i. (1) ambuka. (2) chunuka. — n. ganda; gamba.

peep [pi:p] n. (1) mtazamo wa upesi (wa siri, wa upekuzi). (2) kuchungulia. (3) mapambazuko ya alfajiri. — v.i. (1) chungulia. (2) onekana polepole au kwa sehemu tu: *The sun ~ed out from the clouds*, jua lilionekana sehemu tu katika mawingu.

¹**peer** [piə*] v.i. chungua; angazia macho, kama kwamba huwezi kuona sawasawa.

²**peer** [piə*] n. (1) mwenzi; aliye sawa kwa cheo. (2) (katika Gt. Brit. mtu mwenye cheo fulani (*duke, marquis, earl, viscount*, au *baron*). ~**age** ['piəridʒ] n. watu wenye cheo cha ~²; cheo cha ~². ~**ess** ['piəris] n. mke wa cheo cha ~². ~**less** adj. -sio na kifani.

peevish ['pi:vif] adj. -chungu bila furaha, tena -epesi wa kukasirika.

peg [peg] n. (1) chango; *tent ~s*, mambo; kijiti; kizibo: *a square ~ in a round hole*, mtu asiyefaa kwa kazi yake. (2) (*colloq.*) bilauri ya ulevi (hasa ya *whisky* na *soda*). — v.t. & i. (-gg-) (1) funga kwa kijiti; funga kwa mambo. (2) weka bei, &c. kwa amri. (3) ~ *away (at)*, fanya kazi kwa bidii; ~ *out*, (*colloq.*) -fa.

pelican ['pelikən] n. mwari.

pelt [pelt] v.t. & i. tupia mawe, matope, &c.; -nyasana,

A pelican

nyesha kwa nguvu. — *n. at full* ~, mbio sana.

¹**pen** [pen] *n.* kalamu ya wino. — *v.t.* (-nn-) andika barua, &c. ~**manship** *n.* mwandiko. ~-**knife** *n.* kisu kidogo cha kukunja.

²**pen** [pen] *n.* kizizi; ua. — *v.t.* (-nn-) ~ *sb. up* (*in*), funga fulani kama kumtia katika kizizi.

penal ['pi:nl] *adj.* -a adhabu: ~ *servitude*, kufungwa kifungoni kwa miaka mitatu au zaidi na kulazimishwa kufanya kazi. ~**ize** ['pi:nəlaiz] *v.t.* adhibisha; (mchezaji, mshindani, &c.) kwa kumzuia au kumtaabisha. ~**ty** ['penəlti] *n.* (1) adhabu; malipo ya kosa. (2) (kwa wachezaji, &c.) kurudiwa kwa sababu ya kukosa kanuni.

penance ['penəns] *n.* kitubio.

pence [pens] taz. *penny*.

pencil ['pensl] *n.* kalamu. — *v.t.* (-ll-) andika kwa kalamu.

pending ['pendiŋ] *adj.* -siokwisha bado. — *prep.* (1) mpaka. (2) wakati wa.

pendulum ['pendjuləm] *n.* mizani ya saa.

penetrate ['penitreit] *v.t.* (1) ingia; penya; (*fig.*) fahamu kwa akili. (2) enea. **penetrating** *adj.* (kwa mtu au akili zake) -elekevu; (kwa milio, sauti) -a kupenya ndani; -kubwa tena -a kusikika sana. **penetration** [,peni'treiʃən] *n.*

penguin ['peŋgwin] *n.* namna ya ndege mnene wa maji mwenye miguu mifupi asiyeweza kuruka juu.

peninsula [pə'ninsjulə] *n.* mkono wa nchi; nchi iliyozungukwa na bahari pande zote isipokuwa sehemu ndogo. — *adj.*

penitence ['penitəns] *n.* toba; majuto. **penitent** *adj.* -enye kutubu. **penitentiary** [,peni'tenʃəri] *n.* gereza; kifungo, hasa ambamo hujaribu kusahihisha wakosaji.

pennant ['penənt] *n.*, **pennon** ['penən] *n.* bendera ndefu nyembamba.

A clock with a pendulum

A penguin

penny ['peni] *n.* (*pl. pennies, pence*) sarafu ya Kiingereza, thamani yake senti 8¼. ~**worth, pen'north** ['penθ] *n.* kadiri ambayo hupatikana kwa kulipa ~. **penniless** *adj.* fukara.

pension ['penʃn] *n.* ujira ambao mtu hupewa tangu kuacha kazi mpaka kufa. — *v.t.* lipa ~. ~**er** *n.* alipwaye ~.

pensive ['pensiv] *adj.* -enye mawazo; -a kuwazawaza.

pentagon ['pentəgən] *n.* kitu chenye pande tano na pembe tano.

people ['pi:pl] *n.* (1) watu. (2) jamii ya watu; taifa. (3) watu wa vivi hivi; akina yahe. — *v.t.* jaza watu.

pep [pep] *n.* (*slang*) nguvu; bidii.

pepper ['pepə] *n.* (1) pilipili manga. (2) pilipili hoho. — *v.t.* (1) tia pilipili katika chakula. (2) ~ *sb. with stones*, tupia fulani mawe; ~ *sb. with questions*, hoji sana fulani. ~**mint** *n.* peremende.

per [pə] *prep.* ~ *annum*, kwa mwaka; ~ *man*, kwa kila mtu mmoja. ~**centage** [pə'sentidʒ] *n.* kadiri au idadi kwa kila mia moja.

perambulator ['pəræmbjuleitə] *n.* gari dogo la kutembeleza watoto.

perceive [pə'si:v] *v.t.* ona; tambua. **perceptible** [pə'septibl] *adj.* -a kuoneka; -a kutambulikana. **perception** [pə'sepʃən] *n.* kuona; akili za kuona. **perceptive** [pə'septiv] *adj.* -enye akili za kuona.

perch [pə:tʃ] *n.* (1) kituo cha ndege. (2) kituo cha mtu; mahali pa juu. — *v.t. & i.* (1) tuza; weka; tua. (2) kaa juu ya; jengwa katika kilele.

percolate ['pə:kəleit] *v.i.* (1) penya tone tone. (2) chuja, pitisha tone tone. **percolator** ['pə:kəleitə:] *n.* (hasa) kichujio cha kuchemsha kahawa.

percussion [pə'kʌʃn] *n.* kugonga; mgongano.

perdition [pə'diʃn] *n.* kupotelea mbali; jehanamu.

peremptory [pə'remptəri] *adj.* (kwa amri) -a sharti; (kwa mtu) mkataa; -kali; -a ubwana. **peremptorily** [pə'remptərili] *adv.*

perennial [pə'reniəl] *adj.* (1) -a sikuzote kwa mwaka mzima. (2) -a daima. (3) (kwa mimea) -a kuishi zaidi ya miaka miwili. — *n.* mmea wa ~.

perfect ['pə:fikt] *adj.* (1) kamili. (2) -zima; sahihi. — *v.t.* [pə:'fekt] kamilisha. ~**ion** [pə'fekʃn] *n.* ukamilifu.

perfidy ['pə:fidi] *n.* usaliti; kuvunja ahadi; tendo la usaliti. **perfidious** [pə:'fidiəs] *adj.* si -aminifu; -haini.

perforate ['pə:fəreit] *v.t.* toboa. **perforation** *n.* kitobo; hasa mstari wa vitobo vidogo katika karatasi kama kati ya stampu za posta.

perform [pə'fo:m] *v.t.* (1) fanya; tenda; timiliza. (2) cheza (mbele ya watu; piga (kinanda, muziki, &c.) mbele ya watu. ~**ance** *n.* (1) kufanya; kutenda; kutimiliza; (hasa) mchezo mbele ya watu. (2) kucheza hivyo. ~**er** *n.* mchezaji mbele ya watu. ~**ing** *adj.* (kwa wanyama) -liofundishwa kucheza mbele ya watu.

perfume ['pə:fju:m] *n.* manukato. — *v.t.* [pə'fju:m] tia, leta manuka.

perfunctory [pə'fʌŋktəri] *adj.* -a uzembe; pasipo bidii.

perhaps [pə'haps, praps] *adv.* labda.

peril ['peril] *n.* hatari; mashaka. ~**ous** *adj.* -enye hatari.

perimeter [pə'rimitə*] *n.* mstari wa kuzunguka.

period ['piəriəd] *n.* (1) muda maalum (*e.g.* mwezi mmoja). (2) wakati. (3) (*grammar*) fungu la maneno mengi pamoja. (4) kituo mwishoni mwa fungu la maneno; alama yenyewe ya *full stop.* ~**ic** [,piəri'odik] *adj.* -enye vipindi vyake. ~**ical** *adj.* = ~**ic.** — *n.* gazeti (au kitabu) lenye kutolewa kwa muhula zake. ~**ically** *adv.*

periscope ['periskoup] *n.* kitu kama darubini cha kuwezesha mtu aliye katika *submarine* kuona vitu vilivyo juu ya maji, chatumika vile vile katika nchi kavu.

perish ['periʃ] *v.i.* (1) fa; potea; haribika. (2) ~*ed with cold*, -lioshikwa kwa baridi nyingi. ~**able** *adj.* (hasa kwa vyakula) -a kuharibika upesi.

A periscope

perjure ['pə:dʒə*] *v.t.* ~ *oneself*, shuhudia uwongo baada ya kuapa kuwa utasema kweli. **perjury** *n.* tendo la kusema hivyo.

permanent ['pə:mənənt] *adj.* -a kuendelea bila kubadilika; -a daima: *the ~ way*, njia ya reli ya gari la moshi; ~ *wave*, namna ya kutunza nywele za ukoka ziwe na mawimbi madogodogo kwa muda wa miezi mingi. ~**ly** *adv.* **permanence** *n.*

permeate ['pə:mieit] *v.t. & i.* pita kati ya; enea na kujaza sehemu zote za.

permit [pə'mit] *v.t. & i.* (*-tt-*) (1) ruhusu. (2) jalia. — *n.* ['pə:mit] cheti cha ruhusa. **permissible** [pə'misibl] *adj.* halali; -a kukubalika. **permission** [pə'miʃn] *n.* ruhusa; idhini.

pernicious [pə'niʃəs] *adj.* -enye madhara; -a kudhuru.

perpendicular [,pə:pən'dikjulə*] *adj.* -a wima, -a kiwima.

perpetrate ['pə:pitreit] *v.t.* tenda maovu au kosa. **perpetrator** *n.* **perpetration** *n.*

perpetual [pə'petjuəl] *adj.* (1) -siokoma; -a kuendelea muda mrefu. (2) -a mara nyingi. **perpetuate** [pə'petjueit] *v.t.* dumisha. **perpetuity** [,pə:pi'tjuiti] *n.* umilele; aushi: *in perpetuity*, pasipo mwisho.

perplex [pə'pleks] *v.t.* (1) tatiza. fadhaisha. (2) fumba. ~**ed** *adj.* ~**edly** [pə'pleksidli] *adv.* ~**ity** [pə'pleksiti] *n.* (1) mashaka; fadhaa. (2) kiletacho mashaka.

perquisite ['pə:kwizit] *n.* ada, yaani juu ya mshahara au ujira.

persecute ['pə:sikju:t] *v.t.* (1) dhulumu; tesa, hasa kwa sababu ya mambo ya dini. (2) sumbua; chokoza. **persecutor** *n.* **persecution** [,pə:si'kju:ʃn] *n.* kudhulumu au kuteswa hivyo.

persevere [,pə:si'viə*] *v.i.* endelea kwa bidii. **perseverance** [,pə:si-'viərəns] *n.*

persist [pə'sist] *v.i.* (1) endelea kufanya, kusadiki, &c., ingawa wengine wanakuzuia au ingawa umekosa, &c.: *He ~ed in turning them away*, aliendelea kuwafukuza. (2) dumu. ~**ence** *n.* ~**ent** *adj.* -a kuendelea kufanya; -a kudumu.

person ['pə:sn] *n.* (1) mtu. (2) mwili wa mtu; *He was present in ~*, alihudhuria yeye mwenyewe. ~**able** *adj.* -enye sura nzuri. ~**age** *n.*

mtu mashuhuri. ~al *adj.* (1) -angu (-ako, -ake, &c.) mwenyewe; -a peke yake; -a mtu mmoja si -a jamii ya watu. (2) tendo la mtu mwenyewe: *He paid him a ~al visit,* alikwenda mwenyewe kumzuru. (3) -a sura, uwezo, tabia, &c., ya mtu mwenyewe. (4) juu ya, au -a kusingizia, mtu: *He made ~al remarks about me,* alinisingizia. ~ally *adv.* (1) -enyewe; nafsi yake (yao, &c.). (2) kama mtu mmoja. (3) kwa kusema -enyewe; kwa shauri langu (lako, &c.). ~ality [ˌpəsəˈnaliti] *n.* (1) kuishi kama mtu mmoja. (2) vitu vyote pamoja vifanyavyo tabia ya mtu mwenyewe yaani nafsi yake: *a strong ~ality,* mtu wa nguvu; *a man with little ~ality,* mtu hafifu. (3) (*pl.*) maneno ya kusingizia. ~ify [pəˈsonifai] *v.t.* (1) -ona au kutaja kitu kama mtu. (2) -wa mfano wa (wema, ubaya, tabia yo yote). ~ification [pəˌsonifiˈkeiʃn] *n.* ~nel [ˌpəsəˈnel] *n.* jamii ya watu wa kazi wa meli (kiwanda fulani, jeshi, &c.).

perspective [pəˈspektiv] *n.* (1) kuandika picha kwa jinsi ya kulinganisha barabara ukubwa, kimo, urefu, upana, &c. kama vitu vionekanavyo kwa macho. (2) hali ya watu au vitu, vyenyewe kwa vyenyewe; uhusiano.

perspicacious [ˌpəspiˈkeiʃəs] *adj.* -epesi kupima na kufahamu. **perspicacity** [ˌpəspiˈkasiti] *n.*

perspire [pəˈspaiə*] *v.i.* toka jasho. **perspiration** [ˌpəspiˈreiʃn] *n.* jasho.

persuade [pəˈsweid] *v.t.* shawishi; sadikisha. **persuasion** [pəˈsweiʒn] *n.* kushawishi; kushawishiwa; imani; itikadi. **persuasive** [pəˈsweisiv] *adj.* -enye kushawishi; -a kuondoa mashaka.

pert [pət] *adj.* -juvi: *a ~ child,* mtoto mjuvi.

pertain [pəˈtein] *v.i.* ~ *to,* -wa mali (sehemu) ya; husiana na.

pertinacious [ˌpətiˈneiʃəs] *adj.* -enye kushikilia kusudi (nia, &c.); thabiti. **pertinacity** [ˌpətiˈnasiti] *n.* uthabiti.

pertinent [ˈpətinənt] *adj.* -a kuhusu; -a kufungamana na.

perturb [pəˈtəːb] *v.t.* fadhaisha; hangaisha.

pervade [pəˈveid] *v.t.* enea kote katika; penya pote pa.

pervert [pəˈvəːt] *v.t.* (1) geuza vibaya na kutumia kwa namna isiyo sawasawa. (2) ongoza vibaya katika tabia, dini, &c. — *n.* [ˈpəːvət] mtu mpotovu ageuekaye kufuata tabia mbaya, &c. **perversion** [pəˈvəːʃn] *n.* kupotoa au kupotoka hivi.

pessimism [ˈpesimizm] *n.* tabia ya kutazamia misiba, taabu, &c. **pessimist** *n.* mtu wa tabia hiyo. **pessimistic(ally)** *adj.* & *adv.*

pest [pest] *n.* kitu kibaya kisumbuacho, kama mnyama au mdudu: *garden ~s,* wanyama na wadudu waharibuo mimea ya shamba; (la zamani) = *pestilence.* ~**ilence** [ˈpestiləns] *n.* maradhi ya kuambukiza. ~**ilent** *adj.* -a kuleta madhara au maradhi; (*colloq.*) -a kusumbua.

pester [ˈpestə*] *v.t.* sumbua; udhi.

pestle [ˈpestl] *n.* mchi wa kutwangia.

pet [pet] *n.* (1) mnyama aliyefugwa na kufanywa rafiki. (2) kipenzi. — *v.t.* (-*tt*-) pendelea; bembeleza.

petal [ˈpetl] *n.* jani la ua lenye rangi.

petition [piˈtiʃn] *n.* haja; maombi; (hasa) hati ya maombi iliyotembezwa na kutiwa sahihi nyingi na kuletwa mbele ya wale wenye amri. — *v.t.* tolea haja; omba.

petrol [ˈpetrəl] *n.* mafuta ya taa yaliyotakaswa yatumikayo kwa kuendesha motakaa, eropleni, &c. ~**eum** [piˈtrouliəm] *n.* mafuta yaliyo chini ya ardhi ambamo hupatikana mafuta ya taa, &c.

petticoat [ˈpetikout] *n.* nguo ya kike toka kiunoni mpaka miguuni (ya ndani).

petty [ˈpeti] *adj.* (1) -dogo. (2) hafifu. (3) ~ *cash,* fedha kwa matumizi madogodogo katika kazi ya biashara. (4) ~ *officer,* mwenye cheo fulani katika manowari.

petulant [ˈpetjulənt] *adj.* -tukutu. ~**ly** *adv.* **petulance** *n.*

pew [pjuː] *n.* ubao mrefu wa kukaa watu kanisani.

pewter [ˈpjuːtə*] *n.* madini (mchanganyiko wa risasi na bati).

phantasm [ˈfantazm] *n.* kizuka; madanganyo ya macho. **phantasy** [ˈfantəzi] *n.* = *fantasy,* maono yaliyowazika tu (si ya kweli).

phantom [ˈfantəm] *n.* kizuka; mtu aliyeonekana katika njozi.

Pharaoh ['fɛərou] *n.* jina la ufalme la zamani katika nchi ya Misri.

pharmacy ['fɑ:məsi] *n.* maarifa ya kufanyiza dawa; duka la mwuza dawa.

phase [feiz] *n.* (1) kipindi. (2) mabadili ya sura, *e.g.* ya mwezi.

phenomenon [fi'nominən] *n.* (*pl. phenomena*) (1) kitu; jambo; neno. (2) tukio; ajabu; kizushi. **phenomenal** [fi'nominl] *adj.* (hasa) -a ajabu sana; si -a kawaida.

philanthropy [fi'lanθrəpi] *n.* kupendana na watu wote; ufadhili.
philanthropist *n.* mfadhili; asaidiye wengine hasa walio maskini. **philanthropic** [,filən'θropik] *adj.* -a ~.

philately [fi'lɑtəli] *n.* kuweka stampu za posta na kuzipanga aina mbalimbali. **philatelist** *n.* mtu afanyaye hivyo.

philology [fi'lolədʒi] *n.* elimu ya lugha, asili na maendeleo yake. **philologist** *n.* mtu achunguaye habari za lugha, asili na maendeleo yake. **philological** [,filə'lodʒikl] *adj.* -a elimu ya lugha.

philosophy [fi'losəfi] *n.* (1) elimu ya elimu zote, ya asili ya mambo yote na vitu vyote. (2) utaratibu wa kufikiri kwa kufuata elimu hiyo. (3) utulivu. **philosopher** *n.* (1) mtu afuataye elimu ya ~. (2) mtu mtulivu; mtu thabiti. **philosophical** [,filə'sofikl] *adj.* -a ~; -tulivu.

phlegm [flem] *n.* (1) belghamu; kohozi. (2) baridi; uzito wa tabia. ~**atic** [fleg'matik] *adj.* baridi; -zito.

phobia ['foubiə] *n.* hofu na machukio ya.

phone [foun] *n.* (*colloq.*) simu.
— *v.t. & i.* piga simu.

phonetic [fə'netik] *adj.* -a sauti; -a jinsi ya kutamka. ~**s** *n.* (*sing. vb.*) elimu ya sauti za usemi.

phosphate ['fosfeit] *n.* chumvi itokayo *phosphorus*, hasa mbolea, yenye chumvi hiyo.

phosphorus ['fosfərəs] *n.* kitu kama nta chenye kung'aa gizani. **phosphorescent** [,fosfə'resənt] *adj.* -a kung'aa gizani. **phosphorescence** *n.*

photograph ['foutougrɑ(:)f] *n.* picha iliyopigwa kwa nuru kupita *lens* mpaka karatasi (kioo, &c.) iliyopakwa dawa ya namna fulani. — *v.t.* piga ~. ~**er** [fə'togrəfə*] *n.* mpigaji tena mtengenezaji wa ~*s*. ~**y** [fə'togrəfi] *n.* maarifa au matendo ya kupiga ~. ~**ic** [,foutou-'grɑfik] *adj.*

phrase [freiz] *n.* fungu la maneno machache lililo sehemu ya *sentence*, *e.g. in the garden*, katika bustani; *for the sake of*, kwa ajili ya. ~**ology** [,freizi'olədʒi] *n.* jinsi ya usemi; kuteua na kutumia maneno.

physical ['fizikl] *adj.* (1) -a kuonekana (kinyume cha -a kuwazika). (2) ~ *geography*, jiografia ya umbo la dunia. (3) -a mwili: ~ *strength*, nguvu za mwili. (4) -a utaratibu wa ulimwengu: *It's a ~ impossibility to be in two places at once*, haiwezekani kwa vyo vyote kuwapo mahali pawili wakati mmoja.

physician [fi'zifn] *n.* dakitari; mganga.

physics ['fiziks] *n.* (*sing. vb.*) elimu ya hali na tabia za vitu vyote, na ya nguvu zote zilizomo duniani (*e.g.* ya joto, ya nuru, ya sauti), lakini kwa desturi huwa haimo *chemistry* na *biology*. **physicist** ['fizisist] *n.* mchunguaji hodari wa ~.

physiognomy [,fizi'onəmi] *n.* elimu ya kutambua tabia ya mtu usoni mwake; uso; sura ya nchi.

physique [fi'zi:k] *n.* umbo na hali ya mwili.

piano [pi'anou] *n.* kinanda. taz. picha. **pianist** ['piənist] *n.* mpiga kinanda hicho.

A piano

¹**pick** [pik] *n.* (1) (vile vile ~-*axe*) sululu. (2) chombo kidogo kama kijiti cha kiberiti kilichosongwa: *a tooth-*~, kitu cha kuchokolea meno.

²**pick** [pik] *v.t.* (1) chuma; donoa; chambua. (2) chagua; teua. (3) ~ *up*, okota; zoa; *The train* ~*s up passengers*, yaani gari lasimama na abiria wapanda garini; *He has been sick but is* ~*ing up*, amekuwa

A pick-axe

mgonjwa lakini sasa hajambo kidogo; ~ *sb. up*, kutana na; ~ *oneself up*, simama baada ya kuanguka. (4) ~ *sb.'s pocket*, ibia mfukoni mwa mtu; ~ *sb.'s brains*, fuata shauri la mtu mwingine kama kwamba ni lako; ~ *a lock*, fungua bila ufunguo (kwa msumari, kulabu, &c.); ~ *a quarrel with sb.*, vumbulia, taka vita na fulani; ~ *holes in sth.*, chongea. — *n.* kuteua; uteule; kilicho bora: *the ~ of the bunch*, kilicho bora. **~-me-up** *n.* kitu, (dawa, *e.g.* kinywaji) cha kutia nguvu; kiburudisho. **~pocket** *n.* mwizi wa kuibia mfukoni mwa watu.

pickle ['pikl] *n.* achali: *in a sad ~*, katika hali mbaya. — *v.t.* tia katika achali; tengeneza kwa achali.

picnic ['piknik] *n.* malaji yaliwayo nje ya nyumba hewani. — *v.i.* kwenda kula shambani au hewani.

pictorial [pik'tɔ:riəl] *adj.* -a picha.

picture ['piktʃə*] *n.* (1) picha; sanamu; sura. (2) mtu mzuri au kitu kizuri. (3) *be the ~ of health*, onekana kuwa -enye afya nzuri sana. (4) *the ~s*, (*colloq.*) sinema. — *v.t.* fanya picha ya; eleza kwa maneno; waza moyoni. **~sque** [ˌpiktʃə'resk] *adj.* (1) (kwa mahali, nyumba, &c.) -a kuvuta macho na -a kupendeza macho. (2) (kwa mtu, usemi wake au mwenendo wake) -a kuvuta macho; si -a kawaida.

pie [pai] *n.* sambusa; andazi.

piece [pi:s] *n.* (1) kipande; sehemu: *in ~s*, vipande vipande; *take to ~s*, vunja; kongolea. (2) jambo; neno: *a ~ of luck*, jambo la bahati: *a ~ of news*, neno la habari. (3) *a ~ of cloth*, kiraka; kitambaa: *cloth sold only by the ~*, kitambaa kiuzwacho kwa jora tu. (4) kitu kimoja cha wingi, *e.g.* katika michezo ya dama sa sataranji. (5) sarafu: *a threepenny ~*, (*cf. bit*) sarafu ya 3d. — *v.t.* tengeneza; ~ *out*, maliza (hadithi, shauri, &c.) kwa kuunganisha sehemu zake. **~-meal** *adv.* kidogo kidogo; kipande kipande. **~-work** *n.* kazi ya kupata fedha kwa kazi yenyewe uliyofanya (si ya wakati wake).

pierce [piəs] *v.t.* penya.

pig [pig] *n.* nguruwe; mkuo (wa chuma, &c.). **pig-headed** *adj.* -kaidi. **pigsty** ['pigstai] *n.* zizi la nguruwe. **pigtail** *n.* nywele ndefu za singa zilizosokotwa kisogoni, shungi la Kichina.

pigeon ['pidʒin] *n.* njiwa. **~-hole** *n.* tundu la kashani la kuwekea barua. — *v.t.* ahirisha kitu; weka barua na kuisahau kwa makusudi.

pigment ['pigmənt] *n.* rangi.

pigmy ['pigmi] *n.* = pygmy, mbilikimo; aliye mfupi sana.

¹**pile** [pail] *n.* nguzo, hasa ya mti kama mhimili wa daraja ulio katika matope au majini. **~-driver** *n.* mashini ya kushindilia nguzo hizo.

²**pile** [pail] *n.* (1) fungu; chungu. (2) jumba kubwa. (3) (*colloq.*) *make a ~*, jitajirisha. — *v.t.* tia katika fungu; fanya chungu.

pilfer ['pilfə*] *v.t. & i.* iba vidogo.

pilgrim ['pilgrim] *n.* mwenda haji. **~age** *n.* safari ya mhaji kuzuru patakatifu.

pill [pil] *n.* kidonge cha dawa.

pillage ['pilidʒ] *v.t.* teka. — *n.* nyara.

pillar ['pilə*] *n.* nguzo; mhimili mwimo. **~-box** *n.* nguzo ya chuma chekundu kama mvungu iwekwamo barua.

pillion ['piliən] *n.* kiti cha mtu wa pili nyuma ya farasi, pikipiki au baisikeli.

pillow ['pilou] *n.* mto. **~-case**, **~-slip** *n.* foronya; mfuko wa mto.

pilot ['pailət] *n.* (1) rubani aliyefundishwa kuongoza meli kuingia na kutoka bandarini. (2) mwendeshaji wa eropleni. (3) kiongozi. — *v.t.* ongoza kama *~*.

A pillar-box

pimple ['pimpl] *n.* kipele.

pin [pin] *n.* (1) kisumari; pini: *I don't care a ~*, si kitu kwangu kabisa; *My leg has got ~s and needles*, mguu wangu umekufa ganzi. (2) kipingo (cha chuma); kiwi (cha mti). — *v.t.* (-*nn-*) (1) funga kwa ~(*s*). (2) kaza. **~-cushion** *n.* kibumba cha kuchomekea *~s*. **~-money** *n.* fedha apewayo mke kununulia vitakataka atakavyo, *e.g.* mapambo. **~-prick** *n.* (*fig.*) tendo, neno, &c. lisilo la maana sana lakini lasumbua.

pincers [ˈpinsəz] n. pl. koleo.

pinch [pintʃ] v.t. & i. (1) finya. (2) bana. (3) be ~ed for money, -wa katika shida ya fedha. (4) (colloq.) iba. — n. (1) finyo. (2) kidokoo: kidogo; a ~ of salt, chumvi kidogo sana. (3) at a ~, katika mashaka, katika shida; if it comes to the ~, ikiwa hakuna budi.

A pair of pincers

pine [pain] n. mti kama msunobari.
pineapple [ˈpainəpl] n. mnanasi; nanasi.
pink [piŋk] adj. -ekundu -eupe.
pinnacle [ˈpinəkl] n. (1) mnara mrefu tena mwembamba. (2) (fig.) kilele: at the ~ of his prosperity, katika upeo wa usitawi wake.
pint [paint] n. kipimo cha Kizungu kadiri ya kibaba: a ~ of milk, painti ya maziwa. katika gallon moja mna pints 8.
pioneer [ˌpaiəˈniə*] n. (1) mtangulizi; mvumbuzi. (2) mmoja wa kikosi cha askari watangulizi wenye kazi ya kutengeneza njia na kufanya madaraja, &c. — v.i. & t. tangulia; vumbua.
pious [ˈpaiəs] adj. (1) -cha Mungu; -a dini. (2) (la zamani) -a kutii wazazi.
pip [pip] n. (1) mbegu, hasa ya chungwa, &c. (2) ng'anda (ya karata).
pipe [paip] n. (1) mwanzi; bomba la maji au la gas. (2) zomari; filimbi. (3) the ~s, yaani bagpipes zilizo zomari zichezwazo katika nchi ya Scotland. (4) kiko. v.t. & i. (1) pitisha maji, &c. katika bomba. (2) piga zomari. ~r n. mpiga bomba, &c. taz. ~¹. (2) urembo wa kitambaa chembamba. — adj. -enye sauti ya filimbi. — adv. piping hot, -a joto sana.

A piper

pirate [ˈpaiərət] n. (1) haramia wa bahari. (2) apigaye chapa vitabu, &c. vya mtu mwingine na kuviuza bila idhini ya mwandishi. — v.t. piga chapa (kitabu, &c.) hivyo.
piracy [ˈpaiərəsi] n.
pistol [ˈpistl] n. bastola.
piston [ˈpistən] n. mchi wa mashini. taz. picha.

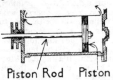

Piston Rod   Piston

pit [pit] n. (1) shimo, hasa la kuchimbulia mawe, makaa, &c. (2) uwanja wa kati ya theatre. (3) kovu ndogo iliyo katika ngozi baada ya kuugua ndui. — v.t. (-tt-) (1) fanya kovu: a face ~ted with smallpox, uso uliodududuka. (2) (against) shindanisha mtu au mnyama. ~fall n. rima (shimo la kutegea wanyama); shida ya ghafula.

¹**pitch** [pitʃ] v.t. & i. (1) simikisha, piga hema, &c. (2) tupa. (3) anguka. (4) (kwa meli) enda mrama. (5) (music) lingadirisha sauti. (6) ~ in, anza kazi kwa bidii; ~ into, endea kwa nguvu; piga; ~ upon (sb.) chagua fulani kwa bahati. (7) tia mwinamo katika paa ya nyumba. (8) ~ed battle, shindano ambalo maadui wote wawili wamejiweka tayari. — n. (1) mahali pa kuuzia vitu, hasa sokoni au barabarani. (2) uwanja wa kuchezea. (3) mtupo. (4) mwinamo (hasa wa paa). (5) kadiri ya sauti (nene au nyembamba). (6) (kwa meli) mrama msukosuko. ~**fork** n. fimbo ya panda ya kupanga majani yaliyokatwa. — v.t. panga au inua kwa fimbo hiyo.

²**pitch** [pitʃ] n. lami; bereu. ~**black**, ~**-dark** adj. -eusi sana, -enye giza sana.

pith [piθ] n. (1) moyo mwororo wa bua, &c. (2) (fig.) kiini. ~**y** adj (hasa) -enye maana; -enye habari nyingi katika maneno machache ~**ily** adv.

pittance [ˈpitəns] n. fedha, chakula mshahara, kidogo kuliko ilivyosta hilika.

pity [ˈpiti] n. (1) huruma. (2) jambo la kuleta majuto: what a ~ that . . .

PIVOT [201] **PLATE**

msiba kweli huo kuwa. . . . — *v.t.* huruimia. **pitiable** ['pitiəbl] *adj.* -a kutia huruma; (hasa) -hafifu; nyonge. **pitiful** *adj.* -enye huruma; -a huzunisha; -hafifu. **pitifully** *adv.* **pitiless** *adj.* -korofi; -katili. **pitilessly** *adv.*

pivot ['pivət] *n.* msumari wa kati (ya mviringo, au ya kitu kizungukacho, kama ya pia); *(fig.)* asili; chimbuko; kiini. — *v.t. & i.* tia katika ~, tia ~; geuka, zunguka, katika ~.

placard ['plaka:d] *n.* tangazo la kubandika ukutani. — *v.t.* bandika ~s ukutani; tangaza habari kwa ~s.

placate [pla'keit] *v.t.* tuliza; ridhisha.

place [pleis] *n.* (1) mahali: ~ *of worship,* kanisa, msikiti, *&c.*; ~s *of amusement,* sinema, *theatres, &c.* (2) *in (out of)* ~, pafaapo (pasipofaa), *take* ~, *cf. happen,* tukia; *give* ~ *to,* ondokea; fanyia nafasi; *in* ~ *of,* badala ya; mahali pa. (3) sura au ukarasa wa kitabu, *&c.,* ulipofikia katika kusoma, (hasa) *lose (find) one's* ~, kosa (ona) maneno uliyokuwa unayasoma. (4) *cf. work:* uchumi: *lose one's* ~, ondolewa kazi. (5) (katika shindano, mtihani, *&c.*) cheo, daraja. (6) cheo cha ungwana: *keep sb. in his* ~, tokubali fulani kwa cheo chake. — *v.t.* (1) weka (kitu) mahali fulani; ona mahali kwa. (2) tolea mfanyi biashara (agizo).

placid ['plasid] *adj.* -tulivu. ~**ly** *adv.* ~**ity** [pla'siditi] *n.*

plague [pleig] *n.* (1) tauni. (2) msiba; baa; kisumbuo. — *v.t.* sumbua, hasa kwa maombi mengi au kwa kuhoji.

plaid [plad] *n.* nguo pana tena nene ambayo huvaliwa na wa-*Highlanders* wa milima ya *Scotland.*

¹**plain** [plein] *adj.* (1) dhahiri; wazi: ~ *sailing (fig.)* mambo au matendo yafuatanayo sawasawa pasipo shida. (2) tupu; peke yake; bila mapambo: ~ *food (cooking)* chakula kilichopikwa bila kitoweo; *in* ~ *clothes,* (hasa) -liovaa mavazi ya raia si ya askari. (3) (kwa fikira, matendo, *&c.*) -nyofu; -a kwenda sawa: *in* ~ *words,* *to be* ~ *with you,* yaani kwa kusema kweli. (4) (kwa sura ya mtu) si -zuri. ~**ly** *adv.* ~**ness** *n.*

²**plain** [plein] *n.* uwanda; tambarare; nchi pana tena sawa.

plaintiff ['pleintif] *n.* mdai katika korti ya sheria.

plaintive ['pleintiv] *adj.* -a huzuni; -a majonzi.

plait [plat] *v.t.* suka; sokoto. — *n.* ~s *of hair,* masongomano ya nywele.

plan [plan] *n.* (1) ramani; picha; tarakibu. (2) shauri; kusudi; mradi. — *v.t.* (-*nn*-) fanya shauri; azimu; nia.

plane [plein] *n.* (1) uso wa kitu ulio sawasawa; ubapa. (2) kiasi, cheo (cha uzuri, ustaarabu). (3) randa. (4) bawa la eropleni; eropleni yenyewe. — *v.t. & i.* piga randa. — *adj.* -enye uso ulio sawasawa.

A plait

planet ['planit] *n.* nyota kubwa (*e.g. Mars, the Earth*) yenye mwendo wa kuzunguka jua.

plank [plaŋk] *n.* ubao.

plant [pla:nt] *n.* (1) mmea. (2) jamii ya vyombo vikubwa (mashini) vya kufanyia kazi fulani. — *v.t.* (1) panda; panda mbegu. (2) simamisha; kaza. (3) anzisha. ~**ation** [plan'teiʃn] *n.* shamba; konde. ~**er** *n.* mwenye shamba.

plantain ['plantin] *n.* ndizi; (*tree*) mgomba.

plaster ['pla:stə*] *n.* (1) lipu; mchanganyiko wa chokaa, mchanga, maji na nyuzinyuzi wa kupaka kuta za nyumba. (2) dawa ya kubandika, kibandiko. — *v.t.* (1) paka. (2) kandika; tia -ing: *His hair is* ~ed *with oil,* nywele zake zimetiwa mafuta mengi. ~**er** *n.* mwashi.

plastic ['plastik] *adj.* (1) (kwa vitu) -a kufinyanga. (2) -a kufanyizwa, si -a asili. *e.g. The bag was made of* ~ *material, not of real leather,* mfuko ulikuwa wa ngozi iliyofanyizwa, yaani si ya ngozi ya asili. (3) *(fig.)* -elekevu. — *n.* kitu chenyewe kifanywacho kwa kufinyanga. ~**s** *n.* elimu ya kutengeneza vitu vya namna ya ~. ~**ity** [plas'tisiti] *n.*

plate [pleit] *n.* (1) sahani. (2) bamba. (3) bamba la shaba

PLATEAU [202] **PLENTY**

nyeupe lililochapishwa jina la mtu, huwa hufungiwa mlango au ukuta wa nyumba (afisi) yaka. (4) picha ya kitabuni. (5) vyombo vya dhahabu au fedha (kama vile vijiko, vikombe, sahani). (6) *dental* ~, kisahani kilichofungiwa meno yasiyo ya asili cha kutiwa kinywani. — *v.t.* chovya vitu vya madini katika madina ya namna nyingine,

plateau ['platou, pla'tou] *n.* nchi iliyoinuko sawa tena pana; uwanda wa juu.

platform ['platfo:m] *n.* (1) mahali palipoinuka kando ya njia ya reli ambapo abiria huingia na kutoka behewa. (2) jukwaa. (3) maazimio ya jamii moja *political*, hasa yaliyotangazwa kabla ya *election*.

platinum ['platinəm] *n.* madini nzito tena nyeupe ya thamani.

platitude ['platitju:d] *n.* maneno yaliyodhihirika kuwa kweli, hasa yale yaliyosikiwa mara nyingi lakini husemwa kama kwamba ni mapya.

plausible ['plo:zibl] *adj.* (1) (kwa masingizio, mabishano, *&c.*) -a kuonekana kama kwamba ni kweli lakini labda sivyo. (2) hodari kwa kujipendekeza. **plausibility** [,plo:zi'biliti] *n.*

play [plei] *v.i. & t.* (1) cheza; piga (kinanda, *&c.*). (2) (matumizi maalum pamoja na majina (*nouns*)) ~ *a trick* (*a practical joke*) *on sb.*, punja kwa kumfanyizia fulani mzaha. (3) (matumizi maalum pamoja na *adv. & prep.*) ~ *at sth.*, fanya kitu fulani kama kwamba kucheza tu; ~ *with*, chezea; laabu; ~ *up* (hutumika sana kwa *imper.*) cheza kwa nguvu; ~ *up to* (*sb.*), jipendekezea (fulani); ~ *upon* (*sb.'s fears, &c.*), tumia hofu mtu fulani aliyo nayo kwa faida yako; ~ *into sb.'s hands*, jichukua kwa namna ya kumfalia mtu fulani hata awe juu yako; *be* ~*ed out*, choka kabisa. (4) (kwa mishale ya nuru au matokeo ya ghafula ya maji) rukaruka. (5) peleka, tupa (nuru au maji). — *n.* (1) mchezo, kucheza; *in* ~, kwa mzaha. (2) mchezo wa kuigiza mambo. (3) kucheza kamari. (4) ~ *on words*, neno la ubishi lenye maana mbili. 5) *the* ~*ing of sunlight, &c.*, miangaza ja jua, *&c.* kurukaruka.

(6) (nafasi kwa) mwendo, mabadili(ko): *give your fancy full* ~, acha mawazo yako kuota kama yapendavyo; *a joint with too much* ~, kiungo chenye nafasi zaidi ya kubadilika, yaani hakikukazwa kwa kutosha. (7) *come into* ~, anza kufanya kazi; *be in full* ~, tenda kazi; *bring into* ~, tendeza kazi. ~*er n.* mchezaji; mpigaji kinanda, tarumbeta, *&c.* ~*fellow* ~*mate n.* mtoto achezaye na mwenzake. ~*ful adj.* -cheshi; -a mzaha. ~*fully adv.* ~*thing n.* kitu cha kuchezea.

plea [pli:] *n.* (1) (katika sheria) kisa kitolewacho kortini na mshtakiwa au kwa ajili yake. (2) maombi.

plead [pli:d] *v.t.* tetea; leta kisa. — *v.i.* omba; sihi.

pleasant ['pleznt] *adj.* -a kupendeza; -zuri; (kwa watu) -a kuambilika. ~*ly adv.* ~*ness n.* ~*ry n.* ubishi; ucheshi.

please [pli:z] *v.i. & t.* pendeza; ridhisha. ~ *oneself*, tumia roho; fanya upendavyo. *P., If you* ~, tafadhali; uwe radhi. **pleasing** *adj.* -a kupendeza; -zuri; -tamu.

pleasure ['pleʒə*] *n.* (1) furaha; raha; *take* ~ *in*, furahia; *with* ~, taibu. (2) upendezi, yaani kitu kifurahishacho. (3) *cf. will, desire,* hamu; anasa. *at* (*during*) *his* ~, hata atakapo. **pleasurable** ['pleʒərəbl] *adj.* -a kupendeza.

pleat(s) [pli:t(z)] *n.* marinda. — *v.t.* tia marinda.

plebiscite ['plebisit] *n.* mwonyesho wa nia ya watu wote wa nchi juu ya jambo fulani la utawala wa nchi.

pledge [pledʒ] *n.* (1) rehani. (2) zawadi ya kuonyesha upendo, upendeleo, kibali, *&c.*; ahadi au patano. — *v.t.* (1) weka rehani. (2) -nywa ulevi huku unamtakia heri fulani.

A skirt with pleats

plenty ['plenti] *n.* wingi (wa). **plentiful** *adj.* -ingi; maridhawa; tele. **plenteous** ['plentjəs] *adj.* (*liter.*) *plentiful.*

pleurisy ['pluərisi] n. ugonjwa wa ngozi ya nje ya mapafu.

pliable ['plaiəbl] adj. -a kupindika; (kwa moyo) -elekevu; -sikivu.

pliability [,plaiə'biliti] n.

pliers ['plaiəz] n. pl. koleo.

¹**plight** [plait] n. hali, hasa ya taabu.

²**plight** [plait] v.t. ~ *one's word*, ahidi; ~ *one's troth*, ~ *oneself*, ahidi kuoa.

plimsoll(s) ['plimsol(z)] n. (pl.) kiatu chepesi chenye wayo wa mpira, hutumika zaidi kwa kuchezea michezo kama *tennis*, &c.

plod [plod] v.i. (-dd-) enda, fanya kazi, polepole lakini bila kupumzika. ~der n. (hasa) mfanya kazi polepole lakini kwa moyo na bidii.

plot [plot] n. (1) konde (shamba) dogo. (2) mambo ya hadithi. (3) shauri baya; hila. — v.t. (-tt-) (1) fanya shauri la hila. (2) tia alama kwa kuonyesha majira ya meli au eropleni, au mahali, katika ramani. ~ter n. mfanya hila.

plough [plau] n. jembe la kukokotwa; plau. — v.t. (1) lima kwa

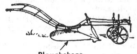

Ploughshare

plau; tumia plau. (2) toboa njia kwa nguvu: *The ship ~ed through the heavy waves*, meli ilitoboa njia kwa nguvu katika mawimbi mazito. ~share n. chuma cha plau.

plow [plau] n. (kuendeleza kwa namna ya *U.S.A*.) plough.

pluck [plʌk] v.t. & i. (1) nyonyoa (manyoya). (2) chuma (matunda au maua); ~ *up (out) weeds*, ng'oa magugu. (3) ~ *up courage*, jipa moyo; piga moyo konde. — n. moyo wa kiume; ushujaa. ~ily adv.

plug [plʌg] n. (1) zibo. (2) kiungo katika mrija wa maji ambacho bomba la mpira chaweza kufungiwa; zibo lenye kiungo kwa mkondo wa elektrisiti. (3) bumba la tumbako. — v.t. & i.

An electric plug

(-gg-). (1) ziba tundu kwa ~¹. (2) (*colloq*.) ~ *away at*, tia bidii katika kazi. (3) ~ *in*, funga kwa ~¹.

plum [plʌm] n. (1) tunda kama zambarau. (2) kitu bora; tuzo.

plumage ['plu:midʒ] n. manyoya ya ndege.

plumb [plʌm] n. timazi; chubwi. *out of ~*, si sawasawa kwa wima. — adv. hasa; sawasawa. — v.t. (*fig*.) peleleza hata kufahamu kabisa siri au shauri.

plumber ['plʌmə*] n. fundi wa mabomba ya maji nyumbani.

plumbing n. (1) kazi ya ~. (2) mabomba, mabirika makubwa, &c., nyumbani.

plume [plu:m] n. nyoya, hasa pambo la manyoya kichwani.

plump [plʌmp] adj. -nene; -nono.

plunder ['plʌndə*] v.t. & i. nyang'anya; teka nyara (vitani). — n. mateka; nyara.

plunge [plʌndʒ] v.t. & i. (*into water*, &c.) tumbukiza, chovya ghafula, tumbukia (majini, &c.). (*fig*.) ~ *a room into darkness*, yaani leta giza ya ghafula chumbani kwa kuzima taa zote. — n. mbizi.

plural ['pluərəl] n. wingi. — adj. zaidi ya -moja; -ingi.

plus [plʌs] prep. pamoja na; zaidi ya: *two ~ five is seven* (2 + 5 = 7), mbili na tano ni saba: *the ~ sign*, alama ya kujumlisha (+).

plutocrat ['plu:tokræt] n. mtu mwenye amri kwa sababu ya utajiri wake.

ply [plai] n. tabaka; uzi: *three-~ wood*, tabaka tatu za mbao zilizogandamizwa pamoja kufanya ubao mmoja wenye nguvu: *three-~ wool for knitting*, sufu ya nyuzi tatu kwa kusokota.

pneumatic [nju:'mætik] adj. -enye hewa iliyosongwa ndani; -a kuendeshwa kwa nguvu ya hewa iliyosongwa: ~ *tyres*, mpira ya magurudumu yenye hewa iliyosongwa ndani yake.

pneumonia [nju:'mouniə] n. ugonjwa wa pafu kuwa zito hata mgonjwa haweza kuvuta pumzi vizuri.

¹**poach** [poutʃ] v.t. ~ *an egg*, yaani tokosa ute na kiini katika maji yanayochemka.

²**poach** [poutʃ] v.t. & i. inda

wanyama (kama vile tembo, twiga) bila ruhusa.

pock [pok] *n.* kovu ya ndui: *be ~-marked*, duduka.

pocket ['pokit] *n.* mfuko. *be in ~*, pata faida: *be out of ~*, pata hasara kwa kufanya jambo fulani. — *v.t.* (1) tia mfukoni. (2) shikilia (fedha, &c.) -enyewe, hasa pasipo haki. (3) ficha. **~-book** *n.* kitabu kidogo cha kuandikia. **~-money** *n.* fedha kidogo ya kununulia vitu vidogo, hasa iliyogawiwa watoto.

pod [pod] *n.* ganda; kunde.

poem ['pouim] *n.* mashairi; utenzi.

poet *n.* mtunga mashairi.

poetic(al) [pou'etik(l)] *adj.* -a mashairi. **poetry** ['pouitri] *n.* mashairi; utungaji wa mashairi.

point [point] *n.* (1) ncha. (2) nukta. (3) alama; mahali halisi pa wakati au pa hewani: (*fig.*) *~ of view*, kwa upande wa — -onavyo, *e.g.* from *their ~ of view*, kwa upande wao waonavyo; *at this ~*, papo hapo; *on the ~ of*, katika; karibu na; *when it comes to the ~*, wakati wa kufanya kitu, au wa kukata shauri, ukiwasilia. (4) moja ya majira ya dira, jumla ya alama hizi zote ni 32 : *~s of the compass*, pembe za dira (*e.g. NNE. = Nor(th)-Nor(th)-East*). (5) maana; kiini; kusudi: *He understood my ~*, alifahamu kiini cha maneno yangu; *come to the ~*, kata neno; *carry (gain) one's ~*, shinda; pata; *be off (away from) the ~*, kosa maana (kusudi); *be to the ~*, faa; -wa na maana. (6) neno; hatua; sehemu: *the first ~ of my argument*, neno lililo kama hatua ya kwanza ya hoja yangu. (7) jambo baini lionyeshalo tabia ya mtu: *What are his best ~s as a clerk?* Katika kazi yake ya ukarani ni mambo gani afanyayo vizuri? (8) kipimo katika michezo mingine: *The score was twenty ~s*, hesabu ilikuwa *~s* 20 ; *The boxer won on ~s*, mpigana ngumi alishinda kwa kupata *~s* zaidi kuliko mpigana wa pili. (9) (*pl.*) reli zenye njia panda ziwezazo kujongezwa ili kupeleka gari njia hii au hii. — *v.t. & i.* (1) elekeza; onyesha kwa kidole. (2) onyesha; aini(sha): *Everything ~s to his guilt*, mambo yote yaa(ini)(sha) dhambi yake. (3) chonga. **~-blank** *adj.* -liopigwa karibu

sana; (*fig.*, kwa maneno, *e.g.* ya kukataa) wazi wazi. **~ed** *adj.* (1) (*fig.*) -a kukaripia mtu au -a kuonea makosa katika mwenendo wake. (2) (-a uwezo wa kusema maneno ya maana tena ya kuchekesha) -kali. **~er** *n.* fimbo ya kuelekezea; mkono; mshale. **~less** *adj.* (*fig.*) pasipo maana au kusudi.

poise [poiz] *v.t. & i.* tuliza; tulia sawasawa. — *n.* mwendo; utulivu; makini.

poison ['poizn] *n.* sumu. — *v.t.* tia (lisha) sumu; (*fig.*) potosha. **~er** *n.* **~ous** *adj.*

poke [pouk] *v.t.* (1) sukuma; kumba: *~ the fire*, chochea moto. (2) toboa; dukiza : *~ one's nose into sb.'s business*, jidukiza katika mambo ya fulani. (3) *~ fun at*, fanyia mzaha. **~r** *n.* fimbo ya chuma ya kuchochea moto; kichocheo.

¹pole [poul] *n.* (1) ncha ya kaskazini au kusini ya dunia: **~-star**, nyota ya kaskazini. (2) mwisho wa sumaku (magnetisi); pembe ya bateri ya elektrisiti, iliyo *positive* (+) au negative (−). **polar** *adj.* -a kaskazini au kusini; -a nchi za baridi sana.

²pole [poul] *n.* (1) mti; ufito. (2) kipimo cha urefu yadi tano na nusu.

police [pə'li:s] *n.* idara ya serikali iitwayo polisi; *the ~*, jamii ya mapolisi. — *v.t.* simamia (mahali) kwa kutumia mapolisi. **~-court** *n.* korti kwa makosa madogo. **~man** *n.* polisi. **~-station** *n.* nyumba ya mashauri ya mapolisi.

¹policy ['polisi] *n.* (1) mashauri, hasa maongozi ya mambo ya serikali, ya wakubwa, yapasayo wote. (2) busara.

²policy ['polisi] *n.* hati ya masharti ya bima.

polish ['polij] *v.t. & i.* (1) ng'arisha; ng'arika. (2) (hutumika sana kwa p.p.). *a ~ed performer*, mstadi kabisa; *a ~ed young man*, kijana wa adabu. (3) *~ (sth.) off*, maliza upesi. — *n.* (1) ulaini; mng'aro. (2) dawa ya kung'arisha.

polite [pə'lait] *adj.* -a adabu. **~ly** *adv.* **~ness** *n.*

political [pə'litikl] *adj.* -a kuhusu serikali ya nchi; -a mambo ya nchi: *~ prisoners*, waliofungwa kwa kupingana na serikali; ~ *geography*, jiografia ya mipaka ya nchi, barabara zake, &c.; ~ *economy*, elimu yenye kuhusu upataji wa mahitaji ya wanadamu (= *economics*). ~**ly** *adv.*

politics ['politiks] *n. pl.* elimu ya utawala wa nchi; maono ya mtu juu ya utawala; siasa. **politician** [,poli'tiʃn] *n.* mtu wa ~; mwenye kujishughulisha na ~.

poll [poul] *n.* kutoa *vote* katika *election*; kuhesabu watu waliotoa *vote* katika *election*; orodha ya watu wenye haki ya kutoa *vote*; mahali watu waendapo kutoa *vote*: *go to the* ~, enda kutoa *vote*; *be at the head of the* ~, shinda kuchaguliwa na wingi wa watu waliotoa *vote*. ~-**tax** *n.* kodi ya kichwa.

pollen ['polən] *n.* mbelewele, uvumbi ulio ndani ya maua; chavua. **pollinate** ['polineit] *v.t.* zalisha kwa kutia mbelewele.

pollute [po'lju:t, pə'lu:t] *v.t.* tia taka; chafua. **pollution** *n.*

polo ['poulou] *n.* mchezo wa wapanda farasi kupiga tufe kwa fimbo.

poly- *prefix* -ingi. ~**gamy** ['poli,gəmi] *n.* (desturi ya) mwanamume kuwa na wake wawili au zaidi wakati mmoja. ~**glot** ['poliglot] *adj.* -a lugha nyingi. ~**gon** ['poligon] *n.* kitu chenye pembe tano au zaidi. ~**syllable** ['poli,siləbl] *n.* neno lenye silabi nyingi (hasa zaidi ya tatu). ~**technic** [,poli'teknik] *n.* chuo mnamofundishwa sanaa nyingi.

pomegranate ['pomgrænit] *n.* komamanga.

pomp [pomp] *n.* fahari; sherehe.

pompous ['pompəs] *adj.* -a majivuno; -a kiburi. **pomposity** [pom-'positi] *n.*

pond [pond] *n.* shimo lenye maji, hasa la kunywesha wanyama.

ponder ['pondə*] *v.t. & i.* fikiri; tafakari; waza.

ponderous ['pondərəs] *adj.* -zito sana.

pontoon [pon'tu:n] *n.* (1) mashua ya kuvusha watu. (2) chelezo cha kuegemesha daraja la kuvuka mto; bunta.

pony ['pouni] *n.* farasi mdogo (wa mbegu ndogo).

¹**pool** [pu:l] *n.* (1) kiziwa; kidimbwi. (2) kilindi mtoni.

²**pool** [pu:l] *n.* (1) fedha jamii ya kushindaniwa katika michezo ya kamari. (2) jamii ya watu wakichanga fedha zao. (3) mchezo kwa wachezaji wawili au zaidi uchezwao na tufe kama zile za *billiards* katika meza kubwa. — *v.t.* changa fedha.

poor [puə*] *adj.* (1) maskini. (2) -dogo: *a* ~ *supply of teachers*, akiba ndogo ya walimu. (3) hafifu. ~-**house** *n.* = *workhouse*, (la zamani) nyumba watunzwamo maskini. ~-**spirited** *adj.* -oga. ~**ly** *adv.* (1) vibaya; bila kufanikiwa. (2) *he is* ~*ly off*, hana fedha nyingi. — *predic. adj.* (*colloq.*) -gonjwa: *I feel* ~*ly*, sina afya nzuri. ~**ness** *n.* umaskini; ukosefu wa kitu kizuri.

pop [pop] *v.t. & i.* (*-pp-*) (1) fanya kitu kuzibuka kwa kishindo (kama kwamba kizibo huzibuliwa ghafula). (2) *He is always* ~*ping in and out*, hatulii, aja au aondoka ghafula. — *n.* (1) kishindo (kama kwamba kizibo huzibuka ghafula). (2) (*colloq.*) kinywaji kama *soda* tamu.

Pope [poup] *n.* Askofu mkuu wa Rumi na wa Kanisa la Kirumi.

poplar ['poplə*] *n.* namna ya mti mwembamba tena mrefu.

poppy ['popi] *n.* namna ya mmea wenye kuota porini na bustanini pia, tena wenye maua makubwa, hasa mekundu; namna moja huwa na mbegu zitumikazo kufanyiza dawa ya kutia usingizi iitwayo *opium*.

populace ['popjuləs] *n.* watu wa vivi hivi; watu.

popular ['popjulə*] *adj.* (1) -a watu walio wengi au kwa watu: ~ *government*, serikali iliyochaguliwa na watu wenyewe; ~ *prices*, bei ipendwayo na watu, yaani rahisi. (2) -a kufaa watu kwa kadiri walivyostaarabika au kuelimishwa: ~ *science*, yaani *science* ya kufaa watu kwa kadiri ya elimu yao. (3) -a kupendwa na watu wote. ~**ity** [,popju'læriti] *n.* hali ya kupendwa na watu wote. ~**ize** *v.t.* fanya ~***¹·³***.

populate ['popjuleit] *v.t. cf. people*: jaza watu. ~**d** *adj. p. pl.* -enye wenyeji. **population** [,popju-'leiʃn] *n.* jumla ya wenyeji wa nchi au wa mji fulani. **populous** ['popjuləs] *adj.* -enye watu wengi.

porch [po:tʃ] *n.* ukumbi.

porcupine ['pɔ:kjupain] *n.* nungu.
¹pore [pɔ:*] *n.* kinyweleo, kinyeleo (cha ngozi).
²pore [pɔ:*] *v.i.* ~ *over*, soma (kitabu, &c.) kwa bidii.
pork [pɔ:k] *n.* nyama ya nguruwe, hasa isiyotiwa chumvi.
porous ['pɔ:rəs] *adj.* -a kupapa maji.
porridge ['pɔridʒ] *n.* namna ya uji mzito.
¹port [pɔ:t] *n.* bandari.
²port [pɔ:t] *n.* kishubaka (cha meli); shubaka la meli. ~**hole** *n.* = *port²*.
³port [pɔ:t] *n.* upande wa kushoto wa meli ukikabili gubeti mbele. — *v.t.* endesha kwa kushoto. (*cf. starboard*.)
⁴port [pɔ:t] *n.* divai nyekundu tamu ya Kireno.
portable ['pɔ:təbl] *adj.* -a kuchukulika; -epesi.
portal ['pɔ:tl] *n.* mlango mkubwa.
porter ['pɔ:tə*] *n.* (1) mchukuzi; mpagazi. (2) mngoji mlango; bawabu.
portfolio [pɔ:t'fouliou] *n.* (1) jalada ya kutia hati, barua, &c. (2) uwaziri.
portion ['pɔ:ʃn] *n.* sehemu. — *v.t.* gawanya katika sehemu.
portrait ['pɔ:trit] *n.* picha (sanamu) ya mtu; maelezo dhahiri kwa maneno. ~**ure** ['pɔ:tritʃə*] *n.* ustadi wa kuandika picha. **portray** [pɔ:'trei] *v.t.* fanya picha; eleza dhahiri kwa maneno; jifanya kama. **portrayal** [pɔ:'treiəl] *n.* kufanya picha; kueleza.
pose [pouz] *v.t. & i.* (1) tia (fulani) katika kikao kabla ya kuandika picha. (2) jisingizia usivyo kwa kiburi. (3) tatiza; shinda (kwa kuleta swali la mashaka). — *n.* (1) kikao. (2) sura; hali. ~**r** *n.* fumbo; tatizo. **poseur** [pou'zə*] *n.* mpiga makuu.
position [pə'ziʃn] *n.* (1) mahali. (2) mahali pa kufaa; palipo sawasawa. (3) kikao (cha mwili). (4) cheo cha mtu. (5) hali. (6) maono: *What's your ~ on this problem?* Waonaje juu ya jambo hili?
positive ['pɔzitiv] *adj.* (1) -a hakika; halisi. (2) (kwa watu) pasipo shaka: *Are you ~ about what time it was?* Wajua pasipo shaka ilikuwa saa ngapi? (3) -a kufaa; -a kusaidia: *a ~ suggestion*, shauri la kufaa; *~ help*, msaada wa hakika. (4) (*math.*) zaidi ya 0. alama ni +. (5) (kwa elektrisiti) namna ipatikanayo ukisugua kioo kwa aliri. (6) (*grammar*, kwa *adjectives* na *adverbs*) enye hali ya asili isiyotengenezwa maana si *comparative* wala *superlative*. ~**ly** *adv.*
possess [pə'zes] *v.t.* (1) miliki; -wa na. (2) shika: *~ one's soul in patience*, yaani stahimili. (3) ~ *oneself of*, jipatia. (4) *be ~ed*, pagawa; -wa na wazimu. ~**ion** [pə'zeʃn] *n.* (1) kumiliki: *be in ~ion (of)*, -wa -enyewe -a. (2) (hutumika sana kwa *pl.*) mali. ~**ive** [pə'zesiv] *adj.* (1) -a kumiliki; -enye tamaa ya kushika. (2) (*grammar*) -a kuonyesha -a nani. ~**or** *n.* mwenyewe.
possible ['pɔsibl] *adj.* (1) -liowezekana; yamkini. (2) -zuri; -a kufaa. **possibly** *adv.* (1) kwa kadiri iwezekanavyo. (2) labda.
possibility [,pɔsi'biliti] *n.* (1) kuwa —; kadiri iwezekanavyo. (2) kitu kiwezekanacho.
¹post [poust] *n.* (1) kilindo; palipoamriwa. (2) mahali pa kufanyia biashara porini. (3) cheo; daraja; kazi. — *v.t.* weka; amria mahali.
²post [poust] *n.* posta ya kupeleka barua na vifurushi. — *v.t. & i.* (1) peleka (barua, &c.) kwa posta. (2) (la zamani) enda mbio. (3) (kwa biashara) ~ (*up*), andika (katika daftari). (4) *keep sb. ~ed*, fahamisha fulani juu ya habari yote. ~**age** ['poustidʒ] *n.* ada ya posta. ~**al** ['poustl] *adj.* -a posta: *~al order*, hati (cheti) ya fedha ambayo hununulika posta na fedha hupatikana ikipelekwa posta mahali pengine. ~**card** *n.* karata ya kupelekea katika posta badala ya barua tena kwa gharama ndogo. ~**-free** *adj.* bila kulipa ada ya posta. ~**haste** *adv.* upesi sana. ~**man** *n.* mpelekaji barua, mtu wa posta. ~**master**, ~**mistress** *n.* mwanamume, mwanamke, aliye mkuu wa nyumba ya posta. ~ *office n.* idara ya serikali iitwayo posta; nyumba ya posta.
³post [poust] *n.* mti; mhimili; nguzo. — *v.t.* ~ *sth. up*, bandika mahali wazi; tangaza.
post- [poust] *prefix* baada ya. ~**date** *v.t.* andikia (barua au hati

ya fedha ya benki, &c.) tarehe ya baadaye, siyo iliyo kweli. ~ **graduate** adj. (-a kazi, &c.) -liofanywa baada ya kupata cheo cha *degree*. ~**humous** ['postjuməs] adj. (kwa mtoto) -liozaliwa baba yake alipokwisha kufa; -a baada ya kufa mwenyewe. -**mortem** ['poust-'mo:tem] n. (*Latin*) ukaguzi wa maiti kwa kupeleleza sababu ya kufa kwake. ~**script** n. (*PS.*) maneno yaliyoongezwa katika barua baada ya kutia sahihi.

poste restante ['poust'resta:nt] n. sehemu ya idara ya posta ambapo huruhusiwa kupeleka barua na kuziweka mpaka zitakwe.

postpone [pəs, pous'poun] v.t. weka; ahirisha. ~**ment** n.

posture ['postʃə*] n. (1) kikao. (2) hali.

pot [pot] n. chungu; sufuria; *a coffee-~*, mdila; *a tea~*, buli; *~s of money*, (*slang*) fedha nyingi sana. — v.t. (-*tt-*) (1) tia (nyama, matunda, &c.) katika makopo, bilauri, &c., ili kuvihifadhi visioze. (2) panda miche katika vyungu vyenye ardhi ndani. ~-**hole** n. shimo barabarani lililofanywa kwa mvua nyingi au kwa magari yapitayo. ~-**hook** n. kulabu; choro kama S. ~ **luck** n. cho chote kinachotengenezwa kwa kula: *take ~ luck*, -la fumanizi. ~**ter** n. mfinyanzi. ~**tery** n. vyombo vya udongo; kazi ya mfinyanzi.

potash ['potaʃ] n. shura; magadi; kitu kitumiwacho kwa kutengeneza sabuni na kioo, chatumika pia kama mbolea au shura.

potato [pə'teitou] n. (*pl. -oes*) kiazi.

potent ['poutənt] adj. -a nguvu. **potency** ['poutənsi] n. nguvu. ~**ate** n. mtu mwenye nguvu.

potential [pou'tenʃl] adj. -lioweza kuwa.

potter(**y**) n. *taz. pot.*

potter ['potə*] v.i. fanya kazi bila kutia bidii; fanya kazi kidogo za namna mbalimbali kama kuchezacheza nazo. **potty** ['poti] adj. (*colloq.*) (kwa kazi) hafifu, -dogo; (kwa watu) -enye wazimu; -enye mwenendo usio wa kawaida.

pouch [pautʃ] n. (1) kifuko (*e.g.* kwa tumbako ya kiko). (2) mfuko (*e.g.* kama ule ambamo mwari huchukua chakula chake mdomoni mwake.

poultice ['poultis] n. dawa ya kubandika (kama ugali laini wa moto).

A pelican's pouch

poultry ['poultri] n. jamii ya kuku, mabata, &c. **poulterer** ['poultərə*] n. mwuza kuku, mabata, &c.

pounce [pauns] v.i. ruka kwa ghafula. — n. mruko wa ghafula.

¹ **pound** [paund] n. (1) kipimo cha uzito, ratli yenye aunsi (wakia) 16. (2) pauni ya fedha, thamani ya shilingi ishirini.

² **pound** [paund] v.t. (1) piga kwa mapigo mazito. (2) twanga; ponda; chakacha.

pour [po:*] v.t. (1) mimina; mwaga. — v.i. miminika. (2) toka (ingia) -ingi: *People ~ed into the town*, watu waliingia wengi. (3) (kwa mvua) nyesha sana.

poverty ['povəti] n. umaskini; ufukara. ~-**stricken** adj. maskini sana.

powder ['paudə*] n. (1) unga; uvumbi. (2) *gun ~*, baruti. — v.t. & i. tia (nyunyizia) ~; ponda; saga. ~-**magazine** n. mahali pa kuwekea baruti, &c.

power ['pauə*] n. (1) uwezo: *He gave me all the help in his ~*, alinitolea msaada wote kama awezavyo. (2) nguvu. (3) enzi; amri; mamlaka; *have sb. in your ~*, shika fulani katika mamlaka yako. (4) mtu, au chama, mwenye nguvu; taifa kubwa duniani. ~-**house**, ~-**station** n. mahali patengenezwapo nguvu za elektrisiti. ~**less** adj. pasipo nguvu; -sioweza kufanya kitu fulani.

practice ['praktis] n. (1) kufanya; kutenda kazi, (kinyume cha elimu tupu bila ujuzi wa kutenda kazi): *put a plan into ~*, timiza shauri na kutenda kazi kwa kulifuata. (2) desturi: *the ~ of closing shops on Sundays*, desturi ya kufunga maduka kila jumapili. (3) mazoea, mazoezi. (4) kazi; uchumi. (5) *sharp ~*, tendo la werevu, hasa kwa biashara. **practicable** ['praktikəbl] adj. -a kufanyika; -a kutumika. **practical** ['praktikl] adj. (1) -a kuhusu kazi: *practical difficulties*,

shida za kutenda kazi fulani. (2) (kwa watu) -a busara; -enye kupenda kutenda. (3) -a kufaa. **practically** *adv.* (1) kwa busara. (2) kwa kweli. (3) karibu sana lakini si kabisa. **practise** ['praktis] *v.t.* (1) fanya mara kwa mara; *practise the piano*, jizoeza katika kupiga kinanda. (2) fuata desturi (ya): *Practise what you preach*, fuata mashauri ambayo umewaambia wengine wayafuate. (3) *practise the law (medicine)*, fuata kazi ya sheria (udaktari). **practised** *adj.* -stadi; -zoevu.
prairie ['preəri] *n.* uwanda mpana wa majani usio na mti.
praise [preiz] *v.t.* (1) sifu. (2) tukuza (Mungu). — *n.* kusifu; masifio. ~**worthy** *adj.* -a kustahili sifa.
pram [pram] *n.* kifupisho cha *perambulator*.
prawn [prɔ:n] *n.* kamba mdogo, uduvi.
pray [prei] *v.i. & t.* (1) omba Mungu; sali. (2) sihi; taka. (3) = tafadhali: ~ *don't speak so loud*, tafadhali usiseme kwa sauti kubwa. ~**er** [preə*] *n.* kusali; haja; maombi; ibada.
pre- [pri:-] *prefix* = kabla ya, kama katika maneno ya *prefix, pre-war, &c*.
preach [pri:tʃ] *v.t.* (1) hutubu; toa hotuba. (2) shawishi; shauri. ~**er** *n.* mwenye kuhutubu.
precaution [pri'kɔ:ʃn] *n.* hadhari: *take* ~*s*, jihadhari.
precede [pri:'si:d] *v.t.* tangulia. ~**nce** ['presidəns] *n.* (haki ya) kuhesabiwa kama -a cheo kikubwa zaidi au -a kufikiriwa kwanza: *This question takes* ~ *over all others*, jambo hilo lazima lifikiriwe kwanza. ~**nt** ['president] *n.* jambo la zamani (hukumu ya zamani, *&c.*) lililo kama mfano kwa mambo yafuatayo.
precept ['pri:sept] *n.* fundisho, au kanuni, kwa mwenendo wa mtu.
precinct ['pri:siŋkt] *n.* (1) ua; kitalu kitakatifu (hasa cha kanisa au korti kuu). (2) mahali jirani.
precious ['preʃəs] *adj.* -a thamani. (2) -penzi, -a kupendwa sana.
precipice ['presipis] *n.* genge.
precipitous [pri'sipitəs] *adj.* kama genge.

précis ['preisi] *n.* muhtasari; ufupisho wa maneno (wa hati, barua, *&c.*).
precise [pri'sais] *adj.* (1) halisi; bila makosa. (2) -a taratibu; -angalifu. ~**ly** *adv.* (hasa kwa kukubali) kabisa; ndivyo; naam. **precision** [pri'siʒn] *n.* usawa; kotokuwa na makosa.
preclude [pri'klu:d] *v.t.* zuia (fulani asifanye kitu fulani); pinga kabisa hata kutowezekana.
preconceive [,pri:kən'si:v] *v.t.* waza mbele (kabla ya kupata habari wala ustadi wa kuzoea). **preconception** [,pri:kən'sepʃn] *n.* wazo la namna hii.
predecessor ['pri:disesə*] *n.* mtangulizi aliyeshika kazi au cheo fulani kwanza.
predicament [pri'dikəmənt] *n.* mashaka; hatari; shida.
predicate ['predikit] *n.* neno lenye habari ya kitu fulani.
predict [pri'dikt] *v.t.* toa habari mbele; bashiri.
predominant [pri'dominənt] *adj.* -enye kuzidi; -a kutazamisha sana. **predominance** *n.* **predominate** *v.i.* pita; shinda.
pre-eminent [pri:'eminənt] *adj.* -a kupita; bora kabisa.
preface ['prefis] *n.* utangulizi.
prefer [pri'fə:*] *v.t.* (-*rr*-) (1) chagua kuliko -ingine; penda zaidi. (2) leta (mashtaka, maombi, *&c.*). ~**able** ['prefərəbl] *adj.* -ema zaidi; bora. ~**ably** *adv.* kwa hiari. ~**ence** ['prefərəns] *n.* (1) kuchagua kuliko -ingine; hiari; kitu kilichochaguliwa kuliko kingine. (2) upendeleo. ~**ential** [,prefə'renʃl] *adj.* (hasa kwa ushuru au malipo) -a kupendelea. ~**ment** *n.* kuzidishiwa cheo.
prefix ['pri:fiks] *n.* (1) (*grammar*) sehemu ya neno iliyotiwa mwanzoni. (2) neno lililotiwa mbele ya jina la mtu (*e.g. Mr., Dr.*). — *v.t.* [pri:'fiks] tia mwanzoni; tangulizа.
pregnant ['pregnənt] *adj.* (1) (kwa mwanamke au mnyama jike) -enye mimba. (2) (kwa maneno, mambo) -kubwa; -a maana. **pregnancy** ['pregnənsi] *n.* mimba; uzito.
prehistoric [,pri:his'tɔrik] *adj.* -a zamani za kale sana (zisizo na habari za hakika).
prejudice ['predʒudis] *n.* (1) ku-

chukia au kupendelea bila sababu yenye akili. (2) *to the ~ of sb.*, -a kuelekea kumletea fulani madhara. — *v.t.* (1) chukiza (pendeleza) kwa vibaya. (2) dhuru (faida, nguvu, mambo ya fulani). **prejudicial** [ˌpredʒuˈdiʃl] *adj.* -a kudhuru¹. (fulani).

prelate [ˈprelət] *n.* askofu.

preliminary [priˈliminəri] *adj.* -a mwanzo tena -a kufanya tayari. — *n.* tendo la kutangulia.

premature [ˌpreməˈtjuə*] *adj.* -a kabla ya wakati wake. **~ly** *adv.*

premeditate [priˈmediteit] *v.t.* waza, kusudia (jambo) mbele.

premier [ˈpremiə*] *adj.* -a cheo kilicho bora. — *n.* waziri mkuu wa serikali.

premium [ˈpriːmiəm] *n.* (1) malipo ya mbele au ada ya bima. (2) zawadi; ziada: *put a ~ on good behaviour*, ahidi kuwa fulani atafaidi kwa kujichukua vyema. (3) *be at a ~*, zidi kuwa na thamani.

premonition [ˌpriːməˈniʃn] *n.* maonyo; hofu ya kuwa jambo litatukia.

prepare [priˈpeə*] *v.t. & i.* (1) fanya (weka) tayari; jiweka tayari. (2) *be ~d to*, -weza tena -wa tayari kwa. **preparation** [ˌprepəˈreiʃn] *n.* (1) kufanya au kufanywa (kutengenezwa) tayari; wakati (uwekwao) kwa kutengeneza masomo ya chuo. (2) changanyiko la chakula, dawa, &c.

preponderate [prepˈondereit] *v.i.* zidi, -wa na nguvu (wingi) zaidi. **preponderant** *adj.* **preponderance** *n.*

preposition [ˌprepəˈziʃn] *n.* (*grammar*) neno la kutiwa kutangulia jina (*noun*) lionyeshalo uhusiano uliopo kati ya kiumbe kimoja (tendo moja) na kiumbe kingine (tendo jingine) *e.g. under*, chini ya, *on* katika, &c. **~al** *adj.*

prepossessing [ˌpriːpəˈzesiŋ] *adj.* -a kutamanisha; -zuri.

preposterous [priˌpostərəs] *adj.* si -enye akili hata kidogo.

prerequisite [ˌpriːˈrekwizit] *n. & adj.* kanuni; sharti.

prerogative [priˈrogətiv] *n.* haki ya (mtawala, &c.).

presage [ˈpresidʒ] *n.* taz. *premonition*; dalili ya mambo yatakayokuja (mara nyingi huwa mabaya). — *v.t.* bashiri mambo yatakayokuja.

prescribe [prisˈkraib] *v.t.* (1) agiza. (2) amuru. **prescription** [prisˈkripʃn] *n.* agizo, hasa maelezo ya dakitari kwa kutengeneza dawa.

¹**present** [ˈpreznt] *adj.* (1) -liopo: *~ company*, waliopo sasa. (2) -a sasa: *the ~ government*, serikali ya sasa. (3) -a wakati huu. **presence** [ˈprezəns] *n.* (1) kuwapo: *in the presence of his friends*, mbele ya rafiki zake. (2) *presence of mind*, welekevu wa akili; busara. **~ly** *adv.* bado kidogo.

²**present** [priˈzent] *v.t.* (1) -pa; toa: *~ a cheque at the bank (for payment)*, toa hawala katika benki (kwa kulipwa fedha). (2) *cf. introduce sb.*, leta mbele ya mtu wa cheo kikuu. (3) *~ oneself*, jiingiza (kwa mtihani, hukumu, &c.). — *n.* [ˈpreznt] zawadi. **~able** [priˈzentəbl] *adj.* -a kupendeza mbele ya watu. **~ation** [ˌprezenˈteiʃn] *n.* kupa au kupewa; zawadi, hasa iliyotolewa mbele ya watu.

presentiment [priˈzentiment] *n. cf. premonition, presage*, onyo la mambo yatakayokuja.

preserve [priˈzəːv] *v.t.* (1) linda; hifadhi. (2) tunza; angalia. **preservation** [ˌprezəˈveiʃn] *n.* (1) hali ya kulindwa au kutunzwa: *be in a good state of preservation*, -wa katika hali ya kutunzwa vizuri. (2) tendo la kulinda, kutunza, &c. **preservative** [priˈzəːvətiv] *n.* dawa ya kuzuia kitu kisioze (kama ngozi ya mnyama, chakula, &c.). — *adj.* -a kulinda; -a kuzuia kitu kisioze.

preside [priˈzaid] *v.i.* -wa mkuu; *~ over a business*, ongoza kampani ya biashara; *~ at a meeting*, ongoza mkutano au jamii. **~nt** [ˈprezidənt] *n.* (1) mkuu wa serikali, hasa isiyo na mfalme. (2) mkuu wa idara fulani za serikali, wa kampani za biashara, pengine wa *colleges*, wa vyama, &c. **~ncy** *n.* mamlaka ya *~nt*. **~ntial** [ˌpreziˈdenʃl] *adj.* -a *~nt* au -a kazi yake.

press [pres] *v.t. & i.* (1) kaza; finya; bonyeza; sukuma. (2) shindika (miwa ili kupata sukari, &c.); *~ clothes*, piga pasi. (3) songa; songanisha. (4) *~ for*, omba sana; sihi. (5) *be ~sed for (time, money, &c.)*, fanya haraka; tokuwa na wasaa; -wa na haja ya fedha, &c. (6) hitaji sana kufanywa: *The matter* *is ~ing*, jambo linahitaji sana kufanywa. (7) *Time ~es*, hakuna wakati wa kutosha. (8) *~ sb.'s hand*, shika mkono wa fulani. — *n.* (1) tendo la kukaza, *&c.* (2) kinu cha kushindikiza. (3) mtambo wa kupigia chapa: *in the ~*, katika kupigwa chapa. (4) kazi ya kupiga chapa vitabu au magazeti. (5) *the ~*, jamii ya magazeti. (6) shughuli nyingi. (7) ghasia ya watu; masongano. (8) kabati ya nguo, vitabu, *&c.* **~ing** *adj.* (kwa kazi) -a kulemea; muhimu. **~man** *n.* mwandikaji wa habari za gazeti.

pressure ['preʃə*] *n.* (1) msongo; mkazo: *atmospheric ~*, uzito wa hewa. (2) *bring ~ to bear on sb. to do sth.*, shurutisha fulani afanye kitu. (3) *work at high ~*, fanya kazi kwa nguvu nyingi tena kwa upesi.

prestige [pres'ti:ʒ] *n.* sifa njema; heshima; fahari.

presume [pri'zu:m] *v.i.* (1) dhania kama ni hakika ingawa ni yamkini tu; dhania kuwa ni kweli. (2) thubutu. (3) *~ upon*, tumia vibaya mtu karimu, mwema, *&c.* **presumption** [pri'zʌmpʃn] *n.* (1) neno lililo yamkini au kuwezekana, lisilo hakika. (2) ufidhuli. **presumptive** *adj.* -a kutazamiwa. **presumptuous** [pri'zʌmptjuəs] *adj.* -a kiburi; -fidhuli.

presuppose [,pri:sə'pouz] *v.t.* (1) dhania kabla ya kujua. (2) -wa kwa sababu ya (neno fulani lililotangulia), *cf. imply.* **presupposition** [,pri:sʌpə'ziʃn] *n.* jambo au neno lisilothibitika, ladhaniwa tu kuwa ndivyo.

pretend [pri'tend] *v.i.* jifanya; jisingizia. **~er** *n.* mdai, mwenye kudai cheo fulani (*e.g.* ufalme). **pretence** [pri'tens] *n.* kujisingizia; kisingizio; uwongo.

pretext ['pri:tekst] *n.* sababu isiyo ya kweli ya kuficha ya kweli.

pretty ['priti] *adj.* -zuri kwa kutazama; a kupendeza lakini si -zuri sana kama kuwa *beautiful.* — *adv.* (*colloq.*) ya kutosha: *I'm ~ well*, sijambo ya kutosha. **prettily** *adv.* **prettiness** *n.*

prevail [pri'veil] *v.i.* (1) shinda. (2) chaga; enea. (3) *~ upon (sb. to do sth.)* shawishi. **prevalent** ['prevələnt] *adj.* -a kuenea. **prevalence** *n.* maeneo.

prevent [pri'vent] *v.t.* (1) zuia. (2) pinga. **~able** *adj.* -a kuzuilika. **~ion** *n.* kuzuia. **~ive** *adj.* -a kuzuia; -a kulinda.

previous ['pri:viəs] *adj.* -a kwanza; -liotangulia. **~ly** *adv.*

prey [prei] *n.* (1) mateka: *bird of ~*, ndege mbuai, *e.g.* tai. (2) *be a ~ to fears*, shikwa na hofu.

price ['prais] *n.* thamani; bei. — *v.t.* tia bei; kadirisha. **~less** *adj.* -a kupita thamani.

prick [prik] *v.t.* (1) toboa. (2) choma. (3) *v.i. My finger ~s*, kidole changu kinawaka. (4) *~ up the ears*, (hasa kwa mbwa, farasi) masikio kusimama. (*fig.* kwa wanadamu) angalia sana. — *n.* mchomo. **~le** ['prikl] *n.* mwiba. — *v.i.* chomachoma; washa. **~ly** *adj.* -enye miiba: *~ly heat*, vipele vya harara: *~ly pear*, (mti) mpungate.

pride [praid] *n.* (1) fahari. (2) kitu cha kujivunia. (3) kiburi; majivuno. — *v.t. ~ oneself on*, jivunia; dai.

priest [pri:st] *n.* (1) kasisi. (2) kahini. **~hood** *n.* ukuhani; ukasisi. **~ly** *adj.*

prim [prim] *adj.* -nadhifu; taratibu; -siopenda hata kidogo lisilo adabu.

primary ['praiməri] *adj.* -a kwanza; *~ colours*, rangi za asili, yaani nyekundu, samawati, na ya kimanjano.

primate ['praimit] *n.* askofu mkuu.

prime [praim] *adj.* (1) -kuu. (2) bora. (3) *~ number*, hesabu isiyoweza kugawanyika (*e.g.* 7, 17). — *n.* sehemu ya kwanza au iliyo bora. — *v.t.* tengeneza.

primer ['praimə*] *n.* kitabu cha masomo ya kwanza.

primitive ['primitiv] *adj.* -a zamani za kwanza.

prince [prins] *n.* (1) mfalme au mtawala asiye na haki ya kuitwa *king.* (2) mwana wa kiume wa mfalme. **~ss** [prin'ses, 'prinses] *n.* binti mfalme; mke wa mfalme. **~ly** *adj.* -a ~ au -a kustahili ~; -zuri sana; karimu; -paji.

principal ['prinsipl] *adj.* -kuu. — *n.* (1) mkuu. (2) mwenyewe. (3) rasilmali; akiba. **~ly** *adv.* zaidi; hasa.

principality [,prinsi'pæliti] *n.* mamlaka ya *prince.*

principle ['prinsipl] *n.* (1) jambo

print [print] *v.t.* (1) piga chapa. (2) piga picha. — *n.* (1) chapa. (2) (kama sehemu ya pili ya neno) alama iliyofanywa kwa kukaza: *finger-~s*, alama za vidole; *foot~s*, nyayo. (3) picha; sanamu. **~able** *adj.* (hasa) -enye kustahili kupigwa chapa. **~er** *n.* mpiga chapa.

prior ['praiə*] *adj.* -a kwanza; -liotangulia. **~ity** [prai'oriti] *n.* kuwa ~ ; haki ya kutangulia wengine kwa kufanya kitu fulani.

prison ['prizn] *n.* kifungo; gereza. **~er** *n.* mfungwa; mahabusi.

private ['praivit] *adj.* (1) -a mwenyewe peke yake. (2) -a faragha; -a upweke. (3) si -a serikali. (4) ~ *soldier*, askari. — *n.* (1) askari. (2) *in ~*, kwa siri. **~ly** *adv.* kwa siri. **privacy** ['pri, 'praivisi] *n.* faragha; upweke.

privation [prai'veiʃn] *n.* (1) upungufu; ukosefu. (2) shida; taabu.

privilege ['prividʒ] *n.* haki ya mtu, au watu, wa cheo fulani. **~d** *adj.*

¹ **prize** [praiz] *n.* (1) tuzo; zawadi. (2) mateka. — *v.t.* dhani kuwa ya thamani nyingi. **~fight** *n.* shindano la ngumi kwa tuzo.

² **prize** [praiz] *v.t.* fungua (kwa kitu kama mtaimbo).

pro- *prefix* -a kusaidia, -a kutegemeza: *pro-British.* **pros and cons** *n. pl.* maneno ya kuthibitisha na kukabiliana.

probable ['probəbl] *adj.* -lioelekea kuwa au kuthibitisha kuwa kweli. **probably** *adv.* **probability** [,probə'biliti] *n.* hali ya kuwa ~.

probation [prou'beiʃn] *n.* majaribu; wakati mtu anapojaribiwa. **~er** *n.* mtu ajaribiwaye kama atafaa kwa kazi fulani; mwanafunzi ajifunzaye kazi ya mwuguzi hospitalini.

probe [proub] *n.* sindano kubwa butu ya kupima kishimo cha kidonda, &c. ya kutafutia risasi aliyopigwa mtu. — *v.t.* pima au tafuta kwa ~. (*fig.*) chunguza.

problem ['probləm] *n.* swali; mashaka; neno gumu la kufumbulika. **~atic(al)** [,probləˈmatik(l)] *adj.* -a shaka; si hakika.

procedure [prəˈsiːdjuə*] *n.* utaratibu; jinsi ya kutenda.

proceed [prouˈsiːd] *v.i.* (1) endelea mbele. (2) toka. (3) shtaki; dai; peleka sheriani. **~ing** *n.* (1) tendo; jambo. (2) (*pl.*) take, start, *~ings* (*against sb.*), = ~³. (3) (*pl.*) habari zilizoandikwa za mambo ya chama. **~s** [prouˈsiːdz] *n. pl.* pato; faida.

process ['prouses] *n.* (1) mafuatano ya mambo. (2) njia; jinsi. (3) maendeleo. — *v.t.* tengeneza.

procession [prəˈseʃn] *n.* mwandamano.

proclaim [prəˈkleim] *v.t.* tangaza.

proclamation [,prokləˈmeiʃn] *n.* kunena wazi; tangazo.

procure [prouˈkjuə*] *v.t.* (1) pata. (2) (la zamani) fanyiza. **procurable** *adj.* -a kupatikana.

prod [prod] *v.t.* choma, chokoa. — *n.* mdukuo.

prodigal ['prodigl] *adj.* -potevu wa mali. — *n.* mbadhiri.

prodigious [prəˈdidʒəs] *adj.* -kubwa mno; ajabu mno.

prodigy ['prodidʒi] *n.* mwujiza; kioja.

produce [prəˈdjuːs] *v.t.* (1) leta ili kutazamiwa. (2) fanya; fanyiza. (3) toa; zaa. (4) leta. (5) (*math.*) ongeza urefu. (6) ~ *a play*, tunga (onyesha) mchezo. — *n.* ['prodjuːs] zao; matunda. **~r** [prəˈdjuːsə*] *n.* (1) mfanyizaji. (2) mtungaji (mwonyesha) mchezo. **product** ['prodəkt] *n.* (1) mazao; mavuno. (2) (*arith.*) jumla katika kuzidisha. **production** [prəˈdʌkʃn] *n.* kufanyiza; kazi; mazao. **productive** [prəˈdʌktiv] *adj.* (1) -a kuzaa; -zazi. (2) -a kutoa; -a kuleta: *discussions that are productive only of quarrels*, mazungumzo yaletayo ugomvi tu.

profane [prəˈfein] *adj.* (1) (kinyume cha -takatifu, -a kutengwa kwa dini) -a ulimwengu. (2) -najisi; -siojali Mungu: ~ *language*, maneno machafu. — *v.t.* najisi; chafua. **~ly** *adv.* **~ness** *n.* **profanity** [prouˈfaniti] *n.* ukufuru; unajisi; kutumia maneno machafu ya laana.

profess [prəˈfes] *v.t.* (1) shuhudia wazi kuwa una (imani, mapenzi, moyo, bidii, &c.). (2) fanya kazi ya. (3) jidai kuwa: *I don't ~ to be an expert*, sijidai kuwa fundi; *a ~ed friend*, ajidaiye kuwa rafiki walakini si rafiki wa kweli. **~edly** [prəˈfesidli] *adv.* kwa maneno yako

mwenyewe ya kujidai. ~ion [prə-'feʃn] *n.* (1) uchumi; kazi. (2) ushuhuda; ahadi.

professional [prə'feʃənl] *adj.* (1) -a uchumi: ~ *skill*, ustadi wa kazi yako; ~ *men* (*e.g.* wanasheria, madaktari, *&c.*). (2) -a kuhusiana na kazi ya mshahara au afanyaye kazi hiyo. (kinyume cha *amateur*): ~ *football(ers)*, kucheza mpira kwa uchumi, au wachezaji mpira kwa uchumi. — *n.* afundishaye michezo kwa mshahara; achezaye kwa mshahara; atendaye kazi ya ufundi au sanaa kwa mshahara walakini *amateur* huitenda kwa kuipenda tu.

professor [prə'fesə*] *n.* mwalimu mkuu wa *University*.

proficient [prə'fiʃnt] *adj.* hodari; -bingwa. **proficiency** *n.*

profile ['proufi:l] *n.* (1) sura ya mtu au kitu kwa upande si kwa mbele yake. (2) ukingo wa kitu.

profit ['profit] *n.* (1) faida. (2) chumo; mapato. — *v.t. & i.* (1) toa faida. (2) faa; falia. (2) saidiwa (na); pata faida (kwa). **~able** *adj.* -a kufaa; -a kuleta faida. **~eer** [,profi'tiə*] *v.i.* pata chumo kubwa hasa wakati wa hatari kama katika vita. — *n.* mtu afanyaye hivyo.

profound [prə'faund] *adj.* (1) -a kwenda chini sana: *a ~ sleep*, kulala sana. (2) -a kuhitaji, -a kuonyesha, -enye, elimu nyingi: ~ *books*, ~ *writers*, ~ *thinkers*. **~ly** *adv.* sana; kwa ndani. **profundity** [prə'fʌnditi] *n.*

programme ['prougram] *n.* (1) orodha ya mambo, michezo, nyimbo, *&c.* (2) shauri la kufuatwa.

progress ['prougres] *n.* (1) mwendo wa mbele. (2) maendeleo. — *v.i.* [prou'gres] endelea. **~ion** [prou'greʃn] *n.* kuendelea: *modes of ~*, namna ya kujiendesha (*e.g.* kutambaa). **~ive** [prou'gresiv] *adj.* (1) -a kuendelea mbele. (2) -a kuongezeka kwa kadiri za kawaida. (3) -a kusaidia, -a kupendelea ~. — *n.* mtu apendeleaye shauri la kuendelea.

prohibit [prou'hibit] *v.t.* kataza. **~ive** *adj.* (hasa kwa bei) ghali hata -a kutonunulika au -a kutumika. **~ion** [,proui'biʃn] *n.* makatazo: hasa sheria ya kukataza kuuza pombe ya ulevi.

project ['prodʒekt] *n.* shauri; nia; kusudi. — *v.t.* (1) kusudia. (2) toa au tupa mbele kivuli au picha kwa sinema juu ya kiwambo cha nguo au ukutani. (3) *v.i.* tokeza. **~ile** [pro'dʒektail] *n.* kitu kilichotupwa, *e.g.* risasi ya bunduki au mzinga. **~ion** [prə'dʒekʃn] *n.* (1) kutoa au kutupa kivuli au picha mbele. (2) kitu kitokezacho. **~or** *n.* chombo kitupacho picha mbele *e.g.* katika sinema.

proletariat [,proule'teəriat] *n.* watu wa vivi hivi; wafanyi kazi.

prolific [prə'lifik] *adj.* -a kuzaa sana; -a kufanya mengi.

prologue ['proulog] *n.* (1) maneno ya mbele. (2) (*fig.*) la kwanza la mfulizo wa mambo.

prolong [prə'lɔŋ] *v.t.* dumisha; ongeza urefu. **~ed** *adj.* -a kudumu wakati mrefu. **~ation** [,proulɔŋ'geiʃn] *n.* mazidio; nyongeza.

prominent ['prominənt] *adj.* (1) (kwa sehemu itokezayo) -a kutokeza kama mdomo. (2) -a kuonekana wazi. (3) mashuhuri; maarufu. **prominence** *n.* (1) kitu kitokezacho kama mdomo, pua, nundu, *&c.* (2) (*fig.*) (cheo cha) umashuhuri.

promiscuous [prə'miskjuəs] *adj.* (1) -liochangamana; -sio na taratibu. (2) vivi hivi; -a fujofujo; ovyo.

promise ['promis] *n.* (1) ahadi. (2) kitu kielekeachoa mema. — *v.t. & i.* (1) ahidi; toa ahadi. (2) tia tumaini; elekea mema. **promising** *adj.* -a kuelekea mema. **promissory** ['promisəri] *adj.* -a ahadi: *a promissory note*, hawala.

promote [prə'mout] *v.t.* (1) -pa daraja; ongeza cheo. (2) endeleza; saidia. (3) anzisha. **~r** *n.* (hasa) mfanyizaji kampani mpya au vyama vya biashara.

1 prompt [prompt] *adj.* -epesi; tayari.

2 prompt [prompt] *v.t.* (1) sukuma. (2) kumbusha wachezaji juu ya maneno katika mchezo wa kuigiza mambo. **~er** *n.* mtu ambaye ni kazi yake kufanya hivi.

promulgate ['proməlgeit] *v.t.* (1) tangaza. (2) eneza sana (imani, elimu).

prone [proun] *adj.* (1) fudifudi. (2) ~ *to* -a kutaka; -a kuelekea.

prong [proŋ] *n.* ncha iliyochongoka ya uma.

pronoun ['prounaun] *n.* neno litumikalo mahali pa *noun*; kijina.

pronounce [prə'nauns] *v.t.* (1) tamka. (2) nena wazi *cf. declare.* ~**able** *adj.* (kwa sauti au maneno) -a kutamkika. ~**d** *adj.* thabiti; sana. ~**ment** *n.* hukumu; maelezo ya nia au ya shauri. **pronunciation** [prə,nʌnsi'eiʃn] *n.* matamko; usemi.

proof [pru:f] *n.* (1) ushuhuda; mathibitisho; neno la kuthibitisha; sababu; hakika; yakini. (2) nakala ya kitabu, *&c.* ya kujaribia, yaani kusahihishwa makosa. — *adj.* -siopenyeka: *a rain-~ coat*, koti lisilopenyeka mvua; imara: ~ *against temptation*, imara -siovutwa kwa mabaya.

prop [prop] *n.* (1) mhimili: *pit ~s*, mihimili ya kutegemeza upande wa juu wa mashimo ya makaa, *&c.* (2) *(fig.)* mtu aegemezaye kitu au mtu: *He was the ~ of his parents during their old age*, alikuwa kama egemezo la wazazi wake wakati wa uzee wao. — *v.t.* (*-pp-*) au ~ *up*, egemeza; chukua.

propaganda [,propə'gandə] *n.* maenezi au namna za kueneza madhehebu, maarifa, *&c.*: *health* ~, maenezi ya maarifa juu ya kutunza afya.

propagate ['propəgeit] *v.t.* (1) zalisha mimea au viumbe kwa wingi. (2) eneza; tangaza (habari, maarifa, *&c.*). **propagation** [,propə'geiʃn] *n.* kuzaa; kuzalisha; kueneza.

propel [prə'pel] *v.t.* (*-ll-*) sogeza mbele. ~**ler** *n.* rafardha ya meli au ya eropleni.

proper ['propə*] *adj.* (1) -a kufaa; -a kustahili: *do something ~ to the occasion*, fanya kitu fulani kilichostahilia jambo lenyewe. (2) -a adabu; -ema. (3) ~ *noun*, jina la mtu mmoja, mahali pamoja, *&c.* (*e.g.* Maria, Mombasa, *&c.*). ~**ly** *adv.* kwa kufaa; uzuri; ~*ly speaking*, kwa kusema halisi.

Propellers

property ['propəti] *n.* (1) mali; milki. (2) hali; tabia; nguvu.

prophecy ['profəsi] *n.* unabii. **prophesy** ['profisai] *v.t.* agua; bashiri.

prophet ['profit] *n.* (1) nabii; mtume wa Mungu. (2) mwaguzi; mbashiri. **prophetic** [prə'fetik] *adj.* -a nabii; -a kubashiri.

prophylactic [,profi'laktik] *n. & adj.* -a kukinga ugonjwa.

proportion [prə'po:ʃn] *n.* (1) ulinganifu wa kitu kimoja baina ya kingine: *wide in ~ to the height*, -pana kwa kulinganisha na urefu wake. (2) (mara nyingi katika *pl.*) uzuri wa sehemu kulingana barabara. (3) (*pl.*) vipimo; kadiri. (4) sehemu: *A large ~ of N. Africa is desert*, sehemu kubwa ya Afrika ya Kaskazini ni jangwa. — *v.t.* fanya kadiri; linganisha. —*al adj.* -a kadiri; -liolingana barabara. ~**ate** *adj.* = ~*al*.

propose [prə'pouz] *v.i.* (1) kusudia; azimu. (2) ~ *marriage*, posa. (3) leta jina la fulani kwa cheo au kazi fulani. **proposal** *n.* (1) neno lililoletwa; shauri; azimio. (2) maposo; kuposa. **proposition** [,propə'ziʃn] *n.* (1) neno; shauri. (2) swali; fumbo.

propound [prə'paund] *v.t.* toa; leta; nena: ~ *a riddle*, toa fumbo la kuendawili.

proprietor [prə'praiətə*] *n.* mwenyeji; mwenyewe. **proprietress** *n.* ~ wa kike.

propriety [prə'praiəti] *n.* (1) adabu. (2) ulinganifu.

propulsion [prə'pʌlʃn] *n.* nguvu ya kusogeza mbele.

prose [prouz] *n.* usemi wa kawaida usio mashairi wala utenzi.

prosecute ['prosikju:t] *v.t.* (1) endesha; shika kazi kwa: *He ~d his inquiry with energy*, aliendelea kuchungua kwa bidii. (2) shtaki sheriani; dai; peleka korti. **prosecution** ['prosikju:ʃn] *n.* (1) tendo la kuendesha kazi. (2) kushtaki; kushtakiwa. (3) mshtaki pamoja na wote walio wa upande wake. **prosecutor** ['prosikju:tə*] *n.* mshtaki.

prospect ['prospekt] *n.* (1) yaliyo mbele ya macho; sura ya ulimwengu; (*fig.*) mambo ya mbele. (2) matazamio; maelekeo: *There is little ~ of success*, (mambo) hayaelekei sana kufanikiwa. — *v.t.*

PROSPECTUS [214] **PROVINCE**

[pros'pekt] peleleza: ~ *for gold*, chunguza dhahabu. ~**ive** [pros'pektiv] *adj*. -liotazamiwa. ~**or** *n*. mchunguzi (wa dhahabu, &c.).

prospectus [prə'spektəs] *n*. muhtasari. (*e.g.* kwa kutangaza habari juu ya chuo au kampani ya biashara).

prosper ['prospə*] *v.i.* sitawi; fanikiwa: *God ~ you*, Allah bilkheri. ~**ity** [[pros'periti] *n*. heri; kufanikiwa. ~**ous** ['prospərəs] *adj*. -enye heri; -liofanikiwa.

prostitute ['prostitju:t] *n*. malaya. — *v.t.* tumia vibaya (kwa aibu). **prostitution** *n*.

prostrate ['prostrait] *adj*. kifudifudi; chini; (*e.g.* kwa sababu ya kuchoka sana au kwa kuonyesha heshima); -a kuzimia roho kwa huzuni, &c. — *v.t.* [pros'trait] (1) angusha chini: *trees ~d by the wind*, miti iliyoangushwa chini kwa upepo. (2) ~ *oneself*, sujudia; jinyenyekea. (3) *be ~d*, zimia roho; shindwa kabisa. **prostration** *n*. kuvunjika kabisa nguvu.

protect [prə'tekt] *v.t.* (1) linda; hifadhi; tunza. (2) kuza biashara ya nchi, &c. kwa kutoza ushuru bidhaa ziingizwazo. ~**ion** *n*. kuhifadhi au kuhifadhiwa. ~**ive** *adv*. -a kuhifadhi; -a kukinga. ~**or** *n*. mhifadhi; mlinzi. ~**orate** [prə'tektərit] *n*. nchi iliyo chini ya himaya ya nchi nyingine.

protégé ['prouteʒei] *n*. (*Fr.*) mtu ahifadhiwaye na mtu mwingine.

protein ['prouti:n] *n*. chakula kilicho lazima kwa kuleta afya nzuri, kilichomo katika nyama, ute wa yai na samaki (hakimo katika mafuta wala sukari).

protest [prə'test] *v.t.* (1) shuhudia; sema kwa uthabiti. (2) kana. (3) *v.i.* kataa; tokubali. — *n*. ['proutest] ushuhuda; makatazo; teto: *do sth. under ~*, tenda kama kwamba hupendi kutenda.

Protestant [protistənt] *n. & adj*. Mkristo asiyekubali baadhi ya mafundisho ya Kanisa la Kirumi; -a~. ~**ism** *n*.

prototype ['proutətaip] *n*. chanzo; mfano wa asili uletao nakala za kufuatishwa.

protract [pro'trakt] *v.t.* ongeza wakati wa. ~**or** *n*. chombo cha kupimia pembe za mraba, &c.

A protractor

protrude [prə'tru:d] *v.t. & i.* toa nje; tokeza: ~ *the tongue*, tokeza ulimi; *a shelf protruding from the wall*, kibao kitokezacho ukutani.

proud [praud] *adj*. (1) -enye kuonyesha, *pride¹'*': ~ *of his success*, mwenye fahari juu ya kufanikiwa kwake; *He was too ~ to ask for help*, alikuwa na haya kupita kiasi hata asiombe msaada. (2) -a kuleta fahari: *This is a ~ day*, hii ndiyo siku ya kuleta fahari. (3) (kwa vitu) -a kuonekana kama -zuri kabisa hata kuchangamsha roho: *a ~ show*, tamasha nzuri sana.

prove [pru:v] *v.t. & i.* (1) shuhudia: ~ *sb.'s guilt*, shuhudia kuwa fulani ni mwenye hatia. (2) thibitisha; hakikisha: ~ *sb.'s worth*, hakikisha thamani ya fulani. (3) tokea: *The new clerk ~ed to be useless*, karani mpya alitokea kuwa hafai kitu.

proverb ['provə:b] *n*. methali; mfano wa maneno. ~**ial** [prə'və:biəl] *adj*. -a kujulikana na wote.

provide [prə'vaid] *v.t.* (1) toa, -riziki; lisha: ~ *for the children*, wapa watoto riziki yao; *He ~s his children with clothes*, awatolea mavazi watoto wake. (2) weka tayari; *v.i.* ~ *against*, jiweka tayari ili kujilinda. ~**d** *conj*. kwa sharti ya; iwapo; kama. **providing** *conj*. kama ~d.

providence ['providəns] *n*. (1) (la zamani) busara. (2) (*P.*) Mungu; maongozi ya Mungu. **providential** [,provi'denʃl] *adj*. -lioletwa na Mungu; -a bahati njema.

provident ['providənt] *adj*. -a busara; (hasa) -a kuweka akiba kwa wakati wa uzee: *a ~ fund for the workers*, akiba kwa uzee kwa faida ya wafanya kazi.

province ['provins] *n*. (1) jimbo la nchi. *the ~s*, nchi yote iliyo nje ya mipaka ya mji mkuu. (2) aina: *the ~ of medicine*, aina ya elimu yaani uganga; kazi; shauri: *It*

PROVISION [215] **PUGNACIOUS**

is outside my ~, si kazi yangu; si shauri langu. **provincial** [prə'vinʃl] *adj.* (1) -a jimbo. (2) -a miji midogo; -a mashamba si -a mji. — *n.* mtu wa mashamba.

provision [prə'viʒən] *n.* (1) kufanya tayari; akiba. (2) (*pl.*) chakula. (3) sharti. (4) *make* ~ *for*, tazamia mbele. ~**al** [prə'viʒənl] *adj.* -a wakati; si -a daima. ~**ally** *adv.*

provoke [prə'vouk] *v.t.* (1) kasirisha. (2) fanya; toza; -wa sababu ya. (3) amsha, sukuma fulani; sumbua. **provoking** *adj.* -a kusumbua. **provocation** [ˌprɒvə'keiʃn] *n.* kukasirisha; kusumbuliwa; kichocheo. **provocative** [prə'vɒkətiv] *adj.* -a kutoza; -a kuleta.

prow [prau] *n.* gubeti; kikomo.

prowess ['prauis] *n.* ushujaa; uhodari katika kupigana.

prowl [praul] *v.i.* zungukazunguka (kama simba afanyavyo usiku).

proximity [prɒk'simiti] *n.* kuwa karibu; ujirani.

proxy ['prɒksi] *n.* badala; wakili.

prudent ['pru:dənt] *adj.* -enye busara. ~**ly** *adv.* **prudence** *n.* busara.

prune [pru:n] *v.t.* kata kwa kupunguzia matawi (ya miti, vijiti, &c.); (*fig.*) pogoa sehemu zisizotakiwa.

pry [prai] *v.i.* ~ *into*, chungulia.

psalm [sa:m] *n.* zaburi.

pseudo- ['sju:dou] *prefix* -a uwongo.

pseudonym ['su:dounim] *n.* jina la kubunika badala ya jina la kweli (hasa waandishi hutumia majina haya).

psychic ['saikik] *adj.* -a roho ya binadamu. **psychiatry** [sai'kaiətri] *n.* kazi ya kutibu ugonjwa wa roho. **psychiatrist** *n.* mstadi katika kazi ya *psychiatry*. **psychoanalysis** [ˌsaikou-ə'nalisis] *n.* elimu ya kufahamu roho ya binadamu na jinsi itendavyo. **psychology** [sai'kɒlədʒi] *n.* ni karibu sawa na *psycho-analysis*. **psychologist** *n.* mstadi wa kufahamu roho ya binadamu na jinsi ya kutendea wenzake. **psychological** [ˌsaikə'lɒdʒikl] *adj.* -a mambo ya roho ya binadamu.

pub [pʌb] *n.* (*colloq.*) mfupisho wa *public house.*

public ['pʌblik] *adj.* -a waziwazi; bayana; -a watu wote: ~ *house* hoteli pauzwapo mvinyo, pombe, &c. P. *school*, (katika nchi ya Ingereza) namna ya skuli kwa wanafunzi wenye umri wa zaidi ya miaka 12, husimamiwa na chama cha waongozi waitwao *governors*; vile vile ~ *elementary* na *secondary schools*, ziongozwazo na serikali ambamo hufundishwa bure bila kulipa fedha; ~ *spirit*, moyo wa kupenda kufanya kazi ya kusitawisha watu wote. — *n.* the ~, watu wote wa nchi fulani (*e.g.* the football-watching ~, watu wote wa nchi wapendao kutazama michezo ya mpira. ~**ly** *adv.* kwa wazi; mbele ya watu. ~**an** *n.* mwenye hoteli pauzwapo mvinyo, pombe, &c.; (Kirumi zamani kama katika *Bible*) mtoza ushuru. ~**ist** ['pʌblisist] *n.* mwandishi wa gazeti aandikaye juu ya mambo ya kuhusu watu wote. ~**ity** [pʌb'lisiti] *n.* (1) hali ya kujulikana, kuonekana mbele ya watu wote. (2) tangazo; njia za kueneza habari.

publication [ˌpʌbli'keiʃn] *n.* (1) tendo la kupiga chapa; la kutoa wazi. (2) kitu kilichochapishwa; kilichotangazwa, *e.g.* kitabu, gazeti, &c.

publish ['pʌbliʃ] *v.t.* (1) bainisha; tangaza. (2) chapisha (kitabu, gazeti, &c.) na tangaza kuwa ni tayari kununuliwa. ~**er** *n.* mtu ambaye ni kazi yake kuchapisha vitabu, &c.

pudding ['pudiŋ] *n.* chakula kitamu cha kuliwa baada ya nyama.

puddle ['pʌdl] *n.* kiziwa cha maji; kidimbwi, hasa katika barabara.

puerile ['pjuərail] *adj.* -a kitoto; hafifu.

puff [pʌf] *n.* (1) (kishindo cha) kutoa pumzi au upepo; mvuke, moshi, &c. utolewao mara moja. (2) (*powder-*~) kibonge cha manyoya laini au kitu chororo cha kupakalia *powder* usoni au mwilini. — *v.i.* puliza kwa kishindo; tweta; enda kwa kupiga ~*s*; *He* ~*ed at his pipe*, alivuta kiko kwa kutoa moshi kwa kishindo. (2) vimbisha kwa hewa: *He* ~*ed out his chest with pride*, alivimbisha kifua kwa kiburi. ~**y** *adj.* -liovimba-vimba; -a kutweta.

puff-adder ['pʌfædə*] *n.* pili; kifutu; bafe; moma.

pugnacious [pʌg'neiʃəs] *adj.*

-gomvi; -a kutaka vita. **pugnacity** [pʌg'nasiti] n.

pull [pul] v.t. & i. (1) vuta; cf. extract, ng'oa. (2) ~ sb. or sth. about, tatua; chambua; tendea fulani kwa nguvu; ~ sth. down, bomoa; ~ sb. down, (kwa ugonjwa) dhoofisha fulani; ~ sb. round, saidia fulani aliye mgonjwa hata kumponyesha; ~ through, pona; okoka; ~ oneself together, jituliza; ~ up, cf. stop, simamisha. — v.i. simama kwa upesi. (3) ~ a face, kunja (finya) uso; ~ one's weight, shirikiana na wengine katika kufanya kazi kama ipasavyo; ~ sb.'s leg, kejeli. — n. (1) tendo la kuvuta; nguvu ya kuvuta. (2) a ~ at a bottle, kunywa katika chupa. (3) (colloq.) nguvu ya kuvuta (hasa uwezo wa kujipendekeza kwa wakuu). ~-**over** n. namna ya sweater pasipo mikono.

pullet ['pulit] n. mtoto wa kuku; faranga.

pulley ['puli] n. kapi; ayari; roda.

pulp [pʌlp] n. (1) kitu chororo kama nyama ya tunda bivu. (2) mseto. — v.t. fanya kuwa ~; seta; ponda.

pulpit ['pulpit] n. mimbari mhubiri asimamapo msikitini au kanisani.

A pulley

¹**pulse** [pʌls] n. (1) kipigo cha mshipa wa damu (e.g. kama uonavyo ukishika kifundo cha mkono). (2) kupigapiga. — v.i. puma.

²**pulse** [pʌls] n. nafaka; kunde; choroko, &c.; namna hizo za chakula.

pulverize ['pʌlvəraiz] v.t. (1) fanya kuwa unga; ponda kabisa. (2) v.i. -wa unga au vumbi.

pump [pʌmp] n. bomba (ya kuvutia maji au mafuta) bomba ya kupulizia hewa. — v.t. & i. vuta, puliza kwa bomba.

pumpkin ['pʌmpkin] n. mboga; boga.

¹**punch** [pʌntʃ] v.t. piga ngumi. — n. pigo la ngumi.

²**punch** [pʌntʃ] n. tindo; chombo cha kutobolea (ngozi au karatasi). — v.t. toboa kwa tindo hivi.

punctilious [pʌŋk'tiliəs] adj. -a kushikilia sana mambo ya adabu.

punctual ['pʌŋktjuəl] adj. -a kufika wakati hasa uliowekwa; (kwa binadamu) -siochelewa. ~**ly** adv. ~**ity** [ˌpʌŋktju'aliti] n. hali ya kuwa ~.

punctuate ['pʌŋktjueit] v.t. (1) tenga maneno kwa vituo katika kuandika (e.g. . , ; :). (2) dakiza maneno yanayosemwa: His speech was ~d with cheers, maneno yake yalidakizwa mara kwa mara kwa vifijo. **punctuation** [ˌpʌŋktju'eiʃn] n. kutenga maneno kwa vituo vifaavyo.

puncture ['pʌŋktʃə*] n. kitundu (hasa katika mpira wa baisikeli, &c.). — v.t. choma (kwa sindano, jiwe lililochongoka, &c.).

punish ['pʌniʃ] v.t. adhibu; tia adabu; rudi; adhibisha. ~**ment** n. kutia au kutiwa adabu; marudio.

punt [pʌnt] n. mashua iliyo sawasawa chini, isiyo na mkuku. — v.t. & i. endesha mashua kwa pondo; piga pondo.

puny ['pju:ni] adj. -dogo tena dhaifu sana.

pup [pʌp] n. kifupisho cha puppy.

¹**pupil** ['pju:pl] n. mwanafunzi.

²**pupil** ['pju:pl] n. mboni ya jicho.

puppet ['pʌpit] n. mtoto wa bandia; (fig.) mtu, &c., aongozwaye kabisa na mwingine bila kufuata hiari yake mwenyewe.

puppy ['pʌpi] n. (1) mtoto wa mbwa. (2) kijana mjuvi.

purchase ['pə:tʃis] v.t. nunua. — n. (1) kununua. (2) kitu kilichonunuliwa. (3) kukamata sana (kwa kuburura au kwa kuinua kitu au kwa kuimarisha kitu kisiteleze).

pure [pjuə*] adj. (1) -tupu; tu; peke yake: ~ water, maji matupu. (2) safi; takatifu. (3) (kwa vishindo) dhahiri; -baini. (4) kamili; kabisa: ~ nonsense, upuzi vitupu; a ~ accident, bahati mbaya tu. ~**ly** adv. (hasa) halisi; hasa; tu. ~**ness** n. usafi; weupe. **purity** ['pjuəriti] n. usafi; utakatifu. **purify** ['pjuərifai] v.t. takasa; safisha. **purification** [ˌpjuərifi'keiʃn] n. utakaso; tohara.

purge [pə:dʒ] v.t. (1) takasa; safisha. (2) harisha (tumbo). — n. kuharisha; dawa ya kuharisha. **purgative** ['pə:gətiv] n. & adj.

(dawa) ya kuharisha. **purgatory** ['pə:gətəri] *n.* hali ya kuteswa kwa kitambo si kwa siku zote; mahali pa ahera pa kutakasia dhambi ndogo.

purple ['pə:pl] *n. & adj.* rangi ya zambarau bivu. *the* ~, vazi la mfalme.

purport ['pə:pət] *n.* maana. — *v.t.* ['pə:'po:t] (1) onekana kama kwamba. (2) dai (kuwa).

purpose ['pə:pəs] *n.* (1) azimio; nia. (2) kusudi. (3) uthabiti; bidii. (4) *on* ~, makusudi; *to little (no)* ~, bure; *to the* ~, -a kufaa. — *v.t. & i.* kusudia; azimia. ~**ful** *adj.* -enye nia dhabiti.

purr [pə:*] *v.i.* (kwa paka) koroma anapofurahi.

purse [pə:s] *n.* kifuko cha kutilia fedha. — *v.t.* ~ *the lips*, finya mdomo.

pursue [pə'sju:] *v.t.* (1) fuatia; winda. (2) shika; dumia. (3) taka; tafuta; tamani. **pursuit** [pə'sju:t] *n.* (1) kufafuta. (2) kazi; mchezo; shughuli: *He is engaged in literary* ~s, anashughulika na kazi ya kuandika vitabu.

pus [pʌs] *n.* usaha.

push [puʃ] *v.t.* (1) sukuma. (2) ~ *on (along, forward)*, endelea; *be* ~ed *for time*, ona shida ya kupata wasaa. — *n.* (1) msukumo. (2) kusudi; bidii. (3) *at a* ~, ikiwa ni lazima.

puss [pus] *n.* paka.

put [put] *v.t.* (*p.t. & p.p. put*) (1) tia; weka. (2) (pamoja na *adv.*) *be much* ~ *about*, fadhaika; udhika; ~ (*an idea, &c.*) *across*, (*colloq.*) shawishi watu kukubali (jambo, shauri, *&c.*); ~ *sth. away*, weka mahali pake; ~ *back*, kawisha; ~ *by*, weka akiba; ~ *down*, andika; komesha (*e.g.* maasi) kwa nguvu au (*e.g.* kucheza kamari) kwa sheria; ~ *down as*, dhania; ~ *forth*, toa; ~ *forward*, leta (shauri, *&c.*) mbele ya watu ili waliangalie; ~ *in*, *cf. advance (a claim)* leta haja; dai; -ja pwani; ~ *in an appearance*, hudhuria; ~ *off*, *cf. postpone*, weka, ahirisha; ~ *sb. off*, jisingizia kuwa huwezi kufanya kwa mtu fulani kitu ambacho uliahidi kama utakifanya; ~ *sb. off his game*, vuta macho ya mtu achezapo mchezo na kwa hiyo acheza vibaya; ~ *sb. off his*

food, fanya fulani asipende chakula; ~ *on*, jisingizia; ongeza; ~ *out*, zima (taa, moto, *&c.*); fadhaisha (fulani); (kwa meli) tweka; ~ *sth. through*, maliza; fikiliza; ~ *up*, *cf. offer (a prayer)*, toa haja, ibada; *cf. lodge* tua; panga; ~ *up a fight*, shindwa baada ya kupigana kwa nguvu; ~ *sb. up to sth.*, tia shauri (onyo) moyoni mwa fulani au kudokeza shauri; ~ *up with*, vumilia. (3) (pamoja na maneno mengine) ~ *an end to*, komesha; *be hard* ~ *to it*, ona shida kufanya (kitu fulani); ~ *to death*, ua; ~ *sb. in mind of*, kumbusha; ~ *sb. in the wrong*, fanya fulani kufikiri ya kuwa kosa ni lake bali si lake; ~ *sth. in hand*, anzisha. (4) *cf. state, express*, nena, eleza.

puttee ['pʌti] *n.* kitambaa kirefu cha kuzungushia mguu kati ya kisigino na goti.

putty ['pʌti] *n.* mchanganyiko wa chaki na mafuta utumiwao kwa kuimarisha vioo katika dirisha.

puzzle ['pʌzl] *n.* (1) fumbo; swali. (2) kitendawili. — *v.t.* (1) zuzua; tatiza. (2) ~ *sth. out*, fikiria sana hata kuona majibu.

pygmy ['pigmi] *n.* mbilikimo; (*attrib.*) -dogo sana.

pyjamas [pi'dʒɑ:məz] *n.* suruali na koti, nguo za kulalia.

pylon ['pailon] *n.* nguzo ndefu ya chuma cha kuegemeza nyuzi za elektrisiti.

pyramid ['pirəmid] *n.* kitu chenye umbo la majengo ya mawe ya zamani ya Kimisri.

A pyramid

python ['paiθɒn] *n.* chatu; nyoka mkubwa.

Q

quadrangle ['kwɒdræŋgl] *n.* umbo lenye pande nne na pembe nne, *e.g.* mraba, *&c.*; *cf. court*, behewa kati ya nyumba; uwanja wenye nyumba pande zote.

quadruped ['kwɒdruped] *n.* mnyama mwenye miguu minne.

QUAIL [218] QUICK

quail [kweil] *n.* tombo; ndege mdogo kama kwale.

quaint [kweint] *adj.* -a kupendeza kwa kuwa -a kigeni, -a zamani.

quake [kweik] *v.i.* tetemeka. — *n.* mtetemeko, mtemo wa nchi.

Quaker ['kweikə*] *n.* mmoja wa madhehebu mojawapo wa Kikristo, pengine huitwa *Friends*.

qualify ['kwolifai] *v.t. & i.* (1) stahilisha, au pata kufaa, kwa kujifunza elimu kwa kazi au cheo fulani. (2) dhihirisha. (3) (*grammar*) leta sifa ya; eleza. **qualification** ['kwolifi'keiʃn] *n.* (1) mafundisho, majaribio, &c. yastahilishayo mtu kwa cheo au kazi fulani: *a doctor's* ~*s*, majaribio na elimu ya udakitari. (2) neno la kupungua sifa, la kusahihisha. (3) (e.g. kwa kupiga kura) sifa.

quality ['kwoliti] *n.* (1) namna, cheo (hasa kilicho bora). (2) tabia; sifa.

qualm [kwa:m] *n.* (1) mashaka. (2) kuchafuka tumbo.

quandary ['kwondəri] *n.* matata; mashaka.

quantity ['kwontiti] *n.* (1) kiasi; kadiri. (2) *an unknown* ~, mtu (au kitu) ambaye hujui hata kidogo jinsi atakavyofanya.

quarantine ['kworənti:n] *n.* kutengwa mahali kwa sababu ya ugonjwa watu wasiambukizwe; karantini.

quarrel ['kworəl] *n.* (1) ugomvi; mateto. (2) sababu ya kukasirika. — *v.i.* gombana; kasirikia; *cf. complain*, nung'unikia. ~**some** *adj.* -gomvi.

quarry ['kwori] *n.* mahali pa kuvunja au kuchimbua mawe.

quart [kwo:t] *n.* kipimo cha Kiingereza kadiri ya vibaba viwili, au ya *pints* 2.

quarter ['kwo:tə*] *n.* (1) sehemu ya nne; robo. (2) sehemu ya nne ya mwaka yaani miezi mitatu. (3) sehemu ya mnyama aliyechinjwa yenye mguu mmoja: *a* ~ *of mutton*, robo ya kondoo. (4) upande: *men ran from all* ~*s*, watu walikimbia kutoka pande zote. (5) mtaa wa mji. (6) kipimo cha nafaka cha *bushels* 8. (7) kipimo cha uzito cha ratli 28, robo ya *cwt.* (*hundredweight*). (8) rehema; huruma. (9) (*pl.*) nyumba; makao. (10) *at close* ~*s*, karibu sana. — *v.t.*

(1) gawanya katika robo nne. (2) kalisha; weka. ~**-day** *n.* siku ya robo mwaka. ~**-deck** *n.* shetri; sitaha ya nyuma. ~**ly** *adj.* -a kila miezi mitatu. — *n.* gazeti ambalo huchapishwa kila miezi mitatu. ~**master** *n.* afisa wa kiaskari aangaliaye habari za chakula, nguo, vifaa, hesabu, &c.; (katika meli) serehangi; baharia msimamizi.

quay [ki:] *n.* gati; boma la mawe pwani.

queen [kwi:n] *n.* (1) mke wa mfalme. (2) malkia mtawala wa nchi. ~**ly** *adj.* -a malkia; kama malkia.

queer [kwiə*] *adj.* (1) -geni; -a kigeni. (2) -a ubishi; -a kuleta matata. (3) -gonjwa kidogo. — *v.t.* (*colloq.*) haribu; kosesha. ~**ly** *adv.* ~**ness** *n.*

quell [kwel] *v.t.* komesha (maasi).

quench [kwentʃ] *v.t.* zima; zimisha: ~ *thirst*, tuliza kiu; ~ *hope*, fisha, komesha, matumaini.

querulous ['kwerulǝs] *adj.* -a kuguna; -a kunung'unika.

query ['kwiəri] *n.* (1) ulizo, hasa la kuleta mashaka juu ya neno fulani kuwa la kweli. (2) alama ya kuuliza, hii (?). — *v.t.* onea mashaka; taka maelezo zaidi juu ya jambo.

question ['kwestʃən] *n.* (1) ulizo. (2) neno; kisa; hoja: *It is out of the* ~, haiwezekani; *It is only a* ~ *of time*, ni kazi ya kungoja tu; *be in* ~, fanyiwa maneno. (3) (kuleta mashaka au katazo): *beyond* ~, hakika; *call in* ~, fanyia maneno. — *v.t. & i.* (1) uliza; hoji. (2) ~ (*whether*, *if*) tojua kama; todhani kuwa. ~**able** *adj.* -enye mashaka; si barabara. ~**-mark** *n.* alama (?). ~**naire** [,kwestʃə'neə*] *n.* orodha ya maswali yenye nafasi ya kuandikia majibu.

queue [kju:] *n.* mstari wa watu waliojipanga wakingoja kuingia mahali.

quibble ['kwibl] *n.* maneno ya kudanganya, ya kulaghai, ya kuficha kweli. — *v.i.* danganya kwa maneno; laghai.

quick [kwik] *adj.* (1) -epesi. (2) hodari; -elekevu: ~ *to understand*, -elekevu kwa kufahamu; ~-*witted*, -elekevu; ~ *to take offence*, -epesi wa kuudhika; ~-*tempered*, -epesi wa hasira. (3) (la zamani) hai; -zima: *the ~ and the dead*, wa hai kwa wafuu. — *n.* nyama ya ndani (hasa chini ya kucha): (*fig.*) *It touched him to the ~*, ilimchoma moyoni. **~ly** *adv.* upesi. **~ness** *n.* **~en** *v.t. & i.* (1) himiza. (2) chochea; amsha. **~lime** *n.* chokaa mbichi isiyotiwa maji (taz. *lime*). **~sand** *n.* mchanga uliochangamana na maji usioendeka kwa kuwa huvuta chini; mchanga wa kutopeza. **~silver** *n.* mercury, zebaki.

quid [kwid] *n.* (*colloq.*) £1, noti ya Kiingereza.

quiescent [kwai'esnt] *adj.* -liotulia; -tulivu.

quiet ['kwaiət] *adj.* (1) -liotulia; -tulivu. (2) kimya; -tulivu. (3) -a amani; makini (4) (kwa rangi) -siong'aa. — *n.* utulivu; amani; kimya: *an hour's ~*, wakati wa saa moja ya kimya. **~ly** *adj.* **~ness** *n.*

quinine [kwi'ni:n] *n.* kwinini; dawa ya homa.

quire ['kwaiə*] *n.* fungu la karatasi (kurasa 24).

quit [kwit] *v.t. & i.* (-*tt*-; *past tense* ~*ted* au *quit*). (1) acha; toka katika. (2) acha (kufanya kitu). (3) (la zamani) fanya: *They~ted themselves like men*, walifanya kinaume. — *adj.* *be ~ of*, ondolewa; okoka katika. *~s adj.* *be ~s*, ridhiana; patana; peana sawa.

quite [kwait] *adv.* (1) kabisa: *he is ~ blind*, yu kipofu kabisa. (2) *cf. rather, somewhat*: *It is ~ cool today*, ni baridi kidogo leo. (3) (kwa kujibu) ~ (*so*), ndivyo hivyo.

quiver ['kwivə*] *v.i.* tetemeka; tikisika.

quiz [kwiz] *v.t.* (1) uliza maswali kwa kujaribia elimu mtu fulani aliyo nayo. (2) (la zamani) fanya mzaha. — *n.* jaribio la maswali hayo. **~zical** ['kwizikl] *adj.* (1) -cheshi; -a mzaha. (2) -a kuchokoza.

quoit [koit] *n.* pete (duara) ya chuma au ya kamba au mpira itumikayo katika michezo.

quorum ['kwo:rəm] *n.* jamii au hesabu ya kanuni kwa chama cha kwa halmashauri, &*c.*

quota ['kwoutə] *n.* sehemu ya haki iliyopasa.

quote [kwout] *v.t.* (1) dondoa; tumia maneno ya. (2) toa maneno kwa kushuhudia. (3) taja. **quota-** **tion** [kwou'teiʃn] *n.* maneno fulani ya kitabuni au yaliyosemwa na mtu mwingine zamani; madondoo; *quotation marks*, yaonyeshwa kwa alama (' ' au " ") mbele ya na baada ya maneno.

quotient ['kwouʃənt] *n.* (kwa hesabu) hisa; jawabu la hesabu ya kugawanya.

R

rabbi ['rabai] *n.* mwalimu au padre wa Kiyahudi.

rabbit ['rabit] *n.* sungura.

rabble ['rabl] *n.* watu wengi wakifanya makelele; ghasia ya watu wengi.

rabid ['rabid] *adj.* (1) -enye hasira nyingi; -kali sana. (2) (kwa wanyama) -enye wazimu.

rabies ['reibi:z] *n.* ugonjwa wa wazimu wa wanyama; kalab (*Arab.*).

¹ **race** [reis] *n.* (1) shindano la mbio. (2) mkondo wa bahari au wa mto, &*c.* — *v.i.* (1) shindana mbio; *~ agst. time*, jaribu kutimiza mambo mengi kwa muda mfupi. (2) *v.t.* shindanisha (farasi, mbwa, &*c.*). (3) endesha kwa mbio sana. **racing** *n.* (hasa) mashindano ya mbio ya farasi. **~-course** *n.* uwanja wa kushindana mbio kwa farasi. **~-horse** *n.* farasi wa kushindania mbio.

² **race** [reis] *n.* taifa; ujamaa. **racial** ['reiʃl] *adj.* -a taifa; -a ujamaa.

rack [rak] *n.* (1) mbao zenye vyango (vipande) vya kutundikia (kuwekea, kupangia) vitu ukutani. (2) (katika gari la moshi) kama susu ya juu ya kuwekea mizigo midogo. (3) kitanda cha kushtusha viungo vya watu kuwatesa. — *v.t.* tesa sana: *He was ~ed with grief*, aliteswa sana kwa huzuni. (2) *~ one's brains*, fikiri sana; tafuta shauri.

¹ **racket** ['rakit] *n.* (1) ghasia; makelele. (2) (*colloq.*) njia ya kujipatia fedha kwa kudanganya watu au kwa kuwaogofya. **~eer** [,raki-'tiə*] *n.* mtu adanganyaye wengine hivyo.

² **racket, racquet** ['rakit] *n.* ubao wa kuchezea *tennis* au mpira.

radar ['reida:*] *n.* chombo kama *wireless* kitumiwacho na viongozi wa eropleni, meli, &c. kionyeshacho katika kiwambo vitu vilivyo mzingoni mwake hata wakati wa ukungu au wa giza.

radiant ['reidiənt] *adj.* (1) -angavu; -a kung'aa. (2) -enye kianga cha uso kwa furaha au kwa upendo. **radiance** *n.*

radiate ['reidieit] *v.t. & i.* (1) toa, tapanya, eneza) miale (ya nuru au ya joto); toka au enea kwa miale. (2) toa, onyesha (furaha, upendo, &c.). (3) toka (tokeza) pande zote kama miale. **radiation** [,reidi'eiʃn] *n.* kutoa nuru, &c.; kitu kitokacho.

radiator ['reidieitə*] *n.* (1) chombo cha kutoa joto, hasa joto la mvuke au la maji ya moto, katika mifereji. (2) chombo cha kupoza joto la mashini ya motakaa.

radio ['reidiou] *n.* (1) simu ya upepo. (2) chombo cha kupokea sauti ziletwazo kwa simu ya upepo. — *v.t. & i.* peleka kwa simu ya upepo.

radium ['reidiəm] *n.* madini ya thamani kubwa yenye kutoa nuru na nguvu za umeme (hutumika kwa kuponya magonjwa kama *cancer*).

radius ['reidiəs] *n.* (*pl.* -ii [-iai]) (1) mstari wa kutoka katikati hasa ya duara mpaka kizingo chake. (2) eneo la ndani, au urefu wa ndani, mpaka kizingo cha duara.

raffia ['rafiə] *n.* chana kama za ukindu.

raffle ['rafl] *n.* bahati nasibu. — *v.t.* piga (pigana) kura kwa fedha.

raft [ra:ft] *n.* chelezo cha mbao zilizofunganishwa pamoja.

rafter ['ra:ftə*] *n.* kombamoyo; pao.

rag [rag] *n.* kitambaa. ~**ged** ['ragid] *adj.* (1) -enye nguo zilizotatuka. (2) -enye umbo au upande usio sawa.

rage [reidʒ] *n.* (1) hasira kali. (2) tamaa ya kitu; *Short coats are all the* ~, watu wote hutamani makoti mafupi (yaani ni desturi kuvaa hayo). — *v.i.* kasirika; ghadhibika; (kwa tufani, &c.) chafuka.

raid [reid] *v.t. & i.* shambulia; endea kwa vita ghafula; ingilia ghafula. — *n.* shambulio; mwingilio wa ghafula.

rail [reil] *n.* (1) mti au ubao wa juu ya nguzo za kitalu, ngazi, &c. wa kutundikia au kuwekea vitu. (2) chuma cha njia ya gari la moshi; *go off the* ~*s*, (kwa gari la moshi, &c.) toka katika njia; (*fig.*) potea; haribika. — *v.t.* zungushia kitalu. ~**ing(s)** *n.* kitalu; nguzo za kuzungushia. ~**road**, ~**way** *n.* njia ya gari la moshi; njia ya reli.

raiment ['reimənt] *n.* nguo; mavazi.

rain [rein] *n.* (1) mvua. (2) *the* ~*s*, masika; wiki; mvua za mwaka. — *v.i.* -nya, nyesha; toka kwa wingi. — *v.t.* toa kwa wingi. ~**bow** *n.* upindi wa mvua. ~**fall** *n.* (hasa) kadiri ya mvua iliyonyesha mahali katika muda fulani. ~**-gauge** *n.* chombo cha kupimia mvua. ~**proof** *adj.* -siopenyeka mvua. ~**y** *adj.* -a mvua nyingi; *save for a* ~*y day*, weka (fedha) mpaka wakati wa shida; weka akiba.

raise [reiz] *v.t.* (1) inua; paaza; pandisha. (2) fanya, fanyiza; *The motor-cars* ~*ed the dust*, motakaa zilifanya tifutifu. (3) leta mbele ya watu kwa kuangaliwa au kutengenezwa: ~ *a new point*, leta neno jipya; ~ *a question* (*protest*), leta ulizo (dakizo). (4) (kwa mimea) otesha; zalisha; (kwa wanyama) chunga; fuga; (kwa watoto) lea. (5) ~ *an army*, kusanya jeshi; ~ *a loan*, kopa fedha. (6) ~ *a siege*, komesha mazingiwa.

rake [reik] *n.* jembe lenye meno la kukokotea taka. — *v.t. & i.* (1) tumia ~; palilia au vunjavunja ardhi kwa ~. (2) kusanya, palilia kwa ~. (3) ~ *through*, *over* (*old papers*, *records*, &c.), tafuta kwa bidii katika karatasi, habari za zamani, &c.; ~ *sth. up*, chocheleza, vumbilia kwa kukumbusha watu.

A rake

rally ['rali] *v.t.* (1) kusanya tena; tengenezesha. (2) ondolea hofu; tia moyo. — *v.i.* kusanyika tena; pata moyo. — *n.* (1) kukusanya, kukusanyika tena. (2) mkusanyiko (kama wa *Boy Scouts* au wa watu wa jamaa fulani).

ram [ram] *n.* (1) kondoo dume. (2) mtambo wa kubomolea;

RAMBLE [221] **RAW**

mtambo wa kushindilia mazito. — *v.t.* (*-mm-*) shindilia; piga kwa nguvu.

ramble ['rambl] *v.i.* tembea; (*fig.*) bwata. — *n.* matembezi. **rambling** *adj.* (hasa kwa nyumba, njia, miji) -siopangwa sawasawa; -liojengwa ovyo sio kwa taratibu.

rampant ['rampənt] *adj.* (1) (hasa kwa maradhi, &c.) -a kuenea pote; -kali mno. (2) (kwa wanyama) -naosimama wima katika miguu ya nyuma.

ran *past tense* ya *run*.

random ['randəm] *n.* *at* ~, bila taratibu; ovyo.

rang *past tense* ya *ring*.

range [reindʒ] *n.* (1) safu (hasa ya milima). (2) mahali pa kupigia shabaha. (3) mfiko; mtupo: *out of rifle* ~, nje ya mtupo wa risasi ya bunduki: *at short* ~, kwa karibu: *at long* ~, kwa mbali. (4) eneo; kadiri: *a wide* ~ *of prices*, bei nyingi kuanzia chini kutoka rahisi mpaka ghali: *a wide* ~ *of colours*, rangi nyingi sana ambazo huweza kuchagua; *the annual* ~ *of temperature*, kadiri ya vipimo vya joto vya mwaka. (5) jiko la chuma. — *v.t.* (1) panga; weka kwa taratibu. (2) pitia. (3) *cf.* *extend*, enea; -wa na eneo (cheo, kadiri, hesabu). (4) ~ *oneself*, jitia: *men who* ~*d themselves on the side of the rebels*, watu waliojitia kwa upande wa waasi. ~-**finder** *n.* chombo cha kupima urefu kutoka mahali mpaka kitu kilicholingwa.

rank [raŋk] *n.* (1) safu ya watu au ya vitu. (2) safu ya askari: *the* ~*s, the* ~ *and file, other* ~*s*, askari wasio maafisa. (3) daraja; cheo: *He was promoted to the* ~ *of sergeant*, alipewa cheo cha usajini. — *v.t.* weka; panga; hesabu. — *v.i.* wekwa; hesabiwa.

ransack ['ransak] *v.t.* (1) tafuta kila mahali. (2) *cf.* *plunder*, teka; nyang'anya.

ransom ['ransəm] *n.* ukombozi. — *v.t.* komboa.

rap [rap] *v.t. & i.* (*-pp-*) (1) bisha; gonga. (2) ~ *sth. out*, sema kwa ghafula au kwa ukali.

rapacious [rə'paiʃəs] *adj.* -a choyo (hasa kwa fedha); -roho. **rapacity** [rə'pasiti] *n.* choyo; tamaa ya mali; roho.

rape [reip] *v.t.* (1) teka; nyang'anya. (2) twaa (lala na, bikiri) kwa sharti bila idhini yake.

rapid ['rapid] *adj.* (1) -a kwenda upesi. (2) -a kasi. — *n.* (*pl.*) maporomoko ya maji; mkondo wa nguvu. ~**ly** *adv.* ~**ity** [rə'piditi] *n.*

rare [reə*] *adj.* (1) adimu; -siopatikana kwa wingi. (2) bora. (3) (kwa vitu, hasa kwa hewa) -embamba; haba. ~**ly** *adv.* mara chache; shida. ~**fied** ['reərifaid] *adj.* — ~*: the* ~*fied air of the mountain tops*, hewa haba ya vilele vya milima. **rarity** ['reəriti] *n.* kuwa ~[1,3]; kitu kilicho ~[1].

rascal ['ra:skl] *n.* (1) mlaghai. (2) mtu (hasa mtoto) apendaye kucheza kwa hila.

rash [raʃ] *adj.* -a harara; -jasiri.

rat [rat] *n.* panya.

rate [reit] *n.* (1) kadiri. (2) *at this* ~, ikiwa hivyo; *at any* ~, iwayo yote. (3) kodi; ushuru. (4) *first* ~, bora kabisa; *second* ~, -zuri lakini si sana; *third* ~, si -zuri. — *v.t. & i.* kadirisha; hesabu; dhani.

rather ['ra:ðə*] *adv.* (1) kidogo si sana: *He is* ~ *better*, hajambo kidogo. (2) *cf.* *preferably*, zaidi ya; kuliko: *I would* ~ *do this than that*, napenda kufanya hii kuliko ile. (3) (*Yes*) ~ !, ndiyo! sana!

ratify ['ratifai] *v.t.* tia idhini; sahihisha. **ratification** [ˌratifi'keiʃn] *n.*

ratio ['reiʃiou] *n.* kadiri ya kuwiana.

ration ['raʃn] *n.* posho ya kila siku. — *v.t.* posha.

rational ['raʃnl] *adj.* -a akili; -a busara.

rattle ['ratl] *v.t. & i.* (1) tatarisha; tatarika. (2) sema kwa upesi upesi; kimbiliza maneno. (3) enda mbiombio pamoja na kelele.

raucous ['ro:kəs] *adj.* (kwa sauti) -a kukwaruza.

ravage ['ravidʒ] *v.t.* (1) haribu; angamiza. (2) teka. — *n.* madhara; hasara.

rave [reiv] *v.i.* (1) nena kama mwenye wazimu; fanya kishetani. (2) ~ (*about*), sifu sana bila kufikiri.

ravenous ['ravənəs] *adj.* -enye njaa kuu.

ravine [rə'vi:n] *n.* genge; bonde.

raw [ro:] *adj.* (1) -bichi: ~ *material(s)*, kitu (vitu) cha kufanyizia vitu vingine, *e.g.* pamba,

katani, manyoya, mbata, &c.
(2) -tupu. (3) (kwa watu) -jinga;
-zuzu; -pya: ~ *recruit*, askari
mpya. (4) (kwa tabia ya nchi)
~ *weather*, baridi tena ya chepechepe.
(5) (kwa jeraha au kidonda)
-siofunikwa kwa ngozi; -a kuumiza.
ray [rei] *n*. mwanga; mshale wa nuru.
razor ['reizə*] *n*. wembe.
re [ri:] *prep*. (*Latin*) juu ya; mintarafu.
re- [ri:-] *prefix* (1) tena: *reappear*,
onekana tena. (2) tena na kwa
namna nyingine: *rearrange*, panga
tena na kwa mpango wa namna
nyingine.
reach [ri:tʃ] *v.t. & i.* (1) nyosha
mkono; toa mkono. (2) **fika**;
fikia; *as far as the eye can* ~, upeo
wa macho. — *n.* (1) eneo; mfiko.
(2) mahali pawazi.
react [ri'ækt] *v.t. & i.* (1) geuza hali.
(2) geuka hali kwa sababu ya kutendewa jambo: *Children* ~ *to kind
treatment by becoming more confident*, watoto hugeuka kwa sababu ya
kutendewa kwa upole hugeuka kuwa
wajasiri. (3) ~ *against*, geuza
kinyume. ~**ion** [ri'ækʃn] *n.* hali
iletwayo kwa kutendewa; hali ya
kugeuka kinyume. ~**ionary** [ri'akʃnri] *adj.* -a kutaka kurudia hali
ya kwanza; -a kupinga maendeleo.
read [ri:d] *v.t. & i.* (*past tense & p.p.* read [red]) (1) soma. (2) jifunza.
(3) *The book ~ s well*, kitabu
chapendeza kusoma. (4) ~ *between
the lines*, taz. *line*. (5) nafasi iliyotumiwa kwa kusoma: *He was
having a quiet* ~, alitumia nafasi
kwa kusoma kimya. ~**able** *adj.*
-a kusomeka; -tamu kwa kusoma.
~**er** *n.* (1) msomaji. (2) kitabu cha
kujifunza chuoni. (3) mwalimu cha
University chini ya cheo cha *professor*. ~**ing** *n.* (1) kusoma vitabu;
elimu iliyopatikana kwa kusoma.
(2) mafafanusi. (3) habari zilizoandikwa baada ya kuangalia vipimo
vya mizani, kipima-joto, &c. kwa
nyakati maalum: *the ~ings on the
thermometer last month*, habari
zilizoonyeshwa kwa kipima-joto
kwa mwezi uliopita.
ready ['redi] *adj.* (1) tayari. (2) -a
upesi: *He always has a* ~ *answer*,
kila mara ni upesi wa kujibu. (3) ~
money, fedha mkononi; fedha
taslimu. ~ *reckoner*, kitabu chenye
majibu kwa hesabu za kawaida
zenye kutumika sana katika kazi
ya biashara; ~ *made*, (hasa kwa mavazi)
yaliyoshonwa tayari kwa
kuvaa. **readily** *adv.* upesi; pasipo
shida. **readiness** *n.* kuwa tayari.
real ['riəl] *adj.* (1) -a kweli; halisi.
(2) (*law*) ~ *property*, *estate*, mali
zisizochukulika. ~**ism** ['riəlizm] *n.*
(1) (kwa kazi ya sanaa) kuonyesha
mambo ya uhai kwa namna iliyo
kweli. (2) kufikiri vilivyopo, vilivyoonekana kuliko vinavyowazika tu.
~**istic** [riə'listik] *adj.* -a kuhusu
~*ism*¹; -a vitu vilivyo na vya kufanyika;
si -a kuwazika wala -a
kusikika rohoni. ~**ity** [ri'aliti] *n.*
(1) hali ya kuwa kweli: *in* ~*ity*,
kwa kweli. (2) kitu halisi. ~**ly** *adv.*
kwa kweli.
realize ['riəlaiz] *v.t.* (1) ona kuwa
kweli; fahamu moyoni. (2) timiliza,
fikiliza vitu vilivyotumainiwa viwe
vya kweli. (3) uza kwa fedha.
realization [,riəlai'zeiʃn] *n.* kufahamu moyoni; kutimiliza matumaini.
realm [relm] *n.* (1) milki; ufalme.
(2) mambo.
ream [ri:m] *n.* fungu la karatasi
lenye kurasa 480.
reap [ri:p] *v.t. & i.* vuna; chuma.
~**er** *n.* mvunaji au chuma kivunacho mavuno.
~**ing-hook** *n.* mundu.
¹**rear** [riə*] *n.* (1) upande wa
nyuma: *bring up the* ~, fuatana wa
mwisho. (2) (*attrib.*) *cf. at the back*,
-a nyuma.
²**rear** [riə*] *v.t. & i.* (1) fuga; lisha;
chunga wanyama; lea watoto.
(2) (kwa farasi) simama kwa
miguu miwili ya nyuma. (3) inua
(kichwa). (4) jenga; fanyiza.
reason ['ri:zn] *n.* (1) sababu.
(2) akili ya kufahamu. *it stands to
~ that*, imebainika kuwa; *do anything in* ~, fanya chochote chenye
maana au cha kiasi. — *v.i. & t.*
(1) tumia akili. (2) hojiana. (3) toa
sababu (hoja). (4) ~ *sb.* (*into*,
out of) *doing sthg.*, shawishi fulani
kwa kueleza sababu halisi. (5) ~
sth. out, fikiri sana jambo ili kuelewa
kabisa. ~**able** ['ri:zənəbl] *adj.*
(1) -enye akili. (2) a- akili; -a
maana; tayari kusikia hoja. (3) -a
haki; -a kiasi. ~**ably** *adv.*

reassure [ˌriəˈʃuə*] v.t. ondolea mashaka.

rebate [ˈriːbeit] n. upunguo wa fedha za kulipwa; kipunguzi cha bei (kwa sababu ya kulipa fedha taslimu).

rebel [riˈbel] v.i. (-ll-) (1) asi. (2) kataa. — n. [ˈrebl] mtu mwasi. ~**lion** [riˈbeljən] n. maasi. ~**lious** [riˈbeljəs] adj. -asi; -kaidi.

rebound [riˈbaund] v.i. duta; rudi nyuma. — n. [ˈriːbaund] tendo la kuduta, la kuruka tena.

rebuke [riˈbjuːk] v.t. karipia. — n. karipio.

recall [riˈkoːl] v.t. (1) amuru kurudi. (2) kumbuka. (3) tangua (amri ya kwanza). — n. amri ya kurudi. *beyond (past)* ~, -sioweza kurudi, -siofanyika tena.

recapitulate [ˌriːkəˈpitjuleit] v.t. & i. simulia mara ya pili. **recapitulation** [ˈriːkəˌpitjuˈleiʃn] n. muhtasari.

recede [riˈsiːd] v.i. (1) enda nyuma; rudi; ~ *from view*, tokomea. (2) punguka thamani. (3) -a kwenda hanamu.

receipt [riˈsiːt] n. (1) kupokea: *On* ~ *of the news he went*, alipokwisha pokea habari alikwenda. (2) (pl.) cf. *income*: *The* ~*s of the business increased*, mapato ya biashara yaliongezeka. (3) (kwa fedha) hati; stakabadhi; risiti. (4) = *recipe*.

receive [riˈsiːv] v.t. & i. (1) pokea. (2) karibisha. ~**d** adj. -liokubaliwa kuwa kweli. ~**r** n. (1) mwenye kupokea (hasa vitu vilivyoibwa). (2) chombo cha kusikilia cha simu. **receiving-set** n. chombo cha kupokea sauti za simu ya upepo.

recent [ˈriːsənt] adj. -pya; -a siku hizi; -a karibu. ~**ly** adv.

reception [riˈsepʃn] n. (1) namna ya kupokea kitu au ya kukaribisha mtu: *Is radio* ~ *good in your town?* sauti za radio (simu ya upepo) husikika vizuri mjini mwako? (2) baraza; tafrija; karamu. (3) (attrib.) *a* ~ *desk in a hotel*, meza ambapo huandika majina ya wageni wakifika katika hoteli. **receptive** [riˈseptiv] adj. tayari kupokea au kusikia mashauri mapya, &c.

recess [riˈses] n. (1) muda wa kupumzika. (2) mahali pa ndani. (3) shubaka.

recipe [ˈresipi] n. maelezo ya kufanyiza, kuunga, kuchanganya kitu cha kula, cha kunywa, au dawa.

recipient [riˈsipiənt] n. mwenye kupokea.

reciprocal [riˈsiprəkl] adj. -a kubadili; -a kupana. Mwisho wa vbs. -*ana* hueleza maana ya ~. ~ *help*, kusaidiana.

reciprocate [riˈsiprəkeit] v.t. & i. (1) pana; tendana. (2) lipa; rudisha.

recite [riˈsait] v.t. & i. (1) sema (hasa mashairi) mbele ya watu. (2) simulia (majina, habari, &c.). **recital** [riˈsaitl] n. (1) kunena; masimulizi. (2) kucheza kwa mtu mmoja muziki ya mtunggaji mmoja. **recitation** [ˌresiˈteiʃn] n. kusemwa mbele ya watu; mashairi yasemwayo hivi.

reckless [ˈreklis] adj. jahili; -jasiri.

reckon [ˈrekn] v.t. & v. i. (1) hesabu. ~ *up*, jumlisha; ~ *in*, ingiza katika jumla. (2) ~ *with*, fikiri; fanya safi au lipa deni ya (fulani). (3) dhani. (4) ~ *upon*, tegemea; tumainia. ~**ing** n. (hasa) hesabu; idadi; malipo ya hoteli. *day of* ~*ing*, siku ya kufanya hesabu (ya makosa yote); kiyama; *be out of one's* ~*ing*, potea.

reclaim [riˈkleim] v.t. (1) lima upya shamba la zamani: *The desert was* ~*ed by hard work*, jangwa lililimishika kwa kazi kubwa. (2) omba kitu fulani kirudishwe. (3) adilisha. *cf. reform*. **reclamation** [ˌrekləˈmeiʃn] n.

recline [riˈklain] v.i. inama; lala.

recluse [riˈkluːs] n. mtawa; mtu wa pekee.

recognize [ˈrekəgnaiz] v.t. (1) jua, weza kutambua, mtu (au kitu) uliyemwona, au kitu ulichosikia zamani: *I* ~ *that man, that song*, natambua mtu yule, wimbo ule. (2) kubali: *I do not* ~ *the present government*, sikubali serikali inayotawala sasa. (3) fahamu: *He* ~*d that he was unable to run as fast as he used to do*, alifahamu ya kuwa hawezi kukimbia upesi kama alivyokimbia zamani. (4) kiri: *He* ~*d the danger of the journey*, alikiri kuwa safari ni yenye hatari. (5) shukuria: *His long years of service have been* ~*d*, ameshukuriwa kwa miaka mingi ya kazi yake.

recognition [ˌrekəg'niʃn] *n.* kutambua au kutambuliwa; kukubali; kufahamu; kukiri; kushukuria; ushukuru.

recoil [ri'koil] *v.i.* (1) rudi nyuma; shtuka (*e.g.* kwa hofu). (2) (kwa mzinga) duta (baada ya kupigwa).

recollect [ˌrekə'lekt] *v.t. & i.* kumbuka; fahamu. ~**ion** [ˌrekə'lekʃn] *n.* (1) ukumbuko; ufahamu. (2) jambo lililokumbukwa.

recommend [ˌrekə'mend] *v.t.* (1) sifu; pendekeza. (2) usia; shauri. ~**ation** [ˌrekəmən'deiʃn] *n.* sifa; (hasa) barua (maneno) ya kupendekeza.

recompense ['rekəmpens] *v.t.* -pa zawadi, adhabu; lipa; ~ *sb. for loss, injury,* lipia fulani hasara, madhara.

reconcile ['rekənsail] *v.t.* (1) patanisha; suluhisha. (2) tuliza; tengeneza; ridhisha; linganisha: ~ *sb.'s statement with the facts,* linganisha maneno ya fulani na mambo kama yalivyo. (3) ~ *oneself to sth.,* jiridhishia kitu fulani. **reconciliation** [ˌrekənsili'eiʃn] *n.* uradhi; mapatano.

record [ri'ko:d] *v.t.* (1) andika habari ya. (2) andika; piga chapa. (3) (kwa chombo kama kipimajoto, &c.) pima: *what temperature does the thermometer* ~? Kipimajoto kinapima kadiri gani? *n.* ['reko:d] (1) habari zilizoandikwa. (2) sifa: *a man with a good* ~, mtu mwenye sifa njema. (3) sahani ya gramafoni. (4) (kwa mashindano au michezo) kipeo kilichofikiwa na washindani walio bora kabisa: *break (beat) the* ~, shinda -ote pia; pitilia mbali. (5) (*attrib.*) bora kuliko -ote.

¹**recount** [ri'kaunt] *v.t.* simulia; eleza.

²**recount** ['ri:kaunt] *v.t. & n.* hesabu mara ya pili.

recourse [ri'ko:s] *n.* have ~ to, taka msaada wa; kimbilia.

recover [ri'kʌvə*] *v.t.* (1) jipatia tena, pata tena (kilichopotea). (2) pona; pata nafuu (ashekali, ahueni). (3) tulia. ~**y** *n.*

recreation [ˌrekri'eiʃn] *n.* mchezo; maburudisho.

recruit [ri'kru:t] *n.* mgeni katika chama, jamii, &c., hasa askari mpya. — *v.t. & i.* andika, changa, askari wapya; ~ *one's strength,* jiburudisha; pumzika.

rectangle ['rektæŋgl] *n.* umbo lenye pande nne na pembe zote za mraba.
rectangular [rek'tæŋgjulə*] *adj.*

rectify ['rektifai] *v.t.* tengeneza; sahihisha.

rectitude ['rektitju:d] *n.* adili; utu mwema.

rector ['rektə*] *n.* (1) mkubwa wa mtaa wa kanisa, *cf. vicar.* (2) mkubwa wa *university* au *college* fulani.

recuperate [ri'kju:pəreit] *v.i.* pona katika ugonjwa au hasara.

recur [ri'kə:*] *v.i.* (-rr-) (1) -ja, rudi, mara ya pili. (2) rejea kwa: ~ *ring to what I said yesterday,* kurejea kwa (maneno) niliyosema jana. ~**rence** [ri'kʌrəns] *n.* kutokea mara ya pili. ~**rent** [ri'kʌrənt] *adj.* -a kurudi mara ya pili au mara kwa mara; ~ *rent expenditure,* gharama ya kila mwaka.

red [red] *adj.* -ekundu. *R. Sea,* Bahari ya Sham. *R. Cross,* msalaba mwekundu katika bendera nyeupe, ni alama ya madakitari na wasaidizi wao vitani; ~ *tape,* mazuio ya bure. — *n.* rangi nyekundu. *see* ~, ghadhibika sana. ~**den** ['redn] *v.t.* tia wekundu; geuka -ekundu; *cf. blush,* iva usoni. ~**-handed** *adj. catch sb.* ~-*handed,* kamata fulani katika jambo lenyewe; fumania. ~-**letter day** *n.* sikukuu.

redeem [ri'di:m] *v.t.* (1) komboa. (2) fikiliza ahadi. (3) komboa; okoa. (4) sawazisha. **the Redeemer** *n. Jesus Christ.* **redemption** [ri'dempʃn] *n.* ukombozi; fidia: *past* ~, -ovu sana hata kutookoka.

redouble [ri'dʌbl] *v.t.* ongeza; zidisha. — *v.i.* zidi.

redress [ri'dres] *v.t.* (1) rekabisha. (2) ~ *the balance,* sawazisha mambo tena. — *n.* kurekabisha; malipo ya haki; kisasi.

reduce [ri'dju:s] *v.t.* (1) punguza. (2) *cf. subdue,* tiisha. (3) geuza hali: ~ *shillings to cents,* vunja shilingi (kuwa senti); ~ *wood logs to pulp,* shindika magogo. **reduction** [ri'dʌkʃn] *n.* (1) kupunguza; kupunguka. (2) nakisi; nakala ndogo.

reed [ri:d] *n.* (1) unyasi. (2) *a broken* ~, msaidizi asiyeweza kutumainiwa. ~**y** *adj.* (kwa sauti) -embamba.

reef [ri:f] *n.* mwamba, miamba.

reel [ri:l] *n.* kijiti cha kukunjia uzi. — *v.t.* kunja (uzi, &c.), simulia kwa upesi. ~ *off (a story, &c.)*. (2) *v.i.* sitasita; yugayuga. (3) shtuka: *His mind ~ed when he heard the news*, alishtuka moyoni aliposikia habari.

refectory [ri'fektəri] *n.* chumba cha kulia (katika *monastery, convent* au *college*).

refer [ri'fə:*] *v.t.* (1) pelekea. (2) *v.i.* rejea kwa; tumia. (3) ~ *to*, taja: *I was not ~ring to you*, nalikuwa sikutaji. (4) ~ *to*, husiana na. **~ee** [,refə'ri:] *n.* (1) mwamuzi. (2) ~ wa mchezo wa *football* au pigano la ngumi, yaani msimamizi wa mchezo. — *v.i.* simamia mchezo. **~ence** ['refərəns] *n.* (1) *a ~ence book (e.g.* kamusi); *a ~ence library*, maktaba ambamo huruhusiwa kutumia vitabu vilivyomo lakini imekatazwa kuvichukua nje. (2) shahidi. (3) kumbukumbu. (4) *in (with) ~ence to*, kwa habari ya; kwa mambo ya; juu ya. **~endum** [,refə'rendəm] *n.* kuuliza watu wote (si wale waliochaguliwa tu).

refine [ri'fain] *v.t.* (1) takasa. (2) adilisha. **~ment** *n.* (1) utakaso; kuwa safi. (2) adabu; ustaarabu. **~ry** *n.* kinu cha kutakasa: *a sugar ~ry*, kinu cha kufanyizia sukari.

reflect [ri'flekt] *v.t. & i.* (1) rudisha (nuru, moto, mfano, &c.). (2) *cf.* express; *The quietness of the streets ~ed the grief of all the people*, kimya katika barabara ilionyesha kadiri watu wote walivyohuzunika. (3) (kwa matendo na matokeo) leta sifa: *His action ~ed great credit upon him*, tendo lake lilimpatia sifa bora. (4) fikiri; waza. **~ion**, **reflexion** [ri'flekʃn] *n.* (1) kurudisha¹ (nuru au kurudi; picha au mfano katika kioo au maji, &c.). (2) fikira; mawazo. (3) maelezo ya fikira kwa kusema au kwa kuandika. (4) masingizio; mashutumu. **~or** *n.* kioo, &c. cha kurudishia nuru, &c.

reflex ['ri:fleks] *adj.* ~ *action* (tendo) lililotendeka na mwili bila kukusudiwa au bila kuweza kuzuiwa (*e.g.* chafya). — *n.* ~ *action*. **~ion** *n.* tazama *reflection*.

reform [ri'fɔ:m] *v.t. & i.* tengeneza; ongoza; ongoka. — *n.* matengeneo; maongozi, &c. **~ation** [,refə'meiʃn] *n.* matengenezo au matengeneo mazuri ya maono, desturi, tabia za watu; matengenezo ya Kanisa. **~atory** [ri'fɔ:mətəri] *adj.* -a kutengeneza vizuri. — *n.* nyumba ya kuadhibisha na kuongozawatu wabaya. **~er** *n.* mwongozi.

refrain [ri'frein] *v.i.* jizuia; ~ (*from doing*), acha (kufanya).

refresh [ri'freʃ] *v.t.* (1) burudisha. (2) ~ *one's memory*, jikumbusha (kwa kutazama maneno uliyoyaandika). **~ing** *adj.* -a kuburudisha; -zuri. **~ment** *n.* kitu kiburudishacho, hasa *~ments*, chakula.

refrigerate [ri'fridʒəreit] *v.t.* tia baridi; gandisha kwa baridi. **refrigerator** *n.* chombo au chumba cha kugandishia chakula kwa baridi.

refuge ['refju:dʒ] *n.* mahali pa salama au pa kukimbilia; kimbilio. **~e** [,refju:dʒi:] *n.* mkimbizi, hasa mtu aliyekimbia mahali fulani ili aende mahali pengine apate salama.

refund [ri'fʌnd] *v.t. & i.* rudisha fedha; lipa. — *n.* ['ri:fʌnd] malipo.

¹ **refuse** [ri'fju:z] *v.t. & i.* kataa; iza. **refusal** [ri'fju:zl] *n.* (1) kukataa. (2) ruhusa ya kupokea au kukataa kabla ya wengine kupata nafasi.

² **refuse** ['refju:s] *n.* taka; takataka.

refute [ri'fju:t] *v.t.* kanusha; onyesha uwongo wa; thibitisha ya kuwa fikira za fulani si kweli. **refutation** [,refju'teiʃn] *n.*

regain [ri:'gein] *v.t.* (1) pata tena. (2) rudia mahali au kituo.

regal ['ri:gəl] *adj.* -a kifalme; -a kustahili mfalme.

regalia [ri'geiliə] *n. pl.* mapambo ya mfalme, taji, fimbo, &c.

regard [ri'gɑ:d] *v.t.* (1) tazama sana. (2) fikiri; ona. (3) angalia; heshimu. (4) *as ~s*, *~ing*, kwa habari za; mintarafu ya. — *n.* (1) tazamo. (2) kuangalia; kufikiri. (3) heshima; staha; itibari. (4) (*pl.*) (hasa mwisho wa barua) wasalaam. (5) *in (with) ~ to*, kwa habari ya; juu ya; mintarafu ya. **~ful** *adj.* -angalifu. **~less** *adj.* bila kufikiri, kuangalia, kujali.

regenerate [ri:'dʒenəreit] *v.t.* (1) ongoza. (2) fufua (jambo lililoachwa, chama kilichokufa).

regent ['ri:dʒənt] *n.* mtawala wa

muda badala ya mfalme; naibu wa mfalme. **regency** ['ri:dʒənsi] *n.* utawala wa ~.

régime [rei'ʒi:m] *n.* utaratibu wa utawala au wa kuishi.

regiment ['redʒimənt] *n.* (1) jeshi la askari chini ya amri ya *colonel*. (2) kundi. — *v.t* amuru; tiisha. **regimentation** [ˌredʒimen'teiʃn] *n.* utii; taratibu.

region ['ri:dʒən] *n.* nchi; upande. **~al** *adj.* -a pande za nchi; -a mahali maalum.

register ['redʒistə*] *n.* (1) (daftari yenye) habari au orodha (*e.g.* ya majina ya waliozaliwa, waliokufa au waliooana). (2) chombo (mashini) cha kuandikia hesabu: *a cash* ~, chombo (mashini) cha kuandikia fedha zilizopokewa na zilizotolewa. (3) kadiri ya sauti ya mtu toka ya chini mpaka ya juu. — *v.t. & i.* (1) andika katika kitabu, orodha au daftari. (2) andika au andikisha jina la mtu, au jina lako, katika ~ (*e.g.* katika hoteli). (3) (kwa vyombo, *e.g.* pimajoto) onyesha; pima. (4) (kwa sura ya mtu) onyesha (maoni yake). (5) peleka (barua, bahasha) kwa njia maalum ya posta, kwa kulipa ada zaidi na kupata stakabadhi. **registrar** ['redʒistra:*, ˌredʒis'tra:*] *n.* mtu atunzaye ~*s* au habari za mambo. **registration** [ˌredʒis'treiʃn] *n.* kuandika au kuandikisha katika daftari au orodha, *&c*. **registry** ['redʒistri] *n.* afisi ya *registrar*.

regret [ri'gret] *n.* majuto; masikitiko. — *v.t.* (*-tt-*) juta, jutia; sikitika, sikitikia. **~ful** *adj.* -a kujuta; -a kusikitika. **~fully** *adv.* **~table** *adj.* (hasa kwa mwenendo) -a kujutika.

regular ['regjulə*] *adj.* (1) sawasawa; taratibu. (2) -a kawaida. (3) *cf. professional*, badala ya *amateur*: *a ~ soldier*, askari maada. **~ity** [ˌregju'lariti] *n.* **~ize** ['regjuləraiz] *v.t.* ratibisha. **~ly** *adv.* kwa kawaida, desturi, taratibu.

regulate ['regjuleit] *v.t.* (1) rekabisha. (2) tengeneza. **regulation** [ˌregju'leiʃn] *n.* (1) kurekabisha; kurekabishwa; amri; sharti. (2) (*attrib*) -a sharti: *regulation dress*, mavazi ya sharti. **regulator** *n.* (hasa) chombo cha saa au cha mashini cha **kurekabisha** (mwendo, *&c.*).

rehabilitate [ˌri:hə'biliteit] *v.t.* (1) tengeneza vizuri vitu vikuukuu. (2) rudishia fulani cheo chake.

rehearse [ri'hə:s] *v.t. & i.* (1) jizoeza (mchezo, *&c.*). (2) nena mara ya pili; simulia. **rehearsal** *n.*

reign [rein] *n.* utawala; enzi. — *v.i.* (1) tawala; miliki. (2) *cf. prevail*, *silence* ~, ni kimya kabisa.

reimburse [ˌri:im'bə:s] *v.t.* lipa. **~ment** *n.*

rein [rein] *n.* hatamu. — *v.t.* zuia kwa hatamu.

reindeer ['reindiə*] *n.* mnyama kama kulungu wa nchi za baridi sana.

reinforce [ˌri:in'fo:s] *v.t.* leta nguvu zaidi kwa kuongeza vitu au watu. **reinforcement** *n.* (hasa kwa *pl.*) watu, manowari au vinginevyo vya kuleta msaada.

reinstate [ˌri:in'steit] *v.t.* rudishia hali ya kwanza. **~ment** *n.*

reiterate [ˌri:'itəreit] *v.t.* sema au fanya mara nyingi. **reiteration** *n.*

reject [ri'dʒekt] *v.t.* tupia mbali; kataa. *n.* ['ri:dʒekt] kitu kilichotupiwa mbali. **~ion** *n.*

rejoice [ri'dʒois] *v.i. & t.* furahi; furahisha. **rejoicing(s)** *n.* (*pl.*) shangwe.

rejuvenate [ri'dʒu:vəneit] *v.t.* rudishia ujana. **rejuvenation** *n.*

relapse [ri'laps] *v.i.* rudia hali mbaya baada ya kupona; rudia uovu au mwendo mbaya. — *n.* kurudia hali mbaya, hasa baada ya kupona katika ugonjwa.

relate [ri'leit] *v.t.* (1) simulia; toa habari. (2) unganisha: ~ *results to* (*with*) *their causes*, unganisha matokeo na sababu zake. (3) *v.i.* be ~*d* (*to*), husu; husiana na. **~d** *adj.* (be) wia; wiana; (hasa) -wa ndugu (jamaa) ya.

relation [ri'leiʃn] *n.* (1) kusimulia; hadithi iliyosimuliwa. (2) *cf. connexion*, uhusiano; *in* ~ *to*, kuliko. (3) (mara nyingi hutumika kama *pl.*) hali ya watu au vitu, baadhi yao (yake) kwa baadhi: *have business* ~*s with a firm in London*, fanya biashara na kampani katika mji wa *L*; *friendly* ~*s between countries*, urafiki baina ya nchi. (4) wa jamaa ya; wa ukoo wa. **~ship** *n.* = ~¹.

relative ['relətiv] *adj.* (1) -a

kuwiana au -a kuhusiana (na kitu kingine). (2) -a kupimika kwa kupambanua na kitu kingine: *the ~ advantages of two methods*, faida ya njia moja kuliko ile ya pili; *They are living in ~ comfort*, wanakaa raha mustarehe kuliko wengine. (3) (*grammar*) ~ *pronoun*. e.g. *the man WHOM I met*, mtu niliyemwona; ~ *adverb*. e.g. 'WHERE *I met him*', nilipomwona. *n.* = *relation*⁴. **~ly** *adv.* kwa kadiri ya.

relax [ri'laks] *v.t. & i.* (1) legeza; legea. (2) *a ~ing climate*, tabia ya nchi ya kudhoofisha watu au kuwafanya wavivu. **~ation** *n.* (hasa) pumziko; mchezo.

relay ['ri:lei] *n.* (1) watu au farasi waliowekwa tayari kupokezana kazi kwa zamu. (2) ~ *race*, shindano la kukimbia au kuogelea, &c. baina ya timu mbili au zaidi, ambalo kila mmoja wa timu humaliza sehemu tu ya mwendo mzima. — *v.t.* ~ *a message, &c.*, pokea (simu) na kupeleka mbele.

release [ri'li:s] *v.t.* (1) fungua; weka huru. (2) ruhusu kutangazwa kwa habari; ruhusu (picha ya sinema) kuonyeshwa bayana. — *n.* kufungua au kufunguliwa.

relevant ['relivənt] *adj.* -a kuhusu jambo lenyewe.

reliable [ri'laiəbl] *adj.* -a kutegemea.

reliance [ri'laiəns] *n.* imani; tegemeo. **reliant** [ri'laiənt] *adj.* -aminifu; hutumika zaidi kama *self-reliant*, -a kujitegemea.

relief [ri'li:f] *n.* (1) ondoleo la maumivu, taabu, huzuni, &c. (2) faraja; kitulizo; msaada. (3) kitu chenye kutia moyo kwa kupenda katika mambo ya kuchukiza au ya kuchokesha. (4) kupumzika badala ya kufanya zamu; watu wa kupokezana zamu badala ya wenzao. (5) *a ~ map*, ramani ionyeshayo miinuko, mabonde, tambarare, &c. ya nchi. (6) *in sharp- ~*, kwa udhahiri: *The trees in the picture stood out in sharp ~*, miti katika picha ilitokeza kwa udhahiri.

relieve [ri'li:v] *v.t.* (1) leta msaada kwa: ~ *one's feelings*, jituliza kwa kuonyesha wazi jinsi unavyoona au unavyosikia. (2) *relieve sb. of sth.*, ondolea mtu kitu fulani.

religion [ri'lidʒən] *n.* dini. **religious** [ri'lidʒəs] *adj.* (1) -a dini. (2) (kwa mtu) -cha Mungu. (3) -enye bidii kufanya vyema yote yapasayo.

relinquish [ri'liŋkwiʃ] *v.t.* acha: ~ *hope*, kata tamaa; *cf. let go*, acha.

relish ['reliʃ] *n.* (1) ladha; kitoweo. (2) kupenda sana; moyo. — *v.t. & i.* penda sana; -wa na ladha (ya).

reluctant [ri'lʌktənt] *adj.* (*be ~*) topenda; totaka. **reluctance** *n.*

rely [ri'lai] *v.i.* ~ (*up*)*on*, tumainia; tegemea; amini.

remain [ri'mein] *v.i.* (1) baki; salia. (2) dumu; kaa. **~der** *n.* baki; salio. **~s** *n. pl.* (1) salio (*e.g.* la chakula). (2) mabomoko ya nyumba, &c., zilizojengwa zamani sana. (3) *cf. corpse*, maiti.

remand [ri'ma:nd] *v.t.* rudisha (mshtakiwa) kifungoni mpaka siku ya shauri. — *n.* kurudisha kifungoni; rumandi.

remark [ri'ma:k] *v.t. & i.* (1) angalia; ona. (2) sema; nena. — *n.* (1) la kuangaliwa: *nothing worthy of ~*, hapana neno linalostahili kuangaliwa. (2) neno; maneno. **~able** *adj.* -sio -a kawaida; -a kuangaliwa. **~ably** *adv.* sana.

remedy ['remidi] *n.* dawa; mapoza; shauri la kutuliza. **remedial** [ri'mi:diəl] *adj.* -a kuponya.

remember [ri'membə*] *v.t. & i.* (1) fahamu; kumbuka. (2) ~ *sb. to* (*sb. else*): *Please ~ me to him*, tafadhali mpe salamu zangu. **remembrance** [ri'membrəns] *n.* (1) kukumbuka; kukumbukwa; ukumbusho; kumbukumbu. (2) (*pl.*) salamu (zilizopelekwa kwa barua au na mtu aliyetumwa).

remind [ri'maind] *v.t.* fahamisha; kumbusha. **~er** *n.* ukumbusho.

reminiscence [,remi'nisəns] *n.* (1) kukumbuka. (2) (*pl.*) kisa kilichokumbukwa. **reminiscent** [,remi'nisənt] *adj.* (1) -a kukumbusha. (2) (*be, become*) ~, kumbuka.

remission [ri'miʃn] *n.* (1) kusamehe au kuachilia (makosa yetu kwa Mungu). (2) kulegea au kupungua (kwa maumivu, bidii, &c.).

remit [ri'mit] *v.t. & i.* (-*tt*-) (1) (kwa Mungu) samehe, achilia makosa. (2) peleka (fedha, &c.) kwa posta. (3) punguza; legeza; pungua; legea: ~ *one's efforts*, punguza (legeza) juhudi. (4) peleka (shauri la kukatwa) kwa fulani mwenye amri. ~tance n. fedha iliyopelekwa.

remnant ['remnənt] n. (1) sehemu ndogo iliyobaki. (2) (hasa) kipande cha nguo kinachouzwa rahisi.

remonstrate [ri'monstreit, 'remənstreit] v.i. (*against sth.*) kataa; (*with sb. that*) bishana (na fulani kuwa . . .).

remorse [ri'mo:s] n. majuto; toba. ~**ful** adj. -a kujuta; -a kutubu. ~**less** adj. pasipo kujuta; pasipo huruma.

remote [ri'mout] adj. (1) -a mbali; -a zamani. (2) -liotengwa sana (kwa maono, kwa moyo wa kupenda). (3) cf. *slight*: *I haven't the* ~*st idea*, sijui hata kidogo.

remove [ri'mu:v] v.t. & i. (1) ondoa. (2) hama. **removal** [ri'mu:vl] n. tendo la kuondoa, kuondoka; kuhama; kuhamisha.

remunerate [ri'mju:nəreit] v.t. lipa; -pa ujira; -pa zawadi. **remuneration** [ri,mju:nə'reiʃn] n. ujira; zawadi. **remunerative** [ri'mju:nərətiv] adj. -a kuleta faida.

renaissance [rə'neisəns] n. (1) (*the R.*) (siku za) kufufuka elimu na maarifa Ulaya, A.D. 1300 mpaka 1600. (2) ufufuo mwingine wa namna hii.

render ['rendə*] v.t. (1) toa; lipa; rudisha. (2) leta au peleka (hesabu kwa kulipwa). (3) cheza au imba wimbo; cheza; fasiri (kwa lugha nyingine). (4) fanya (kuwa katika hali fulani): *The drink* ~*ed him speechless*, ulevi ulimfanya kama bubu. (5) (kwa mafuta, &c.) safisha siagi, samli, &c. kwa kuiyeyusha.

renew [ri'nju:] v.t. (1) fanya -pya; tengeneza. (2) geuza kitu kikuukuu kiwe kingine kipya: *Snakes* ~ *heir skins*, nyoka hugeuza ngozi zao. (3) anza tena. (4) pata, fanya, sema, au -pa tena. ~**al** n. kufanya au kufanywa -pya; kitu kilichofanywa kipya au kilichogeuka.

renounce [ri'nauns] v.t. (1) kataa; kanusha. (2) burai (madai). **renunciation** [ri,nʌnsi'eiʃn] n.

renovate ['renouveit] v.t. fanyiza kama kwanza; tengeneza. **renovation** [,renou'veiʃn] n.

renown [ri'naun] n. sifa; fahari. ~**ed** adj. -enye sifa; mashuhuri.

rent [rent] n. kodi ya nyumba, &c. — v.t. & i. (1) kodi; panga nyumba, &c. (2) pangisha; kodisha. ~**al** n. kadiri ya kodi ya nyumba, &c.

repair [ri'peə*] v.t. tengeneza; fanyiza tena. — n. (1) kutengeneza: *a road under* ~, barabara inayotengenezwa. (2) kazi ya kutengeneza. ~**able** adj. -a kutengenezeka. **reparable** ['repərəbl] adj. (hasa kwa hasara) zenye kulipika. **reparation** [,repə'reiʃn] n. malipo; matengeneo.

repatriate [ri:'patrieit] v.t. rudisha fulani kwake (kwao, &c.). **repatriation** n.

repay [ri:'pei] v.t. & i. lipa; rudisha fedha. ~**ment** n.

repeal [ri'pi:l] v.t. tangua. — n. kutangua.

repeat [ri'pi:t] v.t. & i. (1) sema au fanya mara ya pili. (2) kariri, sema (maneno yaliyokwisha semwa na mwingine au semwa kwa moyo). ~**edly** adv. maranyingi. **repetition** [,repi'tiʃn] n. kusema au kufanya mara ya pili; kusemwa au kufanywa mara ya pili; litokealo mara ya pili kama mara ya kwanza.

repel [ri'pel] v.t. (-*ll*-) (1) fukuza; sukuma mbali. (2) chukiza. ~**lent** adj. -a kufukuza; -siopendeza; -a kuchukiza.

repent [ri'pent] v.t. & i. tubu; juta. ~**ance** n. majuto. ~**ant** adj. -a toba; -a kutubu.

repercussion [,ri:pə'kʌʃn] n. (1) kurudi baada ya kupiga kwa nguvu; mwangwi. (2) matokeo yasiyokusudiwa.

repetition taz. *repeat*.

replace [ri:'pleis] v.t. rudishia mahali pake; ingia mahali pa; -wa badala ya.

replenish [ri'pleniʃ] v.t. jaza tena.

replete [ri'pli:t] adj. -liojaa; -enye tele. **repletion** [ri'pli:ʃn] n. kushiba.

replica ['replikə] n. nakili; nakala.

reply [ri'plai] v.t. jibu; itika. — v.i. jibu. — n. jibu; jawabu; kuitika.

report [ri'po:t] v.t. & i. (1) toa habari (ya mambo uliyoona, uliyosikia, uliyofanya, &c.); andika habari. (2) jionyesha: ~ *to the manager for work*, jionyesha kwa msimamizi tayari kwa kazi. (3) shtaki; chongea. — n. (1) maneno ya taratibu; habari ya mambo uliyoona, &c. (2) maneno ya watu; uvumi. (3) kishindo (cha mzinga, mpira wa baisikeli uliopasuka, &c.),

~er *n.* mwandikaji wa habari kwa gazeti.

repose [ri'pouz] *v.t. & i.* (1) laza; egemeza; lala; pumzika; jinyosha. (2) sinzia. (3) weka (matumaini, amani, &c. katika moyo safi wa fulani au katika heshima yake). — *n.* (1) kupumzika; usingizi. (2) utulivu; raha.

represent [,repri'zent] *v.t.* (1) -wa, leta, toa, fanya, picha, dalili, au mfano wa: *a picture that ~s the garden of Eden*, picha iletayo mfano wa bustani ya Aden. (2) jidai kuwa. (3) onyesha; eleza. (4) -wa mjumbe wa; -wa badala ya. **~ation** [,reprizen'teiʃn] *n.* kuonyesha; kitu kinachoonyeshwa. **~ative** [,repri'zentətiv] *adj.* (1) namna ya; mfano wa. (2) *~ative government*, utawala wa watu waliochaguliwa na watu wote kuwa wajumbe wao. — *n.* (1) namna; mfano. (2) mtu aliye mjumbe' wa watu wengine.

repress [ri'pres] *v.t.* tiisha; zuia. **~ion** [ri'preʃn] *n.* **~ive** *adj.*

reprieve [ri'pri:v] *v.t.* (1) sema kuwa kufisha kwa (mtu aliyehukumiwa) hakutakuwapo. (2) achilia kwa muda. — *n.* (1) amri kwa kuachiliwa (hasa kwa hukumu ya kuuawa). (2) achilio la muda.

reprimand ['reprima:nd] *v.t.* laumu. — *n.* lawama.

reprisal [ri'praizl] *n.* kisasi.

reproach [ri'proutʃ] *v.t.* karipia. — *n.* (1) karipio. (2) jambo la aibu. **~ful** *adj.* -a kushutumu.

reproduce [,ri:prə'dju:s] *v.t. & i.* (1) nakili; fuatisha; leta mara ya pili. (2) zaa. **reproduction** [,ri:prə'dakʃn] *n.* njia ya kufanya mara ya pili; njia ya kuzaa. **reproductive** [,ri:prə'daktiv] *adj.*

reproof [ri'pru:f] *n.* lawama; karipio. **reproval** [ri'pru:vl] *n.* kulaumu; kukaripia. **reprove** [ri'pru:v] *v.t.* nenea; laumu.

reptile ['reptail] *n.* mnyama atambaazi na jamii ya wanyama wenye damu baridi (*e.g.* mjusi, nyoka, kobe, mamba).

republic [ri'pʌblik] *n.* jamhuri; nchi itawaliwayo na mtu aliyechaguliwa na watu wake, si mfalme. **~an** *adj.* -a jamhuri.

repudiate [ri'pju:dieit] *v.t. & i.* kataa; kania; jitenga na. **repudiation** *n.*

repugnant [ri'pʌgnənt] *adj.* -a kuchukiza; -a kukirihi. **repugnance** *n.* machukio.

repulse [ri'pʌls] *v.t.* (1) sukuma nyuma (maadui). (2) kataa. — *n.* kufukuza au kufukuzwa. **repulsion** [ri'pʌlʃn] *n.* machukio. **repulsive** [ri'pʌlsiv] *adj.* -a kuchukiza.

reputation [,repju'teiʃn] *n.* sifa; heshima. **reputable** ['repjutəbl] *adj.* -a sifa njema. **repute** [ri'pju:t] *n.* sifa. **reputed** *adj.* -liodhaniwa (kuwa).

request [ri'kwest] *n.* (1) maombi. (2) kitu kinachotakwa. (3) *be in ~*, takwa; tafutwa. — *v.t.* taka; sihi; omba.

requiem ['rekwiəm] *n.* wimbo wa maziko kuombea waliofariki.

require [ri'kwaiə°] *v.t.* (1) hitaji. (2) taka kwa nguvu; amrisha. (3) dai. **~ment** *n.* matakwa.

requisite ['rekwizit] *n.* kifaa; (ma)-hitaji. — *adj.* -liotakiwa.

requisition [,rekwi'ziʃn] *v.t.* toza kwa matumizi ya askari, &c. — *n.* haja.

rescind [ri'sind] *v.t.* tangua (sheria, &c.).

rescue ['reskju:] *v.t.* okoa. — *n.* kuokoa au kuokolewa; wokovu.

research [ri'sə:tʃ] *n.* kuchungua ili kuvumbua habari mpya. — *v.i.* chungua; peleleza.

resemble [ri'zembl] *v.t.* fanana na. **resemblance** [ri'zembləns] *n.* sura moja; usawa.

resent [ri'zent] *v.t.* chukizwa na; onea uchungu; udhika kwa. **~ful** *adj.* **~ment** *n.*

reserve [ri'zə:v] *v.t.* (1) weka (akiba). (2) weka kwa matumizi au kusudi maalum. — *n.* (1) akiba. (2) hali ya kuwekwa akiba. (3) mchezaji wa akiba, wa msaada. (4) eneo la nchi lililowekwa (lililotengwa) kwa matumizi fulani. *a game ~*, eneo la porini lililotengwa kwa maskani ya wanyama lililopigwa marufuku kuwinda; risavu. (5) sharti iliyo kama mpaka au kizuio: *I accept his statement without ~*, nakubali maneno yake kabisa. (6) hadhari. **reservation** [,rezə'veiʃn] *n.* kuweka au kuwekwa: *without ~*, bila sharti yo yote. **~d** *adj.* -liokwisha agizwa; (hasa kwa watu) -nyamavu. **reservoir** ['re-

RESIDE [230] **REST**

zəvwa:*] n. mahali pawekwapo maji ya kutumiwa na watu wa mji mkubwa (mara nyingi ni kama ziwa).

reside [ri'zaid] v.i. -wa na nyumba au makao. ~**nce** ['rezidəns] n. nyumba; kukaa. ~**nt** adj. -kaa mahali: *the ~nt population*, wenyeji (pasipo wageni). ~**ncy** n. nyumba ya balozi. ~**ntial** [,rezi'denʃl] adj. -a kukaa watu: *the ~ntial part of the town*, mtaa ukaao watu (kinyume cha mtaa wa afisi na nyumba za biashara).

residue ['rezidju:] n. baki; salio.

resign [ri'zain] v.t. & i. (1) acha. (2) ~ *oneself to*, tii; jitoa bila kuteta. ~**ed** adj. vumilivu: *He is quite ~ed*, amekubali; ameridhika. ~**ation** [rezig'neiʃn] n. (1) kuacha kazi; barua ya kuomba kuacha kazi. (2) uvumilivu.

resilience [ri'ziliəns] n. kuweza kurudia umbo la kwanza baada ya kuvutwa, kubanwa, kupondwa, &c. (kama mpira ukivutwa). **resilient** adj. -a kurudia hali ya kwanza.

resin ['rezin] n. utomvu mzito wa miti, hasa sandarusi.

resist [ri'zist] v.t. & i. (1) pingia njia; zuia. (2) shindana na; toshindwa kwa: *a kind of glass dish that ~s heat*, namna ya bakuli ya kioo isiyovunjika kwa moto. (3) jitenga kwa. ~**ance** n. (1) (uwezo wa) kuzuia, &c. (2) upingamizi.

resolute ['rezəlu:t] adj. thabiti.

resolution [,rezə'lu:ʃn] n. (1) uthabiti. (2) nia ya jamii ya watu.

resolve [ri'zɔlv] v.t. & i. (1) nuia; kusudia. (2) komesha (mashaka, shida, &c.) kwa kuleta majibu. (3) teua. — n. nia; liililokusudiwa.

resonant ['rezənənt] adj. -a kurudisha sauti; -a kudumu kulia. **resonance** n.

resort [ri'zɔ:t] v.i. ~ *to*. (1) kimbilia; tumia. (2) enda mara kwa mara. — n. (1) msaada; kimbilio. (2) tegemeo. (3) mahali pa kutembelea kwa watu wengi: *a seaside ~*, mahali pa pwani ambapo watu wengi hutembelea.

resound [ri'zaund] v.i. & t. (1) lialia; lia tena. (2) vuma. (3) (fig. kwa sifa, jambo kuu, &c.): *His reputation ~s in this country*, sifa zake huvuma katika nchi hii.

resource [ri'sɔ:s] n. (1) (pl.) vifaa; mali. (2) uchumi; mashauri.

(3) akili ya kuvumbulia mashauri. ~**ful** adj. -a busara; -elekevu.

respect [ris'pekt] v. (1) heshima. (2) kuangalia; hadhari. (3) (pl.) salamu. (4) cf. *detail, particular*, neno: *in this one* ~, kwa neno hilo moja; *in all* ~s, kwa yote. — v.t. (1) heshimu. (2) angalia; kumbuka. ~**able** [ris'pektəbl] adj. (1) -a heshima. (2) (kwa mtu, nguo zake, desturi zake, &c.) -adilifu; -zuri. (3) -a kiasi. ~**ably** adv. ~**ability** [ris,pektə'biliti] n. maadili; hali ya kukaa vizuri. ~**ful** adj. -stahifu. ~**ing** prep. juu ya; kwa. ~**ive** [ris'pektiv] adj. -a (kitu au mtu fulani) peke yake; -moja -moja. ~**ively** adv. -moja -moja; mbalimbali.

respire [ris'paiə*] v.i. vuta pumzi.

respirator ['respireitə*] n. chombo cha kusaidia kuvuta pumzi (hasa kwa marubani wa eropleni waendao juu sana hewani, au kwa wale wanaovuta hewa chafu).

respite ['respait, -pit] n. (1) nafasi; pumziko. (2) kuachiwa kwa muda; kuahirika. — v.t. ahirisha.

resplendent [ris'plendent] adj. -a kung'aa; -zuri sana.

respond [ris'pɔnd] v.i. (1) jibu; itika. (2) itikia. (3) (cf. *react* (to): vutika; ongezeka: *He always ~s to kindness*, avutika kila mara kwa upole. **response** [ris'pɔns] n. kujibu, &c.; kuvutika. **responsive** adj. -a kujibu, &c.; -a kuvutika (kuongozeka) kwa urahisi au kwa upesi.

responsible [ris'pɔnsibl] adj. (1) (kwa watu) -enye madaraka; *be* ~ (*to sb. for sth.*), pasiwa (na mtu fulani kwa matendo yako). (2) husiwa: *He is* ~ *for the whole loss*, hasara yote juu yake. (3) -a kuaminiwa: *He's a really* ~ *person*, yu mtu wa kuaminiwa sana. (4) ~ **government**, serikali ya madaraka.

responsibility [ris,pɔnsi'biliti] n. (1) daraka, madaraka: *He undertook the* ~ *himself, or he did it on his own* ~, alichukua madaraka mwenyewe. (2) kazi; shughuli: *the heavy* ~ *of the prime minister*, kazi kubwa ya (shughuli nyingi za) waziri mkuu.

¹ **rest** [rest] n. (1) raha; pumziko. (*sleep*) usingizi. (2) kiguzo; mhimili. (3) (kwa muziki) kituo

(kimya). — *v.i. & t.* (1) tulia; pumzika. (2) pumzisha. (3) tegemeza. ~**ful** *adj.* -tulivu; bila ghasia wala fujo; -starehefu. ~**ive** *adj.* (kwa farasi) -a kuchezacheza; (kwa watu) -siotulia; -tukutu. ~**less** *adj.* kama restive.

*rest [rest] *n.* (huandikwa kila mara *the* ~) baki; sazo; wengine wote. — *v.i.* (1) kaa; dumu. (2) fungamana na: *Success* ~*s on his answer*, kufanikiwa kufungamana na jibu lake. (3) *It* ~*s with you to decide*, ni juu yako kukata shauri.

restaurant ['restərɒn, 'restərənt] *n.* hoteli; mkahawa.

restitution [,resti'tju:ʃn] *n.* kulipa; malipo; ukombozi.

restore [ri'stɔ:] *v.t.* (1) rudisha (kitu kilichoibwa, *&c*.). (2) tumia tena (*e.g.* desturi za zamani); rudisha fulani katika kazi yake ya kwanza. (3) tengeneza; jenga mara ya pili. (4) ponya. **restoration** [,restə'reiʃn] *n.* kurudisha au kurudishwa, *&c*.; kutengeneza au kutengenezwa, *&c*.

restrain [ris'trein] *v.t.* zuia. ~**t** *n.* kuzuia au kuzuiwa; kizuio.

restrict [ris'trikt] *v.t.* weka mipaka; zuia. ~**ion** [ris'trikʃn] *n.* kuweka mipaka au kuzuiwa; kizuio.

result [ri'zʌlt] *n.* tokeo; mwisho. — *v.i.* tokea; -wa.

resume [ri'zju:m] *v.t.* (1) anza tena. (2) twaa tena. **resumption** [ri'zʌmpʃn] *n.*

resurrect [,rezə'rekt] *v.t.* fufua. ~**ion** [,rezə'rekʃn] *n. the R.,* Ufufuo wa Yesu Kristo; siku ya kiyama.

resuscitate [ri'sʌsiteit] *v.t. & i.* rejezea uzima mtu aliye karibu kufa. **resuscitation** [ri,sʌsi'teiʃn] *n.*

retail ['ri:teil] *n.* (kuuza) rejareja. — *v.t. & i.* (1) uza rejareja; chuuza. (2) uzwa rejareja. (3) eneza kidogo kidogo maneno uliyosikia (hasa maneno ya watu kama kivumo). ~**er** *n.* mchuuzaji.

retain [ri'tein] *v.t.* (1) shika. (2) ajiri (mwanasheria). ~**er** *n.* (1) (la zamani) mtumishi wa mtu mkuu. (2) ada ya wakili.

retaliate [ri'talieit] *v.i.* lipa maovu kwa maovu. **retaliation** *n.*

retard [ri'ta:d] *v.t.* kawilisha; chelewesha; pinga.

retire [ri'taiə*] *v.i.* (1) rudi; ondoka. (2) acha kazi; kaa faraghani; jiuzulu; achisha kazi; uzulu. ~**d** *adj.* (1) -lioacha kazi. (2) -a faragha. ~**ment** *n.* hali ya kujiuzulu; faragha. **retiring** *adj.* -nyamavu; makini.

retort [ri'tɔ:t] *v.i. & t.* jibu vikali; itika kwa nguvu; rudisha maneno. — *n.* jibu kali.

retrace [,ri:'treis] *v.t.* (1) fuasa nyuma: *He* ~*d his steps,* alirudi nyuma. (2) rudia, kumbuka moyoni (mambo yaliyopita zamani).

retract [ri'trakt] *v.t. & i.* (1) kana; kanya (maneno ya kwanza). (2) rudisha ndani (sehemu za eropleni kama magurudumu). ~**able** *adj.* -a kurudika ndani.

retreat [ri'tri:t] *v.i.* rudi nyuma; kimbia. — *n.* (1) kurudi nyuma; kukimbia. (2) (mahali pa) faragha, pa salama.

retrench [ri'trentʃ] *v.t. & i.* punguza (gharama, *&c*.); chekecha. ~**ment** *n.*

retribution [,retri'bju:ʃn] *n.* malipo yaliyostahilika; rada.

retrieve [ri'tri:v] *v.t. & i.* (1) pata tena. (2) ongoa. (3) sitawisha tena (mali, *&c*.).

retro- ['retrou] *prefix back(ward).* ~¹**active** *adj.* = ~**spective**. ~**grade** *adj.* -a kurudi nyuma. -a kuwa -baya; -a kuharibisha. ~**gression** *n.* kurudi nyuma; kuharibika. ~**gressive** *adj.* ~**spect** *n.* kutazamia yaliyopita; kukumbuka mambo ya zamani: *in* ~*spect* kukumbuka (jambo la zamani). ~**spective** *adj.* (1) -a kutazamia nyuma. (2) (kwa sheria, *&c*.) -a kupasa wakati uliopita.

return [ri'tə:n] *v.i. & t.* (1) rudi; rejea. (2) rudisha; lipa. (3) jibu; itika. (4) (kwa jimbo la wachaguao wajumbe wa Parliament) peleka, tuma (fulani) katika P. kama mjumbe. — *n.* (1) kurudi; kurudishwa; marejeo. (2) (mara nyingi *pl.*) chumo; faida; mpato. (3) habari halisi; timamu. (4) ~ *ticket,* tikiti kwa safari zote mbili kwa kwenda na kurudi.

reunion [ri:'ju:njən] *n.* (hasa) mkutano wa rafiki baada ya muda mrefu wa kutoonana.

reveal [ri:'vi:l] *v.t.* funua; fumbua. **revelation** [,revi'leiʃn] *n.* kufunua,

REVEILLE [232] **RICH**

&c.; ufunuo; habari iliyofunuliwa, hasa ya kushtusha.

reveille [ri'veli] n. ngoma ya kuamsha askari asubuhi.

revelation taz. *reveal*.

revenge [ri'vendʒ] v.t. (1) twaa kisasi cha. (2) be ~ed (on sb. for sth.), ~ oneself (on), jilipiza kisasi. — n. kisasi. ~ful adj. -a kutaka kisasi.

revenue ['revənju:] n. mapato, hasa jumla ya mapato ya serikali kwa kodi, ushuru, &c.

revere [ri'viə*] v.t. heshimu sana; -cha. —**nce** ['revərəns] n. heshima; kicho; unyenyekevu. — v.t. = ~. ~nd ['revərənd] adj. (1) -a kustahili heshima. (2) (kama jina la heshima) *the Reverend*, e.g. *the Rev. T. Wells* = padre. ~nt ['revərənt] adj. -a kustahi. ~ntial [,revə'renʃl] adj. = ~nt.

reverse [ri'və:s] adj. (1) mbalimbali kabisa. (2) -a kinyume; -a chini; -a pili: *the ~ side of a gramophone record*, upande wa nyuma wa sahani ya gramafoni. — n. (1) kinyume. (2) upande wa nyuma (wa chini, wa pili). (3) mapinduzi; msiba; kushindwa. — v.t. (1) pindua; geuza. (2) rejeza; rudisha nyuma. (3) fanya kinyume cha tendo lako la kwanza. (4) tangua. **reversal** n. kugeuza, &c. au kugeuka. **reversible** adj. -a kupindulika (hasa kwa kitambaa cha kutumika kuwili).

revert [ri'və:t] v.i. rudia (hali ya kwanza au neno la kwanza).

review [ri'vju:] v.t. & i. (1) angalia (fikiri, tafakari) mara ya pili. (2) kagua (askari, manowari, &c.). (3) andika maono juu ya (vitabu vipya, &c.) kwa kuchapishwa katika magazeti. — n. (1) tendo la kuangalia, kukagua au kuandika, &c. (2) kitabu cha habari za mambo ya leo.

revile [ri'vail] v.t. & i. tukana.

revise [ri'vaiz] v.t. fikiri mara ya pili; soma habari yaangalifu, hasa kwa kutoa makosa na kusahihisha. **revision** [ri'viʒn] n.

revive [ri'vaiv] v.t. & i. (1) fufua; fufuka; huisha; huika. (2) anzisha tena; anza tena. **revival** [ri'vaivl] n. (1) ufufuo. (2) (hasa) (makusanyiko ya watu kwa ajili ya) kufufua mambo ya dini. **revivalist** n. mtu mwenye kukusanya watu kwa mambo ya dini.

revoke [ri'vouk] v.t. tangua. **revocation** [,revə'keiʃn] n.

revolt [ri'volt] v.i. & t. (1) asi. (2) cf. *be disgusted*, chukizwa. (3) chukiza: *scenes that ~ed all who saw them*, mambo yaliyowachukiza wote walioyaona. — n. maasi.

revolution [,revə'lu:ʃn] n. (1) mzunguko. (2) mageuzi makuu; mapinduzi. ~ary adj. -a kugeuza kabisa; -pya kabisa; -a kupenda mageuzi makuu (mara nyingi yaliyoletwa kwa nguvu). — n. apendaye kuasi serikali. ~ize v.t. geuza sana; badili kabisa.

revolve [ri'volv] v.i. & t. (1) zunguka; zungusha. (2) waza moyoni; tafakari.

revolver [ri'volvə*] n. bastola yenye kupiga mara nyingi bila kushindiliwa tena risasi.

reward [ri'wo:d] n. zawadi; thawabu. — v.t. -pa zawadi; lipa.

A revolver

rheumatism ['ru:mətizm] n. baridi yabisi; uele wa viungo; jongo. **rheumatic** [ru:'mætik] adj. -a ugonjwa wa ~.

rhinoceros [rai'nosərəs] n. kifaru.

rhyme [raim] n. (1) kina; ulinganifu wa sauti mwisho wa mashairi. (2) mashairi ya vina. — v.t. & i. fanya mashairi ya vina; -wa na sauti sawa mwishoni.

rhythm ['riðm] n. mapigo ya ngoma (muziki au ya dansa) yenye nguvu au mepesi yakifuatana sawasawa. ~ic(al) ['riðmik(l)] adj.

rib [rib] n. ubavu (wa mwili); taruma (la mashua); uchukuti (wa kuti). ~bed [ribd] adj. -a nyuzinyuzi (kama mishipa).

ribbon ['ribn] n. utepe.

rice [rais] n. mpunga; mchele; wali.

rich [ritʃ] adj. (1) -enye mali au fedha. (2) (kwa nguo, johari, mapambo, &c.) -zuri; -a thamani. (3) (kwa ardhi, &c.) -a kuzaa sana; -enye rutuba nyingi. (4) (kwa chakula) -tamu sana; -enye ladha nzuri. (5) (kwa rangi, sauti, &c.) cf. *deep*, *strong*, *full*, -ingi; -zuri. ~es n. pl. mali; utajiri. ~ly adv. (1) kwa namna nzuri*. (2) sana;

kabisa (hasa ~*ly deserve*) stahili sana.

ricochet ['rikəʃei] *n.* mruko wa kitu (risasi, jiwe, &c.) kikipiga ardhi au maji. — *v.i.* (kwa kitu kama risasi au jiwe) duta; ruka baada ya kupiga kitu.

rid [rid] *v.t.* (*past tense* rid *au* ridded) toa; okoa; pona: ~ *a house of mice*, ondolea panya nyumba(ni); *get* ~ *of a cough*, epua kukohoa. **~dance** ['ridəns] *n.* kuokoa; kuokoka, &c.

ridden ['ridn] *p.p.* ya **ride** (hasa kwa sehemu ya mwisho ya *adj.* ya ~ (*compound*) *e.g.* flea-~, plague-~, -liojaa virobato, -liojaa tauni: *yaani* -liojaa; -lioshindwa na.

riddle ['ridl] *n.* kitendawili; fumbo.

ride [raid] *v.t. & i.* (*past tense* rode [roud], *p.p.* ridden ['ridn]). (1) panda (farasi, baisikeli, &c.). (2) chukuliwa na (basi, gari la moshi, &c.). (3) elea baharini. — *n.* safari (hasa iliyo fupi) juu ya farasi au baisikeli, au ukichukuliwa kwa motakaa, &c. **~r** *n.* (1) mtu apandaye farasi, &c. (2) maneno yaliyotiwa baadaye.

ridge [ridʒ] *n.* (1) mgongo; utiko, mwamba wa juu ya nyumba. (2) mgongo wa vilima; vilele. (3) tuta la shambani.

ridicule ['ridikju:l] *v.t.* cheka; fanya mzaha; dhihaki. — *n.* cheko; mzaha; dhihaki. **ridiculous** [ri-'dikjuləs] *adj.* -a kuchekwa; -a mzaha; -a upuzi.

¹**rifle** ['raifl] *v.t.* teka; nyang'anya; iba.

²**rifle** ['raifl] *v.t.* tia mifuo (katika bunduki). — *n.* bunduki (yenye mifuo katika mtutu wake).

¹**right** [rait] *adj.* (kinyume cha *left*) -a kulia. — *n.* watu wa upande wa kulia; *The R.*, yaani *the Conservative Party*. — *adv.* (1) vema, *cf.* all ~. (2) *cf. completely*: *go* ~ *to the end*, enda mpaka mwisho kabisa.

²**right** [rait] *adj.* (kinyume cha *wrong*). (1) -a haki. *the* ~ *side (of a cloth*, &c.) upande wa kufaa. — *adv.* (1) sawasawa. (2) kabisa. (3) halisi. — *n.* (1) wema; kweli. (2) haki; *by* ~(*s*), kwa haki; barabara; *by* ~ *of*, kwa sababu ya. — *v.t.* simamisha sawa (wima); sahihisha; tengeneza. **~-about** *adj. a* ~*-about turn*, kugeuka kabisa. **~ful** *adj.* (1) -a haki; -a adili.

(2) (kwa matendo) -ema. **~ly** *adv.* kwa haki; barabara; sahihi.

righteous ['raitʃəs] *adj.* -nyofu; -a haki. **~ness** *n.*

rigid ['ridʒid] *adj.* (1) -siopindika. (2) -gumu; imara; -siobadilika: *a* ~ *rule*, amri isiyobadilika. **~ity** [ri'dʒiditi] *n.*

rigour ['rigə*] *n.* (1) ugumu. (2) (hutumika sana kwa *pl.*) ukali (hasa wa tabia ya nchi). **rigorous** ['rigərəs] *adj.* (1) -gumu. (2) -kali.

rile [rail] *v.t.* (*colloq.*) kasirisha.

rim [rim] *n.* (1) mzingo. (2) ukingo wa gurudumu ambao mpira wa baisikeli au motakaa huzunguka. — *v.t.* (-*mm*-) fanya au -wa ukingo.

rind [raind] *n.* ganda; gome.

¹**ring** [riŋ] *n.* (1) mviringo. (2) pete. (3) uwanja wa mashindano au wa onyesho la ng'ombe, kondoo, &c. (4) kiwanja cha mraba kilichotengenezwa kwa mashindano ya kupigana ngumi. (5) jamii ya watu wenye kujadiliana juu ya mambo ya fedha, *e.g.* kupingana masharti ya fedha kwa mashindano. **~-leader** *n.* mkuu wa jambo baya kama la kuasi. **~worm** *n.* ugonjwa wa choa; bato.

²**ring** [riŋ] *v.i. & t.* (*rang, rung*) lia kama kengele. (2) piga kengele: ~ *up* (*sb.*), piga simu na kusemana na fulani; ~ *off*, komesha mazungumzo katika simu; ~ *the changes* (*on sth.*), fanya au tumia kitu kwa namna zote ziwezekanazo.

rinse [rins] *v.t.* osha kwa maji safi; suuza.

riot ['raiət] *n.* (1) ghasia; msukosuko. (2) makelele. — *v.i.* fanya ghasia, jeuri, fitina, &c. **~er** *n.* mfanya ghasia, &c. **~ous** ['raiətəs] *adj.* -a kuleta ghasia; -a makelele.

rip [rip] *v.t. & i.* (-*pp*-) (1) rarua; tatua; pasua. (2) tatuka. — *n.* mpasuko.

ripe ['raip] *adj.* (1) -bivu; -pevu. (2) tayari. **~n** *v.t. & i.* ivisha; pevusha. —*v.i.* iva; pevuka.

ripple ['ripl] *n.* (mlio wa) kiwimbi au viwimbi; *fig. a* ~ *of laughter*, sauti ya ucheko.

rise [raiz] *v.i.* (*rose, risen*) (1) enda juu; paa. (2) inuka; simama; ondoka katika kitanda. (3) tokea. (4) chimbuka. (5) asi; fanya fitina. (6) ~ *to an occasion*, jionyesha kuwa hodari katika jambo fulani.

risk [risk] *n.* hatari; mashaka: *take (run)* ~*s*, ingia hatarini; jihatirisha; *at the owner's* ~, juu ya mwenyewe. — *v.t.* hatirisha; bahatisha: *I will* ~ *failure*, hasara juu yangu. ~*y adj.*

rite [rait] *n.* kanuni (hasa ya dini); utendo wa ibada. **ritual** ['ritjuəl] *n.* utaratibu wa kanuni hizo au matendo hayo.

rival ['raivl] *n.* mshindani. (2) (*attrib.*) -a kushindana. — *v.t.* (-*ll*-) jidai kuwa sawa na. ~**ry** *n.* ushindani.

river ['rivə*] *n.* mto.

rivet ['rivit] *n.* msumari wa kugongomewa ncha zote mbili. — *v.t.* (1) funga kwa ~*s.* (2) angazia (kazia) macho; vuta macho.

road [roud] *n.* njia; barabara. ~-**metal** *n.* kokoto za kutengenezea njia. ~**stead** *n.* bandari.

roam [roum] *v.i.* tembea; potea.

roan-antelope [roun-] *n.* mnyama kama koru, rangi yake hudhurungi nyeusi, mwenye pembe ndefu zipindikazo nyuma.

roar [ro:] *n.* ngurumo; mlio (kama ule wa simba): ~*s of laughter*, cheko kubwa. — *v.i.* nguruma; lia kwa sauti kubwa (kama simba, mzinga, dhoruba, mawimbi, &c.); vuma.

roast [roust] *v.t.* choma kwa moto; oka.

rob [rob] *v.t.* (-*bb*-) iba; nyang'anya. ~**ber** *n.* mwizi; mnyang'anyi. ~**bery** *n.* wizi; unyang'anyi; tendo la kuiba.

robe [roub] *n.* vazi refu (kama joho) la heshima. — *v.t. & i.* vika; visha; vaa; valia.

robin ['robin] *n.* ndege mdogo wa Ulaya mwenye kifua chekundu.

robot ['roubot] *n.* mashini mfano wa mtu.

robust [rou'bʌst] *adj.* -enye afya na nguvu nyingi.

¹**rock** [rok] *n.* (1) jiwe; jabali. (2) mwamba: *as firm as a* ~, imara kabisa; (*be*) *on the* ~*s*, (kwa mashua) pwelewa; (*fig.*) wamba; taiti. ~-**bottom** *adj.* (kwa bei ya vitu) -a chini kabisa. ~**y** *adj.* -a mawe mengi; -gumu kama mawe.

²**rock** [rok] *v.t. & i.* pembeza; tikisa. — *v.i.* tikisika.

rocket ['rokit] *n.* fataki kubwa ya kuruka juu.

rod [rod] *n.* (1) ufito: *a fishing-*~, ufito (mwanzi) wa kuvulia samaki. (2) (kwa adhabu) fimbo; henzerani. (3) chenezo; kipimo cha yadi 5¼.

rode [roud] *past tense* ya *ride*.

rodent ['roudənt] *n.* mnyama (*e.g.* panya, sungura, &c.) mwenye kutafuna.

roe [rou] *n.* mayai ya samaki.

rogue [roug] *n.* ayari; laghai. ~**ry** ['rougəri] *n.* ulaghai.

roll [roul] *v.t.* (1) jongeza kwa magurudumu; fingirisha. (2) kunja. (3) lainisha (kwa gogo, &c.). (4) (kwa meli) *v.i.* sukasuka; fanya mrama. (5) (kwa ngurumo, mlio wa ngoma, &c.) vuma. (6) ~ *in* (*along*), -ja -ingi; *be* ~*ing in money*, -wa tajiri sana; ~ *up*, (hasa) ongezeka kwa wingi. — *n.* (1) kitu kilichokunjwa mfano wa gogo; kikuto; jora. (2) msukosuko wa meli. (3) mlio kama ngurumo. (4) orodha, hasa ya majina. ~**er** *n.* wenzo; gogo.

Roman ['roumən] *adj.* -a Kirumi. ~ *Catholic*, -a Kanisa la Kirumi.

romance [rou'mans] *n.* (1) kisa chenye habari za mambo mengi ya ajabu. (2) jambo la mahaba.

romantic [rou'mantik] *adj.* (1) (kwa watu) -enye kujitungia mambo ya ajabu kama kwamba kujiona katika kisa. (2) -a ajabu; -a kigeni.

romp [romp] *v.i.* (hasa kwa watoto) cheza; chachawa.

roof [ru:f] *n.* paa; dari; sakafu ya juu.

¹**rook** [ruk] *n.* ndege mweusi kama kunguru. ~**ery** *n.* miti mingi pamoja yenye vioto vya ~*s*.

²**rook** [ruk] *n.* mdanganyi katika michezo ya karata au ya dadu. — *v.t.* (1) laghai. (2) danganya fulani kwa kumwuzia kitu kwa bei iliyo ghali sana.

room [rum, ru:m] *n.* (1) chumba. (2) nafasi.

roost [ru:st] *n.* kituo cha ndege. — *v.i.* jikalia kwa usiku katika ~. ~**er** *n.* jogoo.

root [ru:t] *n.* (1) shina; mzizi. (2) (*fig.*) sababu. (3) asili; mwanzo. — *v.i. & t.* (1) (kwa miche, mimea) tokeza mizizi na kuwa imara. (2) ~ *sth. up* (*out*), ng'oa; toa.

rope [roup] *n.* kamba. *know the* ~*s*, jua desturi na matengenezo. — *v.t.* funga kwa kamba. ~ *sb. in*, (*fig.*) shawishi fulani kusaidia.

rosary ['rouzəri] *n.* tasbihi.

¹ **rose** [rouz] *past tense* ya *rise*.

² **rose** [rouz] *n.* (1) waridi. (2) rangi nyekundu-nyeupe. **rosy** ['rouzi] *adj.* (1) (hasa kwa shavu la uso) -a rangi nyekundu-nyeupe. (2) (*fig.*) -a kutia matumaini.

rot [rot] *v.i. & t.* (-*tt*-) (1) oza. (2) (*fig.*) haribika. (3) ozesha. ~**ten** ['rotn] *adj.* (1) -bovu. (2) (*colloq.*) -baya.

A rose

rotary ['routəri] *adj.* -a kuzunguka. **rotate** [rou'teit] *v.i. & t.* (1) zunguka; zungusha. (2) fuatana (fuatanisha) kwa kawaida. **rotation** [rou'teiʃn] *n.* in ~, kwa zamu; *the rotation of crops*, mabadiliko ya mavuno.

rough [rʌf] *adj.* (1) si -ema; si laini; (kwa njia, &c.) -siopitika kwa urahisi. (2) si -pole; si makini. *a* ~ *sea*, bahari iliyochafuka. (3) -a ovyo; -siotengenezwa vizuri: *a* ~ *idea* (*sketch*), dokezo. ~ *and ready*, -a kutosha kwa haja ya ghafula. (4) (kwa sauti) -a kuchukiza; si -tamu. — *n.* (1) mfidhuli; mjeuri. (2) hali mbaya na taabu. *take the* ~ *with the smooth*, furahia mambo ya kupendeza na kuvumilia taabu. — *v.t.* (1) ~ *sth. out*, fanya shauri bila kulisahihisha. (2) ~ *it*, vumilia hali mbaya na taabu; jivumilisha. ~**en** *v.t. & i.* fanya au kuwa ~. ~**ly** *adv.* (hasa) karibu sana: *There were* ~*ly forty present*, watu wapata arobaini walihudhuria.

round [raund] *adj.* (1) -a mviringo kama duara au kama mpira. *a* ~ *trip*, safari ianzayo tena iishayo mahali pamoja; *in* ~ *numbers*, hesabu iliyo karibu, si sawa halisi. (2) -zima; -kubwa; -ingi: *a good* ~ *sum of money*, fedha nyingi. — *n.* (1) kipande cha mkate. (2) utaratibu; maandamano: *the daily* ~, utaratibu wa kazi za kila siku. (3) kiasi cha (risasi ya) bunduki au mzinga. (4) sehemu ya mchezo (kama kupiga ngumi, &c.). (5) tendo la watu wengi pamoja: *a* ~ *of applause*, vifijo; makelele ya kuonyesha furaha, au ya kusifu. — *adv.* (1) kwa mviringo: *look* ~, tazama nyuma; *all the year* ~, mwaka wote tangu mwanzo hata mwisho. (2) pande zote; kwa kuzunguka. (3) katika zamu: *Hand these books* ~, gawa vitabu hivi kila mmoja avisome katika zamu yake; *There is not enough food to go* ~, hakuna chakula cha kutosha kwa watu wote. (4) kwa njia iliyo ndefu: *We came the long way* ~, tulifuata njia iliyo ndefu zaidi (yaani isiyo fupi). (5) *bring sb.* ~, fufua fulani: *come* ~, fufuka. — *prep.* kwa kuzunguka au kuzungusha. — *v.t. & i.* (1) ~ viringanisha; viringana. (2) ~ *a cape or corner*, faulu rasi, zunguka pembe. (3) ~ *sth. off*, maliza; ~ *animals up*, kusanya (wanyama) ng'ombe pamoja; ~ (*up*)*on sb.*, geuka ghafula na kushambulia fulani; geuka na kulaumu. ~**about** *adj.* -a kuzunguka; -enye vipengele: *a* ~*about message*, habari yenye vipengele. ~**ly** *adv.* sana; wazi: *tell sb.* ~*ly that he is lying*, -ambia wazi fulani ya kuwa anasema uongo.

rouse [rauz] *v.t.* (1) amsha. (2) chochea.

rout [raut] *v.t.* shinda; piga; fukuza.

route [ru:t] *n.* njia.

routine [ru:'ti:n] *n.* utaratibu; kawaida ya kila siku.

¹ **row** [rou] *n.* safu; mstari.

² **row** [rou] *v.t.* endesha kwa makasia. — *v.i.* piga makasia.

³ **row** [rau] *n.* (1) mabishano. (2) matata.

royal ['roiəl] *adj.* -a kifalme; kama mfalme. ~**ty** *n.* (1) watu wa jamaa ya mfalme. (2) ufalme; hali ya ufalme. (3) sehemu ya bei ya kitu au ya kitabu apewayo mvumbuzi au mwandishi.

rub [rʌb] *v.t. & i.* (-*bb*-) (1) sugua; panguza; futa. 2) safisha kwa

rubbish ['rʌbiʃ] *n.* (1) taka; takataka. (2) upuuzi.

rubble ['rʌbl] *n.* vipande vilivyovunjika vya mawe au vya matofali, hasa katika kazi ya kujenga nyumba.

ruby ['ru:bi] *n.* namna ya kito chekundu cha thamani; rangi ya ~.

rucksack ['ruksæk] *n.* mfuko wa kuchukulia nguo na chakula begani.

rudder ['rʌdə*] *n.* usukani.

ruddy ['rʌdi] *adj.* -ekundu (hasa kwa uso wenye afya nzuri).

rude [ru:d] *adj.* (1) (kwa mtu, mwenendo wake, usemi wake, &c.) fidhuli; si adabu. (2) -a kushtusha: *get a ~ shock*, shtuka mno. (3) -shenzi; -a asili. (4) bila urembo wo wote; -tupu. **~ly** *adv.* **~ness** *n.*

rudiment ['ru:dimənt] *n.* (1) (*pl.*) maarifa ya kwanza. (2) uchipuko; chanzo: ~**ary** [ˌru:di'mentəri] *adj.* (1) -a mwanzo. (2) -sioendelea sawasawa.

ruffian ['rʌfjən] *n.* mjeuri; mtu mwovu.

ruffle ['rʌfl] *v.t.* chafua (kitu kilichotulia); sumbua au udhi mtu: *easily ~d*, a kukasirika, -a kuudhika upesi.

rug [rʌg] *n.* (1) zulia dogo nene. (2) blanketi nene la safari.

rugged ['rʌgid] *adj.* (1) -a mawe mawe; si sawa. (2) si sawa; -sio -a kawaida; -enye vifinyo: ~ *features* uso wenye vifinyo.

ruin ['ru:in] *n.* (1) maangamizi; uharibifu: *the ~ of my hopes*, niliyotumainia yote yameangamia. (2) sababu au asili ya kuangamia. (3) kitu (hasa nyumba, kibanda, &c.) kilichovunjika na kuanguka: *a ~ed house*, gofu la nyumba. — *v.t.* angamiza; vunja; haribu. **~ation** [ˌru:i'neiʃn] *n.* kuangamia; kuharibika. **~ous** ['ru:inəs] *adj.* -haribifu; -liovunjika na kuanguka.

rule [ru:l] *n.* (1) kanuni; kawaida; amri. (2) desturi: *as a ~*, mara nyingi; kwa desturi: aghalabu. (3) utawala; mamlaka; enzi. (4) rula; chenezo; futi. — *v.t. & i.* (1) tawala; hukumu. (2) ~ *sth. out*, kataza kukumbuka kitu fulani. (3) amuru. (4) ~ *a line*, piga mstari; ~ *sth. off*, tenga kwa kupiga mstari. ~**r** *n.* (1) mtawala. (2) rula; futi. **ruling** *n.* (hasa) hukumu.

¹**rum** [rʌm] *n.* mvinyo iliyofanyizwa kwa miwa.

²**rum** [rʌm] *adj.* (*colloq.*) -a kigeni; -sio -a kawaida.

rumble ['rʌmbl] *v.i.* nguruma; vuma.

ruminate ['ru:mineit] *v.i.* fikirifikiri.

rummage ['rʌmidʒ] *v.t. & i.* tafuta kwa kuchakura.

rumour ['ru:mə*] *n.* maneno ya watu; uvumi. — *v.t.* vumisha: *it is ~ed that*, husemwa kuwa.

rump [rʌmp] *n.* tako la mnyama.

rumple ['rʌmpl] *v.t.* vungavunga; kunja vibaya.

rumpus ['rʌmpəs] *n.* (*colloq.*) ghasia; ugomvi wenye makelele.

run [rʌn] *v.i. & t.* (-*nn*-) (*ran, run*) (1) enda mbio. (2) (kwa magari) enda. (3) (kwa mashini) enda; fanya kazi. (4) tiririka. (5) vuja: pata: ~ *into debt*, jitia deni; ~ *short of food*, pungukiwa● chakula (*cf.* ~ *out of food*, &c.). (6) pita; pitisha kwa upesi: *Many doubts ran through his mind*, mashaka mengi yalipita moyoni mwake; *She ran a comb through her hair*, alichana upesi nywele zake; *He ran his eyes over the page*, aliangalia ukarasa kwa haraka. (7) (kwa njia, mistari, &c.) enda; enea; elekea: *The road ~s due north*, barabara inaelekea kaskazini hasa; *Shelves ~ round two walls*, rafu zinaenea kuzunguka kuta mbili. (8) (kwa rangi, nguo, &c.) chujuka. (9) toboa; choma: ~ *a splinter into one's finger*, jichoma kidole kibanzi; ~ *into*, (*cf. collide*) *Don't ~ into a motor-car*, usigongane na motakaa. (10) ~ *a business*, &c. (*cf. control*) endesha kazi (ya duka, &c.). (11) endelea. *The play ran for three months*, mchezo ulienfelea kwa miezi mitatu. (12) ~ *a risk*, ingia hatarini; jihatirisha. (13) (na *adv.* na *prep.*) ~ *across sb.*, kuta fulani; ~ *after sb.*, fuata au fuatia mbio; ~ *away*, toroka; ~ *away with*: *His journey will ~ away with a lot of money*, safari yake itahitaji fedha nyingi: atatumia fedha nyingi katika safari yake; ~ *down*, (kwa saa, mashini, mtambo, *&c.*) koma; *be ~ down*, choka sana; potewa na nguvu; ~ *sb. down*, nena au singizia fulani; ~ *sb. in*, (kwa polisi) kamata na kumfunga fulani; ~ *out of*, pungukiwa; ~ *over*, (*cf. overflow*) furika; toka; ~ *over sb.* (*sth.*), pita juu ya; kanyaga; ~ *up* (*a flag*), tweka; ~ *up* (*a bill, &c.*), tapanya fedha nyingi. — *n.* (1) tendo la kwenda (mbio): *go for a ~ in the country*, enda kwa motakaa kujiburudisha mashambani; *on the ~*, katika kutoroka; katika kushindwa na maadui; shughulika na kazi nyingi bila kupumzika. (2) uwanja wa kuku, *&c.* (3) pindi moja katika mchezo wa *cricket*. (4) kipindi; wakati: *a ~ of ill luck*, kipindi cha bahati mbaya; *in the long ~*, mwisho; hatima. (5) (*fig.*) *give sb. the ~ of the house*, mtendea fulani apate kujiona yuko kwake. (6) *a ~ on the bank*, watu wengi kutaka kutoa fedha kwa benki. (7) *the common* (*general*) *~ of mankind*, watu wa vivi hivi. ~ner *n.* (1) mwenda mbio; mshindani wa mbio. (2) mjumbe; tarishi. (3) kitawi cha mmea utambaao chini. ~ner-up *n.* mtu wa pili katika shindano. ~ning *adj.* (1) -a kwenda mbio. (2) moja kwa moja; -a mtawalia. (3) -a kutoka (maji, usaha). — *n.* *in the ~ning*, -a kuelekea kufanikiwa; *out of the ~ning*, -sio-elekea kufanikiwa au kushinda. ~way *n.* njia katika kiwanja cha eropleni ambapo ndege zitokapo na kutua.

rung *p.p.* ya *ring*.

¹ rung [rʌŋ] *n.* kidato (cha ngazi).

rupee [ru:'pi:] *n.* rupia.

rupture ['rʌptʃə*] *v.t. & i.* vunja; pasua; vunjika; pasuka.

rural ['ruərəl] *adj.* -a shambani.

ruse [ru:z] *n.* hila.

¹ rush [rʌʃ] *v.i. & t.* (1) enda au endesha kwa kasi. (2) purukusha; fanya kwa haraka bila kufikiri. (3) shambulia. — *n.* mwendo wa nguvu; mkondo; wingi wa ghafula; haraka na ghasia: *the ~-hours in the town*, saa ambapo wingi wa watu hufanya ghasia mjini.

² rush [rʌʃ] *n.* nyasi; tete.

rust [rʌst] *n.* kutu. — *v.i.* ingia kutu. ~y *adj.* -enye kutu; -a kuchakaa.

rustic ['rʌstik] *adj.* (1) -a mashamba. (2) -a mkaa shambani kwa kumlinganisha na mkaa mjini. — *n.* mkulima; mjinga wa mashambani.

rustle ['rʌsl] *n.* mchakacho. — *v.i. & t.* chakacha; chakarisha.

rut [rʌt] *n.* mfuo (mburuzo) wa magurudumu ya magari. *get into a ~*, fuata taratibu ile ile siku zote bila kubadili wala kufikiri nyingine.

ruthless ['ru:θlis] *adj.* pasipo huruma; -katili.

rye [rai] *n.* nafaka kama ngano.

S

sabbath ['sabəθ] *n.* siku takatifu ya Kiyahudi, ndiyo Jumamosi; (*Sunday*) Jumapili.

sable-antelope ['seibl-] *n.* mnyama kama *roan-antelope* mwenye pembe ndefu zipindikazo nyuma sana.

sabotage ['sabətɑ:ʒ] *n.* kuharibu kwa kusudi mashini (vifaa, *&c.*), hasa wakati wa fujo au wa vita.

¹ sack [sak] *n.* mfuko; gunia. ~cloth, ~ing *n.* nguo ya gunia. (*clothed*) *in ~cloth and ashes*, (*fig.*) (kuvaa) nguo ya gunia na majivu, yaani kuvaa nguo ya huzuni.

² sack [sak] *v.t.* (*colloq.*) ondosha (fulani) kazini. — *n. get the ~*, ondoshwa au fukuzwa kazini; *give sb. the ~*, fukuza fulani kazini.

³ sack [sak] *v.t.* teka; kumba; haribu.

sacrament ['sakrəmənt] *n.* siri ya (fumbo la) dini ya Kikristo; sakramenti.

sacred ['seikrid] *adj.* -a Mungu; wakf; -takatifu. ~ness *n.*

sacrifice ['sakrifais] *n.* (1) sadaka. (2) kutoa, kuacha, kufisha kitu makusudi. (3) kitu kilichotolewa makusudi. (4) kitu kilichouzwa rahisi. — *v.t. & i.* toa dhabihu, sadaka, *&c.*; toa, acha, *&c.* kitu makusudi; uza rahisi. sacrificial [,sakri'fiʃl] *adj.* -a ~ au kama ~.

sacrilege ['sakrilidʒ] *n.* kutumia vibaya kilicho wakf. sacrilegious [,sakri'lidʒəs] *adj.*

SACROSANCT [238] SALT

sacrosanct ['sakrousaŋkt] *adj.* *(to be)* -lindwa katika madhara yote kwa sababu za kuwa -takatifu.

sad [sad] *adj.* -a huzuni; -a kusikitisha. ~**ly** *adv.* ~**ness** *n.* ~**den** ['sadn] *v.t. & i.* huzunisha; huzunika.

saddle ['sadl] *n.* (1) tandiko, juu ya farasi au baisikeli. (2) safu ya milima iliyoinuka mwanzoni na mwishoni. — *v.t.* (1) tia tandiko mgongoni mwa farasi. (2) -pa fulani kazi nzito. ~**bag** *n.* shogi; mfuko mdogo wa baisikeli wa kuchukua vyombo vya kutengenezea baisikeli.

sadism ['sa:dizm] *n.* kupenda ukatili. **sadist** *n.* mpenda ukatili. **sadistic** [sa:'distik] *adj.*

safe [seif] *adj.* (1) salama. (2) -zima; bila madhara. (3) salamini; pasipo hatari: *travelling at a* ~ *speed*, -kienda kwa mwendo usioleta hatari. (4) amini; -angalifu. — *n.* (1) kasha la chuma la kuwekea fedha, &c. (2) kabati la kuwekea vyakula. ~-**conduct** *n.* hati ya kusafirisha salama; ruhusa kupita. ~**guard** *n.* kitu kifanyacho salama; kilindacho katika hatari. ~**ly** *adv.* ~**ty** *n.* salama: *play for* ~**ty**, angalia usije ujihatirishe. ~**tymatch**, kiberiti; ~**ty-valve**, kilango cha mvuke katika mashini isipate kupasuka.

sag [sag] *v.t.* (-*gg*-) nepa; inama.

saga ['sa:gə] *n.* hadithi ya kale ya *Norway.*

sagacious [sə'geiʃəs] *adj.* -a busara; -a akili. **sagacity** [sə'gasiti] *n.* busara; akili; utambuzi.

sage [seidʒ] *n.* mtu mwenye hekima nyingi.

sago ['seigou] *n.* moyo wa mti kama mtende, hutumika kwa chakula.

sahib ['sa:hib] *n.* jina la Kihindi yaani bwana.

said [sed] *past tense & p.p.* ya *say.*

sail [seil] *n.* tanga; shira: *set, strike* ~, tweka; tua. — *v.i.* safiri merikebuni (melini, chomboni); pita baharini. — *v.t.* endesha kwa tanga; endesha merikebu (meli, chombo). ~**or** *n.* baharia; mwanamaji.

saint [seint] *n.* (1) mtu mtakatifu; mtu mwema sana. (2) aliyefariki duniani tena aliyepokewa na Mwenyezi Mungu peponi. ~**ly** *adj.* -takatifu au -ema sana; kama ~. ~**liness** *n.*

saith [seθ] *v.* (la zamani) = *says.*

sake [seik] *n. for the* ~ *of*, kwa ajili ya: *for my* ~, unipendavyo.

salad ['saləd] *n.* (1) saladi; namna ya majani yalikayo mabichi. (2) mchanganyo wa namna mbalimbali za chakula cha baridi uliotengenezwa pamoja na saladi. (3) *fruit* ~, mchanganyo wa matunda ya baridi yaliyokatwakatwa.

salary ['saləri] *n.* mshahara; ujira; ijara.

sale [seil] *n.* (1) kubadilisha vitu kwa fedha; kuuza: *be on (for)* ~, uzanya; tembezwa; *It is not for* ~, haiuzwi. (2) kutembeza bidhaa rahisi kwa muda fulani (ili kujiondolea vitu vilivyo vikuukuu). (3) mnada; lilamu. ~**sman**, ~**swoman** *n.* mtu auzaye vitu dukani au kwa wafanyi biashara. ~**smanship** *n.* akili ya kuuza vitu ila kupata faida.

salient ['seiljənt] *adj.* -a kutokeza; -a kuangaliwa.

saline ['seilain] *adj.* -a chumvi.

saliva [sə'laivə] *n.* mate; udende.

sallow ['salou] *adj.* (kwa uso au kwa ngozi) -a rangi ya manjano meupe (kama kwa ugonjwa).

sally ['sali] *n.* (1) shambulio au tokeo la ghafula kutoka boma lililozingiwa na maadui. (2) (katika kunena) ubishi; mzaha. — *v.i.* (1) fanya ~¹. (2) ~ *forth*, tembea; ondoka safarini.

salmon ['samən] *n.* (katika *pl.* haligeuki) namna ya samaki mkubwa mwenye nyama nyekundu apendwaye sana kama chakula.

saloon [sə'lu:n] *n.* (1) sebule kubwa; chumba cha kulia melini. (2) (*U.S.A.*) chumba cha kunywea pombe, &c. (3) motakaa yenye kifuniko na milango kama chumba kidogo.

salt [so:lt] *n.* (1) chumvi; munyu. *take (his statement) with a grain of* ~, pokea (maneno yake) bila kusadiki kabisa; *not worth one's* ~, asiyestahili mshahara wake; *the* ~ *of the earth*, watu walio bora; mtu aliye bora. (2) (*chemistry*) mchanganyiko wa daima wa madini na *acid*. (3) *an old* ~, baharia stadi. — *adj.* (vilevile ~**y**) -a chumvi.

salubrious [sə'lu:briəs] *adj.* (hasa kwa hali ya nchi) -a afya; -ema.

salutary ['salju:təri] *adj.* -a kufaa kwa mwili au kwa moyo.

salutation [,salju'teiʃn] *n.* salamu; maamkizi.

salute [səlu:t] *n.* salamu. — *v.t. & i.* piga ~; amkia.

A salute

salvage ['salvidʒ] *n.* (1) kuokoa mali isiharibiwe kwa moto au kwa hatari nyingine (*e.g.* katika meli iliyovunjika mwambani, &c.). (2) ada (ujira, malipo) ya kuokoa meli hatarini. — *v.t.* okoa kama ~.

salvation [sal'veiʃn] *n.* (1) wokovu; kuokoa. (2) kitu chenye kuokoa.

salvo ['salvou] *n.* mizinga mingi ikipigwa pamoja kwa sherehe.

same [seim] *adj. & pron.* -moja; sawa; yule yule (ile ile, &c.). *It's all (just) the ~ to me,* ni mamoja kwangu; *all the ~,* iwayo yote. *cf. nevertheless,* walakini.

sampan ['sampan] *n.* chombo kidogo kitumiwacho katika nchi ya *China.*

sample ['sa:mpl] *n.* namna; mfano; kipande kimoja cha kuonyesha namna ya kizima (vitu vingi). — *v.t.* onja; jaribu.

sanatorium [,sanə'to:riəm] *n.* nyumba ya kuugulia wagonjwa na kuburudisha wanaopona.

sanctify ['saŋktifai] *v.t.* takasa; fanya -takatifu. **sanctification** [,saŋktifi'keiʃn] *n.*

sanctimonious [,saŋkti'mouniəs] *adj.* -a kujifanya mtu wa dini na mtakatifu.

sanction ['saŋkʃn] *n.* (1) ruhusa. (2) idhini; kibali. (3) adhabu (malipo) ambayo kusudi lake ni kutiisha wavunja sheria. — *v.t.* kubali; ruhusu.

sanctuary ['saŋktuəri] *n.* (1) mahali patakatifu. (2) kimbilio. (3) *bird* ~, mahali ambapo hakuna ruhusa kupiga ndege.

sand [sand] *n.* (1) mchanga. (2) pwani; ufuko. ~-**paper** *n.* msasa; karatasi yenye mchanga kulainisha mbao. ~-**stone** *n.* jiwe la mchanga uliogandamana. ~**y** *adj.* (1) -a mchanga; tifutifu. (2) (kwa nywele) -a rangi ya mchanga.

sandal ['sandl] *n.* kiatu; kama vile: ndara, kubazi, staka.

sandwich ['sanwidʒ] *n.* vipande viwili vya mkate vyenye nyama, &c. kati. — *v.t.* tia (mtu, kitu) kati ya watu wawili au vitu viwili, hasa kwa kumbana au kukibana hivi.

sane [sein] *adj.* (1) -enye akili timamu; si -enye wazimu. (2) -a busara.

sang [saŋ] *past tense* ya *sing.*

sang-froid ['sa:ŋ'frwa:] *n.* (*French*) utulivu katika hatari au shida.

sanguinary ['saŋgwinəri] *adj.* -a damu nyingi; -a kufisha watu wengi: *a ~ battle,* vita vikali; katili: *a ~ ruler,* mtawala katili.

sanguine ['saŋgwin] *adj.* (1) -tumainifu. (2) -ekundu.

sanitary ['sanitəri] *adj.* (1) safi; pasipo taka za kudhuru afya. (2) -a kutia afya. **sanitation** [,sani'teiʃn] *n.* matengenezo ya vyombo vyote na maarifa ya kutia afya (*e.g.* matengenezo ya kuondoa kwa mifereji taka zo zote).

sanity ['saniti] *n.* kuwa na akili timamu.

sank [saŋk] *past tense* ya *sink.*

sap [sap] *n.* maji ya miti, majani, &c.; utomvu. — *v.t.* (-*pp-*) ondoa nguvu; dhoofisha. ~**ling** *n.* mti mchanga.

sarcasm ['sa:kazm] *n.* kutumia maneno machungu ya kuchokoza.

sarcastic [sa:'kastik] *adj.* -a ~; -enye kutumia maneno ya namna ya ~.

sardine [sa:'di:n] *n.* samaki mdogo (hupikwa na kutiwa katika mafuta ya haizeti ndani ya makopo).

sardonic [sa:'donik] *adj.* -a uchungu; -a kudhihaki: *~ laughter,* kicheko cha uchungu au ukatili (si cha furaha).

sash [saʃ] *n.* mshipi mpana wa kitambaa au wa hariri.

sat [sat] *past tense* ya *sit.*

Satan ['seitn] *n.* Shetani. ~**ic** [sə'tanik] *adj.* -a shetani; -ovu.

satchel ['satʃl] *n.* mkoba; mfuko, kama ule wa kuchukua begani vitabu vya chuoni.

satellite ['satəlait] *n.* (1) nyota inayozunguka nyota nyingine: mwezi ni ~ ya dunia hii. (2) (*flg.*) mtu mfuasi wa mwingine (hasa mnyonge anayejipendekeza; nchi

inayotegemea na kufuata mashauri ya nchi nyingine.

satiate ['seiʃieit] *v.t.* shibisha: *be ~d*, shiba; kinai; choka.

satin ['satin] *n.* atlasi; hariri. — *adj.* kama ~.

satire ['sataiə*] *n.* namna ya maneno ya kufanyizia mzaha mtu au jamii ya watu au ya kuonyesha upuzi wa shauri, desturi, &c.; mtungo wa maneno (au kitabu) wa namna hii. **satirical** [sə'tirikl] *adj.* **satirist** ['satərist] *n.* mwandishi wa maneno ya ~. **satirize** ['sataraiz*] *v.t.* fanyia ~; fanyia mzaha.

satisfy ['satisfai] *v.t.* (1) ridhisha (mtu) kwa mahitaji yake; tuliza. (2) tosha kwa mahitaji. (3) ondolea mashaka; starehesha. **satisfaction** [,satis'fakʃn] *n.* kuridhisha; ridhaa; malipo; raha mustarehe. **satisfactory** [,satis'faktəri] *adj.* -a kuridhisha; -a kupendeza; -a kufaa; -a kutosha. **satisfactorily** *adv.*

saturate ['satʃəreit] *v.t.* nywesha maji mengi; lowesha kabisa; jaliza. **saturation** *n.*

Saturday ['satədi] *n.* Jumamosi.

sauce [so:s] *n.* (1) mchuzi. (2) (*colloq.*) ujuvi; ubishi. **saucy** *adj.* -juvi.

saucepan ['so:spən] *n.* sufuria.

saucer ['so:sə*] *n.* sahani ndogo; kisahani cha kikombe.

saunter ['so:ntə*] *v.i.* tembea, tanga polepole.

sausage ['sosidʒ] *n.* nyama iliyosagwa na kuungwa na kutiwa katika utumbo wa mnyama. **~-tree** *n.* mwegea.

savage ['savidʒ] *adj.* (1) -shenzi; -siostaarabika. (2) -kali; katili. — *n.* mshenzi. **~ry** ['savidʒri] *n.* hali ya ushenzi; ukali; ukatili.

save [seiv] *v.t. & i.* (1) okoa; ponya; linda; hifadhi. (2) weka; weka akiba. (3) epuka: *If you walk, you'll ~ spending money on bus fares*, ukitembea kwa miguu utaepuka gharama za safari katika basi. (4) *~ trouble, expense, &c.;* punguza kazi, gharama, &c.; saidia; faa. *prep. & conj.* ila; isipokuwa. **saving** *adj. the saving grace of (humour, &c.),* tabia moja nzuri ipunguzayo tabia nyingine mbaya. — *n.* (1) namna ya kuponya, kulinda, kuepuka, &c.; kuweka akiba; kilichowekwa; kilichoepukwa, &c. (2) (*pl.*) akiba ya fedha au ya mali. **savings-bank** *n.* benki ya kuwekea akiba ya fedha.

Saviour ['seivjə*] *n.* mwokozi. *The S., Our S.,* Yesu Kristo.

savour ['seivə*] *n.* ladha; utamu; harufu. — *v.i. ~ of,* -wa na dalili ya. **~y** *adj.* -enye ladha kali au ya chumvi si tamu kama sukari.

¹ saw [so:] *past tense ya* see.

² saw [so:] *n.* msumeno. **~dust** *n.* unga wa mbao. **~-mill** *n.* kinu cha kupasulia mbao.

saxophone ['saksəfoun] *n.* namna ya tarumbeta.

say [sei] *v.t. & i.* (*says* [sez], *said* [sed]) sema; nena. *What do you ~ to going out for a walk?* Unafikiri ni shauri jema tukienda kutembea? *It goes without ~ing*, ni dhahiri kabisa; *that is to ~*, maana yake. — *n.* nafasi ya kusema: *I must have my ~*, lazima niseme. *You have no ~ in the matter*, huna neno katika jambo hili; humo. **~ing** *n.* neno; fumbo la maneno; methali.

scab [skab] *n.* kigaga.

scabbard ['skabəd] *n.* ala; uo.

scaffold ['skafəld] *n.* (1) jukwaa. (2) mahali wauaji wanyongwapo kwa sheria.

scald [sko:ld] *v.t.* (1) unguza (choma, washa) kwa maji ya moto. (2) safisha (sahani, &c.) kwa maji ya moto au kwa mvuke. (3) pasha moto mpaka karibu kuchemka.

¹ scale [skeil] *n.* (1) mfululizo wa alama kwa kusudi la kupimia cheo au kadiri. (2) matengeneo ya kupimia: *the decimal ~,* matengeneo ya kupimia kwa makumi. (3) chombo cha kupimia; kipimio. (4) kadiri; cheo: *a ~ of wages*, kadiri ya mshahara; *a person who is high in the social ~*, mtu wa cheo kikubwa. (5) *on a large ~*, kwa vikubwa. (6) (*music*) jamii ya sauti nane. — *v.t.* (1) panda; paramia. (2) nakili kwa kulinganisha kadiri ya ramani na ya kitu chenyewe. (3) *~ up*, pandisha; *~ down*, shusha: *All prices were ~d up ten per cent.*, bei zote zilipandishwa kwa kadiri ya kumi kwa kila mia moja.

² scale [skeil] *n.* (1) kitanga cha mizani. (2) (*pl.*) mizani. (*fig.*: *turn the ~(s)*, kata (neno, shauri) na kuondoa mashaka; *hold the ~s even*, amua sawasawa.

A pair of scales

¹scale [skeil] *n.* (1) gamba (la samaki). (2) mba (katika nywele).
scalp [skalp] *n.* ngozi ya kichwa pamoja na nywele zake.
scalpel ['skalpl] *n.* kisu kidogo cha kazi ya udaktari.
scamp [skamp] *n.* mtu hafifu. — *v.t.* fanya (kazi) kwa haraka zaidi, au kwa juujuu tu.
scamper ['skampə*] *v.i.* enda mbio mbio kwa nafasi ndogo, (hasa kwa wanyama wadogo au kwa watoto).
scan [skan] *v.t.* (1) angalia; tazamia; tazama sana. (2) jaribu mwendo wa mashairi kwa kupima sehemu zake za *feet* au kwa kulingana matamko ya maneno na mwendo wake. (3) *v.i.* (kwa mwendo wa mashairi) enda sawasawa; fuata mwendo unaolingana.
scandal ['skandl] *n.* (1) tendo, jambo la aibu. (2) maongezi mabaya; masingizio ya kuvunja heshima ya fulani. **~monger** *n.* taz. **~ous³**. **~ize** *v.t.* shtusha; kasirisha. **~ous** *adj.* (1) -a dhambi sana; -a kuchukiza; -a kushtusha. (2) (kwa masingizio, habari, uvumi) -a kuvunja heshima. (3) (kwa watu) -enye kupenda kueneza habari za kuvunja heshima.
scant [skant] *adj.* -chache; haba. **~ily** *adv.*
scapegoat ['skeipgout] *n.* mtu anayesukumiziwa makosa ya wengine.
scar [ska:*] *n.* kovu.
scarce [skeəs] *adj.* (1) haba; -chache; shida. (2) si -a kawaida; -a kutoonekana sana; -siopatikana isipokuwa kwa shida. **~ly** *adv.* shida; si sana; kidogo: *~ly anyone knows what really happened*, watu wachache sana wajua mambo kama walivyo hasa. **scarcity** *n.*
scare [skeə*] *v.t.* ogofya; tisha.
— *n.* hofu; fadhaa. **~crow** *n.* sanamu ya mtu kuweka shambani kutisha ndege. **~monger** *n.* mtu aenezaye ~.
scarf [ska:f] *n.* shali; shatoruma; kitambaa kirefu cha hariri, manyoya, *&c.* kivaliwacho mabegani, shingoni au kwa kufunika nywele.
scarlet ['ska:lit] *n.* rangi nyekundu kama ya damu. — *adj.* -ekundu.
scathing ['skeiðiŋ] *adj.* (kwa maneno, hukumu, *&c.*) -chungu; -kali.
scatter ['skatə*] *v.t. & i.* (1) tawanya; tawanyika. (2) tapanya; mwaga. **~ed** *adj.* -liotengana sana: *~ed villages*, vijiji vilivyotengana sana.
scavenger ['skavindʒə*] *n.* (1) mnyama au ndege mlaji wa nyama iliyooza. (2) mtu mwenye kazi ya kufagia njia na kuondoa taka za mji; topasi.
scene [si:n] *n.* (1) mahali palipofanyika mambo. (2) sura ya nchi; mandhari. (3) sehemu fupi ya mchezo katika *theatre*. (4) matengenezo ya mchezo wa *theatre*: *be behind the ~s*, -wa nyuma ya matengenezo haya hata watazamao mchezo wasiweze kukuona; (*fig.*, kwa mtu) jua siri. (5) mambo ya ugomvi (hasira, huzuni) yaliyoletwa mbele ya watu.
scent [sent] *n.* (1) manukato. (2) (huwa kama maji) marashi. (3) harufu ya mnyama ambayo mbwa huweza kuinusa na hivyo kufuata njia yake: *throw sb. off the ~*, danganya fulani kwa kudokeza yasiyo sawa. (4) uwezo wa kusikia harufu. — *v.t.* (1) sikia harufu; nusa, nukiza. (2) (*fig.*) ng'amua; tambua; shuku. (3) tia marashi. (4) nuka sana.
sceptic ['skeptik] *n.* mwenye mashaka (hasa juu ya mafundisho ya dini). **~al** *adj.* **~ism** ['skeptisizm] *n.* mashaka moyoni.
sceptre ['septə*] *n.* fimbo ya mfalme.
schedule ['ʃedju:l] *n.* orodha; jedwali; taarifa.
scheme [ski:m] *n.* (1) taratibu (2) shauri; kusudi. (3) hila. — *v.t.* fanya shauri; waza; (lakini hasa) tunga hila.
scholar ['skolə*] *n.* (1) (la zamani) mwanafunzi. (2) mtu apewaye fedha baada ya kufaulu katika

SCHOOL [242] **SCRAPE**

mtihani kumwezesha aendelee katika mafundisho. (3) mwanachuoni; mtaalamu. ~**ship** n. (1) elimu. (2) fedha apewayo mtu apate kuendelea katika mafundisho; tunzo. **scholastic** [skə'lastik] adj. -a vyuo au -a mafundisho; -a elimu.

school [sku:l] n. (1) chuo; skuli; shule. (2) jamii ya wanafunzi; wafuasi wa mwanachuoni au wa mafundisho au wa madhehebu fulani. — v.t. fundisha; ongoza. ~**ing** n. elimu; mafundisho. ~**master**, ~**mistress** n. mwalimu mwanamume, mwanamke.

science ['saiəns] n. (1) elimu ya uchunguzi ya mambo. (2) sehemu, au aina moja ya elimu hiyo (e.g. physics, chemistry, biology). **scientific** [ˌsaiən'tifik] adj. (1) -a ~; -a kutumika katika kujifunza ~; -lioongozwa kwa kanuni za ~. (2) -juzi; -a kuhitaji maarifa maalum. **scientifically** adv. **scientist** ['saiəntist] n. mtu mwenye maarifa juu ya aina moja ya ~.

scissors ['sizəz] n. mkasi.

scoff [skof] v.i. dhihaki.

scold [skould] v.t. karipia; kemea.

scoop [sku:p] n. (1) chombo kama kombe. (2) (colloq.) habari iliyoandikwa katika gazeti moja kabla

A scoop

ya kupigwa kwa mengine. — v.t. (1) inua au toa kwa ~¹; gazeti moja kutangulia kupata habari peke yake. (2) komba.

scope [skoup] n. (1) upeo; eneo. (2) nafasi.

scorch [sko:tʃ] v.t. & i. (1) unguza; choma; ungua. (2) (colloq.) enda mbio sana.

¹**score** [sko:*] n. (1) mfuo; alama; mchoro. (2) hesabu ya (za) mabao katika mchezo. (3) hesabu ya fedha; deni; pay off (wipe off, settle) old ~s, jilipiza kisasi. (4) on the ~ of, kwa sababu ya. (5) herufi za muziki. — v.t. & i. (1) tia bao katika michezo; hesabu. (2) pata faida: ~ off sb., shinda fulani. (3) andika alama za sauti za muziki. ~**r** n. (hasa) mwandishi wa hesabu za mchezoni; mtia bao.

²**score** [sko:*] n. korija; ishirini.

scorn [sko:n] n. (1) dharau. (2) ubezo. (3) mtu mwenye kudharauliwa (kubezwa), kibondo chororo: Juma ndiye kibondo chororo wao. — v.t. (1) dharau; beza. (2) tusha, topenda kufanya kitu kilicho cha dhambi au cha aibu. ~**ful** adj. -a kudharau. ~**fully** adv.

scorpion ['sko:pjən] n. nge; kisusuli.

Scotch [skotʃ] adj. -a nchi ya Scotland au -a wenyeji wake. — n. (1) lugha ya Kiingereza jinsi isemwavyo katika nchi ya Scotland. (2) whisky ya Scotland.

scot-free ['skot'fri:] adv. go (get off, escape) ~, okoka, pona pasipo hasara.

scoundrel ['skaundrəl] n. mtu mbaya kabisa.

¹**scour** ['skauə*] v.t. sugua sana; safisha kwa kusugua.

²**scour** ['skauə*] v.t. ingia po pote katika kutafuta mtu au kitu.

scourge [skə:dʒ] n. mjeledi; (fig.) taabu. — v.t. piga; rudi; tesa.

scout [skaut] n. (1) mtu (mpelelezi) atumwaye kupata habari juu ya adui, safari zao, nguvu zao, &c. (2) mwana wa chama kiitwacho Boy Scouts. — v.i. peleleza nchi.

scowl [skaul] v.i. kunja uso kwa kutazama kwa uchungu.

scraggy ['skragi] adj. -embamba; -liokonda.

scramble ['skrambl] v.i. (1) paraga; panda kwa shida. (2) songana; shindana. (3) piga (mayai) kwa siagi. — n. (1) mwendo wa shida. (2) fujo; mashindano.

¹**scrap** [skrap] n. (1) kipande kidogo (kinachosalia). (2) takataka; vitu vikuukuu. ~**py** adj. vivi hivi; ovyo.

²**scrap** [skrap] n. & v.i. (-pp-) (colloq.) pigana.

scrape [skreip] v.t. & i. (1) para; paruza. (2) chubua. (3) (past) ambaa: (fig.) ~ through an examination, shinda au faulu kwa shida. (4) kusanya kwa shida. (5) kwaruza. (6) komba. — n. (1) mparuzo. (2) chubuko. (3) mashaka; hatari.

scratch [skratʃ] *v.t. & i.* (1) chora. (2) fukua. (3) kuna; papura. (4) kwaruza. (5) toa (mshindani) katika shindano. — *n.* (1) alama, mkato, jeraha, sauti, kitu kilichofanywa kwa kupapura: *escape without even a ~*, okoka bila madhara yo yote. (2) mstari wa kuanzia mashindano ya mbio: *come up to ~*, jiweka tayari kufanya linalotazamiwa au linalotakiwa. — *adj.* ovyo: *a ~ team*, kundi la watu lililochaguliwa kwa haraka.

scrawl [skro:l] *v.i. & t.* andika vibaya; chora. — *n.* mwandiko mbaya; mchoro.

scream [skri:m] *v.i. & t.* lia kwa nguvu kwa hofu, maumivu, hasira, kwa kucheka; piga kigelegele (hasa kwa furaha kubwa).

screen [skri:n] *n.* (1) kiwamba; kiwambo; kingo; kisetiri. (2) ngao; kigao. (3) chekecheke. (4) kiwambo cha nguo, *&c.* kwa kutupiwa picha za sinema; (*attrib.*) -a sinema: *~ play*, mchezo wa sinema. — *v.t.* (1) setiri; (*fig.*) linda; tunza; hifadhi. (2) chekecha.

A screen

screw [skru:] *n.* (1) parafujo; skrubu. (2) majembe; rafardha ya meli, eropleni, *&c.* — *v.t. & i.* (1) funga, kaza kwa ~. (2) sokota; nyonga. (3) finya, kunja uso; *~ up one's courage*, piga moyo konde; kaza moyo. (4) tia nguvu; tokeza kwa nguvu. **~driver** *n.* bisibisi.

scribble ['skribl] *v.i. & t.* andika upesi; andika vibaya; chora.

scribe [skraib] *n.* mwandishi; karani; katibu.

script [skript] *n.* (1) mwandiko; mwandiko wa chapa. (2) (ufupisho wa *manuscript* au *typescript*) maandiko; karatasi zenye maandiko yatakayopigwa chapa kuwa kitabu.

scripture ['skriptʃə*] *n.* (1) maandiko matakatifu ya *Bible*. (2) elimu ipatikanayo kwa kujifunza *Bible*.

scroll [skroul] *n.* hati ya kuviringisha; kitabu cha zamani kilichoandikwa katika ~.

¹ **scrub** [skrʌb] *v.t. & i.* (-bb-) sugua sana na kusafisha kwa burashi, maji, na sabuni. **~bing-brush** *n.* burashi kama ionyeshwayo katika picha.

A scrubbing-brush

² **scrub** [skrʌb] *n.* msitu.

scruple ['skru:pl] *n.* wasiwasi; hangaiko: *Have you no ~s about borrowing things without permission?* Huna wasiwasi kuazima vitu hivi bila kupewa ruhusa? **scrupulous** ['skru:pjuləs] *adj.* -angalifu sana ili kuepuka makosa.

scrutiny ['skru:tini] *n.* kuchunguza; uchunguzi. **scrutinize** *v.t.* chunguza; tazamia sana.

scuffle ['skʌfl] *n.* buburushano.

scull [skʌl] *n.* kasia jepesi. — *v.t. & i.* endesha kwa kasia; vuta kasia.

sculpture ['skʌlptʃə*] *n.* (1) kazi ya kuchora mawe, ubao, shaba, *&c.* (2) nakshi; sanamu ya kuchora. **sculptor** ['skʌlptə*] *n.* fundi wa kuchora, mawe, mbao, shaba, *&c.*

scum [skʌm] *n.* (1) povu; fuo; taka za juu. (2) (*fig.*) watu walio wabaya (wanyonge) kabisa.

scurf [skə:f] *n.* mba; vigaga vya kichwani katika nywele. **~y** *adj.*

scurrilous ['skʌriləs] *adj.* -a kutukana; -a matusi.

scurry ['skʌri] *v.i.* enda upesi, hasa kama mnyama mdogo.

¹ **scuttle** ['skʌtl] *v.t.* zamisha meli (mashua, *&c.*) kwa kutoboa chini.

² **scuttle** ['skʌtl] *v.i.* kimbia; enda mbio. *cf. scurry.*

scythe [saið] *n.* mundu mkubwa wa kukatia majani.

sea [si:] *n.* (1) bahari: *at ~*, (*fig.*) -enye mashaka; *go to ~*, -wa baharia; *a heavy ~*, mawimbi makubwa. (2) *a ~ of trouble*, (*fig.*) wingi wa taabu; shida nyingi. **~faring** *adj.* -enye kazi chomboni. ~-

A scythe

gull n. (ndege kama) shakwe. ~**-legs** n. pl. to find (get) one's ~-legs, kuzoea mrama wa meli, &c. ~**-level** n. usawa wa bahari. ~**lion** n. mnyama mkubwa wa bahari kama seal. ~**man** n. baharia; mwanamaji. ~**manship** n. maarifa ya kazi ya meli (jahazi, merikebu, &c.). ~**port** n. mji wenye bandari. ~**shore** n. ukingo wa bahari. ~**sick** adj. -enye ulevi wa bahari. ~**weed** n. mwani; maua ya pwani. ~**worthy** adj. (kwa merikebu) -zima; -ema; -a kwenda baharini.

A seal (1)

¹ **seal** [si:l] n. muhuri; chapa; alama; idhini.

² **seal** [si:l] n. mnyama mkubwa wa bahari mwenye ngozi za manyoya mazuri sana.

A seal (2)

seam [si:m] n. (1) mshono; bandi; upindo. (2) tabaka ya makaa, (madini) katika mwamba. (3) kikunjo; kifinyo.

sear [sie*] v.t. unguza, hasa kwa chuma cha moto; (fig.) fanya -kavu bila kuona huruma.

search [sə:tʃ] v.t. & i. (1) tafuta; tazamia. (2) pekua. ~**-light** n. kurunzi; taa yenye nguvu ya kuangaza usiku. ~**-warrant** n. hati ya kuruhusu mapolisi kupeleleza.

season ['si:zn] n. (1) pembe ya mwaka. (2) wakati; majira: Fruit is in ~, matunda yapatikana yaani ni wakati wake. — v.t. & i. (1) tengeneza kwa kutumia; -wa tayari kutumiwa: The wood is well ~ed, mbao ni kavu tayari kutumika. (2) (kwa chakula) koleza; tia kitoweo. ~**able** adj. (1) (kwa tabia ya nchi) -a kufaa; kwa wakati wake; sawasawa. (2) (kwa msaada, mashauri, zawadi, &c.) -enye kuonekana wakati ambao hutakiwa sana. ~**ing** n. kukoleza; kitoweo.

seat [si:t] n. (1) kiti. (2) sehemu ya kiti ambapo hukalia. (3) (ya mwili) matako; sehemu ya suruali au ya nguo ifunikayo matako. (4) mahali ambapo unayo ruhusa ya kukaa. have a ~ in Parliament, yaani -wa member wa P. (5) country ~, nyumba kubwa iliyo mashambani; kikao cha mashambani. (6) pafanywapo kazi: The capital is the ~ of government, mji mkuu ndipo pafanywapo kazi ya utawala. — v.t. (1) ~ oneself, kaa; keti. (2) -pa nafasi kwa kukalia; -wamo: The room ~s about twenty, chumba huwamo nafasi kwa watu wapata 20 kukalia.

secede [si'si:d] v.i. jitenga; jiondoa.

secession [si'seʃn] n.

seclude [si'klu:d] v.t. tenga; tawisha: lead a ~d life, ishi kama mtawa. ~**d** adj. (hasa kwa mahali) pasipo watu; -a utawa. **seclusion** [si'klu:ʒən] n. kujitenga; faragha; upweke; utawa: live in seclusion, tawa; jitenga.

second ['sekənd] adj. (1) -a pili; -a baadaye. (2) -a kufuata; -a zaidi. (3) -ingine; -a pili. — n. (1) -a pili. (2) rafiki; msaidizi. (3)) (pl.) bidhaa zisizo bora kabisa. (4) nukta; sehemu ya sitini ya dakika moja. (5) (kwa usemi tu) ghafula; mara. — v.t. (1) saidia (hasa katika shindano la kupigana ngumi). (2) sema mamoja na (katika mkutano). (3) (matumizi ya serikali, latamkwa kama [si'kɔnd]): toa (mtumishi wa serikali) katika kazi yake hasa ili kumtuma kufanya kazi maalum. ~**-hand** adj. (1) si -pya, -liokwisha kutumika. (2) (kwa habari, maarifa) -liopatwa kwa wengine, yaani si wewe uliyeichungua kwanza. ~**-rate** adj. -si -zuri sana; si bora.

secondary ['sekəndəri] adj. -a kufuata; -dogo. ~ **school** n. chuo cha pili, yaani baada ya chuo cha kwanza (primary).

secret ['si:krit] adj. (1) -a siri. (2) (kwa mahali) -a faragha. (3) (kwa mtu) = secretive. -a siri; -fichifichi. — n. (1) siri; jambo la siri. (2) fumbo; sababu isiyojulikana na watu. (3) in ~, kwa siri; fara-

SECRETARY [245] **SEIZE**

ghani. ~ly adv. kwa siri. **secrecy** ['si:krəsi] n. (1) siri; kusetiri. (2) mafficho. ~ive ['si:krətiv] adj. -fichifichi.

secretary ['sekritəri] n. (1) katibu; karani; mwandishi. (2) (S. of State) waziri. **secretarial** [ˌsekri'tɛəriəl] adj. **secretariat(e)** [ˌsekrə'tɛəriət] n. makarani walio wasaidizi wa mkuu.

secrete [si'kri:t] v.t. (1) weka mahali pa siri. (2) fanya (fanyiza) *secretion*. **secretion** [si'kri:ʃn] n. (1) njia ambayo mmea au mnyama hufanyiza maji, damu, mate, shahamu, &c. mwilini mwake. (2) kitu cho chote kilichofanyizwa ndani ya mwili wa mtu, mnyama, mdudu, mmea, &c.

sect [sekt] n. madhehebu, jamii ya watu wenye shauri (dini, mwongozi) moja.

section ['sekʃn] n. (1) mkato; kipande. (2) sehemu.

sector ['sektə*] n. (1) sehemu ya nchi inayolindwa na maboma (handaki, askari) vitani. (2) sehemu ya duara kama inavyoonyeshwa hapa.

A sector of a circle

secular ['sekjulə*] adj. -a ulimwengu, -a kidunia si -a dini.

secure [si'kjuə*] adj. (1) salama. (2) thabiti. — v.t. (1) weka salama; hifadhi. (2) funga; kaza. (3) pata; jipatia.

security [si'kjuəriti] n. (1) salama. (2) *cf. pledge, guarantee*, amana; rehani; mdhamini. (3) hati; sharti.

sedate [si'deit] adj. (kwa mtu na desturi zake) -tulivu; -pole; -a makini.

sedative ['sedətiv] n. & adj. dawa ya kutuliza; -a kutuliza.

sedentary ['sedəntəri] adj. (kwa kazi) -ifanywayo wakati wa kuketi mezani; (kwa watu) -enye kukaakaa.

sediment ['sedimənt] n. mashapo; takataka za chini; matope ya mto.

sedition [si'diʃn] n. maneno na matendo ya kuchochea watu waasi serikali. **seditious** [si'diʃəs] adj.

seduce [si'dju:s] v.t. vuta au shawishi kufanya mabaya; potoa; tongoza mwanamke. **seduction** [si'dʌkʃn] n. kupotoa, &c.; uzuri wa kuvuta; mapendezi. **seductive** adj. -a kuvuta kwa uzuri; -a kubembeleza.

see [si:] v.i. & t. (*saw* [so:], *seen* [si:n]) (1) ona; fahamu. (2) (pamoja na adv. & prep.) ~ *about*, angalia; tengeneza; ~ *into*, uliza; tafuta habari; ~ *sb. off*, safirisha fulani; ~ *through* (*sb.* au *sth.*) -todanganywa na mtu au kitu fulani; ~ *through*, ~ *out*, angalia, linda hata mwisho; ~ *to*, angalia. (3) (pamoja na n. & adj.) ~ *the last of*, acha; ~ *double*, ona vitu viwili lakini pana kimoja tu; ~ *red*, kasirika sana.

seed [si:d] n. (1) mbegu; punje. (2) asili; mwanzo. ~**ling** n. mche.

seek [si:k] v.t. & i. (*sought* [so:t]) (1) tafuta; tazamia. (2) ~ *to do sth.*, jaribu kufanya kitu fulani. (3) *sought after*, -liotakiwa sana.

seem [si:m] v.i. onekana. ~**ing** adj. -a kuonekana kama kwamba ni kweli lakini labda si kweli. ~**ingly** adv. kwa kuonekana; kwa nje.

seemly ['si:mli] adj. (kwa mwenendo wa mtu) -a kufaa; -a adabu.

seep [si:p] v.i. vuja; penya. ~**age** ['si:pidʒ] n.

seesaw ['si:so:] n. mchezo wa watoto; pembea. — v.i. panda na kushuka kama kucheza katika pembea.

A seesaw

seethe [si:ð] v.i. (1) (kwa maji, mchuzi, &c.) chemka; (watu wengi, wadudu wengi) chachuka. (2) (kwa mtu mmoja) chafuka; vurugika; jaa hasira.

segment ['segmənt] n. (1) mkato; sehemu ya duara iliyokatwa kwa mstari mmoja. (2) sehemu; kipande: *a* ~ *of an orange*, sehemu ya chungwa.

segregate ['segrigeit] v.t. tenga; weka mbali.

seize [si:z] v.t. & i. (1) kamata; twaa. (2) kamata; shika kwa ghafula tena kwa nguvu. (3) ~ *upon an idea*, fahamu vizuri shauri fulani na kulitumia (kulifuata).

seizure ['si:ʒə*] *n.* (1) kukamat;a kukamatwa, &c. (2) kushikwa na ugonjwa; kipindi (hasa cha ugonjwa wa moyo).

seldom ['seldəm] *adv.* mara chache; shida.

select [si'lekt] *v.t.* chagua; teua. — *adj.* (1) -liochaguliwa kwa kuangalia sana. (2) -teule; si kwa watu wote. ~**ion** [si'lekʃn] *n.* (1) kuchagua. (2) mateuzi; madondoo. ~**ive** *adj.* -enye uwezo wa kuchagua. ~**or** *n.* (hasa) mwanachama kwa kuchagua wachezaji wa timu.

self [self] *n.* (*pl.* **selves** [selvz]) nafsi; moyo; mwenyewe: *a man with no thought of* ~, mtu asiyejifikiri mwenyewe hata kidogo.

-self [self] *refl. pron.* (kifupisho cha *myself, himself, itself, themselves, &c.*). Husemwa kwa Kiswahili kwa kuunganisha -ji- pamoja na *vb., e.g. to see oneself*, kujiona; *The dog hid itself*, mbwa alijificha; *They have killed themselves*, wamejiua.

self- *prefix* kifupisho cha *itself, myself, oneself, &c.* kwa mfano ~**-taught**, aliyejifundisha mwenyewe, ~**-control**, kujiweza (hasira, tamaa, maono). ~**-conscious** *adj.* (hasa)-enye haya au soni. ~**-government** *n.* kujitawala. ~**-possessed** *adj.* -kavu wa macho; -taratibu. ~**-reliant** *adj.* -a kujitetea nafsi; -a kutotaka msaada. ~**-respect** *n.* kujistahi nafsi; kujiheshimu nafsi kadiri ipasavyo pasipo kiburi. ~**-willed** *adj.* -kaidi.

selfish ['selfiʃ] *adj.* -a kujipatia faida; -a kujipendeza nafsi; -a kujifikiri bila kufikiri wengine.

sell [sel] *v.t. & i.* (**sold** [sould]) (1) uza. (2) (kwa bidhaa) uzwa; uzika.

semi- ['semi] *prefix* (1) nusu: *a* ~*-circle*, nusu duara. (2) kidogo: ~*-civilized*, -liostaarabika kidogo; *be* ~*-conscious*, -wa na fahamu kidogo. (3) -a mara mbili (kila mwaka, &c.): ~*-annual*, -a mara mbili kila mwaka. ~**-colon** *n.* alama ya; tumikayo kwa kuandika na kwa kupiga chapa. ~**-detached** *adj.* (kwa nyumba) ambayo imeunganika na nyumba ya pili kwa upande mmoja tu. ~**-final** *n.* shindano la mwisho ila moja katika mfululizo.

seminary ['seminəri] *n.* madarasa ya dini ya *Roman Catholic*.

senate ['senit] *n.* (1) baraza kuu ya wazee (huwa ni ndogo), hasa katika nchi za *Ufaransa* na *U.S.A*. (2) halmashauri ya *University*.

senator ['senətə*] *n.* mtu wa ~.

send [send] *v.t. & i.* (**sent**) (1) peleka; tuma. ~ *for*, tuma mtu kuita; agiza; ~ *forth*, toa. (2) *cf. make*: fanya kuwa: ~ *sb. mad*, fanya fulani kushikwa na wazimu. ~**-off** *n.* kuagana kwa sherehe.

senile ['si:nail] *adj.* -a uzee; -kongwe. **senility** [si'niliti] *n.*

senior ['si:njə*] *adj.* (1) -kubwa kwa umri, daraja, cheo, &c. (2) (baada ya jina la mtu) kwa kuonyesha mtu aliye mkubwa katika watu wawili wenye jina moja. — *n.* mtu mkubwa kwa umri, &c. ~**ity** [ˌsi:ni'ɔriti] *n.* hali ya kuwa ~.

sensation [sen'seiʃn] *n.* (1) kuona; maono. (2) kitu chenye kushtusha; kichocho. ~**al** *adj.* -a kutazamisha sana; -a kushtusha.

sense [sens] *n.* (1) mojawapo ya akili za mwili zituwezeshazo kuona, kusikia, kunusa, kuonja na kugusa. (2) kuona; kusikia moyoni. (3) busara. (4) kufahamu; kupambanua: *He has a moral* ~, apambanua mema na mabaya. (5) maana: *the principal* ~ *of a word*, maana iliyo kubwa ya neno fulani. (6) akili: *be out of one's* ~*s*, potewa na akili; *bring sb. to his* ~*s*, komesha mwenendo wa upuzi wa fulani; *come to one's* ~*s*, jirudia yaani kuacha mwenendo wa upuzi. ~**less** *adj.* (1) -pumbavu; -jinga. (2) *be (become)* ~*less*, zimia.

sensibility [ˌsensi'biliti] *n.* wepesi wa kuona.

sensible ['sensibl] *adj.* (1) -a busara. (2) *be* ~ *of*, ona; jua; tambua; fahamu.

sensitive ['sensitiv] *adj.* -epesi kuona au kusikia kwa akili za mwili.

sensual ['sensjuəl] *adj.* -a mambo ya mwili; -a tamaa za mwili.

sent *past tense & p.p.* ya **send**.

sentence ['sentəns] *n.* (1) fungu la maneno. (2) hukumu; maamuzi. — *v.t.* pasisha adhabu; hukumu; kata hukumu.

sentiment ['sentimənt] *n.* (1) maono; fikira. (2) maelekeo ya kuvutwa na upendo au huruma kuliko na busara. (3) nia; shauri; neno. ~**al** [ˌsenti'mentl] *adj.* -epesi

kuvutwa na upendo, &c.; **-enye kuvuta kwa upendo, huruma, &c.** **~ality** [,sentimen'taliti] *n.*

sentinel ['sentinl] *n.* askari wa zamu; mngoje zamu. **sentry-box** *n.* kibanda cha ~. **sentry-go** *n.* zamu ya ~.

separate ['sepərit] *adj.* mbali; -liotengwa; peke yake; mbalimbali. — *v.t. & i.* ['sepəreit] (1) tenga; weka mbali. (2) (kwa watu wengi) achana. **separable** ['sepərəbl] *adj.* -a kutengeka. **separation** [,sepə'reiʃn] *n.* mtengano; kuwa mbalimbali.

September [sep'tembə*] *n.* mwezi wa tisa wa mwaka wa Kizungu.

septic ['septik] *adj.* -lioambukizwa; -a kuoza kwa sababu ya vijidudu: *a ~ tank*, tangi (shimo) la kukusanya *sewage*; *sewage* huyeyuka na kusafishwa na vijidudu viliyomo.

sepulchre ['sepəlkə*] *n.* kaburi. **sepulchral** [si'pʌlkrəl] *adj.* (1) -a kaburi; -a maziko. (2) (kwa sauti, &c.) -nene tena -a majonzi.

sequel ['si:kwəl] *n.* (1) matokeo; mafuatano. (2) mambo ya baadaye katika hadithi ya pili lakini juu ya watu wa hadithi ya kwanza.

sequence ['si:kwəns] *n.* mwandamano.

seraph ['serəf] *n.* (*pl.* ~s *au* ~im) malaika. **~ic** [si'rafik] *adj.* -a malaika; (kwa kicheko) -a furaha tena kizuri kama cha malaika.

serene [si'ri:n] *adj.* -eupe tena -a shwari. **~ly** *adv.* **serenity** [si'reniti] *n.*

serf [sə:f] *n.* (la zamani) mtumwa. **~dom** *n.* utumwa.

sergeant ['sa:dʒənt] *n.* (1) askari wa vita mwenye cheo kati ya *corporal* na *sergeant major*, sajini. (2) mtu wa polisi aliye na cheo cha chini ya mkaguzi (*inspector*).

serial ['siəriəl] *adj.* (1) -a kufuatana katika mfululizo. (2) (kwa hadithi, barua, &c.) ya kuendelea.

series ['siəri:z] *n.* (1) mafuatano; mwandamano. (2) mfululizo.

serious ['siəriəs] *adj.* (1) -siocheka; -a kufikiri. (2) -a maana; -kubwa. (3) -a kusema kweli. **~ly** *adv.* **~ness** *n.*

sermon ['sə:mən] *n.* hotuba; mahubiri ya Injili.

serpent ['sə:pənt] *n.* nyoka. **~ine** *adj.* -enye mapindi.

serum ['siərəm] *n.* ute mweupe wa damu; ute huo uliotengenezwa kuchanjia kwa dawa ya kuzuia magonjwa.

serval-cat ['sə:vəl-] *n.* fungo. *cf. civet-cat*, ngawa.

servant ['sə:vənt] *n.* mtumishi; hadimu; (hasa) boi wa nyumbani.

serve [sə:v] *v.t. & i.* (1) tumikia; hudumu. (2) tendea kazi; tenda kazi. (3) faa mahali pa: *This box ~d as a seat*, sanduku hii ilifaa mahali pa kiti. (4) tenda: *They ~d him shamefully*, walimtenda vibaya; *It ~s you right*, stahili yako. (5) *~ up*, pakua; andalia. (6) *~ one's time*, maliza wakati wako (kama mwanafunzi kabla ya kuhitimu). (7) *~ time*, *cf. do time*, fungwa gerezani.

service ['sə:vis] *n.* (1) utumishi; huduma. (2) idara ya kazi ya serikali; *the fighting ~s*, majeshi ya kufanya vita; *on active ~*, katika kazi ya kupigana; *~ dress (rifle, &c.)*, mavazi (bunduki, &c.) ya vita. (3) kampani (shirika) ya kuridhisha matakwa ya watu wengi kama kuwaabirisha katika magari ya moshi au basi; *the telephone ~*, idara ya simu. (4) ibada. (5) *a tea (dinner) ~*, jamii ya vyombo vya kulia chakula cha saa kumi. (cha usiku.) — *v.t.* tengeneza na kutunza daima vitu kama motakaa au simu ya upepo. **~able** ['sə:visəbl] *adj.* be ~able, faa; tumika; -wa -zima.

serviette [sə:vi'et] *n.* kitambaa cha kupakatia wakati wa kula.

session ['seʃn] *n.* (1) baraza. (2) kipindi, muda uliowekwa kwa kazi fulani.

set [set] *v.t. & i.* (*setting, set*) (1) (kwa jua) tua; -chwa; shuka. (2) (pamoja na *prep. & adv.*) *~ about one's work*, *~ about doing sth.*, anza kazi, anza kufanya kitu fulani; *~ forth*, shika njia; ondoka; *cf. explain*, eleza, fafanua; *~ off*, shika njia, ondoka; lipusha (fataki, &c.); *~ sb. off laughing*, chekesha fulani; *~ (up)on sb.*, shambulia fulani; *~ (sb. au sth.) on*, himiza fulani aanze kupiga kwa nguvu; *~ out*, ondoka; shika njia; *~ to*, anza kufanya kwa nguvu; *~ up*, anza kazi (kama seremala, &c.) kama mwenyewe kazi, tofanya kazi ya

SETTLE [248] **SHADOW**

mshahara; ~ (sb. au sth.) up, anzisha (fulani) katika kazi au shughuli; burudisha (fulani) baada ya kuugua; tengeneza tayari herufi za chapa kwa kuchapisha. (3) ~ a bone, unga (ganga) mfupa (uliovunjika); ~ a clock, kabilisha vema mishale ya saa; ~ (sb.) an example, weka mfano (kwa fulani); *I have never ~ eyes on him*, sijapata kumwona; ~ a fashion, anzisha (zua) desturi au namna ya kuvaa, &c.; ~ fire (a light) to sth., choma; tia moto; washa; ~ one's heart on (sth.), tamani sana (kitu); ~ a hen, atamisha kuku juu ya mayai; ~ the pace, weka mwendo (kwa wafuasi); ~ sail, tweka; ~ one's teeth, kaza (meno kama kwa maumivu, &c.); ~ a trap, tega; ambika (kwa samaki). (4) ~ to music, fanyizia (maneno) wimbo; linganisha sauti (ya ngoma, kinanda, &c.). (5) (matumizi maalum ya p.p.p.) ~ fair, (kwa hali au tabia ya hewa) njema tena haielekei kugeuka; ~ *fast*, -liokazwa sana; *a ~ time (date)*, wakati ulioamriwa, tarehe iliyowekwa; *a ~ smile*, uso wa kucheka usiogeuka; ~ *opinions*, nia thabiti; *a ~ book*, kitabu kilichoamriwa kwa mtihani juu yake. — *n*. (1) mvuto; mkondo. (2) jamii ya watu au ya vitu. (3) chombo: *a wireless ~*, chombo cha simu ya upepo. (4) idadi ya michezo ya kawaida ya *tennis*. (5) *make a dead ~ at sb.*, endea fulani; jaribia sana kumfanya fulani rafiki yako; *make a dead ~ at sth.*, fanyia bidii nyingi. ~**back** *n*. mgogoro; kizuizi. ~-**square** *n*. kipande chenye umbo la pembetatu kitumiwacho katika kufanya *geometry*. ~**ting** *n*. mahali palipotokea mambo ya hadithi, &c.

settle ['setl] *v.t. & i.* (1) (mtu nyingi ~ *down*) tuliza; tulia; starehesha; starehe. (2) kaa katika: ~ *in the country*, kaa mashambani. (3) kalisha (nchi): *The Dutch ~d in S. Africa*, watu wa Holland walijikalisha katika nchi ya Afrika ya kusini. (4) patana; kata neno au jambo. (5) lipa deni. (6) tua; didimia (chini). ~**ment** *n*. (1) mapatano; maagano; suluhu. (2) makazi ya watu waliohamia; mji mpya. ~**r** *n*. mhamia mahali; mgeni; mjaji.

seven ['sevn] *n. & adj.* saba = 7. ~**th** *n. & adj.* sehemu ya saba; -a saba. *in the ~th heaven*, furahi kabisa. ~**teen** [sevn'tiːn] *n. & adj.* sabatashara; kumi na saba; -a kumi na saba. ~**ty** ['sevnti] *n. & adj.* sabini. ~**tieth** *n. & adj.* sehemu ya sabini; -a sabini.

several ['sevrəl] *adj.* (1) -tatu au zaidi; -ingine. (2) -moja -moja; kila -moja. — *pron*. watu wengine; baadhi ya watu (au vitu).

severe [si'viə*] *adj.* (1) -gumu; bila huruma; -kali. (2) (kwa tabia ya nchi, au ugonjwa) -kali; -a nguvu. ~**ly** *adv.* **severity** [si'veriti] *n*.

sew [sou] *v.t. & i.* (*sewed, p.p. sewed* au *sewn* [soun]) shona. ~**ing** *n*. mashono; ushoni. ~**ing-machine** *n*. cherehani.

sewer [sjuə*] *n*. mfereji wa kukusanya taka zo zote za maji machafu, &c. zilizotoka ndani ya nyumba na kuzipeleka nje ya mji. **sewage** ['sjuidʒ] *n*. taka zo zote zipelekwazo katika ~ *s*. ~**age** ['sjuəridʒ] *n*. matengeneo ya kupeleka taka zo zote kwa ~ *s*; jumla ya mifereji ifanyayo kazi hii.

sewn *p.p.* ya *sew*.

sex [seks] *n*. hali ya kuwa kiume au kike; wanaume au wanawake. ~**ual** ['sekʃuəl] *adj.* -a ~ au -a kiume au -a kike.

shabby ['ʃabi] *adj.* (1) -bovu kwa sababu ya kuvaliwa sana; -liovaa nguo zilizochakaa. (2) (kwa desturi, mwenendo) -nyonge; bahili. **shabbily** *adv.*

shade [ʃeid] *n*. (1) uvuli; kivuli; giza kidogo. (2) sehemu ya (za) picha yenye (zenye) giza kidogo. (3) tofauti ndogo baina ya rangi nyingine. (4) tofauti ndogo ya maana ya maneno; kionyo. (5) tungi; kisetiri. (6) *sun~, umbrella*, mwavuli. — *v.t. & i.* (1) tia kivuli; kinga jua au jicho. (2) setiri; funika. (3) chora sehemu za picha kwa mistari mingi myeusi ili kitu kionekane kama kikavu. **shady** *adj.* (1) -a kukinga jua kali; -a kivulini. (2) (*colloq*. kwa mwenendo au kwa matendo) si -nyofu; -nyonge.

shadow ['ʃadou] *n*. (1) giza; kivuli (2) *without a ~ of doubt*, bila shaka hata chembe. — *v.t.* (1) tia giza au kivuli. (2) fuata karibu karibu kwa siri; vizia.

shaft [ʃa:ft] *n.* (1) kitu cho chote kilicho kirefu tena chembamba kama mwanzi. (2) uti; mshale; mkuki; mpini. (3) shimo; tundu. (4) ufito wa chuma.

Shah [ʃa:] *n.* Sultani wa Uajemi.

shake [ʃeik] *v.t. & i.* (*shook* [ʃuk], *shaken*) (1) tikisa; ~ *hands* (*with sb.*), shikana mikono; ~ *off* (*fruit, leaves, &c.*), pukusa (matunda, majani, &c.): ~ *off* (*e.g. a cold, a bad habit*) epua; jiondolea. (2) pungu- zia nguvu; dhoofisha. (3) tetemeka. — *n.* mtikiso; tetemeko. **shaky** *adj.* (1) (kwa mtu) -goigoi; hafifu. (2) (kwa kitu) si thabiti.

shall [ʃal, ʃəl] *v. aux.* (*past tense should* [ʃud, ʃəd, ʃd]) ni kiarifa ki- saidizi, chatumika kwa kufanya wakati ujao: kwa mfano kubadi- lisha wakati uliopo, *e.g.* '*I go*', uwe wakati ujao, *e.g.* '*I shall go*', yaani kubadilisha, 'Nakwenda', liwe, 'Ni- takwenda'.

shallow ['ʃalou] *adj.* (hasa kwa maji) -chache; haba; (*fig.*) -a akili chache.

shalt [ʃalt] *v. aux.* (la zamani) ni namna moja ya kiarifa kisaidizi '*shall*': chatumika pamoja na *pron.* la nafsi ya pili '*thou*'.

sham [ʃam] *v.t. & i.* (-*mm-*) jifanya: ~ *sickness*, jisingizia ugonjwa. — *n.* mtu mdanganyifu; mjisi- ngizia wema, &c.; kitu cha hila cha kudanganya. — *adj.* -a kuiga; -a uwongo: *a* ~ *fight*, mchezo wa vita.

shame [ʃeim] *n.* (1) haya; soni. (2) aibu; fedheha. (3) *It's a* ~ *to make fun of the old man*, si haki kumfanyia mzaha mzee. — *v.t.* aibisha; fedhehesha; tia haya. ~**-faced** *adj.* -enye haya nyingi. ~**ful** *adj.* -a kutahayarisha; -a kuaibisha. ~**less** *adj.* pasipo haya; -pujufu.

shan't [ʃa:nt] *v.* ni kifupisho cha *shall not*.

shape [ʃeip] *n.* umbo; sura; *take* ~, (kwa fikira, &c.) tengenea; (kwa maazimio, nia, &c.) endelea. — *v.t. & i.* tengeneza; umba; tengenea. ~**less** *adj.* bila umbo zuri; -a vivi hivi. ~**ly** *adj.* -zuri; -enye umbo la kupendeza.

share [ʃeəʳ] *n.* (1) fungu; sehemu: *go* ~*s in*, shiriki, shirikiana.

(2) hisa. (3) fungu la rasilmali ya kampani. — *v.t. & i.* (1) gawa; gawanya. (2) shiriki. ~**holder** *n.* mshiriki mali ya kampani.

shark [ʃa:k] *n.* samaki mkubwa aitwaye papa; (*fig.*) ayari; laghai; mdanganyifu.

sharp [ʃa:p] *adj.* (1) -kali; -enye ncha. (2) wazi; dhahiri; -a kuo- nekana vizuri. (3) (kwa mapindi, miteremko) *cf. abrupt*, -a upesi; pindi la mara moja. (4) (kwa sauti) -embamba. (5) hodari; -a nguvu. (6) -chungu; -kali. (7) -erevu; -janja. (8) (kwa muziki) -liokazwa kidogo na kupandishwa nusu ki- pawa. — *n.* (kwa muziki) alama ♯ ya kuonyesha kuwa sauti lime- panda kidogo. — *adv.* mara moja; halisi. ~**en** *v.t. & i.* chonga, chongoa; chongoka; tia makali; noa. ~**er** *n.* ayari; mlaghai; mjanja.

shatter ['ʃatəʳ] *v.t. & i.* (1) vunja- vunja; vunjikavunjika. (2) haribu kabisa; shtusha kabisa.

shave [ʃeiv] *v.t.* (*past tense* shaved, *p.p.* shaven) (1) nyoa; chega. (2) kata kipande chembamba; lainisha kwa randa, &c. (3) pita karibu ya; ambaa. — *n.* (1) ku- nyoa. (2) *a close* (*narrow*) ~ kuwa karibu sana na : *He had a narrow* ~ *from being killed*, alikuwa katika hatari sana ya kuuawa. ~**n** ['ʃeivn] *adj.* (*p.p.* ya zamani ya ~, siku hizi hutumika tu kwa maneno yenye sehemu mbili au zaidi) *clean*-~**n**, *well*-~**n**, -lionyolewa vi- zuri. ~**r** *n.* (kwa namna ya kufanya ubishi) mvulana. **shavings** *n. pl.* takataka za mbao, hasa zilizokatwa na randa.

shawl [ʃɔ:l] *n.* shali.

she [ʃi:] *pron.* yeye (mwanamke); yule; huyo. — *adj.* -a kike, jike: ~-*goat*, mbuzi jike (wa kike).

sheaf [ʃi:f] *n.* (*pl.* sheaves [ʃi:vz]) mganda; tita.

shear [ʃiəʳ] *v.t.* (*p.p.* shorn [ʃɔ:n]) kata manyoya (ya kondoo) kwa mkasi mkubwa. ~**s** *n. pl.* mkasi mkubwa.

sheath [ʃi:θ] *n.* ala; uo. ~**e** [ʃi:ð] *v.t.* (1) futika katika ala. (2) funika kwa kitu cha kuhifadhi.

¹**shed** [ʃed] *n.* banda; kibanda; dungu.

²**shed** [ʃed] *v.t.* (*past tense & p.p.*

shed, -dd- (1) tonesha; pukusa; nyonyoa. (2) mwaga damu. (3) toa; toka; tawanya: *a fire that ~s warmth*, moto unaotoa joto; *~ light on*, (*fig.*) saidia kwa kueleza (kisicho dhahiri).

sheep [ʃi:p] *n.* (*pl. sheep*) kondoo. **~-dog** *n.* mbwa aliyefundishwa kusaidia mchungaji katika kazi ya kuchunga kondoo. **~ish** *adj.* -enye haya; -a kijinga kama kondoo.

sheer [ʃiə*] *adj.* (1) kabisa; kamili. (2) (kwa nguo, &c.) -embamba. (3) -a kwenda juu (chini) kiwima sawasawa (ghafula).

sheet [ʃi:t] *n.* (1) shuka; shiti. (2) ukarasa; laha; kipande cha kioo; eneo la maji. (3) demani (ya dau au ya mashua yenye matanga).

shelf [ʃelf] *n.* (*pl.* **shelves** [ʃelvz]). (1) rafu; kibao. (2) mwamba sawa katika jabali au mlima. **shelve** [ʃelv] *v.t.* (1) weka; (*fig.* kwa mashauri, mambo, &c.) ahirisha. (2) (kwa pwani au ukingo wa bahari) inama; telemka kwa taratibu.

shell [ʃel] *n.* (1) kaka; ganda; gome: *~-fish*, samaki zenye magome kama kaa na kamba wa bahari. (2) kuta za nje za boma gofu au ya nyumba. (3) kombora; risasi kubwa ya mzinga. — *v.t.* (1) ondoa katika ganda, &c. (2) piga kwa risasi au kwa makombora. (3) *~ out*, (*colloq.*) toa fedha; lipa fedha. **~-fish** *n.* taz. *shell*¹. **~-shock** *n.* ugonjwa wa ubongo au kichaa, matokeo ya taabu ya vita kwa sababu ya mshindo wa makombora. taz. *~*³.

shelter [ʃeltə*] *n.* (1) hali ya kuhifadhiwa au kulindwa (katika mvua, joto la jua, au hatari). (2) kibanda; kipenu cha nyumba. — *v.t.* (1) funika; linda;· hifadhi. (2) jificha; jilinda.

shelve, shelves taz. *shelf.*

shepherd [ʃepəd] *n.* mchunga kondoo. — *v.t.* chunga; ongoza watu kwa upole kama kwamba ni kondoo.

shew [ʃou] *v.t. & i.* = *show.*

shield [ʃi:ld] *n.* (1) ngao; kigao. (2) ulinzi; kinga. — *v.t.* linda; hifadhi.

shift [ʃift] *v.t.* (1) geuza; hamisha. (2) *~ for oneself*, fanya uwezavyo bila msaada. — *n.* (1) mageuzi; kundi la wafanya kazi waanzao kazi wengine wakiisha zamu yao; zamu ya kazi: *He is on night ~*, afanya kazi yake katika zamu ya usiku; *He is doing an eight-hour ~*, zamu yake hudumu saa nane. (2) kugeuza; kugeuka: *make ~*, jaribia uwezavyo; fanya kwa shida. **~less** *adj.* -sio na shauri; -zembe. **~y** *adj.* si -aminifu; -a hila.

shilling [ʃiliŋ] *n.* shilingi, thamani yake senti 100, au *pennies* 12.

shimmer [ʃimə*] *v.i.* metameta.

shin [ʃin] *n.* mguu wa mbele kati ya goti na kifundo cha chini.

shine [ʃain] *v.i. & t.* (past tense & *p.p.* **shone** [ʃon]) (1) ng'aa; toa (toka) nuru; angaza; ng'arisha. (2) (*fig.*) -wa na fahari; -wa mashuhuri. **shiny** *adj.*

¹**shingle** [ʃiŋgl] *n.* kokoto za pwani.

²**shingle** [ʃiŋgl] *n.* ubao mwembamba wa kuezekea nyumba (hutumika kama vigae).

ship [ʃip] *n.* merikebu; chombo; meli. — *v.t. & i.* pakia; sheheneza; pokea shehena. **~mate** *n.* baharia mwenzi. **~ment** *n.* mapakizi; shehena. **~per** *n.* mwenye kazi ya kusafirisha shehena. **~ping** *n.* jamii ya meli (merikebu, &c.) ya nchi fulani. **~-shape** *adj.* barabara; sawasawa. **~wreck** *n.* kupotea au kuharibika kwa meli baharini kwa sababu ya dhoruba, &c. — *v.t.* poteza au haribisha meli hivi. **~wright** *n.* fundi wa kuunda au kutengeneza meli, &c. **~yard** *n.* mahali pa kuundia meli, &c.

shire [ʃaiə*] *n.* jimbo; wilaya.

shirk [ʃə:k] *v.t. & i.* jitoa katika kazi (madaraka, hatari, shida, &c.) ipasayo. **~er** *n.* mtu afanyaye hivyo.

shirt [ʃə:t] *n.* shati. *He was in his ~sleeves*, alikuwa bila koti.

shiver [ʃivə*] *v.i.* tetemeka.

shock [ʃok] *n.* (1) shindo; kishindo. (2) ganzi iletwayo na mkondo wa umeme (elektrisiti) mwilini. (3) shtuko; mshtuo. — *v.t.* (kwa habari, msiba, &c.) shtusha; fadhaisha. **~ing** *adj.* -baya sana.

shod [ʃod] *past tense & p.p.* taz. *shoe v.*

shoe [ʃu:] *n.* kiatu; chuma cha chini ya mguu wa farasi. — *v.t.* tia farasi chuma miguuni. (hasa *p.p.* shod).

shone [ʃon] *past tense & p.p.* ya *shine.*

shook [ʃuk] *past tense* ya *shake*.
shoot [ʃuːt] *v.t. & i.* (*shot* [ʃot]) (1) pita, -ja, enda, peleka, upesi au ghafula: *The flames are ~ing up from the burning house*, ndimi za moto zinaruka kutoka nyumba inayoungua; *The snake shot out its tongue*, nyoka alitoa kwa ghafula ulimi wake. (2) (kwa miche na vijiti) chipuka; panda. (3) (kwa maumivu) choma ghafula. (4) piga (pigia) bunduki, mzinga, upindi, &c. — n. chipukizi; uchipuko. **~ing star** *n.* kimondo.
shop [ʃop] *n.* (1) duka. (2) (vile vile *workshop*) kiwanda; karkana. *closed ~*, kiwanda ambamo wanachama tu hukubaliwa kufanya kazi. — *v.i.* (-*pp*-) enda kununua vitu kwenye maduka (mara nyingi husemwa *go ~ping*; *have some ~ping to do*, ni lazima kwenda kununua vitu. **~keeper** *n.* mwenye duka; mchuuzi. **~-steward** *n.* msimamizi wa chama cha wafanya kazi katika kiwanda fulani.
shore [ʃoː] *n.* pwani; ukingo wa bahari. *on ~*, katika nchi kavu.
short [ʃoːt] *adj.* (1) -fupi. (2) -pungufu; haba: *The shopkeeper was fined for giving ~ weight (measure)*, mwenye duka alitozwa faini kwa mizani pungufu; *This factory is working ~ time*, watu wa kiwanda hiki hufanya kazi kwa saa pungufu kuliko zile za kawaida; *a ~ cut*, njia ya kukata; *be ~ of*, pungukiwa na. (3) -a maneno machache: *for ~*, kwa kufupisha (jina); *in ~*, jumla; kwa neno moja; kwa ufupi. — *adv.* (1) mara moja; kwa ghafula; *stop ~*, *pull up ~*, simama (koma) ghafula. (2) *come (fall) ~ of*, pungukia; si patia; *~ of*, pasipo; bila. **~age** [ˈʃoːtidʒ] *n.* ukosefu; upungufu; uchache. **~coming** *n.* ila. **~en** *v.t. & i.* fupisha; kata; punguka; pungua. **~hand** *n.* namna ya kuandika upesi kwa herufi ndogo chache; mwandiko wa kukata. **~-handed** *adj.* bila watu wa kutosha. **~-lived** *adj.* -a muda mfupi. **~ly** *adv.* (1) mara moja; karibu. (2) kidogo: *~ly after*, baadaye kidogo. (3) *cf. briefly*, kwa maneno machache. (4) vikali. **~ness** *n.* ufupi. **~s** *n. pl.* suruali fupi; kaputula; bombo. **~-sighted** *adj.* (1) -sioona vema. (2) si -a busara; -a kutofikiri mbele. **~-tempered** *adj.* -epesi wa hasira. **~-winded** *adj.* -enye pumu; -a kutweta.
shot [ʃot] *n.* (1) mshindo wa bunduki, mzinga, bastola, &c.: *He was off like a ~*, alikwenda upesi sana. (2) jaribio la kupiga; pigo (*e.g.* la jiwe); jaribio; kisio. (3) risasi. (4) mtu mwenye kupiga shabaha: *He is a good (poor) ~*, ana (hana) shabaha. **~gun** *n.* bunduki ya ndege.
should [ʃud, ʃəd, ʃd] *v. past tense* ya *shall*.
shoulder [ˈʃouldə*] *n.* (1) bega: *straight from the ~*, (*fig.* kwa maonyo, makaripio, &c.) kwa maneno manyofu. (2) begani; sehemu ya juu ya mgongo. — *v.t.* (1) twika; chukua begani. (2) sogeza upande. **~-blade** *n.* mtulinga.
shout [ʃaut] *n.* ukelele; mlio mkuu; kiyowe. — *v.t. & t.* piga kelele, &c.
shovel [ˈʃʌvl] *n.* sepetu ya Kizungu (la kupakulia mchanga, &c.). — *v.t.* pakua (ondoa, &c.) kwa ~.

A shovel

show [ʃou] *v.t. & i.* (*past tense ~ed*, *p.p. shown*, mara chache *shewn* [ʃoun]). (1) onyesha. (2) (pamoja na *adv.*) *~ sb. in*, karibisha fulani na kumleta ndani; *~ sb. out*, agana na fulani na kwenda naye (nao) mpaka mlangoni; *~ off*, piga umaridadi; jifahirisha; koga; *~ up*, (*colloq.*) hudhuria (katika mkutano, &c.); *~ (sb. au sth.) up*, chongea: *A man is ~n up by his own tongue*, mtu huchongewa na ulimi wake. (3) (pamoja na *majina*) *~ fight*, taka kupigana; *~ one's hand*, onyesha wazi mashauri; *~ the way*, (*fig.*) toa mfano. — *n.* (1) onyesho: *a ~ of hands*, mikono juu. (2) tamasha. (3) ushaufu; fahari. (4) mchezo mbele ya watu wengi katika theatre, &c.: *He put up a good ~*, alicheza vizuri. (5) (*colloq.*) jambo linalotendwa: *to give the whole ~ away*, kusema namna jambo litakavyotendwa kabla ya kuwa tayari; kufumbua siri. **~down** *n.* kuonyesha nia (mawazo, nguvu) yako bila kuficha kitu. **~y** *adj.*

-shaufu; -a umalidadi; -a fahari. ~ily adv.

shower ['ʃauə*] n. manyunyu; wingi; neema.

shrank [ʃraŋk] past tense ya *shrink.*

shred [ʃred] n. kichane; kipande: *(be) torn to ~s*, raruka kabisa; *There is not a ~ of evidence*, hakuna ushuhuda hata kidogo (kuwa).

shrewd [ʃru:d] adj. (1) -erevu; -a busara; -a akili. (2) (kwa kisio) lililo karibu kuwa kweli. ~ly adv. ~ness n.

shriek [ʃri:k] v.i. lia kwa sauti kubwa tena nyembamba. — n. mlio wa nguvu (kwa hofu, maumivu, &c.).

shrill [ʃril] adj. (kwa sauti) -embamba.

shrine [ʃrain] n. kaburi; sanduku lenye vitu vitakatifu. (2) mahali patakatifu.

shrink [ʃriŋk] v.i. & t. (shrank [ʃraŋk], shrunk [ʃrʌŋk]). (1) nywea; jikunyata; kunyata. (2) jitenga (kwa hofu, haya, machukio, &c.). ~age ['ʃriŋkidʒ] n. upunguo; kadiri iliyopunguka.

shrivel ['ʃrivl] v.t. & i. (-ll-) finya, kunja kwa kukausha; finyaa; kunjamana.

shroud [ʃroud] n. (1) sanda; msuani wa kike. (2) kifuniko; vazi.

shrub [ʃrʌb] n. kijiti; gugu.

shrug [ʃrʌg] v.t. & i. (-gg-) inua (pandisha, kunja) mabega (dalili ya kuonyesha kisito, kukata tamaa, &c.). — n. mkunjo wa mabega.

shrunk(en), taz. shrink.

shudder ['ʃʌdə*] v.i. tetema; tapa; gwaya. — n. mtetemo; tetemeko; kitapo.

shuffle ['ʃʌfl] v.i. & t. (1) kokota miguu. (2) changa (karata). (3) chafua.

shun [ʃʌn] v.t. (-nn-) epuka; jitenga na.

shunt [ʃʌnt] v.t. & i. sogeza; jongeza; peleka njia nyingine.

shut [ʃʌt] v.t. & i. (past tense & p.p. shut, -tt-) funga; fumba.

shutter ['ʃʌtə*] n. (1) ubao wa dirisha. (2) kilango kidogo cha kufunga kitundu cha *camera*, kuzuia nuru isipite.

shuttle ['ʃʌtl] n. kipande cha kupisha mshindio katika kufuma nguo; katika cherehani kipande cha kupisha uzi wa chini. ~**cock** n. kipande cha kizibo chenye manyoya cha kuchezea mchezo wa *Badminton.*

A shuttle

shy [ʃai] adj. (1) (kwa watu) -enye haya; -oga. (2) (kwa mwenendo) -a haya; -enye soni. (3) (kwa wanyama) -oga; -siotaka kuonekana. (4) *fight ~ of*, kataa kwa hofu, machukio, &c. ~ly adv. ~ness n.

sick [sik] adj. (1) *be ~*, cf. vomit, tapika; *feel ~*, sikia tumbo la kutapika; taka kutapika. (2) -gonjwa; *be ~*, ugua. (3) (*colloq.*) -a chukizwa na. ~**en** ['sikn] v.i. & t. (1) *be ~ening for*, anza kuugua. (2) chukiza. ~**ening** adj. -a kuchukiza. ~ly adj. (1) -a kutapisha. (2) -a kigagazi; dhaifu. (3) -a kufanya ugonjwa.

sickle ['sikl] n. mundu.

side [said] n. (1) upande. *on all ~s*, *on every ~*, pande zote; *by the ~ of*, (*fig.*) kwa kulinganisha na; *~ by ~*, sawasawa; kandokando; *put sth. on one ~*, weka kwa wakati ujao. (2) watu wa upande; timu. *take ~ with*, -wa na shauri moja na. — v.i. *~ with*, chagua upande; fuata. ~**board** n. meza ya kuwekea vyombo vya kulia (pengine ni kabati pia). ~**car** n. kigari cha kufungashia ubavuni mwa pikipiki. *~ line* n. shughuli isiyo kazi kuu ya kwanza. ~**track** v.t. kawisha au kuepuka (hoja au shauri). ~**ways** adv. kwa upande; kwenda upogo.

siding(s) n. njia ndogo ya gari la moshi.

siege [si:dʒ] n. mazingiwa. *lay ~ to*, zunguka (mji) kwa vita.

siesta [si:estə] n. usingizi kidogo wa mchana.

sieve [siv] n. chekecheke; ungo; tunga.

sift [sift] v.t. (1) chunga; chekecha. (2) nyunyiza.

sigh [sai] v.i. (1) piga kite; pumua kwa majonzi au baada ya kuondolewa taabu, shaka, &c. (2) *~ for*, tamani sana. — n. kite.

sight [sait] n. (1) uwezo wa kuona kwa macho: *lose one's ~*, -wa

kipofu: *have near* ~, weza kuona vitu vya karibu tu; *have long* ~, weza kuona vitu vilivyo mbali; *know sb. only by* ~, jua fulani kwa sura yake si kama rafiki yako; *lose* ~ *of*, toona; (*fig.*) tojua sana mambo y.; tokumbuka; *at* (*on*) ~, mara moja; *be out of* ~, toweka; toonekana. (2) akili; maono: *Do what is right in your own* ~, fanya kwa haki kwa maono yako. (3) tamasha; shani. (4) *a* ~, (*colloq.*) *She looks a real* ~ *in that old dress*, anaonekana kama mzaha akivaa vazi lile kukuu. (5) shabaha. — *v.t.* (1) *catch* ~ *of*, ona. (2) ona kwa kupigia shabaha; lenga; elekeza. ~**seer** *n.* mtembezi; atakaye kuona shani (za mji, nchi, &c.).

sign [sain] *n.* (1) dalili; alama. (2) dalili: ~*s of suffering are to be seen on his face*, dalili za mateso zaonekana usoni mwake. (3) kionyo; dokezo; konyezo (la jicho, la mkono, &c.). ~**board** *n.* ubao wenye jina au habari. — *v.t. & i.* (1) tia sahihi (katika barua, hati, &c.); tia mkono. (2) ashiria; konyeza; pungia mkono. ~**post** *n.* mti mwenye mkono (au mikono, au ishara) wa kuonyesha njia.

signal ['signəl] *n.* (1) alama; ishara. (2) *railway* ~, mti mwenye mkono wa kuinuka na kushuka, (hutumiwa kwa kuonya waendeshaji wa magari ya reli wakati wa kuendelea mbele kwa salama na kwa kungoja). (3) jambo lililo mwanzo wa mambo mengine.

A railway signal

signatory ['signətəri] *n.* mtu atiaye sahihi katika mapatano (maagano, mkataba).

signature ['signətʃə*] *n.* sahihi; jina; mkono.

signify ['signifai] *v.t. & i.* (1) onyesha kwa ishara; julisha: ~ *your approval*, onyesha kuwa umekubali. (2) -wa na maana ya. (3) ~ *little*, tokuwa na maana; *it signifies much*, ni kitu cha maana. **significance** [sig'nifikəns] *n.* maana. **significant** *adj.* -enye maana; -a kuonya; -kuu. **signification** [,signifi'keiʃn] *n.* maana (halisi ya neno).

silence ['sailəns] *n.* kimya. — *v.t.* nyamazisha. ~**r** *n.* chombo cha kupunguzia au kuzuilia kelele.

silent ['sailənt] *adj.* (1) -a kimya; -liotulia. (2) bubu; -a kunyamaa; -siojibu. **silently** *adv.*

silk [silk] *n.* hariri. ~**en** *adj.* kama hariri; *a* ~*en voice*, sauti tamu. ~**worm** *n.* mdudu mfanyiza nyuzi za hariri. ~**y** *adj.* -ororo; teketeke; laini.

silly ['sili] *adj.* -pumbavu; -puzi; -jinga. **silliness** *n.*

silo ['sailou] *n.* ghala ya kuwekea majani mabichi kuyahifadhi yawe chakula cha ng'ombe, &c. wakati majani yakosekanapo.

silt [silt] *n.* matope; mchanga; takataka za mto.

silver ['silvə*] *n.* (1) fedha. (2) vitu vya fedha, hasa sarafu na vyombo vya mezani. (3) (*attrib*) -a rangi ya fedha; (kwa sauti) tamu tena -a kusikika vizuri. ~**y** *adj.* kama fedha; -a sauti ya kusikika.

similar ['similə*] *adj.* sawa; mfano mmoja. ~**ly** *adv.* ~**ity** [,simi-'læriti] *n.* hali ya kuwa sawa au kufanana; sura moja.

simile ['simili] *n.* mfano wa maneno; namna ya kulinganisha kitu kimoja na kingine.

simmer ['simə*] *v.i. & t.* (1) chemka (chemsha) polepole. (2) -wa karibu kuwaka kwa hasira, &c.

simple ['simpl] *adj.* (1) -siogawanyikana; -siochanganuka; bila sehemu nyingi. (2) si -enye mambo mengi; -siopambwa. (3) -tupu. (4) rahisi kufanywa; -epesi kuelea. (5) si -enye hila; si -janja. (6) -jinga kama mtoto. (7) -tupu; safi. ~**ton** *n.* mjinga. **simplicity** [sim'plisiti] *n.* hali ya kuwa ~. **simplify** ['simplifai] *v.t.* fanya rahisi; eleza vizuri ili kufahamika. **simply** *adv.* (1) kwa namna iliyo ~. (2) sana. (3) tu; peke yake (pia, &c.).

simultaneous [,siməl'teinjəs] *adj.* -a wakati ule ule.

sin [sin] *n.* (1) dhambi. (2) kosa; -sio desturi: *It's a* ~ *to make the children do too much homework*, ni kosa kubwa (si desturi) kulazimisha watoto kufanya kazi nyingi wakiwa nyumbani. — *v.i.* (-nn-) fanya dhambi; kosa. ~**ful** *adj.* -a dhambi;

-ovu. ~**ner** *n.* mwenye dhambi; mkosaji.

since [sins] *adv.* tangu wakati ule. — *prep.* tangu; baada ya; toka. — *conj.* kwa kuwa; maadam.

sincere [sin'siə*] *adj.* (1) (kwa maono) -a kweli; -nyofu. (2) (kwa mtu) -enye moyo mweupe; amini; -nyofu. **sincerity** [sin'seriti] *n.* weupe; unyofu.

sinecure ['sainikjuə*] *n.* uchumi pasipo kazi; kulipwa kwa kufanya kazi kidogo tu.

sinew ['sinju:] *n.* (1) kano; mshipa. (2) (*pl.*) mishipa ya nguvu; nguvu za mwili. ~*s of war*, zana za vita.

sing [siŋ] *v.i.* (*sang, sung*) (1) imba. (2) ~ *out*, lia (kwa); ~ *up*, imba sana. (3) fanya sauti ya birika kabla ya kuchemka. (4) (au ~ *of*) simulia kwa utenzi (kwa mashairi). ~**song** ['siŋsoŋ] *n.* (1) uvumi; sauti ya kuchokesha: *He read in a* ~*song*, alisoma kwa sauti moja tu ya kuchokesha. (2) jamii ya watu waliokutanika kujiimbia.

singe [sindʒ] *v.t.* unguza; choma.

single ['siŋgl] *adj.* (1) -moja; -moja tu. -peke yake. (2) -a mtu mmoja tu. (3) siooa; bila mke; bila mume; -jane. — *n.* = ~ *ticket.* tikiti kwa safari ya kwenda tu. *cf. return. n.*⁴ ~**-handed** *adv.* peke yangu (yako, yake, &c.). **singly** *adv.* -moja -moja; pekee.

singlet ['siŋglit] *n.* fulana.

singular ['siŋgjulə*] *adj.* (1) -sio -a kawaida; -a ajabu. (2) -a shani. (3) (kwa sarufi) jumla ya umoja. — *n.* umbo la neno katika umoja, (badala ya *plural* = wingi).

sinister ['sinistə*] *adj.* (1) -a ndege mbaya; -a shari. (2) -baya; -a kuogofya.

sink [siŋk] *v.i.* & *t.* (*sank, sunk*) (1) zama; zamisha; tosa. (2) telemka; shuka; (*fig.*) *His heart sank at the news*, alisikia huzuni moyoni mwake aliposikia habari. (3) didimisha; toboa. (4) (kwa maji na kwa mawazo ya *abstract*) *The rain sank well into the dry ground*, mvua iliiingia sana katika nchi kavu; *The warning sank into his mind*, shauri liliingia sana katika akili zake. — *n.* bakuli kubwa la udongo lifungwalo jikoni la kuoshea vyombo vya kupikia na vya kulia. ~**ing** *adj.* ~*ing feeling*, kujisikia kuwa umeshindwa kwa njaa, au kwa hofu.

sinuous ['sinjuəs] *adj.* -enye mapindi; -a kuzingazinga.

sip [sip] *v.t.* & *i.* (*-pp-*) konga; -nywa kidogo kidogo.

siphon ['saifən] *n.* (1) mrija uliopindika wa kuvutia maji. (2) chupa

Siphons

ya *soda*. — *v.t.* & *i.* toa (toka) maji kwa ~.

sir [sə:*] *n.* (1) bwana. (2) neno la mbele ya jina la *knight* au *baronet*: *Sir* [sə] *Walter Scott*.

siren ['saiərən] *n.* paipu.

sirloin ['sə:loin] *n.* nyama ya ng'ombe ya kiunoni; sarara.

sisal ['saisl] *n.* mkonge; katani; ukonge; katani.

sister ['sistə*] *n.* (1) ndugu mke; dada. (2) sista wa hospitali. (3) mwanamke mtawa wa chama kitakatifu. (4) sawa; mwenzi; mfano: *They were* ~ *ships*, meli zilikuwa mfano mmoja. ~**hood** *n.* chama kitakatifu cha wanawake watawa. ~**-in-law** *n.* shemeji; wifi.

sit [sit] *v.i.* & *t.* (*sat, -tt-*) (1) kaa; keti. (2) (pamoja na *adv.* na *prep.*) ~ *down under* (*insults, &c.*), vumilia; ~ *for*, -wa mjumbe wa; ~ *for an examination*, fanya mtihani; ~ *on a committee*, -wa na kiti katika chama; ~ *upon* (*on*) *sb.*, (*colloq.*) zuia fulani; ~ *up*, ondoka kitandani; kesha; *make sb.* ~ *up*, shtusha fulani. (3) (kwa *Parliament*, baraza, &c.) barizi; kutana. (4) atamia. ~**ting** *n.* (hasa) muda wa kukalia kazi wa *Parlt.* au korti, &c.; mkutano; *finish a book at one* ~*ting*, maliza kitabu bila kikomo hata kimoja.

site [sait] *n.* mahali: *the* ~ *of the battle*, mahali penyewe pa vita; *the* ~ *for the new school*, mahali patakapojengewa shule mpya.

situated ['sitjueitid] *adj.* (kwa mji, nyumba, &c.) -liopo mahali: *It is ~ in Egypt*, iko Misri; (kwa mtu) -wamo: *I am rather awkwardly ~*, nimo katika shida kidogo. **situation** [,sitju'eitʃn] *n.* (1) mahali. (2) hali ya mambo (hasa kwa wakati mmoja). (3) kazi.

six [siks] *n. & adj.* 6, sita. *at ~es and sevens*, fujofujo. **~pence** ['sikspəns] *n.* sarafu ya nususshilingi. **~teen** [siks'ti:n] *n. & adj.* 16, kumi na sita. **~ty** ['siksti] *n. & adj.* 60, sitini.

¹ **size** [saiz] *n.* (1) ukubwa. (2) kipimo; kadiri. — *v.t.* (1) panga kwa kadiri ya ukubwa. (2) *~ up*, kadiri; *~ up the situation*, fahamu sana mambo yalivyo. **~able** *adj.* -kubwa kidogo.

² **size** [saiz] *n.* sherizi.

sizzle ['sizl] *v.i.* chachatika; fanya sauti ya mafuta yanayochemka.

skate [skeit] *n.* chuma cha kufungia viatu cha kuteleza juu ya barafu. — *v.i.* enda kwa ~.

A skate

skeleton ['skelitn] *n.* (1) mifupa yote ya mwili; yote jamii ya mwili wa mfu. (2) miti; kiunzi; (*fig.* kwa mtu aliyedhoofika sana au kwa kitu kama nyumba iliyoharibika) gofu la mtu; gofu la nyumba. (3) kiunzi (hasa cha merikebu inayoundwa); kielezo; habari kidogo ya shauri, mawazo, &c. (4) (*attrib.*) ~ *key*, ufunguo wa kufungua kufuli nyingi; ~ *crew*, mabaharia wachache sana lakini wa kutosha kwa kazi ya kuendesha meli (&c.).

A skeleton

sketch [sketʃ] *n.* (1) mchoro; picha iliyoandikwa kwa upesi. (2) kielezo; ufupisho wa habari. (3) mchezo mfupi wa *theatre*. — *v.t. & i.* andika ~; eleza kwa maneno machache.

ski [ski:] *n.* mmoja wa mbau nyembamba tena ndefu za kufungia mguuni za kuendea mbio juu ya theluji.

skid [skid] *v.i.* teleza (kama motakaa, &c.). katika njia yenye matope).

A man on skis

skill [skil] *n.* akili; ustadi; ubingwa; werevu. **~ed** *adj.* stadi; -elekevu. **skilful** *adj.* taz. ~ed. **skilfully** *adv.*

skim [skim] *v.t. & i.* (-mm-) (1) engua (povu kutoka juu ya maji). (2) pitia upesi juujuu (kama ndege mbayuwayu, &c.) (3) soma kwa haraka; onja. **~-milk** *n.* maziwa yaliyoenguliwa.

skimp [skimp] *v.t. & i.* toa au tumia vitu (nguo, chakula, zana, &c.) visivyotosha. **~y** *adj.*

skin [skin] *n.* (1) ngozi. (2) ganda; gome. — *v.t. & i.* ambua, *cf. peel*; chuna, *cf. flay*. **~-deep** *adj.* -a juujuu. **~flint** *n.* bahili. **~ny** *adj.* -liokonda; -gofu.

skip [skip] *v.i. & t.* (1) rukaruka; *~ out of the way of the bus*, ruka upande, jitenga kando, na hivyo kujiokoa usigongwe kwa basi. (2) ruka na kupitisha kamba juu ya kichwa na chini ya miguu. (3) pitia upesi.

skipper ['skipə*] *n.* nahodha; rubani.

skirt [skə:t] *n.* (1) vazi la kike la kuvaa kiunoni mpaka chini. (2) upande wa chini wa vazi. — *v.t.* -wa mpakani pa; pakana na; ambaa.

A girl skipping

skulk [skʌlk] *v.i.* jificha (ili kuepuka kazi, hatari).

skull [skʌl] *n.* fuvu la kichwa.

sky [skai] *n.* mbingu; anga. **~lark** *n.* ndege mdogo arukaye juu sana angani mwenye sauti nzuri.

slab [slab] *n.* ubamba wa jiwe, ubao, nyama, &c.

slack [slak] *adj.* (1) -legevu; -vivu. (2) -tepetevu; -zembe; bila kazi au shughuli: *Business is ~*, hakuna kazi. (3) -liolegea; -legevu. — *n.* (*pl.*) suruali. — *v.i.* legea; -wa -vivu au toangalia katika kazi.

~en *v.t. & i.* legeza; legea; punguza; pungua. ~er *n. (colloq.)* mvivu; mzembe. ~ly *adv.* ~ness *n.*

slain [slein] *p.p.* ya *slay*.

slake [sleik] *v.t.* (1) zima; tuliza. (2) ~ *lime, &c.*, tia maji (katika chokaa, &c.).

slam [slam] *v.t. & i.* (1) funga kwa kishindo. (2) shindika, tupa, weka kwa kishindo. — *n.* mshindo wa mlango uliofungwa kwa ~*ming*.

slander ['sla:ndə*] *v.t.* singizia; chongea. — *n.* masingizio; chongelezo. ~**ous** *adj.* -a kusingizia.

slang [slaŋ] *n.* (hakuna *pl.*) (1) maneno yatumikayo katika usemi ambayo pengine hayahesabiwi kuwa ya ufasaha wala ya kufaa. (2) maneno yatumikayo katika usemi wa jamii maalum ya watu (*e.g.* wanafunzi wa chuo, mabaharia, &c.). — *v.t. (colloq.)* karipia vikali. ~**y** *adj.* -enye kupenda kutumia maneno ya ~.

slant [sla:nt] *v.i.* enda upande; inama. — *n.* mwinamo.

slap [slap] *n.* kofi. — *v.t.* (1) piga kofi; chapa. (2) ~ *down*, weka kwa kishindo. ~**dash** *adj. & adv.* bila kuangalia; -a haraka.

slash [slaʃ] *v.t. & i.* tema; katakata; chanja.

slate [sleit] *n.* (1) jiwe la mbamba; kigae cha kuezekea. (2) kibao (cha kuandikia): *(fig.) start with a clean* ~, anza jambo, ukijua ya kuwa makosa (au madeni) yako yote yamesamehewa na kufutwa.

slaughter ['slɔ:tə*] *v.t.* chinja. — *n.* machinjo ya wanyama; mauaji ya watu vitani. ~**-house** *n.* machinjoni.

slave [sleiv] *n.* (1) mtumwa; hadimu. (2) *a* ~ *to; He is a* ~ *to drink*, hawezi kuacha ulevi. — *v.i.* (*at*) jisumbulia kazi; fanya kazi kwa bidii nyingi sana. ~**ry** ['sleivəri] *n.* utumwa; desturi ya kuwa na watumwa; kazi gumu (hasa iliyolipwa vibaya). **slavish** *adj.* (1) kwa namna ya watumwa; -a kitumwa. (2) -a kuiga bila kufikiri -enyewe.

slay [slei] *v.t.* (*slew* [slu:], *slain* [slein]) ua; fisha; chinja.

sled [sled], **sledge** [sledʒ] *n.* gari la kuteleza chini kwa vyuma, si kwa magurudumu.

sledge (-**hammer** ['sledʒ(-hamə*)] *n.* nyundo kubwa tena nzito, itumiwayo na mfua chuma.

A sledge

sleek [sli:k] (1) (kwa nywele, manyoya na wanyama, &c.) laini; -a kunang'anika. (2) (kwa mtu au mnyama mwenye nywele au manyoya ~. (3) (kwa mtu, mwenendo wake) -a kujikinai.

sleep [sli:p] *n.* usingizi; kulala. — *v.i.* (*slept*) (1) sinzia; lala. (2) ~ *sth. off*, pona kwa njia ya kulala. (3) — *v.t.* (kwa nyumba, hoteli, &c.) kutosha kwa: *This hotel can* ~ *100 people*, wageni 100 waweza kulala katika hoteli hii. ~**er** *n.* (1) anayelala, msinzia. (2) taruma la njia ya reli (mti, gogo au chuma cha kuchukulia reli). (3) kitanda katika gari la moshi. ~**less** *adj.* -siopata usingizi; pasipo kusinzia. ~**y** *adj.* (1) -enye usingizi. (2) -tulivu. ~**ily** *adv.*

sleet [sli:t] *n.* mvua iliyochanganana na theluji.

sleeve [sli:v] *n.* mkono wa vazi. *laugh up one's* ~, cheka kindanindani; *have something up one's* ~, -wa na shauri la siri tayari kwa kutumiwa.

sleigh [slei] *n.* taz. *sled* na *sledge*.

slender ['slendə*] *adj.* (1) -embamba. (2) -dogo; -chache; haba.

slept [slept] *past tense* na *p.p.* ya *sleep*.

slew [slu:] *past tense* ya *slay* = ua. *cf. kill*.

slice [slais] *n.* (1) cheche; kipande chembamba (hasa cha mkate). (2) chombo kama kijiko kikubwa cha bapa. — *v.t.* kata vipande vyembamba; pangua.

slide [slaid] *v.t. & i.* (*slid*) (1) telezesha; teleza. (2) (kwa vitu laini) pita upesi tena rahisi kama katika kuteleza: *The drawers of the cupboard* ~ *well*, watoto wa kabati huteleza vizuri bila kuchuana. (3) *let things* ~, jitoa katika; acha; toangalia. — *n.* (1) kuteleza. (2) mahali penye utelezi. (3) kipande cha kioo chenye picha. (4) kipande cha kioo cha *microscope*.

¹slight [slait] *adj.* (1) -embamba. (2) ute. **slimy** *adj.* -a tope au -a ute; kama ~ au -liofunikwa kwa ~.

²slight [slait] *v.t.* dharau; tweza. — *n.* mtwezo.

slim [slim] *adj.* (1) -embamba. (2) -dogo; -siotosha.

slime [slaim] *n.* (1) tope la kunata. (2) ute. **slimy** *adj.* -a tope au -a ute; kama ~ au -liofunikwa kwa ~.

sling [sliŋ] *n.* (1) ukanda wa kitambaa, kamba, mnyororo, &c. -a kuchukulia mkono uliovunjika au -a kuinua pipa, &c. (2) kombeo (la kutupia mawe). — *v.t.* (*slung* [slʌŋ]) (1) tupa kwa nguvu. (2) tupa kwa kombeo.

A sling

slink [sliŋk] *v.i.* (*slunk* [slʌŋk]) enda kisirisiri, kwa haya, kwa woga, kwa hila.

slip [slip] *v.i. & t.* (-*pp*-) (1) ponyoka. (2) enda kwa siri au kwa upesi, hasa bila kuangaliwa. (3) chopoka. (4) (*on, off*) vaa, vua, upesi. (5) kosa kidogo, hasa kwa haraka. — *n.* (1) kuteleza; kuponyoka, &c.: *give sb. the* ~, epa fulani kwa hila. (2) kosa dogo, hasa ~ *of the pen* (*tongue*), kosa dogo katika kuandika (kusema). ~**per** *n.* kiatu chepesi cha kuvaa nyumbani; sapatu; koshi. ~**pery** *adj.* -enye utelezi; -a kuteleza. ~**shod** *adj.* -siotengenea; -a ovyo.

slit [slit] *n.* tundu refu tena jembamba; mpasuko; ufa mdogo. — *v.t.* pasua; kata.

slobber ['slobə*] *v.i.* (1) toa (toka) mate kinywani. (2) ~ *over* (*sb.* au *sthg.*) sifusifu kiwongo.

slogan ['slougən] *n.* neno au maneno yawezayo kukumbukwa kwa urahisi ya kutumika kuvumisha bidhaa, kuhimiza watu, &c.

sloop [slu:p] *n.* manowari ndogo.

slop [slop] *v.i. & t.* mwagika; mwaga. — *n.* (kwa *pl.* tu) maji machafu ya jikoni, &c. ~**py** *adj.* (1) (kwa mtu) -a majimaji. (2) (*colloq.*) -a ovyo; -a purukushani.

slope [sloup] *n.* mtelemko; mwinamo. — *v.i. & t.* inama; fanya mtelemko (mwinamo).

slot [slot] *n.* tundu jembamba; kuo; mfuo.

sloth [slouθ] *n.* uvivu; uzembe.

slouch [slautʃ] *v.i.* enda (simama, kaa) hali ya kuchoka au ya kuwa -tepetevu.

slovenly ['slʌvnli] *adj.* -zembe; -chafu; -koo. **sloven** *n.* mkoo; mtu mzembe. **slovenliness** *n.*

slow [slou] *adj.* (1) -a kwenda polepole. (2) (kwa saa za wakati) -a kukawia. — *v.t. & i.* punguza (punguka) mwendo. ~**ness** *n.*

sluggard ['slʌgəd] *n.* mvivu; mtepetevu. **sluggish** ['slʌgiʃ] *adj.* -vivu; -zito; -a kwenda pole.

sluice [slu:s] *n.* chombo (~-*gate*, mlango; ~-*valve*, kilango) cha kuzuia na kuongoza mkondo wa maji (katika mfereji au ziwa, &c.). — *v.t.* (*out, down*) osha sana kwa maji mengi.

slum [slʌm] *n.* (1) kichochoro cha mji chenye nyumba chafu zisizo na nafasi za kutosha. (2) (*pl.*) mtaa mwenye nyumba nyingi za namna hii.

slumber ['slʌmbə*] *v.i. & n.* (*liter.*) sinzia; usingizi.

slump [slʌmp] *v.i* (1) anguka ghafula. (2) (kwa bei ya bidhaa) punguka au shuka kwa ghafula. — *n.* mshuko wa ghafula wa bei; mpunguko wa ghafula wa tamaa ya bidhaa fulani.

slung [slʌŋ] *past tense & p.p.* ya *sling.*

slunk [slʌŋk] *past tense & p.p.* ya *slink.*

slur [slə:*] *v.t. & i.* (-*rr*-) (1) kokoteza maneno au sauti za muziki; ingizana maneno au sauti na kusema upesi hata maneno na sauti si dhahiri. (2) ~ *over*, pitia upesi; setiri. — *n.* (1) aibu; fedheha. (2) kukokoteza sauti.

sly [slai] *adj.* (1) -janja; -danganyifu; -enye hila. (2) -a mzaha; -bishi.

smack [smak] *n.* kofi; pigo. — *v.t.* (1) piga kofi. (2) ~ *one's lips*, alisha midomo; lambitia. — *adv.* ghafula: *run* ~ *into a wall*, gongana ghafula na ukuta.

small [smo:l] *adj.* -dogo. *look* (*feel*) ~, ona haya; fedheheka; ~ *change*, pesa, mapesa; *the ~ hours*, usiku wa manane mpaka asubuhi; *~ talk*, maongezi; *on the ~ side*, -dogo zaidi. ~**arms** *n. pl.* silaha (hasa bunduki, bastola, &c.) zichukuliwazo na askari. ~**pox** *n.* ndui.

¹**smart** [smɑ:t] *v.i. & n.* washa; choma; chochota.

²**smart** [smɑ:t] *adj.* (1) nadhifu; -malidadi. (2) hodari; -epesi; -kali. (3) -a desturi; -a siku hizi. (4) -a nguvu; -kali: *a ~ blow*, pigo kali. ~**en** *v.t. & i.* ~*en up*, kwatua; jikwatua; ~*en up the step (pace)*, himiza mwendo. ~**ly** *adv.* ~**ness** *n.*

smash [smaʃ] *v.t. & i.* (1) vunja; vunjika. (2) ~ *through*, ingia, ingiza, penya, penyeza, kwa nguvu. (3) *cf. defeat*, shinda; angamiza. — *n.* kishindo cha mavunjiko; maangamizi; mgongano; tukio baya.

smattering ['smætəriŋ] *n. a ~ of*, elimu kidogo juu ya (jambo fulani).

smear [smiə*] *v.t.* (1) paka kidogo. (2) tia madoa (ya mafuta tena machafu) juu ya. (3) *v.i.* (kwa wino, rangi, &c.) enea na kutia machafu (juu ya kitu fulani). — *n.* waa; doa; mpako.

smell [smel] *n.* harufu. — *v.t.* (*smelt*) nusa; sikia harufu. — *v.i.* toa harufu.

smelt [smelt] *v.t.* choma moto mawe kutoa madini; yeyusha mawe yenye madini.

smile [smail] *v.i. & n.* cheka; kicheko, cheko bila sauti. ~ (*up*)*on*, pendelea. **smilingly** *adv.* kwa cheko.

smith [smiθ] *n.* mfua madini; (hasa) mhunzi. ~**y** ['smiði] *n.* kiwanda cha mhunzi.

smoke [smouk] *n.* moshi; mvuke. (1) *end in ~*, tokea moshi tu (maana matokeo hayakuwa ya maana). (2) kuvuta tumbako; (*colloq.*) sigara; sigareti. — *v.t. & i.* (1) toa moshi. (2) (kwa moto au kwa jiko) toka moshi. (3) vuta tumbako. (4) kausha (nyama, samaki, &c.) kwa moshi ili isiharibike. (5) (*out*) fukuza (wadudu, &c.) kwa moshi. ~**r** *n.* mtu avutaye tumbako. **smoky** *adj.* (1) -a kutoa moshi mwingi; -enye moshi mwingi. (2) kama moshi kwa kuonja au kwa kuonekana. ~**less** *adj.* pasipo moshi. ~**screen** *n.* wingu la moshi la kuficha manowari au askari vitani. ~**stack** *n.* dohani; bomba la moshi.

smooth [smu:ð] *adj.* (1) laini kama kioo; (kwa bahari) bila mawimbi; -a shwari; (kwa mwendo au njia) bila matuta, miinuko, &c. (2) (kwa mchanganyiko wa maji, uji, &c.) bila vidonge; -liochanganywa vizuri. (3) (kwa sauti za maneno) rahisi; taratibu. (4) (kwa mtu na desturi zake) mpole tena mbembelezi. — *v.t.* (1) lainisha. (2) ondoa shida, &c.: ~ *away sb.'s objections*, shawishi fulani asikatae tena. ~**ly** *adv.* ~**ness** *n.* ~-**faced** *adj.* (*fig.*) -a kupendeza kwa desturi zake lakini si -a kuaminika. ~-**spoken**, ~-**tongued** *adj.* -a maneno matamu.

smother ['smʌðə*] *v.t.* (1) songa roho. (2) funika kabisa; gubika. (3) ficha; setiri. (4) zima kwa kufunika na majivu au mchanga.

smoulder ['smouldə*] *v.i.* waka na kutoka moshi si moto.

smudge [smʌdʒ] *n.* alama chafu, hasa kama doa la wino uliosuguliwa kabla haujakauka. — *v.t.* tia alama chafu juu ya. — *v.i.* chafuka.

smug [smʌg] *adj.* -a kupendezwa sana na nafsi; -a kujikinai.

smuggle ['smʌgl] *v.t. & i.* (1) ingiza au kutoa bidhaa katika nchi bila kulipa ushuru upasao. (2) ingiza (kitu au mtu) kwa siri. ~**r** *n.* mtu aingizaye au kutoa bidhaa katika nchi bila kulipa ushuru upasao.

snack [snak] *n.* chakula kidogo cha kuliwa kwa haraka.

snag [snag] *n.* kitu (kama gogo, jiwe, mzizi) kilichofichwa chenye hatari; matata yasiyotazamiwa.

snail [sneil] *n.* koa; konokono.

A snail

snake [sneik] *n.* nyoka.

snap [snap] *v.t. & i.* (-*pp*-) (1) uma, kata kwa meno ghafula (mara nyingi kwa kishindo cha kualika); jaribu kuuma; ng'akia; toa meno. (2) ~ *sb.'s head off*, katiza fulani; tolea fulani maneno makali. (3) vunja, vunjika, kwa kishindo au mwaliko; alisha (vidole). (4) piga ~*shot*, yaani piga *photograph* au picha ya mtu au kitu. — *n.* (1) kuvunja, kuvunjika, ghafula, &c. (2) *a cold* ~, siku mbili tatu za baridi ya ghafula isiyotazamiwa. (3) = ~*shot*, yaani *photograph* iliyopigwa ghafula. (4) (*attrib.*) -liofanyawa ghafula bila kutangazwa. ~**py** *adj.* -a kukolea; -a kupendeza macho. ~**shot** *n.* (*colloq.*) picha ya *camera* ya ghafula pasipo matengenezo.

snare [sneə*] *n.* mtego. — *v.t.* tega.

snarl [snɑ:l] *v.i.* (kwa mbwa) lia na kutoa meno.

snatch [snatʃ] *v.t.* (1) nyakua. (2) kamatia upesi: ~ *a meal*, -la chakula upesi ukiwa na nafasi kidogo. — *n.* (1) mnyakuo. (2) kipindi, kitambo kidogo: ~*es of song*, kuimba kwa vipindi.

sneak [sni:k] *v.i.* (1) enda kificchificchi. (2) *v.t.* (*colloq.*) twaa vitu vya fulani bila kupewa ruhusa tena kwa siri. — *n.* mwoga mdanganyifu.

sneer ['sniə*] *v.i. & n.* cheka kidharau. — *n.* cheko la kudharau; neno la dhihaka. ~**ingly** *adv.*

sneeze [sni:z] *n.* chafya. — *v.i.* piga chafya; chemua.

sniff [snif] *v.i.* (1) vuta hewa puani kwa kishindo kidogo; fanya hivi ili kuonyesha dharau. (2) vuta puani kwa pumzi; nusa kwa namna hii.

snob [snob] *n.* mtu ajipaye makuu; ajipendekezaye kwa wakuu na kutojali wadogo. ~**bery** *n.* ~**bish** *adj.*

snooker ['snu:kə*] *n.* mchezo wa kugonga tufe za rangi mbalimbali katika meza.

snore [sno:*] *v.i.* koroma, forota, usingizini. — *n.* mkoromo.

snort [sno:t] *v.i.* fanya sauti kubwa kwa kutoa pumzi puani; fanya hivi kwa kuonyesha haraka, dharau, &c.

snout [snaut] *n.* pua ya mnyama (hasa ya nguruwe).

snow [snou] *n.* theluji, umande uliogandamana kwa baridi. — *v.i.* (1) -nya theluji. (2) anguka au angusha kama ~ kwa wingi. (3) *be* ~*ed up*, zuiliwa usitoke nje kwa wingi wa theluji; *be* ~*ed under with requests*, &c., pokea haja nyingi sana za watu hata usiweze kupata nafasi ya kujibu.

snub [snʌb] *v.t.* (-*bb*-) -pa fulani (hasa aliye chini yako) kisogo; kataa kwa kupa kisogo. — *n.* neno au tendo la ~.

snuff [snʌf] *n.* tumbako ya kunusa; ugolo.

snug [snʌg] *adj.* (1) -a moto tena -a raha. (2) -a kutengenea. ~**gle** ['snʌgl] *v.i.* lala (karibu sana na fulani) ili kujipasha moto.

so [sou] *adv.* hivi; vivi hivi. — *conj.* kwa hayo; hivyo; basi. — *pron.* **so-and-so**, fulani.

soak [souk] *v.t. & i.* (1) tia maji; lowesha. (2) lowa, lowama, loweka. (3) ~ *up*, -nywa.

soap [soup] *n.* sabuni. *soft* ~, (*fig.*) kusifusifu. — *v.t.* tia sabuni; osha, fua kwa kutumia sabuni.

soar [so:*] *v.i.* ruka juu kwa mabawa; panda kuliko kadiri: *The price is* ~*ing*, bei inapanda upesi.

sob [sob] *v.i.* lia kwa kwikwi kwa sababu ya huzuni au kwa maumivu; sema wakati unapolia hivi. — *n.* kwikwi ya kulia; kitefutefu.

sober ['soubə*] *adj.* (1) -a kiasi; -enye busara; -a makini. (2) si -levi; -siolewa. (3) (kwa rangi) -siotazamisha. — *v.t. & i.* levusha; ondoka ulevi. **sobriety** [sou-'braiəti] *n.* kuwa ~; busara; kiasi.

soccer ['sokə*] *n.* (*colloq.*) mchezo wa mpira; futboli.

sociable ['souʃəbl] *adj.* -a kupenda maongezi ya watu; -a rafiki wengi; -kunjufu.

social ['souʃl] *adj.* (1) -enye kukaa kwa makundi, si upekee. (2) -a watu wakaao kwa jamii; -a watu wao kwa wao. (3) -a cheo au -a jamii ya watu: *your* ~ *equals*, walio sawa nawe kwa cheo. ~**ism** *n.* kutaka namna zote za kuchuma utajiri, *e.g.* mashamba, viwanda vya kazi, mashimo ya makaa na ya madini, &c. ziwe mali ya serikali. ~**ist** *n.* mtu ashikaye shauri la ~*ism.*

society [sə'saiəti] *n.* (1) jamii ya watu wakikaa pamoja; watu wakaao pamoja kwa kundi au kwa taifa; matengeneo, desturi, &c., za jamii kama hiyo. (2) watu wa cheo kikuu katika mahali, wilaya, nchi, &c. (3) ushirika; urafiki: *spend an evening in the* ~ *of one's friends*, pisha jioni miongoni mwa rafiki zako. (4) shirika; chama; kikao.

sociology [,sousi'olədʒi] *n.* elimu ya asili ya *society* na maendeleo yake.

sock [sok] *n.* (1) sokesi; kama mfuko wa kuvaa mguuni chini. (2) kipande kama wayo cha kutia katika kiatu.

socket ['sokit] *n.* tundu, kitundu (*e.g.* cha jicho).

sod [sod] *n.* bumba la udongo na majani yake.

soda ['soudə] *n.* magadi; ~-*water*, maji ya *soda*, yenye kufura.

sodden ['sodn] *adj.* (1) majimaji; -liololowama. (2) -zito kwa sababu ya kunywa pombe nyingi.

An electric light socket

sofa ['soufə] *n.* kiti kirefu. taz. picha.

A sofa

soft [soft] *adj.* (1) -ororo. (2) laini. (3) (kwa rangi nyeupe) si -angavu; -siochosha macho. (4) (kwa sauti) kimya; si -a kelele nyingi. (5) (kwa maneno, majibu, &c.) -pole; -tamu. ~**en** ['sofn] *v.t. & i.* fanya ~; -wa ~. ~**ly** *adv.* polepole; kimya.

soggy ['sogi] *adj.* chepechepe; -liolowa maji.

¹**soil** [soil] *n.* udongo; ardhi.

²**soil** [soil] *v.t. & i.* tia chaka, chafua; chafuka.

solace ['soləs] *n.* faraja; kitulizo. — *v.t.* fariji; tuliza.

solar ['soulə*] *adj.* -a jua.

sold [sould] *past tense & p.p.* ya *sell*.

solder ['so(l)də*] *n.* lehemu; risasi ya kulehemia. — *v.t.* lehemu; unganisha kwa lehemu. ~**ing-iron** *n.* chuma cha kulehemia.

soldier ['souldʒə*] *n.* askari (nidhamu). ~**ly** ~-**like** *adj.* kama askari; -a kustahili askari.

¹**sole** [soul] *n.* wayo; chini ya mguu.

²**sole** [soul] *adj.* (1) -moja tu. (2) -a peke yake (yao, &c.). ~**ly** *adv.* (1) upekee. (2) tu.

solemn ['soləm] *adj.* (1) -liofanywa kwa sherehe, hasa kwa ibada; -a kutuliza moyo. (2) -zito; -chaji; -a heshima. ~**ly** *adv.* ~**ity** [sə'lemniti] *n.* (hasa) sherehe; heshima. ~**ize** ['soləmnaiz] *v.t.* tukuza; fanya kwa heshima.

sol-fa ['sol'fa] *n.* utaratibu wa muziki wa kutumia, *do, re, mi,* &c.

solicit [sə'lisit] *v.t. & i.* omba; sihi.

solicitor [sə'lisitə*] *n.* mwana *Oberia* atengenezaye hati za wosia, &c. na kuwapa shauri wamwajiriao (*cf. barrister*).

solicitous [sə'lisitəs] *adj.* -a kujisumbulia (neno); -enye kutaka kufanya; -angalifu. **solicitude** [sə'lisitju:d] *n.*

solid ['solid] *adj.* (1) -nene; si wazi ndani (kama mvuke). (2) -gumu bila tundu ndani yake. (3) yabisi; -kavu; imara. (4) -enye urefu, upana na uzito. (5) thabiti. (6) -zima; bila kikomo: *He was writing for two ~ hours*, alikuwa akiandika muda wa saa mbili nzima. — *n.* kitu kigumu. ~**ify** [sə'lidifai] *v.t. & i.* fanya ~; gandamiza; gandamana; ganda. ~**ity** [sə'liditi] *n.* kuwa ~; ugumu.

soliloquy [sə'liləkwi] *n.* kusema na nafsi yake (yako, &c.) fikira za moyoni. **soliloquize** [sə'liləkwaiz] *v.i.*

solitary ['solitəri] *adj.* (1) (-a kukaa) peke yake; pasipo watu; -kiwa. (2) -moja tu. (3) (kwa mahali) -siozuriwa mara nyingi. **solitude** ['solitju:d] *n.* kuwa ~; ukiwa; upekee.

solo ['soulou] *n.* wimbo wa mtu mmoja peke yake.

soluble ['soljubl] *adj.* -a kuweza kuyeyushwa (katika maji).

solution [sə'lju:ʃn] *n.* (1) ufumbuzi (wa swali, &c.); njia ya kuondoa shida au mashaka. (2) jinsi ya kuyeyusha kitu kigumu au *gas* katika maji; maji yaliyo matokeo ya kufanya hivi.

solve [solv] *v.t.* fumbua (swali, kitendawili, &c.); vumbua njia ya kuondoa (shida, &c.).

sombre ['sombə*] *adj.* -a giza; -eusi; -a huzuni.

some [sʌm, səm] *adj. & pron.* baadhi ya; -ingine. ~-**what** *adv.* kidogo.

somersault ['sʌməˌso:lt] *v.i. & n.* kupinduka; kichwangomba.

somnolent ['somnələnt] *adj.* -a

SON [261] **SOVIET**

kusinzia; -a karibu kusinzia; -a kuleta usingizi. **somnolence** *n.* usingizi.

son [sʌn] *n.* mwana; mtoto mume. ~-in-law *n.* mkwe.

song [sɔŋ] *n.* wimbo. *for a* ~, rahisi sana.

sonnet ['sɔnit] *n.* utenzi mfupi mwenye mistari 14.

soon [suːn] *adv.* (1) karibu; halafu kidogo. (2) *I would as* ~ (*would* ~er) *die*, sawasawa kufa kwangu: afadhali nife: mimi tayari kufa.

soot [sut] *n.* masizi; kaa moshi.

soothe [suːð] *v.t.* (1) tuliza; fariji. (2) ridhisha; burudisha.

sop [sɔp] *n.* (1) kitonge kilichochevywa katika mchuzi. (2) kitu kilichotolewa kama kitulizo. ~**ping** *adj. & adv.* -a kulowa sana.

sophisticated [so'fistikeitid] *adj.* -a malimwengu; -erevu.

sorcerer ['soːsərə*] *n.* mchawi; mlozi. **sorceress** *n.* mchawi wa kike; kichawi. **sorcery** ['soːsəri] *n.* uchawi.

sordid ['soːdid] *adj.* -nyonge; -baya.

sore [soː*] *adj.* (1) (kwa kiungo cha mwili) -a kuwasha; -a kuuma. (2) -a huzuni; -a majonzi. (3) -a kuhuzunisha; -a kusumbua. (4) (la zamani) -kubwa; -zito. — *adv.* ~ *oppressed*, -liondfiika sana. — *n.* kidonda; jeraha. ~**ly** *adv.* sana; mno.

sorrow ['sɔrou] *n.* huzuni; sikitiko. ~**ful** *adj.*

sorry ['sɔri] *adj.* (1) (*predic.* tu) *be* ~, sikitika. (2) *cf. pitiful*, hafifu; -nyonge; maskini.

sort [soːt] *n.* (1) jinsi; namna; aina. (2) *a good* ~, (hasa) mtu mkunjufu sana. (3) *out of* ~s (*colloq.*): *He is out of* ~s, hawezi kidogo; ni mgonjwa kidogo. — *v.t. & i.* (~ *out*) tenga; pambanua; ainisha.

SOS ['esou'es] *n.* wito wa meli, eropleni, *&c.* wa kutaka msaada katika hatari.

sought [soːt] *past tense & p.p.* ya *seek*.

soul [soul] *n.* (1) roho, ambayo hufikiriwa ni ya milele. (2) nafsi ya mtu. (3) mtu: *There was not a* ~ *to be seen*, hapakuwa na mtu hata mmoja. (4) mtu aliye mfano wa wema: *He is the* ~ *of bravery*, yeye

ni shujaa hasa. ~**ful** *adj.* -a kuamsha moyo; -a kuleta maono mema. ~**less** *adj.* bila maono mema.

¹**sound** [saund] *n.* cha kusikika; sauti; mlio; mshindo; mvumo. — *v.i. & i.* (1) fanya mshindo; toa ~; fanya, kutoa mshindo, kulia, kuvuma, *&c.* (2) -wa kama; fanana kuwa: *His explanation* ~s *true*, maelezo yake ni kama kuwa kweli. (3) pima (kwa chombo na kwa kusikiliza): *The doctor* ~ed *my chest*, daktari alinipima kifua. ~-*proof adj.* -a kuzuia makelele; -siopenyeka kwa sauti, *&c.*

²**sound** [saund] *n.* mlangobahari. — *v.t. & i.* (1) tia bildi; pima maji kwa bildi. (2) (*fig.*) jaribu kuvumbua fikira za fulani (juu ya jambo au shauri).

³**sound** [saund] *adj.* (1) -zima; kamili; timamu. (2) sahihi; hakika; -enye busara. (3) sana. — *adv.* ~ *asleep*, -liolala fofofo. ~**ly** *adv.* (1) kwa busara. (2) kabisa; kamili. ~**ness** *n.*

soup [suːp] *n.* mchuzi. *be in the* ~, (*colloq.*) umia; patikana: *You're in the* ~, (*he's, we're*) *in the* ~, kuna beluwa kwako (kwake, kwetu, *&c.*).

sour ['sauə*] *adj.* (1) -chungu. (2) (kwa maziwa, *&c.*) -liochachuka. (3) -chungu; -a kasirani. — *v.t. & i.* fanya kuwa au -wa ~. ~**ness** *n.* uchungu; ukali.

source [soːs] *n.* chimbuko; asili.

south [sauθ] *n.* kusini. — *adj.* -a kusini. — *adv.* kwa kusini. ~**erly** ['sʌðəli] *adj. & adv.* (kwa pepo za hewani) kutoka au kwenda kwa kusini. ~**ern** ['sʌðən] *adj.* -a kusini. ~**ward(s)** ['sauθwəd(z)] *adv.* kwa kusini. **sou'wester** [,sau'westə*] *n.* (1) upepo wa nguvu wa magharibi ya kusini. (2) kofia kubwa ya nguo iliyotiwa mafuta isipenyezeke kwa mvua.

souvenir ['suːviniə*] *n.* ukumbusho; kumbukumbu.

sovereign ['sɔvrin] *n.* (1) (kwa enzi au mamlaka) -kuu; bila kizuio. (2) (kwa nchi, serikali) -enye enzi kuu. (3) bora; -a thamani iliyothibitishwa. — *n.* (1) mtawala; mfalme. (2) sarafu ya dhahabu ya Kiingereza (isiyotumika siku hizi). ~**ty** *n.* enzi; mamlaka.

soviet ['souviet] *n.* baraza ya wafanya kazi katika nchi ya

Russia; serikali ya R. ya siku hizi; *S. Russia*, nchi ya R.

¹ **sow** [sou] *v.t. & i.* (*sowed*, *p.p. sown* [soun] au *sowed*) panda (mbegu).

² **sow** [sau] *n.* nguruwe jike.

soya-bean ['soiəbi:n] *n.* mbegu kama jamii ya kunde au choroko itumikayo kwa chakula tena iliyomo mafuta.

space [speis] *n.* (1) anga. (2) nafasi. (3) mahali; uwanda. (4) muda; muhula; majira. — *v.t.* panga kwa jinsi ya kuacha nafasi kati.

spacious ['speiʃəs] *adj.* -kubwa; -enye nafasi.

spade [speid] *n.* (1) jembe la Kizungu. (2) (kwa karata) shupaza.

Spades

~work *n.* kazi ngumu ya bidii sana, hasa kwa kuanzisha shughuli fulani.

span [span] *n.* (1) shibiri (yapata nafasi ya inchi 9). (2) tao. (3) muda; kitambo. — *v.t.* (-nn-) (1) pita juu ya. (2) pima kwa shibiri.

spank [spaŋk] *v.t.* (1) tia adabu mtoto kwa kumpiga kofi la matako. (2) (hasa kwa mwendo wa farasi au wa merikebu) enda upesi. **~ing** *adj.* (*colloq.*) bora; (kwa upepo) -a nguvu nzuri.

spanner ['spanə*] *n.* koleo; kibano.

A spanner

¹ **spar** [spa:*] *n.* boriti, la kutegemeza matanga ya merikebu.

² **spar** [spa:*] *v.i.* (-rr-) pigana ngumi kwa mchezo.

spare [speə*] *v.t. & i.* (1) achilia; rehemu; hurumia. (2) nyima: *~ no pains* (*expense*), tumia bidii (fedha) nyingi sana; *He never ~s himself*, ajibidisha daima. (3) jipatia (fedha, nafasi, &c.) ya kutosha: *We can't ~ the time for a holiday*, hatuna nafasi kwa kupumzika; *Please ~ a copper*, kunradhi unipe senti. (4) *He has enough and to ~*, ana cha kutosha, hata zaidi ya kutosha. — *adj.* (1) -a kuzidi: *I have no ~ cash*, sina fedha ya kuzidi; zaidi ya kutosha. (2) -siotumika ila wakati wa shida: *a ~ tyre*, mpira wa ~ ; *a ~ room*, chumba cha wageni. (3) (kwa watu) -embamba; -liokonda. (4) haba; -chache. — *n.* kitu cha mashini cha ~¹. **sparing** *adj.* -nyimivu.

sparingly *adv.* kwa unyimivu; kidogo.

spark [spa:k] *n.* cheche; kimeta. **~ing-plug** *n.* chombo cha kutoa cheche katika mashini ya motakaa, &c.

sparkle ['spa:kl] *v.i.* metameta; ng'aa.

sparrow ['sparou] *n.* A sparkndege mdogo rangi ya ing plug hudhurungi nyeusi kidogo, huonekana kwa wingi katika miji au penye nyumba za binadamu.

sparse [spa:s] *adj.* haba; -chache; kidogo. **~ly** *adv.*

spasm ['spazm] *n.* pindi; mshtuko. **~odic** [spaz'modik] *adj.* -a ~ ; -a ghafula.

spat [spat] *past tense & p.p.* ya *spit*.

spate [speit] *n.* furiko.

spawn [spo:n] *n.* mayai ya samaki au chura. — *v.i.* toa mayai; zaa.

speak [spi:k] *v.i. & t.* (*spoke* [spouk] *spoken* ['spoukn]) nena; sema: *~ out* (*up*), sema sana; sema waziwazi; *~ one's mind*, sema waziwazi uonavyo bila kupendelea; *nothing to ~ of*, kama si kitu; kidogokidogo; *We are not on ~ing terms*, tumegombana hatuonani. **~er** *n.* msemaji, mnenaji (hasa mbele ya watu); (*the S.*) mkuu wa kiti wa *House of Commons*.

spear ['spiə*] *n.* mkuki; fumo.

special ['speʃl] *adj.* (1) -a namna; maalum (2) si -a kawaida; muhimu. (3) -a kazi moja hasa. **~ist** *n.* mtu mwenye maarifa mengi ya jambo moja, (hasa ya udaktari). **~ity** [ˌspeʃi'aliti] *n.* (1) tabia, hulka maalum ya mtu au kitu fulani. (2) kazi, bidhaa, &c. ya mtu au ya mahali au duka fulani, ambayo hujulikana sana ni bora. **~ize** ['spefəlaiz] *v.i.* chagua na kuchunguza aina moja ya kazi (elimu, &c.) maalum.

specie ['spi:ʃi] *n.* fedha ya sarafu si ya karatasi.

species ['spi:ʃi:z] *n.* aina; namna; jinsi.

specific [spi'sifik] *adj.* (1) dhahiri. (2) -a namna yake maalum. ~ *gravity*, uzani wa kitu fulani kuliko maji. **specify** ['spesifai] *v.t.* taja; pambanua. **specification** [,spesifi'keiʃn] *n.* (hasa kwa *pl.*) hati au taarifa yenye habari halisi ya kazi (mambo).

specimen ['spesimin, -mən] *n.* (1) namna; kielezo. (2) kipande; sehemu moja ya kutumika kwa kuonyesha tabia ya kitu kizima.

specious ['spi:ʃəs] *adj.* -a kuonekana kama kwamba ni kweli au -zuri lakini sivyo.

speck [spek] *n.* waa; doa; chembe. **~ed** *adj.* -enye alama za ~s. **~le** ['spekl] *n.* doa, hasa katika ngozi, manyoya, &c. **~led** *adj.* -enye madoa; madoadoa.

spectacle ['spektəkl] *n.* (1) tamasha. (2) jambo la sherehe, hasa kizushi au shani. (3) *make a ~ of oneself*, jichukua au kuvaa kwa namna ya dhihaka. (4) (*pl., a pair of ~s*) miwani. **specs** *n. pl. colloq.* kifupisho cha ~s⁴. **spectacular** [spek'tækjulə*] *adj.* -a kutazamisha; -a tamasha; -a sherehe. **spectator** [spek'teitə*] *n.* mwenye kutazama, kuwapo, kuhudhuria.

spectre ['spektə*] *n.* kivuli; pepo; hofu iliyopo daima au mashaka juu ya mambo mabaya (au taabu) yatakayokuja.

speculate ['spekjuleit] *v.i.* (1) fikirifikiri (bila kuelewa sana) juu ya jambo fulani; bahatisha (namna ya kufanya jambo fulani, &c.). (2) hatirisha fedha kwa ajili ya faida kwa sababu ya kutazamia kuwa bei ya vitu itapanda au kushuka. **speculator** *n.* mtu afanyaye hivi². **speculation** [,spekju'leiʃn] *n.* kufanya hivi².

sped [sped] *past tense & p.p.* of *speed*.

speech [spi:tʃ] *n.* (1) uwezo wa, tendo la, namna ya, kusema au kunena. (2) hotuba. **~less** *adj.*

-sioweza kunena, hasa kwa haya, fadhaa, hofu, &c.

speed [spi:d] *n.* (1) mwendo: *at a ~ of thirty m.p.h.*, mwendo wa maili thelathini kila saa moja; *travel at full ~*, enda fulu; enda upesi iwezekanavyo; *exceed the ~ limit*, enda upesi kuliko kadiri iliyoruhusiwa kwa sheria. (2) upesi; haraka: *more haste less ~*, haraka, haraka, haina baraka. — *v.t. & i.* (*sped*) himiza; enda upesi. **~ometer** [spi'dɔmitə*] *n.* mtambo wa kupimia mwendo wa motakaa, &c. **~y** *adj.* -epesi; -a kuja, -a kufanywa, bila kuchelewa. **~ily** *adv.* hima; upesi.

¹ **spell** [spel] *v.t. & i.* (*past tense* spelt au spelled, *p.p.* spelt) (1) endeleza; nena au andika herufi za neno fulani. (2) tokea: *Delay may ~ danger*, kuchelewa labda kutatokea hatari. **~ing** *n.* kuendeleza neno herufi moja moja.

² **spell** [spel] *n.* maneno ya kunuizia uchawi; mvuto; uwezo wa kushinda kwa uzuri, ufasaha, &c. **~bound** *adj.* (be) shangaa.

³ **spell** [spel] *n.* muda; kipindi; zamu.

spend [spend] *v.t. & i.* (*past tense & p.p.* spent) (1) toa; lipa. (2) tumia. **~thrift** *n.* mpotevu wa mali. **spent** *adj.* -liochoka sana.

sphere [sfiə*] *n.* (1) mfano wa duara au wa tufe; nyota. (2) kazi au shughuli ya mtu. (3) ~ *of influence*, pa kufanyia hukumu; milki. **spherical** ['sferikl] *adj.* -a mviringo; -a duara.

sphinx [sfiŋks] *n.* mfano wa mnyama mwenye kichwa cha mwanamke na kiwiliwili cha simba ulio katika nchi ya Misri; mtu wa siri au mfichifichi.

A sphinx

spice [spais] *n.* (1) kitu kitamu cha kukoleza chakula, *e.g.* basibasi, karafuu, dalasini, &c. (2) (*fig.*) kidogo: *a ~ of humour (danger)*, -a kuchekesha (-a hatari) kidogo.

spick [spik] *adj.* (hutumika tu pamoja na *span*) ~ *and span*, safi; nadhifu.

spider ['spaidə*] *n.* buibui. *spider's web*, utando wa buibui.

spied [spaid] *past tense & p.p.* ya *spy*.

spike [spaik] *n.* (1) msumari; mwiba. (2) suke (la npunga, mtama, &c.).

¹spill [spil] *v.i. & t.* (*spilt* au *spilled*) (1) mwagika; mwaga. (2) (kwa farasi, gari, &c.) pinduka; pindua. — *n.* anguko: *have a ~ from a bicycle*, anguka katika baisikeli.

²spill [spil] *n.* kipande chembamba cha karatasi, mti, &c. cha kuwashia kiko, taa, &c.

spin [spin] *v.t. & i.* (*past tense* spun au span, *p.p.* spun, *-nn-*) (1) pota; sokota. (2) pota (sokota, fanyiza) uzi. (3) zungusha, zunguka, upesi (kama gurudumu). (4) ~ *sth. out*, ongeza mno; kokota; ~ *a yarn*, piga chuku. — *n.* (1) mwendo kama ule wa pia ikizunguka vuruvuru; msokoto. (2) matembezi ya motakaa, ya baisikeli, &c. ~**dle** ['spindl] *n.* mti wa kati (chuma cha kati) ya gurudumu.

spinach ['spinidʒ] *n.* mboga kama majani ya mfigili.

spine [spain] *n.* (1) uti wa mgongo. (2) mwiba wa mche kama mpungate; mcheche wa mnyama kama nungu. **spinal** ['spainl] *adj.* -a uti wa mgongo. ~**less** *adj.* pasipo ~ ; (*fig.*) -oga; -a kusitasita. **spiny** *adj.* -enye miiba.

spinster ['spinstə*] *n.* (hasa kwa hati za sheria, &c.) mwanamke mzima asiyeolewa.

spiral ['spaiərəl] *adj. & n.* mfano wa parafujo, taz. picha.

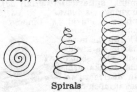

Spirals

spire ['spaiə*] *n.* mnara uliochongoka juu.

spirit ['spirit] *n.* (1) roho; nafsi. (2) kizimwi; mzimu; kivuli. (3) moyo wa bidii. (4) moyo: *It was done in a ~ of mischief*, kilifanywa kwa moyo wa fitina. (5) mtu wa bidii; mwenye nguvu. (6) maana; kusudi; kiini: *obey the ~ not the letter of the law*, tii kiini cha sheria si kuitii juu juu tu. (7) (*pl.*) hali ya moyo. *in high ~s*, -enye furaha nyingi; *in poor (low) ~s*, *out of ~s*, -enye uzito, enye majonzi au huzuni. (8) (*pl.*) dawa kali ya ulevi *whisky*, &c.; mvinyo (hasa kwa *rum*); moshi (kwa *gin*). — *v.t.* (*away*) twaa (mtu au kitu) kwa siri. ~**ed** *adj.* -a bidii; hodari. ~**ual** ['spiritʃuel] *adj.* (1) -a roho; -a mambo matakatifu. (2) -a kuongoka na Roho Mtakatifu. — *n.* wimbo wa dini wa watu weusi wa *N. America*.

¹spit [spit] *v.t. & i.* (*spat, -tt-*) tema, tema mate; (kwa paka, &c.) toa ukali. ~**tle** *n.* mate.

²spit [spit] *n.* (1) kibanzi, kibano cha mti; uma wa kubanikia nyama. (2) ~ *of land*, fungu. (3) *He is the dead ~ of his father*, amefanana kabisa na baba yake.

spite [spait] *n.* chuki; ubaya: *He has a ~ against me*, anichukia; *It was done out of ~*, kilifanywa kwa kuchokoza. *in ~ of*, ingawa; ijapokuwa: *They went in ~ of the rain*, walikwenda ijapokuwa mvua ilikuwa inakunya; *I shall do it in ~ of you*, nitaifanya ijapokuwa hutaki mwenyewe. ~**ful** *adj.* -a chuki; -korofi. ~**fully** *adv.*

splash [splaʃ] *v.t. & i.* (1) rusha (maji, matope, &c.) kwa matone; ruka kwa matone. (2) tupia maji: loweshea kwa matone. (3) enda, anguka, majini, &c. na kufanya kishindo cha ~*ing*. — *n.* kishindo cha, doa la, alama ya, maji yakiruka kwa matone: *make a ~*, tazamisha kwa kupiga fahari.

splendid ['splendid] *adj.* (1) -a fahari; -zuri sana; -angavu. (2) (*colloq.*) -zuri. **splendour** ['splendə*] *n.* fahari; wangavu.

splice [splais] *v.t.* unganisha (kamba) kwa kuzisokota nyuzi zake;

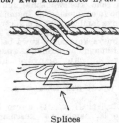

Splices

splint [splint] *n.* gango; banzi; kitata.

splinter ['splintə*] *n.* kibanzi (cha ukuni, jiwe, kioo, &c.). — *v.t. & i.* vunja, vunjika, kwa vibanzi.

split [split] *v.t. & i.* (-*tt*-, *past tense & p.p. split*). (1) pasua, pasuka, kwa vipande viwili au zaidi; atua; atuka. (2) pasua; gawanya; tawanya. (3) ~ *one's sides*, cheka sana; *a ~ting headache*, kichwa kuuma sana; ~ *hairs*, tofautisha kwa kuangalia zaidi mambo madogodogo. — *n.* mpasuko; ufa; mwatuko; mtengano.

splutter ['splʌtə*] *v.i. & t.* (1) tatarika katika kusema (kwa wasiwasi, haraka, &c.). (2) sema kama kwamba kutematema mate.

spoil [spoil] *v.t. & i.* (~*t* au ~*ed*) (1) haribu. (2) endekeza; enga mtoto kwa kumlea vibaya. (3) (kwa chakula, &c.) oza; haribika. (4) *be* ~*ing for a fight*, tamani kupigana. — *n.* (huwa *pl.*) (1) mateka; nyara. (2) mapato yaliyoletwa kwa kuwa na enzi katika kazi ya utawala wa nchi, &c.

¹ **spoke** [spouk] *past tense* ya *speak*.

² **spoke** [spouk] *n.* taruma; (baisikeli) tindi.

spoken ['spoukn] *p.p.* ya *speak*.

spokesman ['spouksmən] *n.* mnenaji; mkuu.

sponge [spʌndʒ] sifongo; (sifunja, sifonjo) yatumika kwa kunawia: *throw up the* ~, kubali kuwa umeshindwa. — *v.t. & i.* (1) safisha (pangusha) kwa ~; futa; tangua. (2) ~ *on sb.*, (*colloq.*) fuata fulani ili kulondea. ~**-cake** *n.* mkate mtamu mwepesi sana kama ~. ~**r** *n.* mdoya; mfuasi wa mtu fulani alondeaye. **spongy** *adj.* -a yavuyavu; kama ~.

A sponge

sponsor ['sponsə*] *n.* mdhamini. — *v.t.* dhamini.

spontaneous [spon'teinjəs] *adj.* -a asili au -a kuja peke yake si kwa lazima wala ushawishi.

spool [spu:l] *n.* kipande cha kuzungushia (kutatia, kukunjia) uzi, karatasi za *camera*, &c.

spoon [spu:n] *n.* mwiko; kijiko. ~**ful** *n.* kadiri ya kijiko kimoja.

spoor [spuə*] *n.* nyayo (za mnyama).

sporadic [spo'radik] *adj.* -a kutokea huko na huko, -moja -moja, pengine pengine.

sport [spo:t] *n.* (1) mchezo; furaha, hasa ya nje ya nyumbani. (2) (*pl.*) mashindano ya michezo. (3) mzaha: *make* ~ *of*, fanya mzaha; dhihaki. ~**sman** *n.* (1) mzoevu wa michezo. (2) mtu mnyofu ashikaye sana sheria za michezo. ~**smanlike** *adj.* -a kumstahili (-a kumfaa) ~*sman.* ~**smanship** *n.*

spot [spot] *n.* (1) waa dogo (hasa la mviringo). (2) doa; alama chafu. (3) mahali padogo, penyewe; pale pale: *do sth. on the* ~, fanya pale pale, papo hapo; *the man on the* ~, mtu aliyekuwapo mwenyewe. (4) ~ *cash*, fedha taslimu. — *v.t. & i.* (-*tt*-) (1) tia waa, doa, &c.; chafuka kwa mawaa, madoa, &c. (2) tambua; ona: ~ *a friend in a crowd*, tambua rafiki miongoni mwa watu wengi. ~**less** *adj.* pasipo mawaa; -eupe; safi. ~**ty** *adj.* -enye marakaraka; *a* ~*ty complexion*, uso wa upele.

spouse [spauz] *n.* (la zamani) mume; mke.

spout [spaut] *n.* (1) mdomo (wa birika, &c.). (2) mfoko wa (bubujiko la) maji, &c. — *v.t. & i.* (1) toa (maji) kwa nguvu; bubujika. (2) (*colloq.*) piga domo; nena makuu.

sprain [sprein] *v.t.* tegua; shtusha. — *n.* kushtuka; mshtuko.

sprang [spraŋ] *past tense* ya *spring*.

sprawl [spro:l] *v.i.* (1) jinyosha; tandawaa. (2) (wa mimea au kwa mwandiko) eneaenea; tambaa.

spray [sprei] *n.* (1) marasharasha, manyunyu ya maji, dawa, &c. (2) kitawi pamoja na majani au maua yake, hasa kwa kutumika kama kipambo. — *v.t.* nyunyizia; pulizia.

spread [spred] *v.t. & i.* (*spread*) (1) kunjua; nyosha; tanda. (2) paka. (3) tandika meza tayari kwa chakula. (4) eneza; enea; tawanya; tawanyika, &c. — *n.* (1) eneo. (2) (*colloq.*) vyakula vingi.

spree [spri:] *n.* *have a* ~, shinda

wakati kwa furaha na michezo: *be on the ~*, -wa katika furaha na kuchezacheza.

¹ **spring** [spriŋ] *v.i. & t.* (*sprang, sprung* [sprʌŋ]) (1) ruka ghafula; toka, ondoka, upesi. (2) (mara nyingi ~ *up*) onekana; chipuka. (3) leta au toa **ghafula**. (4) ~ *a trap, &c.*, tegua; fyatua. (5) (kwa mti) pasuka; atuka. ~ *a leak*, anza kuvuja maji. — *n.* (1) ruko, mruko. (2) chemchemi. (3) mtambo (wa chuma). (4) kunyumbuka (kwa mpira ukivutwa, &c.) (5) asili; mwanzo. (6) ~ *tide* (kinyume cha *neap-tide*) maji ya kujaa sana baharini; bamvua.

A metal spring

² **spring** [spriŋ] *n.* wakati wa mwaka kabla ya *Summer* na baada ya *Winter*.

sprinkle ['spriŋkl] *v.t.* nyunyiza; tia kidogo huko na huko; rasha. **sprinkling** *n.* kidogo; uchache: *There was only a sprinkling of people present*, watu waliobudhuria walikuwa wachache tu.

sprint [sprint] *v.i.* enda mbio iwezekanavyo.

sprout [spraut] *v.i.* chipuka; anza kumea; anza kuota.

¹ **spruce** [spru:s] *adj.* nadhifu; -a malidadi.

² **spruce** [spru:s] *n.* namna ya mti kama msunobari.

sprung [sprʌŋ] *p.p.* ya *spring*.

spun [spʌn] *p.p.* ya *spin*.

spur [spə:*] *n.* (1) kichokoo; msumari wa kuchoma farasi mbavuni. (2) (*fig.*) kichocheo. *act on the ~ of the moment*, fanya kitu ghafula pasipo kufikiri. (3) kipi cha jogoo. (4) *a ~ of a hill*, sehemu ya kilima itokezayo mbavuni mwa kilima. — *v.t.* (*-rr-*) choma farasi kwa ~¹; himiza kama kwamba kupiga ~¹; chochea¹.

spurious ['spjuəriəs] *adj.* -a uwongo.

Spurs

spurn [spə:n] *v.t.* sukumia mbali au piga teke; dharau.

spurt [spə:t] *v.i.* (1) toka ghafula kwa nguvu; foka. (2) kaza mbio; fanya kipindi cha nguvu. — *n.* tokeo la ghafula la nguvu; mkazo wa mbio.

spy [spai] *n.* mpelelezi. — *v.t.* ona. — *v.i.* peleleza; doea.

squabble ['skwobl] *v.i. & n.* gombana (juu ya jambo lisilo la maana).

squad [skwod] *n.* kundi dogo la askari au watu wafanyao kazi pamoja.

squadron ['skwodrən] *n.* (1) kikosi cha askari wapanda farasi (watu wapata 120–200). (2) kundi dogo la manowari au la eropleni 12).

squalid ['skwolid] *adj.* -chafu; -nyonge; -baya. **squalor** ['skwolə*] *n.* hali ~.

squall [skwo:l] *n.* (1) kilio cha nguvu cha maumivu au cha hofu (hasa cha mtoto mdogo). (2) dhoruba; tufani ya ghafula.

squander ['skwondə*] *v.t.* poteza (wakati, mali, &c.).

square [skwɛə*] *n.* (1) mraba. (2) uwanja mkubwa; mahali peupe kati ya nyumba mjini. (3) (katika kuhesabu) jawabu la hesabu iliyozidishwa kwa yenyewe, *e.g. the ~ of 7 = 49*. — *adj.* (1) -enye mfano wa mraba. (2) -enye pembe ya mraba. (3) sawasawa; sambamba. (4) (kwa kazi, matendo, &c.) -nyofu: -adili; *a ~ deal*, jambo sawasawa tena nyofu. (5) patanisha; sawazisha: *get ~ with sb.*, lipa fulani deni yake; (*fig.*) lipiza kisasi. (6) ~ *measure*, kipimo cha eneo; *a ~ inch (foot, &c.)* inchi (futi) ya eneo (yaani mraba ambao kila upande wake ni inchi (futi) moja). (7) *a ~ meal*, chakula kizuri kwa sababu ni cha kutosha. — *v.t. & i.* (1) fanya mraba. (2) sawazisha. (3) zidisha hesabu kwa yenyewe. (4) lipa; kata neno. (5) ~ *with*, patana, patanisha, na.

A square

squash [skwoʃ] *v.t.* (1) ponda; seta; songa. (2) nyamazisha kwa dharau. — *n.* (1) watu wengi waliosongana sana. (2) *lemon (orange, &c.) ~*, maji ya limau (chungwa, &c.).

squat [skwot] *v.i.* chuchumaa; chutama; kaa kitako. — *adj.* -fupi tena -nene. ~**ter** *n.* mtua (mkaa) mahali bila ruhusa ya sheria.

squeak [skwi:k] *n.* (1) kweche; kilio chembamba (kama cha panya). (2) *a narrow ~*, kupona kwa shida. — *v.i.* toa ~; lia kweche.

squeal [skwi:l] *n.* kilio chembamba, kirefu kuliko *squeak* tena cha kuonyesha hofu au maumivu. — *v.i.* toa ~.

squeeze [skwi:z] *v.t.* songa; bana; minya; kamua: *~ the juice out of an orange*, kamua chungwa; *~ one's way through a crowd*, jipenyeza kwenye umati. — *n.* kusonga, &c.; hali ya kusongwa, &c.; msongo; msongano.

squint [skwint] *v.i.* (1) -wa na macho ya makengeza. (2) tazama kitongotongo. — *n.* (1) makengeza; kitongo; upogo. (2) (*colloq.*) *have a ~ at*, tazama; tupia jicho.

squire ['skwaiə*] *n.* (1) mwungwana. (2) (la zamani) mfuasi wa *knight*.

squirrel ['skwirəl] *n.* mnyama mdogo kama kindi au kidiri.

squirt [skwə:t] *v.t. & i.* toa (toka) katika tundu dogo kwa nguvu. — *n.* kibomba cha kurusha maji hivi; maji yatokayo kwa nguvu katika tundu dogo.

stab [stab] *v.t.* (-bb-) (1) choma (kwa kisu, upanga, mkuki, &c.). (2) choma au kuuma kama kwamba kutumia kisu, &c. — *n.* mchomo.

¹ **stable** ['steibl] *n.* banda la farasi.

² **stable** ['steibl] *adj.* thabiti; imara.

stability [stə'biliti] *n.* hali ya kuwa ~. **stabilize** ['steibilaiz] *v.t.* imarisha: *a stabilized price*, bei isiyoelekea kupanda wala kupungua, bali ni imara.

stack [stak] *n.* (1) fungu kubwa la majani makavu au la manyasi kwa kuezeka. (2) chungu cha vitabu, kuni, &c. (3) (vile vile *chimney-~* latumika) bomba; bomba la moshi. (4) (*colloq.*) *~s of food*, &c., chakula tele, chunguchungu. — *v.t.* weka, panga, chunguchungu.

stadium ['steidiəm] *n.* uwanja wa michezo uliozungushiwa viti.

staff [sta:f] *n.* (1) fimbo; gongo. (2) mlingoti. (3) wafanya kazi kwa idara ya serikali au kwa kampani wasio vibarua. (4) jamii ya maafisa walio wasaidizi wa jemadar mkuu. (5) (kwa muziki, *pl. staves* [steivz] mistari mitano na nafasi zilizo katikati ya kuandikia alama za sauti.

stag [stag] *n.* mnyama dume kama kuro.

stage [steidʒ] *n.* (1) jukwaa; mahali palipoinuka pa wachezaji katika *theatre*; (*fig.*) mahali patendwapo mambo. (2) wakati; sehemu, au hatua ya maendeleo: *at an early ~ in the history of our country*, wakati wa zamani sana katika historia ya nchi yetu. (3) safari; mwendo katikati ya vituo viwili njiani: *by easy ~s*, kwa safari nyepesi tena fupi. — *v.t.* onyesha mchezo mbele ya watu; tengeneza (jambo) tayari ili ifanikiwe.

stagger ['stagə*] *v.t. & i.* (1) pepesuka; levyalevya; sitasita katika kutembea; fanya (fulani) kufanya hivyo; shangaza; duwaza. (2) pumbaza; fadhaisha. (3) tengeneza au panga (nyakati za mambo, &c.) ili yasifanywe yote pamoja: *~ annual holidays to avoid closing the works*, tengeneza nyakati za kupumzika za kila mwaka isiwe lazima kufunga kiwanda.

stagnant ['stagnənt] *adj.* (1) (kwa maji) -liosimama; -fu; -bovu. (2) (*fig.*) pasipo mwendo; pasipo kazi. **stagnate** [stag'neit] *v.i.* simama; (*fig.*) haribika kwa kukaakaa.

staid [steid] *adj.* (kwa watu, mwenendo, desturi, &c.) -tulivu; -pole.

stain [stein] *v.t. & i.* (1) tia mawaa; tia rangi. (2) paka rangi (katika mti, nguo, &c.); geuza rangi. (3) (kwa nguo) pata mawaa au taka. — *n.* (1) dawa ya kupakia rangi¹. (2) waa; uchafu; (*fig.*) aibu; fedheha. **~less** *adj.* (1) pasipo mawaa; -eupe; safi. (2) (hasa kwa namna moja ya chuma cha pua (*steel*)) -siopata kutu.

stair [steə*] *n.* daraja. **~case**, *flight of stairs n.* madaraja; ngazi.

stake [steik] *n.* (1) mti wenye nguvu uliochongoka kwa kusimamishwa ardhini kama nguzo au tegemeo. (2) mti kama huo wa kufungia watu wa kuchomwa moto (kwa ajili ya imani ya dini). (3) sharti; fedha ya kubahatishwa: *be at ~*, -wa hatarini. — *v.t.* (1) tegemeza kwa mti¹. (2) **weka**

vijiti kuwa alama. (3) tia hatarini; bahatisha. (taz. *bet*).

stale [steil] *adj.* (1) (kwa chakula) -kavu tena -sio -tamu. (2) baridi kwa kuwa -mekwisha sikiwa: ~ *news*, habari iliyokwisha sikiwa.

¹stalk [sto:k] *n.* shina; ubua; kikonyo.

²stalk [sto:k] *v.t. & i.* (1) nyatia; nyemelea. (2) panua miguu katika kutembea, hasa kwa kujivuna au kutia hofu.

stall [sto:l] *n.* (1) zizi; banda. (2) kiduka pasipo madirisha; meza ya kuwekea bidhaa sokoni. (3) kiti karibu na *stage* katika *theatre*. — *v.t. & i.* (1) weka au fuga mnyama zizini. (2) (kwa mtambo wa motakaa) zimua nguvu au mwendo hata kusimamisha; zimuka nguvu na hivyo kusimama. (3) (kwa eroplani, ndege) punguka mbio hata haiwezekani kuruka.

stallion ['staljən] *n.* farasi dume mzima asiyehasiwa.

stalwart ['sto:lwət] *adj.* -refu -enye maungo; thabiti.

stamen ['steimən] *n.* sehemu dume ya ndani ya ua yenye unga.

stamina ['staminə] *n.* nguvu za mtu au mnyama za kumwezesha kustahimili.

stammer ['stamə*] *v.i.* gugumiza maneno; babaika. — *n.* kigugumizi.

stamp [stamp] *v.t. & i.* (1) kanyaga; chapa miguu; (*fig*.) komesha. (2) piga au tia chapa. (3) bandika tikiti ya posta. (4) (kwa desturi za mtu) *It ~s him as trustworthy*, yabainisha kuwa yeye ni mwaminifu. — *n.* (1) tendo la kukanyaga¹. (2) kitu (kama katika

A rubber stamp

picha) (cha kupiga chapa², *&c*.). (3) (vile vile *postage*-~ hutumika) tikiti ya posta. (4) *men of that ~*, watu wa namna ile.

stampede [stam'pi:d] *n.* makimbizi ya ghafula ya watu au wanyama wenye hofu.

stand [stand] *v.i. & t.* (*stood* [stud]). (1) simama. (2) -wa -a urefu wa: *He ~s five foot ten*, ana urefu wa futi tano na inchi kumi akisimama wima. (3) -wa; kaa; dumu: *Let his words ~*, maneno yake na yawe (bila kugeuzwa). (4) simamisha. (5) vumilia: *I can't ~ heat*, siwezi kuvumilia joto. (6) (*colloq*.) tembeza na kulipa: *~ drinks all round*, walipia ulevi na kunywesha watu wote waliopo. (7) elekea; -wa na sababu ya kutumainia: *he ~s a (good, poor, &c.) chance (of)*, anaelekea (haelekei) kuwa na matumaini (ya); *~ one's ground*, kaa imara bila kushindwa kwa nguvu wala kwa shauri la mwingine; *It ~s to reason*, yakubalika na watu wote wa akili; *~ to win (lose)*, -wa na hali ya kupata (kupotea). (8) (pamoja na *adv. & prep*.) *~ away (back)*, rudi nyuma: *~ by*, -wapo bila kufanya lolote la maana; -wapo tayari; *~ by a friend*, shindania au saidia rafiki; *~ by a promise*, shika ahadi; *~ for*, (*cf. represent*), -wa badala (ishara) ya; *~ out*, onekana vizuri; endelea kupigana; *~ up for*, shindania; tetea; *~ up to*, kabiliana kwa uhodari; -wa tayari kupigana. *~ in.* (1) *come to a ~still*, koma; simama; *bring* (*sthg. or sb.*) *to a ~*, simamisha (kitu au mtu fulani); *make a ~ for*, shindania; *make a ~ against*, pigana (kinzana) na; *take one's ~ on* (*upon*), imarisha hoja yako juu ya msingi wa. (2) mahali pa kusimama; jukwaa la kutazamia michezo, tamasha, *&c*. *~-by* *n.* msaidizi wa kuaminiwa; msaada wa akiba. **~ing** *n.* (1) *of long ~ing*, -liodumu kwa muda mrefu. (2) hali au sifa imara: *men of high* (*good*) *~ing*, watu wa sifa njema. — *adj.* -a sikuzote: *a ~ing army*, jeshi lililotokea zamani tayari sikuzote; *a ~ing order*, agizo la sikuzote, halibadiliki. **~offish** ['stand'ofiʃ] *adj.* -a kiburi, si -a urafiki.

standard ['standəd] *n.* (1) bendera. (2) (mara nyingi ni *attrib*.) kawaida; cheo cha kawaida. (3) darasa katika chuo cha *primary*. **~ize** *v.t.* fanya kuwa -a kawaida: *The parts of motor-cars are usually ~ized*, sehemu za motakaa kwa

STANK [269] **STEAL**

desturi hufanywa kuwa za kawaida.

stank [staŋk] *past tense* ya *stink.*

¹staple ['steipl] *n.* msumari uliopindika kama herufi wenye ncha mbili. taz. picha ya *hasp*.

²staple ['steipl] *n.* (1) bidhaa kubwa ya mahali fulani. (2) sehemu iliyo kubwa ya.

star [sta:*] *n.* (1) nyota. (2) mchezaji mashuhuri.

starboard ['sta:bəd] *n.* upande wa kulia wa meli ukitazama kutoka shetrini mpaka gubeti.

starch [sta:tʃ] *n.* wanga; kaza macho.

stare [steə*] *v.i.* kodoa; kazia macho.

stark [sta:k] *adj.* (1) -gumu; -siokunjika (hasa kwa wafu). (2) -tupu. — *adv.* kabisa.

starling ['sta:liŋ] *n.* ndege kama mwamba mweusi; kwenzi.

start [sta:t] *v.i. & t.* (1) anza. (2) anzisha. (3) shtuka (kama kwa hofu). — *n.* (1) kuanza; mwanzo; asili. (2) kushtuka; kituko. (3) *by fits and starts*, kwa vipindi.

startle ['sta:tl] *v.t.* shtusha.

starve [sta:v] *v.i. & t.* -wa na njaa; shinda na njaa; shindisha au fisha kwa njaa. **starvation** [sta:'veiʃn] *n.*

¹state [steit] *n.* (1) hali. (2) fahari; heshima: *lie in* ~, (kwa mfu) lala katika sanduku ya maiti mbele ya watu ili kupewa heshima kabla ya kuzikwa. (3) jamii ya watu chini ya serikali moja. ~**ly** *adj.* -a fahari. ~**sman** ['steitsmən] *n.* mkuu katika kazi ya serikali. ~**smanlike** *adj.* -enye akili nyingi katika mambo ya utawala wa nchi na kushirikiana na nchi za kigeni.

²state [steit] *v.t.* eleza kwa maneno, hasa kwa uangalifu na udhahiri. ~**d** ['steitid] *adj.* -liotangazwa: *at* ~d *times*, katika nyakati zilizotangazwa. ~**ment** *n.* maneno yaelezayo mambo yenyewe au mashauri, &c.

static ['statik] *adj.* -liosimama; sawasawa kama mizani.

station ['steiʃn] *n.* (1) kingojo; ngojo. (2) mahali pa kutazamia au pa kufanyia kazi. (3) steshini ya reli; kituo. (4) cheo; daraja. — *v.t.* weka mahali (kwenye kingojo, zamu, &c.).

stationary ['steiʃənəri] *adj.* -siogeuka; -sioondoleka.

stationer ['steiʃənə*] *n.* mwuza ~*y*.

~**y** *n.* karatasi ya kuandikia, bahasha, kalamu, wino, &c.

statistics [stə'tistiks] *n. pl.* habari zionyeshwazo kwa hesabu, *e.g.* za wingi wa watu wauguao ugonjwa fulani, za watu waliokufa, au kuzaliwa, &c. **statistician** [,statis-'tiʃn] *n.* mtu mwenye maarifa ya ~.

statue ['statju] *n.* sanamu ya mtu, mnyama, &c., iliyochorwa kwa mti, mawe, madini, au kuumbwa kwa udongo.

stature ['statʃə*] *n.* kimo; urefu (wa mtu).

status ['steitəs] *n.* (1) hali; cheo; daraja. (2) ~ *quo* (*ante*), kama iliyokuwa kwanza.

statute ['statju:t] *n.* sheria; amri ya serikali.

¹staunch [sto:ntʃ] *v.t.* ziba jeraha lisitoke damu.

²staunch [sto:ntʃ] *adj.* (kwa rafiki, msaidizi, &c.) amini; aminifu.

stay [stei] *v.i. & t.* (1) kaa. (2) zuia; simamisha; komesha. (3) vumilia; stahimili: ~*ing power*, nguvu za kuvumilia; ustahimilivu. — *n.* (1) muda wa kukaa. (2) tegemeo, hasa kamba au uzi wa chuma, kama ayari, kwa kushika wima mlingoti wa meli. (3) (*pl.*) vazi la kike la kuwa msaada wa mbavuni.

stead [sted] *n.* (1) *in a person's* ~, mahali pa mtu; badala ya mtu. (2) *stand sb. in good* ~, saidia sana fulani.

steadfast ['stedfəst] *adj.* thabiti; imara.

steady ['stedi] *adj.* (1) thabiti; imara -sioanguka. (2) -siogeuka; taratibu; -a adili; -adilifu. (4) sawa; -siobadilika. — *v.t. & i.* thibitisha; imarisha; tulia. **steadily** *adv.* **steadiness** *n.*

steak [steik] *n.* kipande kinene cha nyama au cha samaki kwa kukaanga, &c.

steal [sti:l] *v.t. & i.* (*stole* [stoul], *stolen*) (1) iba; nyang'anya. (2) ~ *in*, *out*, *away*, &c. enda taratibu pasipo makelele. (3) pata kwa siri au kwa hila: ~ *a march on sb.*, tangulia fulani kwa kufanya, na hivi kumdanganya. ~**th** [stelθ] *n. do sth. by* ~*th*, fanya kitu kwa siri na pasipo makelele. ~**thy** ['stelθi] *adj.* (kwa mtu) -a siri; -erevu; (kwa matendo) -liofanywa kwa siri pasipo makelele. ~**thily** *adv.*

steam [sti:m] *n.* mvuke; moshi. — *v.i. & t.* (1) toa mvuke. (2) enda kwa nguvu ya mvuke, kama meli au gari la moshi. (3) pika kwa mvuke. ~-**engine**, ~**ship**, ~-**roller** *n.*, *&c.* mashini, meli, kiberenge, vyombo hivi vyote vyaendeshwa kwa nguvu ya mvuke. ~**er** *n.* meli; merikebu ya moshi.

steel [sti:l] *n.* chuma cha pua; pua.

¹ **steep** [sti:p] *adj.* (1) (kwa mlima) -a kuinuka ghafula. (2) (kwa bei) ghali; -a kupita kiasi.

² **steep** [sti:p] *v.t. & i.* lowesha; loweka.

steeple ['sti:pl] *n.* mnara uliochongoka wa kanisa. ~**chase** *n.* shindano (hasa la farasi) kwenda moja kwa moja mwituni, nyikani, kuvuka mito, *&c.*

¹ **steer** [stiə*] *n.* ng'ombe dume maksai.

² **steer** [stiə*] *v.t. & i.* elekeza njia; shika usukani.

¹ **stem** [stem] *n.* (1) shina litokalo chini ya ardhi. (2) bua; kikonyo. (3) shina la neno, *e.g. man* ambalo huongezeka kuwa *unmanly*, *&c.*

² **stem** [stem] *v.t.* (-mm-) zuia; ziba.

stench [stentʃ] *n.* harufu mbaya.

step [step] *v.i. & t.* (-pp-) (1) enda kwa hatua. (2) ~ *up*, ongeza; himiza. — *n.* (1) hatua moja; nafasi ya hatua moja. (2) (vile vile *foot*~) kishindo cha kutembea. (3) mwendo wa mtu (ama kwa kumwona ama kwa kumsikia). (4) daraja. (5) ~**s**, *a pair of steps*, ~*ladder*, ngazi ya kukunja. (6) *take* ~*s to prevent illness*, fanya shauri, jiweka tayari, kuepuka ugonjwa.

step- [step*] *prefix* -a kambo: *e.g.* ~*child*, mtoto wa kambo; ~*father*, baba wa kambo.

steppe [step] *n.* tambarare pasipo miti, hasa katika nchi ya *Russia*.

sterile ['sterail] *adj.* (1) -sioweza kuzaa. (2) (kwa ardhi) kame. (3) (*fig.*) -sio na matokeo. **sterility** [stə'riliti] *n.* **sterilize** ['sterilaiz] *v.t.* fanya kuwa ~; (hasa kwa vyakula) ondoa (fisha) vijidudu vyote vya ugonjwa kwa kuchemsha au kwa kupasha moto, *&c.*

sterling ['stə:liŋ] *adj.* (1) (kwa dhahabu na fedha) -a cheo cha kawaida kilichowekwa na serikali. (2) kwa fedha za Kiingereza: -a kulipwa kwa ~. (3) safi; bora.

¹ **stern** [stə:n] *adj.* (1) -enye kutaka au kushurutisha utii. (2) -kali; -gumu.

² **stern** [stə:n] *n.* upande wa nyuma wa merikebu au mashua; shetri.

stethoscope ['steθəskoup] *n.* chombo kitumiwacho na madaktari cha kusikiliza vipigo vya moyo au pumzi, *&c.*

stew [stju:] *v.t. & i.* tokosa, tokoseka, katika maji kidogo. — *n.* (1) nyama, *&c.* iliyotokoswa. (2) (*colloq.*) *in a* ~, -enye wasiwasi; katika mashaka mengi.

steward ['stjuəd] *n.* (1) mtumishi wa abiria melini au katika eropleni. (2) msimamizi, wakili, aangaliaye mashamba, mali, au nyumba ya mkuu tajiri. ~**ess** *n.* ~ wa kike (hasa melini).

¹ **stick** [stik] *n.* (1) fimbo. (2) kipande; kijiti.

² **stick** [stik] *v.t. & i.* (*stuck* [stʌk]) (1) choma; penyeza. (2) (kwa kitu kilichochongoka) kwama; choma. (3) bandika; gandamiza; nata; gandama. (4) (*colloq.*) tia mahali fulani, hasa kwa haraka na bila kuangalia: *He stuck his hands in his pockets*, alitia mikono mifukoni mwake. (5) kwama; -fa; tofanya kazi sawasawa: *The key stuck in the lock*, ufunguo ulikwama katika kufuli: *The engine is stuck*, mtambo umekufa, hauwendi sawasawa. (6) (pamoja na *adv. & prep.*) ~ *at*, jiingiza (jitia) kwa bidii: *He* ~*s at his writing*, ajitia kwa bidii katika kazi yake ya kuandika; onea mashaka au hofu; *He* ~*s at nothing*, haogopi kitu; afanya hila au werevu wo wote; ~ *out*, tokeza; ~ *out for*, kataa mpaka upewe unachotaka (*e.g.* mshahara mzuri); ~ *it out*, (*colloq.*) vumilia mpaka mwisho; ~ *to* (*your word, friend, &c.*), shika (ahadi yako), shikamana na (rafiki yako, *&c.*); ~ *up for*, shindania; tetea. ~**ing-plaster** *n.* kibandiko cha dawa; mpakato. ~**y** *adj.* -a kunata. ~**ily** *adv.* ~**iness** *n.*

stiff [stif] *adj.* (1) -gumu; -siopindikana: *be* ~, kauka; kazana; *I feel* ~ *after my work*, naona mavune baada ya kufanya kazi yangu. (2) -gumu; -nene; -zito : *mix flour and milk to a* ~ *paste*, vuruga unga na maji yawe magumu. (3) (kwa desturi, mwenendo) si -kunjufu. (4) (kwa upepo, kwa kileo) -kali. **~ly** adv. **~ness** n.

stifle ['staifl] v.t. & i. (1) songa. (2) kataza; komesha. (3) leta maono ya kusongwa: *The heat in Zanzibar was stifling*, joto la Unguja lilikuwa kali sana la kusonga.

¹ still [stil] adj. -tulivu; -nyamavu: *be ~*, zizima; tulia.

² still [stil] adv. hata sasa; bado.

stilt [stilt] n. mlonjo. **~ed** ['stiltid] adj. (kwa usemi, mwandiko, mwenendo) -gumu si -epesi; si -kunjufu.

stimulant ['stimjulənt] n. kileo, au dawa, cha kuchochea.

stimulate ['stimjuleit] v.t. amsha; chochea; himiza.

stimulus ['stimjuləs] n. kitu cha kuamsha, &c.

sting [stiŋ] n. (1) msumari, mwiba, uliochongoka, mara huwa wenye sumu, wa waududu tena wa mimea. (2) uma; (*fig.*) ukali; uchungu. — v.t. & i. (*stung* [stʌŋ]) (1) uma; choma. (2) uma; washa; (mwilini) sikia maumivu, uchungu, &c.

stingy ['stindʒi] adj. (1) -nyiminyimi; bahili. (2) -chache; haba; kidogo.

stink [stiŋk] (*past tense stank* au *stunk*, p.p. *stunk* [stʌŋk]) v.i. & n. nuka; (toa) harufu mbaya.

stint [stint] v.t. & i. nyima: *She ~ed herself of food in order to give the children enough*, alijinyima chakula ili kuwapa watoto cha kutosha. — n. *without ~*, bila unyimivu: -ingi.

stipulate ['stipjuleit] v.t. & i. (1) weka masharti (kuwa). (2) *~ for*, patana kwa. **stipulation** [,stipju'leiʃn] n. sharti; mapatano.

stir [stə:*] v.t. & i. (-rr-) (1) jongea; jongeza: *The wind ~red the leaves*, upepo ulipeperusha majani (ya mti); *Nobody in the house was ~ring*, hapakuwa na mtu nyumbani aliyekuwa macho. (2) koroga; vuruga (kwa kijiko, &c.). (3) (mara huwa *~ up*) chochea; amsha. cf. *excite*. — n. (1) tendo la kujongea. (2) *This news made quite a ~*, habari hizi zilifanya kishindo. **~ring** adj. -a kuamsha; -a kuchochea.

stitch [stitʃ] n. (1) shono; namna ya kushona kama, bandi, ponta, ziki, &c. (2) kiungo cha uzi kifanywacho katika kushona. (3) (kwa *sing.* tu) kichomi (mbavuni husikika katika kukimbia mbio). — v.t. & i. shona.

stock [stok] n. (1) shina la mti. (2) mti; uti; tako (la bunduki, &c.). (3) wazazi; ukoo: *He comes of farming ~*, wazazi wake wakulima. (4) akiba; mali: *The book is out of ~*, kitabu hakipatikani dukani; *take ~*, hesabu, fanya hesabu; *take ~ of*, (*fig.*) chungulia (mambo, wingi wa maadui, &c.). (5) (vile vile *live-~* ['laivstok]) mifugo, ng'ombe, mbuzi, kondoo, &c.). (6) mali iliyokopeshwa kwa matumizi ya serikali au ya shirika. (7) (hutumika kama *attrib.*) -liotumika sana. — v.t. (1) (kwa akiba ya duka, &c.) -wa na . . . tayari. (2) *~ (with)*: *~ the shop with goods*, jaza duka kwa mali ya kuuzwa. **~-breeder** n. mfugaji wa ng'ombe, &c. **~-broker** n. mtu ambaye kazi yake ni kununua na kuuza *~*. **~-still** adv. kimya kabisa, kama jiwe.

stocking ['stokiŋ] n. soksi ndefu.

stocky ['stoki] adj. -fupi.

stoke [stouk] v.t. & i. tia (makaa, kuni) katika tanuu, moto ya meli, &c. **~r** n. mchocheaji tanuu, moto melini, &c.

stole, stolen past tense & p.p. ya *steal*.

stolid ['stolid] adj. -zito; baridi.

stomach ['stʌmək] n. mfuko wa tumboni; tumbo. — v.t. vumilia; stahimili: *I can't ~ his singing*, siwezi kuvumilia kuimba kwake.

stone [stoun] n. (1) jiwe. (2) kito; johari. (3) ratli kumi na nne. (4) koko; kokwa. — v.t. (1) tupia mawe. (2) toa kokwa. **~-blind (-dead, -deaf)** adj. kabisa; (-pofu, -fu, -ziwi) kabisa. **stony** adj. (1) -enye mawe mengi. (2) -gumu; bila huruma.

stood past tense & p.p. ya *stand*.

stool [stu:l] n. kiti kidogo; kibago.

stoop [stu:p] v.i. (1) inama; jikunyata. (2) (*fig.*) jidhili: *He ~ed to cheating in the examination*, alijidhili hata kudanganya katika mtihani.

stop [stop] v.t. & i. (-pp-) (1) simamisha; komesha; simama; koma.

STORE [272] **STREAM**

(2) ziba; funga. (3) zuia. (4) *cf. remain (at home, in bed, &c.)* kaa. — *n.* (1) kituo; kikomo. (2) nukta; kituo. ~**gap** *n.* badala. ~**per** *n.* kizibo.

store [sto:*] *n.* (1) akiba. (2) *in* ~, tayari kwa kutumiwa. (3) (*pl.*) *cf. supplies, vifaa;* zana. (4) ghala; bohari. (5) (*pl.*) duka. (6) *cf. value: set great ~ on (sth.),* thamini sana (kitu fulani). — *v.t.* (mara hutumika ~ *up*) (1) weka; kusanya. (2) jaliza.

storey ['sto:ri] *n.* (*pl.* **storeys**) au **story** (*pl.* **stories**) orofa.

stork [sto:k] *n.* korongo; ndege mkubwa mwenye miguu mirefu.

storm [sto:m] *n.* (1) dhoruba; tufani. (2) vifijo; makelele; ghadhabu. (3) *take (a place) by* ~, twaa kwa nguvu; twaa ghafula. — *v.t. & i.* (1) toa maneno makali; ghadhibika. (2) shambulia; twaa ghafula. ~**y** *adj.* ~**ily** *adv.*

story ['sto:ri] *n.* (1) habari ya mambo yaliyopita zamani; kisa. (2) hadithi tu. (3) (hasa kwa maneno ya watoto) uwongo.

stout [staut] *adj.* (1) -a nguvu. (2) hodari; thabiti. (3) (kwa mtu) -nene kidogo. ~**ly** *adv.* kwa uhodari.

stove [stouv] *n.* chombo chenye moto cha kupikia au cha kupasha moto.

stow [stou] *v.t.* weka, hasa kutia vizuri; pakia. ~**away** *n.* mjificha melini ila kwenda mahali bila kulipa nauli.

straggle ['stragl] *v.i.* tawanyika; chelewa.

straight [streit] *adj.* (1) -a kunyoka. (2) sawa; -a kusimama; -a wima. (3) sawasawa; taratibu. (4) (kwa mtu) -nyofu; amini. (5) *a ~ fight (race, &c.),* pigano (shindano, &c.) baina ya watu wawili au pande mbili ambalo wote wawili hutia bidii sana kushinda; *keep a ~ face,* jizuia usicheke. — *adv.* (1) moja kwa moja. (2) ~**away** (*off*), mara hiyo; pale pale; *say sth.* ~ *out,* sema waziwazi. ~**en** *v.t. & i.* nyosha; fanya sawa; nyoka; -wa sawa. ~**forward** *adj.* (1) -nyofu; amini. (2) -a kwenda sawa; -epesi kufanya au kufahamu.

strain [strein] *v.t. & i.* (1) vuta kwa nguvu; nyosha; kaza. (2) kaza macho, moyo, &c.; jitahidi sana. (3) kung'uta; chuja. — *n.* (1) hali ya kuvutwa sana; nguvu iliyotolewa: *The rope broke under the* ~, kamba ilikatika kwa kuvutwa sana. (2) juhudi; bidii. (3) uchovu wa akili (kwa kazi nyingi, kuhangaika, &c.). (4) (*pl.*) muziki; sauti ya muziki. ~**ed** *adj.* (hasa kwa mwenendo na desturi) -a mashaka; -a baridi. ~**er** *n.* kichujio.

strait [streit] *n.* (1) (pengine ni *pl.*) mlangobahari. (2) (*pl.*) shida; taabu. — *adj.* (la zamani) -embamba.

strand [strand] *n.* (*liter.*) ufuko; ukingo wa bahari penye mchanga; pwani. — *v.t.* (1) pweleza. (2) *be* ~**ed**, (*fig.*) achwa katika shida, bila rafiki wala fedha.

strange [streindʒ] *adj.* -geni; -a ajabu; -pya. ~**ly** *adv.* kwa ajabu; ugeni; hali ya ajabu; upya. ~**ness** *n.* ugeni. ~**r** *n.* mgeni: *He is a* ~*r here,* hajulikani hapa.

strangle ['straŋgl] *v.t.* nyonga; songa kwa kamba; kaba roho. **strangulation** [ˌstraŋgjuˈleiʃn] *n.*

strap [strap] *n.* ukanda. — *v.t.* (-*pp-*) funga kwa ukanda.

strategem ['stratedʒəm] *n.* hila.

strategy ['stratədʒi] *n.* maarifa, madaraka, ya vita.

stratosphere ['stratəsfiə*] *n.* safu ya juu ya· hewa, ianzayo maili zapata saba juu ya dunia.

stratum ['streitəm] *n.* (*pl.* **strata**) safu ya mawe (mwamba) yaliyopangilika juu kwa juu; tabaka la mawe; utando wa mawe.

straw [stro:] *n.* majani makavu (ya ngano, ya shayiri, &c.). *the last* ~, jambo dogo baada ya mambo mengi likomeshalo uvumilivu.

stray [strei] *v.i.* potea; tangatanga. — *adj.* -liopotea: *a* ~ *cat,* paka aliyepotea; *cf. chance,* -a bahati; -a vivi hivi: *He was hit by a* ~ *arrow,* alipigwa kwa mshale wa bahati.

streak [stri:k] *n.* (1) mfuo; mlia; mstari: *like a* ~ *of lightning,* upesi kama umeme. (2) kidogo: *He has a cruel* ~ *in his nature,* katika tabia yake ana dalili kidogo ya ujeuri. — *v.t.* piga milia.

stream [stri:m] *n.* (1) mto. (2) mkondo. — *v.i.* -enda kama mkondo wa maji. ~-**lined** *adj.* (kwa motakaa au motaboti, &c.).

street [striːt] *n.* njia ya mji.
strength [streŋθ] *n.* (1) nguvu; uwezo. (2) orodha ya majina. ~**en** *v.t.* tia nguvu.
strenuous ['strenjuəs] *adj.* -a bidii; -a kujitahidi.
stress [stres] *n.* (1) msongo; mkazo; shida. (2) mkazo. (3) nguvu za mkazo. — *v.t.* kaza.
stretch [stretʃ] *v.t. & i.* (1) nyosha; jinyosha. (2) ongeza mno; piga chuku. ~ *a point (in sb.'s favour)*, acha fulani kufanya isiyoruhusiwa kwa kawaida. (3) enea. — *n.* (1) mvuto; kujinyosha. (2) mfululizo wa wakati; eneo la nchi. ~**er** *n.* kitanda cha kuchukulia wagonjwa; machela.
strew [struː] *v.t.* (~*ed, p.p.* ~*ed* au *strewn* [struːn]) tawanya; tapanya; tupa huko na huko.
stricken ['strikn] *adj.* -liopigwa (kwa hofu, ugonjwa, huzuni, &c.); -liotaabika.
strict [strikt] *adj.* (1) -kali; -a kushurutisha utii. (2) halisi; kamili. (3) -a nguvu. ~**ly** *adv.* ~**ness** *n.*
stride [straid] *v.i.* (1) panua miguu; tagaa. (2) ~ *over*, pitia juu ya. — *n.* hatua.
strife ['straif] *n.* ugomvi.
strike [straik] *v.i. & t.* (*struck* [strʌk]) (1) piga. (2) (pamoja na *adv.*) ~ *off (out)*, futa; ondoa; ~ *out*, anza, (hasa) kuogelea; ~ *out for yourself*, anzisha kazi wewe peke yako; ~ *up, (music)* anza kupiga kinanda, &c.; ~ *up a friendship with sb.*, anza kufanyiana urafiki na fulani. (3) gonga: *The clock struck four*, saa iligonga mara nne. (4) ~ *(a flag, sail)* shusha (bendera, tanga) ~ *a tent*, ng'oa hema. (5) chapa (sarafu, nishani, &c.). (6) ~ *a light, (a match)*, washa taa, (paruza kiberiti). (7) pata; vumbua; gundua: ~ *an average*, pata wastani; ~ *a bargain*, patana; ~ *a balance*, fanya urari wa hesabu; ~ *oil (gold)*, vumbua mafuta (dhahabu); ~ *the path*, vumbua njia. (8) ~ *terror (fear, &c.) into the enemy*, ogofisha jeshi la maadui; *he struck dumb (blind, &c.)*, patwa na ububu (upofu, &c.). (9) ingia moyoni; shtusha: *how does the plan ~ you?* shauri waliyonaje *t* (10) (kwa nia, wazo, fikira) -jia fulani kwa ghafula: *It has struck me that* ..., naonelea, nafikiri, kuwa ... (11) (kwa wafanya kazi) acha kazi ili kupata nyongeza ya mshahara au muradi mwingine. (12) (kwa miembe) tia mizizi; anza kuota. — *n.* (1) tendo la kuacha kazi"; *The porters are on* ~, wapagazi wameacha kazi. (2) tendo la kuvumbua' *(mafuta, &c.)* ardhini. ~**r** *n.* (hasa) mtu aachaye kazi, &c."
striking *adj.* -a kuvuta macho; -a ajabu.
string [striŋ] *n.* (1) kitani; uzi. (2) shada la ushanga; mfulizo wa vitu; safu. — *v.t. & i.* (1) (strung [strʌŋ], isipokuwa ~*ed instruments*, vyombo vyenye nyuzi kama kinanda). (1) tia uzi au nyuzi. (2) fanya shada la ushanga. (3) tundika katika uzi mrefu vitu vingi ili vining'inie; ~ *together a story*, *(facts, &c.)*, tunga hadithi. (4) *strung up, highly strung*, (kwa mtu) -epesi kuona wasiwasi; -epesi kuhangaika. ~**y** *adj.* kama nyuzi: ~*y meat*, nyama ya nyuzinyuzi.
stringent ['strindʒent] *adj.* (kwa amri, kanuni) -a kushurutisha utii.
stringency ['strindʒənsi] *n. financial stringency*, utaiti.
strip [strip] *v.t. & i.* (-*pp-*) (1) vua, vulia (nguo, kifuniko, &c.); *cf. skin*, chuna. (2) kumba; nyang'anya mali; ondolea. — *n.* kipande kirefu tena chembamba.
stripe [straip] *n.* (1) mlia. (2) (wa kiaskari) utepe.
strive [straiv] *v.i.* (*strove, striven* ['strivn]) (1) shindana; shindania. (2) jitahidi; fanya bidii.
strode *past tense ya* **stride**.
¹ **stroke** [strouk] *n.* (1) *cf. blow*, pigo. (2) tendo moja. (3) mshindo wa kengele igongayo mapigo ya saa: *on the* ~ *of three*, saa tatu (saa tisa) hasa. (4) ugonjwa wa ghafula kama kifafa.
² **stroke** [strouk] *v.t.* papasa.
stroll [stroul] *v.i. & n.* tembea polepole.
strong [stroŋ] *adj.* (1) kinyume cha *weak*) -a nguvu. (2) (kwa chai, tumbako, &c.) msunguti. (3) -kali; -chungu. ~**ly** *adv.*
strop [strop] *n.* kinoo cha wembe.
strove *past tense ya* **strive**.

struck *past tense* ya *strike*.

structure ['strʌktʃə*] n. muundo; ujenzi; matengeneo. **structural** ['strʌktʃərəl] *adj.* -a ~.

struggle ['strʌgl] *v.i.* shindana; jitahidi; fanya bidii. — *n.* bidii; kazi ngumu.

strung *past tense & p.p.* ya *string*.

¹**strut** [strʌt] *v.i.* (*-tt-*) enda kwa kujivuna.

²**strut** [strʌt] *n.* taruma; gadi; egemezo.

stub [stʌb] *n.* kigutu. — *v.t.* (*-bb-*) ~ *one's toe*, jikwaa (kidole cha mguu).

Struts

stubble ['stʌbl] n. (1) mashina ya majani au mabua yaliyokatika. (2) ndevu fupi tena ngumu.

stubborn ['stʌbən] *adj. cf. obstinate* -kaidi; -gumu.

stuck *past tense & p.p.* ya *stick*.

stud [stʌd] n. kifungo; msumari; kinundu.

studio ['stjudiou] n. (1) chumba maalum cha mchora, mpiga, au mwumba sanamu. (2) chumba kikubwa ambamo hutengeneza michezo ya kuigiza mambo na kupiga picha kwa kuzionyesha katika sinema. (3) chumba ambamo hueneza maneno katika simu ya upepo.

study ['stʌdi] *v.t. & i.* (1) jifunza; soma kwa bidii. (2) angalia; shughulikia. (3) (katika *p.p.*) -a bidii; -a makusudi: *a studied insult*, matukano ya makusudi. — *n.* (1) kujifunza. (2) chumba cha kusomea. **student** ['stjudənt] n. mwanafunzi; mwana chuoni. **studious** ['stjudiəs] *adj.* (1) -a bidii katika ~. (2) -angalifu.

stuff [stʌf] n. (1) kitu. (2) kitu ambacho jina lake halijuliki sawasawa, au pengine hakina maana au ni hafifu. (3) (la zamani) joho; kitambaa cha sufu. — *v.t.* jaliza kwa kushindilia. ~*y adj.* (kwa chumba) pasipopita hewa.

stultify ['stʌltifai] *v.t.* fanya kuonekana kama upuzi au bila faida yo yote; tangua.

stumble ['stʌmbl] *v.i.* (1) jikwaa. (2) ~ (*up*)*on*, kuta; pata kwa bahati. (3) sema kwa kisita.

stump [stʌmp] n. (1) shina au kisiki cha mti. (2) kigutu; gutu. (3) (katika mchezo wa *cricket*) mti; kiguzo. — *v.t. & i.* (1) enda kwa kukanyaga. (2) (*colloq.*) fadhaisha: *His question completely* ~*s me*, swali lake limenifadhaisha kabisa. (3) (*cricket*) komesha zamu ya *batsman* kwa kumfunga. ~*y adj.* -fupi tena -nene.

stun [stʌn] *v.t.* (*-nn-*) (1) zimisha au poteza akili kwa kipigo. (2) fadhaisha; tia bumbuazi.

stung *past tense & p.p.* ya *sting*.

stunk *p.p.* ya *stink*.

¹**stunt** [stʌnt] *v.t.* viza kukua kwa mtu au kitu.

²**stunt** [stʌnt] n. (*colloq.*) mkogo; tendo la kuonyesha ustadi.

stupefy ['stjupifai] *v.t.* duwaza; pumbaza. **stupefaction** [,stjupi-'fakʃn] n.

stupendous [stju'pendəs] *adj.* -kubwa (-ingi) mno ajabu.

stupid ['stjupid] *adj.* -pumbavu; -jinga. ~**ity** [stju'piditi] n.

stupor ['stjupə*] n. hali ya kuwa karibu kuzimia kwa sababu ya kushtuka, ya kulewa, &c.

sturdy ['stə:di] *adj.* -nene tena -a nguvu; thabiti; hodari.

stutter ['stʌtə*] *v.i. & t.* gugumiza; goteza maneno.

¹**sty** [stai] n. pigs!y, banda au zizi la nguruwe.

²**sty(e)** [stai] n. (katika jicho) chokea.

style [stail] n. (1) namna ya kuandika au kusema (maana mwandiko au msemo kinyume cha maneno yenyewe). (2) jinsi bora; ufasaha. (3) namna; jinsi; mtindo. **stylish** ['stailiʃ] *adj.* -enye ~¹; -a siku hizi.

sub- [sʌb] *prefix* (1) chini; -a chini; -dogo kuliko. (2) -sio kamili.

subconscious [,sʌb'konʃəs] *adj.* -a katika akili lakini -siodhihirika vizuri.

subdivide [,sʌbdi'vaid] *v.t. & i.* zidi kugawa; zidi kugawanyika.

subdue [səb'dju:] *v.t.* (1) piga; shinda; tuliza. (2) punguza nguvu: ~*d light*, nuru iliyopunguziwa nguvu.

subheading ['sʌbhediŋ] n. anwani au dibaji ndogo.

SUBJECT

subject ['sʌbdʒikt] *n.* (1) raia; mtu ye yote wa nchi fulani a siye mtawala wake. (2) kitu kinachonenwa au kutendewa kazi. — *adj.* (1) -a chini ya himaya ya serikali ya kigeni. (2) -lioelekea kupata (kupatwa na). (3) (kama *adv.*) ~ *to*, kwa sharti ya; ikiwa: ~ *to your approval*, kwa idhini yako. — *v.t.* [səb'dʒekt] (1) tiisha; weka chini. (2) pasisha. ~**ion** [səb'dʒekʃn] *n.* (1) kutiisha. (2) kupasishwa.

subjugate ['sʌbdʒugeit] *v.t.* tiisha kabisa; shinda kabisa.

sublet ['sʌb'let] *v.t. & i.* pangisha nyumba, *&c.* iliyopangwa.

sublime [sə'blaim] *adj.* (1) -a juu sana; bora sana. (2) -kubwa.

submarine ['sʌbmari:n] *n. & adj.* manowari iwezayo kuzama na kwenda chini ya bahari; manowari-lwiwu.

submerge [səb'mə:dʒ] *v.t. & i.* tosa; zamisha; tota; zama.

submit [səb'mit] *v.t. & i.* (-tt-) (1) jitoa; jiweka chini. (2) toa; weka. **submission** [səb'miʃn] *n.* utii; mafafanusi ya akili; shauri. **submissive** [səb'misiv] *adj.* -tii; -tiifu.

subordinate [sə'bo:dinit] *adj.* -a chini; -dogo.

subscribe [səb'skraib] *v.t. & i.* (1) (kubali) kutoa (fedha) pamoja na watu wengine kwa kusudi fulani: ~ *£5 to a flood relief fund*, toa (changa) fedha kwa kusudi la kusaidia watu waliopata hasara kwa sababu ya maji kugharikisha nchi. (2)~ *to* (*a newspaper, new book, &c.*), toa ada (ya gazeti, *&c.*). (3) ~ *to* (*news, opinions, &c.*), jionyesha kuwa umekubali (habari, mashauri fulani). ~**r** *n.* mtoa, mchanga, fedha. **subscription** [səb'skripʃn] *n.* (hasa) fedha zilizochangwa (kwa kusaidia watu wengine, au kama -ada ya gazeti, *&c.*).

subsequent ['sʌbsikwənt] *adj.* -a baadaye; -a kufuata. ~**ly** *adv.* baadaye.

subside [səb'said] *v.i.* (1) (kwa maji ya gharika) pwa. (2) (kwa ardhi) didimia. (3) (kwa nyumba, minara, *&c.*) titia. (4) (kwa upepo, hasira, *&c.*) tulia.

subsidiary [səb'sidiəri] *adj.* -a kusaidia kitu kingine kilicho kikubwa zaidi; -dogo.

[275]

SUCK

subsidy ['sʌbsidi] *n.* fedha ya msaada. **subsidize** *v.t.* tolea fedha ya kusaidia.

subsist [səb'sist] *v.i.* -wa; ishi; -la; ponea. ~**ence** [səb'sistəns] *n.* asili kuwapo; chakula; riziki.

substance ['sʌbstəns] *n.* (1) kitu. (2) maana; kiini. (3) nguvu; uthabiti. **substantial** [səb'stanʃl] *adj.* (1) -a nguvu; imara. (2) -a hakika; -a kweli. (3) -kubwa.

substitute ['sʌbstitju:t] *n.* badala. — *v.t.* tia mahali pa (badala ya) -ingine. **substitution** [,sʌbsti-'tju:ʃn] *n.*

subterfuge [sʌbtəfju:dʒ] *n.* hila.

subterranean [,sʌbtə'reinjən] *adj.* -a chini ya nchi.

subtle ['sʌtl] *adj.* (1) -gumu kueleza; -a kutatiza. (2) -a hila nyingi. ~**ty** ['sʌtlti] *n.*

subtract [səb'trakt] *v.t.* toa; ondoa; twaa. ~**ion** *n.*

suburb ['sʌbə:b] *n.* kiunga cha mji; pambizo la mji. ~**an** [sə'bə:bən] *adj.* -a pambizoni.

subway ['sʌbwei] *n.* njia ipitayo chini kwa chini ya nchi.

succeed [sək'si:d] *v.i. & t.* (1) fanya unachojaribu kufanya; faulu: ~ *in passing an examination*, faulu katika mtihani. (2) fanikiwa. (3) fuata; fuatana na; ingia mahali pa. (4) rithi. **success** [sək'ses] *n.* (1) kufanikiwa; heri; kufaulu (katika). (2) mtu aliyefaa; kitu kilichofaa; jambo ambalo lilitokea vema. **successful** *adj.* -a kufanikiwa; -a heri. **succession** [sək'seʃn] *n.* (1) mafuatano. (2) mfululizo. (3) haki ya kurithi; haki ya kushika kazi. **successive** [sək'sesiv] *adj.* -a kufuatana; -a moja kwa moja; -a mfululizo. **successor** [sək'sesə*] *n.* mtu afuataye mtu mwingine au kitu kifuatacho kitu kingine.

succour ['sʌkə*] *n.* msaada wakati wa haja kubwa. — *v.t.* saidia.

succumb [sə'kʌm] *v.i.* ~ *to a temptation*, shindwa kwa mabaya; -fa.

such [sʌtʃ] *adj. & pron.* hivi; -a jinsi hii; sawa; mithali; -a mfano mmoja: ~ *a business*, jambo kama hilo; ~ *as*, kama; mithali ya.

suck [sʌk] *v.t.* (1) fyonza; nyonya. (2) *cf. absorb.* -nywa: *The plants* ~ *moisture from the soil*, mimea

suction ['sʌkʃn] n. kufyonza; kuvuta kwa bomba; mfyonzo.
sudden ['sʌdn] adj. -a ghafula; -siotazamiwa. ~**ly** adv.
suds [sʌdz] n. pl. povu la sabuni.
sue [sju:] v.t. & i. (1) shtaki; dai. (2) omba; sihi: ~ *for peace, for mercy*, omba amani, huruma.
suet ['sjuit] n. shahamu ya nyama; mafuta magumu ya nyama, hasa yazungukayo mafigo.
suffer ['sʌfə*] v.t. & i. (1) cf. *feel (pain, loss, &c.)*: umwa; ona uchungu; vumilia; pata hasara. (2) acha; kubali. **sufferance** n. ruhusa iliyotolewa kwa moyo wa kutopenda: *He's here on* ~*ance*, hana haki ya kuwapo, lakini ameachwa (ameruhusiwa). ~**ing** n. umivu; mateso.
suffice [sə'fais] v.i. & t. tosha. **sufficient** [sə'fiʃənt] adj. -a kutosha. **sufficiency** n. kadiri ya kutosha.
suffix ['sʌfiks] n. (*Gram.*) silabi itiwayo mwishoni kwa neno, baada ya shina: e.g. iwa*po*, ali*ye*, aliku*wamo*, &c.
suffocate ['sʌfəkeit] v.t. & i. songa roho; songwa; ona taabu kupumua. **suffocation** [,sʌfə'keiʃn] n.
sugar ['ʃugə*] n. sukari; *brown, unrefined*, ~ sukari guru.
suggest [sə'dʒest] v.t. (1) leta fikira; toa shauri. (2) onya; tia moyoni. ~**ion** n. (1) shauri. (2) kionyo; dokezo. ~**ive** adj. -a kuleta mawazo au fikira moyoni.
suicide ['sjuisaid] n. kujiua makusudi; mjiua makusudi. **suicidal** [sjui'saidl] adj. -a kujiletea hasara kubwa.
suit [sju:t, su:t] n. (1) nguo, kama suruali na koti ndogo kitambaa namna moja. (2) haja; maombi. (3) (*law* ~) madai; daawa; mashtaka. (4) jamii ya namna moja ya karata, e.g. shupaza (*spades*), pao (*clubs*), &c. follow ~, (*fig.*) fanya kama mtu mwingine afanyavyo. — v.t. (1) cf. *satisfy*: faa; stahiki.

(2) (hasa kwa nguo) oneka kuwa -zuri. (3) ~ sth. to, tengeneza; fanya kufaa. (4) (*p.p.*) be ~*ed for (to)*, faa kwa: *He is* ~*ed for teaching (to be a teacher)*, afaa kwa kazi ya kufundisha (kuwa mwalimu). ~**able** ['sju:təbl] adj. -a kufaa (kwa). ~**ably** adv. ~**ability** [,sju:-tə'biliti] n. ~**case** n. kasha jepesi la mkononi la kuchukulia nguo. ~**or** n. (1) mdai. (2) mchumba; mwenye kuposa.
sulk [sʌlk] v.i. nuna; kimwa. ~**y** adj. -enye uchungu; -nuni. ~**ily** adv.
sullen ['sʌlən] adj. (1) -enye uchungu wa kimya; -sio na huruma. (2) (kwa mawingu, &c.) -zito tena -eusi.
sully ['sʌli] v.t. chafua.
sulphur ['sʌlfə*] n. kiberiti.
sultry ['sʌltri] adj. (kwa tabia ya hewa) -a jua kali na jasho bila upepo.
sum [sʌm] n. (1) jumla. (2) (*arith.*) hesabu. (3) *in* ~, kwa machache. — v.t. ~ *up*, (1) jumlisha; hesabu. (2) sema kwa machache. ~**mary** ['sʌməri] n. muhtasari. — adj. -liofanywa bila kukawia wala kuangalia maneno yasiyo na maana sana. ~**marize** ['sʌməraiz] v.t. -wa au fanya muhtasari.
summer ['sʌmə*] n. wakati wa jua kali.
summit ['sʌmit] n. kilele.
summon ['sʌmən] v.t. (1) ita; alika; (hasa amuru kufika kotini). (2) ~ *up*, kusanya: *He* ~*ed up all his strength*, alikusanya nguvu zake zote (kwa kusudi fulani). ~**s** n. (pl. ~*ses*) (1) notisi au amri ya kuja kortini. (2) amri ya kufika mahali fulani.
sumptuous ['sʌmptjuəs] adj. -a gharama nyingi; -zuri.
sun [sʌn] n. jua; mwangaza wa au joto la jua. — v.t. (-nn-) ota, au jiota, jua. ~**burn** n. wekundu wa ngozi kwa sababu ya jua kali. ~**dial** n. ubao wa kujulisha saa ngapi kwa kivuli kinachofanywa na jua. ~**ny** adj. (*fig.*) -a furaha: -kunjufu. ~**rise** n. kucha. ~**set** n. kuchwa. ~**stroke** n. ugonjwa wa kupatwa na jua.
Sunday ['sʌndi] n. Jumapili.
sundry ['sʌndri] adj. -ingi; kadha wa kadha. *all and* ~, watu wote. **sundries** n. pl. takataka; vitu vinginevyo.

sung *p.p.* ya *sing.*

sunk *past tense & p.p.* ya *sink.* **~en** *adj.* (hasa kwa uso wa mtu) -enye macho ndani.

super- ['sju:pə*] *pref.* (1) zaidi ya. (2) -a kupita kiasi. (3) -a juu. (4) (*colloq.*) bora;- a kupendeza mno.

superannuate ['sju:pər'ænjueit] *v.t.* ondosha katika kazi kwa sababu ya kupita umri wa kanuni.

superb [sju:pə:b] *adj.* -zuri sana.

supercilious [,sju:pə'siliəs] *adj.* -a kujivuna: *a ~ look*, kutazama kisodawi, macho ya kiburi.

superficial [,sju:pə'fiʃl] *adj.* -a kijuujuu. **~ly** *adv.*

superfluous [sju:pə'fluəs] *adj.* -a kupita kiasi kitakiwacho; -a bure.

superfluity [,sju:pə'fluiti] *n.* usazo; masalio.

superintend [,sju:pərin'tend] *v.t. & i.* simamia, angalia, amuru kazi. **~ence** *n.* **~ent** *n.* msimamizi; mwangalizi; mwongozi.

superior [sju:'piəriə*] *adj.* (1) bora. (2) -ingi zaidi: *The enemy were in ~ numbers*, maadui walikuwa wengi (kuliko sisi). (3) ~ *to*, *cf. better than*, kupita; zaidi ya. — *n.* (1) mkubwa (**kwa cheo, amri, &c.**). (2) (*S.*) mkubwa wa nyumba ya *monks*: *Father S.* **~ity** [sju:,piəri'oriti] *n.*

superlative [sju:'pə:lətiv] *adj.* (1) bora mno. (2) (*gram.*) *the ~ degree*, namna ya kisifa (*adj.*) au *adv.* ya kufahamisha kuwa -a cheo cha kupita yote. (*e.g. best*, bora kupita yote, *most foolishly*, kwa upumbavu mwingi kabisa).

supersede [,sju:pə'si:d] *v.t.* ingia mahali pa; -wa badala ya.

superstition [,sju:pə'stiʃn] *n.* (1) kuamini au kuogopa bila kufikiri mwenyewe mambo yasiyojulika sana, hasa imani ya mambo ya uchawi. (2) mawazo, matendo, &c., yatokeayo katika imani hiyo, ambayo amani hiyo ni asili yake.

superstitious *adj.* -a kuamini, au -a kutokea katika kuamini, uchawi, uramali, *&c.*

supervise ['sju:pəvaiz] *v.t.* simamia, angalia, ongoza (kazi au watu wanaofanya kazi). **supervisor** *n.* msimamizi, *&c.* **supervision** [,sju:pə'viʒn] *n.* kusimamia, *&c.*

supper ['sʌpə*] *n.* chakula cha usiku.

supplant [sə'pla:nt] *v.t.* (1) *cf.* **supersede,** twaa mahali pa: *Wooden implements are being ~ed by iron ones*, vyombo vya mti havitumiki sana bali vyombo vya chuma hutumika badala, yake. (2) twaa mahali pa (fulani) hasa baad aya kumwondosha kwa hila.

supple ['sʌpl] *adj.* -a kupindikapindika; -sio -gumu: *the ~ limbs of children*, vyungo vyepesi vya watoto; *a ~ mind*, (*fig.*) akili nyepesi.

supplement ['sʌplimənt] *n.* (1) maongezo; nyongeza. (2) ziada mbalimbali ya kitabu au ya gazeti. — *v.t.* [,sʌpli'ment] ongeza. **~ary** [,sʌpli'mentəri] *-a* kuongeza; -a zaidi.

supplicate ['sʌplikeit] *v.t. & i.* omba; sihi; lalama. **suppliant** ['sʌpliənt] *n. & adj.* (mtu) mwombi; mwombaji.

supply [sə'plai] *v.t.* (1) toa; leta; -pa. (2) ridhisha. — *n.* (1) kutoa, &c.; kilichotolewa, &c.; wingi; akiba. (2) (*pl.*) (hasa) vifaa; zana.

support [sə'po:t] *v.t.* (1) chukua; tegemeza. (2) saidia; shindania. (3) lisha; ruzuku. (4) vumilia. — *n.* kuchukua, kuchukuliwa, &c.; msaada; tegemezo; *in ~ of*, kwa kusaidia.

suppose [sə'pouz] *v.t.* (1) waza; dhani: *~ the world were flat*, ikiwa dunia ni sawa. (2) kisi; bahatisha. (3) hitaji; taka: *The creation ~s a Creator*, kiumbe chahitaji Muumba. (4) (kwa kuamuru au kwa kuleta shauri) *~ we go (for a swim)*, (h)ebu twende (kuogelea); *~ you have another try*, (h)ebu, afadhali ujaribu tena. (5) *be ~d to*, (*cf. be expected to*) tazamiwa. **supposing** *conj.* kama; ikiwa. **supposition** [,sʌpə'ziʃn] *n.* (1) wazo; dhana. (2) -liodhaniwa; kisio.

suppress [sə'pres] *v.t.* (1) komesha. (2) ficha; setiri. **~ion** *n.*

supreme [sju:'pri:m] *adj.* -a cheo kikubwa kupita -ote; -a kipeo cha ukubwa, ubora, uzuri, &c. **~ly** *adv.* **supremacy** [sju'preməsi] *n.*

surcharge ['sə:tʃa:dʒ] *n.* fedha ya kulipa zaidi ya ile iliyokwisha lipwa (*e.g.* kama ile itozwayo kwa barua isiyo na tikiti posta sawasawa ya gharama ya kutosha).

sure [ʃuə*, ʃo:*] *adj.* (1) *~ of*, *~ that*, -enye tumaini; pasipo shaka; *feel*

surf [sə:f] *n.* mawimbi yakifanya povu.

surface ['sə:fis] *n.* (1) upande wa nje wa kitu cho chote; upande wa juu wa maji, maziwa, &c. (2) uso; sura.

surfeit ['sə:fit]*n.* shibe, hasa zaidi ya kutosha ya chakula au kinywaji.

surge [sə:dʒ] *v.i.* enda mbele; enea; fanya mawimbi; *The crowds ~d out of the gate,* watu walitoka mlangoni wengi sana kama kwamba ni mawimbi ya bahari.

surgeon ['sə:dʒən] *n.* dakitari mstadi wa kuganga mifupa na kukata sehemu za mwili zilizoharibika.

surgery ['sə:dʒəri] *n.* (1) udakitari wa ~. (2) chumba cha dakitari ambamo aonana na wagonjwa watakao kutibiwa. **surgical** ['sə:dʒikl] *adj.* -a *surgery* au -a kuhusu udakitari wa *surgery*.

surly ['sə:li] *adj.* -kali; -a kasirani. **surliness** *n.*

surmise [sə:'maiz] *v.t. & i. & n.* kisi; bahatisha; kisio.

surmount [sə:'maunt] *v.t.* shinda; faulu (katika shida, &c.); pita juu ya (vizuizi).

surname ['sə:neim] *n.* jina la kuonyesha jamaa au jina la ukoo.

surpass [sə:'pa:s] *v.t.* pita; shinda; zidi.

surplice ['sə:pləs] *n.* nguo ya kupwaya, (huwa kwa desturi nyeupe) ivaliwayo na makasisi, waimbaji, &c. kanisani.

surplus ['sə:pləs] *n.* baki; salio; ziada; kizidicho kadiri inayotakiwa.

surprise [sə:'praiz] *n.* mshangao; fadhaa. — *v.t.* (1) shangaza; fadhaisha. (2) -jia kwa hila; gundulia.

A surplice

surprising *adj.* -a kushangaza; -a kustaajabisha.

surrender [sə'rendə*] *v.t. & i.* (1) toa (manowari, mji, &c.), jitoa (kwa adui, polisi, &c.); kiri kuwa -meshindwa. (2) jiweka chini ya fulani; ~ *one's goods as a surety,* toa mali yako kuwa dhamana; ~ *oneself to sb.'s care,* jiweka chini ya himaya ya fulani. (3) (*fig.*) ~ *oneself to,* (*grief, a habit, &c.*), jitoa kwa (huzuni, mazoea, &c.).

surreptitious [,sʌrep'tiʃəs] *adj.* (kwa matendo) -liofanywa kwa hila au kwa siri.

surround [sə'raund] *v.t.* zunguka; zungusha. ~**ings** *n. pl.* mazingia; mahali pa jirani; mastakimu.

survey [sə:'vei] *v.t.* (1) tazama. (2) chungua. (3) pima na kuandika ramani ya (mahali fulani au nchi fulani na mipaka yake, &c.). — *n.* ['sə:vei] (1) tazamo. (2) kazi ya kupima nchi, &c.; ramani au habari zilizoandikwa za kazi hii. ~**or** *n.* mwenye kazi hiyo; bwana mpima.

survive [sə'vaiv] *v.t. & i.* zidi kukaa au kuishi; ishi zaidi ya; ishi baada ya kufiwa, baada ya hatari; pona katika hatari. **survival** *n.* (1) kuishi baada ya kufiwa, &c.; kupona katika hatari. (2) kitu (mtu, desturi, wazo, &c.) ambacho hudhaniwa kuwa -a zamani si -a siku hizi. **survivor** *n.* mwenye kuokoka.

susceptible [sə'septəbl] *adj.* (1) -epesi kuona (kushtuka, kupata, kupatwa, &c.). (2) ~ *of proof,* -a kuweza kuthibitika.

suspect [səs'pekt] *v.t.* (1) dhani; kisi: *He ~ed that the enemy were hiding among the trees,* alikisi kuwa maadui walikuwa wanajificha katika miti. (2) onea mashaka. — *n.* ['suspekt] -lioshukiwa; mtu aoneshwaye mashaka.

suspend [səs'pend] *v.t.* (1) tundika; angika. (2) ondosha kwa muda; zuia. (3) gombeza; kataza. (4) ahirisha, (hasa hukumu). ~**er** *n.* ukanda wa kushika soksi, &c. **suspension** [səs'penʃn] *n.* kutungika; kuangika; kuondoshwa kwa muda. *suspension bridge,*

A suspension bridge

suspense [sə'pens] *n.* mashaka; wasiwasi.

suspicion [səs'piʃn] *n.* (1) kudhania viovu; mashaka. (2) kidogo sana.

suspicious [səs'piʃəs] *adj.* -enye, -a kuonyesha, -a kuleta mashaka.

sustain [səs'tein] *v.t.* (1) chukua; tegemeza. (2) **hifadhi**; thibitisha. (3) patwa na; vumilia. (4) (*law*) kubali; toa idhini. **sustenance** ['sʌstinəns] *n.* **chakula**.

swagger ['swagə*] *v.i.* tamba; randa; enda kwa kujivuna.

¹**swallow** ['swolou] *v.t. & i.* (1) meza. (2) -la -ote. (3) sadiki mara moja pasipo shaka; vumilia matukano; jikatalia; ~ *one's words*, geuza maneno uliyokwisha sema pamoja na majuto.

²**swallow** ['swolou] *n.* ndege kijumbamshale; barawai; mbayuwayu.

swam *past tense ya* swim.

swamp [swomp] *n.* bwawa; ziwa la matope. — *v.t.* (1) jaza maji; tosa majini. (2) (*fig.*) shinda kwa wingi wa kazi, maagizo, maombi, &c. ~**y** *adj.*

swan [swon] *n.* ndege kama bata mkubwa sana mwenye shingo ndefu.

swank [swaŋk] *r.i. & n. taz. swagger.*

swap [swop] *v.t. & i.* (*-pp-*) taz. *swop.*

A swan

¹**swarm** [swo:m] *n.* (1) kundi zima. (2) (hasa **kwa** *pl.*) wingi (wa watoto, &c.). — *v.i.* (1) fanya kundi kama nyuki. (2) ~ *with*, -wa -ingi; jaa sana.

²**swarm** [swo:m] *v.i. & t.* (*up*) paraga; sombea; paramia.

sway [swei] *v.i. & t.* (1) ning'inia; wayawaya. (2) geuza; vuta; ongoza.

swear [sweə*] *v.t. & i.* (*swore* [swo:*], *sworn* [swo:n]) (1) apa; yamini. (2) apisha; funga kwa kiapo. (3) ~ *by sth.*, (*colloq.*) amini jetea, sana tena kutumia sana. (4) **laani**; apiza; tukana.

sweat [swet] *n.* (1) jasho. (2) (*colloq.*) kazi ngumu. — *v.i. & t.* (1) toa (toka) jasho. (2) fanya kazi kwa bidii. (3) toza watu kazi ngumu kwa **mshahara** mdogo. ~**er** *n.* namna ya fulana nzito.

sweep [swi:p] *v.t. & i.* (*swept*) (1) fagia; pangusa; takasa. (2) pita upesi, hasa kwa namna ya kufutia mbali vilivyo njiani; *Houses were swept away by the floods*, nyumba ziliondolewa zote kwa gharika ya maji. (3) tambaa; enea; tandaa. (4) pita kwa fahari: *She swept out of the room*, alitoka chumbani kwa fahari. — *n.* (1) kufagia, &c. *make a clean ~ of sth.* (*fig.*) ondolea kabisa namna ya zamani **ya** kufanya kitu fulani. (2) eneo; upeo. ~**ing** *adj.* -a kugeuza vitu vingi. ~**stake** *n.* mchezo wa kubahatisha fedha katika shindano.

sweet [swi:t] *adj.* (1) -tamu. (2) safi. (3) -zuri; -a kupendeza. — *n.* (1) kitu kitamu. (2) maandazi; vitumbua, &c. (3) mpenzi; kipenzi. ~**en** *v.t. & i.* fanya, -wa, -tamu. ~**heart** *n.* mchumba. ~**meat** *n.* kitu kitamu kama peremende, halua, &c.

swell [swel] *v.i. & t.* (*~ed*, *p.p. ~ed* au *swollen* ['swouln]) (1) vimba; vimbisha. (2) tanuka; enea. — *n.* (1) kuvimba. (2) mawimbi ya mkoba, yaani baada ya dhoruba. (3) (*colloq.*) mfua uji. — *adj.* (*colloq.*) malidadi; -zuri. ~**ing** *n.* uvimbe; kivimbe.

swelter ['sweltə*] *v.i.* shindwa kwa joto.

swept *past tense & p.p. ya sweep.*

swerve [swo:v] *v.i. & t.* geuka; potoka; enda upande.

¹**swift(ly)** [swift(li)] *adj. & adv.* -epesi; upesi.

²**swift** [swift] *n.* ndege mdogo kijumbamshale.

swim [swim] *v.i. & t.* (*-mm-*, *swam*, *swum* [swʌm]) (1) ogelea. (2) jaa; *His eyes were ~ming with tears*, macho yake yalijaa machozi. (3) ona kizunguzungu. — *n.* (1) tendo la kuogelea. (2) *be in the ~*, -wa na rafiki wengi tena -jua desturi za watu. ~**mingly** *adv.* vizuri; rahisi.

swindle ['swindl] *v.t.* punja; danganya. ~**r** *n.* mkopi; ayari.

swine [swain] *n.* (la zamani, halibadiliki **kwa** *pl.*) nguruwe; jamii ya nguruwe.

swing [swiŋ] *v.i. & t.* (*swung* [swʌŋ]) (1) ning'inia; pembea;

swipe — **ning'iniza; pembeza. (2) geuka; geuza upande.** — *n.* (1) **mwendo wa kuning'inia. (2) mkazo.** *go with a* ~, **enda vizuri kwa nguvu;** *be in full* ~, **-wa katika kufanya kazi yake; sitawi. (3) pembea.**

swipe [swaip] *v.t. & n.* **piga kwa nguvu bila kuangalia; pigo la nguvu.**

A swing

swirl [swə:l] *v.i. & t.* **zungukazunguka upesi; zungushazungusha upesi.**

switch [switʃ] *n.* (1) **kipindua cha reli; mtambo wa taa au wa mkondo wa elektrisiti. (2) ufito; mchapo.** — *v.t. & i.* (*on, off*) **washa au zima taa au mkondo wa elektrisiti.**

swivel ['swivl] *n.* **pete yenye kuzunguka.** — *v.t.* (*-ll-*) **zunguka.**

A switch

swollen *p.p.* **ya** *swell* (**hasa likitumika kama** *adj.*).

swoop [swu:p] *v.i.* **ruka chini (kama tai, kipanga, &c.).**

swop [swop] *v.t. & i.* (*-pp-*) (*colloq.*) **badili.**

sword [so:d] *n.* **upanga.**

swore, sworn *past tense & p.p.* **ya** *swear*.

swot [swot] *v.i.* (*-tt-*) (*slang*) **soma kwa bidii.** — *n.* **mtu asomaye kwa bidii sana bila kupenda kucheza.**

swum *p.p.* **ya** *swim*.

swung *past tense & p.p.* **ya** *swing*.

syllable ['siləbl] *n.* **silabi,** *e.g.* **he¹-ru¹- fi¹ ni silabi tatu.**

syllabus ['siləbəs] *n.* **muhtasari ya mafundisho.**

symbol ['simbl] *n.* **mfano; alama; dalili.** ~**ic** [sim'bolik] *adj.* **-a mfano; -liotumiwa kama mfano, &c.** ~**ize** ['simbəlaiz] **-wa dalili ya; tumia mfano, &c. kwa.**

symmetry ['simitri] *n.* **ulinganifu; usawa. symmetrical** [si'metrik] *adj.* **-linganifu; sawa.**

sympathy ['simpəθi] *n.* **ushirika katika maono ya wengine; huruma;** *be in* ~ *with*, **shiriki katika (fahamu) maono (taabu, furaha, &c.) ya wengine. sympathetic** [ˌsimpə-'θetik] *adj.* **-enye kushiriki katika (fahamu, maono, taabu, furaha, &c.) ya wengine; -a huruma.**

sympathize ['simpəðaiz] *v.i.* **taz.** *be in* ~ *with*; **-pa makiwa.**

symphony ['simfəni] *n.* **ulinganifu wa sauti nyingi; utungo wa muziki kwa kupigwa na wapigaji wengi pamoja, yaani** *orchestra*.

symptom ['simptəm] *n.* (1) **hali ya mwili kugeuka, iliyo dalili ya ugonjwa. (2) alama; ishara; kionyo.** ~**atic** [ˌsimptə'matik] *adj.* **-a kuonya.**

synagogue ['sinəgog] *n.* **kanisa la Kiyahudi.**

synchronize ['siŋkrənaiz] *v.t. & i.* **patanisha; rekebisha; patana; tokea wakati ule ule.**

syndicate ['sindikit] *n.* **shirika la watu wenye kazi moja; kampani.**

synod ['sinəd] *n.* **mkutano wa wakubwa wa Kanisa.**

synonym ['sinənim] *n.* **neno lenye maana ile ile na jingine katika lugha moja:** *e.g.* **rejea, rudi.** ~**ous** [si'nonimas] *adj.*

synopsis [si'nopsis] *n.* (*pl. -es* [-i:z]) **muhtasari; ufupisho wa habari.**

syntax ['sintaks] *n.* **elimu ya ku panga maneno kwa sarufi.**

syphon *n.* = *siphon*.

syringe ['sirindʒ] *n.* **bomba ndogo (kama ya kutilia dawa ya sindano).**

syrup ['sirəp] *n.* **asali, au maji mazito, tena matamu, kama asali.**

system ['sistim] *n.* (1) **jamii ya vitu vyenye hali moja au kazi moja ya kuhusiana:** *the nervous* ~, **jamii ya neva (mishipa ya fahamu) mwilini. (2) utaratibu; madaraka; matengeneo. (3) mwili wa binadamu:** *Too much alcohol is bad for the* ~, **kunywa ulevi kuliko kiasi ni mbaya kwa mwili wa binadamu.**

T

tab [tab] *n.* **kipande kidogo cha karatasi, cha kitambaa, cha utepe.**

table ['teibl] *n.* (1) **meza. (2) walio mezani pamoja:** *His talk amused the whole* ~, **maongezi yake yalifurahisha wote waliokuwa mezani. (3)** *keep a good* ~, **andaa vyakula**

vizuri. (4) jedwali; orodha; muhtasari. ~-**cloth** n. nguo ya meza. ~**land** n. nchi sawa iliyoinuka. ~**spoon** n. kijiko kikubwa.

tablet ['tablit] n. (1) (la zamani) kibao cha kuandikia. (2) ubamba wa madini, &c. wenye maandiko. (3) karatasi nyingi za kuandikia zilizofungwa pamoja katika upindo mmoja. (4) kibonge cha sabuni; kibonge kidogo cha dawa (e.g. aspirin).

taboo, tabu [tə'bu:] n. (1) mwiko. (2) -liogombezwa kabisa.

tabular ['tabjulə*] adj. -liopangwa au -lioonyeshwa kwa tables'. **tabulate** ['tabjuleit] v.t. andika wazi kwa taratibu; panga; fanya muhtasari (wa habari, hesabu, &c.).

tacit ['tasit] adj. -a kimya; -liodhihirika pasipo kunena: ~ agreement (consent), kukubali pasipo kunena.

taciturn ['tasitə:n] adj. -nyamavu; -a maneno machache. ~**ity** [,tasi'tə:niti] n.

tack [tak] n. (1) msumari mdogo wenye kichwa kipana. (2) kushikiza; kupiga bandi. (3) mbisho (wa merikebu); (fig.) be on the right ~, fuata shauri jema. — v.t. & i. (1) pigilia kwa misumari midogo. (2) shikiza; piga bandi. (3) (kwa merikebu) kisi.

tackle ['takl] n. (1) vyombo vya jahazi, kamba, ayari, &c. (2) vyombo vya kufanyia kazi au tendo fulani: fishing ~, vyombo vya kuvulia samaki. (3) kukamata kwa nguvu. — v.t. & i. (1) shughulika na (jambo, kazi). (2) shikilia; kamata kwa nguvu (c.g. mwizi, au katika mchezo wa mpira (rugger), mchezaji ashikaye mpira mikononi mwake).

tact [takt] n. busara. ~**ful(ly)** adj. & adv. ~**less(ly)** adj. & adv. bila busara.

tactics ['taktiks] n. pl. (hutumika sana pamoja na vb. sing.) maarifa ya kupanga askari tayari kwa kupiga vita, au wakati wa vita vyenyewe (cf. strategy); (fig.) mashauri au matengeneo kwa kutimiza kusudi fulani. **tactical** ['taktikl] adj. -a ~. **tactician** [tak'tiʃn] n. mjuzi wa ~.

tadpole ['tadpoul] n. mtoto wa chura mara atokapo katika yai.

Tadpoles

tag [tag] n. (1) kipande kidogo kilichofungiwa kitu kingine. (2) madondoo ya kitabuni yasemwayo mara nyingi na watu. — v.t. (-gg-) (1) fungia (hasa mafungu ya maneno) maneno mengine. (2) fuata karibu sana. (3) fungia kipande kidogo.

tail [teil] n. (1) mkia. (2) (mara nyingi huwa pl.) upande wa sarafu usio na kichwa cha mfalme: heads or ~s? mfalme au pembe? — v.t. & i. ~ (after) (sb.), fuatana karibu sana (na fulani); ~ off, punguka; legea.

tailor ['teilə*] n. mshoni wa nguo, hasa za wanaume.

taint [teint] n. waa. — v.t. & i. ambukiza; haribu; ozesha; oza.

take [teik] v.t. & i. (took [tuk], taken ['teikn]) (1) twaa; shika; kamata. (2) cf. capture; catch (sb. or sthg. by surprise or pursuit); become ill with (a disease); attract: ~ a fortress (500 prisoners), teka boma (mateka 500); The rat was ~n in a trap, panya alitegwa katika mtego; ~ cold, shikwa na mafua (makamasi); be ~n ill, shikwa na ugonjwa; ~ fire, anza kuwaka; ~ (attract) the fancy, tamanisha; I'm not much ~n with your plan, sipendi sana shauri lako. (3) chukua; peleka. (4) pata; jipatia; -la, -nywa: ~ a bath, oga; ~ a holiday, pumzika; ~ a meal, -la; ~ a deep breath, pumua sana; ~ pride (an interest) in one's work, fanya kazi kwa nia (moyo); ~ (hire) a taxi, ajiri taxi; ~ (rent) a small house, panga nyumba ndogo. (5) kubali; pokea: I will ~ shs. 100 for it, nakubali kuiuza kwa shs. 100; Which newspaper do you ~ each day? wapokea gazeti gani kila siku? (6) andika; piga; ~ notes of the lesson, andika makumbusho ya mafundisho; ~ a photograph, piga picha. (7) need, hitaji; -wa lazima: The work took four hours, kazi ilihitaji muda wa saa nne; It ~s two to make a quarrel, ni lazima wawili kuwapo kwa kugombana, (yaani mtu mmoja peke yake hawezi kuanzisha ugomvi). (8) dhani : *I took him to be an honest man*, nalimdhani kuwa mtu mwaminifu. (9) (pamoja na *adv. & prep.*) ~ *after* (*sb.*), fanana na; ~ *sth. back*, tangua; ~ (*sth.*) *down*, shusha, telemsha; andika, taz. ~⁵; ~ *sb. down*, tweza; ~ (*sth.*) *in*, karibisha kama mgeni; punja; ~ (*sth.*) *in*, fahamu; pokea, taz. ~⁵; punguza ukubwa wa nguo, *&c.*; ~ (*sb.* au *sth.*) *for*, fikiri kuwa mtu au kitu ni mtu mwingine au kitu kingine: *He was* ~*n for an Englishman*, alidhaniwa kuwa Mwingereza; ~ (*sth.*) *over* : *He will* ~ *over from you*, ataingia mahali pako; ~ *to*, penda, jifunga kwa, *He took to gardening when he retired*, alipenda sana (alijifunga kwa) kazi ya kuangalia shamba lake alipokuwa amejiuzulu; *I took to the man at once*, mara moja nalimpenda yule mtu; ~ *up*, (*absorb*), tumia; twaa. **taking** *adj.* -a kupendeza. *n.* (*pl.*) machumo; fedha zilizopokewa katika kazi, biashara, *&c.* kwa muda maalum.

tale [teil] *n.* (1) hekaya; hadithi. (2) habari: *tell* ~*s about*, chongea.

talent [ˈtalənt] *n.* (1) akili; maclekeo ya akili. (2) watu wenye ~; *the local* ~, wenyeji wa mahali wenye ~. ~**ed** *adj.* -enye ~¹.

talk [to:k] *v.i. & t.* nena; sema. ~ *sth. over*, ongea juu **ya** jambo fulani; ~ *sb. out of doing sth.*, shawishi fulani asifanye kitu; ~ *sb. round*, shawishi fulani awe msaada wako au apatane nawe. — *n.* (1) kunena; maongezi; mazungumzo. (2) *small* ~, porojo; *the* ~ *of the town*, jambo ambalo watu wote huongea juu yake. ~**ative** [ˈtoːkətiv] *adj.* -a maneno mengi; -piga domo.

tall [to:l] *adj.* (1) (hasa kwa binadamu) wa urefu wa zaidi ya kimo cha katikati. (2) *a* ~ *story*, hadithi yenye shaka; *a* ~ *order*, kazi ngumu sana kufanywa; maombi yaliyo muhali.

tally [ˈtali] *v.i.* (kwa habari, hesabu, *&c.*) -wa sawa; lingana.

talon [ˈtalən] *n.* kucha la ndege mkali kama tai.

tamarind [ˈtamərind] *n.* (*tree*) mwkaju, (*fruit*) ukwaju.

tame [teim] *adj.* (1) (kwa wanyama) -liofugwa na binadamu; si -kali. (2) baridi; bila kufurahisha; pasipo nguvu. — *v.t.* fuga; tiisha.

tamper [ˈtampə*] *v.i.* haribu; geuza vibaya.

tan [tan] *n. & adj.* rangi nyekundu kama hudhurungi. — *v.t. & i.* (-*nn*-) (1) tia dawa ngozi za wanyama zisioze. (2) fanya rangi ya ~ au -wa rangi ya ~ kwa joto la jua. ~**ner** *n.* mtengenezaji wa ngozi zisioze. ~**nery** *n.* kiwanda cha ~*ner*.

tandem [ˈtandəm] *n.* ~ *bicycle*, baisikeli ya watu wawili, mmoja kukaa mbele na mmoja nyuma yake.

tangent [ˈtandʒent] *n.* mstari uguso duara bila kuikata. *go* (*fly*) *off at a* ~, ghairi kwa ghafula; geuka kwa kwenda upande.

tangible [ˈtandʒibl] *adj.* (1) -a kugusika. (2) wazi tena dhahiri: ~ *proof*, mathibitisho dhahiri.

tangle [ˈtaŋgl] *n.* mafungamano (ya nyuzi, nywele, *&c.*). — *v.t. & i.* fungamanisha; tatanisha; fungamana; tatana.

tank [taŋk] *n.* (1) birika kubwa la kuwekea maji akiba, mafuta, *&c.*: *the petrol* ~ *of a motor-car*, tangi la petroli ya motakaa.

A tank

(2) namna ya motakaa kubwa ya vita yenye mzinga; faru; kifaru. ~**er** *n.* meli ichukuayo shehena ya mafuta.

tantalize [ˈtantəlaiz] *v.t.* tamanisha bure; kejeli.

tantamount [ˈtantəmaunt] *adj.* ~ *to*, sawa; mamoja.

¹**tap** [tap] *n.* bomba la maji, *&c.* — *v.t.* (1) zibua pipa; toa maji, *&c.* (2) (*fig.*)

A tap

jaribu kupata fedha, habari, &c. kutoka kwa fulani.

¹**tap** [tap] *n.* kipigo chepesi. — *v.t.* gota; gonga.

tape [teip] *n.* utepe. ~-**measure** *n.* utepe wa kupimia.

taper ['teipə*] *v.t. & i.* chongoa; chongoka.

tapestry ['tapistri] *n.* zulia ya ukutani.

tar [ta:*] *n.* lami. ~**mac** *n.* machanganyiko ya lami na makokoto ya kupakiwa barabarani.

target ['ta:git] *n.* shabaha.

tariff ['tarif] *n.* orodha ya bei ya vyakula au ya ushuru wa forodhani.

tarnish ['ta:niʃ] *v.i. & t.* haribika au haribu kwa kutu.

tarpaulin [ta:'po:lin] *n.* turubali.

¹**tart** [ta:t] *adj.* chungu; -kali.

²**tart** [ta:t] *n.* maandazi ya matunda.

tartan ['ta:tən] *n.* nguo nene ya watu wa *Scotland* yenye mirabaraba.

task [ta:sk] *n.* kazi (hasa iliyo ngumu).

tassel ['tasl] *n.* kishada; kifundo.

taste [teist] *n.* (1) kuonja. (2) ladha; utamu. (3) kidogo. (4) tamaa; upendo. (5) akili za kupambanua mazuri. — *v.t. & i.* (1) onja. (2) kolea; -wa na ladha. (3) twaa kidogo kwa kuonja. (4) furahia; -wa na: — *the joys of freedom*, furahia uhuru; -wa na hiari yako bila kuongozwa na mtu mwingine. ~**ful** *adj.* -enye (-a) ~⁵ nzuri. ~**fully** *adv.* ~**less** *adj.* (1) pasipo ladha. (2) pasipo ~⁵. **tasty** *adj.* -tamu.

taught [to:t] *taz. teach.*

taunt [to:nt] *n.* mzaha; suto. — *v.t.* suta; tusha; fanyia mzaha.

taut [to:t] *adj.* -liokazwa (kwa kitu kama kamba); (*fig.*) neva (mishipa) zilizo nyepesi kushtuka.

tawdry ['to:dri] *adj.* -a fahari lakini duni.

tawny ['to:ni] *adj.* rangi ya mchanga wa pwani; hudhurungi.

tax [taks] *n.* (1) kodi; ushuru. (2) *a* ~ *on my strength*, mzigo mzito (taabu) kwa nguvu zangu. — *v.t.* (1) toza kodi; lipiza ushuru. (2) taabisha. (3) ~ *sb. with sth.*, shtaki; laumu. ~**able** *adj.* -a kupasiwa ushuru au kodi. ~**ation** [tak'seiʃn] *n.* kutoza kodi, ushuru.

taxi ['taksi] *n.* motakaa ya abiria ya kupanga. — *v.i.* (1) enda kwa ndani ya ~. (2) (**kwa eropleni**) tambaa chini au majini.

tea [ti:] *n.* (1) chai. (2) chakula cha saa kumi; *high* ~, chakula cha jioni. ~-**cloth** *n.* (1) kitambaa cha kufutia vikombe, &c. (2) kitambaa cha meza kwa chai. ~-**set**, ~-**service** *n.* jamii ya vyombo vya kunywea chai.

teach [ti:tʃ] *v.t. & i.* (*taught* [to:t]) fundisha. ~**er** *n.* mwalimu. ~**ing** *n.* (hasa) mambo yaliyofundishwa; mafundisho.

teak [ti:k] *n.* mti mkubwa wa *E. India*, msaji; mti wa *E. Africa*, mvule.

team [ti:m] *n.* (1) jamii ya farasi, ya ng'ombe, &c. waliofunganishwa na gari, plau, &c. (2) kikoa cha watu wakicheza pamoja; timu.

¹**tear** [teə*] *v.t. & i.* (*tore* [to:*, toə*], *torn* [to:n]) (1) pasua; rarua; tatua. (2) gandua; ondoa au toa kwa nguvu; kwantua; ambua. (3) (hutumika zaidi kwa *passive*) *The country was torn by civil war*, nchi ilikuwa inaharibiwa kwa vita vya kindani. (4) pasuka; raruka, &c. (5) enda kwa kasi: *The children* ~ *out of school every day at 12 o'clock*, watoto hutoka shuleni kwa kasi kila siku saa sita. — *n.* mpasuo; mtatuko.

²**tear** [tiə*] *n.* chozi. (*be*) *in* ~*s*, kutoa (kutokwa) machozi. ~**ful** *adj.* -enye machozi.

tease [ti:z] *v.t.* chokoza; sumbua. — *n.* mtu mwenye kupenda kuchokoza wengine. ~**r** *n.* (*colloq.*) fumbo; tatizo.

technical ['teknikl] *adj.* -a, -a kuhusiana na, ustadi wa kazi, au sanaa mojawapo ya kufanya kazi kwa mashini au kwa mikono (*e.g.* kupiga chapa, kufuma): ~ *terms*, maneno ya kazi au sanaa fulani yatumikayo na wastadi hasa; *the* ~ *skill of a pianist*, ustadi wa mpiga kinanda katika kazi yake. ~**ity** [,tekni'kaliti] *n.* neno, fungu la maneno, jambo la ~. **technician** [tek'niʃn] *n.* mtu aliye mstadi kwa kufanya kazi yake ya sanaa, &c. **technique** [tek'ni:k] *n.* jinsi ya kufanya kitu, iliyo namna yake stadi kabisa kukifanya. **technology** [tek'nolədʒi] *n.* elimu yenye kuhusiana na kazi za ~.

tedious ['ti:diəs] *adj.* -a kuchosha.
teem [ti:m] *v.i.* (1) -wapo -ingi. (2) jaa tele.
teens [ti:nz] *n. pl.* hesabu wa kati ya kumi na tatu na ishirini: *youths in their* ~, vijana wa umri wa kati ya miaka kumi na mitatu na ishirini.
teeth [ti:θ] *pl.* ya *tooth*.
tele- ['teli] *prefix* maana yake mbali sana. **~gram** ['teligram] *n.* habari kwa simu; simu. **~graph** ['teligra:f] *n.* vyombo vya kupeleka habari kwa simu. — *v.t. & i.* peleka habari kwa simu. **~graphic** [,teli'grafik] *adj.* **~graphist** [te'legrəfist] *n.* mtu aliyefundishwa namna ya kupeleka na kupokea habari kwa simu. **~graphy** [te'legrəfi] *n.* matumizi ya simu au ufundi wa kazi yake. **~phone** ['telifoun] *n.* simu ya kupelekea sauti mbali. — *v.t. & i.* semana na mwingine au kumwambia habari kwa simu. **~vision** *n.* kupeleka na kupokea picha kwa simu au simu ya hewani.
telepathy [te'lepəθi] *n.* uwezo wa kupisha (kupeleka) mawazo bila kusema wala kuashiria.
telescope ['teliskoup] *n.* darubini; chombo cha kutazamia mbali. — *v.t. & i.* ingianisha au ingiana kama sehemu za mtutu wa darubini; fupisha. **telescopic** [,teli'skopik] *adj.* (1) -a darubini; -a kuonekana kwa darubini. (2) -enye sehemu za mtutu kama darubini.
tell [tel] *v.t. & i.* (*told* [tould]). (1) ambia; nena. (2) ~ *the difference,* pambanua. (3) *there is no* ~*ing* (*what will happen, &c.*), haiwezekani kunena (kutabiri) yatakayotokea. (4) ~ (*up*)*on*, geuza: *All this hard work is* ~*ing on him,* kazi hii ngumu inamchosha, yaani inageuza tabia ya afya yake. (5) (la zamani) hesabu. *all told,* kwa kuhesabu yote pamoja. ~ *off,* amuru kwa kazi fulani; (*colloq.*) karipia. **~er** *n.* mwenye kuhesabu. **~ing** *adj.* -a nguvu. **~tale** *n.* mdukizi; mchongezi. — *adj.* -a kujulisha habari za siri; -a kufumbua fikira za moyoni.
temper ['tempə*] *n.* (1) ugumu; matiko ya madini, hasa ya (*steel*) feleji. (2) hali au tabia ya moyo: *good* ~, upole; ukunjufu; *bad* ~, chuki; hasira: *keep one's* ~, tulia; jiweza; *lose one's* ~, kasirika. — *v.t. & i.* (1) changanya (*steel, &c.*) iwe ngumu. (2) geuza; tuliza. ~ *justice with mercy,* -wa na huruma wakati wa kutoa adhabu ya haki.
temperament ['tempərəmənt] *n.* moyo wa mtu au hali na tabia yake. **~al** [,tempərə'mentl] *adj.* (1) -lioletwa kwa ~. (2) -epesi wa kukasirika, wa kuona furaha, chuki, hasira, *&c.*
temperance ['tempərəns] *n.* kiasi; kadiri; kujiweza, na hasa katika kunywa ulevi. **temperate** *adj.* (1) -a kuonyesha, -a kujichukua kwa kiasi. (2) (kwa tabia ya nchi, kwa sehemu za duniani) pasipo jua kali wala baridi kali.
temperature ['tempəritʃə*] *n.* kadiri au hali ya kuwa na joto au baridi. *take sb.'s* ~, pima fulani kwa *thermometer: have a* ~, -wa na homa.
tempest ['tempist] *n.* tufani; dhoruba. **~uous** [tem'pestjuəs] *adj.* (kwa tabia ya hewa) -a tufani; (*fig.*) -a nguvu nyingi; -a kubishana.
¹**temple** ['templ] *n.* hekalu; kanisa.
²**temple** ['templ] *n.* panja la kichwa.
temporal ['tempərəl] *adj.* (1) -a wakati. (2) -a mambo ya dunia hii, si ya Mungu.
temporary ['tempərəri] *adj.* -a wakati, -a kitambo (si -a siku zote).
tempt [tempt] *v.t.* (1) jaribu kumvuta fulani kwa mabaya. (2) vuta; tamanisha. **~ation** [temp'teiʃn] *n.* **~er** *n.* (hasa) *the T.,* Shetani.
ten [ten] *n. & adj.* 10, kumi. **~th** *n. & adj.* sehemu ya kumi; -a kumi.
tenable ['tenəbl] *adj.* -a kushika; -a kulindika: *The fortress is not* ~, boma halilindiki: *His argument was hardly* ~, hoja yake ilikuwa taabu sana kuithibitisha.
tenacious [tə'neifəs] *adj.* -a kushika, kushikamana; -a kushikilia kauli yake. **tenacity** [te'nasiti] *n.*
tenant ['tenənt] *n.* mwenye kupanga (nyumba, shamba, *&c.*); mpangaji. **tenancy** ['tenənsi] *n.* upangaji; wakati, muda wa kupanga.
¹**tend** [tend] *v.t.* tunza (*e.g.* watu walio wagonjwa).
²**tend** [tend] *v.i.* (1) elekea: *Prices are* ~*ing upwards,* bei huelekea kupanda. (2) taka kwenda au ongozwa: *Their steps* ~*ed towards*

the bridge, miguu yao yao ilitaka kutembea upande wa daraja. ~**ency** ['tendənsi] *n.* maelekeo; kutaka kwenda: *Your work shows a* ~ *to improve*, kazi yako huelekea kutaka kuendelea.

¹**tender** ['tendə*] *v.t. & i.* (1) toa; taka kupa. (2) jitolea; -wa tayari (kufanya kazi, kuleta bidhaa zilizoagizwa, &c.): ~ *for the construction of a bridge*, -wa tayari kupatana kujenga daraja kwa bei iliyosemwa. — *n.* (1) kuaridhia bei kwa kazi fulani ambayo u tayari kuifanya au kwa bidhaa ambazo ulijitolea kuzileta. (2) *legal* ~, fedha, sarafu, iruhusiwayo na serikali.

²**tender** ['tendə*] *adj.* (1) -ororo; -embamba; -epesi kudhurika. (2) (kwa nyama) -epesi kutafunwa; si -gumu. (3) -a huruma; -pole. ~**ly** *adv.* ~**ness** *n.*

tendon ['tendən] *n.* ukano; mshipa.

tendril ['tendril] *n.* ukono; kikonyo (cha mmea).

tenement ['tenəmənt] *n.* nyumba, hasa kubwa; makao.

tennis ['tenis] *n.* mchezo wa tufe nyororo na vibao.

¹**tenor** ['tenə*] *n.* mwendo; majira (ya maisha); maana (ya hotuba, &c.).

²**tenor** ['tenə*] *n.* (kwa muziki) sauti nyembamba ya utu uzima.

¹**tense** [tens] *n.* namna ya *verb* (kiarifa) ionyeshayo wakati wa tendo au wa hali.

²**tense** [tens] *adj.* (1) -liokazana, -liokazwa. (2) -enye kuhangaika au kufadhaika; -a kuonyesha wasiwasi au fadhaa: *Their faces were* ~ *with anxiety*, nyuso zao zilikazwa kwa hangaiko. ~**ly** *adv.* ~**ness**, **tensity** ['tensiti] *n.*

tension ['tenʃn] *n.* (1) kunyosha; mvuto; mkazo. (2) wasiwasi; hangaiko.

tent [tent] *n.* hema.

tentacle ['tentəkl] *n.* kikono chembamba (*e.g.* cha pweza mkubwa).

tentative ['tentətiv] *adj.* -a kujaribia: *My suggestion was only* ~, shauri langu lilikuwa la kujaribia tu.

tenterhooks ['tentə,huks] *n. pl.* be on ~, hangaika; ona wasiwasi.

tenure ['tenjuə*] *n.* (wakati wa, masharti ya) kumiliki au kuwa mwenyeji.

tepid ['tepid] *adj.* -a uvuguvugu.

term [tə:m] *n.* (1) muda; muhula; majira. (2) (*pl.*) masharti, maneno; mapatano: *come to* (*make*) ~*s* (*with sb.*), patana (na fulani). (3) (*pl.*) be on good ~*s with sb.*, -wa na urafiki; chukuana na fulani. — *v.t.* taja; ita.

terminal ['tə:minl] *adj.* (1) -a kila muda wa *term*. (2) -a mwishoni; -a kwenye ncha. — *n.* ncha; mwisho.

terminate ['tə:mineit] *v.t. & i.* komesha; zuia; koma; ~ *in*, ishia.

termination [,tə:mi'neiʃn] *n.* kikomo; mwisho.

terminology [,tə:mi'nolədʒi] *n.* utaratibu wa majina au maneno yatumikayo kwa mambo ya kazi fulani au ya elimu fulani.

terminus ['tə:minəs] *n.* kikomo cha njia ya gari la moshi; kituo cha mwisho cha njia.

termite ['tə:mait] *n.* mchwa; kumbikumbi.

terrace ['terəs] *n.* (1) palipochimbiwa na kusawazishwa katika mtelemko wa mlima. (2) penye nyumba kwa safu moja zilizoungamana.

terrible ['teribl] *adj.* -a kuogofya; -a kuhuzunisha; -a kutaabisha.

terribly *adv.* (*colloq.*) sana.

terrier ['teriə*] *n.* namna ya mbwa mdogo mwenye nguvu nyingi.

terrific [tə'rifik] *adj.* (1) -a kutisha. (2) (*colloq.*) -kubwa mno; sana.

terrify ['terifai] *v.t.* tisha.

territorial [,teri'tɔ:riəl] *adj.* (1) -a nchi fulani. (2) *the T. Army*, jeshi la askari wa kulinda *Great Britain*, walio raia hufundishwa kazi ya vita wakati wa wasaa.

territory ['teritəri] *n.* (1) nchi, hasa iliyo chini ya mtawala mmoja au ya serikali moja. (2) jimbo, hasa eneo lake.

terror ['terə*] *n.* (mtu, kitu, &c.) -a kutia hofu.

terse [tə:s] *adj.* -a maneno machache.

test [test] *n.* jaribu; jaribio: *a* ~ *pilot*, mwongozi wa eropleni mpya, ahakikishaye matengeneo yake. — *v.t.* (1) jaribu; jaribia; chungua. (2) thibitisha: *The long climb* ~*ed our powers of endurance*, safari ndefu ya kupanda kwa shida ilithibitisha uwezo wetu wa kuvumilia. ~-

tube n. kama chupa chembamba cha kujaribia dawa, hutumika kwa majaribio ya *chemistry*.

testament ['testəmənt] n. (1) (mara huwa *last will and* ~) taz. *will*, hati ya kurithisha mali; wosia. (2) *Old T.*, *New T.*, Agano la Kale, Agano Jipya.

testify ['testifai] v.t. & i. (1) shuhudia. (2) sema kwa kiapo. (3) ~ *to*, -wa dalili ya: *Your work testifies to your ability*, kazi yako ni dalili ya akili zako. **testimonial** [,testi'mouniəl] n. (1) barua ya kushuhudia kazi njema. (2) hati au zawadi ya kusifu. **testimony** ['testiməni] n. ushahidi; maneno ya kuhakikisha katika korti; mathubutu.

text [tekst] n. (1) maneno yenyewe yaliyoandikwa na mbuni kitabu. (2) fungu dogo la maneno ya *Bible*, aya. ~**book** n. kitabu cha mafundisho.

textile ['tekstail] adj. -a kusokotwa; -a kufanya nguo. — n. kitambaa.

texture ['tekstʃə*] n. (1) jinsi ya kusokotwa au kufumwa. (2) matengenezo ya kitu, *e.g.* laini, kukwaruza, -nene, -embamba, &c.

than [ðæn, ðən] conj. kuliko; kama: *more* ~, zaidi ya; kupita; kuliko.

thank [θæŋk] v.t. shukuru. — s n. shukrani; asante: ~*s to*, kwa sababu ya. ~**ful** adj. ~**fully** adv. ~**less** adj. (hasa kwa matendo) pasipo shukrani; pasipo faida; -a bure.

that [ðæt] adj. & pron. (pl. *those* [ðouz]) yule, ule, ile, &c. — rel. pron. [ðət] -o, -ye, -yo, -vyo, &c. — conj. [ðæt, ðət] kama; ya kuwa.

thatch [θætʃ] n. maezeko; makuti; majani. — v.t. ezeka.

thaw [θɔ:] v.i. & t. (1) (barafu na theluji) yeyuka; yeyusha. (2) (kwa watu na mwenendo wao) geuza mtu mgumu awe mkunjufu; geuka hivi.

the [ðə, ði:] def. art. yule (ule, ile, &c.); pengine haifasiriki *e.g.* *The lion is a fierce animal*, simba ni mnyama mkali.

theatre ['θiətə*] n. (1) jumba la kuchezea michezo mbele ya watu. (2) *operating* ~, chumba cha udaktari wa kukata sehemu za mwili zilizoharibika. **theatrical** [θi'ætrikl] adj. (1) -a ~ au kwa ~¹. (2) (kwa mwenendo, desturi, &c.) -sio -a kawaida; -a fahari.

thee [ði:] pron. (la zamani) *object* ya *thou*: *They see* ~, wakuona wewe.

theft [θeft] n. (kitendo cha) kwiba.

their(s) [ðeə*(z)] adj. & pron. -ao.

theme [θi:m] n. jambo au kitu kinachofikiriwa au kuandikiwa maneno.

then [ðen] adv. siku ile; wakati ule; pale. — conj. ndipo; hapo; kisha.

thence [ðens] adv. toka huko; huko. ~**forth**, ~**forward** adv. toka huko; tokea hapo.

theology [θi'ɔlədʒi] n. elimu ya tabia na sifa za Mungu na dini. **theologian** [,θi:ə'loudʒiən] n. mwanafunzi (mwalimu, mchunguzi) wa *theology*. **theological** [,θi:ə'lodʒikl] adj.

theory ['θiəri] n. (1) (maelezo ya) mambo yaliyo kama misingi ya sanaa au ufundi (ni maneno tu siyo matendo). (2) makisio; shauri. **theoretic(al)** [θiə'retik(l)] adj. -a ~ si -a matendo.

there [ðeə*] adv. pale; hapo; kule; huko; mle; humo. Hutumika vile vile pamoja na *verb* kama pa-, -po, -ko, &c.: ~ *was a man*, palikuwa na mtu; *It was* ~ *I saw him*, ndipo nilipomwona. ~**abouts** adv. karibu. ~**after** adv. baadaye. ~**by** adv. kwa hiyo; kwa sababu hii. ~**fore** adv. kwa sababu hii. ~**upon** adv. pale; mara; kutoka huko.

therm [θə:m] n. kipimo cha kadiri ya joto. ~**ometer** [θə'mɔmitə*] n. kipimo cha kupimia joto na baridi.

thesis ['θi:sis] n. (pl. *theses* ['θi:si:z]) jambo la kubishaniwa maneno, hasa insha (kitabu, maandiko) iliyoandikwa kusudi kupata cheo cha *University*.

they [ðei] pron. (them) wao, wale, ile, zile, &c. kwa kuunganisha na kiarifa (vb.) huwa: wa-, i-, zi-, &c. *They saw them*, waliwaona.

thick [θik] adj. (1) -nene: *a* ~ *line*, mstari mnene. (2) *cf. crowded*, -a kusongana: -ingi pamoja. (3) (kwa mchuzi, uji, &c.) -a rojorojo; -zito; (kwa hewa au mvuke) -zito; si -eupe; si -epesi. (4) ~ *with*, *cf. full of*, -liojaa; -enye . . . -ingi. (5) (kwa sauti) -zito; si wazi (*e.g.* kwa sababu ya kunwa na makamasi). — n. *in the* ~ *of it*, kazi moto; katikati yake. — adv. *come* ~

and fast, -ja (tukia) -ingi pamoja. ~en v.t. & i. fanya kuwa ~; -wa -zito (-nene). ~-headed adj. -zito wa akili. ~ly adv. ~ness n. unene, (hasa kwa safu au kunjo). ~set adj. (1) (kwa mtu) -fupi tena -nene. (2) -a kusongana. ~-skinned adj. (fig.) -gumu kutambua maono ya wengine.

thicket ['θikit] n. kichaka.

thief [θi:f] n. (pl. thieves [θi:vz]) mwivi, mwizi, (cf. robber, burglar).

thieve [θi:v] v.t. & i. iba.

thigh [θai] n. upaja (wa mguu).

thimble ['θimbl] n. kastabini yaani kifuniko kidogo cha madini cha kulinda nchasya kidole isiumiwe kwa sindano katika kazi ya kushona. ~ful n. (colloq.) tone (la maji, pombe, &c.).

thin [θin] adj. (1) -embamba. (2) -gofu; -liokonda. (3) (kwa mchuzi, uji, &c.) -a maji-maji; -liochujuka. (4) hafifu. — v.t. & i. fanya kuwa ~; -wa ~: ~ the plants out, ng'oa miche mingine (ili kusitawisha iliyobaki). ~ly adv. ~ness n. ~-skinned adj. -epesi kuchukizwa.

A thimble

thine [ðain] adj. (la zamani) -ako cf. yours.

thing [θiŋ] n. (1) kitu. (2) (pl.) mambo. (3) (pl. & colloq.) your (his, &c.) ~s, mali yako (yake, &c.), hasa mavazi: Have you packed your ~s yet? Umekwisha funga mizigo yako ya mavazi? (4) the (very) ~: This is the (very) ~, hiki ndicho kinachofaa halisi: not at all the ~ to do, si desturi hata kidogo.

think [θiŋk] v.t. & i. (1) fikiri. (2) dhani; ona: We ~ well of him, twamdhani kuwa ni mtu mwema; He~s nothing of walking twenty miles, adhani (aona) kama kwamba si kitu kutembea maili ishirini; He thought better of it, alighairi; aligeuza shauri lake; ~ sth. out, tafakari; waza; ~ sth. over, cf. deliberate, angalia sana; waza sana.

third [θə:d] adj. & n. -a tatu; theluthu. ~ly adv. ya tatu. ~-rate adj. hafifu.

thirst [θə:st] n. (1) kiu. (2) (fig.) cf. desire, shauku; cf. be eager, tamani. ~y adj. -enye kiu; -a kuleta kiu. ~ily adv.

thirteen ['θə:'ti:n] adj. & n. kumi na -tatu. ~th n. & adj. sehemu ya kumi na tatu; -a kumi na -tatu.

thirty ['θə:ti] adj. & n. thelathini. **thirtieth** adj. & n. -a thelathini.

this [ðis] adj. & pron. (pl. these [ði:z]) huyu, huu, hii, &c.

thither ['ðiðə*] adv. (la zamani) huko; kule.

thorn [θo:n] n. (1) mwiba. (2) mchongoma; mkwamba. ~y adj. (1) -enye miiba. (2) (fig.) cf. difficult, -a taabu; -a mashaka.

thorough ['θʌrə*] adj. kamili; -kamilifu. ~ly adv. ~ness n. ~-bred n. & adj. -a asili bora (kwa wanyama, hasa kwa farasi). ~fare n. njia wazi kwa watu wote. ~-going adj. -a kwelikweli; hasa; halisi.

thou [ðau] pron. (la zamani, la mashairi, &c.) wewe cf. you.

though [ðou] conj. (1) (= although) ingawa; ijapokuwa. (2) lakini; basi.

thought [θo:t] n. (1) fikira; wazo; take ~ for, angalia. (2) nia; shauri: He had no ~ of, hakuwa na nia ya. ~ful adj. (1) -a kufikiri; -a mawazo. (2) cf. considerate, -a hadhari; -angalifu. ~fully adv. ~fulness n. ~less adj. -sioangalia wengine; -siojihadhari. ~lessly adv. ~lessness n.

thousand ['θauzənd] n. & adj. elfu.

thrash [θraʃ] v.t. = thresh, pura; kafua; cf. beat, pigapiga sana; shinda.

thread [θred] n. (1) uzi; kitani. (2) mwendo; njia; ~ of thought, argument, &c., mfuuzo wa fikira, maneno, &c. (3) ~ ya parafujo, skrubu. — v.t. (1) tunga uzi (katika tundu la sindano, ushanga, &c.). (2) pita; penya. ~bare adj. (1) (kwa nguo) -kuukuu. (2) (fig.) kwa kisa, maneno, &c.) -kunkuu; -bovu; baridi.

The thread of a screw

threat [θret] n. (1) kamio; neno la kutia hofu. (2) dalili (ishara) ya taabu, ya hatari ijayo. ~en v.t. & i. (1) kamia; ogofya. (2) onya; toa ishara ya. (3) taka kuja; karibia. ~eningly *adv.*

three [θri:] *n. & adj.* tatu; -tatu. ~-ply, taz. *ply* ~-pence ['θrepəns] *n.* peni tatu. ~penny ['θrepəni] *adj.* -a gharama ya peni tatu.

thresh [θreʃ] *v.t. & i.* pura; kafua.

threshold ['θreʃhould] *n.* kizingiti cha chini cha mlango; (*fig.*) mwanzo; mlango.

threw [θru:] *past tense* ya *throw*.

thrice [θrais] *adv.* mara tatu.

thrift [θrift] *n.* uwekevu; kiasi katika kutumia fedha. ~y *adj.* -a kiasi; -wekevu.

thrill [θril] *n.* mshindo; kishindo. — *v.t. & i.* sisimua; shtuka; sisimka. ~er *n.* hadithi ya kusisimua; mchezo wa *theatre* au wa sinema wa kushtusha sana.

thrive [θraiv] *v.i.* (*throve* [θrouv], *thriven* [θrivn]), sitawi; fanikia.

throat [θrout] *n.* koo; umio; roho.

throb [θrob] *v.i.* (-*bb*-) puma; pigapiga; papa. — *n.* pigo; kipapo.

throne [θroun] *n.* (1) kiti cha enzi; (*fig.*) ufalme. (2) *the T.*, mfalme.

throng [θroŋ] *n.* msongamano wa watu. — *v.i.* songa. — *v.t.* sumbua kwa kusonga.

throttle ['θrotl] *v.t.* (1) songa roho; kaba. (2) (*down*) punguza mvuke (petroli, nguvu) wa mashini. — *n.* kilango cha mashini kipitishacho mvuke (petroli, *&c.*); koo.

through [θru:] *prep.* (1) kwa; katika. (2) *adv.* hata mwisho; kati-kati. ~out [θru:'aut] *adv.* pote pote.

throve *past tense* ya *thrive*.

throw [θrou] *v.t. & i.* (*threw* [θru:], *thrown* [θroun]) (1) tupa. (2) (kwa farasi) angusha; rusha. (3) ~ *away*, poteza; ~ *oneself into*, jitia kwa bidii sana; ~ *off*, acha; ~ *open*, ruhusu watu wote kuingia; ~ *out a suggestion*, toa shauri waziwazi; ~ *over*, tupa; acha; ~ *up*, tapika; *cf. resign*, acha (kazi); toka (kazi).

thrust [θrʌst] *v.t. & i.* sukuma kwa nguvu.

thud [θʌd] *n.* mshindo mzito. — *v.i.* piga, anguka, kwa mshindo mzito.

thumb [θʌm] *n.* kidole cha gumba. *under sb.'s* ~, chini ya, katika utumwa wa, fulani; *rule of* ~, kanuni iliyotokea kwa kazi au desturi ya kila siku. — *v.t.* geuza (kurasa, *&c.*); chafua kwa kufanya hivi.

thump [θʌmp] *v.t. & i.* piga ngumi; (kwa moyo) pigapiga sana. — *n.* mshindo wa pigo la ngumi.

thunder ['θʌndə*] *n.* (iliyo karibu) radi; (iliyo mbali) ngurumo. ~bolt *n.* radi; (*fig.*) jambo la kushtusha sana. ~struck *adj.* (*be*) shangaa sana; fadhaika.

Thursday ['θə:zdi] *n.* Alhamisi.

thus [ðʌs] *adv.* hivi; hivyo: ~ *far*, mpaka hapa.

thwart [θwo:t] *v.t.* zuia; pinga.

thy [ðai] *adj.* (la zamani) -ako *cf. your*.

¹ tick [tik] *n.* (1) pigo jepesi (kama la saa, ta-ta-ta-). (2) alama kama hii (✓), kwa kuhakikisha kuwa orodha ya majina, *&c.* ni sawasawa. (3) *on* ~, (*slang*) kwa kukopa. — *v.i. & t.* (1) piga ta-ta-ta- (kama saa). (2) tia alama ya ~ : ~ (*off*) *the items on a list*, hakikisha vitu katika orodha. (3) ~ *sb. off*, (*slang*) karipia fulani.

² tick [tik] *n.* kupe; papasi.

ticket ['tikit] *n.* cheti; tikiti.

tickle ['tikl] *v.t. & i.* (1) tekenya. (2) chekesha; furahisha. ticklish *adj.* (1) (mtu) -a kuona kutekenya upesi. (2) (kwa maswali au mambo ya kazi) -a kutaka uangalifu mwingi.

tide [taid] *n.* (1) maji kujaa na kupwa. (2) mwendo; mkondo. — *v.t.* (*over*) jiponya (katika shida): *Will 60s.* ~ *you over until you get your wages?* Shilingi 60 zitakuponya mpaka upate mshahara wako? tidal ['taidl] *adj.* -a ~; penye ~.

tidings ['taidiŋz] *n. pl.* habari.

tie [tai] *v.t. & i.* (*tying*, *tied*) (1) funga kwa kamba, uzi, *&c.* (2) funga; piga fundo. (3) tia sharti; amrisha. (4) (kwa michezo) -wa sawasawa; enda sare. — *n.* (1) (*fig.*) kiungo. (2) (kwa michezo) usawa; suluhu. (3) utepe wa shingoni, *cf. necktie*.

tier [tiə*] *n.* tabaka; safu; daraja.

tiger ['taigə*] *n.* mnyama wa Kihindi kama chui mkubwa. tigress ['taigris] *n.* ~ jike.

tight [tait] *adj.* (1) -a kukaza; -liokazwa. (2) -lionyoshwa sana. (3) *pack* ~, funga vitu kwa kuvisonga vingi katika nafasi ndogo. (4) *be in a* ~ *corner*, -wa hatarini. (5) *air-*~, *water-*~, *&c.* -siopitisha hewa, -siovuja, &c. — adv. = tightly. kikiki; kwa kukaza. ~en v.t. & i. (mara huwa ~en up) kaza. ~-fisted adj. -bahili. ~ly adv. ~ness n.

tile [tail] n. kigae, cha kuezekea, cha kubandikiza ukutani au sakafuni.

¹ **till** [til] prep. & conj. hata; mpaka.

² **till** [til] n. kikasha cha mezani cha kuwekea fedha za duka.

³ **till** [til] v.t. lima. ~er n. mlimaji.

tiller ['tilə*] n. kana; mkono wa usukani wa mashua.

tilt [tailt] v.i. & t. (1) inamisha; tusha upande. (2) (la zamani) pigana kwa farasi na mikuki mirefu; (fig.) shambulia katika kuandika au kuandika maneno. — n. (1) mainamizi. (2) tendo la kupigana kwa farasi na mikuki mirefu. (at) full~, kwa mbio na nguvu nyingi sana.

timber ['timbə*] n. mbao; miti.

time [taim] n. (1) wakati. (2) (be) in ~, wahi; diriki; *You will be able to speak English in* ~, utaweza kusema Kiingereza halafu; *in good* ~, mapema; *in no* ~, (colloq.) upesi sana; *at one* ~, zamani; *at the same* ~, walakini; *from ~ to* ~, pengine; *mara kwa mara;* ~ *and* (~) *again*, mara nyingi; *for the* ~ *being*, kwa muda; kwa kitambo; kwa wakati; (work) against ~, (fanya) upesi kwa sababu huna muda mrefu kwa kufanya kazi. (3) (pl.) mara; *Three* ~s *five is fifteen*, tano mara tatu ndiyo kumi na tano. (4) utaratibu wa kupima wakati; *Greenwich* ~; *summer* ~. (5) mwendo wa wimbo wa muziki. *in* ~, kwa kufuata sawasawa mwendo; (be) *out of* ~, -toshika mwendo; *beat* ~, kadirisha kwa kupunga kifimbo, mkono, &c.; gota. — v.t. (1) amuru saa ya. (2) pima mwendo wa washindani wa mbio. ~ly adj. -a wakati wa kufaa; -ilipofaa. ~-table n. orodha ya saa au wakati.

timid ['timid] adj. -oga. ~ly adv. ~ity [ti'miditi] n. **timorous(ly)** ['timərəs(li)] adj. (adv.) = ~(ly).

tin [tin] n. (1) bati. (2) kopo; mkebe.

tinge [tindʒ] v.t. (1) tia rangi kidogo. (2) geuza kidogo. — n. (1) rangi. (2) kidogo.

tingle ['tiŋgl] v.i. ona mnyeo; sisimka.

tinkle ['tiŋkl] v.i. lia kama njuga au kengele ndogo.

tint [tint] n. rangi. — v.t. tia rangi (kidogo).

tiny ['taini] adj. -dogo sana.

¹ **tip** [tip] n. (1) ncha. (2) kilembwa. ~**toe** adv. kwa ncha za vidole vya miguu.

² **tip** [tip] v.t. & i. (-pp-) (1) (mara nyingi ~ *up, over*) inamisha upande mmoja; inama; ~ *over*, pindua; pinduka. (2) ~ *out*, mwaga.

³ **tip** [tip] v.t. (-pp-) (1) gusa. (2) -pa bakshishi, zawadi, &c. — n. (1) mguso; kipigo. (2) bakshishi.

tiptoe taz. ¹tip.

¹ **tire** ['taiə*] n. tyre.

² **tire** ['taiə*] v.t. & i. chosha; choka: *I am* ~*d of this food*, chakula hiki kimenichosha: *They are* ~*d of each other*, wananukana. ~**d** adj. -chovu; -legevu: *be* ~*d out*, choka kabisa. ~**less** adj. -siochoka. ~**some** adj. -a kutaabisha.

tissue ['tisju:, 'tiʃju] n. (1) nguo nyembamba sana; shashi. (2) kitu nyama; mwili. (3) *a* ~ *of lies*, wavu wa mawongo; mawongo matupu. ~-**paper** n. karatasi ya shashi.

title ['taitl] n. (1) jina la kitabu, picha, &c. (2) jina la heshima la mtu. (3) cf. *right*, haki.

titter ['titə*] v.i. jichekea; chekelea.

to [tu:, tu, tə] prep. kwa; katika; -ni; mpaka; hata.

¹ **toast** [toust] n. mkate uliochomwa nje.

² **toast** [toust] v.t. ombea salama (takia heri, afya, &c.) karamuni pamoja na kunywa divai. — n. kuombea salama, &c.

tobacco [tə'bakou] n. tumbako. ~**nist** [tə'bakənist] n. mwuza tumbako.

today [tə'dei] adv. & n. leo; siku hii.

to-do [tə'du:] n. (colloq.) fujo; matata: *Don't make a* ~ *about such a small matter*, usifanye matata juu ya jambo dogo hivi.

toe [tou] n. kidole cha mguu. — v.t. & i. ~ *the line*, simama na kufikia mstari kwa vidole vya mguu kama kwamba kukimbia katika shindano; (fig.) fanya ilivyoamriwa.

toffee, toffy ['tofi] n. sukar iiliyochanganywa na siagi na kuchemshwa.

together [tə'geðə*] adv. pamoja, -ote; jamii; jumla.

toil [toil] v.i. (1) jitahidi; fanya kazi kwa bidii. (2) enda kwa taabu;

jikokota. ~er n. mfanya kazi ngumu.
toilet ['toilit] n. (1) kunawa na kuvaa nguo, &c. (2) kivao. (3) hutumika kama sifa, adj.: ~ articles, vyombo kwa kujikwatua; ~-paper, karatasi laini kwa kutumiwa katika choo.
token ['toukn] n. (1) dalili; ishara. (2) ~ payment, malipo madogo kama amana.
told [tould] past tense & p.p. ya tell.
tolerate ['toləreit] v.t. vumilia; stahimili. tolerable ['tolərəbl]. — adj. (1) -a kuvumilika. (2) -zuri kidogo. tolerance n. uvumilivu. tolerant adj. -vumilivu. toleration [,tolə'reiʃn] n. taz. tolerance; (hutumika hasa kwa kuchukuana watu wa dini mbalimbali).
tomato [tə'ma:tou] n. mnyanya, nyanya.
tomb [tu:m] n. kaburi; ziara.
tomorrow [tə'morou] adv. & n. kesho.
ton [tʌn] n. (1) tani; ratli 2,240. (2) (colloq.) He's worth a ~ (~s) of money, yeye ni tajiri kabisa.
tone [toun] n. (1) sauti; namna au tabia ya sauti. (2) jinsi sauti ya binadamu igeukavyo katika usemi kama kwamba kupanda na kushuka. (3) hali; sifa: The ~ of the school is good, sifa ya chuo ni njema. —v.t. & i. (1) geuza rangi au sauti: ~ down, punguza; pungua; tulia: The crowd soon ~d down, watu walitulia upesi. (2) (hasa kwa rangi) This colour ~s well with the others, rangi hii inachukuana vizuri na nyingine.
tongs [toŋz] n. pl. koleo.
tongue [tʌŋ] n. (1) ulimi. (2) lugha. ~-tied adj. bubu; -nyamavu.
tonic ['tonik] n. & adj. (1) dawa ya kutia afya na nguvu. (2) (kwa muziki) -a sauti; -a kuimba. ~ sol-fa [sol'fa] (katika kufundisha kuimba) namna ya kuandiko wimbo, &c. kwa herufi; do, re, mi, &c.
tonight [tə'nait] adv. & n. usiku huu.
tonnage ['tanidʒ] n. (1) ukubwa wa ngama ya meli na kadiri ya shehena yake (tani 1 = cu. futi 40). (2) jamii zote za meli za nchi fulani. (3) gharama ya kuchukua tani ya shehena, &c.

tonsil ['tonsl] n. kitu cha kooni kama kinundu.
too [tu:] adv. mno kabisa; kupita kiasi; cf. also, na; tena; zaidi.
took [tuk] past tense ya take.
tool [tu:l] n. (1) chombo; ala; zana. (2) mtu atumiwaye na mtu mwingine kwa jambo danganyifu.
tooth [tu:θ] n. (1) jino: fight ~ and nail, pigana kwa nguvu zote; in the teeth of, kwa kukabiliana na.
¹top [top] n. (1) upande wa juu; juu. (2) sana: at the ~ of his voice, kwa kupaaza sauti sana. (3) (attrib.) kipeo; upeo; kikomo cha juu. — v.t. (1) funika juu. (2) fika juu. (3) kata juu: ~ the trees, kata vilele vya miti. ~coat n. koti kubwa la kuvaa nje. ~-heavy adj. -zito kwa juu kuliko chini. ~mast n. sehemu ya juu ya mlingoti. ~most adj. -a juu kabisa.
²top [top] n. pia.
topee, topi ['toupi] n. kofia kubwa ya kukinga jua; sepewo.
topic ['topik] n. jambo la kuzungumziwa.
topple ['topl] v.t. & i. pindua; pinduka; angusha; anguka.
topsy-turvy ['topsi'tə:vi] adv. kichwa chini; kwa fujo; kwa ghasia.
torch [to:tʃ] n. (1) mwenge. (2) kurunzi ya elektrisiti.
tore [to:*] past tense ya tear.
torment ['to:ment] n. maumivu mabaya. — v.t. [to:'ment] tesa; udhi. ~or n.
torn [to:n] p.p. ya tear.
tornado [to:'neidou] n. (pl. -oes) tufani kuu.
torpedo [to:'pi:dou] n. (pl. -oes) kombora kubwa lenye umbo la sigara lipigwalo na manowari kwenda chini ya maji.
torpid ['to:pid] a. -tepetevu; -zito.
torrent ['torənt] n. maji mengi yakipita kwa kasi; (fig.) bubujiko la maneno mengi ya hasira. ~ial [to'renʃl] adj. kama ~: ~ial rain, mvua nyingi kama mto.
torrid ['torid] adj. (kwa tabia ya nchi) -a joto jingi.
tortoise ['to:təs] n. kobe; ng'amba. ~-shell n. (attrib.) -a ng'amba.
tortuous ['to:tjuəs] adj. -a kupindapinda; (fig.) -enye hila.
torture ['to:tʃə*] v.t.

A tortoise

& n. tesa; adhibu; umiza vibaya; mateso; adhabu kali.

Tory ['to:ri] *n*. = *Conservative.*

toss [tos] *v.t. & i.* (1) rusha juu; sukasuka. (2) tupa juu; tupia. (3) tupa sarafu juu kwa kubahatisha. (4) deua, geua, kichwa. (5) ~ *sth. off*, maliza mara moja.

total ['toutl] *n.* jumla; jamii. — *adj.* -ote pia; jumla. ~**ly** *adv.* kabisa; pia.

totalitarian [,toutali'teəriən] *adj.* ~ *state*, nchi ambamo hakuna ruhusa kuwa na maono juu ya utawala wa serikali.

totalizator ['toutəlai,zeitə*] *n.* mashini itumikayo katika kubahatisha fedha katika mashindano ya farasi.

tote [tout] *n. (colloq.* = *totalizator).*

totter ['totə*] *v.i.* (1) tembea kwa kutereka. (2) titia.

touch [tʌtʃ] *v.t. & i.* (1) gusa; papasa. (2) pasa; busu; sikitisha: *The sad story* ~*ed our hearts*, habari ya huzuni ilitusikitisha moyoni mwetu. (3) faa; shinda: *There's nobody to* ~ *him for running*, hakuna mtu wa kumshinda kwa kukimbia upesi. (4) (kwa meli) wasilia; tia nanga penye; tua kwa:; ~ *upon*, eleza kidogo; ~ *up*, cf. *improve*, tengeneza. — *n*. (1) kugusa; mguso. (2) kuona kwa kugusa. (3) mstari uliofanywa kwa burashi au kwa kalamu katika picha. (4) kidogo: *a* ~ *of fever*, homa kidogo. (5) *be in (out of)* ~ *with things*, jua sana (tojua) mambo; *lose* ~ *with friends*, acha kuonana na kuandikiana na rafiki. ~**-and-go** *adj. It was* ~*-and-go whether he would arrive in time*, ilikuwa shida sana kuwa atawahi kufika. ~**ed** *predic. adj. (colloq.) be* ~*ed*, -wa na kichaa. ~**ing** *adj.* -a kuhuzunisha. — *prep.* juu ya; kwa habari ya. ~**y** *adj.* -epesi kuona hasira (chuki, uchungu). ~**iness** *n.* kuwa -epesi kuona hasira, &c.

tough [tʌf] *adj.* (1) -gumu. (2) -siotatuka. (3) -shupavu. ~**en** *v.t. & i.* fanya (fanyika) ~.

tour [tuə*] *n.* safari ya utalii kwenda na kurudi. — *v.t. & i.* talii. ~**ist** *n.* msafiri wa kutalii kuzunguka na kutazama nchi.

tournament ['to:-, 'tuənəmənt] *n.* (1) jamii ya michezo ya kushindana. (2) mchezo wa vita.

tourniquet ['tuəniket, -kei] *n.* kisongo cha kuzuilia damu.

tow [tou] *v.t.* vuta (chombo, motakaa, &c.) kwa kamba.

toward(s) [tə'wo:d(z), to:d(z)] *prep.* (1) kwenda kwa; upande wa. (2) karibu ya. (3) kwa kusaidia.

towel ['tauəl] *n.* kitambaa cha kufutia uso, mikono, &c.

tower ['tauə*] *n.* mnara; ngome. — *v.i.* enda juu sana. ~ *above*, (*fig.*) zidi kwa urefu, kwa kimo, kwa akili; *be in a* ~*ing rage*, kasirika sana.

town [taun] *n.* (1) mji. (2) watu wa mji. (3) mtaa wa mji penye maduka.

toy [toi] *n.* kitu cha kuchezea watoto. — *v.i.* chezacheza.

trace [treis] *v.t.* (1) andika umbo; andika. (2) fuatisha kwa kuandika katika karatasi nyembamba iliyowekwa juu ya picha. (3) fuatia kwa kuangalia nyayo (alama). — *n*. (1) dalili; alama. (2) kidogo sana: *without a* ~ *of pity*, bila huruma hata kidogo. **tracing** *n.* nakili (ya ramani, &c.) iliyofanywa kwa '*tracing*.

track [trak] *n.* (1) njia; mwendo; nyayo. (2) njia ya kawaida. *be off the* ~, potea. (3) ukanda utumikao badala ya magurudumu katika *tractors*, faru, &c. — *v.t.* fuatia kwa nyayo. ~**less** *adj.* pasipo njia; -sioendeka.

¹ **tract** [trakt] *n.* eneo; nchi; jimbo.
² **tract** [trakt] *n.* kitabu kidogo, hasa chenye habari za dini, &c.

tractable ['traktəbl] *adj.* -tiifu.

tractor ['traktə*] *n.* gari la petroli au la mafuta lenye nguvu nyingi la kukokota plau, mizinga, &c.

A tractor

trade [treid] *n.* (1) kununua na kuuza vifaa; biashara; namna moja ya kazi: *the cotton* ~, kazi ya kuuza pamba. (2) kazi ya ufundi; uchumi. (3) watu wenye namna ile

TRADITION [292] **TRANSFER**

ile ya kazi: ~ *union*, ~*s union*, chama cha wafanya kazi katika ~ moja au jamii ya ~*s*, kilichowekwa kwa kuwatunza vema, *e.g.* kuleta manung'uniko yao mbele ya mabwana, kukata maneno juu ya mshahara, saa za kufanya kazi na za kupumzika, *&c.* ~ *mark*, chapa ya bidhaa. — *v.i. & t.* (1) fanya biashara. (2) ~ *(up)on*, tumia vibaya (huruma, sifa njema ya fulani) ili kujipatia faida. ~*r n.* mfanyi biashara; mchuuzi. ~**sman** *n.* mwenye duka.

tradition [trə'diʃn] *n.* mapokeo; mafundisho yaliyotokea zamani; kupokezanwa. ~**al** *adj.*

traffic ['trafik] *n.* (1) kupitapita magari, motokaa, watu, barabarani na njiani. (2) chukuzi wa bidhaa (abiria) huko na huko kwa magari ya moshi, meli, *&c.* (3) badilishana biashara iliyo marufuku. — *v.i.* (*-ck-*) ~ *in*, chuuza; badilishana mali.

tragedy ['tradʒidi] *n.* (1) mchezo wa *theatre* wa kuhuzunisha. (2) msiba; jambo liletalo huzuni. **tragedian** [trə'dʒi:diən] *n.* mwandikaji, mcheza wa ~. **tragic** ['tradʒik] *adj.* -a ~¹; -a huzuni sana. **tragically** *adv.*

trail [treil] *n.* (1) alama zilizoachwa kwa watu waliopita au vitu vilivyopita: *the storm left a* ~ *of destruction*, tufani iliacha alama za maangamizi po pote. (2) nyayo. (3) mkondo. — *v.t. & i.* (1) kokota; kokoteka. (2) (kwa mimea) tambaa. (3) tembea kama kwamba umechoka sana. ~**er** *n.* (1) gari la kufungashia nyuma ya gari jingine. (2) (kwa mimea) mkono.

train [trein] *v.t. & i.* (1) zoeza; fundisha. (2) (kwa mimea) otesha; tengeneza. (3) elekeza bunduki, mzinga. — *n.* (1) jamii ya behewa ikikokotwa na gari la moshi. (2) mafuatano; maandamano. (3) mfulizo (wa mambo, mawazo). (4) wafuasi; waandami. (5) sehemu ya vazi itambaayo (ikokotezwayo). (6) mstari wa baruti iendayo shimo, *&c.* (kwa hivyo) *in* ~, tayari. ~**er** *n.* mkufunzi; mzoezi; mfugaji wa wanyama. ~**ing** *n.* ~*ing college*, chuo kifundishwamo ualimu. *in* ~*ing, out of* ~*ing*, katika hali nzuri, katika hali mbaya.

trait [trei] *n.* tofauti; dalili; onyo.
traitor ['treitə*] *n.* msaliti; haini. ~**ous** *adj.* -a kusaliti; haini.
traitress ['treitris] *n.* ~ wa kike.
tram [tram] *n.* (~*car*) gari liendeshwalo kwa umeme katika njia za mji, hasa la kuchukulia abiria.

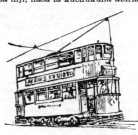

A tramcar

tramp [tramp] *v.i.* (1) enda kwa kukanyaga kwa kishindo. (2) enda kwa miguu (hasa safari ndefu). — *n.* (1) mshindo wa kukanyagisha miguu. (2) safari ndefu ya miguu. (3) mtu (asiye na makao) atembeaye huko na huko akiomba riziki. (4) meli iendayo bandari zote ambazo yaweza kushehenia.

trample ['trampl] *v.t. & i.* kanyaga sana; ponda kwa miguu.

trance [tra:ns] *n.* (1) hali kama ya usingizi mzito sana. (2) hali kama ya usingizi mzito pamoja na kuona njozi.

tranquil ['traŋkwil] *adj.* -tulivu; -starehefu; (kwa bahari) shwari. ~**ly** *adv.* ~**ity** [ˌtraŋ'kwiliti] *n.*

trans- [trans-, tranz-, tra:ns-, tra:nz-] *prefix* toka upande huu mpaka upande wa pili; ng'ambo: ~*atlantic*, ~*continental*.

transact [tran'zakt] *v.t.* nd̃a, fanya shughuli (ya fulani). ~**ion** *n.* (1) jambo la kufanyika; shughul i. (2) taarifa; habari ya matene o (hasa ya chama cha watu wajuzi).

transcend [tran'send] *v.t.* ruka mpaka; pitilia mbali; -wa bora kuliko. ~**ent** *adj.* bora sana; aali.

transcribe [trans'kraib] *v.t.* fuatisha; nakili. **transcript** *n.* nakili. **transcription** *n.* kufuatisha; kunakili; nakili; nakala.

transfer [trans'fə:*] *v.t. & i.* (-*rr*-) (1) hamisha; hama. (2) hamili;

sihia. — *n.* ['trænsfə*] kuhama; kuhamisha; hati ya kusihia mali. ~**able** *adj.* -a kubadilishwa. ~**ence** *n.* kupisha; kupita; kusihia, *&c.*

transfix [træns'fiks] *v.t.* (1) choma (kwa mkuki, mshale, *&c.*). (2) duwaza; tia bumbuazi.

transform [træns'fɔ:m] *v.t.* geuza; badili. ~**ation** [ˌtrænsfə'meiʃn] *n.* ~**er** *n.* (hasa) kitu kibadilicho namna ya nguvu ya umeme (elektrisiti).

transfuse [træns'fju:z] *v.t.* toa (damu) katika mishipa ya mtu na kutia katika mishipa ya mtu mwingine. **transfusion** *n. The patient had several blood transfusions*, mgonjwa alipigwa sindano katika mishipa yake na kupewa damu ya mtu mwingine mara mbili tatu.

transgress [træns'gres] *v.t. & i.* (1) ruka (mpaka); vunja (sheria, mapatano). (2) kosa; halifu. ~**ion** *n.* ~**or** *n.* mvunja sheria; mkosaji.

transient ['trænziənt] *adj.* -siodumu; -a muda mfupi tu.

transit ['trænsit] *n. goods in* ~, bidhaa iliyo katika kuchukuliwa toka mahali mpaka pengine.

transition [træn'siʒn] *n.* kugeuka; ~ *period*, wakati hali au mambo yanapobadilika.

transitive ['trænsitiv] *adj.* -a *verb* isiyotumika ila pamoja na *object.*

transitory ['trænsitəri] *adj.* = *transient.*

translate [træns'leit] *v.t.* fasiri. **translation** *n.* kufasiri; tafsiri.

transmit [trænz'mit] *v.t.* (*-tt-*) pisha; peleka. ~**ter** *n.* (hasa) sehemu ya chombo cha simu kwa kupeleka ishara, sauti, *&c.*

transparent [træns'peərənt, -'pær-] *adj.* (1) -a kupenyeka nuru, kama kioo cha dirisha. (2) -a kueleza wazi; dhahiri. **transparence, -cy** *n.*

transplant [træns'plɑ:nt] *v.t.* atika; panda pengine.

transport [træns'pɔ:t] *v.t.* (1) chukua; pagaza. (2) (la zamani) hamisha (mfungwa) nchi nyingine. (3) *be ~ed with*, choma moyo; fadhaisha. — *n.* ['trænspɔ:t] (1) uchukuzi; uhamali. (2) (*attrib.*) -a au kwa uchukuzi. (3) meli ya kuchukulia askari na vitu vyao. (4) (mara huwa *pl.*) *in a* ~ (*in ~s*) *of delight*, kwa furaha isiyosemeka.

~**ation** [ˌtrænspɔ:'teiʃn] *n.* kuchukua; uchukuzi; uhamali.

transpose [træns'pouz] *v.t.* badilisha mahali. **transposition** [ˌtrænspə'ziʃn] *n.*

transverse ['trænzvə:s, tra:n-] *adj.* -a kukingana. ~**ly** *adv.*

trap [træp] *n.* mtego; mtambo; hila. — *v.t.* (*-pp-*) tega; nasa; danganya. ~**-door** *n.* mlango wa sakafuni au darini. ~**per** *n.* mtu ategaye wanyama ili kuuza ngozi zao.

travel ['trævl] *v.i.* (*-ll-*) (1) safiri. (2) pita; enda. — *n.* (1) kusafiri. (2) (*pl.*) safari (hasa za kwenda nchi za kigeni). ~**ler** *n.*

traverse ['trævə:s] *v.t.* pitia; kingama.

travesty ['trævisti] *n.* mwigo; dhihaka. — *v.t.* iga kwa dhihaka; iga kwa jinsi ya kuleta dharau.

trawl [trɔ:l] *v.i. & t.* vua samaki kwa kukokota wavu chini chini. — *n.* wavu wa kukokota chini chini. ~**er** *n.* chombo cha kuvulia samaki kwa ~.

tray [trei] *n.* sinia.

treacherous ['tretʃərəs] *adj.* (1) -danganyifu; -janja. (2) si thabiti; -sioweza kuaminiwa.

treachery ['tretʃəri] *n.* udanganyifu; hila; usaliti.

treacle ['trikl] *n.* asali ya miwa.

tread [tred] *v.i. & t.* (*trod, trodden* ['trodn]) (1) kanyaga. (2) shindilia kwa kukanyaga. — *n.* (1) mshindo wa miguu. (2) sehemu ya madaraja ikanyagiwayo. (3) sehemu nene itokezayo katika mpira ya gurudumu (la baisikeli, motakaa, *&c.*).

treason ['tri:zn] *n.* fitina juu ya mfalme au serikali; uhalifu. ~**able** *adj.* -a namna ya ~.

treasure ['treʒə*] *n.* hazina. — *v.t.* (1) weka; kumbuka. (2) thamini. ~**r** *n.* mtunza hazina; mtunza hesabu za chama, *&c.* **treasury** ['treʒəri] *n.* (1) (*T.*) idara ya Serikali ya Kiingereza itunzayo fedha ya serikali na mali yake. (2) nyumba ya hazina; fedha ya chama, jamii, *&c.*

treat [tri:t] *v.t. & i.* (1) tendea: ~ *sb. well*, tendea fulani vyema; ~ *sb. as* (*if he were*) *a child*, tendea fulani kama kuwa ni mtoto. (2) dhani, *cf. consider:* He ~ed the matter as a joke, alidhani jambo

TREATY [294] **TRIO**

kuwa si kitu. (3) eleza: *He ~ed the subject thoroughly,* alieleza neno kwa uangalifu mwingi. (4) (kwa hotuba, kitabu, &c.) ~ *of,* husika na: *The essay ~s of insect pests,* insha yahusika na baa ziletwazo na wadudu. (5) uguza; tibu; ganga. (6) karibisha; lisha; lipia gharama. (7) fanya shauri (na). — *n.* jambo la furaha (hasa lisilopatikana mara nyingi). ~**ise** ['tri:tiz] *n.* kitabu; maandiko. ~**ment** *n.* jinsi ya kutenda au kutendewa; uganga; utabibu; dawa.

treaty ['tri:ti] *n.* mapatano, maafikano, baina ya taifa mbili.

¹**treble** ['trebl] *v.t. & i. & adj.* zidisha au zidi mara tatu; -a mara tatu.

²**treble** ['trebl] *adj.* -a sauti nyembamba ya kuimba ya watoto au wanawake. — *n.* mtoto wa kiume aimbaye hivyo.

tree [tri:] *n.* mti; (ya ukoo) nasaba.

trek [trek] *v.i. & n.* (*-kk-*) (*S. Africa*) enda safari ndefu, hasa katika gari livutwalo na ng'ombe.

tremble ['trembl] *v.i.* tetemeka. — *n.* tetemeko.

tremendous [tri'mendəs] *adj.* -kubwa mno. ~**ly** *adv.*

tremor ['tremə*] *n.* (1) tetemeko. (2) tukutiko.

trench [trenʃ] *n.* handaki; mferejl.

trend [trend] *n.* maelekeo. — *v.i.* pinda; elekea.

trepidation [,trepi'deiʃn] *n.* hofu; tetemo.

trespass ['trespəs] *v.i.* (1) ~ (*up*)*on,* ruka mpaka bila kupewa ruhusa; (*fig.*) *cf. encroach upon* (*sb.'s time, &c.*) jipenyeza katika wasaa wa fulani. (2) (la zamani) fanya dhambi. — *n.* tendo la kufanya ~. ~**er** *n.* mtu aingiaye shamba (bustani, kiwanja, &c.) la mtu mwingine bila ruhusa.

trestle ['tresl] *n.* tegemeo la meza au mbao.

tri- [trai-] *prefix* tatu.

trial ['traiəl] *n.* (1) jaribio. (2) taabu: *The child is a ~ to its teacher,* mwana amletea mwalimu wake taabu nyingi. (3) hukumu.

A trestle

triangle ['traiaŋgl] *n.* pembetatu.

triangular [trai'aŋgjulə*] *adj.* (1) -enye pembe tatu. (2) -a kuhusu watu watatu au timu tatu.

tribe [traib] *n.* taifa; kabila. **tribal** *adj.*

tribulation [,tribju'leiʃn] *n.* taabu; huzuni.

tribunal [trai-, tri'bju:nl] *n.* baraza ya hukumu; korti (hasa katika nchi ya Kenya).

tribute ['tribju:t] *n.* (1) ushuru; kodi. (2) *pay ~ to a person, &c.,* taja sifa za mtu. **tributary** ['tribjutəri] *n. & adj.* (1) mkuu wa serikali au serikali iliyo chini ya serikali nyingine. (2) (kwa mto) kijito; mtoto wa mto.

trick [trik] *n.* (1) hila. (2) kiinimacho. (3) mazoea; desturi. (4) (kwa mchezo wa karata) sehemu moja ya mchezo. — *v.t.* punja; danganya. ~**ery** *n.* werevu; udanganyifu. ~**ster** *n.* mwenye hila; mdanganyi. ~**y** *adj.* (1) (kwa watu na matendo yao) -danganyifu. (2) (kwa kazi, &c.) -a mashaka; -a fumbo.

trickle ['trikl] *v.i. & t.* tiririka; churuzisha. — *n.* mtiririko.

tricolour ['trikələ*] *n.* bendera yenye rangi tatu, hasa ya Kifaransa.

tricycle ['traisikl] *n.* gari kama baisikeli lenye magurudumu matatu.

triennial [trai'eniəl] *adj.* -a kila mwaka wa tatu.

trifle ['traifl] *n.* (1) jambo hafifu; kitu kisicho na thamani. (2) kidogo; takataka. (3) namna ya maandazi. (4) (kama *adv.*) *a ~,* kidogo. — *v.i. & t.* chezacheza; puza. **trifling** *adj.* hafifu.

trigger ['trigə*] *n.* mtambo, hasa wa bunduki au bastola.

trigonometry [,trigə'nometri] *n.* elimu ihusuyo *triangles.*

trim [trim] *adj.* nadhifu. — *v.t. & i.* (*-mm-*) (1) tengeneza; kata. (2) pamba; remba. (3) sawazisha. — *n.* hali: *get into ~ for the sports meeting,* jiweka katika hali nzuri tayari kwa mashindano. ~**ming** *n.* mapambo.

trinity ['triniti] *n.* utatu; tatu pamoja. *The T.* (katika madhehebu ya Kikristo) Mungu aliye na asili moja na nafsi tatu.

trio ['tri:ou] *n.* watatu pamoja

(*music*) wimbo wa kuimbwa na watu watatu, au kupigwa kwa ala tatu.

trip [trip] *v.i. & t.* (*-pp-*) (1) enda mbio kwa hatua fupi. (2) kwaza; kwaa. (3) kosa; kosesha. — *n.* (1) safari ndogo; matembezi. (2) kukwaa; kuanguka. ~**per** *n.* msafiri wa safari ndogo ya kujifurahisha.

triple ['tripl] *adj.* -a mara tatu au -a tatu pamoja. — *v.t.* zidisha kwa tatu.

triplet ['triplit] *n.* (1) mmoja wa watoto watatu waliozaliwa pamoja na mama mmoja. (2) (*pl.*) watoto watatu wa namna hii. (3) vitu vitatu pamoja.

triplicate ['triplikit] *adj.* -a kunakiliwa mara tatu. — *n.* nakili ya tatu: *in* ~, mfano mmoja wa kwanza pamoja na nakiliri mbili. — *v.t.* ['triplikeit] fanya nakili tatu.

tripod ['traipod] *n.* kiti (meza, kiweko, *&c.*) chenye miguu mitatu.

trite [trait] *adj.* (kwa maneno, fikira, maono) -liojulikana sana; baridi; -dufu.

triumph ['traiəmf] *n.* shangwe; shangilio. — *v.i.* shinda; jivuna (juu ya adui); simanga. ~**al** [trai'ʌmfl] *adj.* -a shangwe. ~**ant** [trai'ʌmfənt] *adj.* -a furaha kwa sababu ya kushinda.

trivial ['triviəl] *adj.* hafifu; duni. ~**ity** [,trivi'æliti] *n.* upuzi; jambo lisilo na maana sana.

trod(den) *past tense* (*& p.p.*) ya *tread.*

trolley ['troli] *n.* (1) gari lenye magurudumu mawili au manne la kusukumwa na mtu. (2) gari lenye magurudumu manne la kwenda juu ya reli.

trombone [trom'boun] *n.* tarumbeta yenye sauti nene sana tena yenye bomba ya kusukuma mbele na kuvuta nyuma.

troop [tru:p] *n.* (1) kundi. (2) kikosi (cha askari wapanda farasi). (3) (*pl.*) majeshi ya askari. — *v.i.* enda -ingi pamoja. ~**er** *n.* askari mpanda farasi. ~**ship** *n.* meli ya kuabirisha askari.

trophy ['troufi] *n.* kumbukumbu ya kushinda.

tropic ['tropik] *n.* (1) mstari wa *latitude* 23° 27' wa kaskazini (*T. of Cancer*) au wa kusini (*T. of Capricorn*) mwa *Equator*. (2) *the* ~*s*, sehemu ya dunia kati ya mistari hiiyo papitapo jua kichwani hasa. ~**al** *adj.* -a ~*s*; -a joto jingi.

trot [trot] *v.i. & t.* (*-tt-*) (1) (kwa farasi) enda kwa matiti. (2) (kwa mtu) kimbia kwa hatua fupi. (3) fanya kwenda kwa matiti.

trouble ['trʌbl] *v.t. & i.* (1) udhi; taabisha; sumbua. (2) *May I* ~ *you?* Tafadhali. (3) jisumbua. — *n.* (1) taabu; mashaka. (2) shida; kazi ya jitahidi nyingi. ~**some** *adj.* -a kuudhia; -sumbufu; -a kuhitaji uangalifu mwingi.

trough [trof] *n.* (1) kihori. (2) bonde katikati ya mawimbi.

trounce [trauns] *v.t.* piga sana.

trousers ['trauzəz] *n.* suruali.

trousseau ['tru:sou] *n.* vipambo na nguo, *&c.*, za bibi arusi.

trout [traut] *n.* namna ya samaki wa mitoni, Ulaya.

trowel ['trauəl] *n.* (1) mwiko wa mwashi. (2) kikoleo kwa kupanda mimea.

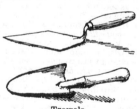

Trowels

troy [troi] *n.* namna ya Kiingereza ya kupima uzito wa dhahabu na fedha, kwa namna hiyo ratli moja huwa na wakia 12.

truant ['tru:ənt] *n.* mtoro: *play* ~, toroka chuoni.

truce [tru:s] *n.* mapatano ya kitambo; amani ya muda (*e.g.* kwa kupata nafasi ya kuondoa watu waliojeruhiwa).

truck [trʌk] *n.* (1) gari la reli la kuchukulia mizigo mizito (*e.g.* makaa). (2) gari dogo la kuchukulia mizigo. (3) (*U.S.A.*) lori.

truculent ['trʌkjulənt] *adj.* -gomvi; -shupavu. ~**ly** *adv.* **truculence** *n.*

trudge [trʌdʒ] *v.i.* enda kwa ku-

true [tru] *adj.* (1) kweli; -a hakika. (2) amini; -aminifu. (3) halisi; sahihi. **truism** ['tru:izm] *n.* neno la kweli lisilo na shaka lisilohitajiwa kutajwa. **truly** *adv.* kweli; kwa kweli; hakika.

trumpet ['trʌmpit] *n.* tarumbeta; baragumu.

truncheon ['trʌnʃən] *n.* kirungu.

trundle ['trʌndl] *v.t. & i.* (kwa vitu vizito) fingirisha; fingirika.

trunk [trʌŋk] *n.* (1) shina; jiti. (2) kiwiliwili (bila kichwa, miguu na mikono). (3) kasha; sanduku. (4) mkono, mkongo wa tembo. (5) (*attrib.*) ~ call, kumwita fulani kwa simu kutoka mbali.

truss [trʌs] *n.* (1) fungu; mzigo wa majani makavu. (2) mkingiko. — *v.t.* funga.

trust [trʌst] *n.* (1) tumaini; imani. (2) mtu ambaye au kitu ambacho huaminiwa. (3) daraka; jukumu. (4) (*law*) mali ishikwayo na kutunzwa kwa mtu mmoja au kwa watu kwa ajili ya mtu mwingine na kwa faida yake. (5) ushirika wa makampuni. — *v.t. & i.* (1) amini; aminia: ~ *in Gosha*, amini Mungu. (2) *cf.* **entrust**, aminisha. (3) *cf.* **hope**: *I ~ you will be able to help*, natumaini ya kuwa utaweza kusaidia. **~ee** [trʌs'ti:] *n.* mdhamini. **~ful** *adj.* -a kuamini watu wengine; -tumainifu. **~worthy** *adj.* amini; thabiti.

truth [tru:θ] *n.* (*pl.* [tru:ðz]) (1) kweli. (2) hakika; yakini. **~ful** *adj.* (1) (kwa watu) -sema kweli. (2) (kwa maneno) kweli.

try [trai] *v.i. & t.* (1) jaribu. (2) jaribia. (3) hakikia. (4) hukumu. (5) taabisha; sumbua. **~ing** *adj.* -a kutaabisha; -sumbufu.

tsetse ['tsetsi] *n.* mbung'o; chafuo; ndorobo.

tub [tʌb] *n.* (1) pipa. (2) (*colloq.*) *cf.* **bath**. **~by** *adj.* -fupi tena -nene.

tube [tju:b] *n.* (1) bomba; mrija. (2) njia ya reli iliyo chini ya ardhi (*e.g.* mjini mwa *London*). **tubular** ['tju:bjulə*] *adj.* -enye umbo la ~; -enye ~s.

tuber ['tju:bə*] *n.* kinundu katika mzizi wa mmea: viazi huitwa ~s.

tuberculosis [tju,bə:kju'lousis] *n.* ugonjwa fulani, hasa wa kifua; kifua kikuu.

tuck [tʌk] *n.* (1) finyo; kunjo; pindo. (2) (*slang*) chakula, hasa mikate mitamu au maandazi. — *v.t.* (1) kunja; finya; fyata. (2) (*colloq.*) ~ **in**, -la kwa pupa. **~-shop** *n.* duka (kwa watoto wa chuoni) liuzalo maandazi, &c.

Tuesday ['tju:zdi] *n.* Jumanne.

tuft [tʌft] *n.* kishungi; kishada: *a ~ of grass*, kichungu.

tug [tʌg] *v.i. & t.* vuta, kokota, kwa nguvu. — *n.* (1) mvuto wa ghafula au wa nguvu. (2) meli ndogo yenye nguvu nyingi yenye kazi ya kuvuta meli kubwa. **~ of war** *n.* mchezo wa kushindana kwa kuvutana kamba.

tuition [tju'iʃn] *n.* (ada ya) mafundisho.

tumble ['tʌmbl] *v.i. & t.* (1) anguka, hasa kwa ghafula au kwa nguvu. (2) angusha kwa ghafula au kwa nguvu. **~down** *adj.* (kwa majengo) -bovu.

tumbler ['tʌmblə*] *n.* bilauri.

tumult ['tju:mʌlt] *n.* ghasia; makelele. **~uous** [tju'mʌltjuəs] *adj.* -liochafuka.

tune [tju:n] *n.* (1) mafuatano ya sauti katika kuimba au kupiga ngoma. (2) ulinganifu wa sauti (3) (*fig.*) usawa; utaratibu. — *v.t & i.* (1) linganya sauti (kinanda &c.). (2) ~ **up**, anza kulinganisha sauti. (3) ~ **in**, tengeneza chombo cha simu ya upepo kiwe tayari kupokea sauti za angani. **~ful** *adj* -enye sauti ya kupendeza.

tunic ['tju:nik] *n.* koti (*e.g.* la kiaskari).

tunnel ['tʌnl] *n.* shimo refu la kupenya ndani au la kupita chini shimo; tundu.

tuppence ['tʌpəns] *n.* (*colloq.*) maana yake *twopence*, peni mbili.

turban ['tə:bən] *n.* kilemba.

turbid ['tə:bid] *adj.* (kwa maji hasa ya mto) -liyotibuliwa; -enye matope.

turbine ['tə:bain] *n.* mashini yenye gurudumu liendeshwalo na nguvu za maji, za mvuke, &c.

turbulent ['tə:bjulənt] *adj.* -a nguvu nyingi; -a ghasia; -siozuiwa. **turbulence** *n.*

turf [tə:f] *n.* (1) majani mororo ya udongo wake. (2) *the ~*, mashindano ya farasi na watu na mambo yahusianayo nayo.

turgid ['tə:dʒid] *adj.* (1) -liovimba. (2) (kwa maneno) -a maneno makuu.

turkey ['tə:ki] *n.* ndege mkubwa kama bata mzinga, hufugwa na kutumiwa kwa chakula.

A turkey

turmoil ['tə:moil] *n.* makelele; msukosuko; ghasia.

turn [tə:n] *v.t. & i.* (1) zungusha; zunguka; geuza; geuka. (2) (pamoja na *adv. & prep.*) ~ *about*, geuka; geuza; ~ *down*, shusha (utambi, &c.); kataa; ~ *in*, (*colloq.*) enda kulala; ~ *off* (bomba, mkondo wa umeme, &c.) funga, ziba; ~ *on*, fungulia, zibua; ~ *out*, zima (taa, &c.); fukuza; fanyiza (bidhaa, &c.); fanyiza tupu (kabati, sanduku, &c.); telekeza, tokea; ~ *out well*, fanikiwa, sitawi; ~ *over*, tolea (fulani usimamizi wa kazi au biashara, &c.); ~ *to*, tumaini; tegemea; kimbilia; ~ *up* (kwa watu) fika; (kwa vitu) zuka; (kwa nafasi, bahati, &c.) onekana; tukia. (3) kereza, fanya kwa kerezo. (4) geuza; geuka; badili; badilika. (5) fika tena kupita: *He has just ~ed forty*, ametimiza umri wa miaka arobaini. (6) (pamoja na *n.*) ~ *sb.'s brain*, tia fulani wazimu; ~ *the corner*, (fig.) faulu; pona; ~ *sb.'s head*, poteza (rusha) akili; ~ *one's hand to*, weza kufanya; ~ *one's stomach*, tapisha. — *n.* (1) mzungusho; mageuzi. (2) pindi (za njiani). (3) mabadili; mapinduzi. (4) zamu: *It's now your* ~, ni zamu yako sasa. (5) kipindi. (6) mchezo. (7) tendo: *do a good* (*bad*) ~ *to*, tendea mema (mabaya). (8) mapenzi; upendeleo: *a boy with a mechanical* ~, mtoto mwenye mapenzi ya mashini. (9) *serve one's* ~, faa kwa kusudi fulani; *It's done to a* ~, kimeiva barabara. ~**coat** *n.* mgeuzi mkufuru. ~**er** *n.* mkereza. ~**ing** *n.* mahali njia papindukapo, hasa ambapo pana matawi ya njia nyingine. ~**ing-point** *n.* pa kugeuka; (*fig.*) neno la kukata jambo. ~**-out** *n.* jumla ya watu waliohudhuria kwenye mkutano, mchezo, &c.; unadhifu wa askari na vyombo vyao. ~**over** *n.* jumla ya fedha iliyopokewa na kulipwa katika muda maalum. ~**stile** *n.* mlango mwembamba wa kupishia watu mmoja mmoja.

turnip ['tə:nip] *n.* mboga iliyo mzizi, chakula cha watu na ng'ombe, &c.

turpentine ['tə:pəntain] *n.* terafini (namna ya mafuta itumiwayo kwa kuichanganya pamoja na rangi ya kupakaa).

turret ['tʌrit] *n.* (1) kinara kidogo, hujengwa zaidi pembeni mwa majumba. (2) banda la chuma lenye mizinga katika manowari.

turtle ['tə:tl] *n.* kasa; ng'amba. *turn* ~ (kwa mashua au merikebu) pinduka.

tusk [tʌsk] *n.* jino; (ya tembo) pembe; (wa nguruwe dume) upamba; (cha kifaru) kipusa.

tussle ['tʌsl] *v.i.* pigana sana.

tutor ['tju:tə*] *n.* mwalimu; mfunzi. ~**ial** [tju'tɔ:riəl] *adj.* -a mwalimu au -a kazi yake.

tweed [twi:d] *n.* nguo ya manyoya ya kondoo, husokotwa zaidi kwa nyuzi za rangi mbalimbali.

tweezers ['twi:zəz] *n. pl.* kikoleo; kibano.

twelve [twelv] *n. & adj.* 12, thenashara, kumi na mbili. **twelfth** [twelfθ] *adj.* -a thenashara.

twenty ['twenti] *n. & adj.* 20, ishirini. **twentieth** *adj. & n.* -a ishirini.

twice [twais] *adv.* mara mbili.

twiddle ['twidl] *v.t.* sokotasokota: ~ *one's thumbs*, kaa kivivu.

twig [twig] *n.* kitawi; kijiti.

twilight ['twailait] *n.* majilio ya nuru asubuhi na maondokeo yake jioni; ukungu wa alfajiri; ukungu wa jioni; kiusikusiku.

twin [twin] *n.* (1) pacha. (2) sawa; mfano mmoja.

twine [twain] *n.* kitani; uzi. — *v.t. & i.* songa; sokota.

twinge [twindʒ] *n.* mchomo wa maumivu.

twinkle ['twiŋkl] *v.i.* metameta. **twinkling** *n. in a twinkling*, mara moja.

twirl [twə:l] *v.t. & i.* zungusha au zunguka upesi.

twist [twist] *v.t. & i.* (1) pota; sokota. (2) sokota; nyonga. (3) geuza; potoa. (4) pindika. ~**er** *n.* mlaghai.

twitch [twitʃ] *v.i. & t.* shtuka; shtusha.

twitter ['twitə*] *v.i.* lia kama ndege mdogo.

two [tu:] *n. & adj.* 2, mbili. **~pence** ['tʌpəns] *n.* peni mbili. **~penny** *adj.*

type [taip] *n.* (1) mtu, kitu, jambo, &c., kuhesabia kama mfano wa namna yake au ya jamii. (2) namna: *men of his ~*, watu wa namna (jamii) yake. (3) chapa. — *v.i. & t.* piga chapa kwa *~writer*, piga taipu. **~writer** *n.* chombo cha kuandikia kwa chapa. **typical** ['tipikl] *adj.* -a mfano hasa; -a mfano mmoja. **typically** *adv.* **typify** ['tipifai] *v.t.* -wa mfano wa. **typist** ['taipist] *n.* karani we kupiga *~writer*. **typography** [tai'pogrəfi] *n.* maarifa ya kupiga chapa; matumizi ya chapa.

typhoid ['taifoid] *n.* (mara nyingi huwa ~ *fever*) homa mbaya matumboni. **typhus** ['taifəs] *n.* homa kali iletwayo na chawa.

typhoon [tai'fu:n] *n.* tufani.

tyrant ['taiərənt] *n.* sultani mkorofi. **tyrannical** [ti'ranikl], **tyrannous** ['tirənəs] *adj.* -tendao kwa namna ya ~; -a ~. **tyrannize** ['tirənaiz] *v.i.* fanyia jeuri katika kutawala. **tyranny** ['tirəni] *n.* ukorofi; utawala wa ~.

tyre [taiə*] *n.* (vile vile *tire* hutumika) duara ya chuma au ya mpira nje ya gurudumu.

U

ubiquitous [ju'bikwitəs] *adj.* -a kuwapo kote kote. **ubiquity** *n.* kuwapo mahali pote au mahali pengi sana.

udder ['ʌdə*] *n.* kiwele.

ugly ['agli] *adj.* (1) -enye sura isiyopendeza au ya kuchukiza. (2) -a kuonya hatari au tufani: *The sky looks ~*, mawingu yaonya ya kuwa tufani inakaribia; *an ~ customer*, mtu mwenye sura au mkatili atakayeleta hatari.

ukelele [ˌju:kə'leili] *n.* namna ya zeze yenye nyuzi nne.

ulcer ['ʌlsə*] *n.* donda; kidonda.

ulterior [ʌl'tiəriə*] *adj.* -a nyuma; -a baadaye: ~ *motives*, nia zisizoonekana za siri.

ultimate ['ʌltimit] *adj.* -a mwisho; -a asili. **~ly** *adv.* mwisho.

ultimatum [ˌʌlti'meitəm] *n.* neno la mwisho; kukata maneno.

ultra- ['ʌltrə] *prefix* -a kupita kiasi; mno.

umbrella [ʌm'brelə] *n.* mwavuli.

umpire ['ʌmpaiə*] *n.* mwamuzi aliyechaguliwa kwa kuamua katika mabishano au mchezo (*e.g.* cricket au *hockey*).

un- [ʌn-] *prefix* (1) (mwanzoni pa *adj., adv.*) sio au hapana: -a. *e.g. certain*, yakini, *uncertain*, si yakini. (2) (mwanzoni pa *vbs.*) maana yake ni kama kubadili mwisho wa *vb.* ya Kiswahili kuwa -ua, *e.g. tie*, funga, *untie*, fungua. (3) (mwanzoni pa *n.*) huonyesha kutokuwa: *uncertainty*, kutokuwa yakini; *unwillingness*, kutotaka.

unabated [ˌʌnə'beitid] *adj.* (kwa tufani, &c.) -siopungua; -a kudumu na kuendelea kwa nguvu zote.

unaccountable [ˌʌnə'kauntəbl] *adj.* -siotambulikana.

unanimous [ju'nanimes] *adj.* (1) -liokubaliwa na wote. (2) -enye shauri moja. **~ly** *adv.* **unanimity** [ˌju:nə'nimiti] *n.* umoja.

unassuming [ˌʌnə'sju:miŋ] *adj.* -siojitanguliza; -siotaka makuu; -enye haya.

unawares ['ʌnə'weəz] *adv.* ghafula; bila kutazamiwa.

unbalanced [ʌn'balənst] *adj.* (hasa kwa mtu na ubongo wake) -enye kichaa kidogo.

unbend [ʌn'bend] *v.t. & i.* kunjua; kunjuka.

unburden [ʌn'bə:dn] *v.t.* fungulia mzigo: (hasa) ~ *oneself*, sema wazi mashaka; kiri.

uncalled-for [ʌn'kɔ:ldfɔ:*] *adj.* -siotakiwa wala kuwa lazima.

uncanny [ʌn'kani] *adj.* -a kigeni; -a kioga.

uncle ['ʌŋkl] *n.* mjomba; amu; mume wa shangazi.

uncouth [ʌn'ku:θ] *adj.* (kwa watu) -shenzi; -jinga.

under ['ʌndə*] *prep. & adv.* chini ya; chini. ~ *age*, -siotimiza bado umri uliowekwa kwa sheria; ~ *discussion (repair, &c.)*, katika kuhoji (kutengenezwa, &c.); ~ *protest*, kwa kujikalifu; ~ *fire*, katika kupigana; vitani mwenyewe; ~ orders, -liokwisha amriwa (kufanya kitu fulani, &c.).

under- ['ʌndə*] *prefix* (1) (mwanzoni pa *n.*) -liovaliwa au kutiwa chini ya: ~*clothes*, nguo za kuvaa ndani ya nguo nyingine. (2) (mwanzoni pa *vbs.*) si kadiri ya kutosha: ~*charge*, toza gharama iliyo chini ya bei ya kweli, ~*estimate*, kisia kuwa kidogo kuliko kilivyo, ~*fed*, -siopata chakula cha kutosha.

undercurrent ['ʌndəkʌrənt] *n.* mkondo wa chini; (*fig.*) maelekeo; maono ya siri.

undercut [ˌʌndə'kʌt] *v.t.* -wa tayari (kuuza vitu au kufanya kazi) kwa bei iliyo chini ya ile ya washindani wako.

underdog ['ʌndədog] *n.* mtu asiye na bahati.

underdone ['ʌndə'dʌn] *adj.* (hasa kwa nyama) -siopikwa sana; -bichi.

undergo [ˌʌndə'gou] *v.t.* (1) vumilia; patwa na. (2) endelezwa; tengenezwa.

undergraduate [ˌʌndə'grædjuit] *n.* mwanafunzi wa *university* kabla hajapata cheo cha *bachelor*.

underground ['ʌndəgraund] *adv.* chini ya ʟchi. — *n. the U*, reli ya chini ya ardhi (taz. *Tube*).

undergrowth ['ʌndəgrouθ] *n.* magugu; msitu.

underhand ['ʌndəhænd] *adj. & adv.* (1) (namna ya kutupa mpira katika mchezo wa *cricket*) kwa mkono chini ya bega. (2) -a hila; -danganyifu.

underlie [ʌndə'lai] *v.t.* -wa msingi wa (shauri, mafafanuzi, &c.).

underline [ˌʌndə'lain] *v.t.* andikia mstari chini; (*fig.*) kaza; tokeza.

underling ['ʌndəliŋ] *n.* mdogo wa cheo, kazi: (hutumika kwa kudharau).

undermine [ˌʌndə'main] *v.t.* (1) fukua chini. (2) haribu au dhoofisha kidogo kidogo; *His health was* ~*d by overwork*, afya yake ilidhoofisha kidogo kidogo kwa kufanya kazi ya kupita kadiri.

underneath [ˌʌndə'ni:θ] *adv. & prep.* chini; chini ya.

undersigned [ˌʌndə'saind] *adj.* aliyeandika (walioandika) hapa chini.

understand [ˌʌndə'stænd] *v.t. & i.* (-*stood* [-stud]) (1) fahamu. (2) tambua. (3) ongeza (neno lisilonenwa au kuandikwa). ~**able** *adj.* -a kufahamika. ~**ing** *adj.* (-epesi) kufahamu au kutambua maono au mashauri ya watu wengine. — *n.* (1) uwezo wa kufahamu vizuri. (2) uwezo wa kushiriki katika mashauri, &c., ya wengine. (3) mapatano. (4) sharti: *On this* ~*ing only I will come*, kwa sharti hii tu nimekubali kuja.

understudy ['ʌndəstʌdi] *n.* wakili wa mtu mwingine (hasa wa *actor*).

undertake [ˌʌndə'teik] *v.t.* (-*took, -taken*) (1) diriki; jifunga kwa. (2) anza; shika; ingia (kazi, &c.). (3) ahidi. **undertaking** *n.* (1) shughuli; jambo; kazi. (2) sharti; daraka; ahadi.

undertaker ['ʌndəteikə*] *n.* mwenye kutengeneza maziko.

undertone ['ʌndətoun] *n.* sauti ndogo.

underwear ['ʌndəweə*] *n.* nguo za kuvaa ndani ya nguo nyingine. taz. *underclothing*.

underworld ['ʌndəwə:ld] *n.* (1) (katika hadithi ya Kiyunani, &c.) jehanamu. (2) jamii ya watu waovu, wevi, &c., wa mji.

underwrite [ˌʌndə'rait] *v.t.* kubali jukumu la (hasa ya meli ya shehena). ~**r** *n.*

undo [ʌn'du:] *v.t.* (-*did, -done*) (1) fungua. (2) tangua. (3) *be undone*, potea; angamia. ~**ing** *n.* sababu ya kupotea au ya kuangamia.

undue [ʌn'dju:] *adj.* kadiri isiyofaa; si kadiri. **unduly** *adv.*

undulate ['ʌndjuleit] *v.i.* -wa na umbo kama mawimbi, inuka na kushuka.

unearth [ʌn'ə:θ] *v.t.* gundua; fukua: ~ *a buried treasure*, fukua hazina iliyozikwa; ~ *new facts about the life of someone*, gundua mambo mapya juu ya maisha ya fulani.

unearthly [ʌn'ə:θli] *adj.* (1) -a peponi; si -a dunia hii. (2) -a fumbo; -a shetani; -a kuogofisha.

uneasy [ʌn'i:zi] *adj.* si -a raha; si -tulivu; -a mashaka. **uneasily** *adv.* **uneasiness** *n.* mashaka; hangaiko.

unerring [ʌn'ə:riŋ] *adj.* -siokosa; -a hakika.

unexampled [ˌʌnig'za:mpld] *adj.* -sio na kifani; -a peke yake.

unfailing [ʌn'feiliŋ] *adj.* (1) -a

unfold [ʌnˈfould] *v.t.* kunjua; funua.

unfounded [ʌnˈfaundid] *adj.* -sio na msingi: ~ *rumours*, maneno ya watu yasiyo kweli.

ungainly [ʌnˈgeinli] *adj.* -zito; si -zuri.

ungovernable [ʌnˈgʌvənəbl] *adj.* -siozuilika; -siotawaliwa: *an* ~ *temper*, hasira isiyozuilika.

unguarded [ʌnˈgɑːdid] *adj.* (hasa kwa maneno) *in an* ~ *moment*, bila kufikiri; bila hadhari.

unheard-of [ʌnˈhəːdov] *adj.* ajabu; -geni; -sio na kifani katika wakati wote uliopita.

unhinged [ʌnˈhindʒd] *adj.* (kwa mtu) -liyerushwa akili.

unicorn [ˈjuːnikɔːn] *n.* (katika hadithi za zamani) mnyama kama farasi mwenye pembe moja.

uniform [ˈjuːnifɔːm] *adj.* -a mfano mmoja. — *n.* nguo za rasmi. ~**ly** *adv.* ~**ity** [ˌjuːniˈfɔːmiti] *n.* kuwa mfano mmoja; umoja.

unify [ˈjuːnifai] *v.t.* (1) fanya kuwa -moja. (2) fanya kuwa mfano mmoja; sawazisha. **unification** [ˌjuːnifiˈkeiʃn] *n.* kufanya (kufanyika) -moja; kuunganisha.

union [ˈjuːnjən] *n.* (1) umoja; kuwa -moja. (2) urafiki; shauri moja. (3) jamii; chama. ~**ist** *n.* mwanachama.

unique [juːˈniːk] *adj.* -a namna ya peke yake; -sio na kifani. ~**ly** *adv.* ~**ness** *n.*

unison [ˈjuːnizn] *n.* upatano.

unit [ˈjuːnit] *n.* (1) kitu kimoja; jamii ya vitu au watu (ifikiriwayo kama kwamba ni kitu kimoja). (2) kitu kitumikacho kupimia. (3) (*math.*) hesabu, 1.

unite [juːˈnait] *v.t. & i.* (1) unga; ungamanisha; ungana; ungamana. (2) -wa shauri moja; patana. **unity** [ˈjuːniti] *n.* (1) hali ya kuwa -moja. (2) upendano; ulinganifu.

universe [ˈjuːnivəːs] *n.* ulimwengu; vitu vyote. **universal** [ˌjuːniˈvəːsl] *adj.* -a watu wote; -a kutumika, -a kuhusiana, na watu wote. **universally** *adv.*

university [ˌjuːniˈvəːsiti] *n.* chuo cha elimu kubwa na walimu wakubwa wafundishao humo.

unkempt [ʌnˈkempt] *adj.* -liochafuka; (hasa kwa nywele) -siochambuliwa kwa kitana.

unless [ʌnˈles] *conj.* ila; isipokuwa.

unlooked-for [ʌnˈluktfɔː*] *adj.* -siotazamiwa.

unmentionable [ʌnˈmenʃənəbl] *adj.* -baya sana hata -siofaa kutajwa.

unmistakable [ˌʌnmisˈteikəbl] *adj.* dhahiri; bayana sana; wazi.

unnerve [ʌnˈnəːv] *v.t.* ogofya; fadhaisha.

unparliamentary [ˌʌnpɑːləˈmentəri] *adj.* (kwa msemo) -siofaa (*e.g.* kwa kuwa -a kutukana) kwa kutumiwa katika *parliament*.

unpleasantness [ʌnˈplezəntnis] *n.* ugomvi; machukizo (baina ya watu).

unprecedented [ʌnˈpresidentid] *adj.* -sio na kifani kilichotangulia katika wakati uliopita.

unprincipled [ʌnˈprinsipld] *adj.* -potovu; -a tabia mbaya; si amini.

unprofessional [ˌʌnprəˈfeʃənl] *adj.* (hasa kwa mwenendo au kwa tabia) -siofuatana na kanuni au desturi za uchumi.

unravel [ʌnˈrævl] *v.t. & i.* (-*ll*-) (1) fumua; tatanua. (2) fafanua; eleza.

unremitting [ˌʌnriˈmitiŋ] *adj.* -siolegea; -siochoka.

unrest [ʌnˈrest] *n.* wasiwasi; msukosuko wa watu (*e.g.* kwa kuwa hawana kazi wala fedha).

unruly [ʌnˈruːli] *adj.* -kaidi; -tukutu.

unsavoury [ʌnˈseivəri] *adj.* (hasa kwa jambo la aibu) -a kuchukiza; -siopendeza.

unscathed [ʌnˈskeiðd] *adj.* -siodhurika; salama.

unscrupulous [ʌnˈskruːpjuləs] *adj.* si -nyofu; -potoe.

unsettle [ʌnˈsetl] *v.t.* taharakisha; hangaisha.

unsightly [ʌnˈsaitli] *adj.* -siopendeza macho.

unsound [ʌnˈsaund] *adj.* si -zima; si imara; -pungufu.

unspeakable [ʌnˈspiːkəbl] *adj.* -sio nenekana.

unthinkable [ʌnˈθiŋkəbl] *adj.* -siowazika.

unthinking [ʌnˈθiŋkiŋ] *adj.* -a haraka; -liofanywa bila kufikiri matokeo yake.

until [ʌnˈtil] *prep. & conj.* hata; mpaka; hadi.

untimely [ʌn'taimli] *adj.* -a wakati usiofaa au si wakati wake.

unto ['ʌntu] *prep.* (la zamani) = *to.*

untold ['ʌn'tould] *adj.* -siosimulika: *a man of ~ wealth,* mtu tajiri hata mali yake haihesabiki.

untoward [ʌn'touəd] *adj.* -sumbufu; -siofaa.

unutterable [ʌn'ʌtərəbl] *adj.* -sionenekana.

unvarnished [ʌn'va:niʃt] *adj.* (hasa) *the ~ truth,* kweli tupu.

unwieldy [ʌn'wi:ldi] *adj.* -kubwa tena -zito na kwa hayo si -epesi kuchukulika.

unwitting [ʌn'witiŋ] *adj.* pasipo kujua; -siokusudiwa.

up [ʌp] *adv. & prep.* (1) juu. kwa Kiswahili kama *prep.* huwa katika. *vb.* yenyewe haitumiwi peke yake. (2) *be up,* amka; -wa macho. (3) *up to: What's he up to?* Anashughulika na nini? *He's up to no good,* anachofanya si cha kufaa. (4) *up to,* sawa na: *His work is not up to much,* kazi yake haifai; *I don't feel up to doing much,* najiona siwezi kufanya kazi sana. (5) *What's up?* (*slang*) Kuna nini?; *The game's up, it's all up,* ni- (tu-, *&c.*) meshindwa. — *n.* ups *and* downs, (*fig.*) mageuko ya bahati.

up- [ʌp-] *prefix* kwa upande wa juu: *an upturned nose,* pua iliyoinuka.

upbraid [ʌp'breid] *v.t.* karipia.

upbringing ['ʌpbriŋiŋ] *n.* malezi; mafundisho.

upheaval [ʌp'hi:vl] *n.* mapinduzi; mabadiliko.

uphill ['ʌphil] *adj.* -a shida; -gumu.

uphold [ʌp'hould] *v.t.* (*-held*) thibitisha (hukumu, &c.).

upkeep ['ʌpki:p] *n.* gharama; haraja ya kuhifadhi kitu katika hali nzuri.

upland ['ʌplənd] *n.* (mara huwa *pl.*) nchi iliyoinuka; vilima.

uplift [ʌp'lift] *v.t.* inua, (hasa) changamsha (moyo).

upon [ə'pon] *prep.* juu ya. *put ~ sb.,* -pa fulani kazi zaidi ya stahili yake.

upper ['ʌpə*] *adj.* -a juu. *get (have) the ~ hand,* shinda, weza, pata amri juu ya. **~most** *adj. & adv.* -a juu kabisa; juu kubwa.

upright ['ʌprait] *adj.* (1) -a kiwimawima. (2) -nyofu. — *n.* mhimili; nguzo. **~ly** *adv.*

uprising [ʌp'raiziŋ] *n.* maasi.

uproar ['ʌpro:*] *n.* makelele; fujo. **~ious** [ʌp'ro:riəs] *adj.* -a makelele (fujo, *&c.*).

uproot [ʌp'ru:t] *v.t.* ng'oa.

upset [ʌp'set] *v.t. & i.* (1) pindua; pinduka. (2) tia wasiwasi; hangaisha; chafua. — *n.* machafuko; fujo.

upshot ['ʌpʃot] *n.* mwisho; matokeo.

upside-down ['ʌpsaid'daun] *adv.* juu chini.

upstairs [ʌp'steəz] *adv.* orofani.

up-to-date ['ʌptə'deit] *adj.* -a siku zizi hizi; -pya kabisa.

upward ['ʌpwəd] *adj.* -a kwenda juu.

uranium [juə'reiniəm] *n.* madini nzito tena nyeupe itokamo nguvu za asili (*atomic energy*).

urban ['ə:bən] *adj.* -a mjini. **~ize** *v.t.* geuza uso wa nchi yenye mashamba uwe mji wenye nyumba na maduka.

urbane [ə:'bein] *adj.* -a adabu sana.

urbanity [ə:'baniti] *n.* adabu; utu mwema.

urchin ['ə:tʃin] *n.* mtoto mwanamume mtundu, hasa achezaye katika njia za mji.

urge [ə:dʒ] *v.t.* (1) sukuma mbele; sukumiza. (2) sihi sana; ombaomba. (3) chagiza; shurutisha. — *n.* tamaa. **~ncy** ['ə:dʒənsi] *n.* bidii; lazima; jambo muhimu. **~nt** ['ə:dʒənt] *adj.* -a lazima; muhimu. **~ntly** *adv.*

urine ['juərin] *n.* mkojo.

urn [ə:n] *n.* (1) chombo cha udongo au madini, hasa cha kutilia majivu ya maiti aliyechomwa. (2) chombo kikubwa cha bati cha kutilia chai au kahawa.

usage ['ju:zidʒ] *n.* (1) matumizi; kazi. (2) mazoea; desturi.

use [ju:z] *v.t.* (*~d* [ju:zd]) (1) tumia. (2) ~ *up,* maliza. (3) tendea: ~ *others as you would like them to ~ you,* tendea wengine kwa jinsi upendavyo wakutendee. — *n.* [ju:s] (1) matumizi; kazi. (2) kutumiwa: *in ~,* katika kutumiwa; anza kutumiwa; katika kufanya kazi yake. (3) faida; manufaa. (4) uwezo wa kutumia. (5) haki ya kutumia. **~d** ['ju:st] *ppl. adj.* (*be, get*) *cf. accustomed* (*to*) -zoefu wa. **~d to** ['ju:st tu] *v. I* (*we, he, &c.*) ~d *to go,* ilikuwa desturi yangu (yetu, yake, *&c.*) kwenda. **~ful** *adj.* -a kufaa.

~fully adv. ~fulness n. ~less adj. -siofaa. ~lessly adv. bure. ~lessness n. ~r ['juːzə*] n. mtu atumiaye: *How many telephone~rs are there in your town?* Mna watu wangapi walio na (watumiao) simu nyumbani, mjini mwako?

usual ['juːʒuəl] adj. -a desturi. ~ly adv. kwa desturi; aghalabu.

usurp [juː'zəːp] v.t. jitwalia bila haki; nyang'anya (usultani, mamlaka, &c.). ~er n. mnyang'anyi (ufalme, &c.).

usury ['juːʒəri] n. riba. usurer n. mla riba.

utensil [juː'tensl] n. chombo; ala; hasa vyombo vitumiwavyo kwa kazi za nyumbani.

utility [juː'tiliti] n. (1) kufaa; faida. (2) *public utilities*, idara za kuwaletea raia vitu vitakwavyo watu wote, kama maji, *gas*, *electricity*, basi za abiria, au magari ya moshi. utilitarian [ˌjuːtili'teəriən] adj. -a kuleta faida si -a kuremba. utilize ['juːtilaiz] v.t. tumia. utilization [ˌjuːtilai-'zeiʃn] n.

utmost ['ʌtmoust] adj. (1) -a kwisha; -a mbali sana. (2) -kubwa sana; kabisa: *in the ~ danger*, katika hatari kabisa. — n. -weza-vyo: *do your ~*, fanya yote uwezavyo.

Utopia [juː'toupiə] n. kipeo cha hali nzuri ya serikali na watu. ~n adj. -a ukamilifu wa kuwazika tu.

¹utter ['ʌtə*] adj. kabisa; -tupu: *~ darkness*, giza tupu. ~ly adv.

²utter ['ʌtə*] v.t. nena; tamka. ~ance n. (1) usemi. (2) *give ~ance to one's feelings*, nena yote unayosikia moyoni. (3) maneno.

uttermost ['ʌtəmoust] adj. taz. *utmost*.

V

vacant ['veikənt] adj. (1) -tupu. (2) (kwa ubongo na akili zake) pasipo mawazo; -jinga. ~ly adv. vacancy n. (1) nafasi wazi. (2) kuwa pasipo mawazo. (3) patakwapo mtu wa kufanya kazi: *There are many vacancies for clerks*, makarani hutakiwa sana.

vacate [və'keit] v.t. acha; ondoka katika.

vacation [və'keiʃn] n. (1) kuacha. (2) muda wa kupumzika, hasa katika *universities* na baraza za hukumu.

vaccinate ['vaksineit] v.t. chanja ndui. vaccination [ˌvaksi'neiʃn] n. vaccine ['vaksiːn] n. dawa ya kuchanja, hasa ndui.

vacillate ['vasileit] v.i. sitasita; tangatanga. vacillation n.

vacuum ['vakjuəm] n. hali ya kuwa hamna kitu cho chote wala hewa; hali ya chombo kilichotolewa hewa ya ndani. *~ cleaner*, chombo cha kufagia nyumbani kivutacho vumbi kama bomba. *~ flask*, chupa idumishayo yaliyomo kuwa na joto au baridi, matumizi yake ni kama *thermos flask*.

vagabond ['vagəbond] adj. pasipo makao; -pendao kutangatanga.—n. mtu mhuni.

vagrant ['veigrənt] adj. & n. taz. *vagabond*.

vague [veig] adj. (1) si dhahiri. (2) (kwa watu) -siojua vyema (matakwa, nia, &c.). ~ly adv. ~ness n.

vain [vein] adj. (1) -tupu; -a bure; -siofaa. (2) -a kujiona; -a kiburi. (3) *in ~*, bure. ~ly adv. ~glory n. kiburi. ~glorious adj. -a kujiona; -a kuona makuu.

valiant ['valjənt] adj. shujaa; hodari.

valid ['valid] adj. (1) (*law*) thabiti. (2) (kwa mapatano, &c.) -enye nguvu. (3) (kwa hoja, sababu, &c.) -a akili. ~ly adv. ~ate v.t. fanya ~. ~ity [və'liditi] n. nguvu; uthabiti.

valise [və'liːz] n. mfuko wa kutilia nguo, &c., wakati wa kusafiri.

valley ['vali] n. bonde.

valour ['valə*] n. ushujaa. valorous adj.

value ['valjuː] n. (1) thamani. (2) bei; kiasi. — v.t. (1) thamini; kadirisha. (2) thamini; heshimu. valuable ['valjuəbl] adj. -a thamani. kukadirisha. valuation [ˌvalju'eiʃn] n.

valve [valv] n. (1) namna ya kilango kwa kuzuia au kupitisha hewa, maji au mvuke katika mrija, bomba, &c. (2) kilango katika moyo au mshipa chenye kazi ya kuongoza damu. (3) chombo kama taa ya umeme (chatumika kwa *radio* na *television*).

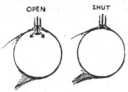

A valve

¹ **van** [van] *n.* gari la kubwa la mizigo.
² **van** [van] *n.* upande wa mbele.
vanish ['vaniʃ] *v.i.* toweka.
vanity ['vaniti] *n.* (1) kiburi; majivuno. (2) ubatili; matupu.
vanquish ['vaŋkwiʃ] *v.t.* shinda.
vapour ['veipə•] *n.* (1) mvuke; ukungu. (2) moshi. **vaporize** ['veipəraiz] *v.t. & i.* fanya, fanyika, mvuke au moshi.
varnish ['va:niʃ] *n.* rangi ya sandarusi. — *v.t.* paka ~.
vary ['veəri] *v.i. & t.* geuka; badilika; geuza; badilisha. **variable** *adj.* -a kugeuka; -geugeu. **variability** [,veəriə'biliti] *n.* kugeuka, &c.; hali ya kutopatana. **variance** *n.* kutopatana. **variant** *adj.* -a namna nyingine (lakini kiini chake ni sawasawa): '*Tire*' *and* '*tyre*' *are variant spellings*, '*tire*' na '*tyre*' ni namna nyingine ya kuendeleza neno moja. — *n.* namna nyingine (hasa ya kuendeleza neno moja). **variation** [,veəri'eiʃn] *n.* tofauti. **varied** *ppl. adj.* (1) -a namna nyingi. (2) -geugeu. **variety** [və'raiəti] *n.* (1) tofauti; kuwa mbalimbali. wingi: *for a variety of reasons*, kwa sababu nyingi. (2) jamii ya vitu mbalimbali. **various** ['veəriəs] *adj.* mbalimbali; -ingi.
vase [va:z] *n.* chombo cha kutilia maji na maua ya mapambo, &c.
vast [va:st] *adj.* -kubwa mno; -ingi mno.
¹ **vault** [vo:lt] *n.* (1) kuba; zege. (2) chumba kilichofukuliwa chini, hasa kwa kuwekea divai au vitu vya thamani kubwa. (3) kaburi. ~**ed** *ppl. adj.* -enye kuba.
² **vault** [vo:lt] *v.i. & t.* ruka juu kwa kujitegemeza kwa mkono au kwa msaada wa upondo. — *n.* mruko wa namna hii.

vaunt [vo:nt] *n. v.i. & t.* (ku)jivuna.
veal [vi:l] *n.* nyama ya ndama wa ng'ombe.
veer [viə•] *v.i.* (hasa kwa upepo, *fig.* kwa shauri) geuka: *The wind* ~*ed round to the west*, upepo uligeuka ukavuma kutoka kaskazini.
vegetable ['vedʒitəbl] *adj.* -a mboga, -a kuhusu mboga au mimea. — *n.* mboga. **vegetarian** [,vedʒi'teəriən] *adj.* -la mboga tu -siokula nyama wala samaki yo yote. **vegetation** [,vedʒi'teiʃn] *n.* mimea ya namna zote; yameayo mahali fulani.
vehement ['vi:əmənt] *adj.* -kali; -a nguvu. **vehemence** *n.*
vehicle ['vi:ikl] *n.* (1) gari la kuchukua bidhaa au abiria katika nchi kavu. (2) kitu cha kuenezea fikira au mashauri ya watu: *use the newspapers as a* ~ *for political views*, tumia magazeti kwa kuenezea mashauri juu ya mambo ya siasa. **vehicular** [vi:'hikjulə•] *adj.* -a magari.
veil [veil] *n.* (1) utaji; shela; barakoa. (2) kifuniko. — *v.t.* funika; ficha; (*fig.*) setiri.
vein [vein] *n.* (1) mshipa wa damu kuirudisha moyoni; vena. (2) mstari kama mshipa katika jani; uzi; chelewa; mstari kama vena katika ubawa wa mdudu; bamba la jiwe. (3) ufa mwambani. (4) maelekeo ya moyo au akili: *He talked in comic*~, aliongea kwa mzaha.
veld [felt] *n.* mbuga; tambarare; uwanda.
velocity [vi'lositi] *n.* (kwa vitu si kwa wanadamu) upesi; mwendo; mbio.
velvet ['velvit] *n.* mahameli.
vend [vend] *v.t.* (hutumika hasa kuwa sheria) uza. ~**or** *n.* mchuuzi; mtembezi.
venerable ['venərəbl] *adj.* -a kuheshimiwa kwa sababu ya uzee, tabia, au kwa mambo ambayo ni ukumbusho, &c. **venerate** ['venəreit] *v.t.* heshimu; stahi. **veneration** [,venə'reiʃn] *n.*
vengeance ['vendʒəns] *n.* (1) kisasi. (2) *with a* ~, (*colloq.*) kwa nguvu; sana sana. **vengeful** *adj.* -a kutaka kisasi.
venom ['venəm] *n.* (1) sumu ya nyoka, ya mdudu, &c. (2) ukali; chuki. ~**ous** ['venəməs] *adj.* -a sumu; -a chuki.

vent [vent] *n.* (1) tundu. (2) (*fig.*) pa kutokea kwa maoni: *He gave ~ to his anger*, alionyesha wazi hasira yake. — *v.t.* toa nje.

ventilate ['ventileit] *v.t.* (1) pisha hewa safi; burudisha hewa. (2) eneza; tangaza. **ventilation** *n.* **ventilator** *n.* tundu la kupitisha au kuburudisha hewa.

ventriloquism [ven'trilǝkwizm] *n.* kutoa sauti kama kwamba inatoka kwa mtu mwingine mbali kidogo. **ventriloquist** *n.* mtu awezaye kutoa sauti kwa namna ilivyoelezwa juu.

venture ['ventʃǝ*] *n.* jambo la bahati (la hatari); kubahatisha. — *v.t. & i.* (1) thubutu; diriki. (2) toa shauri; thubutu. **~some** *adj.* -jasiri.

veracious [vǝ'reiʃǝs] *adj.* -a kusema kweli. **veracity** [vǝ'rasiti] *n.* kweli.

veranda(h) [vǝ'randǝ] *n.* baraza ya nyumba.

verb [vǝ:b] *n.* neno ambalo huarifu tendo au hali; kiarifa.

verbal ['vǝ:bl] *adj.* (1) -a maneno tu: *a ~ error*, kosa la maneno. (2) -lionenwa, si kuandikwa. (3) -a maneno yenyewe halisi, si -a maana yake. **~ly** *adv.* kwa maneno (si kwa maandiko).

verbatim [vǝ:'beitim] *adv.* kwa maneno yenyewe hasa.

verbose [vǝ:'bous] *adj.* -a maneno mengi. **verbosity** [vǝ:'bositi] *n.* kutumia maneno mengi.

verdant ['vǝ:dǝnt] *adj.* (hasa kwa majani, mashamba, &c.) -a majani mazuri (mabichi ya chanikiwiti).

verdict ['vǝ:dikt] *n.* (1) hukumu. (2) neno mkataa; jibu; shauri.

verge [vǝ:dʒ] *n.* (1) ukingo. (2) *be on the ~ of*, -wa karibu ya. — *v.i.* (1) inamia. (2) karibia.

verify ['verifai] *v.t.* (1) hakikisha. (2) thibitisha. **verifiable** *adj.* -a kuhakiki; -a kuthibitika. **verification** *n.*

vermin ['vǝ:min] *n.* (1) wanyama (*e.g.* panya) wenye kuhasiri au kuleta madhara. (2) wadudu (*e.g.* kunguni, chawa, viroboto), pengine huonekana katika miili ya wanadamu au ya wanyama. **~ous** *adj.* (1) -enye chawa, &c. (2) -lioletwa na ~: *~ous diseases*, magonjwa yaletwayo na ~.

vernacular [vǝ'nakjulǝ*] (1) lugha ya kienyeji, siyo ya kigeni. (2) msemo, au mtamko, usio na urembo. — *adj.* -a ~.

versatile ['vǝ:sǝtail] *adj.* hodari kwa kazi nyingi. **versatility** [ˌvǝ:sǝ'tiliti] *n.*

verse [vǝ:s] *n.* (1) (namna ya) kuandika, yaani mashairi. (2) mstari mmoja wa utenzi: ubeti. (3) fungu la mashairi, mawili, manne, sita, &c. (4) fungu moja la maneno katika *Bible*; katika Alkorani huitwa aya.

version ['vǝ:ʃn] *n.* (1) tafsiri. (2) masimulizi; habari.

versus ['vǝ:sǝs] *prep.* (*Latin*) kwa kushindana na.

vertical ['vǝ:tikl] *adj.* -a kiwimawima.

very ['veri] *adv.* sana; kabisa. — *adj.* halisi: *in this ~ place*, papo hapo; *the ~ thing I wanted*, kitu halisi nilichokuwa ninataka.

vespers ['vespǝz] *n.* sala za jioni.

vessel ['vesl] *n.* (1) chombo cha kutilia maji, maziwa, &c. (*e.g.* ndoo, chupa, kikombe). (2) jahazi; chombo. (3) *blood ~*, mshipa.

vest [vest] *n.* (1) fulana. (2) (hutumika hivi kwa washonaji) kisibau cha Kizungu. *cf. waistcoat.*

vestige ['vestidʒ] *n.* alama; dalili; baki.

vestment ['vestmǝnt] *n.* vazi, hasa la kasisi. **vestry** ['vestri] *n.* (1) chumba cha kuvalia nguo kanisani. (2) baraza ya watu watunzao mambo ya kanisa.

vet [vet] *n.* (*colloq.*) mganga wa wanyama. — *v.t.* (-*tt*-) (*colloq.*) (1) kagua (mtu) kama dakitari akaguavyo. (2) kagua tena kusahihisha (maandiko).

veteran ['vetǝrǝn] *n. & adj.* mzee mwenye maarifa, hasa askari.

veterinary ['vetǝrinǝri] *adj.* -a au -a kuhusu magonjwa ya wanyama: *a ~ surgeon*, mganga wa wanyama.

veto ['vi:tou] *n.* (*pl. -oes*) haki ya kukataza sheria isifanyike; neno la kugombeza. — *v.t.* kataza; gombeza.

vex [veks] *v.t.* chokoza; taabisha; udhi. *a ~ed question*, neno la kuleta mabishano mengi. **~ation** [vek'seiʃn] *n.* kuchokozwa, &c.; masumbuo. **~atious** [vek'seiʃǝs] *adj.* -chokozi; -sumbufu.

via ['vaiǝ] *prep.* (*Latin*) kwa njia ya.

viaduct ['vaiədʌkt] *n.* daraja refu la kuvuka genge la kupisha watu au reli ya gari la moshi.

vibrate [vai'breit] *v.i. & t.* (1) tikisika; tikisa. (2) tetemeka. **vibration** [vai'breiʃn] *n.* mtikisiko; mtetemo.

vicar ['vikə*] *n.* (katika Kanisa la Uingereza) kasisi mkubwa wa mtaa au mji. ~**age** ['vikəridʒ] *n.* nyumba ya ~.

¹ **vice** [vais] *n.* uovu.

² **vice** [vais] *n.* jiliwa ya seremala.

A vice

vice- [vais-] *prefix* -dogo; -a chini; mahali pa: ~-*admiral*, admiral mdogo; ~-*chairman*, kaimu wa *chairman*. ~**roy** ['vaisroi] *n.* (la zamani) mjumbe atawalaye badala ya mfalme. ~**regal** [vais'ri:gl] *adj.* -a ~*roy*.

vice versa ['vaisi'və:sə] *adv.* (*Latin*) kadhalika: *I hate him and* ~, namchukia na yeye kadhalika (yaani yeye anichukia vile vile).

vicinity [vi'siniti] *n.* ujirani; kuwa karibu.

vicious ['viʃəs] *adj.* (1) -ovu. (2) -kali. (3) -enye makosa: *a* ~ *argument*, hoja yenye makosa. ~**ly** *adv.*

vicissitude [vi'sisitju:d] *n.* mabadili; mageuzi, hasa katika bahati ya fulani.

victim ['viktim] *n.* (1) madhabuha. (2) mtu, mnyama, *&c.*, anayesumbuka au kupatwa na mabaya asiyostahili kwa ajili ya mwingine au kwa machukio ya mwingine: *He is the* ~ *of the tradesman's greed*, anasumbuka sana mwenyewe kwa sababu ya choyo cha mchuuzi. ~**ize** *v.t.* danganya; onea; sumbua; tendea mabaya bure.

victor ['viktə*] *n.* mshindi. ~**y** *n.* kushinda; kufaulu. ~**ious** [vik'to:riəs] *adj.* -lioshinda; -liofaulu; -a shangwe.

vie [vai] *v.i.* (*with*) shindana (na).

view [vju:] *n.* (1) *be in* ~, *come into* ~, onekana; *on* ~, -naoonyeshwa wazi. (2) sura ya nchi; **mandhari**: *a house with a* ~, nyumba iliyojengwa penye mandhari nzuri. (3) maono; shauri, *cf. opinion*: *in* ~ *of*, kwa sababu ya. (4) nia; rai: *fall in with sb.'s* ~*s*, kubali nia za mtu fulani. *with a* ~ *to*, ili; kwa kusudi la: *I came with a* ~ *to seeing him*, nilikuja ili nimwone; *I came with a* ~ *to settling down*, nilikuja hasa kukaa (kustarehe). — *v.t.* tazama; angalia; kagua.

vigil ['vidʒil] *n.* kesha. ~**ance** *n.* kuwa macho; uangalifu. ~**ant** *adj.* macho; -angalifu.

vigour ['vigə*] *n.* nguvu ya moyo au ya mwili; bidii; juhudi. **vigorous** ['vigərəs] *adj.* -a nguvu; -tendaji; -a juhudi.

vile [vail] *adj.* -ovu; -potovu; -baya sana. **vilify** ['vilifai] *v.t.* singizia.

villa ['vilə] *n.* nyumba yenye bustani au shamba, hasa iliyo karibu na mji.

village ['vilidʒ] *n.* mji mdogo; kijiji.

villain ['vilən] *n.* mtu mbaya sana.

vim [vim] *n.* (*colloq.*) juhudi; utendaji.

vindicate ['vindikeit] *v.t.* thibitisha haki ya; tetea; shuhudia. **vindication** *n.*

vindictive [vin'diktiv] *adj.* -a kutaka kisasi; -a kulipiza kisasi.

vine [vain] *n.* mzabibu. ~**yard** ['vinjəd] *n.* shamba la mizabibu.

vinegar ['vinəgə*] *n.* siki.

violate ['vaiəleit] *v.t.* (1) vunja (kiapo, mapatano, *&c.*); haribu. (2) ghusubu; tendea jeuri. **violation** [ˌvaiə'leiʃn] *n.*

violent ['vaiələnt] *adj.* (1) -a nguvu nyingi. (2) -lioletwa kwa ugonjwa wa ghafula au kwa kipindi. (3) -kali sana. **violence** *n.* nguvu; jeuri.

violet ['vaiəlit] *n.* ua dogo la kunukia la rangi ya urujuani. — *adj.* -a rangi hiyo.

violin [vaiə'lin] *n.* zeze la Kizungu; fidla. ~**ist** *n.* mpiga ~.

A violinist

virgin ['və:dʒin] *n.* bikira; mwanamwali. — *adj.* (1) -safi kabisa; -siyoguswa. (2) katika hali yake ya asili: ~ *forest*, mwitu pasipokanyaga mtu. ~**al**

virile ['virail] *adj.* -a kiume; -enye nguvu na tabia za mwanamume mzima. **virility** [vi'riliti] *n.*

virtual ['vəːtjuəl] *adj.* -a kweli lakini si kwa jina: *He is the ~ head*, yeye ni mkubwa wa kweli (lakini mwingine anatajwa kuwa mkubwa). **~ly** *adv.*

virtue ['vəːtjuː] *n.* (1) (namna yo yote ya) wema; maadili (e.g. saburi, usafi). (2) *by (in) ~ of*, kwa sababu ya. **virtuous** ['vəːtjuəs] *adj.* enye ~; -adilifu; (kwa wanawake) safi.

virulent ['virulənt] *adj.* (kwa sumu) -kali; -a kudhuru sana; (kwa chuki, *&c.*) -kali; (kwa maneno, makaripio, *&c.*) -a kuchukiza sana; (kwa magonjwa) -enye sumu kali.

visa ['viːzə] *n.* sahihi itiwayo katika *passport* kuonyesha ya kuwa imetazamwa na kuthibitishwa.

visible ['vizibl] *adj.* -a kuonekana wazi. **visibility** [,vizi'biliti] *n.* kuwa ~; mwangaza: *Visibility is bad today*, mwangaza hautoshi leo.

vision ['viʒən] *n.* (1) uwezo wa kuona au wa kuwaza. (2) tokeo; njozi; ndoto. **~ary** ['viʒənəri] *adj.* (1) -a kutungika tu; -a ndoto. (2) (kwa watu) -enye mawazo mengi; -sio wa amali.

visit ['vizit] *v.t. & i.* (1) zuru; enda kuamkia. (2) (la *Bible*) patiliza. — *n.* tendo la kuzuru; wakati ulioshindwa katika kuzuru. **~or** *n.* -enye kuzuru; mgeni. **~ation** [,vizi'teiʃn] *n.* (hasa) msiba, ulioletwa na Mungu kama patilizo.

vista ['vistə*] *n.* sura ya nchi (miti, milima, *&c.*) ionekanayo mbali katika nafasi nyembamba; (*fig.*) kama sura katika ufahamu ya mambo mengi yakifuatana.

visual ['vizjuəl] *adj.* -a kuona; -a macho: ~ *aids in teaching*, misaada ya picha (sinema, *&c.*) itumikayo kwa mafundisho. **~ize** *v.t.* leta (ona) katika ufahamu kama kwamba ni picha.

vital ['vaitl] *adj.* (1) -a uhai; -a lazima kwa uzima. (2) muhimu sana. **~ly** *adv.* **~ity** [vai'tæliti] *n.* (1) nguvu za uhai; uwezo wa kuishi. (2) juhudi; nguvu za kujiendesha au za kuendesha wengine. **~ize** *v.t.* tia uzima; tia nguvu.

vitamin ['vaitəmin, 'vitəmin] *n.* kitu kilichomo ndani ya matunda, maziwa, majani, *&c.* kilicho cha lazima kwa afya.

vitiate ['viʃieit] *v.t.* haribu; punguza nguvu za.

vivacious [vi'veiʃəs] *adj.* -changamfu; -a furaha. **vivacity** [vi'væsiti] *n.*

viva voce ['vaivə'vousi] *adj. & adv.* kwa mdomo.

vivid ['vivid] *adj.* (1) (kwa rangi) -angavu. (2) (kwa maelezo) dhahiri. **~ly** *adv.*

viz. (husomeka kama kwamba ni *namely*) yaani; kwa kutaja kwa jina.

vocabulary [və'kæbjuləri] *n.* (1) orodha ya maneno na maelezo yake. (2) jumla ya maneno yatumiwayo na mtu au na mwandishi.

vocal ['voukl] *adj.* -a sauti.

vocation [vou'keiʃn] *n.* (1) kusikia kwamba una moyo na uwezo maalum kwa kazi fulani, hasa kuitwa na Mungu kushika kazi fulani. (2) kazi; shughuli; uchumi. **~al** *adj.* -a ~¹ au kwa ~¹: *~al guidance*, mashauri juu ya kuchagua kazi.

vodka ['vodkə] *n.* namna ya kileo cha nguvu cha *Russia*.

vogue [voug] *n.* mtindo; mazoea ya wakati unaotajwa au kufikiriwa: *be in ~*, chaga; tumika; enea.

voice [vois] *n.* (1) sauti. (2) hiari: *I have no ~ in this matter*, sina hiari katika jambo hili. — *v.t.* sema; taja.

void [void] *adj.* (1) -tupu. (2) ~ *of*, pasipo. (3) (*law*, mara huwa *null and ~*), -liotanguka; -liofutwa.

volatile ['voletail] *adj.* (kwa *ether*, petroli na vitu vingine vya namna hii) -a kugeuka hewa (mvuke); (kwa binadamu) -enye moyo mwepesi; -badilifu; -geugeu.

volcano [vol'keinou] *n.* (*pl.* -oes) mlima wenye shimo mnamotoka moshi, moto na mawe yaliyoyeyuka; volkeno. **volcanic** [vol'kænik] *adj.* -a volkeno.

volley ['voli] *n.* (1) mshindo wa bunduki nyingi zikipigwa pamoja; vitu vingi vikitokea pamoja. (2) *a ~ of abuse*, tapishi la matukano.

volt [voult] *n.* kipimo cha nguvu ya elektrisiti. **~age** ['voultidʒ] *n.* hesabu ya ~s.

voluble ['voljubl] *adj.* -a kutoa maneno mengi; -semaji. **volubly** *adv.* **volubility** [,volju'biliti] *n.*

volume ['volju:m] *n.* (1) kitabu, hasa kimoja cha mafuatano ya vitabu. (2) cheo; ukubwa. (3) wingi wa mvuke au wa moshi. (4) (kwa sauti) -a nguvu nyingi lakini ya kupendeza. **voluminous** [vol'ju:minəs] — *adj.* (kwa maandiko) -ingi; (kwa mwandishi) -a kutoa maneno mengi.

voluntary ['volǝntǝri] *adj.* (1) -a hiari bila kulazimishwa. (2) -a kazi isiyopata msaada wa serikali, ila hutegemea sadaka: ~ *helpers*, wasaidizi wasiolipwa mshahara. **voluntarily** *adv.*

volunteer [,volǝn'tiǝ] *n.* (1) mtu ajitoaye kwa hiari yake kufanya jambo, hasa la taabu au la hatari. (2) mtu ajiandikaye askari. — *v.t. & i.* toa kwa hiari; jitoa.

voluptuous [vǝ'lʌptjuǝs] *adj.* -a anasa nyingi; -a kutia ashiki.

vomit ['vomit] *v.t. & i.* (1) tapika. (2) toa kwa wingi. — *n.* matapika.

voracious [vǝ'reifǝs] *adj.* -a kula sana; -enye pupa.

vote [vout] *n.* (1) (haki ya) kushuhudia matakwa, nia, au shauri, kwa kutoa ishara au kwa kunyosha mkono; kura. (2) jumla ya ishara hizo.— *v.i. & t.* (1) chagua kwa kutoa ishara; piga kura. (2) kubalikwa kutoa shauri. **~r** *n.* mwenye haki ya kushuhudia matakwa katika *election*.

vouch [vautʃ] *v.i.* ~ *for* (*sb. or sth.*) shuhudia; thibitisha. **~er** *n.* stakabadhi au hati ya ushuhuda kuwa fedha imelipwa.

vouchsafe [vautʃ'seif] *v.t.* jalia; kubali.

vow [vau] *n.* nadhiri. — *v.t.* weka nadhiri; sema kwa uthabiti.

vowel ['vauǝl] *n.* (1) sauti iwezayo kutamkwa peke yake, kama *a, e, i, o, u*; vokali. (2) herufi ya kuonyesha sauti hizo.

voyage ['voiidʒ] *v.i. & n.* safiri; safari ya baharini.

vulgar ['vʌlgǝ*] *adj.* -sio na adabu; -a kishenzi. **~ity** [vʌl'gariti] *n.* ukosefu wa adabu; ushenzi.

vulnerable ['vʌlnǝrǝbl] *adj.* -wezao kudhuriwa; -elekeao kujeruhiwa; -siolindwa vizuri; si salama.

vulture ['vʌltʃǝ*] *n.* tai.

W

wad [wod] *n.* (1) fusha; kibonge cha kitu chororo (*e.g.* pamba) cha kukazia (cha kushindilia). (2) kibunda cha karatasi au cha noti za fedha.

waddle ['wodl] *v.i.* batabata. — *n.* mwendo wa bata.

wade [weid] *v.i.* (*into, across*) enda kwa shida kwa miguu (kama majini, matopeni mchangani); (*fig.*) (*through*) soma kitabu kwa shida.

waft [wa:ft ,waft] *v.t.* peperusha.

wag [wag] *v.t. & i.* (-*gg*-) tikisa. — *n.* (1) mtikiso. (2) mcheshi; mbishi.

¹**wage** [weidʒ] *n.* (hutumika zaidi kwa *pl.*) ujira; mshahara.

²**wage** [weidʒ] *v.t.* pigana; fanya (vita).

wag(g)on ['wagǝn] *n.* (1) gari la kuchukulia mizigo lenye magurudumu manne, lakokotwa na farasi au ng'ombe dume. (2) gari la reli (*e.g.* la kuchukulia makaa, *&c.*).

waif [weif] *n.* mtu mkiwa, hasa mtoto; paka au mbwa asiye na mwenyewe wala makao.

wail [weil] *v.i.* lia kwa huzuni. — *n.* mlio.

waist [weist] *n.* kiunoni. **~coat** ['weskǝt] *n.* kisibau.

wait [weit] *v.i. & t.* (1) ngoja; ngojea. (2) ~ *upon* (*sb.*), ngojea; andikia; tumikia. — *n.* muda wa kungojea. **~er**, **~ress** ['weitris] *n.* mwandishi wa kiume, wa kike, wa hoteli au mkahawa.

waive [weiv] *v.t.* acha kudai; samehe (deni, *&c.*).

wake [weik] *v.i. & t.* (woke [wouk] au ~d, *p.p.* ~d, woke au woken) (1) (mara huwa ~ *up*) amka; amsha. (2) chochea. **~ful** *adj.* macho; -a kukesha. **~n** ['weikn] *v.t. & i.* = ~.

walk [wo:k] *v.i. & t.* (1) enda kwa miguu; tembea; tembeza. (2) ~ (*off with*), iba; ~ (*away with*), shinda bila taabu. — *n.* (1) kutembea. (2) njia. (3) mwendo maisha. **~-over** *n.* (*colloq.*) tendo la kushinda bila taabu.

wall [wo:l] *n.* ukuta. *have one's back to the* ~, pigana bila kutumaini kurudi nyuma: *go to the* ~, shindwa;

WALLET [308] **WATCH**

onewa. — *v.t.* (*up*) jengea boma; zungushia ukuta.

wallet ['wolit] *n.* mkoba wa kuwekea karatasi, noti za benki, &c.

walrus ['wo:lrəs] *n.* mnyama mkubwa wa bahari.

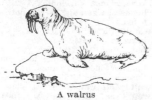

A walrus

waltz [wo:ls] *n.* ngoma ya Kizungu ya watu wawili wawili kuzunguka pamoja.

wan [won] *adj.* (kwa mtu) -eupe kwa ugonjwa, kuchoka sana; (kwa nuru, mbingu) -eupe bila kung'aa.

wand [wond] *n.* fimbo nyembamba.

wander ['wondə*] *v.i.* (1) zunguka; tanga; potoka. (2) -wa -sahaulifu; payuka. ~**er** *n.* ~**ings** *n. pl.* mazunguko; safari ndefu.

wane [wein] *v.i.* (hasa kwa uso wa mwezi) pungua; fifia. *cf.* wax².

wangle ['wæŋgl] *v.t.* (*colloq.*) pata kwa hila.

want [wont] *v.t.* (1) taka; hitaji. (2) *be* ~*ing*, pungukiwa na: *A few pages of this book are* ~*ing*, (*cf. missing*), karasa nyingine za kitabu hiki zimepotea; *He is* ~*ing in courtesy*, hana adabu. (3) ~ *for nothing*, -wa na yote unayotaka. ~**ing** *prep.* pasipo.

war [wo:*] *n.* vita. *You have been in the* ~*s*, (*colloq.*) umeumizwa.

ward [wo:d] *n.* (1) mtoto wa kulea. (2) *keep watch and* ~, linda; hifadhi. (3) mtaa wa mji. (4) chumba (cha hospitali au cha gereza). — *v.t.* ~ *off*, kinga; epusha. ~**en** *n.* mlinzi; mkuu wa hospitali au chuo kikubwa. ~**er**, ~**ress** ['wo:dris] *n.* mlinzi wa kiume, wa kike, gerezani.

wardrobe ['wo:droub] *n.* chumba au kabati ya kuwekea mavazi.

warehouse ['weəhaus] *n.* ghala; bohari.

warm [wo:m] *adj.* -a moto lakini si sana. *make things* ~ *for sb.*, fanya mambo kumtaabisha fulani; adhibu fulani. — *v.t. & i.* (mara huwa ~ *up*) pasha, pata, moto: zidi kuingidisha katika matendo au maneno. ~**ly** *adv.* ~-**blooded** *adj.* (kwa wanyama) -enye damu ya moto (badala ya nyoka, &c.) wenye damu ya baridi); (*fig.*) -epesi wa kusikia huzuni hasira, furaha, &c. ~-**hearted** *adj.* -karimu tena -enye huruma. ~**th** [wo:mθ] *n.* moto; joto; (*fig.*) bidii ya moyo; hasira; shauku.

warn [wo:n] *v.t.* onya. ~**ing** *n.* onyo.

warp [wo:p] *v.t. & i.* pinda; tia kombo; pindika; (*fig.*) potoa; potoka.

warrant ['worənt] *n.* (1) haki; sababu. (2) hati au alama ya kupa amri ya kufanya jambo (*e.g.* kukamata au kufunga mtu, &c.).

warrior ['woriə*] *n.* (*liter.*) askari wa vita; shujaa.

wary ['weəri] *adj.* -a hadhari. **warily** *adv.*

wash [woʃ] *v.t. & i.* (1) osha; oga; fua mavazi; safisha kwa kuosha; nawa (uso na mikono). (2) (kwa nguo) fulika bila kuharibika. (3) (kwa bahari, mto, &c.) pita; chukua. — *n.* kunawa; kuosha, &c.; kitu cha kuoshea, &c. ~**er** *n.* (1) chombo (mashini) cha kufulia nguo. (2) pete ya chuma, ya mpira, &c. *n.* kuchukuliwa udongo na furiko la maji; (*colloq.*) hafifu.

wasp [wosp] *n.* mdudu aumaye kama nyuki.

waste [weist] *adj.* (1) (kwa nchi, ardhi) -siofaa; -a jangwa. (2) -a takataka; -ovyo. — *v.t. & i.* (1) tumia bure; fuja. (2) haribu; tumia vibaya. (3) dhoofisha; dhoofika. — *n.* (1) kutumia bure, &c. (2) takataka. (3) jangwa. **wastage** ['weistidʒ] *n.* hasara ijayo kwa kutumika au kuchakaa. ~**ful** *adj.* -potevu; -a kutumia vibaya. ~**r**, **wastrel** ['weistrəl] *n.* mtu hafifu.

watch [wotʃ] *v.t. & i.* (1) tazama; angalia na macho; ~ *over*, tunza. (2) (la zamani) kesha. — *n.* (1) kesha; lindo; *keep* ~, tazamia; hadhari. (2) (la zamani katika Uingereza lakini hutumika bado pengine, *e.g.* Afrika) walinzi wa usiku; korokoni. (3) (katika meli) zamu ya saa nne. (4) saa ya mfukoni au mkononi. ~**ful** *adj.* macho. ~**man** *n.* taz. ~².

water ['wo:tə*] n. (1) maji. *fresh* ~ maji matamu, *salt* ~, maji ya chumvi *under* ~, -liojaa maji; *get into (be in) hot* ~, pata matata; *throw cold* ~ *on (a plan, &c.)* zuia, pinga (shauri, &c.); *hold* ~, (kwa mafafanusi au makisio) thibitika. (2) *high and low* ~, maji kujaa na kupwa; *(fig.) be in low* ~, -wa maskini. — *v.t. & i.* (1) nywesha; tia maji. (2) (kwa macho) *my eyes* ~, machozi yanitoka; (kwa kinywa) *my mouth* ~s, natona mate. (3) zimua; *(fig.)* ~ *sth. down,* zimua. ~**-closet** n. (au *W.C.)* choo cha maji. ~**fall** n. poromoko la maji. ~**proof** n. & adj. mpira; -siopenya maji. ~**shed** n. milima katikati ya mito igawayo mito ya nchi kwenda huko na huko. ~**spout** n. (hasa) nguzo ya maji kama chamchela ya maji baharini. ~**tight** adj. -siovuja maji. ~**works** n. pl. matengenezo, viwanda, mabomba, &c., ya kuvutia maji na kuyapeleka kote mjini.

watt [wot] n. kipimo cha nguvu ya elektrisiti.

wattle ['wotl] n. ufito; fito. ~ *and daub hut,* kibanda cha fito kilichokandikwa.

wave [weiv] *v.i. & t.* (1) pepea. (2) punga; tikisa. (3) -wa kama mawimbi, hivi 〜〜〜; fanya kuwa hivi. — n. (1) wimbi. (2) mpungo. (3) mjio (*wa* joto, hasira, &c.). (4) mwendo wa joto, nuru, sauti na elektrisiti, ulio kama mawimbi. ~**-length** n. urefu baina ya vilele vya mawimbi, hasa kwa kuhusu simu ya upepo.

waver ['weivə*] *v.i.* (1) sitasita. (2) -wa na mashaka (baina ya mashauri mawili, &c.). (3) (kwa askari, washambulizi, &c.) sitasita.

¹ **wax** [waks] *n.* nta.

² **wax** [waks] *v.i.* (1) (hasa kwa uso wa mwezi) kua; zidi. *cf. wane:* ~ *and wane,* kuzidi na kupungua. (2) (la zamani) -wa : ~ *merry,* furahi.

way [wei] *n.* (1) njia. (2) *cf. direction:* upande: *Look this* ~, tazama upande huu; *the wrong* ~ *round,* kuelekea upande usio sawa. (3) mwendo: *We're a long* ~ *from home,* hapa tulipo ni mbali kutoka nyumbani. (4) njia; namna: *the right* ~ *to do it,* namna iliyo sawa ya kuifanya; *Do it in this* ~, ifanye kwa namna hii; ~s *and means,* namna na matengenezo ya kufanya jambo, hasa namna za kupata fedha kwa kitu kinachotakiwa. (5) (*mara huwa pl.*) desturi; mazoea. (6) nukta au jambo hata lililo dogo sana: *They're in no* ~ *similar,* hawafanani hata kidogo; *He's clever in some* ~s, kwa kazi nyingine anayo akili lakini si hodari sana. (7) nafasi ya kwenda, kutenda: *You're in my* ~, unanizuia; *get out of the* ~, jitenga. (8) *by the* ~, walakini; *by* ~ *of introduction,* kwa kusudi la kujulisha; *by* ~ *of business,* katika kufanya biashara; *in a* ~, kidogo kama; *in a bad* ~, katika hali mbaya; *have (get) your own* ~, pata haja yako; fikiliza shauri lako; *give* ~, shindwa; legea. ~**farer** n. *(liter.)* msafiri kwa miguu. ~**side** *adj. & n.* (-a) kando ya njia.

waylay [wei'lei] *v.t.* (-*laid)* otea; vizia.

wayward ['weiwəd] adj. -kaidi.

weak [wi:k] *adj.* (1) (kinyume cha *strong*) dhaifu: -sio na nguvu. (2) -enye maji mengi; si -kali. (3) (kwa milango ya maarifa) -pungufu; chini ya cheo cha kawaida: *I have* ~ *sight,* naona kwa shida. ~**en** *v.t. & i.* dhoofisha; dhoofika. ~**-kneed** *adj.* *(fig.)* -enye moyo mchache; -nyonge. ~**-minded** *adj.* (hasa) -epesi kushawishiwa na wengine. ~**ness** n. (1) udhaifu. (2) ila. (3) *have a* ~*ness for,* penda sana.

wealth [welθ] *n.* utajiri. ~**y** *adj.* tajiri.

wean [wi:n] *v.t.* (1) achisha maziwa ya mama. (2) achisha.

weapon ['wepən] *n.* silaha; cho chote cha kupigania au kujitetea.

wear [weə*] *v.t. & i.* (*wore* [wo:*, woə*], *worn* [wo:n]) (1) vaa; -wa na sura ya. (2) dumu; tumika. (3) *(fig.* pamoja na *adv.)* ~ *off,* pita; -isha; pungua; ~ *on,* (kwa wakati) pita polepole; ~ *out,* chakaa; lika; (hasa kwa *p.p.) I'm worn out,* nimechoka kabisa. — *n.* (1) kuvaa; kuvaliwa. (2) hasara (ukuukuu, uharibifu, &c.) iliyopatwa kwa kutumika.

weary ['wiəri] *adj.* (1) -liochoka. (2) -a kuchosha. **wearily** *adv.* **weariness** *n.* **wearisome** *adj.* -a kuchosha; -sumbufu.

weather ['weðə*] *n.* hali au tabia ya hewa (joto, baridi, mvua, upepo, &c.) *What sort of* ~? Kumekuwaje? — *v.i.* & *t.* (1) faulu; pita salama. (2) imarika, ganda, &c. kwa nguvu za jua, mvua, upepo, &c. ~-**beaten** *adj.* (kwa uso wa fulani) -enye alama ya kupigwa na jua, upepo, baridi, mvua. ~-**cock**, -**vane** *n.* kipande juu ya mnara (mlingoti, &c.) kuonyesha upepo utokako (mara nyingi ni mfano wa jogoo au mshale).

weave [wi:v] *v.t.* (*wove* [wouv], *woven* ['wouvn]) (1) fuma (kwa vidole au kwa mashini). (2) suka; (*fig.*) tunga (hadithi, &c.). — *n.* namna ya kufuma. ~r *n.* mfuma.

web [web] *n.* (1) kilichofumwa; (*fig.*) a ~ *of lies*, mtungo wa habari za uwongo. (2) utando (wa buibui). (3) utando wa ngozi kati ya vidole. ~**bing** *n.* utepe wa nguo, hutumika kwa kufanya mishipi, viti, vitanda, &c.

wed [wed] *v.t.* & *i.* (~ded ['wedid]) oa; olewa; oana. ~**ding** *n.* arusi; ndoa. ~**lock** *n.* hali ya maisha ya watu waliooana.

wedge [wedʒ] *n.* kabari. *the thin end of the* ~, jambo dogo au hafifu linaloelekea kuleta jambo kubwa halafu. — *v.t.* kaza kwa kabari.

Wednesday ['wenzdi] *n.* Jumatano.

wee [wi:] *adj.* (*Scot.*) -dogo sana.

A wedge

weed [wi:d] *n.* gugu. — *v.t.* & *i.* (1) palia magugu. (2) ~ *out*, ondoa vitu hafifu visivyofaa kitu. ~y *adj.* (hasa) embamba tena dhaifu: ~*y young men*, vijana wembamba tena dhaifu.

week [wi:k] *n.* juma; muda wa siku saba, hasa tangu Jumapili mpaka Jumapili. ~-**day** *n.* siku yo yote ya juma isipokuwa Jumapili. ~-**end** *n.* Jumamosi, Jumapili, na pengine asubuhi ya Jumatatu. ~**ly** *adj.* & *adv.* -a mara moja kila juma; -a kila juma. — *n.* gazeti lichapishwalo kila juma.

weep [wi:p] *v.i.* (*wept*) lia; toa (toka) machozi.

weigh [wei] *v.t.* & *i.* (1) pima uzito kwa mizani. (2) -wa na uzani wa. (3) fikiri; hakiki. (4) -wa na maana; vuta; shawishi. (5) ~ (*sth. or sb.*) *down*, topeza; lemeza; (*fig.*) hangaisha; (*fig.*) ~ *upon*, lemea; sumbua. (6) ~ *anchor*, ng'oa nanga; anza safari. ~**t** *n.* (1) uzito. (2) uzani. (3) jiwe la mizani; kitu kizito. *e.g.* cha kuendesha saa. (4) nguvu; maana. — *v.t.* (1) tia uzito. (2) lemeza. ~**ty** *adj.* (1) -zito. (2) -kubwa; -a maana.

weir [wiə*] *n.* boma la kuzuia maji; kikinga mto.

weird [wiəd] *adj.* (1) -a kutisha; -a uchawi. (2) (*colloq.*) -geni; -gumu kufahamika. ~**ly** *adv.*

welcome ['welkəm] *adj.* (1) -a kupokewa kwa furaha; -a kufurahisha. (2) *You are* ~ *to use my books*, nakupa ruhusa ya kutumia vitabu vyangu. — *v.t.* karibisha vizuri: *I* ~ *your suggestion*, napokea shauri lako kwa furaha.

weld [weld] *v.t.* unganisha imara (chuma, madini) kwa kufua.

welfare ['welfeə] *n.* hali njema; usitawi; neema; afya.

¹ **well** [wel] *n.* (1) kisima. (2) shimo lililotobolewa ardhini kwa kutafuta mafuta. — *v.i.* ~ *up*, bubujika; foka.

² **well** [wel] *adj.* (*better, best*) (1) heri. (2) *it would be* ~ *to*, ingekuwa heri . . . ~ *and good*, vyema nimekubali. — *adv.* (1) vyema. (2) *as* ~ (*as*), pamoja (na). (3) *be* ~ *out of* (*sth.*) pona vizuri; tokea kwa bahati. (4) kwa haki: *You may* ~ *be surprised*, umeshangaa na kwa haki. (5) *We may as* ~ *begin now*, hakuna sababu tusianze sasa hivi. — *n. wish sb.* ~, takia fulani heri; *let* ~ *alone*, acha bila kubadili kilicho sawasawa. — *int.* je? nini basi?

well- [wel] *prefix* ~-**being** *n.* hali njema; afya na raha. ~-**born** *n.* -a ukoo bora. ~-**connected** *adj.* = ~-*born*. ~-**disposed** *adj.* -fadhili; -a hisani. ~-**nigh** *adv.* karibu. ~-**to-do** *adj.* tajiri. ~-**worn** *adj.* -liotumika sana.

wellingtons ['weliŋtənz] *n. pl.* viatu virefu vya mpira.

went *past tense* ya *go*.

wept *past tense* & *p.p.* ya *weep*.

Wesleyan ['weslian] *n. & adj.* -a ufuasi katika mambo ya dini wa mtu aliyeitwa jina lake *Wesley*.

west [west] *n. & adj.* magharibi. **~erly** *adj. & adv.* -a upande wa magharibi. **~ern, ~ward** *taz.* *~erly*.

wet [wet] *adj.* (1) majimaji. (2) -a mvua nyingi. — (*v.t.* -*tt*-) tia maji; lowesha.

whale [*h*weil] *n.* mnyama wa baharini mkubwa kuliko wote wengine; nyangumi.

wharf [*h*wo:f] *n.* (*pl.* ~s au *wharves* [*h*wo:vz]) mahali pwani au kando ya mto pa kupakia na kupakua shehena ya meli; gati. **~age** ['*h*wo:fid3] *n.* ada itozwayo kwa kutumia ~.

what [*h*wot] *pron. adj. & int.* (*relat.* = *that which*) -yo-, -cho-, -zo-, &c.; (*interr.*) nini? -pi? *e.g.* yupi? kipi? zipi? &c.; (~ *sort?*) gani? (*int.*) jinsi -livyo, *e.g.* ~ *a wonderful thing*, jinsi kilivyo ajabu. **~ever** [*h*wot'eva*] *pron. & adj.* -o -ote; iwayo yote; *no doubt ~ever*, hakuna mashaka hata kidogo.

wheat [*h*wi:t] *n.* ngano. **~en** *adj.*

wheedle ['*h*wi:dl] *v.t.* bemba; bembeleza.

wheel [*h*wi:l] *n.* gurudumu; (katika meli) usukani; (kwa motakaa) *steering* ~, usukani. — *v.t. & i.* (1) peleka kwa magurudumu (kwa gari). (2) zungusha; zunguka. **~barrow** *n.* gari dogo lenye gurudumu moja tu.

when [*h*wen] *adv.* (*interr.*) lini? wakati gani? (*relat.*) -po-, -po: ~ *I went*, nilipokwenda ...; ~ *I go* ..., niendapo; wakati wa. **~ever** [*h*wen'eva*] *adv.* kila ... -po; po pote ... -po; *~ever I go*, kila mara nikienda (niendapo), *~ever he likes*, po pote apendapo; apendapo.

whence [*h*wens] *adv.* (1) (*interr.*) wapi? kutoka wapi? (2) (*relat.*): *I know ~ he comes*, najua atokako.

where [*h*wea*] *adv.* (1) (*interr.*) wapi? mahali gani? (2) (*relat.*) -ko, -mo, -po: *We must go ~ we can get food*, hatuna budi kwenda mahali tuwezapo kupata chakula. **~abouts** *adv.* wapi? karibu na wapi? — *n.* makao. *I don't know his ~abouts at present*, sijui alipo sasa. **~as** *conj.* kwa maana; kwa kuwa; lakini. **~fore** *adv.* kwa

sababu hii. conj. kwa sababu hii. **~upon** *adv.* hapo; baadaye. **~ver** *adv.* kila ... -ko, -mo, -po; -kote, -pote ... -ko, -po, ~ver *he likes*, ko kote (po pote) apendako (apendapo). **~withal** *n.* *the ~withal*, fedha zilizo lazima kwa kufanya kitu fulani.

whet [*h*wet] *v.t.* (-*tt*-) noa (kisu, &c.); washa (tamaa ya chakula). **~stone** *n.* kinoo; suguo.

whether ['*h*weða*] *conj.* kama; kwamba. ~ *you like or no*, ukipenda usipende.

which [*h*witʃ] *adj. & pron.* (*interr.*) -pi? (*relat.*) (amba-) -o-, -ye-, -yo-, -zo-, &c. *the book ~ he has bought*, kitabu ambacho amekinunua; *I like the things ~ I see*, ninapenda vitu ninavyo(vi)ona; *That ~ I want I buy*, nitakacho ndicho ninunuacho. **~ever** *pron. & adj.* -o -ote, (ye yote, cho chote, &c.).

whiff [*h*wif] *n.* pulizo la ghafula (la pumzi au moshi kinywani) harufu: *the ~ of a cigar*, harufu ya sigara.

while [*h*wail] *conj.* wakati wa; wakati ... -po; -ki-: ~ *he goes he sings*, akienda aimba. — *n.* muda; wakati; muhula: *once in a ~*, mara kwa mara; *be worth ~*, faa; stahili. — *v.t.* ~ *away the time*, pisha wakati.

whim [*h*wim] *n.* nia (wazo), (hasa ya kigeni au kinyongo).

whimper ['*h*wimpa*] *v.i.* lialia kwa sauti ndogo (kama mtoto mgonjwa).

whimsical ['*h*wimzikl] *adj.* -enye mawazo ya kinyongo; -a kigeni.

whine [*h*wain] *v.i.* lia kama mbwa au mtoto mwenye taabu; lalamika. — *n.* mlio wa mbwa au wa mtoto mwenye taabu; lalamiko.

whip [*h*wip] *n.* mjeledi; mchapo *have the ~ hand of (sb.)*, -wa na amri juu ya (fulani). — *v.t. & i.* (1) chapa; piga mjeledi. (2) pigapiga (mayai, maziwa, &c.) kwa uma, &c., koroga sana na kufanya -gumu. (3) (*out*) chomoa; toa kwa ghafula: *He ~ped out a (pistol) knife*, alichomoa (basitola) kisu. **~ping** *n.* adhabu ya kupigwa.

whirl [*h*wə:l] *v.t. & i.* (1) zungusha, zunguka, vuruvuru. (2) ona kizunguzungu. (3) ~ (*off, away, &c.*) twaa ghafula. — *n.* mwendo wa kuzunguka vuruvuru; fadhaa; wasiwasi. **~pool** *n.* kizingia cha maji. **~wind** *n.* pepo za chamchela.

whisk [hwisk] *n.* (1) kifagio. (2) chombo cha kupigapiga mayai. &c. (3) pigo jepesi la upesi (*e.g.* la mkia wa farasi). — *v.t.* & *i.* (1) pangusa upesi. (2) twaa upesi; enda, ruka, upesi. (3) pigapiga upesi.

whisker ['hwiskə*] *n.* (1) (huwa mara nyingi *pl.*) ndevu za mashavuni. (2) unywele mrefu tena mgumu wa paka.

whisky ['hwiski] *n.* namna ya kileo kifanyizwacho kwa nafaka.

whisper ['hwispə*] *v.i.* nong'ona. — *n.* mnong'ono.

whistle ['hwisl] *n.* (1) mwunzi; mbinja. (2) filimbi; paipu (ya meli, gari la moshi, &c.). — *v.i.* piga mbinja, paipu. — *v.t.* ~ *a tune*, endeleza ubinja.

Whit [hwit] *n.* taz. *Whitsun*.

white [hwait] *adj.* -eupe. ~ *lie*, uwongo usemwao kumsaidia fulani asiadhibiwe; ~ *hair*, mvi. — *n.* (hasa) rabe wa yai.

whither ['hwiðə*] *adv.* (la zamani) (*interr.*) wapi? (*relat.*) -ko, -mo, po.

Whitsun ['hwitsən] *n.* (1) (vile vile *Whit Sunday*) *Pentecost* yaani Jumapili ya saba baada ya Pasaka. ~**tide** *n.* juma lianziwalo na *Whitsunday*.

whittle ['hwitl] *v.t.* & *i.* (mara huwa ~ *down* au *away*) chongachonga mti vipande vyembamba; (*fig.*) punguza kidogo kidogo.

whiz(z) [hwiz] *v.i.* & *n.* pita upesi hewani kwa uvumi.

who [hu:] *pron.* (*whom* [hu:m], *whose* [hu:z]) (*interr.*) nani? (*relat.*) -o-, -ye-: *The man ~ came was very tall*, mtu aliyekuja alikuwa mrefu sana: *the man ~m I saw* . . ., watu nilio(wa)ona . . .: *the man ~se book I am reading*: mtu ambaye kitabu chake ninakisoma. . . . ~**ever** *pron.* ye yote, -o -ote.

whole [houl] *adj.* (1) ote: *the ~ truth*, maneno ya kweli yote pia; *He devoted his ~ energies to his task*, alitumia nguvu zake zote pia kwa kazi yake. (2) -zima: *He escaped ~*, aliokoka mzima; *There's not a ~ plate in the house*, hamna sahani nzima nyumbani. (3) -zima, kamili: *Rain fell for three ~ days*, mvua ilinyesha kwa siku tatu kamili; *a ~ number*, hesabu kamili. — *n.* (1) kitu kizima. (2) jumla. (3) *on the ~*, kisha kutiikiri yote. ~**-hearted(ly)** *adj.* & *adv.* pasipo mashaka, bila kusita. ~**sale** *n.* (*cf. retail*) kuuza vifaa (biashara) vingi pamoja kwa wenye maduka ili wauze rejareja kwa watu wote. ~**some** *adj.* -a kufaa kwa afya, safi. **wholly** ['houl·li] *adv.* pia; kabisa.

why [hwaij] *adv.* kwa nini? kwa sababu gani?

wick [wik] *n.* kope ya mshumaa; utambi wa taa.

wicked ['wikid] *adj.* -ovu; -baya. ~**ly** *adv.* ~**ness** *n.*

wicker ['wikə*] *n.* fito (henzerani, matete) zilizosukwa.

wicket ['wikit] *n.* (1) (vile vile ~ *door*, ~ *gate*) kilango. (2) (katika mchezo wa *cricket*) vijiti vitatu vilindwavyo na mwenye kushika bao; *take a* ~, shinda mshika bao. ~**-keeper** *n.* mchezaji aliye nyuma tena karibu ya ~².

wide [waid] *adj.* (1) -pana. (2) -a kuenea mbali; -ingi: *a man with ~ knowledge*, mtu mwenye maarifa mengi. (3) -a kukosa shabaha; -a kwenda upande. — *adv.* (1) pande zote: *search far and ~*, tafuta pande zote. (2) sana; kabisa: ~ *open*, wazi kabisa; ~ *awake*, macho. (3) ~ *apart*, -a kutanuka sana. (4) (*of*) mbali kutoka palipokusudiwa: *The arrow fell ~* (*of the mark*), mshale ulianguka umekosa shabaha. ~**n** *v.t.* & *i.* tanua; tanuka; nanuka. ~**spread** *adj.* -a kuenea sana. ~**ly** *adv.* (1) kwa kutanuka na kuacha nafasi kubwa kati. (2) sana. (3) kwa kuenea mahali pengi.

widow ['widou] *n.* mjane, mwanamke aliyefiwa na mume. ~**er** *n.* mjane, mwanamume aliyefiwa na mke.

width [widθ] *n.* upana.

wield [wi:ld] *v.t.* tumia kwa mkono; (*fig.*) (*power, authority*) tawala.

wife [waif] *n.* (*pl. wives* [waivz]) mke.

wig [wig] *n.* kifuniko cha kichwa kilichofanyizwa kwa nywele (*e.g.* kama vile jaji wavaliavyo, na *actors, &c.*).

wild [waild] *adj.* (1)(kwa wanyama) -a mwitu; -siofugwa; (kwa mimea) -a gugu; -siopandwa ila hujiotea. (2) (kwa nchi, mahali) -a jangwa; -siokaliwa na watu. (3) -a nguvu; -a tufani; ~ *with anger*, -liokasirika sana. (4) bila kuangalia wala kufikiri. (5) (*colloq.*) be ~ about sth. *or sb.*, -wa na shauku kwa. — *n.* the ~s, pasipolimwa (mara) pasipokaliwa na watu. ~ly *adv.* ~ness *n.* ~fire *n.* (latumika tu kwa) *spread like ~fire*, enea upesi mno.

wilderness ['wildənis] *n.* jangwa; nyika; pori.

wile [wail] *n.* hila; ujanja.

wilful ['wilful] *adj.* (1) (kwa watu) -kaidi; -tundu. (2) (kwa matendo) -a kusudi; -liokusudiwa. ~ly *adv.*

¹ **will** [wil] *v.* kisaidizi. (*will not* au *won't* [wount], *would* [wud] *he* ~, *you* ~, *they* ~, *&c.* ata-, uta-, mta-, wata-, *&c.*: *He* ~ *come*, atakuja, pengine lafupishwa kuwa *he'll* [hi:l].

² **will** [wil] *v.t.* (*would* [wud]) (1) (la zamani) taka: *Let him do what he* ~, afanye kama atakavyo. (2) *would that*, laiti. (3) (*past tense & p.p.* ~*ed*) *to*, usia: *He* ~*ed a house to him*, alimwusia nyumba: *cf. bequeath.*

³ **will** [wil] *n.* (1) nguvu ya kuchagua au kukataa neno; hiari; akili: *He always has his* ~ (au *colloq., his own way*, kila mara afanya kama apendavyo kwa hiari yake; *bear sb. good* ~ (*ill* ~), takia fulani heri (mabaya). (2) (mara huwa *last* ~ *and testament*) wosia.

willing ['wiliŋ] *adj.* (1) -enye nia ya kufanya jambo; tayari. (2) -epesi; bila kusita. ~ly *adv.* ~ness *n.*

wily ['waili] *adj.* - erevu; -janja.

win [win] *v.i. & t.* (*-nn-*, *won* [wʌn]) (1) jipatia kwa jitihadi; shinda. (2) shawishi; vuta. (3) fikia kwa jitihadi: ~ *the summit*, fikia kilele. — *n.* kushinda. ~**ner** *n.* mshindi; mshindaji. ~**ning** *adj.* (*cf. attractive*) -a kuvuta; -a kupendeza. ~**nings** *n. pl.* (hasa) mapato ya kucheza kamari.

wince [wins] *v.i.* nywea; jikunja (kama mtu aliyeumizwa sana kwa kitu au maneno).

winch [wintʃ] *n.* mtambo wa kuvutia kamba wa nanga; winchi.

¹ **wind** [wind] *n.* (1) upepo (*be*) *in the* ~, vumika; katika kuazimiwa kwa siri; (*see, find out*) *how the* ~ *blows*, chungulia watu wasemayo na wapendayo; *take the* ~ *out of sb.'s sails*, tangulia fulani katika kusema au kufanya kitu na hivyo kumzuia. (2) pumzi. (3) harufu;

get ~ *of*, (*fig.*) sikia habari za. (4) riahi; rihi. (5) upuzi. (6) sauti za tarumbeta, zomari, *&c.* — *v.t.* (1) katisha pumzi. (2) pumzisha. ~**mill** *n.* kinu chenye gurudumu liendeshwalo na upepo. ~**pipe** *n.* koo; umio wa pumzi. ~**screen** *n.* kioo cha mbele cha motakaa.

A windmill

¹ **wind** [waind] *v.i. & t.* (*wound* [waund]) (1) pindika; zunguka. (2) kunja; tatiza (uzi, *&c.*). (3) zungusha (mpini wa winchi, *&c.*); inua kwa kufanya hivi; kaza (kamani ya saa). (4) ~ *up, cf. finish*, maliza; komesha. (5) *be all wound up*, hangaika sana. ~**ing-sheet** *n.* sanda; kipindo cha maiti mwanamume; msuani wa mwanamke.

windlass ['windləs] *n.* mtambo wa kuinulia vitu; winchi; slingi.

window ['windou] *n.* dirisha.

wine [wain] *n.* kileo kifanyizwacho kutoka maji ya zabibu; divai.

wing [wiŋ] *n.* (1) bawa; ubawa: *be on the* ~, ruka; puruka; *under sb.'s* ~, chini ya himaya ya fulani. (2) sehemu, pembe ya nyumba, *&c.* iliyojengwa upandeni; sehemu ya jeshi, *&c.* (3) (*pl.*) pande za jukwaa katika *theatre* zisizoonekana wazi.

A windlass

wink [wiŋk] *v.i. & t.* (1) pesa; konyeza jicho. (2) ~ *at* (*sth.*) *cf. overlook*, achilia; samehe. — *n.* (1) konyezo la jicho. (2) *forty* ~*s*, usingizi kidogo: *I didn't sleep a* ~, *I didn't get a* ~ *of sleep*, sikulala usingizi hata kidogo.

winter ['wintə*] *n.* majira ya baridi (Desemba, Januari na Februari Kizungu); kipukwe. — *v.i.* kaa majira ya ~. **wintry** *adj.* -a ~ au kama ~; -a baridi kali.

wipe [waip] *v.t.* (1) safisha kwa kufuta; pangusa. (2) ~ *off*, futa; ~ *out*, futa; ondoa (*e.g.* alama au, *fig.*, aibu); haribu kabisa; ~ up, kausha (maji) kwa kupangusa.

wire ['waiə*] *n.* (1) uzi wa madini; seng'enge. (2) (*colloq.*) simu. — *v.t. & i.* (1) funga (kaza) kwa ~. (2) tia nyuzi za elektrisiti. (3) pelekea simu (fulani). **wiry** ['waiəri] *adj.* (hasa kwa watu) -embamba tena -enye nguvu.

wireless ['waiəlis] *adj.* bila kutumia nyuzi: ~ *telegraphy*, simu ya upepo (hewani). — *n.* *cf. radio*; zana zote na matengenezo yote ya kuhusiana na kupeleka na kusikia maneno na muziki katika simu ya upepo.

wise [waiz] *adj.* -enye au -a kuonyesha hekima, maarifa, elimu, busara. ~**ly** *adv.* **wisdom** ['wizdəm] *n.* (1) hekima; elimu; maarifa; busara. (2) mashauri, maneno, *&c.* yenye hekima (ya wazazi wetu).

wish [wiʃ] *v.t. & i.* (1) tamani. (2) taka. (3) tumainia: ~ *sb. a pleasant journey*, tumainia fulani safari nzuri. — *n.* (1) tamaa. (2) matumaini. ~**ful** *adj.* ~*ful thinking*, kufikiri kuwa kitu ni kweli kwa sababu tu ya kutaka kiwe kweli.

wistful ['wistful] *adj.* -enye tamaa isiyoridhishwa, pengine hujui halisi unachotamani. ~**ly** *adv.*

wit [wit] *n.* (1) akili. (2) mtu asemaye maneno ya maana tena ya kuchekesha. ~**ticism** ['witisizm] *n.* neno jerevu. ~**ty** *adj.* -a akili tena -a kuchekesha. ~**tily** *adv.*

witch [witʃ] *n.* mwanamke mchawi. ~**craft** *n.* uchawi. ~-**doctor** *n.* mchawi; mlozi. ~**ery** *n.* (1) uchawi. (2) uzuri wa kupoteza akili.

with [wið] *prep.* na, (hutumika zaidi kwa watu) *e.g. He went ~ his father*, alikwenda na baba yake; kwa (hutumika zaidi kwa vitu) *e.g. Cut it ~ a knife*, ikate kwa kisu; *He was beaten ~ a stick*, alipigwa kwa (na) fimbo; (*together*) *with*, (pamoja) na, (hutumika kwa watu na kwa vitu vile vile); *cf. among*, miongoni mwa.

withdraw [wið'drɔ:] *v.t. & i.* (-*drew* [-dru:], -*drawn* [-drɔ:n]) (1) vuta au rudisha nyuma; rudi nyuma. (2) ondoa; toa. (3) tangua (amri, maneno, *&c.* ~**al** *n.*

wither ['wiðə*] *v.i. & t.* (1) -fa; dhoofu; fifisha; nyausha. (2) *cf.* disconcert, fadhaisha, *She gave him a ~ing glance*, alimtupia jicho la kumfadhaisha.

withhold [wið'hould] *v.t.* (-*held*) nyima; kataa kupa.

within [wið'in] *adv.* (la zamani) ndani. — *prep.* ndani ya; sio kupita; ~ *an hour*, haipati saa; ~ *my power (strength)*, kadiri yangu; ~ *hearing*, karibu hata kuweza kusikia.

without [wið'aut] *prep.* (= *not with*), pasipo, bila, *I have arrived ~ my baggage*, nimefika bila mizigo yangu; *He tried ~ success*, alijaribu asipate. — *adv.* (la zamani), nje.

withstand [wið'stænd] *v.t.* (-*stood*) zuia; pingia njia; shindana na.

witness ['witnis] *n.* (1) shahidi; (vile vile *eye-~*) aliyeona mwenyewe kwa macho. (2) ushuhuda; mathubutu. — *v.t. & i.* (1) shuhudia. (2) ona mwenyewe kwa macho. (3) thibitisha.

witticism, witty, taz. *wit*.

wittingly ['witiŋli] *adv.* makusudi.

wives *pl.* ya *wife*.

wizard ['wizəd] *n.* mchawi; mlozi.

wobble ['wobl] *v.i. & t.* yumbayumba; wayawaya; (*fig.*) sitasita. **wobbly** *adj.*

woe [wou] *n.* (1) majonzi; huzuni. (2) (*pl.*) msiba; taabu. ~**ful** *adj.* -a huzuni nyingi; -a kuhuzunisha.

woke, taz. *wake*.

wolf [wulf] *n.* (*pl. wolves* [wulvz]) mbwa mwitu. *keep the ~ from the door*, epusha njaa. — *v.t.* (*colloq.*) -la kwa pupa.

woman ['wumən] *n.* (*pl. women* ['wimin]) mwanamke. ~**hood** *n.* wanawake wote, kwa kutaja aina yao; utu uke. ~**ish** *adj.* (kutumika kama kisifa cha mwanamume) -enye tabia ya mwanamke; -a kufalia wanawake kuliko wanaume. ~**ly** *adj.* -a kustahili ~.

womb [wu:m] *n.* tumbo la uzazi.

won, taz. *win*.

wonder ['wʌndə*] *n.* ajabu. — *v.i.* staajabu: *Do you ~ ! refused?* Umestaajabu kuwa nilikataa *? I ~ who he is*, sijui huyu ni nani; *I ~ whether he'll come*, waonaje, atakuja au siyo *?* ~**ful** *adj.* -a kustaajabisha. ~**ment** *n.* mshangao. **wondrous** ['wʌndrəs] *adj.* (la zamani au *liter.*) ~*ful.*

wont [wount] *n.* (la zamani) mazoea;

desturi: *He ate more than was his ~*, alikula zaidi kuliko alivyozoea. — *predic. adj. He was ~ to come here*, alikuwa amezoea kuja hapa. **~ed** ['wountid] *adj.* -a desturi; -a kawaida.

won't [wount] = *will not*: *He ~ come today*, hatakuja leo.

woo [wu:] *v.t. & i.* (1) ~ *a woman*, posa mwanamke. (2) jaribu kujipatia (sifa njema, bahati nzuri, usingizi).

wood [wud] *n.* (1) mti; mbao. (2) (pengine huwa *pl.*) msitu. *be out of the ~*, okoka; toka hatarini (mashakani). **~cut** *n.* chapa ya mti iliyochorwa picha. **~ed** *adj.* -enye miti. **~en** *adj.* -a mti; -a mbao; (*fig.*) -zito -a akili. **~land** *n.* nchi yenye miti. **~work** *n.* (1) vitu vilivyofanyizwa kwa ~, hasa sehemu ya jengo ya mti au mbao. (2) useremala. **~y** *adj.* (1) **~ed**. (2) -a mti au kama mti au mbao.

wool [wul] *n.* manyoya (ya wanyama wengine); sufu. **~len** *adj.* -a sufu. — *n.* (hutumika zaidi kwa *pl.*) nguo za sufu, kama joho, bushuti, *&c.* **~ly** *adj.* -a sufu, kama sufu; (*fig.*, kwa fikira, maneno) si dhahiri.

word [wə:d] *n.* (1) neno. (2) maneno; maongezi; mazungumzo; *have ~s with sb.*, gombana na fulani; *by ~ of mouth*, kwa kupata habari kutoka kinywani si zilizoandikwa; *take sb. at his ~*, fanya kama kwamba unajua kuwa fulani atatimiza ahadi yake. (3) habari: *Send me ~ tomorrow*, nipelekee habari kesho. (4) ahadi: *break one's ~*, vunja ahadi; *be as good as one's ~*, fanya yote uliyoahidi. — *v.t.* andika kwa maneno.

wore, taz. *wear*.

work [wə:k] *n.* (1) kazi. (2) kazi; uchumi. (3) vyombo vya kufanyia kazi, *e.g. She took her ~ (e.g. sewing) into the garden*, alichukua vyombo vyake (*e.g.* vya kushonea) bustanini. (4) vitu vifanyizwavyo kwa kazi: *the ~ of silversmiths*, vitu vifanyizwavyo na sonara; vile vile kullunganisha na neno jingine, *e.g. needle~*, ushoni, *stone~*, uashi, *wood~*, useremala. (5) sanaa; maandiko; vitabu; *the ~s of Shakespeare*, maandiko ya S. (6) mitambo; mashini: *the ~s of a clock*, mitambo ya saa; kiwanda cha kufanyia kazi fulani. (7) *public ~s*, kazi zifanywazo na serikali za kusitawisha nchi, *e.g.* kufanya barabara, kujenga hospitali, *&c.* — *v.i. & t.* (*~ed*, taz. *wrought*) (1) fanya, tenda, kazi. (2) (kwa mashini) tenda kazi; endelea. (3) (kwa shauri, njia ya kufanyia kitu fulani, *&c.*) faa; faulu. (4) tendesha kazi; endesha. (5) geuza (geuka), endesha (enda), (mara nyingi kidogo kidogo na kwa shida); *The screw has ~ed loose*, punde kwa punde skrubu imelegea; *They ~ed their way forward*, walijisogeza mbele (kwa shida) kidogo kidogo. ~ *into*, ingiza; changanya: *e.g.* ~ *a few jokes into a speech*, ingiza mizaha kidogo katika hotuba; ~ *off, cf. get rid of*: ~ *off superfluous energy*, jiondolea nguvu za bure; ~ *up*, amsha; chochea. (6) fanya au umba kwa kufua, kukanda, kufinyanga, *&c.* **~able** *adj.* -a kuweza kufanyika. **~er** *n.* mfanya kazi. **~man** *n.* mtendaji kazi; kibarua. **~manlike** *adj.* -ema; -stadi. **~manship** *n.* jinsi ya kufanyiza; ustadi wa mfanya kazi. **~shop** *n.* kiwanda cha kufanyia kazi; (hasa) karakara.

world [wə:ld] *n.* (1) dunia; ulimwengu. (2) malimwengu: *a man of the ~*, mtu mwenye maarifa ya malimwengu. (3) *the Old W.*, *Europe, Asia, and Africa*; *the New W., America*. (4) *a ~ of*, -ingi sana. **~ly** *adj.* -a kuoneka, -a kugusika, *&c. cf. material*, yaani kinyume cha -a roho: *my ~ly goods*, mali yangu.

world-wide [wə:ld-waid] *adj.* -a kuenea pote pote.

worm [wə:m] *n.* earth~ nyungunyungu; chango (ya tumboni). — *v.t.* (hutumika sana kama ~ *one's way (through) into*), ingia kwa siri taratibu; ~ *one's way into favour*, jipendekeza taratibu; ~ *out*, vumbua kisirisiri. **~-eaten** *adj.* -liotobolewa na funza.

worn, taz. *wear*.

worry ['wʌri] *v.t. & i.* (1) udhi; sumbua. (2) jisumbua; hangaika. (3) (hutumika sana kwa mbwa) rarua. — *n.* (1) taabu; udhia. (2) hali ya kuhangaika.

worse [wə:s] *adj. & adv.* -baya zaidi: *the ~ for wear*, -kuukuu kwa

sababu ya kuvaliwa sana: ~ *off*, maskini kuliko wengine. **~n** *v.t. & i.* fanya, -wa, -baya zaidi.

worship ['wə:ʃip] *n.* (1) ibada; sala. (2) heshima kwa nyingi. (3) jina la heshima kwa *magistrate* au *mayor*, *His W. the Mayor*. — *v.t. & i.* abudu. **~per** *n.* mwabudu.

worst [we:st] *adj. & adv.* -baya kuliko -ote; -baya sana. *get the ~ of it*, shindwa; *if the ~ comes to the ~*, iwayo yote. — *v.t.* shinda.

worsted ['wustid] *n.* uzi wa sufu; nguo za sufu.

worth [wə:θ] *predic. adj.* (1) -enye thamani sawa na. (2) stahili: *The book is well ~ reading*, kitabu chastahili sana kusomwa; *be ~ it, be ~ while*, faa. — *n.* thamani. **~less** *adj.* hafifu. **~while** *adj.* -a kufaa.

worthy ['wə:ði] *adj.* -a kustahili. **worthily** *adv.*

would, taz. *will*.

¹wound [waund] *v.* taz. *wind¹*.

²wound [wu:nd] *n.* (1) jeraha; kidonda. (2) uchungu. — *v.t.* jeruhi; tia uchungu.

wove, woven, taz. *weave*.

wrangle ['ræŋgl] *v.i. & n.* gombana; bishana kwa makelele.

wrap [ræp] *v.t. & i.* (*-pp-*) (1) (pengine *~ up*) kunja; viringisha. (2) *be ~ped up in*, jifunga kwa; jitia katika. — *n.* nguo ya kujifunika; shali. **~per** *n.* karatasi ya kufungia kitu, *e.g.* kifurushi.

wrath [rɔ:θ] *n.* (*liter.*) ghadhabu; hasira. **~ful** *adj.*

wreck [rek] *n.* maangamizi; mavunjiko, hasa ya merikebu; merikebu, meli, iliyoharibika au iliyozama; motakaa au nyumba iliyoharibika sana au kuboromoka. — *v.t.* haribu; angamiza. **~age** ['rekidʒ] *n.* mabaki ya chombo kilichovunjika.

wrench [rentʃ] *v.t.* (1) pota, sokota, vuta, kwa ghafula. (2) shtusha; tegua. — *n.* (1) shtuo; teguo. (2) maumivu; uchungu.

wrest [rest] *v.t.* (1) pokonya; nyang'anya. (2) geuza; potoa (maneno ya fulani).

wrestle ['resl] *v.i. & t.* shindana mweleka; (*fig.*) (*with*) jitahidi sana kufanya. **~r** *n.*

wretch [retʃ] *n.* (1) maskini; mtu mnyonge. (2) mtu mwovu sana. **~ed** ['retʃid] *adj.* (1) -enye hali mbaya; -a kuhuzunisha. (2) hafifu; duni.

wriggle ['rigl] *v.i. & t.* (1) vinginyika; vinginyisha. (2) (*fig.*) okoka kwa hila.

wring [riŋ] *v.t.* (*wrung* [rʌŋ]) songoa; kamua; (*fig.*) toza kwa nguvu. **~ing wet**, (kwa nguo, *&c.*) majimaji sana hata -a kuweza kusongolewa.

wrinkle ['riŋkl] *n.* (1) kifinyo. (2) (*colloq.*) kidokezi; shauri la kusaidia.

wrist [rist] *n.* kiwiko; kifundo cha mkono.

writ [rit] *n.* (1) hati iliyotolewa kwa amri ya mtawala au serikali kumruhusu afisa afanye (asifanye) kitu fulani. (2) *Holy W. = the Bible*, Maandiko Matakatifu.

write [rait] *v.i. & t.* (*wrote* [rout], *written* ['ritn]) andika. **~r** *n.* mwandishi; katibu; karani.

writing *n.* (1) mwandiko; mkono. (2) (hutumika zaidi kwa *pl.*) maandiko.

writhe [raið] *v.i.* jinyonga kwa sababu ya kuumizwa sana; gaagaa.

wrong [rɔŋ] *adj. & adv.* (kinyume cha *right*) -baya; si sahihi. *go ~*, enda upande; potoka; pooza. — *n.* kukosa: (hasa) *be in the ~*, kosa; *put sb. in the ~*, fanya fulani kuonekana kuwa amekosa. — *v.t.* tendea mabaya; onea; fanya fulani kuonekana kuwa mbaya kuliko alivyo kweli. **~doing** *n.* kufanya mabaya; uovu; dhambi. **~ful** *adj.* si haki. **~fully** *adv.* **~ly** *adv.* (hasa pamoja na *p.p.*) **~ly informed**, -lioarifiwa vibaya.

wrote, taz. *write*.

wrung, taz. *wring*.

wry [rai] *adj.* -a upogo: *make a ~ face*, finya uso (kwa kuona machukizo au maumivu, *&c.*).

X

Xmas ['krisməs] *n.* = *Christmas*, hutumika sana kama kifupisho cha neno.

X-ray ['eks'rei] *n.* chombo cha kutumia namna ya mishale ya nuru ya elektrisiti iwezayo kupenya vitu vigumu na kuwezesha dakitari kuona ndani ya mwili wa mtu; picha iliyopigwa kwa chombo hicho.

Y

yacht [jot] *n.* chombo chepesi cha kutembelea baharini au cha kushindania mbio kwa matanga.
yam [jam] *n.* kiazi kikuu.
¹**yard** [ja:d] *n.* (1) kipimo cha urefu, futi 3 au inchi 36; yadi. (2) foromali (ya merikebu).
²**yard** [ja:d] *n.* (1) ua; kitalu; uwanja. (2) (kwa kazi) kiwanda.
yarn [ja:n] *n.* (1) kitani; nyuzi zilizosokotwa. (2) (*colloq.*) hadithi.
yawn [jo:n] *v.i.* (1) piga miayo. (2) fumbuka; -wa wazi (kama pango). — *n.* mwayo.
year [jə*] *n.* mwaka. ~**ling** *n.* mnyama wa mwaka mmoja. ~**ly** *adj. & adv.* -a kila mwaka.
yearn [jə:n] *v.i.* taka sana; tamani sana; onea shauku.
yeast [ji:st] *n.* chachu.
yell [jel] *v.i. & n.* piga yowe; piga kelele (ya hofu, ya umivu, &c.).
yellow ['jelou] *n. & adj.* (-a) kimanjano.
yelp [jelp] *v.i. & n.* lia (kama mbwa akipigwa).
yes [jes] *int.* ndiyo; naam.
yesterday ['jestədi] *n. & adv.* jana.
yet [jet] *adv.* hata sasa; bado: *He has not ~ come*, hajaja bado; *They haven't ~ done anything*, hawajafanya kitu bado; *conj. cf. but still*, lakini.
yield [ji:ld] *v.t. & i.* (1) toa. (2) acha; jitoa. (3) kubali; shindwa. — *n.* uzao; mazao; mavuno. ~**ing** *adj.* laini; (*fig.*) -tiifu; -sikivu.
yoke [jouk] *n.* (1) nira. (2) *cf. pair*, jozi. (3) (*fig.*) utumwa.

A yoke of oxen

yokel ['jouk!] *n.* mtu wa kimashamba; mjinga.
yolk [jouk] *n.* kiini cha yai.

you [ju:] *pron.* wewe, *pl.* nyinyi; (kuunganishwa na *vb.*) u-, m-, kama *subject* ya *vb.*; -ku, -wa-, kama *object* ya *vb.* **your** [jo:*] *poss. adj.* -ako, -enu. **yours** [jo:z] *poss. pron. & predic. adj.* -ako, -enu.
young [jʌŋ] *adj.* -changa; -toto; -dogo. ~**ster** ['jʌŋstə*] *n.* mtoto, hasa kijana.
youth [ju:θ] *n.* (1) ujana; uvulana; usichana. (2) vijana (kuwajumlisha wote pamoja): *the ~ of England*, vijana wote wa Uingereza. ~**ful** *adj.* sio -zee; -a ujana.
yule [ju:l] *n.* (vile vile ~*tide*) sikukuu ya *Christmas*.

Z

zeal [zi:l] *n.* juhudi; bidii. ~**ot** ['zelət] *n.* mwenye bidii mno kupita kiasi. ~**ous** ['zeləs] *adj.* -enye bidii.
zebra ['zi:brə] *n.* punda milia.
zebu ['zebu] *n.* ng'ombe mwenye nundu.
zenith ['zeniθ] *n.* mbinguni sawasawa juu kichwani; (*fig.*) upeo; usitawi.
zero ['ziərou] *n.* si kitu; sifuri, alama ya O.
zest [zest] *n.* (1) bidii; pupa. (2) utamu; ladha.
zigzag ['zigzag] *n.* mstari (au njia) wa kupindukapinduka, kama huu:

A zigzag

zinc [ziŋk] *n.* namna ya madini nyeupe.
zipper, zip-fastener [zipə*, zip'fa:snə*] *n.* namna ya kifungo cha madini kwa kufunga mifuko, fulana nzito, &c.
zone [zoun] *n.* (1) mshipi; ukanda; mlia. (2) sehemu maalum ya dunia au nchi.
zoology [zou'olədʒi] *n.* elimu na maarifa ya vitu vyenye uhai.
zoological [,zouo-

A zip fastener

ZOOLOGY 'lodʒikl] *adj.* -a~ : *zoological gardens*, (hufupishwa mara nyingi kuwa *zoo* [zu:]) bustani kubwa mlimowekwa jamii ya wanyama, ndege, &c. wa namna zote, wamefungwa katika vitundu au mahali wasipoweza kutoka. **zoologist** [zou'olədʒist] *n.* mwenye elimu ya ~.

COMMON PREFIXES AND SUFFIXES
VITANGULIZI NA VIKOMO VYA MANENO VITUMIKAVYO SANA

Maana ya *prefixes* (vitangulizi) huelezwa chini ya maneno yenyewe katika kamusi hii; lakini *suffixes* (vikomo) haviandikwi mbalimbali kama vitangulizi vionyeshwavyo na kwa sababu hii huelezwa hapa chini.

COMMON PREFIXES

acro-	dis-	mid-	re-
air-	ex-	milli-	self-
Anglo-	fore-	mis-	semi-
ante-	grand-	multi-	step-
anti-	great-	non-	sub-
arch-	hecto-	over-	super-
be-	hydro-	pan-	tele-
bi-	il-	poly-	trans-
by-	im-	post-	ultra-
co-	in-	pre-	un-
contra-	ir-	pro-	under-
deci-	kilo-	pseudo-	vice-
demi-	mal-	radio-	well-

COMMON SUFFIXES

-able, -ible Hutumika kwa kufanya *adjs.* kwa Kiingereza, lakini kwa Kiswahili kikomo huongezwa katika *vb.* kwa kuleta maana hii. (a) *that can be, is liable to be:* ponya = *cure*, ponyeka = *be curable*; pata = *obtain*, patika = *be obtainable*; soma = *read*, someka = *be readable, legible*. (b) *having the qualities of*, -enye tabia ya: *comfortable*, fariji, tuliza = *comfort*, -enye kufariji, kutuliza = *comfortable*; *peace* = amani, *peaceable* = -a amani. (c) *likely to*, -a kuelekea ku(fanya), &c.: kubali = *agree*, -kuelekea kukubali = *agreeable*; kujua = *know*, -a kuelekea kujua = *knowledgeable or likely to know*.

-ably, -ibly Hutumika kwa kugeuza *adjs.* zenye vikomo *-able, -ible* ziwe *advbs.* *e.g. peaceably, legibly, comfortably.*

-al Hutumika kwa kugeuza *ns.* ziwe *adjs.* e.g. *baptismal*, -a ubatizo; *national*, -a *nation*, -a taifa.

-age Hutumika kwa kufanya *ns.* maana yake gharama ya ... *e.g. postage*, gharama ya posta, ada ya posta; *haulage*, gharama ya kuchukuliwa kwa lori, &c. Cf. *railage*.

-(a)n Hutumika kwa kufanya *ns.* na *adjs.* *e.g. African; American; republican; Mohammedan.*

-ance, -ence Hutumika kwa kugeuza *vbs.* ziwe *ns.* maana yake tendo la, hali ya. (a) *avoidance*, kuepuka, kuepua; *annoyance*, kuudhika; *absence*, kutohudhuria. (b) kitu cha kufanyia: *hindrance*, kizuizo; *conveyance*, chombo cha kuabirisha.

-ant, -ent (a) Hutumika kwa kugeuza *vbs.* ziwe *adjs. triumphant*, -a kuonyesha furaha kuu, -a shangwe; *persistent*, -a kuendelea bila kubadilika. (b) kwa kufanya *ns.* kuonyesha *agent* (mtendaji) au *instrument* (kitu kifanyacho): *applicant*, mwombaji; *irritant*, kitu kiudhicho; *assistant*, msaidizi; *superintendent*, msimamizi; *student* mwanafunzi.

[320]

-ary, -ory (a) Hutumika kwa kufanya *adjs*. maana yake -a kutumika kwa, -a kuleta: *exemplary*, -a kuleta mfano; *advisory*, -a kutumika kwa kuleta shauri. (b) Hutumika kwa kufanya *ns*. maana yake mtu afanyaye au kitu kifanyacho: *boundary*, mpaka; *commentary*, maelezo. (c) Hutumika kwa kufanya *adjs*. maana yake hali ya: *customary*, -a desturi; *secondary*, -a pili; *contradictory*, -a kubishana; *obligatory*, -a lazima.

-dom Hutumika kwa kufanya *ns*. (a) hali ya kuwa: *freedom*, uhuru. (b) cheo cha, milki ya: *kingdom*, milki ya mfalme.

-en Hutumika kwa kufanya *vbs*. (a) kutoka *adjs*.: *e.g. short* = -fupi, *shorten*, = fupisha; *soft* = laini, *soften* = lainisha. (b) kutoka *ns*.: *length* = urefu, *lengthen* = fanya -refu; *hearten*, tia moyo.

-(e)n Hutumika kwa kufanya *adjs*. maana yake cha kitu gani: (a) *wooden*, -a mti, -a mbao; *woollen*, -a sufu. (b) maana yake cha kufanana na: *silken*, kama hariri; *golden*, kama dhahabu.

-(e)r Hutumika kwa kupambanisha. *long* = -refu, *longer* = -refu zaidi, -refu kuliko (kitu kingine); *smaller*, -dogo zaidi, -dogo kuliko . . . .

-er, -or Hutumika kwa kufanya *ns*. (a) mtu afanyaye au kitu kifanyacho: *teacher*, mfundishi; *learner*, mwanafunzi; *actor*, mtu achezaye mbele ya watu; *survive* = okoka, *survivor* = mwenye kuokoka; *elevator*, mambo wa kupandishia vitu na watu mpaka orofa za juu nyumbani. (b) mkaaji: *villager*, akaaye katika kijiji; *Londoner*, akaaye mjini mwa *London*.

-(e)ry Hutumika kwa kufanya *ns*. (a) mahali pa kufanyizia: (*oil, sugar*) *refinery*, kinu cha kufanyizia (kusafishia) mafuta, sukari. (b) hali ya kuwa: *slavery*, utumwa; *robbery*, wizi.

-ess -a kike: *manageress*, mwanamke aliye msimamizi; *heiress*, mwanamke mrithi; *lioness*, simba jike.

-(e)st Kwa kupambanisha katika cheo cha kupita yote: *strongest*, -a nguvu kushinda -ote; *smallest*, -dogo mno; *widest*, -pana kabisa.

-ful Huongezwa mwisho wa *n*. kwa kufanya *adj*. *wonderful*, -a ajabu; *plentiful*, tele; *truthful*, -a kusema kweli.

-hood Hutumika kwa kufanya *ns*. (a) wakati wa au hali ya kuwa: *manhood*, utu uzima; *boyhood*, ujana. (b) jamii ya: *priesthood*, upadre, jamii ya makuhani (ya makasisi); *brotherhood*, udugu, umoja wa watu.

-ic(al) Hutumika kwa kufanya *adjs*. -enye hali ya, - a namna ya: *alcoholic*, -a vileo; *artistic*, -a *artist*; *alphabetic(al)*, -a namna ya *alphabet*.

-ian Hutumika kwa kufanya *ns*. na *adjs*. -a; -enye kuhusu: *Christian*, Mkristo; -a Kikristo; *electrician*, fundi wa elektrisiti; *musician*, fundi wa muziki; *Austrian*, -a *Austria*. (Taz. -(a)n.)

-ify Hutumika kwa kufanya *vbs*. fanya au -wa: *e.g. simple* = rahisi, *simplify* = fanya rahisi; *solidify*, -wa -gumu; *glorify*, tukuza.

-ing Huongezwa katika shina la *vb*. kwa kufanya (a) *the present participle*, *e.g. swim* = ogelea, *swimming* = akiogelea, wakiogelea, kikiogelea, *&c*. (b) *the participial adj*. *e.g. amuse* = chekesha, *amusing* = -a kuchekesha; *pleasing*, -a kupendeza. (c) *the gerund* (maana yake neno lililo *n*. pamoja na *vb*.) *e.g. go* = enda, *the going* = kwenda, mwendo; *seeing is believing*, kuona ni kusadiki. (d) kitu kilichofanyizwa: *the binding of a book*, jalada; *floor sweepings*, takataka iliyofagiliwa; *wood shavings*, takataka ya mbao. (e) *n*. ya kuonyesha jumla ya vitu pamoja: *e.g. ship* = meli, *shipping* = jamii ya meli (ya nchi fulani); *bedding*, shiti, blanketi, mito, *&c*.; *washing*, nguo za kufuliwa.

-ish Hutumika kwa kufanya *adjs*. maana yake: (a) kama; -a kufalia: *foolish*, -jinga, -pumbavu; *childish*, -a kitoto. (b) kidogo si sana:

oldish, -zee kidogo. (c) (hasa pamoja na rangi) -a kuelekea kuwa: *greenish*, kijani kibichi kidogo.

-ism Hutumika kwa kufanya *abstract ns*. (yaani -a kuwazika tu). (a) kutoka *vbs*. zenye mwishoni *-ise, -ize*, e.g. *baptism, criticism*. (b) kwa kuonyesha matengeneo au mafundisho: *communism; socialism; conservatism*. (c) kwa kuonyesha tabia ya, sifa ya: *heroism*, ushujaa; *barbarism*, ushenzi; *realism*, hali ya kufikiri vilivyopo.

-ist Hutumika kwa kufanya *ns*. maana yake mtu mwenye kufanya kazi ya ...: *tobacconist*, mwuza sigareti, tumbako, &c.; hasa mwenye ustadi wa kupiga ala za muziki: *pianist, violinist*.

-itis Hutumika kwa kufanya *ns*. hasa majina ya magonjwa ya kuwasha mwilini: *appendicitis; bronchitis*, ugonjwa wa mapafu.

-(i)ty Hutumika kwa kufanya *abstract ns*. maana yake hali ya: *loyalty*, kuwa -aminifu; *profanity*, ukufuru, ubaya wa kumchukiza Mungu; *penalty*, adhabu, kisasi.

-ize Hutumika kwa kufanya *vbs*. maana yake fanya au -wa: *harmonize*, fanya kupatana, fanya kulingana kwa sauti; *anglicize*, fanya kuwa -a namna ya Kiingereza; *legalize*, fanya kuwa halali; *materialize*, tokeza -enye umbo.

-less Hutumika kwa kufanya *adjs*. (a) bila, pasipo: *childless*, -sio na watoto; *homeless*, -sio na nyumba au makao; *countless* au *numberless*, -siohesabika. (b) kwa kuleta kinyume cha *vb*. e.g. *cease* = koma, *ceaseless* = -siokoma, bila kukoma; *tireless*, -siochoka.

-logist Hutumika kwa kufanya *ns*. maana yake stadi wa: *geologist*, stadi wa *geology*.

-logy Hutumika kwa kufanya *ns*. maana yake majina ya elimu au mafundisho: *geology, biology, theology*, &c.

-ly (a) Hutumika kwa kugeuza *adjs*. ziwe *advbs*. e.g. *recent* = -a siku hizi, *recently* = siku hizi; *quickly*, &c. (b) Hutumika kwa kugeuza *ns*. ziwe *adjs*. zenye maana ya kama, -a, -a kufalia: *manly*, -a kufalia mtu mzima; *brotherly*, -a ndugu; *ghostly*, kama kivuli cha mtu. (c) Hutumika kwa kugeuza *ns*. ziwe *adjs*., na *advbs*. — *adjs*. *hourly*, -a kila saa; *daily*, -a kila siku; *yearly*, -a kila mwaka; — *advbs*. *he went daily to work*, alikwenda kila siku kufanya kazi; *hourly recurrent fever*, homa yenye kurudirudi kila saa.

-ment Hutumika kwa kufanya *ns*. maana yake tendo, neno au hali ya kufanya au kufanywa: *enjoyment*, furaha, raha; *management*, usimamizi; *improvement*, maendeleo; *amazement*, ushangao.

-ness Hutumika kwa kufanya *ns*. maana yake hali ya kuwa: *goodness*, wema, hali ya kuwa -ema; *blackness*, weusi; *carefulness*, hadhari, uangalifu.

-(i)ous Hutumika kwa kufanya *adjs*. maana yake -a, kama, -enye: *ambitious*, -enye tamaa (ya kukuza hali, &c.); *religious*, -a dini; *dangerous*, -a hatari; *joyous*, -enye furaha.

-ship Hutumika kwa kufanya *ns*. maana yake: (a) tabia au hali ya kuwa: *membership*, hali ya kuwa mwanachama; *friendship*, urafiki; *ownership*, uenyeji, kumiliki. (b) ustadi: *horsemanship*, ustadi wa kupanda farasi. (c) cheo: *headship*, kuwa mkuu wa chuo; *apprenticeship*, uanafunzi.

-tion Hutumika kwa kufanya *ns*. maana yake: (a) tendo la ku ..., hali ya ku ...: e.g. *oppose* = zuia, pinga, *opposition*, tendo la kupinga au hali ya kupinga; *action*, tendo; *addition*, kujumlisha, kuongeza. (b) hali ya kuwa ... *ed*: e.g. *be exhausted*, choka sana, *exhaustion*, hali ya kuwa (u)mechoka sana. cf. *revision*, kusahihisha, kitabu (maandiko, &c.) kilichosahihishwa.

COMMON ABBREVIATIONS

MAFUPISHO YATUMIWAYO SANA

A.1, bora kabisa.
A.B., able-bodied seaman, baharia kamili katika manowari, cheo chake ni sawa na Lance-Corporal katika jeshi.
A.B.C., alphabet.
a.c., alternating current, mkondo wa elektrisiti wa kubadiliana.
A/C, Acc., A/c. idadi; jumla. A/c = aircraftsman, mwanahewa wa R.A.F. asiye na utepe.
A.D., (Latin) Anno Domini, tangu kuzaliwa kwa Yesu Kristo.
A.D.C., (French) aide-de-camp, [eidekom] afisa aliyechaguliwa na mkuu kumtumikia kwa namna nyinginezo maalum.
advt., adve tisement.
A.H., katika wakati uliofuata mwanzo wa dini ya Kiislamu. (toka mwaka wa A.D. 622.)
a.m., (Latin) ante meridiem, kabla adhuhuri.
Apr., April.
arr., arrives, -nafika. tr. arr. 2.50 p.m., gari la moshi lafika saa nane na dakika hamsini.
asst., assistant.
Aug., August.
A.V., Authorized Version of the Bible.
avdp., (French) avoirdupois ; kipimo cha uzito cha Uingereza.
Ave., avenue.

b., born; bowled (kwa mchezo wa cricket).
B.A., Bachelor of Arts.
Bart., Baronet.
B.B.C., British Broadcasting Corporation.
B.C., Before Christ.
B.E.A., British European Airways.
B.Litt., Bachelor of Letters.
B.O.A.C., British Oversea Airways Corporation.
Bros., Brothers.
B.Sc., Bachelor of Science.
B.V.M., Blessed Virgin Mary.
B.W.I., British West Indies.

C., (Latin) centum, mia moja (100)
C., Centigrade.
c., cent(s); century; (Latin) circa, about; centi; centimetre; caught (kwa mchezo wa cricket).
Cantab., of Cambridge University.
Capt., Captain.
Cent., Centigrade; Century.
C.E., Church of England.
cf., compare, k.m., kwa mfano.
ch., chap., chapter, sura.
Chas., Charles.
C.I.D., Criminal Investigation Department, Idara ya Polisi yenye kupeleleza habari za wavunja sheria.
c.i.f., cost, insurance and freight, gharama, bima na nauli.
C.-in-C., Commander-in-Chief, Mkuu kabisa wa majeshi yote, Amri-Jeshi.
cm., centimetre.
C.O., Colonial Office; commanding officer.
c/o, care of . . ., kwa kuandika anwani katika barua.
C.O.D., cash to be paid on delivery, lazima kulipa gharama ukisha pata vitu kwa posta.
C. of E., Church of England.
Col., Colonel.
Coll., College.
Co-op., Co-operative Society, Ushirika wa wanunuzi au wauzaji.
Cpl., Corporal.
cub., cubic.
cwt., hundredweight.

d., daughter; died, alikufa; penny, pence.
D.C., au Disi, District Commissioner.
d.c., direct current, mkondo wa elektrisiti usiobadiliana.
D.C.L., Doctor of Civil Law.
D.D., Doctor of Divinity.
Dec., December.
deg., degree.
dep., departs, tr. dep. gari la moshi latoka.
dept., department, idara.
D.Litt., Doctor of Literature.

D.O., District Officer, Bwana Shauri.
do., ditto., alama hizi ,, ,, hutumika, yaani na hivyo kuendelea.
doz., dozen.
Dr., doctor.
D.Sc., Doctor of Science.
D.V., (Latin) Deo volente, God willing, inshallah.

E., East.
E. and O.E., errors and omissions excepted, bila kukubali makosa ambayo labda yatakuwamo.
ed., editor, mtengenezaji ; edited by, aliyetunga ni . . . .
e.g., (Latin) exempli gratia, for example, kwa mfano.
E.R., Elizabeth Regina (Queen Elizabeth II).
Esq., Esquire.
etc., (Latin) et cetera, and the other things, kadha wa kadha.
et seq., (Latin) et sequentia, and what follows, na hivyo kuendelea.
exc., except, bila.

F., Fahrenheit.
f., feminine.
Feb., February.
fig., figure, diagram.
F.O., Flying Officer.
f.o.b., free on board, yaani shehena iliyolipiwa na kukubaliwa kupakiwa melini.
Fr., Father ; French.
F.R.S., Fellow of the Royal Society.
ft., foot, feet, futi.

gal., gallon(s).
Gen., General.
G.H.Q., General Headquarters, afisi ya Amri-Jeshi.
G.M.T., Greenwich Mean Time, yaani kupima saa ngapi katika mji wa Greenwich kwa kuilinganisha na saa zilizopo pengine duniani.
G.P.O., General Post Office, afisi kubwa ya posta katika mji mkubwa.

H.E., His Excellency.
H.H., Her (His) Highness ; His Holiness (the Pope).
H.M., Her (His) Majesty.
H.M.S., Her (His) Majesty's Ship, yaani manowari.
Hon., The Honourable ; Honorary.

h.p., horse-power, kipimo cha kupimia nguvu ya mashini.
hr(s), hour(s).

i/c, in charge, -enye amri (juu ya).
i.e., (Latin) id est, that is, yaani.
in., inches.
incog., incognito, kwa kuficha jina lako (lake, &c.) la kawaida.
inst., instant, -a mwezi huu.
I.O.U., I owe you, nawiwa nawe.

Jan., January.
J.P., Justice of the Peace, kazi ya jaji, ya heshima isiyo na mshahara.
jr., junior, -dogo.
Jun., June.
Jul., July.

K.C., King's Counsel (barrister) mwanasheria mkuu ; Knight Commander.
Kg., Kilogram.
Km., Kilometre.
Kt., Knight.

l., left, kushoto ; line, mstari ; litre.
lat., latitude.
Lat., Latin.
lb., pound(s) in weight, ratli.
l.b.w., leg before wicket, (hutumika tu katika mchezo wa *cricket*).
Legco., Legislative Council.
Lieut., Lieutenant.
Litt.D, Doctor of Letters.
LL.B., Bachelor of Laws.
long., longitude.
L.S.D., pounds, shillings, and pence.
Lt., Lieutenant.
Ltd., Limited, (hasa hutumika kwa kutaja majina ya kampani za biashara).

M., Monsieur [mə'sjə:*] (French for Mr.) ; (Latin) mille, thousand.
m., masculine ; married ; metre ; million(s) ; mile(s) ; minute(s).
M.A., Master of Arts.
Maj., Major.
Mar., March.
M.D., Doctor of Medicine.
Messrs., (taz. *dictionary*).
M.L.C., Member of the Legislative Council.
Mlle, Mademoiselle ['madmwə'zel] (French for Miss).
mm., millimetre(s).

Mme, Madame [ma'da:m] (French for Mrs.).
M.O., Medical Officer; money order.
M.P., Member of Parliament.
m.p.g., m.p.h., miles per gallon, miles per hour.
Mr., Mrs., (taz. *dictionary*).
MS., MSS., manuscript(s).
Mt., Mount.
Mus.B., Bachelor of Music.
M.V., Motor Vessel.

N., North; kaskazi.
n., neuter; noun.
N.B., (Latin) nota bene, note well, kumbuka vizuri.
N.C.O., non-commissioned officer, askari mwenye utepe.
No., Number, tarakimu.
Nos., Numbers, tarakimu kwa wingi.
Nov., November.
N.T., New Testament, Agano Jipya.
N.Y., New York.
N.Z., New Zealand.

O.C., officer commanding, afisa mwenye amri.
Oct., October.
o.d., (banking account) over-drawn, yaani hakuna fedha za kutoa katika benki.
O.H.M.S., On Her (His) Majesty's Service, katika kazi ya Mfalme.
O.K., all correct, agreed, yote sahihi, naam, nimekubali.
O.T., Old Testament, Agano la Kale.
Oxon., of Oxford University.
oz., ounce, wakia.

p., page, ukarasa; participle; past, -liopita.
par., paragraph.
p.a. (Latin) per annum, for each year.
P.C., police constable; Privy Councillor; Provincial Commissioner.
pd., paid, -liolipwa.
Ph.D., Doctor of Philosophy.
pl., plur., plural, wingi.
P.M., Prime Minister.
p.m., (Latin) post meridiem, after noon, baada ya adhuhuri.
P.M.G., Postmaster-General.
P.O., Petty Officer R.N.; Pilot Officer R.A.F.; postal order; Post Office.
p.p., past participle.
pp., pages, kurasa.
Pres., President.
Prof., Professor.

pro tem., (Latin) pro tempore, for the time, kwa wakati, kwa kitambo.
prox., (Latin) proximo, of next (month), -a mwezi ujao.
P.S., postcript, maongezo ya barua baada ya kutia sahihi.
P.T., physical training, mazoezi ya mwili.
pt., pint.
P.T.O., please turn over, tafadhali ugeuze ukurasa.
P.W.D., Public Works Department.

Q., Malkia; mkewe mfalme.
Q.C., Queen's Counsel. *cf.* K.C.
Q.E.D., (Latin) Quod erat demonstrandum, neno ambalo lilikuwa la lazima kubainishwa.
qr., quarter, robo.
qt., quart(s).

R., Railway; Regina (Queen); Rex (King); River.
r., right, -a kulia.
R.A., Royal Academy; Royal Artillery.
R.A.F., Royal Air Force.
R.D., refer (worthless cheque) to drawer, yaani ni maagizo ya benki kuonyesha kuwa aliyeandika hawala hana fedha katika benki.
Rd., road, njia.
recd., received, -liopokewa.
R.I.P., (Latin) Requiescat in pace, May (s)he rest in peace, Mungu amrehemu.
R.N., Royal Navy.
Rs., rupees, rupia.
R.S.V.P., (French) Répondez s'il vous plaît, please reply, tafadhali ujibu.
Rly., Railway.

S., Saint; South.
s., shilling; singular; son.
Sat., Saturday.
sch., school.
Sen., Senr., Sr., senior, -kubwa (kwa daraja, cheo, umri, *&c.*); senator.
Sept., September.
Sergt., Sgt., Sergeant.
sh., shilling(s).
S.O.S., Save our souls, ishara ya kuomba msaada hatarini.
S.P.C.K., Society for Promoting Christian Knowledge.
sq., square, -a mraba.